COLLECTION
DE DOCUMENTS DANS LES LANGUES INDIÈNES,
POUR SERVIR A L'ÉTUDE DE L'HISTOIRE ET DE LA PHILOLOGIE
DE L'AMÉRIQUE ANCIENNE.

VOLUME PREMIER

LE LIVRE SACRÉ
ET LES MYTES
DE L'ANTIQUITÉ AMÉRICAINE.

COLLECTION

DE DOCUMENTS DANS LES LANGUES INDIGÈNES,

POUR SERVIR A L'ÉTUDE DE L'HISTOIRE ET DE LA PHILOLOGIE

DE L'AMÉRIQUE ANCIENNE.

VOLUME PREMIER.

LE LIVRE SACRÉ

ET LES MYTHES

DE L'ANTIQUITÉ AMÉRICAINE.

(3048) SAINT-CLOUD. — IMPRIMERIE DE Mme Ve BELIN.

DE L'ANTIQUITÉ AMÉRICAINE

E. Pingret pinx

VASE ANTIQUE
TERRE CUITE DU MUSÉE NATIONAL DE MEXICO
HAUTEUR 1 M

POPOL VUH.

LE
LIVRE SACRÉ

ET LES MYTHES
DE L'ANTIQUITÉ AMÉRICAINE,

AVEC LES LIVRES HÉROÏQUES ET HISTORIQUES DES QUICHÉS.

OUVRAGE ORIGINAL DES INDIGÈNES DE GUATÉMALA,
TEXTE QUICHÉ ET TRADUCTION FRANÇAISE EN REGARD, ACCOMPAGNÉE DE NOTES
PHILOLOGIQUES ET D'UN COMMENTAIRE
SUR LA MYTHOLOGIE ET LES MIGRATIONS DES PEUPLES ANCIENS DE L'AMÉRIQUE, ETC.,
COMPOSÉ SUR DES DOCUMENTS ORIGINAUX ET INÉDITS,

PAR

L'ABBÉ BRASSEUR DE BOURBOURG,

Auteur de l'*Histoire des nations civilisées du Mexique et de l'Amérique centrale*, Membre des
Sociétés de Géographie de Paris et de Mexico, de la Société Économique de Guatémala,
de la Société d'Ethnographie de Paris, etc., ancien administrateur ecclésiastique
des Quichés de Rabinal, des Cakchiquels de San-Juan Zacatepec,
des Mams d'Iztlahuacan, de Zipacapa, d'Ichil et de Tutuapa, etc.

PARIS,
ARTHUS BERTRAND, ÉDITEUR,
21, RUE HAUTEFEUILLE.

LONDON, TRÜBNER AND CO., 60, PATERNOSTER-ROW.

1861.

AVANT-PROPOS.

Depuis la découverte de l'Amérique par Christophe Colomb, un grand nombre de documents relatifs à l'histoire des nations de ce continent, rédigés soit en langue indigène ou espagnole, soit écrits en peintures figuratives, etc., ont trouvé place dans les archives et les bibliothèques publiques ou privées de l'Europe : quelques-uns ont été publiés ou traduits dans les langues modernes ; mais jusqu'ici aucun des ouvrages originaux, échappés à l'ignorance destructive des premiers conquérants, n'a eu l'avantage d'être reproduit par la presse. Le *Livre Sacré*, dont nous présentons aujourd'hui le texte avec une traduction en regard, est donc le premier livre américain qui entre dans la voie scientifique, ouverte depuis si longtemps déjà aux ouvrages analogues qui ont eu l'Orient pour berceau. Celui-ci obtiendra-t-il le même encouragement? L'Occident, après avoir été conquis, ruiné, après avoir vu ses monuments de toute sorte dispersés et brûlés par des mains fanatiques, ses populations les plus policées avilies et dégradées, l'Occident, disons-nous, trouvera-t-il grâce aux yeux de la philosophie de notre époque? L'Amérique aura sans doute bien des difficultés à vaincre avant d'avoir sa part des faveurs accordées à l'Egypte et à l'Assyrie. Ainsi qu'au siècle dernier, les adversaires ne lui manquent point, et peut-être en est-il qui voudraient voir encore classifier ses antiques nations parmi les peuplades sauvages (1). Les Espagnols ne les traitaient guère autrement, il y a trois cents ans : ils niaient absolument que les Américains eussent une âme humaine, afin d'avoir le droit de les dépouiller et de les asservir. Aujourd'hui il y en a qui prétendraient nier leur antiquité, leur histoire et leur civilisation, afin d'avoir le droit de n'en rien savoir et d'étouffer sous le boisseau une lumière importune.

Malgré ces préventions et le dédain de quelques jeunes aspirants aux dignités scientifiques pour ce qu'on est convenu d'appeler les *Etudes américaines*, nous continuerons à marcher de notre mieux dans cette voie : nous y sommes encouragé, d'ailleurs, par des hommes éminents autant par leur savoir que par le sens intelligent avec le-

---

(1) Les amis des *Etudes Américaines* ne sauraient trop remercier M. de Longpérier pour le soin qu'il a mis à former le petit *Musée Américain* du Louvre, et la constance de ses efforts pour conserver ce musée au milieu des circonstances les plus décourageantes. Les *Antiquités Américaines*, qu'une hostilité systématique s'obstine à considérer comme des *sauvageries*, ont été, malgré les réclamations de M. de Longpérier, transférées successivement du vestibule d'en bas au vestibule d'en haut, puis reléguées jusqu'au déménagement prochain dans un corridor obscur derrière le *Musée dit Ethnographique*. On a reproché au savant Conservateur la pauvreté du *Musée Américain* et la grossièreté des objets qu'il renferme. Mais ceux de l'antiquité celtique ou gauloise sont-ils beaucoup plus parfaits? A-t-on vu les beaux vases, provenant de Guatémala et du Pérou, si *supérieurs comme art céramique* à ceux de l'Egypte et de l'Etrurie, qu'on oblige M. de Longpérier à garder dans son cabinet particulier, faute d'emplacement pour les exposer en public? A-t-on payé, comme pour les bords de l'Euphrate ou du Nil, quelque mission chargée d'aller recueillir les belles sculptures d'Uxmal, de Palenqué ou de Mitla (*Mictlán*), dont M. Charnay vient d'apporter des copies photographiques si remarquables? Non, que je le sache. Quant à ces photographies, d'un mètre de long, nous en avons vu quelques-unes chez M. Lemercier, qui est en train de les publier. Des hommes savants, des juges compétents les ont vues également, et *eux* ne disent pas que l'Amérique n'a pas eu une civilisation très-avancée et par conséquent ses temps antiques.

quel ils ouvrent les rangs de la science à ces études nouvelles, et nous nous souvenons avec gratitude de la bienveillance avec laquelle l'*Académie des Inscriptions et Belles-Lettres* a daigné nous écouter en 1857 (1). Ce souvenir n'a cessé depuis de nous soutenir, soit dans les travaux que nous avons continués sans relâche, soit durant le nouveau voyage que nous avons entrepris sur l'isthme de Tehuantepec et dans l'Amérique centrale, sous les auspices de S. E. le Ministre de l'Instruction publique (2). Aucun appui moral ne nous a donc fait défaut; aussi n'avons-nous, malgré la modicité de nos ressources, reculé devant aucun sacrifice pour arriver au but que nous nous sommes proposé, celui de faire connaître, autant qu'il était en nous, la civilisation de l'Amérique ancienne. C'est donc sans crainte que nous présentons à l'Europe savante ce livre, dans sa forme originale, en la priant d'accueillir avec quelque sympathie ce nou-

(1) Avant même mon retour de Mexico, en 1851, M. Prosper Mérimée, en réponse à l'hommage que je lui fis alors de mes *Lettres pour servir d'introduction à l'histoire primitive des nations civilisées de l'Amérique*, etc., imprimées au Méxique en espagnol et en français, m'encourageait avec beaucoup de bienveillance et me donnait dans cette voie nouvelle des conseils que je n'ai jamais perdus de vue depuis : ils m'ont empêché de m'écarter dans des systèmes conçus d'avance et, je le dis avec reconnaissance, ils n'ont cessé d'éclairer ma marche dans ces *Etudes américaines*, alors bien plus obscures encore qu'aujourd'hui.

(2) Le voyage que j'ai entrepris en 1859, avec une mission scientifique de S. E. le Ministre de l'Instruction publique, était mon quatrième voyage en Amérique. Après avoir parcouru la plus grande partie de l'Europe en 1843 et 1844, je partis pour Boston au mois de juillet 1845 et ne revins qu'à la fin de 1846, après avoir vu le Canada et le nord des Etats-Unis. En juillet 1848, je me rembarquai pour les Etats-Unis, que je parcourus de New-York à la Nouvelle-Orléans, d'où j'allai au Mexique à la fin d'octobre : je restai deux ans entiers à Mexico, employai une année à voyager dans l'intérieur jusqu'en Californie et retournai en Europe en octobre 1851. En juillet 1854, je partis pour l'Amérique centrale, visitai les Etats de Nicaragua, de San-Salvador et de Guatémala, et c'est jusqu'à mon retour, au commencement de 1857, que je résidai dans plusieurs paroisses indigènes dont Mgr l'archevêque me conféra l'administration, entre autres à Rabinal, où j'appris la langue quichée. Enfin je repartis en mars 1859, parcourus l'isthme de Tehuantepec, l'Etat de Chiapas et la portion occidentale de la république guatémalienne, d'où je suis retourné à Paris depuis le mois d'octobre 1860.

veau fruit de nos labeurs et de nos longues pérégrinations.

Le commentaire qui l'accompagne, nous en sommes assuré d'avance, ne saurait être à l'abri de la critique. Mais qu'on veuille bien se souvenir que nous sommes un des premiers pionniers dans cette voie encore difficile et obscure : nous n'en éprouvons pas moins de plaisir, cependant, à contribuer à l'ouvrir pour ceux qui s'y sentiront poussés à leur tour et qui certainement trouveront les moyens de l'élargir en y marchant. A mesure que l'Amérique sera mieux connue, les monuments de toute sorte qu'elle renferme lui attireront un plus grand nombre d'adeptes, et les patronages illustres qui ont favorisé tant d'autres études, ne lui manqueront pas davantage. Ce n'est pas notre faute si jusqu'ici nous avons cheminé presque seul ; les conseils dont nous aurions eu besoin, à peu d'exceptions près, nous ont fait défaut pour l'ordinaire, et nous avons été dans la nécessité d'avancer sans autre appui que nous-même.

Le présent ouvrage, il faut bien le dire, est autant le fruit de nos observations de voyageur que de nos études ; c'est en vivant parmi les Quichés, et ensuite parmi les Mams, durant notre séjour dans leurs montagnes en 1860, que nous l'avons en grande partie traduit et commenté. A cette occasion, nous manquerions au devoir que nous impose la reconnaissance, si nous ne répétions ici ce que nous devons, dans la poursuite de nos travaux, à la bienveillance éclairée de Mgr l'archevêque de Guatémala et de ses dignes coadjuteurs (1). Nous désirons également

---

(1) Mgr José Maria Barrutia, évêque de Camaco, et Mgr Juan Felix de Jesus Zepeda, évêque d'Arindele, ont été consacrés en 1859, coadjuteurs de Guatémala. J'ai reçu fréquemment de l'un et de l'autre des marques sincères d'estime et d'affection, ainsi que de don Manuel Francisco Barrutia, et je les prie ici d'en recevoir mes entières actions de grâces.

en renouveler l'expression à don José Antonio Azmitia, président de la cour suprême, et à don Juan Gavarrete, le savant archiviste du Palais national, pour l'aide et l'appui qu'ils ont constamment donnés à nos recherches. Ajoutons, que durant notre dernier voyage, nous n'avons cessé de trouver partout, à Tehuantepec, comme dans l'Etat de Chiapas et la république de Guatémala, l'estime et la cordialité la plus sincère, et que nulle part l'hospitalité si large et si vraie de l'Hispano-Américain ne nous a fait défaut (1), à quelque parti qu'il appartînt. Dans la nécessité de parcourir alors deux des Etats mexicains, au milieu des luttes ardentes d'une guerre civile, qui malheureusement ne paraît pas encore à son terme, nous avons rencontré le même accueil chez les hommes de la faction libérale, comme dans celle de l'Eglise. Malgré les profonds dissentiments qui divisaient déjà l'évêque diocésain et le gouverneur général de l'Etat de Chiapas, nous avons été à la fois, et dans le même temps, de l'un comme de l'autre, l'objet des prévenances les plus gracieuses. A San-Cristobal (2), Mgr don Carlos Maria Colina et les chefs de son clergé m'ont comblé par leur bonté et leur empressement flatteur et toutes leurs archives m'ont été spontanément ouvertes. Dans la ville de Chiapa de Indios, reçu chez sa tante, par le gouverneur

---

(1) En remerciant ici les personnes de qui j'ai reçu toujours une hospitalité si aimable, et en particulier MM. les curés de l'Etat de Chiapas et du Guatémala, je dois dire cependant que j'ai trouvé une exception à cette hospitalité universelle dans ces contrées, c'est de la part de *don Buenaventura Quiros*, curé de *Patzum*, qui me l'a refusée, ainsi qu'à tant d'autres voyageurs avant moi; chose rare heureusement, dans ce pays, où il n'existe point d'auberges.

(2) Mgr don Carlos Maria Colina, un des prélats les plus distingués de l'Eglise mexicaine, est actuellement en exil à Guatémala : il avait, depuis le commencement de son épiscopat, donné un grand essor aux études dans son diocèse, et son séminaire possède, grâce à sa libéralité éclairée, un des cabinets de physique les plus complets qui existent dans les collèges de l'Amérique.

— vi —

général, don Angel Albino Corso, j'ai éprouvé de la part de ce magistrat, ainsi que de tous les membres de sa famille, le même empressement et l'hospitalité la plus généreuse (1). Je tiens, en outre, de don Angel Corso, plusieurs objets précieux provenant des ruines de Palenqué et des manuscrits de l'histoire et de la langue chiapanèques, probablement uniques aujourd'hui. Je ne saurais, pour tant de marques de faveur, témoigner trop vivement tous mes sentiments de reconnaissance.

(1) Je rappellerais bien volontiers ici les noms de don Carlos Borduin à San-Cristobal, de M. Jules Liekens à Tuxtla, de M. Denis Grapain à Niltepec, de M. Léopold Gout, ainsi que de M. Alexandre de Gives, à Juchitan, tous Français que j'ai eu le plaisir de connaître en route, et à qui je serais heureux que ces lignes pussent parvenir un jour, pour leur montrer ma gratitude de leur excellente hospitalité ; j'y ajouterai celui de don Juan Avendaño à Tehuantepec à qui je ne dois pas moins.

NOTICE BIBLIOGRAPHIQUE

SUR LE LIVRE SACRÉ.

Le *Livre Sacré* est divisé en quatre parties distinctes : les deux premières sont les plus intéressantes; car elles contiennent une transcription à peu près littérale du *Popol Vuh*, qui paraît avoir été l'original du *Teo-Amoxtli*, ou Livre divin des Toltèques (1), si célèbre dans les traditions mexicaines. Les deux dernières, quoique contenant encore un grand nombre de traditions relatives à des époques fort anciennes, présentent plutôt dans leur ensemble un recueil d'annales historiques qui ont pour objet la nation Quichée, maîtresse, au temps de la conquête, de la plus grande partie de la république actuelle de Guatémala. Les noms inscrits dans les listes des dynasties royales de cette contrée, d'accord avec ceux qu'on trouve dans plusieurs autres documents originaux (2), contre-signés par le conquérant Don Pedro de Alvarado, par les évêques Las Casas et Marroquin, etc., témoignent qu'il a

---

(1) Le titre de *Livre sacré*, que je donne à cet ouvrage, n'est pas rigoureusement la traduction de *Popol Vuh*, que je traduis dans le texte par *Livre national*. Le mot *popol* vient de *pop*, verbe radical qui signifie s'assembler, se réunir en conseil; mais les chefs de la nation ayant seuls la prérogative de délibérer, il s'ensuit que le mot *popol*, tout en exprimant une idée commune, s'appliquait à la nation par excellence, au sénat; de là le titre de *Libro del comun*, ainsi que le traduit Ximenez; de là aussi le caractère de ce livre, qui était d'autant plus sacré, qu'il renfermait l'origine des dieux et de la religion, et que les nobles et les prêtres seuls pouvaient le consulter. Le radical *pop* signifie aussi la natte, le tapis; de là *ahpop*, maître d'un tapis, pour seigneur, parce que les seigneurs seuls y avaient droit; mais il est impossible de dire si le mot *pop*, natte ou tapis, a pour origine le verbe, parce qu'on s'assemblait assis sur des nattes, ou si le verbe vient de la natte, où l'on se réunissait.

(2) L'un de ces documents, *Titre territorial des seigneurs de Quezaltenango et de Momostenango*, signé d'Alvarado et des derniers rois du Quiché, est entre mes mains : je le tiens de don Juan Gavarrete, archiviste du palais national à Guatémala.

dû être rédigé dans son état actuel, dix ou quinze ans environ après l'établissement du gouvernement espagnol. Dans le préambule qui précède son recueil, l'auteur dit lui-même : « Ceci nous
» l'écrirons depuis qu'on a promulgué la parole de Dieu et en
» dedans du christianisme, et nous le produirons, parce qu'on ne
» voit plus le *Livre national*, où l'on voyait clairement qu'on
» était venu de l'autre côté de la mer. » Ces mots indiquent suffisamment le rang de l'annaliste, qu'on suppose avoir été un prince de la famille royale déchue, les classes élevées ayant eu seules dans ces contrées le privilége de l'instruction. Inspiré, ainsi que le furent au Mexique et au Pérou d'autres nobles Américains, du désir de soustraire au fanatisme aveugle des conquérants les monuments de l'histoire de son pays, il apprit à se servir de l'écriture européenne et transcrivit ce livre curieux qui, sans cela, eût été perdu pour la postérité.

Nous avons démontré ailleurs l'existence d'une écriture parfaitement phonétique chez les Américains, antérieurement aux découvertes de Colomb (1) ; le Mémoire de M. Aubin, dont nous avons le premier publié la partie la plus intéressante (2), ne laisse pas le moindre doute à cet égard, et l'on sait maintenant à quoi s'en tenir sur la manière dont les populations indigènes de l'Amérique conservaient les souvenirs de leur histoire. La publication des cartouches gravés sur les monuments de Palenqué, d'Uxmal, de Chichen-Itza, etc., dont les inscriptions appartiennent, suivant toute apparence, à la langue maya ou à ses dialectes, ne manquera pas de jeter une grande clarté sur cette question intéressante. En attendant, pour mettre le lecteur à même d'apprécier ici cette branche de la science américaine, nous répéterons ce que dit un auteur contemporain dont le témoignage ne saurait être suspect à cet égard.

« Quant à cela, dit Las-Casas (3), il faut savoir que dans toutes
» les républiques de ces contrées, dans les royaumes de la Nouvelle-Espagne et ailleurs, entre autres professions et gens qui en

---

(1) Voir l'Introduction de mon *Histoire des nations civilisées du Mexique et de l'Amérique centrale, durant les siècles antérieurs à Christophe Colomb*, tome I.

(2) *Mémoire sur la peinture didactique et l'écriture figurative des anciens Mexicains*, Paris 1849.
(3) *Hist. apolog. de las Ind. Occid.*, tome IV, cap. 235. MS.

» avaient la charge, étaient ceux qui faisaient les fonctions de
» chroniqueurs et d'historiens. Ils avaient la connaissance des
» origines et de toutes les choses touchant à la religion, aux
» dieux et à leur culte, comme aussi des fondateurs des villes et
» des cités. Ils savaient comment avaient commencé les rois et
» les seigneurs, ainsi que leurs royaumes, leurs modes d'élection
» et de succession; le nombre et la qualité des princes qui avaient
» passé; leurs travaux, leurs actions et faits mémorables, bons et
» mauvais; s'ils avaient gouverné bien ou mal; quels étaient les
» hommes vertueux ou les héros qui avaient existé; quelles
» guerres ils avaient eu à soutenir et comment ils s'y étaient
» signalés; quelles avaient été leurs coutumes antiques et les
» premières populations; les changements heureux ou les dé-
» sastres qu'ils avaient subis; enfin tout ce qui appartient à l'his-
» toire; afin qu'il y eût raison et mémoire des choses passées.

» Ces chroniqueurs tenaient le comput des jours, des mois et
» des années. Quoiqu'ils n'eussent point une écriture comme
» nous, ils avaient, toutefois, *leurs figures et caractères, à l'aide
» desquels ils entendaient tout ce qu'ils voulaient*, et de cette ma-
» nière *ils avaient leurs grands livres composés avec un artifice si
» ingénieux et si habile*, que nous pourrions dire *que nos lettres
» ne leur furent pas d'une bien grande utilité*.

» Nos religieux ont vu de ces livres, et moi-même j'en ai vu
» également de mon côté, bien qu'il y en ait eu de brûlés sur
» l'avis des moines, dans la crainte qu'en ce qui touchait à la
» religion, ces livres ne vinssent à leur être nuisibles. Il arrivait
» quelquefois que quelques-uns de ces Indiens, oubliant certaines
» paroles ou particularités de la doctrine chrétienne qu'on leur
» enseignait, et n'étant pas capables de lire notre écriture, se
» mettaient à l'écrire en entier avec leurs propres figures et carac-
» tères, d'une manière fort ingénieuse, mettant la figure qui
» correspondait chez eux à la parole ou au son de notre vocable;
» ... Quant à moi, j'ai vu une grande partie de la doctrine chré-
» tienne ainsi écrite en figures et en images *qu'ils lisaient comme
» je lis nos caractères dans une lettre*, et c'est là une production
» peu commune de leur génie.

» Il ne manquait jamais de ces chroniqueurs; car, outre que

» c'était une profession qui passait de père en fils et fort consi-
» dérée dans toute la république, toujours il arrivait que celui
» qui en était chargé instruisait deux ou trois frères ou parents
» de la même famille en tout ce qui concernait ces histoires; il
» les y exerçait continuellement durant sa vie, et c'était à lui
» qu'ils avaient recours lorsqu'il y avait du doute sur quelque
» point de l'histoire. Mais ce n'était pas seulement ces nouveaux
» chroniqueurs qui lui demandaient conseil, c'étaient les rois, les
» princes, les prêtres eux-mêmes. Dans tous les doutes qui pou-
» vaient leur survenir relativement aux cérémonies et aux pré-
» ceptes de la religion, aux fêtes des dieux ou à tout ce qui avait
» rapport aux royaumes antérieurs en matière profane, du mo-
» ment qu'elles étaient de quelque importance, c'étaient ces chro-
» niqueurs qu'on s'empressait de consulter, chacun suivant ce
» qu'il avait à leur demander. »

Cette citation laisse d'autant moins de doute sur le caractère de l'auteur du *Livre Sacré*, que la province où ce document fut découvert est une de celles où le *Protecteur des Indiens* exerça davantage son zèle apostolique. Outre l'intérêt philologique que ne saurait manquer d'inspirer un ouvrage écrit en entier dans une des langues indigènes de l'Amérique, facile à entendre, élégante, sonore et riche dans ses expressions comme dans ses formes grammaticales, encore en usage avec ses dialectes entre des populations qu'on peut évaluer à plus de six cent mille âmes, ce livre offre aussi l'avantage d'expliquer une foule de dogmes et de rites dépendants de l'ancienne religion mexicaine, restés jusqu'ici à peu près inexplicables. Quant à la partie cosmogonique, par laquelle le livre commence, elle est d'autant plus curieuse qu'elle s'éloigne davantage des idées reçues et en particulier des conséquences que les premiers religieux espagnols tirèrent des peintures relatives à la Femme-Serpent et au déluge. Sans compter les étranges détails de cette genèse américaine, qu'on voit figurés dans la plupart des documents reproduits par ordre de lord Kingsborough et qu'on rencontre également dans la collection de M. Aubin, en outre encore du caractère particulier des choses et du langage, celui-ci porte en lui les preuves d'une authenticité d'autant plus remarquable, que les mêmes détails se retrouvent, ainsi que les personnages, désignés sous les mêmes dénominations, dans plusieurs manuscrits tout à fait distincts; nous citerons, entre autres, le *Codex Chimalpopoca*, écrit dans la langue nahuatl (1), et considéré comme un des plus complets et des plus véridiques de l'ancienne histoire mexicaine. On les retrouve avec des variantes dans sept autres documents, dont nous possédons des copies ou les originaux en quiché, en cakchiquel, en tzutohil ou en espagnol, transcrits à des époques diverses par ordre du gouvernement colonial et déposés aux archives nationales, tous se complétant les uns par les autres et remplissant d'une manière plus ou moins complète les lacunes qu'on y trouve. Ce n'est qu'en s'éloignant des origines communes aux différents peuples de ces contrées que les faits deviennent tout à fait distincts : à mesure qu'ils s'en séparaient, chacun d'eux retraçait dans ses annales, à la suite des choses relatives à son berceau, le récit des faits qui lui étaient particuliers. Aussi les savants à qui nous avons eu l'honneur de les communiquer les regardent-ils comme une des preuves les plus étonnantes de leur antiquité.

Le Père Francisco Ximenez, de l'ordre de Saint-Dominique, découvrit ce document, dans les dernières années du xviie siècle, au bourg de Santo-Tomas Chichicastenango (2), dont il était alors curé doctrinaire; la longue pratique qu'il avait de la langue, des mœurs et des usages des indigènes de Guatémala, lui en fit aussitôt comprendre l'importance. Mais peu versé dans les questions générales d'histoire, et sans aucune étude préalable des traditions et des annales du Mexique, qu'il avait dédaignées probablement, parce qu'elles avaient leur filiation dans un ordre rival (3), Ximenez, imbu des préjugés de son temps, crut voir,

---

(1) *Codex Chimalpopoca*, MS. en langue nahuatl, de la collection de Botturini, où il est classé sous le n° 13, § viii, sous le titre de *Historia de los reynos de Culhuacan y Mexico*. Je l'ai copié en entier sur le manuscrit d'Ixtlilxochitl, qui n'en est cependant pas l'auteur : c'est un des documents les plus importants de l'histoire du Mexique. M. Aubin en possède deux copies, l'une faite par Gama et l'autre par le père Pichardo.

(2) *Chichicastenango*, en quiché *Chuvi-La*, est une bourgade indigène d'environ 12,000 âmes, à trois lieues au sud de Santa-Cruz del Quiché, et à 22 lieues environ au N.-O. de Guatémala. Le premier nom vient de *chichicaxtli*, arbre à feuilles très-caustiques, de *tenan*, auprès, et *co*, le lieu, en langue nahuatl. Le nom quiché a presque le même sens.

(3) Ximenez était dominicain et détestait les franciscains. De tous les ordres religieux qui allèrent dans ces contrées, ceux-ci furent les plus sa-

comme il le dit lui-même dans ses *Scolies*, une agence diabolique qui aurait travesti à dessein, dans la cosmogonie quichée, le récit des livres saints. Dans les noms symboliques donnés au *Créateur* et au *Formateur*, il reconnaissait la main du démon, obscurcissant à sa manière les vérités révélées, afin d'accommoder plus aisément le mensonge et l'idolâtrie à l'usage des pauvres Indiens. C'était, du reste, une idée reçue à cette époque, et on la trouve exprimée dans tous les ouvrages contemporains, que les rites et les formes religieuses du Mexique, auxquels on trouve tant de ressemblance parfois avec les rites de l'Eglise catholique, ne pouvaient être que des contrefaçons sacriléges de l'esprit de ténèbres pour empêcher les indigènes d'ouvrir les yeux à la véritable religion.

Ce livre devenait donc plus que jamais un livre scellé entre ses mains : malgré la connaissance rare qu'il avait de la langue quichée, il lui fut impossible d'en rendre la traduction, je ne dirai pas seulement compréhensible, mais même supportable (1); tout y est vague et obscur, et, en bien des endroits, ce sont des versets entiers qu'il passe sous silence ou qu'il abrège en quelques mots, dans l'impossibilité où il était, d'après ce système, d'en faire même une traduction littérale.

Ximenez était cependant profondément versé dans les langues guatémaliennes, surtout dans les trois dialectes du Quiché, dont il a laissé un vocabulaire complet, sous le titre de *Tesoro de las lenguas quiche, cakchiquel y tzutohil*, encore manuscrit. Ce vocabulaire et sa traduction, tout imparfaite qu'elle soit, nous ont beaucoup servi néanmoins pour achever celle que nous donnons ici, ainsi que pour l'ensemble de nos études sur les langues de l'Amérique centrale. Quant à la vie de Ximenez, ce qu'on sait c'est qu'il était originaire de la ville d'Ecija, dans la haute Andalousie, et qu'il fut provincial de son ordre; mais on ignore la date de sa naissance, et, si ce n'était la mention que Mgr l'ar-

vauts, surtout au Mexique, où ils conservèrent à peu près tous les documents que l'on possède aujourd'hui. Ce furent des franciscains français et flamands qui enseignèrent, dès l'an 1522, les lettres européennes à la noblesse mexicaine, qui les premiers apprirent les langues du Mexique, et fondèrent un peu plus tard le collége de Santa-Cruz de Tlatilolco à Mexico.

(1) On peut voir la traduction espagnole que M. le Dr Scherzer a publiée à Vienne et dont l'éditeur ne comprit pas même les provincialismes.

chevêque actuel de Guatémala en fait fréquemment, en citant ses ouvrages dans ses *Mémoires* sur l'histoire de ce pays (1), il ne serait question nulle part de cet illustre dominicain. Juarros, qui se propose d'écrire également l'histoire de l'ancien royaume de Guatémala (2), entre autres biographies, donne celles de plusieurs hommes sans aucune valeur, omettant totalement le nom de Ximenez. Nous savons de lui-même toutefois, qu'en 1721 il écrivait la page 247 du troisième tome de son *Histoire générale* (3). Cet ouvrage, resté manuscrit, comprenait quatre volumes in-folio, et il en existait deux copies, qui des archives de son monastère passèrent à la bibliothèque de l'université, lors de la suppression des maisons religieuses sous Morazan, en 1830. Lorsque nous le vîmes en 1855, les deux copies étaient incomplètes, et il n'en restait ensemble que trois volumes qui ne concordaient même pas. Le bibliothécaire ne put nous donner aucun renseignement sur les autres; c'est une perte d'autant plus regrettable que le Père Ximenez savait beaucoup de choses qu'il avait consignées dans cet ouvrage (4).

Le premier volume que nous eûmes occasion de consulter commençait avec le texte et la traduction du manuscrit quiché, qui fait l'objet de celui-ci. C'est là que nous l'avons transcrit pour la première fois, en y joignant l'original, lors de notre arrivée à Guatémala en 1855. Des autres ouvrages de Ximenez, il en est un encore, fréquemment cité dans les *Mémoires* de l'archevêque : c'est une *Histoire naturelle* du royaume de Guatémala, qui paraît avoir été fort complète; mais nous n'avons jamais été assez heureux pour la rencontrer (5). Quant au *Tesoro de las tres lenguas*, il forme deux volumes petit in-folio, dont le premier, contenant le *Vocabulaire*, après avoir passé par des mains diverses, tomba

---

(1) *Memorias para la historia del antiguo reino de Guatemala*, redactados por el Ilmo Señor Dr D. Francisco de Paula Garcia Pelaez, arzobispo de esta santa Iglesia metropolitana, 3 vol. in-8°. Guatemala, 1851.

(2) *Compendio de la historia de la ciudad de Guatemala*, 2 vol. in-8°. Il y a deux éditions de cet ouvrage, la première est de 1810 et 1818, la seconde de 1857.

(3) Cet ouvrage a pour titre : *Historia de la provincia de predicadores de San-Vicente de Chiapas y Guatemala*, etc.

(4) Les citations qu'en fait, dans ses *Mémoires*, Mgr l'archevêque de Guatémala, prouvent une profonde connaissance du pays.

(5) Clavigero et Fabrégat citent une *Histoire naturelle* par un père Francisco Ximenez, imprimée à Mexico; mais je ne la connais pas, et il est douteux qu'il s'agisse du même auteur.

dans celles du colonel Galindo, d'où il trouva son chemin vers Paris : le second, outre une *Grammaire* extrêmement détaillée des trois dialectes, et un *Confessionnaire* dans les mêmes langues non moins étendu, renferme aussi une copie du manuscrit quiché de Chichicastenango. C'est la première qui paraît avoir été faite sur l'original indigène par Ximenez ; elle est suivie de ses Scolies et d'une invocation en l'honneur de la religion de Saint-Dominique, écrite à Rabinal, en date du 14 août 1734, signée Chaves, et c'est là que nous l'avons eue.

Don Ramon de Ordoñez y Aguiar, chanoine et proviseur de l'évêché de Ciudad-Real, autrement dit San-Cristobal de Chiapas, paraît avoir été le premier qui ait eu connaissance des travaux historiques de Ximenez, et qui se soit servi de la traduction du manuscrit quiché : il copia ce document, en l'altérant d'un bout à l'autre, afin de le fondre dans son indigeste ouvrage intitulé *Historia del cielo y de la tierra*, etc. (1), où il tend à établir que *Votan*, placé comme le troisième signe du calendrier tzendal, était le descendant des Hévéens, c'est-à-dire des Chananéens, chassés par Josué de la Palestine, et qui, émigrés aux Canaries, auraient passé de là aux Antilles. Son objet était surtout de prouver que *Quetzalcohuatl* était le même que l'apôtre saint Thomas qui aurait été porté miraculeusement de l'Inde en Amérique pour y prêcher l'Évangile. L'ouvrage d'Ordoñez, copié en partie par don Felix Cabrera, qu'il accuse de plagiat (2), se perdit au pillage de la bibliothèque de Guatémala ; mais les brouillons du premier volume, avec quelques fragments du second, ayant été réunis par les soins de don Manuel Larrainzar, sénateur de l'État de Chiapas, furent déposés depuis aux archives du Musée national à Mexico, où nous les avons transcrits en entier, en 1849. C'est ainsi que nous eûmes connaissance de Ximenez, dont le nom, comme celui d'Ordoñez, n'a été révélé pour la première fois au public que par la biographie que nous leur avons consacrée, dans la première de nos quatre *Lettres*, imprimées à Mexico en 1851. M. le docteur Scherzer apprit de cette manière l'existence des ou-

(1) Voir pour le titre entier de cet ouvrage prolixe mon *Histoire des nations civilisées du Mexique*, etc., to- me I, Introduction, page 79, note 4.

(2) Je possède l'original du MS. de Cabrera. Voir *ibid.*, page 80, note 5.

vrages de Ximenez; et durant son séjour à Guatémala, il fit copier la traduction du manuscrit quiché, dont la publication, faite par lui à Vienne en 1856, fut un véritable service rendu aux études américaines.

Dans l'original que nous publions ici intégralement, il n'existait aucune division par livres ou chapitres : celle que nous avons adoptée a pour objet d'en faciliter la lecture, et nous avons à dessein coupé chaque chapitre en alinéas fort courts, afin d'en rendre l'interprétation plus aisée aux philologues désireux de comparer cette langue à d'autres, en en étudiant les mots et les formes grammaticales : la traduction du *Livre Sacré* est aussi littérale qu'il a été possible de la faire. On n'y trouvera donc ni élégance ni recherche de style : car le français souvent même correspond mot à mot à la phrase quichée, et là où elle est construite d'une manière trop contraire à notre génie, nous avons ajouté des notes pour en éclairer le sens, en attendant que nous puissions mettre sous presse la *Grammaire de la langue quichée* et le *Vocabulaire des trois langues quichée, cakchiquèle et tzutohile* que nous sommes en train de préparer. Le *Livre Sacré* est ainsi le premier volume d'une série d'ouvrages originaux que nous comptons publier, s'il plaît à Dieu, sous le titre général de *Collection de documents dans les langues indigènes, pour servir à l'étude de l'histoire et de la philologie de l'Amérique ancienne.* C'est là ce qui nous a obligé en quelque sorte à mettre en tête de cette série une introduction aussi longue, mais qui aura, nous l'espérons, l'avantage d'aider le lecteur, encore peu au courant de ces questions, à embrasser d'un coup d'œil les fondements de l'histoire et des théogonies antiques du continent occidental.

DISSERTATION

SUR LES

MYTHES DE L'ANTIQUITÉ AMÉRICAINE,

SUR LA PROBABILITÉ DES COMMUNICATIONS EXISTANT ANCIENNEMENT
D'UN CONTINENT A L'AUTRE,

ET SUR

LES MIGRATIONS DES PEUPLES INDIGÈNES

DE L'AMÉRIQUE, ETC.,

D'après les documents originaux, servant d'introduction

ET DE

COMMENTAIRE AU LIVRE SACRÉ.

---

§ 1.

Idée générale sur les races américaines. Causes du déclin des indigènes après la conquête. Questions sur les sociétés primitives. États successifs de civilisation et de barbarie.

« Le problème de la première population de l'Amérique n'est pas plus du ressort de l'histoire que les questions sur l'origine des plantes et des animaux, et sur la distribution des germes organiques ne sont du ressort des sciences naturelles. L'histoire, en remontant aux époques les plus reculées, nous montre presque toutes les parties du globe occupées par des hommes qui se croient aborigènes, parce qu'ils ignorent leur filiation. Au milieu d'une multitude de peuples qui se sont succédé et mêlés les uns aux autres, il est impossible de reconnaître avec exactitude la première base de la population, cette couche primitive au delà de laquelle commence le domaine des traditions cosmogoniques. Les nations de l'Amérique, à l'exception de celles qui avoisinent le cercle polaire, forment une seule race caractérisée par la conformation du crâne, par la couleur de la peau et par des cheveux plats et lisses. La race américaine a des rapports très-sensibles avec celle des peuples mongols, qui renferme les descendants des Hiong-nu, connus jadis sous le nom de Huns, les Kalkas, les Kalmucks et les Burattes. Des observations récentes ont prouvé même que, non-seulement les habitants d'Unalaska, mais aussi plusieurs peuplades de l'Amérique méridionale indiquent, par des caractères ostéologiques de la tête, un passage de la race américaine à la race mongole. Lorsqu'on aura mieux étudié les hommes bruns de l'Afrique, et cet essaim de peuples qui habitent l'intérieur et le nord-est de l'Asie, et que des voyageurs systématiques désignent vaguement sous le nom de Tartares et de Tschoudes, les races caucasienne, mongole, américaine, malaye et nègre paraîtront moins isolées, et l'on reconnaîtra dans cette famille du genre humain un seul type organique, modifié par des circonstances qui nous resteront peut-être à jamais inconnues (1). »

Ces paroles qu'Alexandre de Humboldt écrivait il y a quarante ans, la science s'est depuis chargée de les vérifier, et chaque jour apporte un nouveau tribut au système de l'unité du genre humain. Quoique ce ne soit pas là la matière que nous ayons en vue dans ce travail, elle se présente néanmoins comme le résultat de toutes nos observations, et de l'étude que nous avons faite des traditions américaines, pour arriver au classement des races et des migrations qui se sont succédé sur ce vaste continent. Sans aborder l'origine de celles qui le peuplèrent d'abord, nous croyons pouvoir affirmer, cependant, que l'existence de l'homme n'y est pas moins ancienne que dans le nôtre, et qu'elle doit y remonter, comme en Europe et en Asie, aux premiers temps de la dispersion. Car, s'il est vrai qu'on ait remarqué une si grande confor-

---

(1) Humboldt, *Vues des Cordillères et monuments des peuples indigènes de l'Amérique*, Introduction, tome I, page 20.

mité dans les traits et le caractère physique des nations américaines, il est vrai de dire aussi, comme nous l'avons observé ailleurs (1), que les influences du climat et du sol, aussi bien que des aliments, exercent en Amérique une action d'une extrême puissance sur tous les organes et sur la physiologie de l'homme, et que même dès la première génération les Européens en subissent quelquefois les effets; aussi, de quelque part de l'ancien continent que se soient dirigées les émigrations, croyons-nous que le contingent qu'elles ont apporté aux populations originales a dû promptement s'absorber dans le type commun de la race américaine. Quoique les peuples indigènes soient unis par des rapports généraux, ils offrent, toutefois, dans leurs traits mobiles, dans leur teint plus ou moins brun ou cuivré et dans la hauteur de leur taille, des différences aussi sensibles que les Russes, les Persans et les Slaves, qui appartiennent tous à la race caucasienne : si les unes se rapprochent si notablement du type mongol, les autres présentent bien plus d'analogie avec les peuples du Caucase. Cependant, soit par suite de leurs croisements répétés, soit par l'effet des influences dont nous parlions tout à l'heure, elles paraissent conserver toujours, dans leur variété même, une sorte de ressemblance commune que les observateurs ont admise.

Une grande inégalité règne dans la stature de l'Américain. Il a quelquefois les formes élancées de l'homme d'Europe, quoiqu'on le trouve souvent aussi massif et trapu; mais il se distingue toujours par la largeur de sa poitrine ainsi que par la délicatesse de ses pieds et de ses mains. Sa taille varie suivant les familles plutôt que les tribus, et à tout prendre elle n'est pas au-dessous de la nôtre. Quant à ses traits, ils sont ordinairement plus mâles que gracieux et rappellent quelquefois ceux des nations mongoles : celles-ci, en effet, occupant le nord-est de l'Asie, auraient pu se trouver autrefois dans le voisinage de quelques-uns des essaims qui passèrent en Amérique; la ressemblance la plus marquée se

---

(1) Voir mon *Histoire des nations civilisées du Mexique*, etc., tome Ier, page 7.

représente dans la rondeur du visage, la saillie des pommettes, la raideur de la chevelure et quelquefois dans la rareté de la barbe (1). Mais chez la plupart des nations indigènes la coupe du visage est presque européenne, et dans un grand nombre le nez est aquilin. Pour n'avoir connu que des peuplades retombées à l'état sauvage, abruties par le contact des Européens ou dégradées par les conséquences de la conquête, la plupart des voyageurs ne leur ont trouvé qu'un développement médiocre des facultés intellectuelles : mais cette inactivité habituelle de l'esprit qu'on reproche au plus grand nombre des nations américaines, et qui donne quelque chose de si froid, de si morne à leur physionomie, à leur caractère, à toute leur existence, n'est qu'apparente chez celles qui ont conservé quelque reste de la civilisation antique ; elle est produite uniquement par la défiance que nous leur inspirons et la haine sourde, que les enfants sucent avec le lait de leurs mères, contre les descendants de ceux qui les asservirent ou les étrangers qu'ils confondent avec eux (2). Cette sorte d'apathie morale que les colons espagnols leur reprochaient, en disant qu'ils ne savaient pas rougir, n'existe point : l'Indien ne rougissait point sous les coups de sangle ou les mépris d'un maître cruel ; il renfermait tout dans son cœur, en attendant qu'il pût se venger. Les insurrections dont on ne parle point et qu'on ne connaît pas en Europe en sont la preuve.

Quant aux populations sauvages, leur intelligence et leur sensibilité se développent rapidement dès qu'elles entrent en contact avec l'homme civilisé. A cet égard, le témoignage des voyageurs est presque unanime. Ce n'est donc pas une infériorité naturelle et pour ainsi dire innée, mais une éducation sociale plus impar-

---

(1) La rareté de la barbe dans les Américains a donné lieu à de graves erreurs ; mais on sait que chez un grand nombre de tribus, c'était un usage de s'épiler à l'aide de pâtes ou de pincettes ; car la barbe n'est pas une chose rare. Dans la plupart des pays montagneux que nous connaissons, au Mexique et dans l'Amérique centrale, loin du contact européen, les indigènes ont pour la plupart des barbes à peu près aussi fournies que nous.

(2) Nous avons longtemps vécu avec les indigènes et nous les avons toujours trouvés, quand ils perdaient leur défiance, aussi gais, aussi intelligents et aussi bavards que les Européens.

faite qui est la cause du peu d'activité d'esprit que les races incultes ont montrée jusqu'ici, comparées à celles de l'Europe ou de l'Asie. En effet, si l'on considère dans quelles vastes solitudes elles se sont trouvées répandues depuis la découverte de l'Amérique, à quels excès de cruautés les conquérants, d'après leurs propres relations, se portèrent contre elles, les décimant par le fer et par le feu, par le travail des mines et l'esclavage, on s'étonnera moins de l'abaissement de leur caractère. Si l'on y réfléchit sérieusement, on verra que les populations qu'on désignait comme sauvages l'étaient bien moins qu'on ne se le représente aujourd'hui; car il faut bien qu'on s'entende sur la valeur des mots. Dans l'une et l'autre Amérique, au nord du Mexique comme dans les immenses territoires arrosés par l'Amazone, par l'Orénoque, le Rio de la Plata et leurs affluents, il y avait sans doute des sauvages errants, comme les Sioux et les Pieds-Noirs aux États-Unis, comme les Charruas et les Puelches dans les Pampas : mais il y avait aussi un grand nombre de peuplades agricoles vivant dans de grands villages, mieux bâtis même que ceux où nichent actuellement la plupart des descendants avilis de la race conquérante (1), capables de les fortifier, au besoin, avec des fossés et des retranchements au pied desquels les Espagnols trouvèrent souvent la mort (2); ces sauvages, disons-nous, tissaient des étoffes d'une grande beauté, fabriquaient des poteries également admirables de formes et de peintures, et se gouvernaient généralement sous leurs chefs par des institutions régulières. A la vérité, leur organisation, soit civile, soit religieuse, était moins savante que celles des nations

---

(1) Que l'on compare, à l'aide des relations anciennes des historiens espagnols, les villages et maisons des populations dites *sauvages* avec celles des Indiens, métis ou descendants d'Espagnols, en beaucoup de localités du Mexique et de l'Amérique centrale, et l'on verra que l'avantage est presque toujours pour les premiers.

(2) Hans Staden, *Hist. d'un pays situé dans le Nouveau-Monde, nommé Amérique* en 1547, passim. — Ulrich Schmidel, *Hist. véritable d'un voyage curieux au Rio de la Plata* en 1537. — *Narration du premier voyage de Nicolas Federmann* en 1529. — *Hist. de la prov. de Santa-Cruz* en 1500, par Pedro Magalhanes de Gandavo. — Oviedo, *Hist. de Nicaragua*. — *Commentaires d'Alvar Nuñez Cabeça de Vaca*, gouverneur du Rio de la Plata en 1537. — *Relations et naufrages* du même dans la Floride. — Castañeda, *Relation du voyage de Cibola*, entrepris en 1540 (Coll. Ternaux).

policées du Mexique ou du Pérou; mais ils étaient bien moins sauvages que ne le sont encore aujourd'hui beaucoup de nations asiatiques ou africaines, que ne l'étaient les Celtes ou les Germains nos ancêtres, il y a deux ou trois mille ans. Qu'ils aient eu des coutumes barbares, cruelles, comme de faire périr leurs captifs dans les tourments, de dévorer quelquefois leurs chairs, nous sommes loin de le contester : mais les sacrifices humains, l'anthropophagie même, ont existé parmi les nations qui nous ont précédés et dont nous sommes descendus, et, après tout, les horreurs qu'ont exercées les Espagnols en Amérique, les Anglo-Saxons aux États-Unis, les Anglais dans l'Inde, sont-elles plus excusables que celles des Iroquois ou des Caraïbes ?

La conquête de l'Amérique n'a pas plus épargné les nations civilisées que les populations qu'on appelle sauvages, et la condition des unes comme des autres est bien inférieure aujourd'hui à ce qu'elle était il y a trois siècles. Dans ce vaste continent, l'espace était immense, la végétation effrayante ; or, la destruction fut telle qu'un demi-siècle après l'asservissement de ces races malheureuses, des forêts couvraient déjà des villes où Cortès avait été reçu par un peuple innombrable (1); la dispersion fut si grande, que les langues déjà nombreuses se diversifièrent à l'infini, chaque petit groupe d'hommes finissant par s'isoler dans les bois où il s'enfonçait, pour échapper à la fureur de ses nouveaux maîtres ou aux maladies nouvelles importées par eux et qui moissonnaient par milliers les familles indigènes. Cet isolement, chez les nations incultes, tendait à produire d'abord

---

(1) *Cempoallan*, la première cité où fut reçu Cortès et qu'il trouva si belle, perdit la moitié de sa population par la petite vérole, moins de deux ans après ; elle n'existait plus à la fin du xvi° siècle. On voit dans les rôles de la population de cette époque une multitude de villes et de villages, cités comme fort peuplés, avec de vastes couvents, de grandes églises et dont les noms sont à peu près oubliés aujourd'hui, soit au Mexique, soit dans l'Amérique centrale. Si on cherche, on trouve encore parfois, sur l'emplacement désigné une ferme ou une métairie, mais le plus souvent des ruines espagnoles à deux ou trois lieues des ruines indigènes ; quelques années, cependant, la population indienne est en voie d'accroissement. Voir Sahagun, *Relacion de la Conquista*, etc. cap. 30. — Torquemada, *Monarq. Ind.* lib. IV, cap. 66. — Herrera, *Hist. gen. de las Indias Occid.* Decad. II, lib. 10, cap. 5. — Gomara, *Cronica de Nueva-España*, etc. cap. 102.

l'ignorance et la faiblesse, puis, quand les distances diminuèrent, la défiance mutuelle, la crainte et la cruauté, qu'on trouve encore dans la plupart des sauvages du nord comme dans ceux des contrées méridionales. Les provinces centrales, situées sous un ciel ardent, au sein d'une nature puissante et féconde, ainsi que les régions tempérées qui les environnent, furent celles où les conquérants s'établirent de préférence : la civilisation antique qui s'y était maintenue à travers les vicissitudes des siècles fut remplacée par la civilisation européenne, et les ministres de l'Evangile travaillèrent au moins à nous en conserver les débris, tout en s'efforçant de combattre le fléau de la dépopulation. C'est là qu'en étudiant les traditions primitives on croit retrouver le berceau des premiers peuples policés, et que semblent avoir existé, de temps immémorial, les tribus indigènes, organisées en corps de nations.

Par la raison inverse des circonstances qui, il y a trois siècles, rendirent à la vie des forêts les peuplades semi-civilisées du nord et du sud de l'Amérique, on peut conclure des causes qui auraient contribué anciennement à réunir les tribus éparses dans les contrées où la civilisation américaine paraît avoir pris naissance. Dans les régions de l'Amérique centrale et du Mexique, largement ouvertes du côté du nord, mais presque sans issue vers le midi, ainsi qu'au plateau du Cundinamarca et dans la vallée du Pérou, qui est pressée entre les Andes et la mer Pacifique, des bornes naturelles s'opposaient, pour ainsi dire, à leur dispersion illimitée et les mettaient, malgré elles, en un contact continuel : c'est dans ces parages que l'histoire américaine, longtemps mystérieuse, commence à entr'ouvrir les pages de ses annales et nous montre des nations civilisées, existant à une époque où l'Europe presque entière était encore plongée dans les ténèbres de la barbarie. C'est de l'origine de ces nations qu'il est parlé dans le *Livre Sacré* des Quichés : ce sont leurs longues migrations sur le continent américain dont il raconte les péripéties et que nous allons chercher à élucider ici à l'aide des autres documents que nous avons recueillis parmi les indigènes.

Les principaux essaims d'hommes qui vinrent se joindre à la souche primitive de la population américaine, paraissent s'y être répandus graduellement du nord au sud et de l'est à l'ouest, ainsi que nous l'enseignent les souvenirs traditionnels de ceux dont on peut encore suivre les traces dans le passé : c'est la marche naturelle qu'on a observée de tout temps dans les migrations de l'ancien monde et qu'aujourd'hui encore on observe dans les relations de l'Europe avec l'Amérique. Mais nous n'avons aucun renseignement certain sur l'ordre dans lequel leurs différents groupes se sont suivis, et les seules indications qui répandent quelque lumière sur ce sujet sont celles qu'on peut tirer des mœurs, des croyances et des traditions qu'ils apportèrent. Ils offrent, en effet, dans leur civilisation ou dans leur barbarie, des rapprochements divers qui nous révèlent jusqu'à un certain point leur différence d'origine, d'âge, de fortune et presque le secret de leur histoire (1). Ces essaims et ceux qui les suivent présentent ordinairement un caractère violent et farouche, l'usage des sacrifices humains ou la coutume de dévorer les captifs. Ils font du courage et de la ruse la première des vertus, se plaisent à la destruction, affectent le mépris de la douleur. Mais les contrées qu'ils traversèrent ou dont ils firent la conquête renfermaient aussi d'autres populations dont le caractère pacifique et religieux faisait contraste avec la violence des nouveaux-venus. Elles étaient sans doute plus anciennes, et elles possédaient des éléments de civilisation qui révèlent un état progressif. C'est à cette race antérieure, soumise plus tard ou confondue avec les guerriers du nord, mais non détruite par eux, qu'appartiendraient les nations primitives du Mexique et de l'Amérique centrale. On croit la reconnaître aussi dans les Antilles, où quelques-unes de ces tribus avaient trouvé un séjour paisible et d'où, suivant Lizana (2), elles auraient successive-

---

(1) Moke, *Histoire des peuples américains*, page 7. (Biblioth. illustrée.)

(2) *Historia de Nuestra Señora de Izamal*, Parte primera, cap. 3.

ment peuplé l'Yucatan et les contrées adjacentes. Peut-être encore seraient-ce les mêmes qui auraient pénétré dans l'intérieur des États-Unis, et commencé ces constructions gigantesques et ces ouvrages de terrassement en forme pyramidale, dont on découvre les ruines sur les bords du Mississipi et de l'Ohio.

Y aurait-il donc eu un âge primordial où les races guerrières ne dominaient pas encore dans le continent américain? S'il exista, il faut le reculer à de longs siècles avant le commencement de notre ère ; c'est à cette période qu'il faudrait reporter la tradition d'un sabéisme antique dont il est question dans le *Livre Sacré* (1) et qu'on retrouve longtemps après dans les vallées du Nouveau-Mexique (2). On voit naître presque simultanément ensuite le culte astronomique du soleil et celui du serpent qui répandit alors ses dogmes parmi les tribus indigènes, des sources du Mississipi à celles de l'Orénoque. L'Asie paraît le berceau de cette religion et des institutions sociales qu'elle consacrait : mais on ne sait pas comment elle aurait pénétré en Amérique ; car, s'il est possible qu'elle y ait été apportée par quelque peuple émigré de l'ouest, il n'en est pas moins vrai que la plupart des traditions indigènes l'attribuent à des hommes blancs et barbus venus de l'est ou des grandes eaux septentrionales. Ce qui est certain, c'est qu'elle exerça sur les nations antiques de cet hémisphère une action assez puissante pour faire sortir les unes de la barbarie, et modifier les institutions des autres. Dans le nouveau comme dans l'ancien monde, ce fut d'abord sous des formes théocratiques qu'on vit s'organiser la vie sociale. Ces tribus, différentes d'âge et d'importance, mais qui toutes semblent groupées autour des mêmes autels, avaient commencé par s'organiser en monarchies religieuses. Mais en assouplissant l'homme pour le rendre calme et docile, leur culte impérieux avait pu lui ôter de son ressort et de sa vigueur ; et comme

---

(1) Voir à la page 211.
(2) Castañeda, *Relation du voyage de Cibola*, chap. 3. *Relation de la navigation, etc., faite par le cap. Francisco Alarcon*, page 315 (coll. de Mémoires sur l'Amérique de Ternaux).

les essaims guerriers qui se formèrent dans le nord joignaient à l'énergie des races indépendantes les avantages de la force corporelle et l'habitude des armes, le développement des groupes pacifiques fut presque toujours interrompu ou poussé dans des voies nouvelles par des invasions étrangères.

Cependant une partie de cette civilisation qui, d'un côté, commençait à grandir, et ailleurs, peut-être, penchait vers son déclin, put survivre au choc des races. Quelques-unes des tribus conquérantes, non moins policées que celles qui les avaient précédées, apportaient des institutions qui rappellent également le monde asiatique. Dans leur contact avec les vaincus, elles se transformèrent mutuellement, et des sociétés, à la fois guerrières et civilisées, naquirent de ce mélange de populations diverses et d'éléments hétérogènes. Ainsi se développèrent les monarchies puissantes des Chichimèques-Colhuas et des peuples de la race nahuatl dont les institutions se répandirent d'un bout à l'autre du continent occidental : car les hordes victorieuses, au lieu de conserver leurs conquêtes, s'en virent généralement chassées après un siècle ou deux de domination. Forcées alors de continuer leur émigration, les unes remontèrent au nord et à l'ouest, les autres descendirent dans les vastes contrées du sud et dans les vallées des Cordillères, où elles fondèrent de nouveaux États, ou bien, trouvant devant elles la solitude et l'espace, elles se dispersèrent et brisèrent les liens qui les avaient unies auparavant. Malgré les ténèbres qui recouvrent encore la plus grande partie de l'histoire américaine, on discerne, cependant, plusieurs époques bien distinctes où des événements de cette nature ont dû avoir lieu et où, par suite de guerres civiles ou de nouvelles invasions septentrionales, des émigrations considérables bouleversèrent le continent, à diverses reprises, durant les siècles antérieurs à notre ère et dans ceux qui suivirent jusqu'à deux ou trois cents ans avant la découverte.

Entre autres sujets que cette histoire présente à notre attention, n'est-ce pas un phénomène bien remarquable que ces temps de barbarie où successivement nous trouvons plongés, dans les deux Amériques, des peuples sortis du centre, possesseurs d'institutions sociales et d'une unité politique et religieuse qui auraient dû les empêcher de se dissoudre? Soit qu'on interroge les anciens navigateurs qui voyaient avec effroi les côtes du Brésil et de la Nouvelle-Angleterre habitées par des peuplades anthropophages, soit qu'on pénètre, avec les voyageurs modernes, dans les forêts de l'intérieur ou dans ces plaines immenses que parcourent les hordes nomades, on n'aperçoit que tribus divisées, que clans ennemis, que bandes éparses. Les alliances se sont rompues et les croyances s'effacent chaque jour davantage; l'industrie même a reculé, si ce n'est chez les peuples qui ont embrassé la vie pastorale. La possession du cheval et du bœuf, ces deux espèces nouvelles introduites par les blancs, devait causer une sorte de progrès dans l'état matériel des nations qui sauraient se les approprier; mais ce progrès est le seul qu'on observe, et il paraît loin de compenser tout ce que le temps a fait perdre aux peuples de ce continent, depuis trois siècles qu'ils nous sont connus.

Cependant, au milieu de ce désordre et de cette décadence, les vestiges du passé ne sont pas devenus tout à fait méconnaissables: car, tout en se rompant, les races antiques n'ont pas disséminé leurs débris au hasard. A part les populations primitives et dès longtemps vaincues, dont les traces même sont pleines d'obscurité, les essaims qui traversèrent ou qui conquirent, depuis vingt siècles, les régions renfermées entre le Nouveau-Mexique et l'isthme de Panama, ne se confondent point entre eux. Des observations récentes, qu'on ne saurait contester, ont montré que, dans une vaste partie du Nouveau-Monde, les événements accidentels ont rarement séparé une tribu quelconque du groupe auquel la rattachent son origine, son langage, ses mœurs. Aussi est-il encore possible aujourd'hui de tracer assez exactement sur la carte les principales familles de peuples qui se partagent le sol dans l'une et l'autre Amérique. La plupart ne forment plus qu'un petit nombre de masses régulièrement échelonnées dans l'ordre de leur ancienneté (1). En comparant les diverses notions recueillies par les voyageurs et les antiquaires aux documents que les races indigènes ont laissés au Mexique et dans l'Amérique centrale, on finit par découvrir leur âge, la marche qu'elles ont suivie, le caractère de leurs institutions et la loi générale de leur destinée. Ainsi commence à s'éclaircir une des pages les plus mystérieuses de l'histoire humaine. Elle offre sans doute encore bien des lacunes, mais on peut du moins les mesurer. Si, dans l'Amérique du Nord, où les divisions générales ne se dessinent que d'une manière assez vague, la confusion est plus fréquente, on y découvre du moins un ordre de faits correspondant à celui qui se manifeste dans le Midi. Les caractères des groupes principaux sont les mêmes des deux côtés : tantôt des nations errantes dont les autels sont brisés ; tantôt des hordes anthropophages qui cultivent la terre avec des mains sanglantes ; puis des ruines de cités renversées par les brusques débordements de la barbarie. Ce qui manquait le plus à l'histoire des races diverses, c'est la mesure des temps. Or cette mesure nous est donnée d'une manière assez régulière par les chronologies conservées au Mexique et dans le Yucatan, et par leur concordance avec les émigrations qu'on voit arriver dans l'Amérique centrale et les régions situées au delà de l'isthme de Darien jusqu'au Pérou. Elles offrent ainsi des termes de comparaison à l'aide desquels on verra que les indications historiques viennent se lier entre elles et se prêter un appui imprévu.

---

(1) Alcide d'Orbigny, *L'homme américain*, passim. — Moke, *Histoire des peuples américains*, page 12. — Schoolcraft, *History of the Indians of the United States*, vol. 1, passim.

§ II.

Origine symbolique des Américains. Questions sur leur berceau. Notions de géographie physique américaine. Distances de l'Asie, de l'Europe et de l'Afrique à l'Amérique. Possibilité des voyages anciens des deux premiers continents à l'autre.

Dans un paragraphe d'une extrême concision, qu'on trouve rapporté dans presque tous les auteurs qui ont traité cette matière (1), les vieux chroniqueurs mexicains paraissent avoir voulu résumer en quelques lignes toute l'histoire des anciennes races américaines. Ils disaient que les habitants des pays conquis par Cortès étaient venus successivement des terres lointaines du nord ou de l'orient, en douze ou treize compagnies ou escadres : que les premiers avaient été les *Chichimèques* (2), qui vivaient de la chasse, abandonnés qu'ils étaient aux instincts de la vie sauvage. Qu'ensuite arrivèrent les *Colhuas* (3), qui enseignèrent aux Chichimèques à cultiver la terre, à cuire la viande et à se servir des autres choses en usage dans la vie civilisée ; enfin, que longtemps après, vinrent les Nahuas ou races mexicaines et que ce furent eux qui changèrent la religion du pays et introduisirent le culte des idoles. Ils ajoutent que le père des familles nahuas était un vénérable vieillard, nommé *Iztac-Mixcohuatl* (4), lequel eut deux femmes : de la première, *Ilan-cueitl* (5), il procréa six fils qui furent *Xelhua*, père des Tecpanèques (6) ; *Tenuch*, père

---

(1) Gomara, *Cronica*, etc. cap 66. — Torquemada, *Monarq. Ind.* lib. 1, cap. 31.

(2) *Chichimèque*, prononcez *tchitchimec*; c'est le nom que les auteurs mexicains donnent généralement aux populations aborigènes les plus anciennes du Mexique.

(3) *Colhua*, ou *culhua*, *culuà*, de *coltic*, chose courbée. De là le nom de la cité de *Colhuacan*, qu'on traduit indifféremment, ville de la courbe, de choses recourbées (des serpents), et aussi des aïeux, de *coltzin*, aïeul.

(4) *Iztac-Mixcohuatl*, blanc serpent nébuleux. *Mixcohuatl* exprime le tourbillon de nuages, *tornado* en espagnol, phénomène fort commun et fort remarquable dans le Mexique et l'Amérique centrale (Aubin, *Mém. sur la peinture didactique*, etc., page 54).

(5) *Ilan-cueitl*, vieux jupon, c'est-à-dire, vieille femme, de *tlantli*, vieille, et de *cueitl*, jupon ; *enaguas* en espagnol.

(6) *Xelhua*, nom d'un de ceux qui se sauva de l'inondation, suivant le *Codex Vaticanus*, annoté par Rios. *Tecpanèques* se prend ici pour les populations anciennes des pays qui relevaient de *Tecpantlan*, nom mexicain de la ville capitale des Zoqui, dans l'État de Chiapas, appelée par eux *Ohcaray* dans leur langue.

des Mexicains (1); *Ulmecatl*, père des Ulmecas ou Olmecas (2); *Xicalancatl*, père des Xicalancas (3); *Mixtecatl*, père des Mixtecas (4), et *Otomitl*, père des Otomis (5). De la seconde femme *Chimalmatl* (6) il n'eut qu'un seul fils, lequel s'appela *Quetzalcohuatl* (7).

Ces lignes que nous lisions, en quelque sorte, comme une énigme, il y a vingt ans, jettent aujourd'hui une lumière inattendue sur nos études en débrouillant le chaos de tant d'émigrations diverses qui ont sillonné l'Amérique, et résument avec une étonnante exactitude l'origine et la provenance des principales races qui ont peuplé cet hémisphère. Sous le nom générique de Chichimèques, qui a tant embarrassé les auteurs anciens et modernes, la tradition mexicaine admet l'ensemble des populations aborigènes du nouveau monde, et en particulier les premières peuplades qui colonisèrent ce continent à l'origine des temps. Ainsi s'expliquent les contradictions apparentes de Sahagun, de Torquemada, etc., dans les récits relatifs à ces Chichimèques, qu'ils représentent tantôt comme des brutes et des barbares, tantôt comme les plus civilisés des peuples anciens : en effet, si, parmi les innombrables nations désignées sous ce nom si vague, les unes s'abandonnèrent à la vie sauvage, il y en eut d'autres qui se policèrent ou surent améliorer leur condition sociale au contact d'une race nouvelle, désignée dans l'histoire par le nom de *Colhua*; celle-ci indique à la fois une autorité paternelle et peut-être aussi le culte du soleil et du serpent. C'est cette race qui serait venue par delà les mers, directement

---

(1) *Tenuch* et les Mexicains représentent ici les ancêtres primitifs de la race nahuatl, Toltèques et autres.

(2) *Ulmeca*, nom des anciennes populations du plateau de Cholula et des pays voisins, dans l'Etat de Puebla de los Angeles.

(3) Les *Xicalancas* avaient leur capitale à *Xicalanco*, ville située naguère à la pointe du même nom, vis-à-vis l'île de Carmen, entre la mer Atlantique et la lagune de Terminos.

(4) Sous le nom de *Mixtecas*, on entend les populations de la Mixtèque et peut-être aussi les Zapotèques dans l'Etat d'Oaxaca.

(5) Les *Otomis* habitaient la vallée de Mexico et s'étendaient surtout du nord et à l'ouest vers le Michoacan; *Otompan*, aujourd'hui *Otumba*, fut leur capitale.

(6) *Chimalman*, porte-bouclier, de *chimalli*, bouclier, et *mama*, porter.

(7) Torquemada, *Monarq. Ind.* lib. 1, cap. 12. — Gomara, *Cronica*, etc., cap. 60.

de l'orient, et qui aurait introduit en Amérique, neuf ou dix siècles avant l'ère chrétienne, la civilisation dont Palenqué et Mayapan présentent encore des traces si remarquables : c'est cette race dont les descendants se seraient trouvés ensuite en lutte avec des nations énergiques, signalées généralement sous le nom de Nahuas, et qui commencèrent à émigrer du nord-est longtemps avant notre ère. Toutes les traditions, toutes les histoires et les théogonies même, l'ensemble des documents originaux que nous possédons en Europe ou en Amérique, dans les collections publiques ou privées, ne seraient, pour ainsi dire, que des commentaires de ce précis et la relation succincte des événements qui furent la conséquence de la dernière invasion, laquelle continua, presque sans interruption, plusieurs siècles avant l'ère chrétienne jusqu'au onzième ou douzième après. D'où venaient ces races guerrières qui, durant tant d'années, fournirent l'émigration américaine, qui bouleversèrent plusieurs fois cet hémisphère, en le renouvelant, en changeant ou en modifiant ses institutions, c'est ce que nous examinerons à l'aide des traditions indigènes, après avoir exposé brièvement ce que les modernes ont pensé de la possibilité de leur passage par le nord-ouest, ainsi que les idées reçues à cet égard.

Au commencement de la conquête de l'Amérique, des systèmes de toute nature s'élevaient sur l'origine et l'existence des populations qui venaient de se révéler : en voyant la vie sauvage et abrutie des unes, les mœurs policées et les institutions sociales des autres, on se demanda plus d'une fois s'il était possible qu'elles appartinssent à une même famille et qu'elles eussent eu le même berceau. On oubliait que dans l'ancien continent il existait plus d'un exemple semblable, et que dans des régions naguère réputées pour leur haute civilisation, l'invasion étrangère et la tyrannie en avaient réduit les habitants au dernier degré de l'échelle sociale. Malgré la condition avilie où l'on trouve aujourd'hui un grand nombre de tribus sur le continent américain, il y a de fortes présomptions pour admettre qu'elles descendent de peuples dont l'intelligence comme l'état social a dû être plus développée anciennement. Par les traditions et les monuments épars en tous lieux, on reconnaît sans peine les traces d'une civilisation perdue et qui fut probablement dans les temps passés la condition normale des nations du nouveau monde. « C'est, en effet, une question importante, dit ici Guillaume de Humboldt, de savoir si l'état sauvage qui, même en Amérique, se retrouve à différents degrés, doit être regardé comme l'aurore d'une société à naître, ou si ce ne sont pas plutôt les derniers débris d'une civilisation perdue, disparaissant au milieu des tempêtes, bouleversée et dispersée par d'effroyables catastrophes. Pour moi, ajoute l'éminent écrivain, cette dernière hypothèse me paraît la plus rapprochée de la vérité. »

Voyons maintenant ce qu'à l'appui de cette opinion nous trouvons sous les symboles contenus dans le *Livre Sacré*. Suivant les traditions toltèques et mexicaines, le mérite de la civilisation américaine reviendrait entièrement à la race nahuatl, qui ne se serait pas moins distinguée par la supériorité de sa culture intellectuelle que par l'empreinte énergique qu'elle laissa de son existence et de ses institutions dans toutes les nations où elle passa ou qu'elle soumit à sa domination. En supposant maintenant, avec la plupart des auteurs qui ont traité cette matière, que l'Asie ait été le berceau de ces institutions, qui présentent d'ailleurs avec les siennes des analogies si frappantes, on ne se refuserait que difficilement à admettre qu'il eût existé anciennement des communications entre les deux continents, à moins de prétendre que ces analogies soient le simple résultat d'une identité de position, dans laquelle se trouvent les peuples à l'aurore de la civilisation. Dans le premier cas, par quelles voies ces communications lointaines se seront-elles accomplies? Comment la culture intellectuelle se sera-t-elle conservée en traversant les régions boréales où ils se rapprochent l'un de l'autre, si, comme on le prétend, ce passage n'a pu s'opérer que par le nord? Voilà des problèmes qui, depuis trois siècles, n'ont cessé d'intéresser la science, et qui aujourd'hui ne sont pas encore résolus.

L'exposé que nous voulons faire ici des traditions indigènes en regard de celles que l'ancien monde a pu conserver d'une terre lointaine au delà de l'Océan occidental, servira, sans nul doute, à éclaircir cette question : c'est ainsi seulement qu'on commencera à connaître l'histoire des antiques communications entre les deux continents. Les détails des annales des sciences ne sont utiles qu'autant qu'on les réunit par un lien commun. L'accumulation des faits isolés ne produirait qu'une sécheresse fatigante, si l'on ne tendait, tout en y fouillant, à quelque vue générale sur les progrès de l'intelligence et la marche de la civilisation. Ils sont la base principale de toute discussion soumise à une saine critique, et leur indication est indispensable pour faire juger le lecteur du degré de confiance que méritent les résultats obtenus. Dans les développements qui suivent, nous tâcherons de ne pas nous étendre inutilement sur des sujets qui ont été suffisamment traités auparavant, nous nous bornerons à ce qui peut conduire, dans l'état actuel de nos connaissances, à de nouvelles combinaisons d'aperçus historiques, y ajoutant quelques notions d'histoire et de géographie physique puisées à une source sûre (1) et qui pourront, en les éclairant, devenir une mine féconde de rapprochements utiles.

Lorsqu'on s'élève à des considérations générales de physique du globe et que l'on examine le relief des deux grandes masses continentales qui dépassent aujourd'hui le niveau de la surface de l'Océan, on distingue, soit leur configuration individuelle (articulation, élargissement vers le nord, terminaison pyramidale vers le sud à différents éloignements du pôle, abondances d'îles opposées aux côtes orientales), soit les rapports de proximité ou d'éloignement entre les deux mondes. Ces circonstances

---

(1) Humboldt, *Essai sur l'histoire de la géographie du nouveau continent*, Paris 1837.

auxquelles on lie la position géographique de quelques groupes d'îlots, interposés comme lieux de passages ou stations intermédiaires, ont nécessairement influé sur les chances qu'ont eues les habitants des deux continents de se révéler leur existence mutuelle. Par 60° et 70° de latitude boréale, l'accroissement des masses continentales est tel, que la largeur des mers y forme quelque chose de plus que la huitième partie de la circonférence du globe correspondant à ces parallèles. L'Amérique se rapproche de l'ancien continent, sur trois points, à moins de six cents lieues marines (de 20 au degré équatorial), entre l'Écosse ou la Norwège et le Groënland oriental, entre le cap nord-ouest d'Irlande et les côtes du Labrador, entre l'Afrique et le Brésil. « La première de ces distances, dit ici Humboldt (1), n'est presque que la moitié des deux autres. Le canal de l'Atlantique entre le cap Wrath d'Écosse et Knighton-Bay (lat. 69° 15'), au sud de Scoresby-Sound du Groënland oriental, n'a que 270 lieues de largeur, et l'Islande se trouve dans la direction de cette traversée. La vallée longitudinale de l'Atlantique qui sépare les deux grandes masses continentales, en offrant des angles saillants et rentrants qui se correspondent (du moins de 75° N. à 30° S.), s'élargit vers le parallèle de l'Espagne où, du cap Finistère à Terre-Neuve, il y a 617 lieues marines. Elle se rétrécit une seconde fois dans le voisinage de l'équateur, entre l'Afrique (côte du cap Roxo, près du banc des Bissagos et Sierra-Leone) et le cap San-Roque. La distance de continent à continent, dans une direction N.-E. S.-O. sur laquelle se trouvent les îlots et écueils de Rocas, de Noronha, du Pinedo de San-Pedro et de French-Shoal, est de 510 lieues, en supposant le cap de Sierra-Leone, d'après les observations du capitaine Sabine, lg. 15° 39' 24", et le cap de San-Roque, d'après l'amiral Roussin et Givry, lg. 37° 37' 26". Le point le plus rapproché de l'Afrique est probablement la pointe Toiro, près de Bon-Jesus (lat. 5° 7' aust.), tandis que la saillie la plus orientale

---

(1) Id. ibid. tom. II, pag. 52.

de l'Amérique est de 2° à 3° plus au sud, entre le rio Parahiba do Norte et la rade de Pernambuco. »

Les traversées si communes de la Méditerranée fournissent là-dessus des comparaisons faciles à saisir. Il y a de l'Ecosse au Groënland oriental (minimum de distance), comme de Gibraltar au cap Bon ; de l'Afrique au Brésil, comme de Gibraltar à Bengasi et aux côtes de Cyrénaïque. Mais le rapport de ces distances change entièrement si on se rappelle que les terres situées au nord du cercle polaire, peuplées par quelques misérables tribus d'Esquimaux, l'immense péninsule du Groënland, les Arctic-Highlands au nord de la baie de Baffin et les terres formant les côtes septentrionales du canal de Barrow, sont entièrement séparées de l'Amérique continentale et l'enveloppent vers le nord. C'est ainsi que sur une moindre échelle, la Scandinavie, habitée par des peuples de race germanique, enveloppe le nord-est de l'Europe et rappellerait un phénomène de configuration semblable, si l'isthme de Finlande, rempli de lacs, était rompu entre le golfe de ce nom et la mer Blanche. La Scandinavie américaine, tout insulaire et circumpolaire, ayant des limites encore peu déterminées vers le nord-est et le nord-ouest, malgré les découvertes récentes de Franklin, de Mac-Clure, de Cane et de Mac-Clintock, appartient à l'Amérique au même titre que l'Archipel de la Terre-de-Feu; elle lui appartient, comme la Nouvelle-Zemble, le Japon et Ceylan font partie de l'Asie. La direction des côtes orientales de l'Amérique, depuis la Floride jusqu'au 70° de latitude, est, malgré la vaste étendue d'une mer intérieure, communiquant avec l'Atlantique par le détroit de Davis, si uniforme du sud-ouest au nord-est (1), que la partie la plus orientale du Groënland, la terre d'Edam, vue l'an 1665 (2) par les Hol-

---

(1) Direction presque parallèle aux côtes occidentales de l'ancien continent (S. S. O. — N. N. E.) des caps Blanc et Bojador au cap Nord de la Norwége.

(2) Si l'on voulait objecter l'incertitude de cette position, ajoute ici Humboldt, je rappellerais que le capitaine Sabine, dans son courageux voyage pour la détermination de la figure de la terre par l'observation du pendule, s'est avancé, en 1823, sur cette côte jusqu'à 76° de latitude, au nord de Roseneath-Inlet et 1° 1/2 au sud de la terre d'Edam, il se trouvait déjà par

landais, en latitude 77° 25′, est de 3°½ plus orientale que le cap Blanc d'Afrique, et seulement de la même quantité plus occidentale que le cap Slyne en Irlande. Il résulte de cette direction que la région continentale de l'Amérique reste plus éloignée de l'Europe que la côte déserte du Groënland oriental : aussi la moindre distance de l'Irlande au Labrador est-elle de 542 lieues marines, presque d'une trentaine de lieues de plus que la distance de l'Afrique au Brésil.

Mais tel est le froid qui règne sur la côte orientale d'un continent par les latitudes où il tombe de la neige en abondance et où dominent les vents de terre; telle est la différence de position et l'inflexion des lignes isothermes en Amérique et en Europe, que, pour trouver une terre que l'Européen puisse habiter avec quelque agrément, il faut avancer du Labrador vers l'embouchure du Saint-Laurent. Nous marquerons encore cette distance (690 lieues marines) de l'Irlande au Saint-Laurent avec quelque précision, parce que l'embouchure du grand fleuve a été l'objet des premières incursions de colons islandais, plus de cinq cents ans avant les voyages de Colomb et de Cabot.

Dans ces conditions de géographie physique, continue l'auteur de l'*Essai sur l'histoire de la géographie du nouveau continent*, il ne s'est agi jusqu'ici que d'évaluations de distances directes, non de routes que suivent les peuples à travers l'Océan, favorisés ou contrariés par les vents ou les courants, attirés et déviés par les avantages qu'offrent des îles interposées ou des stations intermédiaires. L'Islande, les Açores, les Canaries, sont les points d'arrêt qui ont joué le rôle le plus important dans l'histoire des découvertes et de la civilisation, c'est-à-dire de la série des moyens qu'ont employés les peuples de l'Occident pour étendre la sphère de leur activité et pour entrer en rapport

---

long. 21° 23′. Des cartes plus anciennes avançaient le Groënland encore plus vers l'est, de sorte que la partie la plus orientale était sous le méridien d'Edimbourg. (*Essai sur l'hist. de la géog. du N. Continent*, tom. II, note de la pag. 54.) On sait que depuis les expéditions chargées de la recherche de Franklin et celle de Kane atteignirent presque l'extrémité du pôle.

avec les parties du monde qui leur étaient restées inconnues. Près de l'entrée de l'antique fleuve *Ogenos*, océan, les îles Fortunées furent connues aux Phéniciens et aux Hellènes, dès qu'ils tentèrent de dépasser les colonnes de Briarée. La découverte de l'Islande précéda celle des Açores, groupe intermédiaire par sa position en latitude, mais de quelques degrés plus occidentale que l'antique Thulé (1), dont la côte de l'est coïncide presque avec le méridien de Ténériffe. Ces îlots, jetés entre les deux continents (2), ont perdu de leur importance, depuis qu'ils n'ont plus été les avant-postes de la civilisation européenne, des points d'attente et d'espérance. Lorsque l'exploration des côtes d'Afrique et d'Amérique a été consommée, ils n'ont plus eu d'intérêt historique. Il ne leur est resté que l'avantage matériel de servir de lieux de relâche et de colonisation agricole.

L'étendue du continent américain est immense dans sa partie boréale, surtout au delà des soixantièmes degrés de latitude, où le maximum de sa largeur continentale de l'ouest à l'est, du cap du Prince-de-Galles à la terre d'Edam, ou, si l'on préfère un point déterminé avec plus de certitude astronomique par le capitaine Sabine, à Roseneath-Inlet, dans le Groënland oriental, où sa largeur, disons-nous, est de 154° $\frac{1}{7}$, ou (3) de 148° 20'. A cette hauteur les deux mondes vers l'est de l'Asie sont tellement rapprochés qu'un détroit de dix-sept lieues et demie ma-

(1) Dans la supposition qu'avec M. de Humboldt on admette que l'Islande soit l'*Ultima Thulé*, opinion qui est aujourd'hui rejetée de beaucoup de savants.

(2) Il y a de l'extrémité septentrionale de l'Ecosse à l'Islande 162 lieues marines ; de l'Islande à l'extrémité sud-ouest du Groënland, 240 lieues; de cette extrémité aux côtes du Labrador, 140 lieues ; à l'embouchure du Saint-Laurent, 260 lieues; de l'Islande directement au Labrador, 380 lieues. Il y a du Portugal (embouchure du Tage) aux Açores (Saint-Michel) 247 lieues ; des Açores (Corvo) à la Nouvelle-Ecosse, 412 lieues ; des Canaries (Ténériffe) au continent de l'Amérique méridionale (à l'embouchure de l'Oyapok, dans la Guyane française, en supposant le fort de Cayenne, avec M. Givry, à 3° 36' 35"), 620 lieues marines (Id. *ibid.* note, page 57).

(3) La différence de longitude de 148° $\frac{1}{7}$ offre à peu près 59° $\frac{1}{7}$ de moins que le maximum de la largeur de l'ancien continent, entre les méridiens du cap Oriental (détroit de Behring) et le cap Vert d'Afrique. Cette différence se fonde sur les observations de MM. Beechey et Sabine. Si l'on se borne à la masse vraiment continentale depuis le cap du Prince-de-Galles (détroit de Behring) jusqu'au cap de Saint-Louis (Labrador), on trouvera 112° 35' (Humboldt, *ibid.* note, pag. 58).

rines de largeur seulement les sépare (1), et que les Tchouktches d'Asie, malgré leur haine invétérée contre les Esquimaux du golfe de Kotzebue, passent quelquefois aux côtes américaines. Cette grande proximité des continents se révèle aussi dans la distribution géographique des végétaux. C'est surtout au nord du détroit de Behring que le Rhododendrum, l'Azelia procumbens, l'Uvolaria asplenifolia, et les Liliacés de la flore alpine du Kamtchatka, couvrent (2) le littoral américain, qui, bas et sablonneux, jouit d'une température plus douce que la côte asiatique.

Lorsqu'on considère attentivement la configuration extraordinaire de l'Asie et cette chaîne d'îles qui, presque sans interruption, se prolonge de la péninsule du Kamtchatka, par les Kouriles, Yeso, le Japon, les Lie-ou-Kieou (Loo-Choo), Formose, les Bachis et les Babuyanes aux Philippines, du 20° au 52° de latitude, on conçoit comment cette longue traînée d'îles de grandeurs si diverses, formant avec le littoral du continent diversement articulé quatre *Méditerranées à plusieurs issues* (3), les mers d'Okhotsk, de Taraïkaï, du Japon et de la Chine, devait exciter les peuples du continent à former des rapports de commerce, de colonisation et de propagande religieuse avec les habitants des îles opposées. L'étude plus approfondie que, grâce aux travaux d'Abel Rémusat, de Klaproth et de Siebold, et, dans ces derniers temps, de Stanislas Julien, de Landresse, de Léon de Rosny, etc., on a faite de l'histoire de la Chine, du Japon et de la Corée, prouve l'influence que ces rapports ont exercée sur les

---

(1) D'après les observations faites pendant l'expédition du *Blossom* (Beechey, tom. II, page 673), la largeur du détroit de Behring est déterminée par la position du cap Est (d'Asie), latitude, 66° 3' 10", longitude, Paris, 172° 4' 14", et, par celle du cap (américain) du Prince-de-Galles, latitude, 65° 33' 30", longitude, 170° 19' 34". La distance entre les deux caps est, par conséquent, en le calculant, dans la supposition de la terre sphérique, de 52° 9' 2". Cook croyait la largeur du détroit de 44 milles seulement. A peu près au milieu du canal se trouvent les îles de Saint-Diomède (îles de Krusenstern, 1, Raumanoff et Fairway-Rock). *Ibid*, ut sup.

(2) Ad. Chamisso, *Bemerkungen auf der Entdeckungs Reise des Rurik*, 1821, pag. 166 et 177. La hauteur qu'acquièrent les pins réunis en petites forêts dans la baie de Norton, vis-à-vis du promontoire rocailleux des Tchukotzkoy-Noss et du golfe d'Anadyr, prouve surtout cette différence de température entre les côtes de l'est et celles de l'ouest.

(3) C'est la nomenclature hydrographique de M. de Fleurieu.

progrès de la civilisation et sur l'extension du buddhisme. Dans tout l'est et le nord de l'Asie, cette extension semble liée à l'adoucissement des mœurs et au goût pour les lettres. Deux cent neuf ans avant notre ère, l'expédition mystique de Thzin-chi-Houang-ti parcourut la mer de l'est « pour chercher un remède qui procure l'immortalité de l'âme. » A cette occasion, trois cents couples de jeunes gens se fixèrent au Japon (1). Le caractère particulier du littoral continental, et d'une chaîne d'îles qui s'offre à la vue du navigateur, tantôt comme une longue terre brisée, tantôt comme des soulèvements volcaniques, suivant une même direction (S.S.O.-N.N.E.), donnerait à croire que des nations commerçantes et qui connaissaient très-anciennement l'usage de la boussole, auraient pu être conduites progressivement vers l'Amérique occidentale, par le détroit de Behring, ou par la longue chaîne arquée des îles Aléoutiennes, qui joint presque les péninsules d'Alaska et du Kamtchatka, par le 60° de latitude. Rien ne prouve cependant jusqu'ici que, dans les temps historiques, la violence d'une tempête soit devenue le motif d'une communication entre les deux continents.

Des savants annonçaient, il y a déjà près de cent ans (2), que les Chinois avaient connu l'Amérique dès le cinquième siècle de notre ère et que leurs navires allaient au Fousang, situé à 20,000 li de distance de Ta-Han; que le Fousang est la côte nord-ouest du nouveau continent, tandis que le Ta-Han désigne le Kamtchatka. Malgré les judicieuses réfutations que M. Klaproth a publiées contre cette hypothèse (3), elle s'est reproduite à plusieurs reprises sous la plume de savants estimables qui croient retrouver dans ce *Vinland d'Asie* (4) plus d'un trait caractéristique désignant l'Amé-

---

(1) Humboldt, *Tableaux de la nature* (deuxième édition), tom. I, pag. 109.

(2) Deguignes, le père, dans les *Mémoires de l'Académie des Inscriptions*, etc., tom. xxviii, pag. 505.

(3) *Recherches sur le pays de Fousang, mentionné dans les livres chi-*

nois et pris mal à propos pour une partie de l'Amérique (*Nouvelles Annales des Voyages*, tom. xxi, deuxième série).

(4) Cette expression est de M. de Humboldt, qui ajoute à ce propos : C'est une analogie curieuse qu'offre le pays des vignes de Fousang (l'Amé-

rique (1). Si l'on peut d'ailleurs ajouter foi aux cartes des Japonais, leurs voyages se seraient étendus anciennement jusqu'à Java, et vers le nord jusqu'au détroit de Behring; au sud, leurs navigations étaient longues et dirigées par des cartes marines. Ils recevaient des épiceries des Moluques à une époque fort reculée, et il y eut probablement un temps où leurs entreprises commerciales s'étendaient jusqu'au golfe Persique. Du côté opposé, on croit en trouver des traces jusque sur les côtes de Californie (2), et Gomara assure qu'au temps des expéditions de Cortès dans cette région, on y découvrit les débris d'un navire du Cathay (3) : il existait, du reste, une tradition constante alors parmi les populations américaines de l'océan Pacifique, que des nations lointaines venaient auparavant d'une région d'outre-mer commercer aux ports de Coatulco et de Pechugui, dépendants du royaume de Tehuantepec. Les Wabi, réduits aujourd'hui à quelques milliers de pêcheurs répandus sur les lagunes voisines de la ville de ce nom, disaient de leur côté y être venus par mer, du côté du sud (4), et il y aurait peut-être quelques points de comparaison à

rique chinoise de Deguignes), avec le *Vinland* des premières découvertes scandinaves sur les côtes orientales de l'Amérique.

(1) « Le *Fou-Sang* est l'objet d'une curieuse notice dans le *Wa-kan-san-taï-dzon-ye*, ou Grande Encyclopédie japonaise. Cette région énigmatique est située à l'est du *Ta-nan-kouëh*, à une distance d'environ 20,000 *li* à l'est, suivant l'autorité du *Tong-tien*. Ce pays est à l'est de la Chine. Il y croit un grand nombre de *fou-sang* (*hibiscus rosa sinensis*), dont les feuilles ressemblent à l'arbre *tong*. Ses habitants possèdent une écriture et se font des vêtements avec l'écorce de l'arbre *fou-sang*. Ils élèvent des cerfs comme des bœufs, et se font une boisson avec du lait. Le sol ne renferme point de fer, mais on y trouve du cuivre. » — Une autre notice est consacrée au pays des Amazones, *Nyo-mi-gok*, « le royaume des femmes, » pays situé au sud-est du Grand-Océan et à l'est du pays du *Fou-Sang*. Je dois ces notes à l'obligeance de M. Léon de Rosny, qui, outre son savant *Essai sur la langue japonaise*, a publié des travaux d'un grand intérêt sur le Japon. J'ajouterai que les lecteurs qui voudraient établir des comparaisons entre la description japonaise du *Fou-Sang* et quelque région américaine, trouveront d'étonnantes analogies dans les pays décrits par Castaneda et Fra Marcos de Niza dans la province de Cibola (*Relation du voyage de Cibola*, entrepris en 1540. Coll. Ternaux). Le royaume des Amazones pourrait se retrouver dans les États des Natchez et de la Floride, où les femmes avaient la suprématie. On sait, du reste, que le lait n'était pas inconnu aux peuples du Mexique, qui avaient l'habitude de traire les vaches de bisons et les biches privées, et en faisaient du fromage.

(2) Bradford, *Amer. Antiq.*, pag. 233.
(3) *Hist. gen. de las Indias*, pag. 117. — Bustamante, *Annot. ad Sahagun Hist. gen.*, etc., post. lib. III, cap. 9.
(4) Burgoa, *Geogr. descript. hist. de la prov. de Guaxaca*, etc., cap. 72, fol. 367, y cap. 75, fol. 390.

établir entre eux et les Aïno, sujets du Japon (1). Cependant, de toutes les nations asiatiques voisines de l'océan Pacifique, les plus entreprenantes étaient les Malais, rivaux des Arabes pour le commerce et la navigation dans la mer des Indes. Ils sont encore renommés de nos jours par l'attrait qu'ils éprouvent pour les aventures maritimes. On est tout étonné de voir qu'à l'époque où les Portugais pénétrèrent pour la première fois dans l'Archipel Indien, il soit fait mention de flottes malaises qui, pour le nombre et l'étendue des vaisseaux, annoncent des puissances maritimes du premier ordre. Une de ces flottes, au dire d'un écrivain instruit (2), comptait jusqu'à quatre-vingts navires, dont trente-cinq étaient des galères considérables ; une autre se composait de trois cents voiles, dont quatre-vingts étaient des jonques de quatre cents tonneaux ; une autre enfin avait compté cinq cents vaisseaux de tout bord, portant soixante mille hommes. Devant ces témoignages réunis, ne serait-il pas permis de conclure que, si jusqu'ici aucun fait historique n'offre l'indice d'une communication spontanée des peuples civilisés de l'Asie orientale avec le continent opposé, il n'en est pas moins possible qu'elle ait pu exister dans des temps antérieurs, et qu'en plus d'une occasion la tempête ait pu jeter des Japonais, des Sianpi, de la race coréenne, ou des Malais sur la côte occidentale de l'Amérique (3) ?

Si la grande proximité de l'Asie et de l'Amérique appartient à une zone inhospitalière et glacée, sous la latitude du Labrador, de la baie de Hudson, du lac des Esclaves et du fleuve Anadyr, les côtes des deux continents, en avançant vers le sud, se dessinent, dès le parallèle des 60es degrés, dans une direction tellement opposée et en se fuyant pour ainsi dire, que par les 30 degrés de

---

(1) Rosny, L'île de Yéso et ses habitants, dans la Revue Amér. et Orient., tom. I, pag. 177.
(2) Marsden's Sumatra, p. 424, etc.
(3) Le lieutenant Maury, de la marine des États-Unis, bien connu pour les observations qu'il a faites, affirme que des marins japonais ont été souvent entraînés sur les côtes de l'Amérique ; j'étais moi-même en Californie en 1850, lorsqu'une jonque japonaise, recueillie à 100 milles de la côte par un navire américain, fut conduite à San-Francisco avec les hommes qui la montaient.

latitude sous le parallèle de Nanking et de la Nouvelle-Orléans, le littoral de la Chine est déjà éloigné de 123 degrés du littoral de la Basse-Californie, c'est-à-dire trois fois autant que l'est l'Afrique de l'Amérique méridionale. C'est là, dit encore ici Humboldt, un des caractères distinctifs de l'océan Pacifique, appelé avec raison le *Grand-Océan*. Son bassin n'offre pas la forme d'une vallée longitudinale à angles saillants et rentrants qui se correspondent comme dans celui de l'Atlantique. Depuis le détroit de Behring les côtes opposées s'écartent avec une égale rapidité, celles de l'Asie étant dirigées S.O.-N.E., celles de l'Amérique S.E.-N.O. On dirait que, dans le soulèvement des deux masses continentales, il y ait eu, du côté oriental américain, une connexité de forces qui ait déterminé simultanément les contours des masses du nouveau continent et ceux du vieux monde, tandis que, dans le bassin plus vaste de l'océan Pacifique, des causes plus indépendantes entre elles ont produit des effets entièrement dissemblables. En rattachant des vues de géologie ou plutôt de géographie physique aux chances qui se sont présentées aux races humaines d'entrer en rapport les unes avec les autres, il faut encore signaler cette zone d'îles élargie vers l'Asie, qui s'étend de l'est à l'ouest par Juan Fernandez, Salas et Gomez, l'île de Pâques, la métropole de Taïti, les Fidji et les Hébrides, vers la Nouvelle-Calédonie, puis, comme une circonstance bien importante (1) pour les besoins de la navigation,

---

(1) *Carte du mouvement des eaux à la surface de la mer dans le grand Océan austral*, par l'amiral Duperrey, 1831. Le courant qui porte à l'est-nord-est, vers les côtes de Conception et de Valdivia, se divise, en suivant les côtes du Chili, à la fois vers le sud et le nord. C'est un point de partage analogue à ceux que l'on connaît sur les côtes occidentales d'Afrique, entre la baie de Biafra et le cap Lopez, sur les côtes du Brésil, au sud du cap San-Roque (Rennell, *Invest. of the Currents of the Atlant. Ocean*, 1832, pag. 136 et 288). La branche septentrionale du courant de Chili est celle dont M. de Humboldt a fait connaître l'abaissement extraordinaire de température. Le thermomètre centigrade marque dans le courant 15° 7, et hors du courant, 26° 4 à 29° 7 (*Relation historique*, tom. III, pag. 508). Comme le mouvement partiel des eaux, dans l'océan Pacifique, a exercé une influence marquante sur la distribution d'une même race d'hommes et la filiation des idiomes (dialectes), M. de Humboldt rappelle encore ici l'existence des courants vers le nord-est, observés quelquefois dans la région tropicale, même sur la limite des vents alizés du sud-est et du nord-est (Beechey, tom. II, pag. 676. — Meyen, *Reise um die Erde auf der Prinzessin Luise*, 1835, tom. II, pag. 84-88).

— XLIII —

celle d'un courant qui porte entre les parallèles de 35° et de 40° Sud, du méridien de Taïti aux côtes du Chili, dans une direction O.S.O.-E.N.E., et se trouve par conséquent opposé au courant équatorial.

Si de l'océan Pacifique nous passons à l'autre, on remarquera que dans la vallée longitudinale de l'Atlantique, l'ancien continent s'approche deux fois et presque à la même distance (de 510 à 542 lieues marines) des côtes du continent américain. La vallée a le minimum de largeur, dans une direction S.S.O.-N.N.E., près de l'équateur, entre l'Afrique et le Brésil. Du cap Roxo (entre l'embouchure de la Gambie et les Bissagos) au cap San-Roque, il n'y a que dix lieues marines de moins que de ce dernier cap à Sierra-Leone (1). En Europe, c'est l'Irlande occidentale qui, dans le promontoire entre Tralee et Dingle-Bay, avoisine le plus l'extrémité S.E. du Labrador, un peu au nord de Terre-Neuve. L'Atlantique n'a, sous ce parallèle (et les deux points ont à 9' près la même latitude), qu'une largeur de 542 lieues (2). La différence des largeurs entre l'Europe et l'Amérique continentale du nord, entre la Guinée et l'Amérique du Sud, n'est donc, malgré l'accroissement de plus de 40 degrés de latitude, que de 94 milles de soixante au degré équatorial. Ces rapports de proximité des deux mondes changent considérablement, lorsqu'on considère comme partie de l'Amérique la vaste île du Groënland, dont le prolongement vers le nord-ouest, au edlà de la mer de Baffin et du détroit de Barrow, commence à peine à être connu. En effet cette contrée septentrionale semble être une dépendance naturelle du continent occidental, d'après l'identité de direction (S.O.-N.O.) de ses côtes orientales, depuis la Géorgie jusqu'à la terre d'Edam, des 30 aux 77 degrés 1/2

---

(1) En calculant dans l'hypothèse de la terre sphérique, il y a du cap San-Roque (latitude 5° 28' 17" austr.; longitude, 37° 37' 26") au cap Roxo (latitude, 12° 20' nord; longitude, 19° 14'), 1531,2 milles nautiques. Du cap San-Roque à Sierra-Leone (latitude, 8° 29' 55" bor.; longitude, 15° 39' 24"), 1558,7 milles (Humboldt, *Essai sur l'hist. de la géogr. du N. Continent*, tom. II, pag. 74, note 1).

(2) Du promontoire d'Irlande au sud de Tralee (lat., 52° 20'; long., 12° 40') au cap Charles du Labrador (lat., 52° 11'; long., 57° 40'), 1625,7 milles (Id. ibid., n. 2).

de latitude. Le Groënland oriental, dans les terres de Scoresby, s'approche tellement de la péninsule scandinave et du nord de l'Ecosse, que de cette dernière au cap Barclay (1° 4/2 au sud du parallèle de l'île volcanique de Jan Mayen) il n'y a que 269 lieues marines (1), ce qui est à peu près la moitié de la largeur de l'Atlantique entre l'Afrique et le Brésil. Par un vent frais et continu de N.O. on franchirait cet espace en moins de quatre jours.

Le rapprochement de toutes les masses continentales vers le cercle polaire arctique et au delà se révèle aussi, comme le prouvent les recherches les plus exactes sur la géographie des plantes, dans le grand nombre des végétaux propres à l'Europe, à l'Asie et à l'Amérique boréale (2). L'Amérique du Sud et, en général, toute la portion tropicale du nouveau monde, porte un caractère différent. La grande loi de la nature reconnue par Buffon dans la disparité de la création animale qui est propre à ces régions et à l'Afrique peut s'appliquer, sous de certaines restrictions, au règne végétal. Les exceptions à la loi sont rares, mais elles existent, nonseulement dans les plantes monocotylédones, surtout dans les familles des graminées et des cypéracées (3), mais encore dans les dicotylédonées en arbres et qui ne sont pas des espèces littorales ou aquatiques (4).

---

(1) Cap Wreath (extrémité nord-ouest de l'Ecosse), lat. 58° 39'; long., 7° 18". — Cap Barclay, au sud de la baie de Scoresby, lat., 69° 10'; long., 26° 4'. Distance, 807 milles nautiques (Iu. ibid.).

(2) Les bruyères que l'on croyait manquer à toute l'Amérique, comme au nord-est de la Sibérie, ont été trouvées dans l'intérieur de l'île de Terre-Neuve.

(3) Humboldt, De dist. geogr. plant. secundum cœli temperiem et altit. montium, 1817, pag. 64-67.

(4) Comme Avicennia tormentosa, Suriana maritima, Jussiena erecta, etc. Il est bien remarquable sans doute, ajoute ici l'illustre écrivain, que, d'après les travaux de M. Robert Brown sur la flore du Congo, et d'après les discussions de MM. Perrotet et Guillemin sur la flore du cap Vert et de la Sénégambie, ce soient principalement les côtes africaines et celles du Brésil et de la Guiane qui offrent ces analogies avec l'Afrique équinoxiale. Il suffit de citer des espèces du Rio-Zaïre et du Sénégal, dont les noms spécifiques mêmes indiquent le lieu où les voyageurs botanistes les ont recueillies pour la première fois : Schwenkio americana, Urena americana, Cassia occidentalis, Limenia americana, Waltheria americana, qui est identique avec le Waltheria indica. D'autres exemples de dicotylédonées communes aux côtes équinoxiales d'Afrique et d'Amérique sont : Sida juncea, Pterocarpus lunatus, OEschinomene sensitiva, Scoparia dulcis et le Dodonœa viscosa, que j'ai recueillies, continue Humboldt, au Mexique sur le plateau de Guanaxuato et sur les collines de ponces agglomérées près

Les courants portent du Congo à l'ouest vers le Brésil, tandis que, à l'embouchure du Sénégal et au delà jusqu'à la baie de Biafra, le mouvement des eaux est au S. et au S. E., par conséquent entièrement contraire au transport de fruits et de graines aux côtes américaines. Ce que nous savons de l'action délétère qu'exerce l'eau de mer dans un trajet de cinq ou six cents lieues sur l'excitabilité germinative de la plupart des graines n'est, d'ailleurs, pas en faveur du système trop généralisé sur la migration des végétaux au moyen de courants pélagiques. Nous ne saurions terminer cet aperçu de la grande vallée atlantique, au point où elle offre le moins de largeur entre des masses de terre entièrement continentales, sans ajouter aux traits du tableau physique l'indication d'un petit nombre de faits, généralement négligés par les historiens modernes de l'Amérique, mais que l'éminent écrivain que nous suivons dans cette partie de nos études a recueillis pour expliquer comment des causes, peu importantes en apparence, ont pu servir à Christophe Colomb pour lui inspirer une si grande confiance dans son premier voyage vers le nouveau continent encore inconnu.

§ III.

Vents et courants entre l'Afrique ou l'Europe et l'Amérique. Exemples tirés des anciens. Voyages des Irlandais, des Normands en Islande et en Amérique. Recherche du paradis terrestre. Rêves des voyageurs à ce sujet. Légendes du moyen âge.

Dans l'état moyen des mouvements de l'Atlantique, les fleuves pélagiques, que nous distinguons sous les noms un peu vagues de *Gulf-Stream*, de courant équinoxial, de courants du golfe de Guinée, des côtes du Brésil et d'Afrique méridionale, sont séparés par des eaux tranquilles ou stagnantes qui n'obéissent qu'à

---

du Rio Mayo, dans le chemin de Popayan à Pasto, tandis que M. Perrottet l'a trouvé au Sénégal (*Essai sur l'hist. de la géogr. du nouveau continent*, tom. II, pag. 77. — Robert Brown, *Remarks on the botany of the Congo river*, pag. 57. — Perrottet, Guillemin et Richard, *Flore de la Sénégambie*, pag. 10, 41, 73).

l'impulsion locale des vents; mais par la réunion fortuite des causes météorologiques, quelquefois très-éloignées, les fleuves pélagiques s'élargissent ou se prolongent, en inondant pour ainsi dire des espaces de mer dépourvus de mouvements de translation propre. Alors les courants de différentes dénominations communiquent temporairement entre eux et produisent des phénomènes qui ont dû surprendre à une époque où la géographie physique du bassin de l'Atlantique était moins avancée. On lit, dans une *Histoire des îles Canaries*, de George Glas, imprimée en 1764, que, peu d'années avant la date de cette publication, un petit bâtiment chargé de blé et destiné à passer de Lancerote à la rade de Santa-Cruz de Ténériffe, fut poussé au large par une tempête qui l'empêcha de regagner le groupe des îles d'où il s'était éloigné. Emporté vers l'ouest par le courant équinoxial et les vents alizés, il se vit, à deux journées de distance de la côte de Vénézuela, hélé par un navire anglais, qui s'empressa de porter secours aux Canariens qui avaient survécu, et les amena au port de la Guaira (1). En 1731, un accident analogue arriva à un bateau chargé de vin qui faisait route de Ténériffe à la Gomera. Après avoir, durant plusieurs jours, lutté contre les vents contraires, il aborda avec six matelots à l'île de Trinidad, où la foule avide accourut pour le voir (2).

La communication établie entre le courant de l'Afrique septentrionale, dirigé vers le sud, et le courant équinoxial, dirigé vers l'ouest, agissait ici dans un sens diamétralement opposé à celui qui, du temps de Colomb, transporta un morceau de bois artistement sculpté, et que Martin Vicente, pilote du roi de Portugal, lui dit avoir trouvé à plus de quatre cents lieues du cap Saint-Vincent. Pedro Correa, beau-frère du grand navigateur, racontait avoir tiré de l'eau, près de l'île de Madère, un morceau de bois en tout semblable, ajoutant qu'il avait entendu, de la bouche

---

(1) Glas, *History of the discovery and conquest of the Canary Islands*, part. v. — Vieira, *Hist. gen. de las is-* | *las Canarias*, tom. II, page 167. (2) Gumilla, *Orinoco Ilustrado*, cap. 31.

même du roi, qu'on avait recueilli dans ces parages de gros bambous qui, d'un nœud à l'autre, pouvaient mesurer neuf *garrafas* de vin (1). Les habitants des Açores disaient que lorsque le vent soufflait de l'ouest, la mer portait sur la plage, principalement à Graciosa et à Fayal, des pins d'une espèce étrange; d'autres joignaient qu'on trouva un jour, sur les sables de l'île de Florès, deux cadavres d'hommes, dont la large face et la physionomie, tout autre que celle des chrétiens, indiquaient une race étrangère. Une autre fois on vit deux canots ou almadies, à couvert mobile, remplies d'hommes dont on n'avait jamais ouï parler, et qui, chassés par le vent, passèrent d'une île à l'autre (2).

Le transport de ces objets, bambous, troncs de pins, cadavres humains, bateaux remplis d'hommes vivants à faces étrangères, rejetés par les flots sur la plage des Açores, est attribué par Herrera à l'action des vents d'ouest. Mais cette explication ne serait pas suffisante aujourd'hui : la véritable cause de ce phénomène ne peut être que le grand courant d'eau chaude, connu des marins sous le nom de *Gulf-Stream* (3). Le vents d'ouest et du nord-ouest contribuent simplement à augmenter la vitesse moyenne de ce fleuve pélagique, à prolonger son action vers l'est, jusqu'au golfe de Biscaye, et à mêler les eaux du *Gulf-Stream* à celle des courants du détroit de Davis et de l'Afrique septentrionale (4). Le même mouvement océanique vers l'ouest qui portait, dans le quinzième siècle, les bambous et les pins sur le littoral des Açores,

---

(1) Herrera, *Hist. général*, decad. 1, lib. I, cap. 2. L'historien des Canaries, Vieira, raconte qu'à plusieurs reprises, des fruits et des graines, provenant d'arbres indigènes aux Antilles, ont été jetés par la mer sur le rivage des îles de Fer et de la Gomera. Avant la découverte de l'Amérique, les Canariens regardaient ces fruits des tropiques comme provenant de l'île de St-Brandan. Rien ne prouve mieux les ramifications temporaires des fleuves pélagiques que le phénomène du transport de productions végétales des Antilles aux côtes de Norwège, des Hébrides, d'Irlande et des Canaries.

(2) Herrera, *Hist. gen.*, dec. 1, lib. 1, cap. 2. Ces larges faces d'hommes morts rappellent celles des Mayas d'Yucatan. Un bateau à couvert mobile, et probablement dans le genre de ceux qui se virent aux Açores, fut arrêté par Colomb sur la côte du Honduras; c'était une grande barque qui marchait à voile et à rames, et contenant vingt-cinq Indiens d'Yucatan (Herrera, *Hist. gen.*, dec. 1, lib. v, cap. 5. — Cogolludo, *Hist. de Yucatan*, lib. I, cap. 1).

(3) Humboldt, *Relation hist.*, tom. I, page 71.

(4) Rennell, *Investig. of the Currents of the Atlant. Ocean.*, page 20.

dépose annuellement en Irlande, aux Hébrides et en Norwége des graines de plantes tropicales (1); quelquefois même des tonneaux de vin de France, parfaitement conservés, épaves de navires qui ont fait naufrage aux Antilles. Des barils remplis d'huile de palmier, faisant partie d'un chargement de navires anglais naufragés au cap Lopez, sur les côtes d'Afrique, ont été recueillis en Ecosse, après qu'ils eurent traversé deux fois l'Atlantique, une fois de l'est à l'ouest, entre le 2° et le 12° degré de latitude, à la faveur du courant équatorial; une autre fois de l'ouest à l'est, au moyen du *Gulf-Stream*, par les 45° et 55° degrés de latitude. Par les temps calmes, ce dernier courant, venant du cap Hatteras, se termine sous le méridien de la grande bande de Sargasso (*Fucus natans*), qui est placée un peu à l'ouest de Corvo; mais dès que les vents d'ouest commencent à dominer, ou que, par d'autres causes météorologiques, le courant élève le niveau des eaux dans le golfe du Mexique ou dans le canal de Bahama, les îles Corvo ou Florès se trouvent enveloppées par le *Gulf-Stream*, qui se partage alors en deux branches, dont l'une se porte vers le nord-est, et l'autre sur le sud et le sud-est (2).

L'histoire, tant ancienne que moderne, signale d'ailleurs un grand nombre de faits analogues à celui des objets transportés aux Açores, et qui durent faire une si forte impression sur l'esprit observateur de Colomb. On sait que des Groënlandais ont été poussés souvent par les courants et les vents du nord-est vers les Orcades; en 1682, on en vit un à la pointe méridionale de l'île d'Eda, qui se déroba aux poursuites lorsqu'on chercha à le prendre. Dans l'église de l'île de Burra, on conserve un canot des Esquimaux, arrivé par une tempête (3). Dans l'histoire de Venise de

---

(1) Le *Mimosa scandens*, *Guilandina bonduc*, *Dolichos urens*.

(2) Voir le témoignage de M. Boïd (*Description of the Azores*, page 96). Au commencement de son voyage en Amérique, Humboldt lui-même dit avoir vu la preuve que, de temps en temps, le *Gulf-Stream* des Açores communique avec le *Courant de Guinée* ou du nord de l'Afrique, la mer ayant alors porté sur la rade de Santa-Cruz un tronc de *Cedrela odorata*, couvert d'écorce et de lichens, arbre américain qui ne peut être confondu avec aucun autre, et qui sans doute, avait été arraché de la côte du Paria ou du Honduras.

(3) Wallace, *An account of the Islands of Orkney*, 1700, page 60.

Bembo (1), on trouve l'exemple d'un bateau rempli d'indigènes américains, rencontré en 1508 par un vaisseau français qui naviguait dans l'Océan, non loin des côtes d'Angleterre. D'autres exemples de translations involontaires ont été souvent cités à l'occasion d'un morceau célèbre des fragments historiques de Cornelius Nepos (2), sur lequel la recherche d'un passage au nord-ouest, dans la navigation de l'Inde, avait gravement fixé l'attention publique au moyen âge.

Humboldt, commentant ce passage, ajoute : « Pomponius Mela, qui vivait à une époque assez rapprochée du temps de Cornelius Nepos, raconte, et Pline répète, que Metellus Celer, tandis qu'il était proconsul dans les Gaules, avait reçu en cadeau, d'un roi des *Boii* ou *Boeti* (le nom est assez incertain), et Pline le nomme roi des Suèves (3), quelques Indiens qui, chassés des mers de l'Inde par des tempêtes, avaient abordé sur les côtes de la Germanie. Il est inutile de discuter ici si Metellus Celer est le même qui fut préteur de Rome l'année du consulat de Cicéron, et dans la suite consul avec L. Afranius, ou si le roi germain était Arioviste vaincu par Jules César. Ce qui est hors de doute, par la liaison des idées qui conduisent Mela à citer le fait, regardé comme certain, c'est que l'on croyait alors à Rome que ces hommes basanés, envoyés de la Germanie dans les Gaules, étaient venus par

---

(1) Bembo, *Hist. Ven.*, lib. vii, page 257.

(2) Bosius, *In Corn. Nep. Fragm.*, tom. ii, page 350. — Pline, ii, 67. « Idem Nepos de septentrionali circuitu tradit, Quinto Metello Celeri, L. Afranii (sic Jul. Sillig. C. Afranii Salmant.) in consulatu collegæ, sed tum Galliæ proconsuli, Indos a rege Suevorum (ita omnes Plinii Cod.) dono datos, qui ex India commercii causa navigantes tempestatibus essent in Germaniam abrepti. » — Pomp. Mela, lib. iii, cap. 5, § 8 : « Ultra Caspium sinum quidnam esset, ambiguum aliquandiu fuit; idemne Oceanus, an Tellus, intesta frigoribus, sine ambitu ac sine fine projecta. Sed præter physicos, Homerumque, qui universum orbem circumfusum esse dixerunt, Cornelius Nepos, ut recentior, ita auctoritate certior; testem autem rei Q. Metellum Celerem adjicit, eumque ita retulisse commemorat : Cum Galliæ pro consule præesset, Indos quondam a rege Botorum (Botorum, Boetorum, Getorum, inepte Lydorum, Codd.) dono sibi datos; unde in eas terras devenissent, requirendo cognosse, vi tempestatum ex Indicis æquoribus abreptos, emensosque, quæ intererant, tandem in Germaniæ littora exiisse. »

(3) C'est à tort que Pelloutier fait dire à Pomponius Mela : *Suevorum rex*. Aucun manuscrit de Pomponius Mela n'a la leçon *Suevorum* (Voir Tzchukke, *Ad Mel.*, vol. II, part. iii, page 147).

d

l'Océan qui baigne l'est et le nord de l'Asie, en faisant le tour du continent au delà de l'embouchure de la mer Caspienne. Une telle supposition était entièrement conforme aux idées géographiques de cette époque, c'est-à-dire aux fausses idées que, depuis l'expédition d'Alexandre, on se formait sur la communication de la mer Caspienne avec l'Océan septentrional, et que l'on substituait malencontreusement à celles qu'Hérodote avait recueillies à Olbia et sur les bords de l'Hypanis (1).

« La mer Baltique était encore, du temps de Ptolémée, une mer ouverte à l'est; la péninsule scandinavienne était une île qui n'empêchait pas de naviguer vers l'est, à partir de l'extrémité de la Chersonèse cimbrique et de l'île Scandia. « Ces bouches sont, selon Strabon, le point le plus septentrional de la côte qui s'étend de là jusqu'à l'Inde, et auxquelles on ne peut arriver de ce pays par mer, comme l'atteste Patrocle, qui commanda dans ces contrées. » Dans un autre endroit, Strabon revient sur cette possibilité. « Le fait, dit-il, que certains navigateurs se soient rendus par mer, de l'Inde dans l'Hyrcanie, n'est pas regardé comme certain, mais que cela soit possible, Patrocle nous l'assure. » Strabon qui, en général, consultait peu les auteurs latins, n'avait donc aucune connaissance de ce prétendu voyage des négociants indiens amenés dans les Gaules. Pline, souvent très-inexact dans les notes qu'il recueillait presque en courant (*adnotabat et quidem cursim*, dit son neveu), convertit la conjecture de Patrocle en un fait circonstancié (2). Les idées géographiques ayant changé toutes ces théories, surtout depuis la découverte de l'Amérique, « on a soulevé la question de savoir de quelle race peuvent avoir été les hommes de couleur que le proconsul Metellus Celer a pris pour des Indiens. La supposition que ces hommes étaient

---

(1) Humboldt, *Essai sur l'hist. de la géogr. du N. Continent*, tom. II, page 204, note 2.

(2) Il existe au musée du Louvre un buste en bronze antique, présentant des caractères de tête fort analogues à ceux des indigènes de l'Amérique, et un savant de grand mérite, M. Egger, croit y avoir reconnu un des Indiens dont parle Pline, et dont la tête aurait été moulée alors.

des pêcheurs esquimaux du Labrador et du Groënland, jetés par les vents du nord-ouest sur les côtes britanniques, remonte jusqu'à la première moitié du xvi° siècle. L'analogie du fait non contesté de l'arrivée de Groënlandais aux îles Orcades, semble jeter une vive lumière sur celui que nous examinons ici; et quand on considère les nombreux exemples d'individus tombés entre les mains de barbares et traînés comme captifs de nation à nation, loin du lieu du naufrage, on trouve moins surprenant que des étrangers aient été conduits dans les Gaules, en passant des îles Britanniques en Batavie et en Germanie : mais ce qui est bien étrange, c'est que dans des événements semblables, et également énigmatiques, du moyen âge, il ne soit toujours question que des côtes germaniques. »

En rapprochant ces faits de ceux qui concernent la découverte de l'Amérique, dans les temps antérieurs à Colomb, il est intéressant de remarquer que les premières notions que nous en donne aujourd'hui l'histoire, sont dues à des populations septentrionales ou d'origine germanique. Deux circonstances ont pu favoriser cette découverte qui coïncide avec le dixième siècle de notre ère. La première appartient encore à la géographie physique. Entre les parallèles de 58° 1/2 et de 64°, le canal de l'Atlantique, déjà très-rétréci, est parsemé de plusieurs groupes d'îles, les Orcades, les Feroé, l'Islande, qui offrent comme une série de stations intermédiaires, et conduisent, par d'autres soulèvements volcaniques, aux côtes de l'Amérique insulaire du nord. La seconde circonstance favorable tient à l'activité et à l'esprit d'entreprise des peuples de l'Europe qui avoisinaient, au moyen âge (1), cette même région d'une mer boréale couverte d'îles, théâtre de leurs exploits. C'est à la réunion de ces causes physiques et morales qu'est due la découverte du continent occidental par les Scandinaves.

Les Normands et les Arabes sont les seules nations qui, jusqu'au

(1) Le précieux ouvrage du moine Dicuil, *De mensura orbis terræ*, dont nous devons (et seulement depuis 1807) l'édition *princeps* à M. Walckenaer, est devenu d'une haute importance pour éclairer l'histoire de ces diverses expéditions. Voir Humboldt, *Essai*, etc., tom. ii, page 88.

douzième siècle, aient partagé la gloire des grandes expéditions maritimes, le goût des aventures étranges, la passion du pillage et des conquêtes éphémères. L'histoire nous dit que les Normands ont successivement occupé l'Islande et la Neustrie, ravagé les sanctuaires de l'Italie, conquis la Pouille sur les Grecs et la Sicile sur les Sarrasins. Ce qu'elle n'a pas encore été à même de révéler, ce sont leurs expéditions en Amérique, avant le temps assigné à leurs voyages par les Sagas, ce sont les bouleversements que cette race turbulente et inquiète a dû causer dans des royaumes, dont on commence à peine à connaître les noms et dont l'existence remonte à une haute antiquité.

Si l'on veut suivre avec précision la série des faits qui ont conduit aux côtes boréales de l'Amérique, il ne faut pas oublier que, dans les îles placées entre l'Ecosse, la Norwége et le Groënland, les expéditions des missionnaires irlandais ont rivalisé avec celles des Normands. Dans le nord de l'Europe, des anachorètes chrétiens, comme dans l'intérieur de l'Asie des religieux buddhistes, ont exploré et mis en rapport de civilisation les contrées les plus inaccessibles. L'esprit de propagande et le désir de répandre des croyances religieuses ont également préparé les voies aux invasions hostiles, comme à l'échange paisible des idées et des productions. Cette ferveur propre aux religions de l'Inde, de la Palestine et de l'Arabie, si différente du polythéisme des Grecs et des Romains, a donné une physionomie particulière aux progrès de la géographie dans la première moitié du moyen âge. En commentant deux passages importants de Dicuil (1), Letronne a prouvé d'une manière également ingénieuse et satisfaisante que les îles Fœroé, habitées depuis une centaine d'années par des ermites sortis de Scottia (2), furent abandonnées par eux, dès l'an 725, époque de la première invasion des Scandinaves dans les îles Britanniques; et que l'Islande a été visitée, peut-être même colo-

(1) Recherches géographiques et critiques sur le livre *De mensura orbis terræ*, 1814, pag. 129-146.

(2) L'Irlande porta le nom de *Scottia* jusqu'au règne de Malcolm II.

nisée par les Irlandais en 795, c'est-à-dire soixante-cinq ans avant qu'elle le fût par les Scandinaves. Le *Landnumabok*, publié de nouveau dans une collection de Sagas historiques (1), rapporte textuellement que les Norwégiens trouvèrent en Islande des livres irlandais, des sonnettes et d'autres objets que les *Papæ* (Papar), « hommes d'occident qui professaient la religion chrétienne, y avaient laissés, surtout dans les deux cantons de Papeya et Papyli, sur la côte orientale. » Or il est constant, d'après les Sagas des Orcades (2), que ces îles étaient habitées vers la fin du neuvième siècle par deux nations, les *Peti*, probablement descendants des Pictes, et les *Papæ* (3). D'après Snorro Sturlœson, l'Ecosse même portait le nom de *Pettoland*.

Les îles Fœroé et l'Islande devinrent des stations intermédiaires, des points de départ pour arriver à la Scandinavie américaine. C'est ainsi que l'établissement de Carthage servit aux Tyriens pour atteindre le détroit de Gadira et le port de Tartessus, et que Tartessus conduisit ce peuple navigateur de station en station jusqu'à Cerné, le Gauléon (île des vaisseaux) des Carthaginois. Lorsqu'on ne peut suivre une même côte, l'agroupement et le voisinage des îles déterminent souvent la direction de découvertes géographiques. Celles des Scandinaves ont été exposées si souvent en diverses langues, depuis quelques années, et si victorieusement démontrées par les travaux de la Société royale des Antiquaires de Copenhague, qu'il serait superflu de les reproduire ici de nouveau (4). Il suffit de rappeler que l'Islande, visitée, après les moines irlandais, par les *Peti*, et par le pirate Naddoc, vers l'an 860, ne

---

(1) Voir l'*Histoire d'Islande*, dans le *Islendenga-Sagur*, l'*Histoire des îles Fœroé* dans le *Færeyinga-Saga*.

(2) Letronne, *Additions*, etc., pag. 90-93. On peut faire un rapprochement fort curieux entre ce nom de *Papæ* ou *Papar* et le même titre donné en plusieurs provinces mexicaines aux prêtres du pays. On appelait aussi *Papahua-Tlamacazque* les anciens prêtres du soleil à Teotihuacan. Faudrait-il attribuer à d'anciens moines irlandais les traces de christianisme et de staurolâtrie qu'on a rencontrées depuis dans les religions américaines?

(3) *Papæ*, pères, prêtres, religieux, probablement les *clerici* de Dicuil. Olassen et Povelsen affirment déjà que le *Bygde Papyle*, dans le Hornefiord, porte ce nom à cause des *Papar*, premiers prêtres irlandais (*Reise durch Island*, tom. II, page 124).

(4) *Antiquitates americanæ sive*

reçut de colonie norwégienne stable qu'en 874 et que la véritable colonisation du Groënland ne remonte pas au delà de 986. On place à quelques années plus tard la découverte du Vinland, qui paraît avoir été la même région que la Nouvelle-Angleterre ; mais quoique les Scandinaves aient poussé leurs explorations au sud des Etats-Unis, aussi loin que la Caroline du Nord, les stations principales de ces intrépides navigateurs auraient été à l'embouchure du Saint-Laurent, surtout dans la baie de Gaspé, en face de l'île d'Anticosti, où l'abondance et la facilité de la pêche pouvaient les attirer.

En examinant le concours de faits qui tendent à éclaircir la question d'une communication ancienne de l'Europe au continent américain, on ne saurait se mettre trop en garde contre les systèmes et les théories que cette matière féconde a enfantés, depuis trois siècles, ou renouvelés d'après les rêveries du moyen âge et des temps antérieurs : le devoir de l'historien impartial n'est pas cependant de repousser entièrement ces idées, mais de les réduire à leur juste valeur par une saine critique, en cherchant à découvrir les vérités qu'elles pouvaient cacher. Par la liaison intime qui existe entre tout ce qui tombe sous l'empire de l'intelligence, les erreurs mêmes des âges éloignés ont coopéré souvent à la recherche de la vérité. Lorsque Colomb, l'imagination remplie d'idées bibliques, parlait de la côte du Paria, qu'il venait de découvrir, comme du site du Paradis terrestre, où il avait trouvé les richesses du pays montagneux d'Ophir (1), ces idées, au lieu d'être le reflet d'une fausse érudition, étaient le résultat d'un système compliqué de cosmologie chrétienne, exposé par les Pères de l'Eglise et qu'on retrouve avec étonnement dans les traditions même des peuples américains. « Ceux qui placèrent le Paradis dans notre terre habitable, dit Letronne (2), supposèrent qu'il en occupait la *partie la*

---

scriptores septentrionales rerum ante-columbianarum in America, etc. Hafniæ, 1837. M. Beauvois a donné de ces écrivains et des Sagas islandaises plusieurs analyses fort intéressantes dans divers articles qu'il a publiés dans la *Revue orientale et américaine* de 1858.

(1) Navarrete, *Colec. de documentos*, etc., tom. I, pag. 70 et 244.
(2) *Mémoire lu à l'Académie des Inscriptions*, etc., en 1826. Voir aussi Humboldt, *Essai sur l'hist. de la géogr. du N. Continent*, tom. III, page 119.

plus orientale; ils se fondaient sur l'expression des Septante : « Dieu avait planté vers l'orient un jardin délicieux. » C'est en conséquence de ce texte que Josèphe et les premiers Pères grecs s'accordèrent à mettre le Paradis vers les sources de l'Indus et du Gange. Cette opinion devint générale dans tout le moyen âge. On la retrouve dans l'anonyme de Ravenne, elle est clairement exprimée dans la carte d'André Bianco; et c'est par suite de cette idée si répandue que Christophe Colomb, parvenu sur la côte de l'Amérique méridionale, crut toucher au Paradis terrestre (1). » Mais par suite de la difficulté qu'il y avait à découvrir le site du Paradis dans les régions connues de l'Asie, « on fit revivre, continue Letronne (2), l'*antichtone* ou terre opposée des anciens, située dans la zone australe. Cette notion, qui se lie à celle des zones, des terres océaniennes et des antipodes par des rapports curieux à observer; cette notion, dis-je, de l'*antichtone*, fut toujours, au moins depuis Platon, distinguée de celle des îles plus ou moins éloignées qu'on supposait répandues dans l'Océan. La grande *terre méridionale*, proprement l'*antichtone*, habitable comme la nôtre, dont elle est séparée par l'Océan, est admise par Aristote et Eratosthène; Virgile, dans les *Géorgiques*, n'a fait que traduire les vers de l'Hermès du philosophe alexandrin..... Mais ceux qui plaçaient le Paradis dans l'antichtone, pour expliquer comment il était resté inconnu depuis le déluge, n'auraient pas beaucoup gagné à cette hypothèse, s'ils n'avaient pas en même temps supposé *innavigable* la mer qui séparait cette terre de la nôtre. C'est à quoi Cosmas (Indicopleustes) a pris soin de pourvoir. Et encore ici il n'a été que l'écho d'une des opinions les plus anciennes parmi les géographes grecs.

» Car une fois que l'existence des terres hyperocéaniennes eut été admise, il fallut trouver une cause qui empêchait les navigateurs d'y parvenir. Voss croit que les Phéniciens avaient beau-

---

(1) Conf. Lud. Vives *Ad S. Aug. de Civitate Dei,* tom. II, page 50, dans le savant *Mémoire* de Letronne. (2) *Ibid.*

coup contribué à répandre cette opinion, pour détourner les navigateurs des autres nations de suivre leurs traces. Cela se peut. Mais ce qui est certain c'est qu'on voit cette opinion se montrer à presque toutes les époques. Déjà Sésostris, dans les navigations lointaines, avait été arrêté par les bas-fonds de l'Océan extérieur. Selon Pindare, la mer est innavigable au delà des Colonnes ; Euripide le dit également... Une notion aussi répandue chez les *savants* du paganisme ne pouvait manquer d'être adoptée par ceux des Pères qui croyaient en avoir besoin pour lever certaines difficultés d'interprétation. Saint Clément de Rome, au dire d'Origène et de Clément d'Alexandrie, croyait qu'il existait un Océan impossible à traverser au delà duquel il y avait d'autres mondes ! etc. Ainsi, comme on le voit, l'opinion que nous a transmise Cosmas, ainsi que beaucoup d'autres des Pères de l'Eglise que j'ai expliquées ailleurs, avait sa racine dans des hypothèses fort anciennes, fort répandues, presque populaires, et qui devaient leur paraître tout à fait raisonnables et concluantes (1). »

On voit donc par les éclaircissements qui précèdent comment l'idée du site du Paradis terrestre avait pris naissance dans l'esprit de Colomb : « Il en résulte, ajoute l'amiral lui-même, dans une de ses lettres, que les saints théologiens et les philosophes ont eu raison de dire que le Paradis terrestre est situé à l'extrémité de l'orient, parce que c'est un lieu fort tempéré, et les terres que je viens de découvrir (les grandes Antilles) forment cette fin de l'orient. » Il répète encore une fois à la fin de sa lettre de 1498 : « J'ai dans l'esprit l'assurance que là (dans ces terres de Paria nouvellement découvertes) est le Paradis terrestre, » celui que saint Isidore, Beda, Strabon et saint Ambroise placèrent en orient (2). Humboldt, commentant à ce sujet le poëme admirable du Dante, ajoute avec lui que « au-dessus des eaux se montre la montagne du Purgatoire, couronnée par le Paradis des bienheureux, qui est

---

(1) Letronne, *ibid.*
(2) Navarrete, *Colec. de document.*, tom. I, page 244.

aussi la *montagna bruna* vers laquelle Ulysse navigua d'abord de l'est à l'ouest, *dietro al sol*, et puis au sud, « vers l'hémisphère sans habitants; » et l'on peut être surpris, ajoute-t-il (1), qu'un commentateur si ingénieux que M. Ginguené ait pu reconnaître dans cette montagne le Pic de Ténériffe. »

Ainsi que nous le remarquions plus haut, ces idées se retrouvent partout dans les traditions de l'Amérique ancienne comme dans celles du vieux monde. Sahagun, parlant des premières tribus de la race nahuatl, dit de son côté (2) : « De l'origine de cette
» nation, la relation qu'en donnent les anciens est qu'ils vinrent
» par mer du côté du nord, et il est certain qu'il vint quelques
» vaisseaux ; de manière toutefois qu'on ne sait comment ils
» étaient travaillés, sinon qu'on conjecture par une idée qu'ils
» ont que tous ces naturels sortirent de sept grottes, et que ces
» sept grottes sont les sept navires ou galères dans lesquelles vinrent
» les premiers qui peuplèrent cette terre, selon des conjectures
» fort vraisemblables. Ces gens vinrent d'abord peupler
» cette terre du côté de la Floride ; ils vinrent en côtoyant et
» débarquèrent au port de Panuco, qu'ils appellent *Panco* (3), ce
» qui veut dire lieu où arrivèrent ceux qui passèrent l'eau. Ces
» gens venaient à la recherche du *Paradis terrestre* et avaient
» pour nom *Tamoanchan*, ce qui veut dire *cherchons notre demeure*,
» et ils s'établirent auprès des plus hautes montagnes
» qu'ils trouvèrent (4). En venant vers le sud, à chercher le Pa-

(1) *Essai sur l'hist. de la géographie*, etc., tom. III, page 134. Comment, dit-il, une navigation de cinq mois, dans laquelle on contemple les *stelle del altro polo*, et où l'on voit s'abaisser jusqu'à l'horizon la constellation de la Grande-Ourse, pourrait-elle ne pas conduire plus loin qu'aux îles Canaries?

(2) *Hist. gen. de las cosas de Nueva-España*, Prolog., page XVIII.

(3) *Panuco*, aujourd'hui village sur la rivière du même nom, l'un des affluents du fleuve qui se décharge au port de Tampico, dans le golfe du Mexique, et situé à huit ou neuf lieues dans l'intérieur, au-dessus de cette ville.

(4) D'après le même Sahagun (lib. x, cap. 29), ces tribus s'établirent au lieu qu'elles appelèrent *Tamoanchan*, au pied des montagnes qui s'élèvent vers les frontières guatémaliennes, c'est-à-dire de la chaîne des monts de Tumbala, qui couvre les abords des ruines de Palenqué. Des allusions ont lieu fréquemment encore sur une sorte de paradis terrestre, et les commentateurs des livres mexicains ont cru en voir la trace dans le *Tlallocan*, l'*Omeyocan* et le *Tonacatepetl*, dont nous parlerons plus loin.

» radis terrestre, ils ne se trompaient certainement point, parce que
» c'est l'opinion de ceux qui savent, qu'il est situé sous la ligne
» équinoxiale : et en pensant que ce devait être quelque très-
» haute montagne, ils ne se trompaient pas davantage, parce que,
» ainsi le disent les écrivains, que le Paradis terrestre est sous la
» ligne équinoxiale et que c'est une montagne fort élevée dont la
» cime touche presque à la lune. Il paraît que ces gens ou leurs
» ancêtres eurent quelque oracle sur cette matière, ou de Dieu ou
» du démon, ou par une tradition des anciens qui de main en
» main arriva jusqu'à eux. »

Voilà comme on retrouve jusque chez les Américains eux-mêmes ces traditions d'un monde idéal, et aujourd'hui ils ne les ont pas encore perdues. Il est si naturel à l'homme de rêver quelque chose au delà de l'horizon visible, de supposer, en voyant la vaste étendue de l'Océan, d'autres îles, d'autres continents semblables à celui qu'il habite. Dans l'Atlantique, les groupes des Canaries et des îles Britanniques dirigeaient de préférence l'imagination vers de certains parages. On se plaisait à multiplier conjecturalement ce que l'on ne connaissait que d'une manière confuse. Au sud-ouest des colonnes d'Hercule, la difficulté de saisir avec précision le vrai nombre et la position relative des îles Fortunées donnait lieu à de vagues fictions. L'*Aprositos* de Ptolémée ne justifiait son nom (inaccessible), que parce que c'était une terre introuvable (1); elle n'existait point dans le lieu où elle était indiquée aux navigateurs. Vers le nord, Albion et Jerne, entourés d'îles nombreuses plus petites, offrirent très-anciennement un champ aux conjectures, comme on le verra quand nous parlerons des mythes de la terre Cronienne. L'importance donnée à des îles qui étaient sinon la source, du moins l'entrepôt du commerce de l'étain, les opinions erronées, longtemps conservées sur le gisement des côtes et la configuration de l'Europe péninsulaire, enfin l'agroupement des îles et leur disposition par série presque continue, depuis les Cas-

---

(1) Ptol., IV, 3.

sitérides jusqu'aux Orcades, aux Shetland et aux Fœroé, donnèrent lieu de bonne heure à des hypothèses et à des mythes adaptés à la nature des régions boréales.

Dicuil (1) et Adam de Brême, l'un du commencement du neuvième, l'autre de la seconde moitié du onzième siècle, prouvent bien, cependant, par leurs écrits, que, dans le nord de l'Atlantique, le zèle religieux des missionnaires de l'Irlande et de la Frise avait fait connaître de nouvelles terres. Mais ces voyages et ces découvertes, que le prosélytisme chrétien avait produits dès la première période du moyen âge, même avant les expéditions des pirates normands sur les côtes de la France, d'autres causes pouvaient y avoir donné lieu antérieurement, et le *Thylé* lointain, où les Hérules, sortant du Danemark, avaient abordé, selon Procope (2), était peut-être le même que d'anciennes cartes scandinaves placent à l'occident sur la terre américaine. Le même auteur, qui était contemporain de saint Brandan, prouve, ainsi que plusieurs autres, que les anciennes croyances aux merveilles de la mer Britannique s'étaient conservées dans les lieux mêmes où le christianisme avait pénétré. Sous ce rapport l'ouvrage de Dicuil est un monument très-remarquable : il témoigne avec quel enthousiasme un moine, né en Irlande, dans la seconde moitié du VIIIe siècle, étudiait Pline, Solin, Orose et les autres auteurs anciens. Les traditions des Grecs et des Romains, les mythes qui offraient un caractère local, pouvaient donc se mêler dans le nord aux légendes historiques de la vie des saints.

Les voyages de deux saints, de l'abbé irlandais de Cluainfert, Brandamis, et de Maclovius ou saint Malo, la persuasion répandue dans le VIe siècle de l'existence d'une île des Bienheureux dans le nord-ouest de l'Europe, sont un reflet des traditions de l'antiquité sur les merveilles de la mer Cronienne. Les moines cherchaient le paradis de l'île Ima dans le *mare Pigrum* et *Cœnosum* des Ro-

---

(1) L'auteur de l'ouvrage *De mensura orbis terræ*. Voir Letronne, dans le remarquable *Mémoire* qui traite de cette matière, pages 25 et 130.
(2) Procop., *De Bello Gothico*, lib. II, 15.

mains, qui est leur *Klebersee* ou océan visqueux. Plutarque nous dépeint les îles Sacrées de la mer Cronienne, près de la Bretagne, « où règne une douce température, où Saturne, enfermé dans un antre profond, sommeille sous la garde de Briarée. » Ce tableau rappelle la fertilité d'Eden et les délices du Paradis (1). La première position géographique assignée à l'île qui est marquée sur toutes les cartes du moyen âge, est dans le parallèle de l'Irlande et même dans une latitude plus septentrionale. Saint Brandan, avec les soixante-quinze moines qui l'accompagnent pendant sept ans, revinrent par les îles Orcades (2). On sait qu'avant ses courses il avait habité les îles Shetland.

Lorsque les Arabes, après la victoire de Guadelète où périt Roderic, envahirent presque toute la péninsule ibérienne, il se répandit une croyance populaire suivant laquelle six évêques, conduits par l'archevêque de Porto (3), s'étaient réfugiés avec de grands trésors dans une île de la mer de l'ouest. Ils y fondèrent, dit la tradition, sept villes (4) où s'établirent des émigrés espagnols et portugais. Cette île des évêques prit le nom portugais de *Septe Cibdades*, nom qui a été singulièrement déformé sur les cartes du xv° siècle. Les érudits y virent le reflet de cet asile que, selon Aristote et Diodore de Sicile, les Carthaginois s'étaient préparé au sein de l'Atlantique. Cette tradition, confondue avec celle des sept îles ou Antilles (5), le fut également avec l'histoire de saint Brandan qui concerne l'île des Bienheureux, et on en chercha alternativement la réalisation aux Canaries, aux Açores et enfin aux Antilles même qui en reçurent leur nom. Au milieu de tant

(1) Traditions recueillies par M. de Murr, *Diplom. Gesch. von Martin Behaim*, page 33.
(2) Johan. a Bosco, *Biblot. Floriac.*, page 602.
(3) Letronne a rendu ce fait très probable par l'interprétation d'un passage de Solin, qui prouve que ce groupe d'îles était habité du temps des Romains (Dicuil, dans les *Additions*, page 134).
(4) Les *sept villes* rappellent curieusement les *sept villes* du pays de Cibola, dont il sera question plus loin; ainsi que les *sept grottes* des traditions toltèques, citées dans le passage de Sahagun, et dont nous aurons occasion de reparler assez souvent. Les *sept évêques* rappellent également les *sept tribus* si souvent mentionnées dans les mêmes traditions, chacune ayant son chef.
(5) Voir Humboldt, *Essai*, etc. tom. III, page 173, article *Antillia* et *Ile des Sept-Villes*.

de traditions plus ou moins fondées sur des mythes ou sur la vérité, on ne saurait cependant révoquer en doute que les Basques et les peuples d'origine celtique de l'Irlande, exerçant la pêche sur des côtes lointaines, n'aient constamment rivalisé dans le nord de l'Atlantique avec les Scandinaves, et que ces derniers, au huitième siècle, n'aient même été précédés, dans le groupe des îles Fœroé et en Islande, par des navigateurs irlandais. Malgré ces preuves d'activité nautique, il ne paraît pas moins extraordinaire de voir Madoc et ses partisans chercher des aventures en mer, en voguant vers l'ouest, laisser les côtes d'Irlande tellement au nord, qu'il ait pu aborder à une terre inconnue et inhabitée où ils virent des choses très-étranges. Il serait donc vrai que ce prince aurait évité alors les stations intermédiaires qui avaient favorisé les découvertes des Scandinaves et aurait pu pousser ses courses aventureuses jusqu'aux Etats-Unis, d'où il serait retourné, dit-on, dans le pays de Galles pour chercher de nouveaux colons.

« Il serait vivement à désirer, de nos jours où la critique est sévère sans être dédaigneuse, dit judicieusement Humboldt (1), en parlant de ces voyages curieux, qu'on voulût, sur les lieux mêmes, se livrer à de nouvelles recherches et recueillir dans les traditions et les vieux chroniqueurs gallois ce qui est relatif à la disparition de Madoc ap Owen Guineth. Je ne partage aucunement le mépris avec lequel ces traditions nationales ont trop souvent été traitées : j'ai au contraire la ferme persuasion qu'avec plus d'assiduité la découverte de faits entièrement inconnus aujourd'hui éclaircira beaucoup de ces problèmes historiques, relatifs aux navigations du moyen âge, aux analogies frappantes qu'offrent les traditions religieuses, les divisions du temps et les ouvrages de l'art en Amérique et dans l'est de l'Asie, aux migrations des peuples mexicains, à ces anciens centres de civilisation d'Aztlan, de Quivira et de la Haute-Louisiane, comme des plateaux du Cundinamarca et du Pérou. »

(1) Id. ibid., page 149.

§ IV.

Idées des indigènes de l'Amérique sur leur origine. Histoire du déluge, suivant le Codex Chimalpopoca. Antique éruption des volcans. Traditions sur les Quinamés ou Géants. Patrie ancienne des Américains, suivant le Livre Sacré.

Au temps de la découverte de l'Amérique par Colomb, aucune contrée au nord du Rio-Gila ne présentait de traces considérables de culture intellectuelle, et, à l'exception des peuples du Nouveau-Mexique et de quelques autres nations des bords du Mississipi et de la Floride, les Européens ne découvrirent que des tribus nomades, en général peu nombreuses et bien inférieures aux races éteintes qui ont laissé, au sud des grands lacs, jusqu'aux bords même du golfe du Mexique, ces terrasses pyramidales et ces circonvallations polygones qui étonnent encore toujours les voyageurs. Nous venons de voir un peu plus haut que c'est de ces régions que les notions, conservées par Sahagun et Ixtlilxochitl, font arriver les premières peuplades de la race nahuatl, dont le caractère énergique a laissé son empreinte à toutes les nations avec qui elle fut en contact ou par lesquelles elle passa dans le cours des siècles. Les traditions écrites ou orales des peuples conquis par les Espagnols en Amérique viennent presque unanimement à l'appui de cette observation; mais elles proclament en même temps que leurs ancêtres étaient sortis du nord, ainsi que des contrées où le soleil se lève. Plusieurs écrivains, néanmoins, ont exprimé l'opinion que ces populations, soit nomades ou civilisées, seraient venues du nord-ouest, en passant d'Asie en Amérique, plusieurs siècles avant notre ère (1), et les faits qu'ils signalent semblent corroborer cet avis; d'autres encore en montrant des peuplades qui abordèrent par mer aux côtes occidentales du Mexique et du Pérou, élargissent la voie aux écrivains qui, comme Clavi-

---

(1) Herrera, *Hist. gen. de las Ind. Oc.*, decad. 1, lib. 1, cap. 6. — Torquemada, *Monarq. Ind.*, lib. 1, cap. 11 et 12.

gero et Acosta (1), cherchent à découvrir, dans les premiers habitants de l'Amérique, des Asiatiques et des Malais, aussi bien que des naturels sortis de l'Afrique.

On a donc pu voir par ce qui précède que notre étude ne tend en aucune manière à présenter un système conçu à l'avance sur l'origine des Américains; ce que nous cherchons uniquement, c'est d'éclaircir une matière encore fort obscure, et de réunir, dans un tableau d'ensemble, les traditions et les faits conservés par les indigènes, en les mettant en regard des faits corrélatifs qui se présentent dans l'histoire de l'ancien monde. Notre objet est de classer après cela les groupes les plus importants, en les accompagnant dans leurs migrations diverses, selon les routes qu'eux-mêmes signalent dans leurs livres et cartulaires, et qu'ils parcoururent avant de se fixer aux localités où les conquérants espagnols les trouvèrent au seizième siècle.

En remontant dans les tables chronologiques des Mexicains, par les périodes de treize en treize ans, on trouve marqué à un signe *Ce-Tecpatl*, Un Silex, le récit encore fort obscur du voyage des *Chichimèques* (2) au pays de *Tlapallan*, Terre colorée, ou *Huehue-Tlapallan* (3), Terre colorée des Anciens, dont la situation a été, depuis

---

(1) *Hist. nat. y moral de las Indias*, etc., lib. I, cap. 20. — *Storia antica di Messico*, tom. II, dissert. I.

(2) Le nom de *chichimec*, suivant Betancurt, aurait été donné par mépris aux populations sauvages ou barbares, *chichime* étant le pluriel de *chichi*, chien en mexicain ; de là *chichimecatl*, de *chichimeca-tlacatl*, homme-chien (*Teatro Mexicano*, tom. I, part. II, cap. 3). D'autres font venir ce nom de la ville de *Chichen*, dans l'Yucatan, d'où serait sortie une nation chichimèque pour aborder aux côtes de Tampico. Mais l'une et l'autre étymologie paraissent arbitraires. Veytia ajoute ailleurs qu'il serait venu d'un chef chichimèque, nommé *Zichen*. Ce mot *chichimec* viendrait peut-être aussi de *chichiltic*, rouge, ce qui pourrait s'appliquer à toute la race indienne en général.

(3) Tlapallan, de *tlapalli*, couleur pour peindre ou chose teinte (Molina, *Vocab. de la leng. mex.*). Le mot *tlapalli* a aussi le sens de noble, d'ancien ; *tlapalli eztli*, mot à mot sang de couleur, et, métaphoriquement noblesse de sang et de famille (Molina, *ibid.*), comme la *sangre azul* en Espagne. M. Aubin croit que le nom de *Tlapallan* avait un sens mystérieux et sacré comme berceau de la race antique des Chichimèques. Nous ajouterons que c'est peut-être à cette origine que faisaient allusion les onctions de peinture d'ocre rouge et jaune, dont les indigènes se servaient au sacre de leurs rois. Ellis: (*Polynesian Researches*, tom. I, page 180) dit que les *Areois* de la Polynésie se peignaient le visage de rouge, dans leurs cérémonies religieuses, et qu'une tradition polynésienne, d'accord avec celle de plusieurs nations du continent américain, disait que l'homme avait été créé

l'époque de la conquête, une source d'incertitude et d'embarras pour les auteurs qui se sont occupé de cette question. Les opinions contradictoires qu'ils ont émises à ce sujet, donnent à penser que des contrées fort distinctes auraient été autrefois désignées de cette manière, et que les populations les plus anciennement civilisées de l'Amérique auraient eu pour berceau primitif une région appelée Huehue-Tlapallan, située aux latitudes les plus septentrionales du continent (1). Sans chercher à nous appesantir sur une matière encore enveloppée de trop d'obscurité, nous ajouterons que la géographie mexicaine, contemporaine de la découverte, n'appliquait alors cette dénomination qu'aux provinces situées au nord de Guatémala, entre les affluents du fleuve Uzumacinta et le Honduras (2). Aussi, de quelque manière qu'on interprète les traditions indigènes, c'est dans l'Amérique centrale qu'il faut chercher les traces de l'empire primitif qui donna naissance, sinon à toutes les nations antiques, au moins à la civilisation d'un grand nombre de celles qui fleurirent sur le continent occidental. La chronologie mexicaine remontait par des séries périodiques à une antiquité fort reculée, et un calcul très-simple pouvait leur faire trouver l'hiéroglyphe de l'année qui précédait de 5206 ou 4804 ans une époque donnée (3). » Au signe *Ce-Tec-*

de terre rouge, *araea* (Ibid., page 95). Dans les ruines de Palenqué, diverses figures sont peintes en rouge brun. Les Égyptiens sur les murs des tombes royales sont aussi peints en rouge. Dans les grottes et les tombes des Hindous et des Étrusques, on retrouve plus ou moins la même chose, et, dans Ezéchiel, on parle d'hommes peints de vermillon sur les murs des temples de Babylone. Au dire de Pline (*Hist. nat.*, XXXIII, 7), Camille n'entra triomphant dans Rome qu'après s'être peint le visage et le corps de rouge, et l'un des premiers actes des censeurs, au moment d'entrer en charge, était de faire peindre le visage de Jupiter avec du minium. Ajoutons que, chez nous encore, le rouge ou l'écarlate est la couleur sacrée des pontifes et des princes.

(1) Betancurt, *Teatro Mexicano*, tom. I, part. II, cap. 4. — Veytia, *Hist. antigua de Mexico*, tom. I, cap. 2. — Ixtlilxochitl, *Hist. des Chichimèques*, tom. I, ch. 2. Ce dernier auteur donne le nom de *Huehue-Tlapallan* à la côte de Sonora, voisine de la Californie.

(2) Les auteurs voisins de la conquête appellent ces contrées *Tlapallan de Cortés*, parce que ce conquérant y pénétra. Hibueras ou Honduras est aussi appelé *Tlapallan* par Ixtlilxochitl, *Decima-tercia Relacion, Horribles Crueldades*, etc., édit. Bustamante ; Mexico, 1829 ; page 112. — Pedro de Alvarado, *Seconde lettre à Cortés*, en parle également sous ce nom.

(3) Humboldt, *Vues des Cordillères*, tom. II, page 132. — Fabregat, *Esposizione del Codice Borgia*, MS. in præf.

patl correspondait une date, antérieure de plus de trois mille ans à l'ère chrétienne, qui fixait l'arrivée des Chichimèques en Huehue-Tlapallan avec la fondation de leur empire : des écrivains qui se sont occupé de ces annales, frappés de l'analogie qu'offrent au premier abord diverses peintures indigènes avec l'histoire mosaïque, ajoutent que cet événement eut lieu cinq cents ans environ après le déluge universel, rattachant ainsi les traditions du nouveau monde à celles de l'ancien. Mais il est constant qu'on n'y trouve rien de bien précis à cet égard, le déluge dont il est parlé au *Livre Sacré* étant plutôt une inondation locale, accompagnée, à la vérité, d'une grande commotion des éléments, et qui se serait fait sentir à la fois dans plusieurs portions considérables de l'Amérique : c'est aussi de cette manière que se présentent la plupart des événements analogues qu'on lit dans presque toutes les traditions. En ce qui concerne l'Amérique centrale, le déluge paraît appartenir à une période qui touche à de grands événements historiques dont il sera question plus loin.

C'est peut-être à tort, donc, qu'on a cherché à comparer l'époque de l'inondation, ainsi que les trois ou quatre autres catastrophes mexicaines, aux quatre âges ou cataclysmes des peuples de l'Asie. Le nombre de ces périodes varie d'ailleurs dans la plupart des documents, et l'ordre dans lequel ces catastrophes se sont succédées y a été entièrement confondu (1) : elles semblent, du reste, avoir eu pour but de rappeler des séries de générations détruites

---

(1) Id. *ibid.* Fabregat et Rios, l'un dans le commentaire du *Codex Borgia*, l'autre dans ses annotations au *Codex du Vatican*, trouvent également de la confusion dans l'ordre de ces diverses catastrophes; mais je crois qu'elles sont en sens inverse de l'idée qu'ils s'en étaient formée. Dans leur opinion, le déluge ou l'inondation mexicaine devrait être la première époque après la création de l'homme, parce qu'ils s'imaginaient y voir une tradition certaine du déluge de Noé; mais l'examen attentif des documents semble partout impliquer un déluge partiel, qui aurait eu lieu un an ou deux avant ou après l'ouragan, qui est une autre des époques mentionnées. Humboldt, qui donne les quatre époques d'après le *Manuscrit du Vatican*, s'est trompé, je crois, en expliquant les signes numéraux qu'il y a trouvés indiqués : selon lui, le chiffre 5206 ans serait la durée de la première, appelée *Tlal-Tonatiuh*, soleil de la terre ; le chiffre 4804, celle de la seconde, appelée *Tletonatiuh*, soleil de feu (ailleurs *Quia-tonatiuh*); le chiffre 4010, la durée de la troisième, *Eheca-Tonatiuh*, soleil de vent (ouragan); et le chiffre 4008, celle de la dernière époque, *Atonatiuh*, soleil d'eau (le déluge); ce qui donne-

— LXVI —

où qui, à la suite de convulsions de la nature ou de grands bouleversements politiques, enchaînés à dessein les uns avec les autres dans les mythes religieux, se seraient éloignées vers d'autres climats. Dans une partie du *Codex Chimalpopoca*, exclusivement consacrée aux mystères de la théogonie antique et de l'histoire primitive de la race nahuatl, l'*Atonatiuh*, ou Soleil d'Eau, n'est présenté que comme la quatrième époque. La première est appelée *Ocelo-Tonatiuh* ou Soleil de Tigres et fait allusion à une famine, commencée en l'année *Ce-Acatl*, ou Une-Canne, au jour *Nahui-Ocelotl*, ou Quatre-Tigres, et qui fit périr tout le monde. Une variante qu'on trouve dans les annales historiques du même document (1), rapporte au même jour une éclipse de soleil et dit qu'alors vivaient les *Quinamés*, nom qu'on traduit ordinairement par celui de géants (2). Le récit de la période suivante est remarquable à cause des détails qu'on y trouve sur la formation volcanique des montagnes : « Le troisième soleil qui se déroule,
» est-il dit, du jour *Nahui-Quiahuitl*, Quatre-Pluie, est appelé
» *Quia-Tonatiuh*, Soleil de Pluie, parce qu'en ce jour tomba une
» pluie de pierres de sable (*xaltetl*). On dit que pendant que ces

rait aux quatre âges l'ensemble fabuleux de dix-huit mille vingt-huit ans. Je crois voir, dans le premier chiffre, une date chronologique, indiquant le nombre d'années écoulées depuis la première catastrophe jusqu'au temps où le *Codex* fut peint ou écrit. Or, en supposant que ceci eût en lieu en l'an 1500 de notre ère, le soleil de la terre (peut-être le commencement de la colonisation de la terre mexicaine) remonterait à 3706 ans avant notre ère; l'éruption des volcans, à l'an 3304; le grand ouragan, à l'an 2510, et l'inondation à l'an 2508. Mais je donne cette idée comme une simple hypothèse et sous toutes réserves.

(1) Dans le *Codex Chimalpopoca* (*Histoire des Soleils*), les époques se suivent ainsi: *Ocelo-Tonatiuh*, soleil de tigre (différente du *Tlal-Tonatiuh* du *Cod. Vat.*); *Eheca-Tonatiuh*, soleil de vent; *Quia-Tonatiuh*, soleil de pluie (de feu); *Atonatiuh*, ou soleil d'eau. Dans la partie historique de ce même document, la première époque est l'*Atonatiuh*; la seconde, *Ocelo-Tonatiuh*; la troisième, *Quia-Tonatiuh*; la quatrième, *Eheca-Tonatiuh*, et la cinquième, *Ollin-Tonatiuh*, soleil du mouvement, c'est-à-dire celui qui était alors en marche.

(2) *Quinametin*, pluriel de *quinametl*, en langue nahuatl ; c'est le nom générique donné à la race qui occupait le Mexique et l'Amérique centrale avant les Nahuas. Peut-être vient-il de *quinan*, qui ferait au pluriel *quinanme*. Le mot *quinan*, dit M. Aubin (*Mémoire*, etc.), prétérit inusité des fréquent. *quiquinaca* gémir, grogner; *quiquinatza*, bramer, *rifar el cavallo* (Molina, *Voc. Mex.*); *grunir el perro* (Hor. Car, *Arte*, etc., fol. 75). De ce même mot est dérivé le nom de *Quinantzin*, le seigneur bramant, l'un des plus grands rois de Tetzcuco. Les *Quinamés* jouent partout, dans les traditions, le même rôle que Vucub-Cakix et ses fils, ainsi que les rois de Xibalba, comme aussi les Géants ou *Chimus*, aux côtés du Pérou.

— LXVII —

» pierres se répandaient ainsi, le *tetzontli* (amygdaloïde poreuse)
» bouillait et les rochers de couleur rouge se formaient (1). Or
» c'était en l'année *Ce-Tecpatl*, Un-Silex; c'était le jour *Nahui-
» Quiahuitl* et le troisième *Nahui-Quiahuitl* ou Quatre-pluie (2).
» Or, en ce jour, les hommes furent perdus à cause de la pluie de
» feu et ils furent changés en oisons, le soleil même brûla et tout
» se consuma avec les maisons (3). »

Ces circonstances, ainsi que celles qui viennent d'être relatées ailleurs, prouvent bien qu'il ne s'agissait pas d'époques purement allégoriques : les *Quinamés*, dont il est parlé fréquemment, soit sous ce nom, soit sous celui de *Tzocuilloque*, qu'on a traduit également par le mot géants (4), n'étaient pas non plus des êtres fictifs, quoiqu'on puisse le supposer au premier abord : par une

---

(1) Le *tetzontli*, appelé par Humboldt *amygdaloïde poreuse*, est la pierre dont sont bâtis la plupart des édifices de Mexico. Suivant Bustamante, commentateur de Sahagun, ce seraient les petits volcans qui environnent la vallée de Mexico au sud-ouest, qui auraient formé le *tetzontli*; et le volcan d'Axuzco, de Quauhnexac, suivant Betancurt (*Teatro Mexicano*, part. 1, trat. 2, cap. 4), appuyé sur les traditions de quelques vieux Indiens, aurait donné naissance à la célèbre couche de lave, appelée *El Pedregal de San-Agustin*, et vomi les vastes torrents de lave qui s'étendent jusqu'à Acapulco; ce serait encore, d'après Bustamante, le volcan du Coffre de Pérote qui aurait couvert de lave toute la contrée qui s'étend au sud-est jusqu'au golfe du Mexique.

(2) Le troisième *Nahui-quiahuitl*, c'est-à-dire le troisième de la treizaine commençant par *Ce-Tecpatl*, I. Silex. Si l'on peut s'en rapporter aux tables coordonnées par Veytia, on trouve que l'éruption de ces volcans a commencé le douzième jour du VII° mois, *Huei-Tozcoxtli*, de l'an III *Tochtli*, 3° de la treizaine *Ce-Tecpatl*, et fini le 20° jour du mois *Pachtzintli*, quinzième de l'année mexicaine, et qu'elle dura juste sept mois.

(3) Le soleil désigne-t-il ici un prince qui aurait porté ce titre, comme on le voit ailleurs? Le texte ajoute plus loin que tous les seigneurs périrent; on comprend ce qu'une telle éruption dut jeter d'épouvante et occasionner de destruction. Une preuve singulière de l'existence de villes antiques ensevelies alors sous la lave, se retrouve au Pedregal de San-Agustin, ainsi nommé de la ville de ce nom qui est près de Mexico; car, de dessous la lave qui l'entoure, sort un large ruisseau qui roule avec ses eaux des débris de poteries et de vases de terre cuite, provenant indubitablement des habitations ensevelies sous les masses de lave qui coulèrent dans la vallée. Combien d'Herculanum et de Pompéia ont recouvert les laves des volcans mexicains! Le *Livre Sacré* fait également allusion à cette catastrophe, mais il la mêle au récit du déluge (page 27); on en trouve également des traces dans les traditions péruviennes (Herrera, *Hist. gen.* decad. V, lib. III, cap. 6).

(4) Ce mot *tzocuilloque*, qu'on trouve écrit dans Ixtlilxochitl *tzocuilhioxime*, par corruption ou par la faute du copiste, est probablement un sobriquet qui vient de *tzocuitlayoa*; *henchirse el cuerpo, ó el vestido de mugre ó de suciedad de sudor* (Molina, *Vocab. Mex.*), se gonfler, s'épaissir le corps ou le vêtement de crasse ou de malpropreté, de sueur; ou bien de *zo*, piquer, saigner, et de *cuilonia*, *cometer pecado nefando* (Molina, *ibid.*), à cause du péché contre nature qu'on leur reprochait.

lecture attentive des traditions anciennes, on reconnaît encore en eux ces nations puissantes des premiers temps qui, plusieurs siècles avant la race nahuatl, arrivèrent par mer aux provinces méridionales du Mexique (1), dont elles subjuguèrent les habitants, tout en leur apportant les bienfaits d'une vie policée. Ixtlilxochitl les appelle indifféremment Quinamés et Chichimèques, identification importante, et tout porte à croire que c'étaient les mêmes que le texte, cité plus haut, désigne sous le nom de Colhuas, d'où serait venu, à la première cité bâtie par eux, celui de *Colhuacan*, appelée par d'autres *Nachàn* (2), c'est-à-dire Cité des Tortueux, des Serpents ou des Aïeux, et que plusieurs auteurs identifient avec les ruines de Palenqué. Ainsi que les *Géants* que les traditions péruviennes font également aborder par mer à la côte de Manta, plusieurs siècles avant l'ère chrétienne, les Quinamés se distinguèrent par la grandeur et la solidité de leurs œuvres, plus encore que par les débordements de tout genre que leur attribuent les populations de race nahuatl : c'est donc probablement moins à cause de leur taille gigantesque et de leurs vices contre nature, qu'en raison de leur puissance et de la difficulté que les Nahuas eurent à les vaincre, que ceux-ci leur infligèrent le sobriquet méprisant de *Tzocuilloque*. Ce qui démontre, d'ailleurs, la haute antiquité des uns et des autres, tout en établissant comme un fait historique la période marquée par l'éruption des volcans, c'est que les Nahuas, qui n'entrèrent au Mexique que fort longtemps après les Colhuas, s'y trouvaient déjà fixés alors, et qu'au rapport d'Ixtlilxochitl (3), ils profitèrent de l'épouvante et de la désolation que cette catastrophe répandit dans ces contrées, pour

---

(1) Ixtlilxochitl, *Sum. Rel.* ap. Kingsborough, tom. ix, suppl. — *Carta al muy noble señor Gonzalo Fern. de Oviedo*, ibid., tom. viii. — Torquemada, *Mon. Ind.*, lib. 1, cap. 11, 12 et 13.

(2) Ordoñez, *Hist. del cielo y de la tierra*, etc., MS. Cet écrivain identifie Colhuacan avec les ruines de Palenqué, qu'il appelle *Nachan*, j'ignore sur quel fondement; *Nachan* signifie lieu des serpents, dans un dialecte maya qu'on parle près de Palenqué. Les Tzendales appellent ce lieu *Hochan*, qui a le même sens. Dans le dernier siècle, il existait encore parmi les Lacandous une tribu du nom de *Chan* ou Serpent.

(3) Ixtlilxochitl, *Hist. des Chichimèques*, tom. 1, chap. 1.

travailler à s'affranchir du joug auquel les Quinamés les avaient soumis en leur qualité d'étrangers.

Cependant au milieu de l'obscurité qui environne le berceau de ces différents peuples, quelques lueurs éclatent de loin en loin dans les écrits des premiers écrivains espagnols, et viennent à l'appui des traditions indigènes. Lizana (1), parlant des populations civilisées de l'Yutacan, affirme, d'après les documents qu'il eut entre les mains, qu'elles étaient passées originairement de Haïti à Cuba, et de là à la péninsule yucatèque, ajoutant que, suivant l'exposé de leurs relations, elles auraient traversé des côtes d'Afrique aux Canaries, d'où elles se seraient transportées aux Antilles. Herrera, traitant la même question (2), écrit : « Un » grand nombre d'Indiens instruits disaient avoir appris de leurs

Galère antique sculptée sur un rocher de l'île de Pedra, dans le Rio-Négro, affluent de l'Amazone.

» ancêtres que cette terre (d'Yucatan) avait été peuplée par des
» nations venues du côté de l'Orient, que Dieu avait délivrées des
» autres, en leur ouvrant un chemin sur la mer. » Ordoñez, commentant les traditions de Tzendales, cherche à établir la parenté

---

(1) *Hist. de Nuestra Señora de Izamal*, part. 1, cap. 3.

(2) *Hist. gen.*, decad. IV, lib. x, cap. 8.

des fondateurs de la monarchie « palenquéenne des Serpents (Chanes ou Colhuas) » avec les Chananéens chassés par Josué de la Palestine. Après avoir parcouru successivement les rivages de l'Afrique septentrionale, ils auraient été refoulés sur les côtes voisines des colonnes d'Hercule, d'où ils auraient cherché un refuge aux Canaries et ensuite aux Antilles (1).

Sans nous arrêter de préférence à aucune de ces opinions, contentons-nous de citer ici un passage fort curieux du *Livre Sacré des Quichés*, qui semble venir à l'appui de l'origine orientale des premières tribus, en les rattachant aux peuples sabéens de l'ancien monde. « Ils vivaient tous ensemble, est-il dit (2), et grande
» était leur existence et leur renommée dans les contrées de
» l'Orient. Alors ils ne servaient pas encore et ne soutenaient
» point (les autels des dieux) : seulement ils tournaient leurs vi-
» sages vers le Ciel et ils ne savaient ce qu'ils étaient venus
» faire si loin. Là vivaient alors dans la joie les hommes *noirs*
» et les hommes *blancs* (3) : doux était l'aspect de ces gens, doux

---

(1) On sait combien Colomb lui-même fut surpris de la ressemblance qu'il trouva entre les premiers indigènes qu'il vit à Haïti et ceux des îles Canaries qu'il venait de quitter. Un voyageur instruit trouva la même analogie entre les noms des personnes et des localités et ceux des Canaries (Berthelot, *Hist. nat. des Canaries*, t. I, page 23).

(2) Page 209.

(3) Cette diversité de couleurs est certainement fort remarquable ici; car, avec les Indiens qui rapportent cette tradition, cela faisait *trois*, le blanc, le noir et le rouge, ou plutôt le cuivré, qui est la leur. On sait qu'un grand nombre de traditions anciennes, talmudiques et autres, font allusion également à ces trois couleurs, caractères distinctifs, suivant plusieurs, des trois races noachiques, et au sujet desquelles il est notoire que les Juifs avaient anciennement des croyances très-arrêtées. Ce qu'on trouve de plus curieux à cet égard, ce sont les détails que donne le *Livre apocryphe du prophète Énoch*, ouvrage qui paraît avoir été écrit quelque temps avant l'ère chrétienne. Ce livre fut traduit d'un manuscrit de la Bibliothèque bodléienne (d'Oxford), par Richard Lawrence, archevêque de Cashel, et imprimé à Oxford, en 1833. Nous ne pouvons nous empêcher d'en donner ici les passages suivants : « Et voilà qu'une
» vache surgit de la terre (ch. LXXXIV,
» sect. 17, v. 2), et cette vache était
» blanche (v. 3). Après cela, une gé-
» nisse surgit, et, avec elle, une autre
» génisse; l'une d'elles était noire, et
» l'une était rouge, etc. (v. 4). » —
« Alors un de ces quatre alla aux va-
» ches blanches, et leur enseigna un
» mystère. Tandis que la vache trem-
» blait, il naquit et devint un homme,
» et il se bâtit un grand vaisseau. Il
» demeura dedans et trois femmes de-
» meurèrent avec lui dans ce vaisseau,
» qui les couvrit (chap. LXXXVII, v. 1). »
Après cela, vient en substance le récit du déluge; puis l'allégorie continue :
« Le vaisseau resta sur la terre; les
» ténèbres s'éloignèrent et il se fit de
» la lumière (v. 11). Alors la vache
» blanche, qui était devenue un homme,
» sortit du vaisseau, et les trois vaches
» allèrent avec lui (v. 12). L'une des

» le langage de ces peuples..... Or tous n'avaient qu'une seule
» langue; ils n'invoquaient encore ni le bois ni la pierre; ils ne
» se souvenaient que de la parole du Créateur et Formateur, du
» Cœur du ciel, du Cœur de la terre. Ils parlaient, en méditant
» sur ce qui cachait le lever du jour, et remplis de la parole sacrée,
» remplis d'amour, d'obéissance et de crainte, ils faisaient leurs
» prières, puis levant les yeux au ciel, ils demandaient des filles
» et des fils. »

Le texte du Livre Sacré, en rapportant cette tradition, indique constamment l'Orient. Cependant, il est bon d'observer qu'à l'époque où l'écrivain la consignait dans ces antiques annales, l'Orient pouvait être ailleurs qu'en Afrique relativement à celui qui les rédigeait. Quoi qu'il en soit, elle remonte évidemment à un temps fort ancien : remarquons ici que le verset qui le précède énonce que le peuple qui en est l'objet aurait été chassé de l'Orient par des nations nomades qu'il avait insultées, ce qui ajouterait sans nul doute quelque poids à l'opinion d'Ordoñez, citée plus haut. Est-ce la présence de ce peuple qui aurait développé les germes de la civilisation qu'on voit naître en Amérique, ainsi que le culte du soleil, identifié dans quelques contrées avec le culte de l'Ara, ailleurs avec celui du Serpent, et qui répandit ses dogmes dans un si grand nombre de contrées? Malgré la distance et l'intervalle des mers, c'est vers l'Asie qu'on tourne involontairement les regards, en voyant l'Orient si clairement indiqué dans les souvenirs primitifs des Américains, c'est en Asie qu'on cherche le berceau de cette religion et des institutions sociales qu'elle consacrait. Aussi est-ce de là que la plupart des écrivains qui ont traité cette matière font venir par des routes plus ou moins directes les premiers législateurs de l'antiquité américaine. Cependant, il est bien difficile aujourd'hui de discerner les dogmes qu'enseignèrent les Colhuas ou leurs prédécesseurs de ceux qu'apportèrent les chefs

---

» trois vaches était *blanche*, ressemblant à cette vache-là; l'une d'elles était *rouge* comme du sang, et l'une » d'elles était *noire*; et la vache blanche le laissa (v. 13). »

de la race nahuatl, et c'est avec peine que l'on parvient à faire sortir quelque clarté de cet antique chaos.

§ V.

Premiers mythes nahuas. Arrivée des Toltèques. Leur caractère septentrional. Ils paraissent de la Floride à Panuco. L'empire primitif de Xibalba. Second cataclysme, ouragan et inondation. Traditions sur l'existence première des Nahuas et sur Tamoanchan. Voyages de Votan. Notions sur les divers Tula.

A l'époque de la conquête, on conservait encore à Xicalanco et dans les régions voisines (1) la tradition des vingt chefs qui avaient abordé dans plusieurs navires, venant de l'Est, avec une colonie nombreuse d'étrangers, ayant à leur tête celui qu'on appelait tantôt Quetzalcohuatl, Cuculcan ou Gucumatz, suivant l'idiome où ce nom est énoncé (2). Ces vingt sont ceux dont les noms furent depuis placés dans les divers calendriers du Mexique et de l'Amérique centrale, et c'est d'après eux ou d'après les signes qui les distinguaient, que furent marqués les vingt jours du mois nahuatl ou toltèque, universellement suivi dans ces contrées. Dans plusieurs de ces calendriers, le personnage placé le premier est ordinairement *Imox*, regardé comme le père de la race indigène, vénéré dans l'arbre Ceiba (3), que l'on continue à encenser encore de notre temps, qu'on orne de fleurs à certains jours de fête et à l'ombre duquel se font aussi quelquefois les élections d'alcades. Or Imox est le même que le *Cipactli* du calendrier mexicain; il est représenté par le même signe, traduit par *Espa-*

---

(1) Las Casas, *Hist. apol. de las Ind. occid.*, tom. III, cap. 124.

(2) *Quetzalcohuatl*, en langue nahuatl, signifie Serpent (recouvert) de plumes de quetzal (vertes et azur), serpent empanaché ou orné d'une aigrette de plumes. Le même mot en langue maya est *Cuculcan*; en tzendal, *Cuchulchan*, et, en quiché, *Gucumatz*.

(3) Nuñez de la Vega, *Constit. dioces. del obispado de Chiappas*, præambul., n. 33. Dans chaque localité, on voit encore généralement un ceiba planté au milieu de la place, devant l'église ou la municipalité; c'est encore aujourd'hui l'arbre *sacré* des Américains, comme l'arbre bo à Ceylan et en d'autres endroits de l'Inde, où il est consacré à Buddha; comme l'arbre *toujours verd* qui existait jadis près du temple de la vieille Upsala, en Suède, et comme il y en a encore en Norwége (Holmboe, *Traces du buddhisme en Norwége avant l'introduction du christianisme*, pag. 46 et suiv.).

darte en espagnol, c'est-à-dire par une sorte de serpent ou de monstre marin (1). Ce mythe est suivi de celui d'*Ig*, en mexicain *Ehecatl*, l'un et l'autre signifiant également le souffle, le vent ou l'esprit ; puis vient *Votan*, dont le nom se retrouve souvent entre les traditions tzendales et celles du pays d'Oaxaca. Dans le mexicain, c'est le signe *Calli*, maison, à côté duquel vient se placer, dans les anciennes peintures (2), le symbole de Quetzalcohuatl, personnage moitié historique et moitié mythique, auquel se rattachent les notions primitives des peuples de race nahuatl, contemporaine des Colhuas, Chanes ou Serpents en Amérique, si l'on en croit Ordoñez (3).

Ce qui paraît certain c'est que cette race, personnifiée dans les vingt chefs dont nous venons de parler et dont Quetzalcohuatl aurait été le principal, arriva du nord-est : elle aborda pour la première fois à Panuco, port intérieur situé sur la rivière du même nom, à quelques lieues plus haut que son embouchure sur le golfe du Mexique (4). La description que nous en a laissée Torquemada mérite d'avoir ici sa place tout entière. « Ces gens,
» dit-il (5), étaient des hommes de bonne apparence et bien vêtus
» d'habits longs d'étoffe noire, comme des soutanes de prêtres,
» ouverts par devant ; mais sans capuchons, au col échancré, les
» manches courtes et larges et qui n'arrivaient pas aux coudes,
» comme ces vêtements dont les indigènes usent encore aujour-
» d'hui dans leurs ballets, en imitation de cette nation. Ces gens
» passèrent en avant de Panuco, usant de bonnes manières, sans

---

(1) Ne serait-ce pas le *Cipactli* ou *Imox*, qu'on voit représenté sur le beau vase rapporté du Pérou, que nous montra le savant conservateur du Musée américain ? M. de Longpérier en a fait l'acquisition pour le compte de ce Musée ; mais on regrette de ne pas l'y voir non plus que les autres beaux vases péruviens, etc. Les scènes curieuses, peintes sur ce vase, paraissent appartenir à l'ordre des faits que nous traitons ici ; on y trouve, entre autres choses, le signe de l'eau, *atl*, figuré deux fois.

(2) Fabrégat, *Esposizione del Codice Borgia*, manuscrit de ma collection.

(3) *Hist. del cielo y de la tierra*, etc., MS. de ma collection.

(4) La rivière de *Panuco* est un affluent du fleuve de *Tampico*, fort rapproché de son embouchure ; celui-ci entre dans la mer auprès du port de Tampico, qui est situé au nord de la Véra-Cruz.

(5) Torquemada, *Monarq. Ind.*, l. III, cap. 7.

» aucune occasion de guerre ni de combat, et venant d'étape en
» étape jusqu'à Tullan (1), où ils furent reçus et hébergés des na-
» turels de cette province qui les accueillirent de fort bonne
» grâce, parce que c'étaient des gens parfaitement entendus, ha-
» biles, de beaucoup d'ordre et d'industrie : ils travaillaient l'or
» et l'argent, étaient de grands artistes en tout art, grands lapi-
» daires par-dessus tout, autant dans ces choses délicates que
» pour produire d'autres industries par rapport à la sustentation
» de l'homme, pour travailler et rompre la terre. En sorte qu'à
» cause de leur bon gouvernement, de leurs grandes industries
» et habiletés, ils reçurent un fort bon accueil, et partout où ils
» arrivaient on les tenait en grande estime, leur faisant beau-
» coup d'honneur. Mais cette nation, on ne sait pas d'où elle
» avait pu venir, ajoute Torquemada, parce que de cela il n'y a
» d'autre notion que celle que nous avons dite d'abord, qu'ils vin-
» rent débarquer en la province de Panuco. Quelques-uns préten-
» dent que ce seraient des Romains ou des Carthaginois, que des
» tempêtes et des vents contraires auraient poussés à quelque
» côte vers le Nord, et qui, n'ayant pas trouvé le moyen de s'en
» retourner par une mer si vaste, se seraient aventurés à cher-
» cher à l'intérieur du pays. D'autres prétendaient que ce seraient
» des Irlandais (2)...., et la raison qu'ils donnent pour que ce
» soient des Irlandais, c'est qu'ils se rayaient le visage comme
» ceux-ci et qu'ils mangeaient de la chair humaine (3), qu'ils

---

(1) Jusqu'à la province où depuis s'éleva Tulan. La diversité des personnages qui portèrent le nom de *Quetzalcohuatl* cause ici quelque difficulté ; mais il est bien probable, et le texte en suivant l'indique bien, que cette description de la nation toltèque et de son arrivée se rapporte évidemment à la race nahuatl, lors de sa première apparition au Mexique.

(2) Il ne manque pas de légendes ou de traditions sur le passage des Irlandais en Amérique et sur leurs communications habituelles avec le nouveau monde, bien des siècles avant Colomb. On doit se souvenir que l'Ir- lande ancienne avait été colonisée par des Phéniciens. Un saint irlandais nommé Vigile, vivant au viii° siècle, accusé près du pape Zacharie d'avoir enseigné des hérésies au sujet des antipodes, lui écrivit d'abord, et ensuite alla en personne se justifier à Rome, où il prouva que les Irlandais communiquaient habituellement avec un monde transatlantique.

(3) Strabon (*Géogr.*, lib. iv) appelle les habitants de l'Angleterre et de l'Irlande des *Mangeurs d'hommes*, et saint Jérôme écrit (*Contra Jovinian.*, lib. ii) qu'étant jeune homme, il vit un Ecossais manger de la chair hu-

» étaient d'ailleurs rapprochés des îles où l'on pêche la morue
» (Bacallaos ou Terre-Neuve), et qu'il n'y a là qu'un détroit fort
» restreint (celui de Belle-Isle) par où ils pussent passer et s'en
» venir. »

Peinture antique à Chichen-Itza, dans l'Yucatan.

Un peu plus bas l'auteur ajoute que leur chef était un personnage considérable du nom de Quetzalcohuatl, homme de bonne

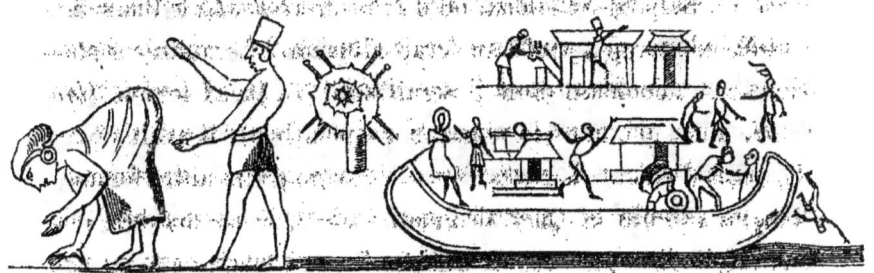

Peinture antique à Chichen-Itza, dans l'Yucatan.

mine, rond de visage, blanc et barbu, aux cheveux longs et noirs, suivant Las Casas (1), blonds au dire de Torquemada, et dont la maine, il ajoute que les parties du corps que les Hiberniens aimaient le plus manger, étaient le postérieur des bergers et les seins des femmes. Au dire de Strabon et de Solin, les Massagètes avaient la même coutume (*Géogr.*, lib. IV et VII, et Solin, n. 25 et 26). Il ne manque pas d'autres exemples de peuples anthropophages en Asie et en Europe; d'où très-probablement ce vice abominable peut être passé en Amérique.

(1) *Hist. apolog.*, etc., tom. III, cap. 124. Torquemada, qui généralement conserve peu d'ordre dans ses récits, confond probablement le portrait de deux des personnages les plus célèbres connus sous le nom de Quetzalcohuatl; le premier, d'un caractère plus ou moins mythique et le proto-

robe noire était parsemée de petites croix de couleur rouge (1). Or, si Quetzalcohuatl est le même que Votan, « ceux qui ont étu-
» dié l'histoire des peuples scandinaves dans les temps héroï-
» ques » seront moins frappés peut-être que ne le fut Humboldt (2), « de trouver au Mexique un nom qui rappelle celui
» de *Wodan* ou *Odin*, qui régna parmi les Scythes et dont la race,
» d'après l'assertion remarquable de Beda (3), a donné des rois
» à un si grand nombre de peuples. » Ce nom se retrouve en effet d'une manière bien plus complète et plus significative dans celui d'*Odon*, qui est en tête du calendrier toltèque au Michoacan (4), et dans celui d'*Oton*, dieu et chef primitif des *Otomis*, qui, ainsi que les *Oton-Chichimèques*, tiraient de lui leur nom (5) : ajoutez qu'avec Odon ou Oton, les Tarascas adoraient aussi un autre dieu, dont ils prenaient leur appellation, *Tor-as*, qui emporte également, ainsi que le *Teuil* des Mexicains, un souvenir de l'Europe septentrionale : mais Toras avait en outre le nom de *Mixcohuatl* (6), Serpent-Nébuleux, ou d'*Iztac-Mixcohuatl*, le Blanc Serpent-Nébuleux, qui peut-être ferait allusion à la contrée septentrionale et nébuleuse dont il serait sorti (7). De sa femme *Ilancueitl*, ainsi que nous le remarquons plus haut, il avait eu six fils, pères d'autant de races, et un septième d'une autre femme : Oton ou Otomitl et Quetzalcohuatl étaient de ce nombre. Cela voudrait-il dire que ces six nations fussent sœurs dans un sens

type des autres, et celui qui fut roi à Tollan vers le ixe siècle de notre ère; les légendes qui concernent l'un et l'autre sont, d'ailleurs, fréquemment confondues.

(1) Id. *ibid.*
(2) *Vues des Cordillères*, etc., t. 1, pag. 208.
(3) Beda, *Hist. Ecclesias.*, lib. 1, cap. 15.
(4) Veytia, *Hist. antig. de Mexico*, tom. 1, cap. 12.
(5) Sahagun, *Hist. de las cosas de Nueva-España*, lib. x, cap. 29, § 4, 5, 11.
(6) Id. *ibid.*
(7) Le nom de *Mixcohuatl* est appliqué au tourbillon de nuages, tornado, phénomène commun au Mexique, et peut-être aussi à ce vent violent des mers des Antilles, nommé *ouragan*, du mot espagnol *huracan*, qui, lui-même, vient de *hurakan*, sous lequel les indigènes de ces contrées désignaient ces ouragans formidables qu'ils regardaient comme l'expression de la puissance divine, et ils n'avaient pas tort. Or, il est à remarquer ici, comme on le verra tout à l'heure, que c'est à la suite du grand ouragan, signalé comme la quatrième époque de la nature, que les Nahuas commencèrent à s'étendre dans le Mexique et que les pères des sept familles de cette race sont nommés fils de *Mixcohuatl*. Est-ce parce qu'ils vinrent d'un pays nébuleux ou parce qu'ils ne commencèrent à s'étendre qu'à la suite de l'ouragan ?

absolu, et que, sous le titre commun de Nahuas, les annalistes mexicains eussent prétendu les donner comme une seule et même race? Nous ne le croyons pas : mais en disant qu'elles sortaient d'Iztac-Mixcohuatl, ils auraient signifié simplement, ce nous semble, que leur émigration avait eu lieu d'une contrée également nébuleuse, ou peut-être encore qu'elles seraient apparues après l'ouragan et qu'elles se seraient répandues comme la tempête et le tourbillon, dont on les faisait naître, en les disant issues d'Iztac-Mixcohuatl, dont le nom a également ce sens. Sans chercher à découvrir ici les affinités qu'il y aurait entre leurs langues et leur constitution physique, contentons-nous de remarquer que si les six premières nations, nées d'Hancueitl, et la septième, symbolisée dans Quetzalcohualt, sont sorties d'une région nébuleuse, on en trouverait peut-être la confirmation dans le texte du *Livre Sacré*, dont le dernier rédacteur énonce sans amphibologie qu'après l'établissement du christianisme, « on ne vit plus le Livre national » (*Popol Vuh*), où l'on voyait clairement qu'on était venu de » l'autre côté de la mer, et que ce livre était le récit de notre exis» tence dans le pays de l'Ombre, » pays que l'on serait tenté de chercher dans le *Skuggam* des Scandinaves. (1).

La famille dont Quetzalcohuatl est désigné comme le symbole, paraît avoir été des premières entre les tribus étrangères à se fixer dans les contrées occupées primitivement par les Chichimèques et les Colhuas : suivant une tradition, conservée par Las Casas (2),

(1) En 1857, époque où parut mon premier volume de l'*Histoire des nations civilisées du Mexique*, etc., une note à propos du *Pays de l'Ombre* disait, page 50 : « Le français rend difficilement tout le sens quiché. Nous allons tâcher de le rendre en latin : « Jam non videndus est Liber Dominorum (vel concilii), in quo videbatur clare transfretavisse ex altera littore maris, quod dicitur *Obumbraculum*, etc. » A cette époque je n'avais pas encore été à même de consulter le savant ouvrage intitulé *Antiquitates Americanæ*, etc., édité par la Société Royale des Antiquaires du Nord. Ce n'est que depuis peu qu'ayant parcouru les intéressants détails qu'il contient sur le passage des Scandinaves en Amérique, j'y lus, non sans surprise, à la page 290, note *b*, ces paroles curieuses au sujet du *Helluland*, traduites d'une antique Saga : « Navigant deinde donec in oceanum » Grœnlandiæ pervenerint, tunc versus » meridiem et occidentem præter ter» ram iter vertunt.... Navigant jam » donec venirent ad Hellulandiam » cu, au ad sinum *Skuggam* (*Umbram*, » i. e. *Umbratilem*) directo. » C'est presque l'*Obumbraculum*, que je traduisais du mot *Muhibal*, pays où lieu où se fait l'Ombre.

(2) *Hist. apolog.* etc., tom. III, cap. 123.

il serait arrivé vers le même temps que les Olmecas et les Xicalancas qui s'établirent au lieu, appelé encore aujourd'hui *Punta de Xicalanco*, en face de l'île de Carmen, sur le détroit qui réunit la lagune de Terminos au golfe du Mexique : leur débarquement aurait donc concordé, à peu d'années près, avec la quatrième époque de la nature, signalée comme un ouragan par les histoires et dont nous donnerons plus bas les détails.

Sahagun, qui recueillit tant de choses intéressantes sur l'histoire du Mexique, raconte ainsi le voyage des Nahuas (1). « A l'é-
» gard de leur origine, leurs relations disent qu'ils vinrent par
» mer, et ce qu'il y a de certain c'est qu'ils arrivèrent dans des na-
» vires, quoiqu'on ne sache pas toutefois de quelle manière ils
» étaient fabriqués : c'est ce qui a fait croire, d'après la tradition
» que ces Indiens ont conservée, que les sept cavernes dont ils
» sortirent (2) ne sont autre chose que les sept navires ou galè-
» res avec lesquels vinrent les premiers qui colonisèrent cette
» contrée ; et l'on regarde comme bien avéré qu'il y a plus de
» deux mille ans qu'ils habitent cette terre qu'on appelle mainte-
» nant la Nouvelle-Espagne (3). Comme ils étaient venus par
» mer, dans des navires, ajoute ailleurs le même historien (4),
» ils abordèrent à un port qui se trouve au Nord (Est de Mexico),
» et comme ce fut en cet endroit qu'ils débarquèrent, on lui donna
» le nom de *Panutla*, qui vient de *Panoaia*, le lieu où l'on dé-
» barque en venant de mer, dont on a fait par corruption *Pan-
» tlan*... Cette nation venait à la recherche du paradis terrestre,
» auquel elle donnait le nom de *Tamoanchan* (5)... A commencer

(1) *Hist. de las cosas de N. España.* Introd. ad lib. 1, page 18.
(2) C'est à quoi paraît faire allusion également un texte du *Codex Chimalpopoca*, dans l'histoire des Soleils, où il dit qu'*Iztac-Chalchiuhlicue* (la Blanche jupe verte ou d'émeraude, la déesse des eaux) fit entrer les 400 Mixcohuas dans une caverne, qu'ils descendirent sur l'eau, qu'ils s'y étendirent et qu'ils y restèrent quatre jours ; qu'après cela ils en sortirent et qu'on leur donna à sucer une plante de maguey (allusion peut-être à un voyage par mer et à leur arrivée au Mexique où ils inventèrent l'*octli* (pulque), ou jus de maguey (aloes americana).
(3) Sahagun, ibd. page 16.
(4) *Hist. gen.* lib. III, cap. 10, § 28.
(5) Ce mot est d'une étymologie difficile, ou bien il est très-ancien. J'ajouterai ici seulement qu'étant au mois de juillet dernier (1860) à Totonicapan dans l'État de Guatemala, j'entendis répéter à un Indien le mot *tamoin*

» de ce port, ils vinrent cheminant le long du rivage de la mer,
» regardant les hautes montagnes couvertes de neige, ainsi que
» les volcans jusqu'à ce qu'ils entrassent dans la province de
» *Guatémala* (1). Ils avaient leur prêtre qui les guidait : il portait
» avec lui son dieu et le leur, dont il prenait conseil pour tout ce
» qu'ils entreprenaient, et c'est ainsi qu'ils allèrent demeurer et
» coloniser en Tamoanchan. »

Dans une de ses *relations*, Ixtlilxochitl dit qu'ils étaient venus de l'extrémité de la Floride. Dans une autre il ajoute, en désignant nommément les *Olmecas* et *Xicalancas* (2) : « On infère
» de leurs histoires qu'ils vinrent dans des navires ou barques du
» côté de l'Orient jusqu'à la terre de *Papuha* (3), d'où ils com-
» mencèrent à la peupler, ainsi que les terres qui sont baignées
» par la rivière Atoyac, qui est celle qui passe entre la Ville des
» Anges et celle de Cholula. » C'est donc bien dans les contrées basses entrecoupées par les branches nombreuses des fleuves de Tabasco et de l'Uzumacinta, que s'établit la première colonie nahuatl. En ce temps-là, ajoute Ixtlilxochitl, vivaient les *Quinamés*, peuple de géants, qu'il représente comme livrés à d'affreux débordements (4) : on sait déjà que les Quinamés étaient les Chichimèques, policés par les Colhuas, également puissants par leur nombre et par l'étendue de leur empire. Dans le *Livre Sacré*, dont nous nous occupons ici, cet empire porte le nom de Xibalba (5), et l'un des princes du pays paraît personnifié dans le caractère

---

chan, lui en ayant demandé l'explication, il me répondit, après quelque hésitation, que ses ancêtres appelaient ainsi le paradis terrestre.

(1) *Xicalanco* où ils abordèrent est dans l'État de Tabasco : au temps de la conquête c'était le port où l'on débarquait en venant d'Yucatan pour aller au Chiapas, qui appartenait au royaume espagnol de Guatémala.

(2) *Sumaria Relacion de la hist. tulteca*, etc.

(3) *Papuha* est un nom de la langue quichée qui signifie sur l'eau de boue ou de matière ; il convient au pays où roulent les embouchures du Tabasco et de l'Uzumacinta.

(4) Ixtlilxochitl, *Novena Relacion*, ap. Kingsborough, tom. IX. — Veytia, *Hist. antigua de Mexico*, tom. I, cap. 12, 13.

(5) *Xibalba*, donné dans le *Livre Sacré* comme le nom de l'empire primitif, paraît être un sobriquet plutôt qu'un nom propre : son étymologie est assez difficile, *Xib* signifie la crainte, l'épouvante, c'est le monosyllabe radical du verbe craindre dans le quiché, le cakchiquel, le tzutohil et dans la plupart des autres langues de l'Améri-

de *Vukub-Cakix* (1), dont l'histoire se présente à la suite de la Genèse des Quichés. Les Nahuas, réduits peut-être à un petit nombre, auraient été circonscrits d'abord dans les provinces limitrophes de la mer et de la lagune de Terminos (2) : mais quelques expressions que l'annaliste quiché met dans la bouche de Vukub-Cakix prouvent que leur industrie et leur habileté dans les arts, non moins que l'influence qu'ils avaient acquise dès lors sur les populations, commencèrent de bonne heure à exciter la défiance des Quinamés. Au milieu de leurs travaux ils furent surpris par le déluge dont il est parlé dans toutes les histoires, et qui survint à la suite d'un ouragan terrible, dont la mémoire a été conservée comme celle de la quatrième époque de la nature, dans les annales des peuples américains.

Voici comment le *Codex Chimalpopoca* s'explique à ce sujet : « Au quatrième soleil et au jour *Nahui Ehecatl*, IV. Vent, eut » lieu l'enlèvement par le vent et la métamorphose (des hommes) » en singes : les bois furent arrachés et les hommes changés en » singes. Les maisons, les bois, tout fut enlevé par le vent, et le » soleil même fut enlevé dans les airs par des tourbillons, au » jour appelé *Nauh-Ehecatl*, IV. Vent. » On reconnaît sans peine dans cette description un de ces ouragans dont les Antilles et les alentours du golfe du Mexique offrent de temps en temps l'effrayant spectacle, à l'approche des équinoxes (3) ; son nom

_____

que centrale ; de là *Xibih*, effrayer, répandre la crainte ; *xibyin*, avec quoi l'on épouvante, épouvantail, un fantôme. *Xibalba*, composé de *Xibal*, qui est l'adjectif, plus régulier, *xibil*, terrible, effrayant, déguisé, et de *ba*, (en cakchiquel *bay*), taupe ; ce qui serait donc la *Taupe-déguisée* ou *effrayante*, nom qu'on pourrait avoir appliqué à un empire dont les chefs se peignaient le visage ou se masquaient pour tenir leurs assemblées secrètes dans des lieux souterrains.

(1) *Vukub-Cakix*, signifie Sept-Aras. Peut-être est-ce à lui que fait allusion la légende maya du dieu *Kinich-Kakmo*, le prêtre ou le devin *Ara*

de Feu, qui faisait descendre le feu du soleil sur l'autel des sacrifices.

(2) Peut-être aux environs de Champoton, dont l'ancien nom *Potonchan* (Serpent habillé d'une robe) faisait allusion aux Nahuas, représentés comme habillés de longues robes à l'instar des femmes. On voyait encore au temps de la conquête, dans une île de la baie de Potonchan, un temple érigé anciennement en mémoire du séjour que Cuculcan (Quetzalcohuatl) fit en ce lieu (Herrera, *Hist. gen.* decad. iv, lib. 10, cap. 2).

(3) La description de ce phénomène mérite sa place ici. « El huracan (est- » il dit) es el fenomeno mas horroroso

même exprimait, dans l'antiquité américaine, l'idée de la divinité suprême, symbolisée dans la puissance de la nature et des éléments. Villes et maisons, champs et forêts furent arrachés et détruits par la violence de la tempête dans les terres basses occupées par les tribus nahuas : les eaux de la mer envahirent leurs demeures, rappelant ainsi à leur souvenir un cataclysme primitif dont ils avaient peut-être apporté la tradition de l'Orient. Dans le *Livre Sacré*, ainsi que dans le *Codex Chimalpopoca*, il n'est question cependant que d'une seule catastrophe qui paraît avoir été postérieure de plusieurs siècles au déluge de Noé et à laquelle la nature volcanique de ces contrées ne fut probablement pas étrangère : couvrant d'un voile symbolique les pertes auxquelles avaient été exposés les chefs de leur race dans leurs tentatives de colonisation, les rédacteurs de ces livres mystérieux décrivirent ce phénomène comme un châtiment imputé à des populations rebelles à leurs enseignements, et représentèrent les hommes de cette époque comme ayant été changés en singes (1); mais, en réalité, ils en avaient été eux-mêmes les victimes et l'on voit par les histoires qu'un grand nombre de Nahuas périrent par suite de l'inondation et de l'ouragan (2). Des vingt chefs qui avaient accompagné les tribus des contrées du nord-est aux rivages de Tamoanchan, sept seulement s'en étaient échappés, en se réfugiant dans des grottes au penchant des montagnes (3); ce

» de cuantos se observan en esta isla, y aun creo que en toda la America. Es un viento furioso acompañado de lluvia, relampagos, truenos y las mas vezes de temblores de tierra; circunstancias todas las mas terribles y devastadoras que pueden unirse para arruinar un pais en pocas horas, los torbellinos del ayre y torrentes de las aguas, que inundan los pueblos y campiñas con un diluvio de fuego, parece anuncian las ultimas convulsiones del universo. » (Soto-Mayor, *Hist. geograph. civil y politica de la isla de Puerto-Rico*, 1831, page 74.) C'est exactement la description que nous en donne le *Livre Sacré*, et le lecteur comprendra ce qu'une tempête de ce genre dut produire sur les esprits des premiers civilisateurs de ce pays.

(1) Ils furent changés en singes, c'est-à-dire qu'ils se réfugièrent dans les bois où ils vécurent peut-être quelque temps comme des singes, c'est-à-dire des fruits spontanés de la terre. Veytia crut qu'il s'agissait de bandes de singes apportés par l'ouragan comme des fruits d'automne. Voir *Hist. antigua de Mexico*, tom. 1. cap. 3.

(2) Suivant Ixtlilxochitl, un grand nombre de Toltèques (Nahuas) périrent dans ce déluge ou huracan (*Sumaria relacion*, etc. Suppl. dans Kingsborough, tom. IX).

(3) *Cod. Vatic.* annot. Rios et *Cod. Borgia*. Ces grottes où ils se réfugiè-

sont eux dont les noms personnifiés, peut-être, avec des mythes antérieurs, astronomiques ou élémentaires, se retrouvent partout comme les sept grands dieux de la théogonie toltèque.

L'ensemble du rituel mexicain est fondé en entier sur ces événements, que la tradition semble confondre encore avec des événements plus anciens : mais ils marquent d'une manière singulière l'arrivée de la race nahuatl dans ces contrées. Ce sont ces souvenirs augustes que les prêtres et les nobles conservaient dans le chant mystérieux, commençant par ces paroles *Tulan yan hululaez*, dont le langage vieilli n'était plus compréhensible que pour eux seuls (1). Ce chant, qui leur rappelait la puissance divine se manifestant dans les forces redoutables de l'ouragan, leur apprenait en même temps l'unité de Dieu : il leur expliquait les symboles des sept héros échappés au naufrage, et sous l'image d'une quatrième création du genre humain, les initiait aux causes mystérieuses qui avaient amené la destruction de la société antique. Il les instruisait de l'origine de la caste sacerdotale et militaire, destinée à conduire la société nouvelle. Tout ceci découle naturellement du *Livre Sacré* et des chapitres les plus anciens du *Codex Chimalpopoca*. Ce sont les mêmes personnages qui reparaissent là et ailleurs à la tête du système religieux de la race nahuatl,

---

rent seraient-elles les *sept grottes* dont il est toujours question dans les histoires, et l'usage de bâtir des pyramides pour y placer leurs édifices viendrait-il de la crainte des inondations causées par ces ouragans, dans des parages comme ceux de Champoton, de Xicalanco et de Palenqué? Les anciennes histoires semblent le dire, en rapportant que Xelhua, l'un des sept échappés au déluge et chef des Olmecas, bâtit la pyramide de Cholula, en souvenir de cette catastrophe.

(1) Parlant des annotations de Rios au *Cod. Vat.*, relatives à l'inondation, Fabrega ajoute : « Egli dice d'averne » imparate queste tradizioni da un » cantico, che principia *Tulan yan* » *hululaez*, quale cantare solevano » mentre danzavano. Questo principio » di cantico poco n'ha del Messicano; » e queste tradizioni troppo sono indi- » viduate ed interessanti per non pas- » sarle sotto silenzio : esse meritavano » una più diligente ricerca e maggiore » sviluppamento dalle metafore e fa- » vole fra le quali erano inviluppate. » (*Esposizione del Codice Borgia*.) Ce sont les mêmes chants dont parle Sahagun (*Hist. de las cosas de N. España*, lib. X; *Relacion del autor*), disant que personne ne les entend que les chefs et les prêtres à cause de leur difficulté, *por ser sus cantares muy cerrados*; ce sont ceux dont il est question dans le *Livre Sacré*, commençant par ces paroles *Ka muku*, et qu'ils appelaient le *Chant du départ de Tulan*.

des Toltèques et des Mexicains, au Mexique et dans l'Amérique centrale. Les fêtes du rituel, les observances, les rites, si compliqués dans leurs détails, sont institués en leur honneur ou en mémoire des compagnons de leur émigration (1); tous rappellent avec plus ou moins d'exactitude les événements de leur vie, et les mortifications si pénibles exercées par leurs prêtres, les plus longs jeûnes, sont destinés à commémorer les dures épreuves et les dangers, surtout ceux de l'inondation, auxquels avaient échappé les grands dieux (2).

La plupart des documents qui servent à compléter ici le récit du *Livre Sacré*, placent, ainsi que dans cet ouvrage, à la suite de l'ouragan et de l'inondation, l'invention du maïs, que tous attribuent à l'un de ceux qu'ils appellent du nom de *Gucumatz* ou *Quetzalcohuatl*. Les documents les plus importants que nous possédions sur les origines américaines, le *Livre Sacré* des Quichés, le *Manuscrit Cakchiquel* et le *Codex Chimalpopoca*, en langue nahuatl, donnent là-dessus des détails fort curieux dont le fond est le même et qui se complètent l'un par l'autre. Les dieux, remplis de tristesse, sont à la recherche de ce qui peut nourrir le corps de l'homme, et plusieurs se mettent en chemin dans l'espérance de découvrir une substance, propre sans doute à remplacer le froment qui leur manque dans ces contrées. Gucumatz arrive à la fin de la saison des pluies au lieu nommé *Pan-Paxil-Pa-Cayala* (3), où il rencontre des hommes chargés de gerbes de maïs : les aliments de toute sorte qu'il y voit sont énumérés avec complaisance dans les

---

(1) Il paraîtrait, cependant, qu'en outre des chefs ou dieux nahuas, il s'y trouve également quelques-uns des principaux personnages du pays où ils s'établirent d'abord, ainsi que nous le verrons plus loin.

(2) Rios in *Cod. Vatic.* — Fabregat in *Cod. Borg.* — *Cod. Tel-Rem.* de la Bibliothèque Impériale.

(3) Le *MS. Cakchiquel* dit *Paxil* seulement. Il existe une montagne de ce nom aux confins occidentaux du Guatémala et de l'État de Chiapas, et le fleuve de Chiapas, appelé plus loin Tabasco, en arrose en partie le pied. *Pan-Paxil, pan Cayala*, paraît signifier Entre les Eaux partagées et amères ou fétides, nom qui convient au pays arrosé par les bouches du Tabasco et de l'Uzumacinta. Si l'on n'était en Amérique, on croirait, en lisant ces descriptions, voir là un souvenir de la fable de Prométhée introduisant Hercule au jardin des Hespérides.

textes quiché et mexicain. Dans ce dernier, le pays est appelé *Tonacatepetl* ou Montagne de notre subsistance : les souvenirs de l'antiquité américaine sont unanimes pour le représenter comme un séjour enchanteur; il était habité par une population laborieuse et agricole, à laquelle, cependant, les histoires (1) donnent le nom d'animaux sauvages ou barbares, et dont le chef s'appelait *Utiu* (chacal). S'étant instruit de ce qui pouvait l'intéresser, Gucumatz s'en retourne en Tamoanchan où son arrivée remplit les autres d'allégresse. Les communications ensuite s'établissent avec les indigènes qui se laissent gagner par la supériorité de ces étrangers. Dans le *Codex Chimalpopoca*, ce sont des fourmis, symboles du travail et de l'industrie, qui introduisent Quetzalcohuatl à Tonacatepetl. Il est difficile de séparer dans ce qui suit l'allégorie de la réalité : ce qui est certain, c'est que les Nahuas s'étendirent rapidement jusqu'aux fertiles contrées de Paxil, et qu'ayant épousé des femmes du pays, ils se multiplièrent au point d'acquérir une puissance considérable, soit par leur nombre croissant, soit par de nouvelles immigrations, soit même par leur influence personnelle. Une tradition conservée par Ordoñez (2) rapporte à cette époque le souvenir de trois villes importantes qui auraient surgi à la suite de l'union des deux peuples; *Mayalpan*, dans l'Yucatan (3), *Chiquimula* ou *Copan*, dans les montagnes guatémaliennes, au sud du lac d'Izabal (4), et *Tula* ou

---

(1) Le mot *chicop*, employé dans le texte quiché, veut dire littéralement brute, animal; ici il y a le sens que nous donnons à barbare et sauvage. Dans le *Codex Chimalpopoca*, ce sont des fourmis, symbole de l'industrie et du travail, qui introduisent Quetzalcohuatl à Tonacatepetl.

(2) *Hist. del cielo y de la tierra*, etc.

(3) *Mayalpan* est l'orthographe du MS. *Chronologique en langue maya*. Les auteurs espagnols écrivent *Mayapan*. Suivant Ordonez, Mayapan, Chiquimula et Tulan étaient les capitales des trois royaumes tributaires de Nachan ou Palenque. Au rapport d'Herrera, Mayapan fut fondé par Cuculcan (Quetzalcohuatl), à la suite de Chichen-Itza (*Hist. gén.* decad. IV, lib. 10, cap. 2). Cogolludo donne pour fondateur à Mayapan le prêtre Zamna (peut-être le même qu'un Quetzalcohuatl), lequel fonda aussi Izamal (*Hist. de Yucatan*, lib. IV, cap. 3, 4). Ce qui est certain, c'est que Mayapan était une ville fort ancienne.

(4) Le royaume de Chiquimula est appelé de *Payaqui*, c'est-à-dire *Entre Toltèques* ou *Nahuas*, dans l'*Isagoge historico*, MS. cité par Mgr. Garcia Pelaez, archevêque de Guatémala (*Memorias para la historia del anti-*

Tulan (1), dont les ruines se trouveraient dans une des vallées intermédiaires entre Palenqué et Comitan, dans l'Etat de Chiapas. Celle-ci aurait été la première cité des Nahuas, et son nom lui aurait été donné en souvenir d'un autre Tulan, situé dans les régions du nord-est d'où ils étaient sortis et avec laquelle ils n'auraient cessé de communiquer durant plusieurs siècles.

Malgré l'obscurité qui environne cette époque intéressante, en comparant entre elles les diverses traditions transmises par les livres mexicains et quichés, on en tire encore des données qui jettent plus ou moins de lumière sur l'origine et la colonisation de ces peuples. Le trait saillant, toutefois, dans ces divers récits, c'est la jalousie que la présence des Nahuas excita parmi les chefs des nations où ils s'implantèrent. On saisit, dès le berceau, les incidents de la lutte qui devait tôt ou tard s'engager entre les deux races et qui, après plusieurs siècles de péripéties de toute sorte, devait finir par le triomphe des idées et des institutions apportées par les étrangers. L'heureuse situation de Paxil paraît avoir été la cause de la première collision. Utïu, qui avait reçu Gucumatz dans cette province, aurait été tué d'abord (2), d'où serait venu à

---

quo reyno de Guatemala, tom. 1, pag. 15), et il ajoute que la capitale en était Copan, écrit ailleurs Copantli : ce mot qui appartient à la langue nahuatl fait allusion à un mythe ancien de la théogonie toltèque et signifie littéralement Sur la Marmite ou le Vase. La grande bourgade de Chiquimula de la Sierra paraît avoir succédé à Copan, d'après l'usage où étaient les Espagnols de transporter les habitants d'une ville conquise à une autre localité; Chiquimula était le nom indigène de Copan où l'on parlait la langue chorti, dialecte du pokomam. Cette ville était renommée pour la grandeur et la magnificence de ses temples, suivant Herrera, et elle contenait le plus grand de tous ceux du royaume de Guatemala (Hist. gén. decad. III, lib. 4, cap. 19).

(1) Ordoñez, suivi par divers autres écrivains place ce Tula, à deux lieues nord-est de la grande bourgade d'Ococingo, célèbre déjà dès le XVIe siècle pour ses grandes et magnifiques ruines (Garcia, Origen de los Indios, lib. 11, cap. 4), visitées depuis par Dupaix, Waldeck et Stephens, et que nous avons vues aussi en septembre 1859. Les Indiens de la langue tzendale donnent à ces ruines le nom de Tonina, Maisons de pierre ; celui de Tula n'y est inconnu, et jusqu'à présent rien ne vient à l'appui de l'assertion d'Ordoñez, toutes les vallées entre les monts de Tumbala, au sud-ouest de Palenqué jusqu'en delà de Comitan, étaient remplies de ruines analogues plus ou moins considérables.

(2) Tok x-camizax qa ri chicop Utiuh x-pochel chupam ri ixim; « Alors donc fut tué le barbare (animal) » Utïu, faisant la moisson dans le maïs. » (MS. Cakchiquel.)

son meurtrier le nom de *Hun-Ahpu-Utiu*, Un-Tireur de Sarbacane au Chacal, sous lequel il est désigné dans le *Livre Sacré*. Paxil paraît être devenu dès lors la proie des Nahuas, et c'est peut-être dans ce pays que surgit la ville de Tulan. Ce que l'on trouve ensuite est plein d'incertitude : on croit entrevoir que celui d'entre les chefs étrangers qui se distingue plus particulièrement sous le nom de Gucumatz (Quetzalcohuatl), après les bienfaits dont il avait doté ses compagnons, se serait trouvé en butte à leur envie, et de vagues traditions donneraient à penser même que l'un d'eux aurait cherché, pour se débarrasser de lui, à attenter à sa vie (1). Pour ce motif ou pour d'autres, il se serait alors séparé des Nahuas, et les histoires ajoutent que ce fut pour s'en retourner aux régions orientales d'où il était venu.

C'est le même qui serait, dans Sahagun, l'objet d'un passage qui fait suite à celui de l'arrivée des Nahuas en Tamoanchan (2) : « Ils demeurèrent, continue cet écrivain, fort longtemps en Ta-
» moanchan, mais sans cesser d'avoir leurs sages ou devins que
» l'on appelait *Amoxoaque*, c'est-à-dire hommes entendus dans
» les peintures antiques (3). Quoiqu'ils fussent venus ensemble,
» ils ne restèrent pas, toutefois, avec le reste du peuple en Ta-
» moanchan : mais ils y laissèrent les autres, et ils s'en retour-
» nèrent pour se rembarquer, emportant avec eux toutes les
» peintures qui avaient trait aux rites et aux offices mécaniques.

---

(1) *Codex Chimalpopoca*, dans l'*Hist. des Soleils*. Peut-être trouverait-on dès le berceau de la race nahuatl en Amérique l'origine des dissensions et des schismes qui existèrent entre les deux grandes sectes de la religion toltèque, personnifiées dans *Quetzalcohuatl* et *Tetzcatlipoca*, qui tout en se revêtant parfois des symboles l'un de l'autre, représentent cependant deux ordres d'idées distincts. *Hun-Ahpu-Utiu*, le meurtrier d'Utiu, qui est bien le même que Cipactonal, est représenté souvent comme un serpent engloutissant le symbole de Quetzalcohuatl. Il pouvait y avoir d'autres causes à ces antiques dissensions. Le nom de *Chimalman* donné à la mère de Quetzalcohuatl indique assez une autre race, peut-être le produit d'une première colonisation unie aux femmes du pays. Ailleurs il est dit que Quetzalcohuatl fut le père et le chef des Chichimèques (Rios in *Cod. Vat.*) Une autre tradition énonce que le nom de *Chichimèque* vient de *Chichen* (ville de l'Yucatan), fondée par un Quetzalcohuatl.

(2) *Hist. gen. de N. España*, lib. x, cap. 29.

(3) *Amoxoaque*, pluriel d'*amoxoac*, celui du livre, en langue nahuatl.

» Cependant, avant de partir, ils firent à ceux qui restaient le
» discours suivant : « Sachez que le Seigneur notre Dieu vous
» commande de demeurer dans ces terres dont il vous rend les
» maîtres et qu'il vous donne en possession. Pour lui, il s'en re-
» tourne d'où il est venu, et nous autres nous l'accompagnons :
» mais il ne s'en va que pour revenir plus tard ; car il retournera
» vous visiter, lorsque le temps viendra que s'achève le
» monde (1). En attendant, demeurez, vous autres, dans ces
» terres, dans l'espérance de le revoir. Jouissez de ce que vous
» possédez et de toutes les choses que ces régions renferment,
» car c'est pour les prendre et les posséder que vous êtes venus en
» ces lieux. Ainsi, demeurez en bonne santé, tandis que nous
» partons avec notre dieu. » Et ainsi ils se mirent en route avec
» leur dieu, qu'ils portaient roulé dans une enveloppe d'étoffe, et
» il continuait à leur parler, leur indiquant ce qu'ils avaient à
» faire. Et ainsi ils s'en furent vers l'Orient. »

Que ceux-ci fussent ou non des personnages identifiés avec
Quetzalcohuatl, il n'en est pas moins certain qu'un grand nombre d'histoires sont unanimes à déclarer que ce chef principal
devait retourner un jour, et, qu'en effet, il revint, soit lui-même,
soit par un de ses représentants : c'est de la bouche de Montézuma
que nous en avons le détail (2). Mais avant de le rapporter et de
chercher par où ils se seraient éloignés, en se séparant de leurs
compagnons, il nous paraît intéressant de rapprocher ici les
fragments conservés par Ordoñez (3), concernant les voyages de
Votan, que tout concourrait à identifier avec Quetzacohuatl.
« *Votan*, est-il dit, écrivit un recueil sur l'origine des Indiens (4)

---

(1) Ceci aurait l'air de faire allusion à la ruine d'une patrie lointaine et s'accorderait avec le passage de Diodore (lib. iv, cap. 19 et 20) où il rapporte que les Carthaginois ayant découvert une île magnifique à l'occident de l'Océan Atlantique, s'en réservaient le monopole, espérant que si jamais leur ville était détruite, encore maîtres de l'Océan, ils y trouveraient un refuge contre leurs vainqueurs.

(2) *Cartas de Hernan Cortes*, ap. Lorenzana, pages 81 et 96.

(3) *Hist. del Cielo, etc.*, fragm. du tome ii.

(4) Dans un autre fragment, Ordoñez dit que ce ne fut pas ce Votan qui écrivit ce livre, mais un autre qui était le huitième ou neuvième descendant du premier. Quetzalcohuatl est donné également comme le premier historien de l'antiquité américaine. (Ixtlilxochitl,

» et leur transmigration à ces contrées. Le principal argument
» de son ouvrage se réduit à prouver qu'il descend d'Imox, qu'il
» est de la race des Serpents (*Chan*) et qu'il tire son origine de
» Chivim (1); qu'il fut le premier que Dieu envoya à cette région
» pour partager et peupler les terres que nous appelons aujour-
» d'hui Amérique (2). Il fait connaître la route qu'il suivit et
» ajoute qu'après avoir fondé son établissement, il entreprit diffé-
» rents voyages à *Valum-Chivim*. Ces voyages, dit-il, furent au
» nombre de quatre. Dans le premier, il raconte qu'étant parti
» de *Valum-Votan* (3), il prit sa route par le parage qu'on appe-
» lait *Demeures des Treize Serpents* (4). De là, il alla à Valum-
» Chivim, d'où il passa à la grande ville, où il vit la maison de
» Dieu, que l'on était occupé à bâtir (5). Il alla ensuite à la cité
» antique, où il vit, de ses propres yeux, les ruines d'un grand
» édifice que les hommes avaient érigé par le commandement de
» leur aïeul commun (6), afin de pouvoir par là arriver au ciel,

Hist. des Chichimèques, tom. I, ch. 1.) Voir aussi Nuñez de la Vega, *Constitut. Diœces.* in Præamb. n. 34.

(1) Ordoñez tire un argument du mot *chivim*, qu'il écrit aussi *hivim*, pour rappeler le *chivim* du pays des Hévéens de la Palestine, d'où il fait sortir les ancêtres de Votan. Dans la langue tzendale, qui était celle du livre attribué à Votan, la racine du mot *chivim* pourrait être *chib* ou *chub*, qui signifie *patrie*, ou *ghib* qui veut dire *armadille*.

(2) Un passage fort curieux avec lequel commence l'*Histoire des Soleils*, dans le *Codex Chimalpopoca*, fait remonter d'une manière fort exacte l'époque de ce partage à l'an 955 avant l'ère chrétienne, comme on le verra plus loin.

(3) *Valum-Votan*, ou Terre de Votan, serait suivant Ordoñez l'île de Cuba. Mais dans mon dernier voyage, en contournant les montagnes qui environnent le plateau élevé où est situé Ciudad-Real de Chiapas, j'ai visité de grandes ruines qui portent le nom de *Valum-Votan*, à deux lieues environ du village de *Teopixca*, situé à 7 l. de Ciudad-Real, et où Nuñez de la Vega dit avoir encore trouvé, en 1696, des familles du nom de Votan.

(4) Ordoñez place les *Demeures des Treize Serpents* aux îles Canaries qui, dit-il, sont au nombre de treize : mais ces treize pourraient bien être treize chefs du pays même où était Xibalba.

(5) C'était, suivant Ordoñez et Nuñez de la Vega, le temple que Salomon était occupé à bâtir à Jérusalem. Le *MS. Cakchiquel*, parlant des quatre villes qui portaient le nom de Tulan, dit que l'une d'elles était la cité où était Dieu ou le dieu (la maison de Dieu ?).

(6) Ordoñez commentant ce passage y trouve tout naturellement la tour de Babel, mais il s'indigne contre les Babyloniens, de ce qu'ils avaient eu la mauvaise foi de dire à Votan que la tour avait été bâtie par ordre de leur aïeul commun (Noé) : « Il faut remar-
» quer ici, dit-il, que les Babyloniens
» n'ont fait que tromper Votan, en lui
» assurant que la tour avait été cons-
» truite par ordre de leur aïeul Noé,
» afin d'en faire un chemin pour arriver
» au ciel : jamais certainement le saint
» patriarche n'eut la moindre part
» dans la folie arrogante de Nemrod. »
(*Mémoire MS. sur Palenqué.*) Nuñez de la Vega rapporte la même tradition sur Votan et ses voyages (*Constitut. Diœces.* in Præamb. n. 34).

» Il ajoute que les hommes avec lesquels il y conversa lui assu-
» rèrent que cet édifice était le lieu où Dieu avait donné à chaque
» famille un langage particulier. Il affirme qu'à son retour de la
» ville du temple de Dieu, il retourna une première et une seconde
» fois à examiner tous les souterrains par où il avait déjà passé,
» et les signes qui s'y trouvaient. Il dit qu'on le fit passer par un
» chemin souterrain qui traversait la terre et se terminait à la
» racine du ciel. A l'égard de cette circonstance, il ajoute que ce
» chemin n'était autre qu'un trou de serpent où il entra parce qu'il
» était fils de serpent (1). »

Nous avouons que ce n'est, maintenant, qu'avec une extrême défiance que nous accueillons ce récit, dont nous n'avons pu voir l'original indigène; et quoique le fond nous paraisse véridique, les détails nous en semblent bien évidemment altérés. Cependant, on ne peut plus aujourd'hui révoquer en doute la réalité des communications qui existèrent anciennement entre les deux continents : à la vue des traditions si nombreuses et si significatives où les indigènes de l'Amérique affirment que leurs pères y abordèrent de l'Orient, venant par mer, il faut bien se décider à en admettre la véracité, et tout ce qui reste à faire à cet égard, c'est de discuter les moyens qu'ils employèrent et de rechercher de quels lieux ils sortirent pour s'y rendre. On revient alors, malgré soi, aux anciennes théories relatives à l'existence du continent occidental, renouvelées au temps de Colomb, et que Humboldt a résumées d'une manière si remarquable dans son *Examen critique de l'histoire de la géographie du nouveau continent*. C'est dans cet ouvrage que nous puiserons au besoin les citations dont l'objet concorderait ici avec les traditions américaines.

Disons d'abord que s'il est un fait acquis à l'histoire, et dont on ne saurait plus révoquer en doute l'authenticité, ce sont, comme on l'a vu, les relations des Scandinaves avec l'Amérique dès le

---

(1) Ici le commentateur se tait : il n'y comprend rien. Ce trajet souterrain, cette qualité de serpent pour arriver au ciel. (à la sagesse ?) n'indiquerait-il point quelque initiation analogue à celles de l'Égypte ?

neuvième siècle, ce sont leurs voyages du nord de l'Europe en Islande, de là encore au Groënland et jusque sur les côtes de la Nouvelle-Angleterre, durant les siècles suivants. Les détails de ces voyages sont connus par les Sagas islandaises (1), par les chroniques de plusieurs monastères du Nord et même de la France (2). Mais dans ces chroniques il ne peut être question, naturellement, que des voyageurs qui eurent la chance de revoir leur patrie ou de renouer des communications avec elle : elles ne sauraient nous entretenir de ceux qui, antérieurement aux voyages de Biarne, fils de Heriulf, auraient entrepris d'émigrer en Amérique et qui y seraient restés indéfiniment. On ignore de quel côté les Irlandais poussèrent leurs migrations : on ne sait pas davantage en quels lieux abordèrent les nombreux bateaux qui, chaque année, partaient de nos côtes et des côtes de la Grande-Bretagne pour la pêche à la morue, portés par les vents et les flots; mais si les Islandais et les Scandinaves furent assez heureux pour fonder des colonies au Groënland au neuvième siècle, il n'y a rien qui puisse nous prouver qu'eux ou d'autres n'aient pu en établir ailleurs dix siècles auparavant. Les phénomènes qui ont occasionné le refroidissement progressif du Groënland n'avaient pas encore eu lieu alors; et il est avéré, par des observations récentes, que les terres arctiques étaient anciennement plus habitables qu'aujourd'hui : on sait, d'ailleurs, que les voyages par l'Islande aux con-

---

(1) *Antiquitates americanæ, sive scriptores septentrionales rerum antecolombianarum in America*, opera et studio Caroli C. Rafn; Copenhague 1837. Cet ouvrage malheureusement trop rare, et dont nous ne connaissons que l'exemplaire de la Société de géographie de Paris, renferme des détails d'un très-grand intérêt. Dans une suite d'articles publiés dans la *Revue Américaine et Orientale* (tom. 1ᵉʳ et suiv.), notre confrère M. E. Beauvois a donné une traduction des fragments les plus curieux des Sagas (*Découvertes des Scandinaves en Amérique, au Xᵉ et au XIIᵉ siècle*).

(2) Dans les fragments d'Ordéric Vital, écrivain du XIIᵉ siècle, édités par Duchesne à Paris en 1619, nous avons des preuves touchant le Vinland (la Nouvelle-Angleterre) et le Groënland : « Orcades insulæ, dit-il, et Finlanda » (*Vinlanda*), Islanda quoque et » Grenlanda, ultra quam ad septen- » trionem terra non reperitur, alia » que plures usque in Gothlandum » Regi Noricorum subjicitur et toto » orbe divitiis navigio illuc advehun- » tur. » Notre savant confrère M. de la Roquette a communiqué dans le temps à la Société des Antiquaires du Nord la traduction de ce fragment faite par M. Guizot (Voir les *addenda et emendanda* de l'ouvrage *Antiquitates Americanæ*, pag. 461).

trées adjacentes, étaient extrêmement fréquents aux premiers siècles de notre ère (1).

C'est dans ces régions septentrionales qu'existait l'*Ultima Thule*, dont parlent tous les géographes anciens, longtemps avant l'ère chrétienne, et que les commentateurs modernes ont placé alternativement au Danemark et en Islande. Les relations indigènes de l'Amérique prouvent, d'une manière irrécusable, que ce nom avait été donné à plusieurs localités tout à fait distinctes, et que chacune d'elles avait pu jouer un rôle à part dans l'histoire. « Dans une mappemonde islandaise datant du milieu du dou-
» zième siècle, que j'ai fait inscrire dans les Antiquités russes,
» rédigées par moi, nous écrit le savant Carl Rafn (2), on ren-
» contre au nord-ouest, loin des autres pays de l'Europe, le nom
» d'*Island*, et plus loin vers l'ouest, on trouve le nom de *Tila*. Il
» s'ensuit donc que l'ancien géographe islandais a appliqué le nom
» de *Tyle* ou de *Tula* à une des contrées américaines décou-
» vertes par les habitants du Nord. » C'est de Tula qu'un grand nombre de traditions indiennes font également sortir la race nahuatl, et voici ce que dit à ce sujet le *MS. Cakchiquel* : « Quatre
» personnes (*vinak*, gentes) vinrent de Tulan, du côté où le soleil
» se lève, c'est un Tulan. Il y en a un autre en Xibalbay (3) et un
» autre où le soleil se couche, et c'est là que nous vinmes, et du
» côté où le soleil se couche il y en a un autre où est le dieu (4) :
» c'est pourquoi il y a quatre Tulan ; et c'est là où le soleil se cou-
» che que nous vinmes à Tulan, de l'autre côté de la mer où est ce
» Tulan, et c'est là que nous avons été conçus et engendrés par nos
» mères et nos pères. » De ces deux textes qui viennent se rencontrer de si loin, comme pour mettre toutes les opinions à leur aise,

---

(1) *Antiq. Améric. passim*.
(2) *Lettre particulière* du 23 février 1861, datée de Copenhague.
(3) *Tulan en Xibalbay*, c'est-à-dire la cité bâtie par les Nahuas après leur colonisation en *Tamoanchan*.
(4) Un troisième *Tulan*, à l'occident, du côté américain de l'Océan, peut-être le *Tile* désigné par M. Rafn, qu'il faudrait placer au nord des Etats-Unis, et enfin le *Tulan* où est le dieu, qui correspondrait à *Tula*, ou *Tollan*, l'une des capitales toltèques de l'Anahuac, à 14 lieues au nord de Mexico, aujourd'hui la petite ville de *Tula*, route de Queretaro.

il résulte donc qu'il existait plusieurs *Tula :* il y en avait un à l'Orient, de l'autre côté de la mer (1), origine probablement du nom des trois autres qui auraient existé en Amérique, et dont le plus septentrional devait être l'*Ultima Thule* des anciens, situé dans le pays de l'Ombre, dont il est fait mention plus haut.

§ VI.

Idées des anciens sur la forme de la terre et sur les pays transatlantiques. Examen du système relatif au Grand Continent et à la Terre Cronienne de Plutarque. Iles sacrées de Saturne. Autres notions tirées des anciens à ce sujet. Conformité de ces notions avec les traditions indigènes de l'Amérique.

Les Phéniciens et les Carthaginois qui s'étaient réservé le monopole du commerce dans les îles de la mer Britannique, avaient poussé leur navigation dans les contrées les plus septentrionales, et l'on conjecture que c'était là la route qu'ils prenaient pour se rendre aux côtes de l'Amérique ou plutôt pour en revenir. Car il serait possible que se laissant entraîner par les vents alizés de l'Afrique au continent opposé, ils prissent ensuite la direction du nord pour s'en retourner, en touchant à l'Islande et aux Iles Britanniques. Ce sont les idées que les anciens s'étaient faites sur l'existence de l'hémisphère occidental que nous allons examiner maintenant : nous verrons par leur confrontation avec les tradi-

(1) Ces quatre villes où localités du nom de Tula, sans compter peut-être encore deux ou trois autres, expliqueraient jusqu'à un certain point les dissentiments entre les divers auteurs anciens et même la différence de leur orthographe, les uns écrivant Τουλη, les autres Τυλη, d'où *Thyle* et *Thule,* etc. Voir Cluveri *Germania Antiqua, cum Vindelica et Norico,* etc., contracta opera Joannis Bunonis, Guelferbyti, 1663, pag. 667 et suiv. Colomb, qui raconte avoir été plusieurs fois à *Thule,* environ vingt ans avant la découverte de l'Amérique, et qui désigne la situation de ce lieu assez loin au nord-ouest de la Grande-Bretagne, ne se doutait pas alors qu'il avait touché cette même terre, objet de ses espérances et de ses vœux. Botturini, Veytia et d'autres auteurs voient dans le premier *Tulan,* la Babylonie et la tour de Babel ; parce que ce fut là qu'eut lieu le changement des langues, tradition que semblerait confirmer au premier abord un verset du *Livre Sacré* (voir pages 217 et 221). D'autres ajoutent que *Tulan* est la prononciation nahuatl de *Turan* (Touran), la Mongolie et la Tartarie, ainsi appelées d'après *Tur,* fils de Féridoun, ancien roi de Perse (Malcolm's *Hist. of Persia,* vol. 1, pag. 2, note). — Drummond's *Origines*, etc. vol. 1, pag. 298. Ce n'est pas absolument invraisemblable.

tions indigènes de l'Amérique le degré de confiance qu'on peut accorder à des théories, regardées jusqu'ici comme des fictions par les modernes. « En soulevant des questions qui offriraient déjà de l'importance dans l'intérêt des études philologiques, dit à ce sujet Humboldt (1), je n'ai pu gagner sur moi de passer entièrement sous silence ce qui appartient moins à la description du monde réel qu'au cycle de la *géographie mythique*. Il en est de l'espace comme du temps : on ne saurait traiter l'histoire sous un point de vue philosophique, en ensevelissant dans un oubli absolu les temps héroïques. Les mythes des peuples, mêlés à l'histoire et à la géographie, ne sont pas en entier du domaine idéal : si le vague est un de leurs traits distinctifs, si le symbole y couvre la réalité d'un voile plus ou moins épais, les mythes, intimement liés entre eux, n'en révèlent pas moins la souche antique des premiers aperçus de cosmographie et de physique. Les faits de l'histoire et de la géographie primitive ne sont pas seulement d'ingénieuses fictions ; les opinions qu'on s'est formé sur le monde idéal s'y reflètent.

« La *grande terre*, située vers le nord-ouest, indiquée comme *Méropis*, dans les fragments de Théopompe et comme *Continent Cronien* dans deux passages de Plutarque que nous examinerons plus tard, tient à un cercle de mythes qui, malgré les sarcasmes peu spirituels des Pères de l'Eglise (2), remonte à une haute antiquité dans la sphère des opinions helléniques, comme tout ce qui a rapport, soit à Silène (3), devin et personnage cosmogonique, soit à cet empire des Titans (4) et de Saturne, refoulé progressivement vers l'ouest et le nord-ouest (5). Le mythe de l'Atlantide ou

---

(1) *Essai sur l'histoire de la géographie du Nouveau-Continent*, tom. 1, pag. 112 et suiv.

(2) Tertullien, *de Pallio*, cap. 2. (Opp. ed. Paris 1664, pag. 112.) « Viderit Anaximander si plures (mundos) putat : viderit si quis uspiam alius ad Meropas, ut Silenus penes aures Midæ blattit, aptas sane grandioribus fabulis, etc. » Comp. aussi Tertullien, *Adversus Hermog.* cap. 25 (Opp. page 242), sur « Silenum illum *de alio orbe* obseverantem. »

(3) Creuzer, *Symbol.*, tom. II, pag. 213, 215, 225.

(4) Comparez ici les traditions sur les géants *Quinamés* toltèques et celle qui a rapport à Zipacna, créant les montagnes en une nuit, et à Cabrakan (le tremblement de terre) qui les remuait et secouait le monde, dans le *Livre Sacré*, pages 37, 47, 55 et 61.

(5) Voss, *Krit. Blätter*, tom. II, pag. 364, 366. Selon Théopompe, Saturne même est, chez les Occidentaux, une incarnation de l'hiver. (Plutarq., *de Iside*,

d'un grand continent occidental, lors même qu'on ne le croirait pas importé d'Egypte et purement dû au génie poétique de Solon, date pour le moins du vi⁰ siècle avant notre ère. Lorsque l'hypothèse de la sphéricité de la terre, sortie de l'école des Pythagoriciens, parvint à se répandre et à pénétrer dans les esprits, les discussions sur les zônes habitables et la probabilité de l'existence d'autres terres, dont le climat était égal au nôtre sous des parallèles hétéronymes et dans des saisons opposées, devinrent la matière d'un chapitre qui ne pouvait manquer dans aucun traité de la sphère ou de cosmographie. Ceux qui n'avaient pas entrevu, comme Polybe et Eratosthène, que l'élévation des terres, le ralentissement de la marche apparente du soleil en approchant des tropiques et l'éloignement des deux passages du soleil par le zénith du lieu, rendaient, dans la zône équatoriale, l'équateur même moins chaud (1) que les régions plus voisines des tropiques, ceux-là submergeaient, par l'effet d'un courant équatorial, cette partie de la surface du globe qui, brûlée par le soleil, ne leur paraissait aucunement propre à être habitée. C'était l'opinion répandue surtout par Cléanthe le stoïcien et par le grammairien Cratès (2). Elle fut réfutée par Geminius, mais reparut dans toute sa force au commencement du v⁰ siècle, dans la théorie des impulsions océaniques, que Macrobe émit comme une théorie du flux et du reflux de la mer (3). Au delà de ce bras de l'océan équatorial qui traverse la zône torride, au delà de notre masse de terres continentales, qui sont étendues en forme de *chlamyde* (4) et isolées dans une partie de l'hémisphère boréal, on supposait d'autres masses de terres dans lesquelles se répètent les mêmes phénomènes climatériques que nous observons chez nous. Il ne

cap. 69, tom. III, pag. 177, ed. Hutt.)
(1) Strabon, *Géogr.* II, pag. 153, 155. Alm. 97-98 cas. — *Cleomed.*, I, 6, éd. Schmidt, 1832, pag. 25. — Gemin. *Element. Astron.* cap. 13. (Petau, *Uran.*, pag. 54.) Comparez, pour prononcer sur la justesse de ces idées, les résultats des températures moyennes sous l'équateur, sous les tropiques et dans la zône sous-tropicale, consignée dans Humboldt, *Relation historique*, tom. III, pag. 498-501.
(2) Strabon, *Géogr.* pag. 56. Alm. pag. 31, cas. — Macrob. *Sat.* cap. 23.
(3) Macrob. *in Somn. Scip.*, II, 9.
(4) Strabon, Géogr., II, pag. 173 et 179. Ἡ δ' οἰκουμένη χλαμυδοειδὴς ἐν τούτῳ νῆσος,...

paraissait guère probable que la grande portion de la surface du globe non occupée par notre οἰκουμένη, fût uniquement couverte d'eau. Des idées d'équilibre et de symétrie, dont la fausse application a conduit jusque dans les temps modernes à de nombreux rêves géographiques, semblaient même s'y opposer.

« C'est sous l'empire de ces idées que prirent naissance les groupes isolés de continents dans l'hémisphère opposé, indiqués par Aristote et son école (1) ; les doubles Ethiopiens de Cratès, dont les uns habitaient au sud du bras de mer équatorial (2) ; l'*autre monde*, ἄλλη οἰκουμένη, de Strabon (3), le *alter orbis* de Mela (4), une véritable terre australe (5) ; les deux zônes (*cinguli*) habitables de Cicéron (6), dont l'une est celle de nos antipodes insulaires ; enfin la *terra quadrifida* ou les *quatuor habitationes vel insulæ* (quatre masses de terres séparées les unes des autres) de Macrobe (7). Dans le système pythagoricien de Philolaus, d'après lequel le soleil n'était qu'un immense réflecteur recevant la lumière d'un corps central (Hestia), la terre et l'Antichthon d'Hicétas de Syracuse (Nicetas, selon quelques manuscrits de Cicéron) se mouvaient parallèlement dans leur orbite commun ; mais cet Antichthon n'était que l'hémisphère opposé au nôtre (8), hémi-

---

(1) *Meteorologica*, ιι, 5, *de Mundo*, cap. 3.
(2) Strabon, *Geogr.* ι, pag. 55.
(3) *Ibid.* ιι, pag. 179.
(4) Mela, ι, 9, 4.
(5) « Quod si est *alter orbis* suntque » oppositi nobis a meridie Antichthones, » ne illud quidem à vero nimium obs- » cesserit, in illis terris ortum amnem » (Nilum), ubi subter maria cæco » alveo penetraverit, in nostris rursus » emergere et hac re solstitio accres- » cere, quod tunc hiems sit unde ori- » tur. » (Tzschucke, *Ad. Mel.* vol. II, Part. 1, pag. 226 et 334.) C'est quant à l'opposition de la saison des pluies sous le tropique du Cancer et celui du Capricorne, la théorie des prêtres égyptiens, exposée par Eudoxe (Plut. *De plac. phil.*, IV, 1). L'hypothèse de l'Océan remplissant la région équatoriale rendait nécessaire le subterfuge du passage sous-marin du Nil. Cette idée, adoptée par Philostorge (III, 10), au cinquième siècle, pour la lier à des rêveries théologiques (Letronne, *Christ. de Nub.*, 1832, pag. 33), ne répugnait pas à la physique des anciens, qui supposaient hardiment des communications fluviales entre le Péloponèse et la Sicile (à Syracuse le peuple y croit encore aujourd'hui) ; et Cosmas Indicopleustès fait encore naître les quatre fleuves du Paradis dans son continent *transocéanique*, et arriver par des canaux souterrains à notre terre habitée.
(6) *Somn. Scip.*, cap. 6. « Duo » (*cinguli*) sunt habitabiles ; quorum » australis ille, in quo qui insistunt, » adversa nobis urgent vestigia, nihil » ad vestrum genus. Hic autem alter » subjectus Aquiloni, quem incolitis — » parva quædam est insula, circumfusa » illo mari quod Oceanum appellatis. »
(7) *Comment. in Somn. Scip.*, II, 9.
(8) Boeckh, *Disp. de Plat. Syst. cœl. glob.*, 1810, pag. 19. Id. *Philolaos.* 1819, pag. 115, 117. — Voss.

sphère que les géographes peuplaient à leur gré (1). J'ai cru devoir donner cet aperçu général des idées que les hommes se sont constamment formés, dès les temps les plus reculés, sur l'existence d'un *autre monde* ou de continents *trans-océaniques*. Les Pères de l'Eglise, dont le moine Cosmas s'était fait l'interprète, ont travesti ces conceptions primitives de la manière la plus bizarre, en supposant une *terra ultra oceanum* (2), qui encadre le parallélogramme de leur mappemonde. Le moyen âge ne vivant que de souvenirs qu'il supposait classiques, et n'ayant foi dans ses propres découvertes qu'autant qu'il croyait en trouver des indices chez les anciens, a été agité, jusqu'au temps de Colomb, par tous les rêves cosmogoniques des siècles antérieurs.

« A côté de cette tendance si naturelle, et pour cela même si générale, de supposer plusieurs terres habitées, séparées par des mers, s'en retrouve une autre non moins ancienne, celle de regarder des îles ou des pointes de terre nouvellement découvertes, comme contiguës et faisant partie d'un grand continent. C'est sous cette dernière forme que se présentèrent d'abord les Iles Britanniques (3), et c'est par un procédé semblable que, dans la célèbre carte de l'Amérique que Jean Ruysch a ajoutée à l'édition de la Géographie de Ptolémée, publiée à Rome en 1508, on trouve, d'après l'observation de M. Walckenaer, non-seulement le *Gruenlant* (Groënland), mais aussi Terre-Neuve et les *Bacalauræ*, entièrement séparés de l'Amérique insulaire, c'est-à-dire du *Mundus Novus* de la *Terra Sanctæ Crucis* et réunis au continent septentrional de l'Asie.

Cependant, « depuis que l'hypothèse du disque de la terre nageant sur l'eau, ajoute Humboldt (4), eut fait place à l'idée de la sphé-

---

Krit. Blätter, 1828, tom. II, pag. 150.

(1) Antichthones alteram (terræ partem) nos alteram incolimus. » (Mela, 1, pag. 1, 2). Nous venons de voir plus haut que ces Antichthones de Mela, habitants de l'hémisphère austral, sont séparés de notre masse continentale par l'Océan, qui remplit le milieu de la zône torride.

(2) Cosmas Indicopleustès, *Topograph. Christ.* dans Montfaucon, *Collectio Nova Patrum*, 1709, tom. II, pag. 189, fig. 5, 6.

(3) Dio Cassius, XXXIX, 50 ; Flor. III, 10.

(4) *Essai sur l'hist. de la géog. du Nouveau-Continent*, tom. I, p. 38 et suiv.

ricité de la terre, propre aux Pythagoriciens (1), comme à Parménides d'Elée, exposée et défendue avec une admirable clarté par Aristote (2); il ne fallut pas un grand effort d'esprit pour entrevoir la possibilité d'une navigation de l'Europe et de l'Afrique aux parties occidentales de l'Asie. Nous trouvons en effet cette possibilité clairement énoncée dans le *Traité du ciel* du Stagirite (dernières lignes du second livre) et dans deux passages célèbres de Strabon (3). Il suffit pour le moment de faire observer que l'un et l'autre de ces auteurs parlent *d'une seule mer qui baigne des côtes opposées*. Aristote ne regarde pas la distance comme très-grande et tire ingénieusement de la géographie des animaux un argument en faveur de son opinion. Il reconnaît comme très-probable que, outre la grande île que forment l'Europe, l'Asie et l'Afrique, il en existe d'autres plus ou moins grandes dans l'hémisphère opposé (4). Strabon ne trouve d'autre obstacle à passer de l'Ibérie aux Indes que dans la largeur démesurée de l'Océan Atlantique; mais ce qui rend son texte plus remarquable, c'est cette assertion « que dans la même zône tempérée que nous ha-
» bitons, et surtout aux environs du parallèle qui passe par Thinœ
» et traverse la mer Atlantique, il peut exister *deux terres habi-*
» *tées et peut-être plus de deux* (5). » C'est une prophétie de l'Amérique et des îles de la mer du Sud, plus raisonnée du moins que la vague prophétie de la Médée de Sénèque. Strabon, dans le second livre, fait encore allusion à cette probabilité de l'existence de terres inconnues placées entre l'Europe occidentale et l'Asie orientale. « Chercher à donner une idée exacte, dit-il, de toutes

---

(1) Hicetas, Ecphantus et Héraclide de Pont. Copernic, dans sa dédicace du traité *de Revolutionibus orbium cœlestium* au pape Paul III, attribua, peut-être moins par manque d'érudition que pour cacher son audace, son propre système de la révolution des planètes autour du soleil aux Pythagoriciens, tantôt à Hicetas et à Héraclide de Pont, tantôt à Philolaus, et à Ecphantus. Il n'y a qu'Aristarque de Samos et Séleucus d'Erythrée qui dans l'antiquité soient de vrais Coperniciens, n'employant ni *Hestia*, ni *Antichthon*.

(2) *De cœlo*, lib. II, cap. 14, pag. 297 et 298, édit. Bekker.

(3) Strabon, *Geogr.* lib. I, pag. 103, et lib. II, pag. 162 Alm.

(4) Aristot., *De Mundo*, cap. 3, pag. 392, édit. Bekker; et *Meteor.*, lib. II, cap. 5, pag. 362.

(5) Strabon, *Geogr.* lib. II, pag. 113, 114.

» les autres portions du globe, ou même simplement de la totalité
» de cette *vertèbre* ou zône dont nous avons parlé, cela est du
» ressort d'une autre science (ce n'est pas du ressort de la géogra-
» phie positive), comme aussi d'examiner si la *vertèbre* est habitée
» dans l'autre *quadrilatère*, comme elle l'est dans celui où nous
» sommes. En effet, supposez, *ce qui est assez probable*, qu'elle le
» soit, ce ne saurait être par des peuples de même origine que
» nous : dès lors cette terre habitée doit être différente de la nôtre
» et c'est la nôtre seule que nous avons à décrire. »

L'existence d'une terre ou de plusieurs terres dans l'Atlantique à l'est de Thinœ paraissait donc assez probable au judicieux géographe d'Amasée, qui craignait de s'égarer dans le vaste champ de la géographie conjecturale. Quant à Aristote, non-seulement il entrevoit que la terre habitable est très-étendue en longitude, mais il donne ailleurs la description d'une région transatlantique, située du côté opposé aux colonnes d'Hercule, fertile, abondamment arrosée et couverte de bois qui aurait été trouvée par les Carthaginois (1). Diodore de Sicile en fait honneur aux Phéniciens (2). Il ajoute que le paysage y est embelli par des montagnes et que l'air y est d'une douceur constamment égale. « On dirait que c'est plutôt l'habitation des dieux que des hommes. » Cependant, Diodore a soin de ne pas confondre cette terre délicieuse avec l'Elysée d'Homère, les Iles Fortunées de Pindare ou le site du Jardin des Hespérides, l'*Hesperitis* continental. Les Phéniciens ayant commencé à fonder des colonies au delà de Gadès, avaient découvert cette île, poussés par des tempêtes. La direction de la navigation que le Pseudo-Aristote n'indique cependant pas, était de la Libye vers le couchant. Les Tyrrhéniens, lorsqu'ils acquirent la domination sur la mer, avaient tenté d'y envoyer des colonies ; mais les Carthaginois les en empêchèrent. Ils espéraient que si jamais leur ville était détruite, encore maîtres

---

(1) Aristot. *De Mirab. Auscult.* Cap. 84, pag. 836.

(2) Diodore. *Hist.* édition Weasel, tome I, pag. 284, 346.

de l'Océan, ils pourraient trouver un refuge dans cette île inconnue aux vainqueurs. Ce même asile s'offrit, du moins en espérance, à Sertorius (1), lorsque à l'embouchure du Bœtis, il vit arriver un navire revenant « de deux îles atlantiques qu'on croyait éloignées de dix mille stades. »

Sans entrer dans les détails que les anciens ont laissés au sujet de l'Atlantide, contentons-nous pour achever l'examen des traditions de l'ancien monde qui pourraient avoir trait à ses communications avec l'Amérique, de rapporter ici les passages que nous offrent Plutarque et Théopompe. « C'est, ajoute encore Humboldt (2), c'est dans un ouvrage de Plutarque, d'un texte très-corrompu, mais rempli de considérations de physique et de cosmologie fort remarquables (3) et en grande partie très-justes, dans le dialogue *de Facie in orbe lunæ*, que se trouve le passage dans lequel, au seizième siècle, le géographe Ortelius (4) croyait reconnaître, non les îles Antilles, mais tout le continent américain. Cette μεγάλη ἤπειρος placée au delà de la Bretagne, vers le nord-ouest, lui rappelait sans doute les côtes du Canada et le chemin que les navigateurs normands avaient trouvé au commencement du ixᵉ siècle, vers les parties les plus septentrionales de l'Amérique. Le mythe qui nous est conservé dans le petit *Traité des taches dans l'orbe lunaire* de Plutarque appartient à un ordre d'idées étroitement liées, plus symboliques que chorographiques, embrassant tout l'occident au delà des colonnes d'Hercule, appelées elles-mêmes

---

(1) Plutar. *in Vita Sertorii*, cap. 5. — Sallust. *Fragm.* pag. 189.

(2) *Essai sur l'hist. de la géogr. du N.-Continent*, tom. I, pag. 191.

(3) Sur la pesanteur universelle à la surface de la terre, du soleil et de la lune : Plutar. *de Facie in orbe Lunæ*, pag. 924, 8 et 39 ; sur les effets de la réflexion des miroirs en agrandissant ou multipliant les images, pag. 930, 11 ; sur la visibilité de la lune dans les éclipses totales, pag. 933, 56, et 934,28 ; sur les montagnes particulièrement lumineuses de la lune (ὄρη φλογοειδῆ, le texte moins correct a ὄρη καταφλογοειδῆ : on croirait une allusion à Aristarque et aux volcans dont quelques astronomes modernes ont prétendu apercevoir l'activité d'ici-bas), pag. 935,4 ; sur le manque de chaleur dans les rayons lunaires, pag. 937,16, etc. Le mythe du *Grand-Continent* se trouve de la pag. 940,52 à 942,29.

(4) Après avoir répété le passage de la *Médée* de Sénèque, si souvent cité depuis 1492, le célèbre géographe ajoute : « Ego quoque ejus (Novi Orbis) mentionem fieri a Plutarcho *de Facie in orbe Lunæ* sub nomine *Magni Continentis* puto. » Ortelius, *Orbe terrar.*, 1570, art. *Nov. Orb.*

jadis *Colonnes de Briarée* ou de *Cronos* (Saturne). C'est un fragment de la géographie mythique des temps les plus anciens, offrant, pour ainsi dire, des images qui se détachent sur un horizon embrumé, et qui deviennent mobiles selon les inspirations et les opinions individuelles du narrateur. Examiner ici la part que des découvertes réelles, favorisées par les courants et les vents, ou bien les mensonges phéniciens (les *contes des navigateurs revenant des mers extérieures*) ont pu avoir (1) à ces conceptions cosmographiques, qui se répètent avec une certaine uniformité à travers les siècles les plus reculés, serait aborder une discussion générale qui nous éloignerait de notre sujet et dans laquelle mon opinion particulière ne pourrait être d'aucun poids. « Les idées » que la poésie antique avait popularisées depuis des siècles, ont » exercé une puissante influence même sur les systèmes géogra- » phiques (2). » Humboldt qui paraît lui-même bien près d'avouer les opinions d'Ortelius, aurait été peut-être plus loin que ce géographe, s'il eût connu les traditions indigènes que nous avons rapportées plus haut, et l'uniformité des conceptions cosmographiques, répétées, comme il le dit, à travers les siècles, lui aurait montré leur raison d'être dans l'Amérique elle-même.

Pour faire saisir d'abord la position du *Grand-Continent* de Plutarque, nous dirons avec cet écrivain, que l'île d'Ogygie (3) est éloignée de la Britannia vers l'ouest à la distance de cinq journées de navigation. Humboldt (4) emploie à dessein le mot *Britannia*, car dans un passage de Procope, que récemment (5) on a rapproché de celui de Plutarque, il est question de *Brittia*, île placée entre Britannia et Thulé. A trois autres journées de chemin, mais vers le couchant d'été du soleil, c'est-à-dire à l'ouest-nord-ouest, en comptant depuis l'Europe, « on trouve trois autres îles dans l'une.

---

(1) Plato, *de Republ.*, III, 414, c. — Strabon, *Geogr.*, III, pag. 259. Alm.

(2) Letronne, *Essai sur le mythe d'Atlas*, pag. 18.

(3) Strabon, *Geogr.* VII, pag. 458. Alm. place aussi dans le nord, près des monts *Riphées*, une montagne du nom d'Ogygie.

(4) *Essai sur l'hist. de la géogr. du N.-Continent*, tom. I, pag. 191.

(5) *De Bello Goth.*, IV, 20.

» desquelles, selon les barbares (c'est la glose du texte, tel que
» nous l'avons), Saturne est tenu prisonnier par Jupiter (1). Le
» Grand-Continent, ou terre ferme, par laquelle la grande mer
» semble de toutes parts renfermée, est distante d'environ cinq
» mille stades d'Ogygie, quoique plus rapprochée des trois autres.
» Une multitude de rivières descendent de la terre ferme et y
» versent leurs eaux. Les bords du continent au long de la mer
» sont habités près un vaste golfe qui n'est pas moindre que
» les Palus Méotides. » Remarquons ici que tout ce que le narrateur Scylla raconte à Lamprias (c'est le nom du frère de Plutarque), il le tient de la bouche d'un étranger qui est venu de ce pays saturnien à Carthage, comme cela est indiqué positivement dans le dialogue sur la lune : le mythe même (si c'est un mythe) n'est exposé que vers la fin du livre, quoique annoncé dès les premières lignes par lesquelles le texte défectueux commence aujourd'hui pour nous ; on le rappelle aussi au moment où Théon demande à Lamprias, non si le globe lunaire qui est une « terre céleste, » est effectivement habité par des hommes, mais s'il peut être regardé comme habitable.

« Enfin Scylla impatient en sa qualité de premier acteur (comme narrateur du mythe géographique que l'homme mystérieux, le voyageur de la région transatlantique du nord-ouest, lui a transmis) débute d'une manière solennelle avec le vers d'Homère : « Loin dans l'Océan est placée une île Ogygia. » C'est à la position de cette île qu'il rapporte les positions des autres îles Saturniennes et du grand continent, telles que nous les avons indiquées plus haut. Est-ce là un pur ornement poétique ? demande Humboldt. Du moins dans un autre passage, également très-re-

---

(1) Cette désignation du lieu de la prison, ajoute ici Humboldt, est en contradiction directe avec le reste du récit. Mon illustre ami, M. Bœckh, ne doute pas que le texte n'ait été altéré de 941,5 à 941,8. Il pense que la prison et par conséquent le lieu de la grande fête était Ogygie même, et qu'il faut supprimer toute la glose de 941,5 à 941,8 qui n'a rien à faire à cette simple exposition des distances et qu'un scoliaste paraît avoir intercalée en réminiscence d'un autre passage de Plutarque (*De defectu oraculor.* cap. 18) dont je parlerai plus bas.

marquable (1), où il est de nouveau question de plusieurs îles enchantées, situées près de Britannia, et dans l'une desquelles Saturne, incarcéré, est surveillé par le Titan Briarée. Ogygie n'est pas nommée. « Le trajet de l'océan Cronien est lent à cause des alluvions des rivières qui descendent du grand continent et rendent la mer terreuse (bourbeuse et épaisse). » C'est une manière d'expliquer, par la proximité du grand continent, le *Mare Concretum, cœnosum, pigrum* des auteurs romains (2), et d'attribuer à des dépôts de terrains meubles ce que d'autres, dans les régions boréales, attribuent aux glaces, ou dans les mers méridionales (3) à l'algue marine, c'est-à-dire aux bancs flottants de *fucus*. » Le grand continent de Plutarque se prolonge vers le nord (4) et avec une régularité de configuration pour laquelle les anciens montrent beaucoup de prédilection. Dans ce golfe aussi vaste que la Méotide, on croirait voir une allusion directe à la baie de Hudson : il est habité, dit-il, par des peuples d'origine grecque. Ceux-ci sont d'opinion « que leur pays est un continent, mais que
» notre terre (l'Europe, l'Asie et la Libye) n'est qu'une île entou-

---

(1) Plutar. *De defectu oraculorum*, cap. 18.

(2) Le nom de *Mer Cronienne*, que Plutarque prend dans un sens plus général, ne commençait, à proprement parler, qu'au delà du promontoire de *Rubeæ* qui séparait cette mer (Plin. *Hist. Nat.* IV, 13; Dicuil, *de Mensura terræ*, VII, pag. 32) du *Morimarimarusa* ou *Morimarusa*, nom qui, selon Philémon dans l'idiome des Cimbres, signifie *Mer-Morte*. M. Welcker, dans son ingénieux *Mémoire sur le site de la terre des Phéaciens*, pense que le mot *Morimarusa* fait allusion à ce *passage de morts* dans l'océan boréal, que Tacite pourrait avoir puisé dans un commentaire perdu de Plutarque sur Hésiode. (Rhein, *Mus.* I, 2, pag. 238 et 243). Comparez aussi le *Mare Cronium*, Voigt, *Gesch. Preuss.*; I, 44, 77). Dans la partie de l'océan septentrional qu'Hécatée appelle *Amalchum*, ce qui signifie dans la langue des Scythes, congelé (Plin. IV, 13), on reconnaît l'analogie de μάλκη avec l'α non privatif, mais copulatif, comme il l'est dit dans ἀδελφὸς et ἄλοχος; analogie fondée ou sur une filiation primitive d'idiomes ou sur l'habitude de tous les peuples d'altérer des mots étrangers pour les assimiler à des mots indigènes... —Pour en revenir au *passage des morts* dans l'océan boréal, qu'on se rappelle qu'Homère place l'Enfer dans le pays des Cimmériens, habitants du nord, et qu'un grand nombre d'auteurs ont cru y voir le berceau de la plupart des fables grecques (Bailly, *Lettres sur l'Atlantide*, pag. 310 et suiv.). La tradition mexicaine plaçait également l'Enfer ou région des Morts, *Mictlan*, dans le nord, de la *Mictlampa-ehecatl*, le vent du nord ou de la région des morts.

(3) Aristot. *Mem. Ausc.* cap. 136.— *Scyl. car. Per.* pag. 55. Edit. Huds.— Avien. *Ora. mar.* v. 122 et 408.

(4) Ce prolongement boréal offre un nouveau trait d'analogie avec la *Grande Terre des Méropes* de Théopompe, de laquelle on a fait directement, comme vers la terre la plus rapprochée, une incursion dans le pays des Hyperboréens.

rée par l'Océan. », Le même trait se retrouve exactement dans le mythe géographique de la Méropide de Théopompe (1). Silène y révèle aussi aux Phrygiens que les Méropiens habitent un *grand continent* lointain, tandis que notre terre n'est qu'une très-petite île. C'est encore l'expression de Cicéron (2) : « Omnis enim terra quæ colitur a vobis parva quædam est insula. » Ce continent, dit Plutarque, fût visité par Hercule dans une expédition vers l'ouest et le nord, et les compagnons de ce héros « y ont épuré la nation » grecque qui commençait à s'abâtardir et à perdre sa langue et » ses mœurs par le commerce des barbares (3). » Aussi, après Saturne, Hercule y était-il le plus honoré. Serait-ce encore un mythe à comparer avec celui de Quetzalcohuatl?

« Comme la planète de Saturne, » que nous appelons Phœnon, mais que les habitants du continent Cronien nomment Νυκτοῦρος (le Gardien de la nuit) (4), entre tous les trente ans dans le signe du Taureau (5), ce qui était l'époque d'une grande fête, on effectuait, à chaque retour de cette fête, l'embarquement des *théores*, qui longtemps auparavant étaient choisis par le sort. Le voyage de ces envoyés était long et fort dangereux. Leur première destination était pour les îles que nous avons dit être placées devant le grand continent, et qui étaient occupées par les colons grecs,

---

(1) Ælian. Var. *Hist*, III, 18.

(2) *Somn. Scipionis*, cap. 6.

(3) Cet Hercule semblerait rappeler aussi le *grand personnage* dont il est question dans le discours de Montezuma et dans le reste des traditions américaines. Qui n'y voit une lueur de Quetzalcohuatl?

(4) Le dieu qu'apportèrent les Nahuas s'appelait *Yohualli Ehecatl* ou le vent de la nuit (Sahagun, *Hist. de Nueva España*, lib. X, cap. 29).

(5) Le nom φαίνων appartient à cette série de noms planétaires, qui ne font allusion qu'à leur éclat, comme *Phaéton* pour Jupiter, *Stilbon* pour Mercure, Πυρόεις pour Mars (Aristot. *de Mundo*, cap. 2). Quoique la révolution de Saturne puisse être considérée comme accomplie par son retour dans un signe quelconque du zodiaque et quoique la fête de Saturne *delta*, répétée dans celle de l'affranchissement annuel de l'Hercule phénicien Μελκαρθος (Creuzer, *Symbol*. II, 215, 217, 439), fût célébrée au solstice d'hiver, il me semble pourtant assez probable que le Taureau soit nommé par Plutarque pour indiquer une fête de l'équinoxe du printemps. En effet, par la précession des équinoxes, celui du printemps qui correspond aujourd'hui déjà à plus de la moitié des Poissons, avait lieu 1684 années avant notre ère dans le commencement du Taureau, et il y a 3096 ans, au milieu de ce signe. Il arrivait, 72 ans plus tard, à la longitude d'Aldébaran. La durée du passage de l'équinoxe par toute la constellation du Taureau est, selon M. Encke, de 2823, et non de 2565 ans, comme l'évalue M. Delambre (Cuvier, *Ossem. foss.*, 1821. tom. I, pag. CXXI).

sans mélange de barbares. Ces îles devaient être bien boréales, puisque, pendant trente jours, le soleil n'y restait couché qu'une seule heure, et que même durant la nuit il régnait une lumière crépusculaire. Après y avoir passé quatre-vingt-dix jours, les envoyés continuaient leur voyage avec un vent favorable, sans doute pour arriver à l'île d'Ogygie.

» Dans cette île, où l'on jouissait d'une douce température, poursuit Humboldt avec Plutarque, Saturne dormait dans un antre profond, car Jupiter lui donnait le sommeil pour liens. Il était entouré de génies qui l'avaient servi lorsqu'il commandait encore aux dieux et aux hommes. Les génies rapportaient les rêves prophétiques de Saturne qui, à son tour, rêvait tout ce que méditait Jupiter. L'étranger dont Scylla avait appris toutes ces merveilles, demeura trente ans dans la même île sacrée, où, sans travaux matériels, on ne s'occupait que de philosophie. « Après
» avoir subi toutes les initiations et avoir appris de la physique
» et de l'astrologie ce qui en est fondé sur la géométrie, il lui
» vint un vif désir de visiter la grande île ; c'est ainsi qu'ils ap-
» pellent notre continent. » Comme la période de trente ans était révolue, une nouvelle *théorie* arriva, et l'étranger, après avoir salué ses amis, s'embarqua. Il parut à Carthage ; mais l'expression « je ne vous dirai pas à travers quels peuples (quels hommes) il
» passa, quels écrits sacrés il apprit à connaître, à combien de
» rites il fut initié, » prouve assez qu'il était question d'un voyage par terre (1). L'étranger séjourna longtemps à Carthage et y découvrit certains écrits sacrés qui y avaient été emportés et sauvés (peut-être de la ville de Didon, détruite par Scipion l'Africain), étant demeurés longtemps cachés sous terre. Parmi les divinités visibles, disait-il, c'était la lune qui méritait surtout la vénération des hommes, etc.

» Rentrant dans le sujet principal du traité, Scylla discute de

---

(1) Comparez ce voyage et ces ini- | dale rapportée par Ordoñez et Nuñez de
tiations avec ce que la tradition tzen- | la Vega attribuée à Votan, pag. LXXXVII.

nouveau des points de philosophie naturelle sans toucher le *mythe géographique* du grand continent Cronien, qui a fixé l'attention d'Ortelius. Ce n'est qu'à la fin du livre que le narrateur affirme solennellement que tout ce qu'il a rapporté jusqu'ici, il le tient de la bouche du personnage mystérieux qui avait paru en Libye, et que ce dernier n'a répété que ce qu'il a appris des génies « qui tenaient Saturne assoupi. » Certes, continue Humboldt, ce mythe, dans son ensemble, n'est pas un simple divertissement de l'esprit, un roman philosophique isolément enfanté par l'imagination de Plutarque. Il tient à un cercle d'idées très-anciennes, à des traditions, ou, si l'on veut, à un système d'opinions dont quelques autres fragments nous sont parvenus par la *Méropide* de Théopompe et le passage de Plutarque, dans le dialogue *de Defectu Oraculorum* (1). Ce dernier offre une description pittoresque de certaines îles sacrées près de la Bretagne, dites des Démons et des grandes âmes des héros, séjour des tempêtes et de météores lumineux. »

N'est-il pas remarquable que les Mexicains aient placé également leur enfer, le *Mictlan*, dans les régions septentrionales (2), et qu'on retrouve, dans le *Codex Chimalpopoca*, un passage qui rappelle involontairement l'histoire du sommeil de Saturne dans l'île d'Ogygie (3). Ajoutons que Pline lui-même nous aide à découvrir *Mictlan* sur la route que les navigateurs prenaient pour aller des côtes de la Bretagne à Thulé (4), et lui donne le nom de *Mictim*.

L'autre monde (5), le *grand continent*, nous le retrouvons en-

---

(1) Cap. xviii.
(2) *Mictlan*, Séjour des Morts; *Mictlampa*, rumb du nord; *mictlampa-checatl*, vent du nord. (Sahagun, *Hist. de las cosas de N. España*, lib. vii, cap. 4.)
(3) La descente de Quetzalcohuatl au Mictlan, où il va chercher les os des morts. (*Cod. Chimalp*, dans l'*Hist. des soleils*).
(4) « *Timæus historicus a Britannia introrsus sex dierum navigatione abesse dicit insulam Mictim, in qua candidum plumbum proveniat; ad eam Britannos vitilibus navigiis, coris circumsutis, navigare. Sunt qui et alias prodant, Scandium, Dumnam, Bergos, maximamque omnium Nerigon, ex qua Thulen navigetur.* » (Plin. *Hist. Nat.* lib. iv, cap. 15.)
(5) Voyez le passage de Tertullien *Adversus Hermog.* cap. 25, que nous avons déjà cité : *Sileni alius orbis*. Si Théopompe n'emploie pas lui-même l'expression de *Nouveau-Monde*, il appelle du moins le Méropis Ἐκείνην (γῆν) τὴν ἔξω τούτου τοῦ κόσμου.

core dans le mythe de la Méropide de Théopompe. Les révélations que Silène fait à Midas le Phrygien (1) semblent liées, par leurs parties symboliques, à d'anciennes traditions religieuses. Elles ont conservé une grande célébrité bien au delà du temps des poëtes et des philosophes alexandrins, et reparaissent comme *Fubella de Sileno* dans Cicéron, le grave philosophe stoïcien. D'après Théopompe, vanté par Denys d'Halicarnasse, maltraité par Strabon, la *terre des Méropes* est une μεγάλη ἤπειρος au delà de l'Océan. Aussi les Méropes de Silène sont-ils persuadés que leur pays seul est un continent, tandis que nous n'habitons qu'une île d'une étendue peu considérable. Des ornements poétiques, tels que deux villes « du combat et de la piété, » des fleuves de la volupté et de la tristesse, l'or plus abondant que le fer ne l'était chez les Grecs, une race d'hommes gigantesques et à la longue vie, des institutions et des lois diamétralement opposées aux nôtres, ne manquent pas dans ce petit roman sentimental. On ignore s'il trouvait sa place dans le *Liber admirabilium* (θαυμασίων) de Théopompe ou dans son Histoire de Macédoine (les *Philippiques*). Les habitants de Méropis, curieux de visiter la petite île que nous habitons, firent d'abord, en quittant le grand continent, une incursion chez les Hyperboréens; mais ils s'en retournèrent peu satisfaits de l'état d'un peuple que les Grecs croyaient si heureux. Dans toute cette fiction (2) qui constate l'antique croyance à l'existence d'autres terres très-vastes, séparées de notre οἰκουμένη, il n'est pas question de Saturne et de la terre Cronienne. Cependant la visite chez les Hyperboréens, dont le pays était le plus voisin de la grande contrée des Méropes, place le mythe de Théopompe de nouveau vers le nord-ouest et le rapproche également de la tradition dont le souvenir nous a été conservé par Plutar-

---

(1) Ælian. Var. *Hist.* lib. III, cap. 18.
(2) Pour être l'objet d'une fiction on ne saurait toujours admettre qu'un livre soit entièrement inventé et que les pays dont il parle soient des pays imaginaires. Marmontel écrivit un roman sur *les Incas*. Serait-ce une raison pour dire, d'ici à deux ou trois cents ans, que le Pérou, ses vierges et ses rois fussent une fiction? La Méropide de Théopompe et le *Traité* de Plutarque en sont probablement là.

que. Perizonius, d'ailleurs si judicieux, a vu dans les révélations
de Silène quelques traces de l'Amérique. « Non dubito quin ve-
» teres aliquid sciverint quasi per nebulam et caliginem de *Ame-*
» *rica*, partim ab antiqua traditione, ab Ægyptiis vel Carthagi-
» niensibus accepta, partim ex ratiocinatione de forma et situ or-
» bis terrarum (1). »

Si l'on se donne maintenant la peine de comparer les traditions que nous venons de rapporter, d'après l'ouvrage de Humboldt, avec celles qui précèdent, on ne pourra s'empêcher d'y reconnaître une grande analogie : peut-être trouverait-on le moyen d'expliquer ainsi ces grandes migrations de peuples qui du Nord descendirent sur le reste de l'Amérique, en assignant pour berceau à ces peuples les vastes régions septentrionales habitées par les Hyperboréens ou par les nations cimmériennes qui, dans les temps anciens, étaient bien plus habitables que de nos jours. Il y a plus d'un trait de ressemblance entre le personnage mystérieux qui parut à Carthage et le Votan des Tzendales. Les chemins souterrains où celui-ci fut admis, lesquels traversent la terre pour arriver à la racine du ciel, indiquent une suite d'épreuves qui rappellent les initiations égyptiennes et dont on trouve des traces jusqu'à l'époque même de la conquête dans les épreuves de la chevalerie mexicaine. Ordoñez, qui les rapporte dans ses fragments, est d'autant moins suspect à cet égard, qu'il n'y comprend absolument rien. Ce qui vient à l'appui de ces ressemblances, c'est qu'à son retour aux régions occidentales, Votan, dit-on, construisit un souterrain du même genre, au fond du ravin du Zuqui, qui se prolongeait jusqu'à Tzequil (2). L'évêque Nuñez de la Vega, qui ne voyait, dans toutes les histoires indiennes, qu'une aveugle et ignorante idolâtrie, ajoute que « Votan alla à Huehuetan et qu'il
» y transporta des tapirs ; qu'il y bâtit d'un souffle (3) une *maison*

---

(1) Ælian. *Hist.* Ed. Lugd. 1701, pag. 217.

(2) Ces deux localités se retrouveraient, suivant Ordoñez, aux environs de Ciudad-Real de Chiapas.

(3) *Constitut. Diœces.* in Præamb. n. 34. Ce souffle indique peut-être une erreur du traducteur. Il s'agirait plutôt d'un temple consacré à *Ig*, l'esprit, le souffle, le vent de la nuit, le second

» *ténébreuse,* où il déposa un trésor, dont il commit la garde à une
» dame et à des officiers nommés *tapianes* (1). »

Aristote continuant à parler de l'île transatlantique, dont il attribue la découverte aux Carthaginois, ajoute (2) : « Comme les
» Carthaginois y allaient fréquemment et qu'un grand nombre
» même, attirés par la fertilité du sol, s'y étaient établis, le magis-
» trat de Carthage défendit sous peine de mort de retourner dans
» cette île ; il commanda d'en exterminer les habitants, pour les
» empêcher d'en répandre la connaissance, dans la crainte que
» cette multitude, se liguant contre la mère-patrie, ne réduisît
» cette île à son obéissance au détriment de la prospérité cartha-
» ginoise. » Ainsi c'est la crainte de l'indépendance des colons,
dont on prévoyait que le commerce pourrait nuire à celui de Carthage, qui engage le sénat de cette ville à sévir. Aussi, tel qu'il
s'offre, ce passage est-il fort intéressant à mettre en comparaison
avec celui que l'on trouve dans le discours que Montézuma fit aux
seigneurs de sa cour, lorsqu'il les convoqua pour leur proposer
de reconnaître l'autorité du roi d'Espagne : « Vous avez entendu

des signes du calendrier. Le *tapir,* dont il est aussi question, était un animal sacré chez les anciens Américains. On trouve sa trompe figurée sur une foule de monuments, soit à Palenqué, à Uxmal, à Chichen-Itza, etc. Souvent même elle remplace le nez d'un personnage mythique, l'*Aïeul,* et probablement le *Cipactonal,* etc.

(1) La maison ténébreuse, *casa lobrega,* obscure, est le nom d'une des maisons d'épreuves des mystères de Xibalba. Voir le *Livre Sacré,* page 85. Huehuetan, où elle fut construite, était une ville du territoire de Soconusco, abandonnée par les Indiens au temps de la conquête et près de laquelle il existe encore des ruines fort remarquables, à peu de distance de la côte de l'Océan Pacifique. Le trésor dont il est ici question « consistait, dit l'évêque,
» Nuñez de la Vega, en quelques gran-
» des urnes de terre cuite renfermées
» dans une salle souterraine, où se
» trouvaient les statues des antiques
» gentils indiens qui sont marqués
» dans le calendrier, sculptées en
» *chalchihuitl* (jade), qui sont des
» pierres vertes d'une grande dureté,
» avec d'autres figures superstitieuses.
» On enleva tout d'un souterrain (ou
» caverne) où cela se trouvait, et ce
» fut la dame et les *tapianes* (gar-
» diens ou prêtres) eux-mêmes ou
» gardiens de la grotte, qui me les re-
» mirent. Tout fut brûlé publiquement
» sur la place de Huehuetan, quand
» nous fîmes notre visite pastorale
» dans cette province, l'an 1691. Or
» les Indiens vénèrent encore beau-
» coup ce Votan, et en ses bour-
» gades on le regarde comme le *Cœur*
» *du Peuple.* » (*Constitut. diœces.,* in Præamb. n. 34.) Ces actes et d'autres du même genre exécutés par ce prélat furent cause du grand soulèvement des Tzendales, qui n'eut lieu cependant qu'après sa mort, en 1713, et dont les premières victimes furent les curés espagnols. Cette révolte manqua d'anéantir le gouvernement colonial dans l'Etat de Chiapas.

» aussi bien que moi, de vos prédécesseurs, leur dit-il (1), que
» nous ne sommes pas naturels de cette contrée. Ils vinrent tous
» d'une terre lointaine, conduits par un chef auquel ils étaient
» soumis. Longtemps après, ce chef revint et trouva que nos
» aïeux s'étaient mariés avec les femmes du pays et avaient bâti
» des villes qu'ils avaient peuplées de leur nombreuse postérité :
» vous savez aussi qu'ils refusèrent de l'accompagner, lorsqu'il re-
» partit pour son pays et même de le recevoir comme le suzerain
» de celui-ci. Il s'en alla alors, en les menaçant de retourner avec
» des forces ou d'en envoyer de si considérables qu'elles rédui-
» raient nos pères à l'obéissance. »

§ VII.

Populations civilisées de l'Amérique. Leur antiquité, Calendrier nahuatl. Sa corrélation avec les mythes primitifs. Quatre mythes ou personnages principaux, la Grand'mère et le Grand-père, Oxomoco et Cipactonal, Tlaltetecui et Xuchicaoaca. Quetzalcohuatl, que signifiait-il ? Trinité du tonnerre, de l'éclair et de la foudre.

Cette concordance entre les traditions de l'ancien et du nouveau continent est certainement une chose fort remarquable et ne saurait faire autrement que de jeter un grand jour sur les origines de la civilisation américaine. Nous ne rechercherons pas ici si le personnage dont il est question partout, si ce conducteur de tribus est le même que Quetzalcohuatl ; mais nous ferons observer que le temps de son apparition semble coïncider avec un état social déjà fort avancé, et que les Quinamés (Chanes ou Colhuas) (2), stimulés par la présence des Nahuas, dont la supériorité ne tarda pas à leur porter ombrage, auraient fait à cette époque de grands pro-

(1) *Cartas de Hernan Cortés*, ap. Lorenzana, pag. 96.

(2) Le nom de *Chan*, serpent, appartient, comme nous l'avons dit, à une ancienne tribu lacandone des environs de Palenqué; dans l'ignorance où nous sommes du nom des populations primitives de cette contrée, nous les appellerons *Colhuas* ou *Chanes*, Serpents, d'après Ordoñez et d'autres auteurs, *chan* ayant plus ou moins aussi la signification qu'on donne à *Colhua*, d'où *Colhuacan* (la capitale du Xibalba ?) identifiée avec *Nachan*, la cité des Serpents, etc.

grès dans les arts. On voit ces derniers travailler activement à consolider leurs établissements, tandis que d'autres nations, confondues sous la même dénomination, viennent, en suivant le même chemin qu'eux, coloniser les contrées environnantes. Torquemada (1) remarque, en continuation à son récit de l'arrivée des Toltèques primitifs, que la prodigieuse multiplication de ce peuple ne lui permettant plus de rester dans le pays de Tulan, ils s'étendirent vers le plateau Aztèque, où ils fondèrent la cité de Cholullan (2), attribuée ailleurs à Xelhua, l'un des sept qui échappèrent au naufrage de la grande inondation (3), ou à Olmecatl, père des *Olmecas* : car, au dire des mêmes auteurs et de quelques autres (4), ces derniers peuplèrent les rives du fleuve Atoyac, depuis les environs de la Puebla de los Angeles jusqu'aux rivages de l'océan Pacifique, où l'on connut plus tard leurs descendants sous le nom d'*Olmeca-Vixtoti* (5). Les *Otomis* ou *Odomis*, ainsi appelés de leur vice-dieu *Oton* ou *Odon*, colonisèrent, comme nous l'avons vu plus haut, avec leurs frères, fils de *Toras*, les alentours de la vallée d'Anahuac et une partie des provinces du Michoacan jusqu'au delà de Queretaro. Les *Tzoqui*, plus connus dans les histoires mexicaines, sous le nom de Tecpanecas, à cause de leur capitale *Tecpantlan* (6), remplissaient les plaines fertiles qui s'étendent entre le fleuve Coatzacoalco et le Tabasco, tandis que les *Xicalancas* occupaient les rivages du golfe du Mexique, de la Vera-Cruz à Potonchan, où leurs entreprises commerciales leur valurent une renommée presque égale en Amérique à celle des Phéniciens sur la Méditerranée. Mais il serait peut-être présomptueux

---

(1) *Monarquía Indiana*, lib. III, cap. 7.

(2) Torquemada (ubi supra) ajoute qu'on appelait aussi cette ville *Tullan-Cholullan*, en souvenir des Toltèques, seraient-ce des Toltèques primitifs ou Nahuas, ou bien des Toltèques qui sortirent de *Tollan* au nord de Mexico ?

(3) Rios in *Cod. Vatic.* et Fabregat, *Esposizione del Cod. Borgia.*

(4) Ixtlilxochitl, *Hist. des Chichimèques*, tom. I, chap. 1.

(5) Sahagun, *Hist. gen. de Nueva-España*, lib. x, cap. 29.

(6) *Tecpantlan* signifie auprès des palais; c'est le nom que les Mexicains donnent à la cité capitale des *Zoqui*, appelée par ceux-ci *Ohcahuay*, la ville espagnole de ce nom située à peu de distance de l'antique cité indigène, n'est plus qu'un village presque dépeuplé, appelé *Tecpatan*, à 25 lieues environ au nord-ouest de Ciudad-Real ou San Cristobal de Chiapas.

de se prononcer sur l'origine de ces différents peuples, d'après les appellations que leur attribuent les histoires mexicaines, appellations relativement modernes et sous lesquelles leurs descendants ne furent connus, qu'après avoir été conquis, à diverses reprises, par d'autres nations qui se confondirent ensuite plus ou moins avec eux.

Sans chercher à assigner une date à l'émigration des premières tribus nahuas, ni à leur établissement dans les contrées où nous voyons encore leurs restes, nous ne saurions passer ici sous silence ce que présente sur ce sujet intéressant le premier verset de l'histoire des soleils dans le *Codex Chimalpopoca* : « C'est » ici, dit-il, le commencement des histoires de toute sorte » qui se vérifièrent il y a longtemps, celle de la répartition de » la terre, comment elle fut partagée à chacun, son origine et » sa fondation, comme quoi le Soleil commença à la donner par » partie à chacun, en lui assignant ses bornes; il y a six fois qua- » tre cents ans, plus cent, plus treize, aujourd'hui 22 mai de l'an » 1558 (1). » En déduisant donc les années écoulées depuis cette époque, on trouve l'an 955 avant l'ère chrétienne. Quoique rien à la suite de ce texte ne vienne continuer l'histoire dont il semble être le préambule, on voit parfaitement que le partage dont il est question ne peut être que le partage d'un pays conquis ou récemment colonisé, ainsi que l'établissement du cadastre ; que cette origine et cette fondation ne sauraient être autre chose que la fondation et l'origine d'un empire dont malheureusement les annales nous manquent aujourd'hui. D'après les traditions que nous avons citées précédemment et celles que nous aurons encore lieu d'amener ici, cette histoire serait celle d'une des premières colonies de la race nahuatl dans les régions maritimes, dont nous avons parlé, et se rattacherait à l'origine de plusieurs des premières villes du pays. A l'appui de cette opinion, nous ajouterons, avec

(1) Suivant les tables chronologiques adoptées par Veytia, la grande inondation ou déluge partiel des Nahuas remonterait, ainsi que le fameux ouragan, à un peu plus de mille ans avant notre ère.

Nuñez de la Vega, au sujet de Votan : « Que celui-ci fut (1) le
» premier homme que Dieu envoya diviser et répartir cette terre
» des Indes. » Votan, Gucumatz ou Quetzalcohuatl, c'est toujours
la même image qui se présente dans les annales américaines
lorsqu'il s'agit, sinon de la civilisation primordiale, de celle, au
moins, qui paraît avoir eu les Nahuas pour auteurs.

On ne saurait donc révoquer en doute la haute antiquité de
cette race dans l'Amérique centrale et le Mexique : mais il y a
tout lieu de croire aussi que les régions d'où elle sortit continuèrent, pendant de longs siècles, à fournir de nouveaux contingents
d'émigration. Des royaumes, des Etats surgirent dont les noms sont
oubliés ; mais dans ce grand mouvement de peuples, tous paraissent, à cette époque reculée, converger autour de l'empire de
Tlapallan ou de Xibalba, dont les princes nahuas continuèrent,
malgré leurs rivalités, à être encore longtemps les feudataires.
C'est là tout ce qu'on peut entrevoir dans l'obscurité qui enveloppe les événements antérieurs à la grande lutte que cette race
soutint ensuite pour secouer le joug des Quinamés (Chanes ou
Colhuas). Le seul fait intéressant qu'on trouve à enregistrer dans
cet intervalle, c'est la correction du calendrier : « Leur année est
» luni-solaire, dit Botturini (2), et anciennement elle ne différait pas
» de celle des Egyptiens, jusqu'à ce que les astronomes, réfléchis-
» sant qu'il y avait chaque année un excès de près de six heures,
» s'assemblèrent dans la ville de Huehue-Tlapallan, et ajustèrent
» les années à l'équinoxe du printemps, quelque temps avant
» l'incarnation de Notre-Seigneur. » Veytia, suivant Ixtlilxochitl (3), présente cet événement comme une assemblée de
sages, appelés à délibérer sur l'opportunité de ce changement.
Mais les traditions conservées par Sahagun, d'accord avec l'ensemble de celles qu'on trouve dans les documents indigènes, pré-

---

(1) *Constitut. Diœces.* etc. in Præamb. n. 34.
(2) *Idea de una nueva hist. gen. de la America Septentrional*, etc., pag. 3.

(3) *Sumaria Relacion*; ap. Kingsborough, suppl. tom. IX. — Veytia, *Hist. antigua de Mexico*, tom. 1, cap. 4.

tent à cette assemblée un tout autre caractère et laissent entrevoir qu'il s'agissait d'un nouvel ordre de choses à introduire dans le pays ; elles nous montrent les chefs nahuas, réunis en secret pour délibérer sur les intérêts de la nation, après que le prince qui les avait amenés se fut séparé d'eux.

« Il ne resta avec ce peuple-là, dit-il, que quatre de leurs sages
» qu'on appelait *Oxomoco, Cipactonal, Tlaltetecui* et *Xuchi-
» caoaca* (1), lesquels, après le départ des autres, entrèrent en con-
» sultation et se concertèrent, disant : « Le temps viendra où la
» lumière existera (2) pour le gouvernement de cette république ;
» mais tant que le seigneur, notre dieu, restera absent, quel
» moyen y aura-t-il pour pouvoir régir convenablement la na-
» tion ? quel ordre y aura-t-il en toutes choses, puisque les
» sages ont emporté les peintures au moyen desquelles ils
» gouvernaient ? » C'est pourquoi ils inventèrent l'astrologie ju-
» diciaire et l'art d'interpréter les songes : ils composèrent le
» comput des jours, des nuits, des heures et des différences des
» temps, ce qu'ils gardèrent tant que dominèrent et gouvernè-
» rent les princes des Toltèques et des Mexicains, des Tecpanè-
» ques et des Chichimèques (3). »

C'est donc ici l'introduction, sinon l'origine du calendrier, dit

---

(1) *Hist. gen. de N.-España*, lib. x, cap. 29. Ces quatre noms sont fort difficiles quant à leur étymologie. *Oxomoco* est écrit ailleurs *Xomico, Xomunco, Oxomozco,* etc., traduit, suivant Veytia, par la *preñada golosa* (femme grosse gourmande). Quant à *Cipactonal*, il le fait venir de *ce*, un, *ipan*, sur, et *tonalli*, le soleil, celui qui est supérieur au soleil. *Tlatetecui* pourrait venir de *tlalli*, terre, et de *tetecuica*, faire grand bruit, faire résonner par le feu, feu qui fait résonner la terre (Molina, *Voc. Mex.*), *Xuchicaoaca*, de *Xuchitl*, fleur, et peut-être de *caua*, enlever, etc.; mais je ne réponds d'aucune de ces étymologies.

(2) Cette expression est encore en usage aujourd'hui dans la plupart des sociétés secrètes ; elle fait allusion à des événements, à des idées dont on souhaitait la réalisation, à laquelle on travaillait en conspirant. C'est un langage mystérieux, cabalistique, qui a le même sens ici qu'il a encore dans nos loges maçonniques ; il se retrouve presque à chaque page dans le *Livre Sacré*. La lumière qu'attendent les Nahuas est l'époque où ils pourront établir publiquement leur calendrier (mettre en marche le soleil, la lune, les étoiles, comme ils le disent ailleurs), c'est-à-dire organiser tout à leur gré, le gouvernement, la société civile, la religion, etc.

(3) Sahagun ne suit pas ici l'ordre rigoureusement chronologique : les Toltèques furent les premiers ; puis vinrent, après la destruction de l'empire toltèque de l'Anahuac et le moyen âge, les Tecpanèques d'Azcapotzalco ; ensuite les Chichimèques-Acolhuas et en dernier lieu les Mexicains.

h

toltèque ou mexicain, parmi les nations de l'Amérique. Entre tous les usages qui étaient propres à cette race, nul ne fait mieux éclater l'ordre de connaissances qu'elle avait apporté des régions mystérieuses d'où elle était sortie, que la manière qu'elle adopta dans ce calendrier, pour mesurer le temps et diviser l'année. Partout la formation d'un calendrier à la fois exact et simple a offert aux nations primitives un problème d'une grande difficulté : mais peut-être aucune des méthodes employées pour le résoudre, n'égale en élégance le système dit toltèque, système perpétuel et infaillible, ajoute Botturini, propre à la véritable science. Dix-huit mois de vingt jours, formant soixante et douze semaines de cinq jours chacune, se succédaient sans interruption ; puis une soixante et treizième semaine, d'égale longueur, complétait l'année à quelques heures près. On suivait cette marche pendant cinquante-deux ans et au bout de cette période on intercalait treize jours, ce qui suppléait au manque d'années bissextiles. Non contents d'avoir ainsi réglé le calendrier civil (*tonalpohualli*), les sages nahuas l'avaient fait coïncider avec un autre calendrier (*metztlapohualli*), servant de rituel dans l'ordre des choses sacrées, dans lequel ils comptaient par demi-lunaisons de treize jours. Vingt-huit treizaines formaient une année, trop courte d'environ trente heures ; mais au bout de treize ans l'on ajoutait une demi-lunaison de plus, qui se trouvait être la trois cent soixante-cinquième, et par ce moyen l'année civile et l'année religieuse recommençaient ensemble. A la fin du cycle de cinquante-deux ans, une nouvelle treizaine (la quatre cent soixante et unième) venait répondre aux jours intercalaires du calendrier civil (1). L'harmonie se maintenait donc entre les deux calculs, sans que le calendrier sacré parût jamais altérer en rien sa mesure immuable. « Les Toltèques, reprend Botturini, avaient

---

(1) Ces périodes de cinquante-deux ans, dont deux formaient un âge, *huehuetiliztli* de cent quatre années, servent de base à toute la chronologie mexicaine, dont Humboldt et Arago ont eu plus d'une fois l'occasion de reconnaître la justesse, dans le comput de diverses éclipses, signalées par les chronologistes mexicains, assez longtemps avant la découverte de l'Amérique. (Humboldt, *Vues des Cordillères*, tom. II, pag. 302.)

quatre calendriers différents, ce à quoi les historiens européens n'ont pas fait suffisamment attention. Le premier, naturel, au moyen duquel se réglait l'agriculture ; le second, chronologique, servant à l'histoire ; le troisième, consistant dans le rituel, gardé par les prêtres pour tenir l'ordre des fêtes mobiles et fixes de leurs dieux ; enfin le calendrier astronomique dont se servaient les mathématiciens pour se gouverner à la mesure du cours du soleil et à la situation des planètes. »

Ces combinaisons vastes et ingénieuses attestent que le culte dont elles dépendaient n'était pas moins digne d'attention. Mais ici nous rencontrons le même obstacle que dans l'étude des religions antiques, le mystère. On remarque chez plusieurs essaims, venus d'Asie en Europe, des calculs astronomiques, appliqués tantôt à la division de l'année, tantôt à celle des peuples, ou au partage des terres, comme on peut en voir la trace dans le verset chronologique que nous citons plus haut, et toujours ils sont d'une régularité et d'une complication étonnantes (1). Mais quand on cherche le sens dogmatique de leurs croyances, il échappe ordinairement à tous les efforts. On dirait même que les vieilles races avaient retenu les mesures et les chiffres établis jadis par leurs législateurs, mais qu'elles avaient perdu leurs doctrines. Il en était de même chez les tribus conquérantes du Mexique : leur religion offrait une mythologie compliquée, dont les symboles compris seulement par les prêtres et les nobles étaient aveuglément acceptés par la foule. Ce sont ces symboles qu'on voit reparaître en partie dans les trois documents précieux que nous possédons, mais sous un voile plus ou moins transparent et dont le *Livre Sacré* présente des notions fort complètes (2). L'arrivée des Nahuas en Tamoanchan, leurs tentatives pour civiliser les peuples et les former à l'image de leurs propres institutions, la destruction de leur

---

(1) Citons la formation des peuples pélasgiques, d'après le nombre 1, 4, 12, 30 et 360 ; la division des terres dans le système étrusque ; enfin les débris de l'ordre social gallo-germanique, où ces deux éléments se retrouvent.

(2) Ces documents sont le *Codex Chimalpopoca*, le *MS. Cakchiquel* et le *Livre Sacré* en question.

colonie par l'ouragan et l'inondation, la découverte du maïs à Pan-Paxil, leur fondation, leurs luttes, sourdes d'abord, puis leur révolte ouverte contre Xibalba, leurs périls, leurs épreuves et enfin leur triomphe, qui se termine par l'apothéose des héros morts dans cette lutte formidable, tel est le résumé du récit historique qui découle de l'ensemble des deux premières parties du *Livre Sacré* et qu'on retrouve au fond du rituel mexicain, dont les mystères s'éclaircissent ici singulièrement.

Au commencement se développent quelques idées génésiaques qu'on pourrait croire reproduites des livres de Moïse : mais une lecture attentive fait voir qu'il s'agit ici purement des origines de la race nahuatl, dont les chefs se trouvent associés à des mythes primitifs où le culte des éléments joue un rôle d'une grande importance, où ils se transforment les uns avec les autres, revêtant parfois les symboles les plus différents. Leur nombre primordial paraît avoir été celui de quatre. L'histoire nous les montre d'abord dans la personne des quatre sages, réunis pour délibérer sur la formation du calendrier : ce sont, comme dans le *Codex Chimalpopoca* et dans la plupart des fables mexicaines, les dieux, les *Teoti* (1), qui se demandent ce qu'ils feront pour soutenir le ciel et faire marcher le soleil et la lune, c'est-à-dire pour établir les combinaisons astronomiques dont ils sont les inventeurs et substituer leur civilisation à l'état social existant en Xibalba. C'était une révolution avec toutes ses conséquences civiles et religieuses et dont le fait ressort avec la dernière évidence des textes conservés dans les documents originaux.

On sait déjà, d'ailleurs, que des sept sages échappés à l'inondation, il n'en restait plus que quatre. Les autres avaient pris le chemin de l'Orient ; mais où était alors cet Orient relativement à eux,

---

(1) **Teuti** ou *Teoti*, du nahuatl *teutl*, dieu, seigneur ; au pluriel redoublé, *teteo*, nom générique que le *Codex Chimalpopoca* donne à ces premiers dieux, héros ou chefs nahuas. De là encore le nom de *Teutl*, attribué à certaines populations guerrières du nord, au Mexique, et que les indigènes même donnèrent aux Espagnols, à leur arrivée. Ce mot aurait-il par hasard la même origine que le *teodiski*, des anciens Germains?

en quels lieux se rendirent-ils, c'est ce qu'il serait difficile de déterminer (1)? Dès lors l'intérêt des actions suivantes roule sur ces quatre ou sur ceux qui leur succédèrent dans le même rôle, sous des noms ou des titres qui varient suivant le temps et les lieux : dans toutes les histoires nahuas ou toltèques, ce sont eux ou leurs représentants qui reparaissent sans cesse au nombre de quatre, comme les prêtres ou porteurs du dieu ou de la majesté enveloppée et cachée; comme les conducteurs et les chefs des tribus, durant leurs migrations; comme les rois et les chefs de la monarchie, après sa fondation; et, jusqu'au temps même de la conquête, ce sont toujours quatre princes qui, avec les attributions antiques, établies par les sages primitifs, composent à degrés différents le gouvernement suprême; aussi bien chez les Guatémaltèques que chez les Mexicains (2).

Quelle que soit l'époque où il faille placer les premiers incidents de l'histoire des Nahuas et l'origine des symboles sous lesquels se voilèrent leurs héros primitifs, on ne saurait les trouver ailleurs que dans les quatre sages dont il est ici question, *Oxomoco, Cipactonal, Tlaltetecui* et *Xuchicaoaca*, figurés ensemble dans le *Livre*

(1) D'après une tradition conservée par Herrera (*Hist. gen.*, decad. IV, lib. X, cap. 2), on pourrait croire que ces trois sages auraient pris le chemin de l'Yucatan et fondé alors la ville de Chichen-Itza, attribuée à trois saints personnages venus de l'ouest dans des temps fort anciens.

(2) Dans les traditions et histoires guatémaltèques, à la suite des quatre héros ou demi-dieux, ce sont les quatre chefs ou sacrificateurs, quatrième et dernier ordre d'hommes, créés par les dieux, les *Ahqixb* et *Ahqahb*, maîtres de la sagesse et de toutes les connaissances terrestres et célestes; ce sont les quatre frères sortis de Tulan, ce sont les quatre *Tutul-Xiu*, qui vont au Yucatan, etc. Après l'établissement de la monarchie, il existe toujours trois États suprêmes confédérés; ce sont les trois rois, chefs des maisons régnantes de *Cavek*, de *Nihaïb* et d'*Ahau-Quiché*, auxquels s'adjoint le quatrième roi, l'héritier présomptif de la couronne dans la maison de Cavek; dans chacun des trois États confédérés, il y a aussi trois princes assis sur le trône à degrés divers, et qui gouvernent avec le roi, avec qui ils font quatre. A Cholullan, quatre disciples de Quetzalcohuatl sont chargés du gouvernement; à Tlaxcallan et ailleurs, quatre princes forment le conseil suprême de la république; dans l'Anahuac, ce sont d'abord, dans le royaume toltèque, les rois de Colhuacan, d'Otompan et de Tollan, auxquels s'unit l'héritier présomptif de la couronne de Colhuacan; et, plus tard, vers l'époque de la conquête, les rois de Mexico, de Tetzcuco et de Tlacopan, avec le lieutenant général des armées royales, qui est en même temps grand-prêtre de Huitzilopochtli. Enfin, presque toutes les villes ou tribus sont partagées en quatre clans ou quartiers, dont les chefs forment le grand conseil.

Sacré, sous les titres de *Créateur* et de *Formateur*, de *Celui qui engendre* et de *Celui qui donne l'être*. Les deux premiers sont nommés alternativement *Hun-Ahpu-Vuch* (un tireur de sarbacane au sarigue) et *Hun-Ahpu-Utiu* (un tireur de sarbacane au chacal). On les voit fréquemment représentés avec des nez d'une dimension extraordinaire, remplacés assez souvent aussi par des trompes, analogues à celle de l'éléphant ou du tapir, animal sacré chez les anciens indigènes; leur nom est encore *Xmucané* et *Xpiyacoc*, la *Grand'Mère* et le *Grand-Père*, *Conservatrice* et *Protecteur*, deux fois Grand'Mère et deux fois Grand-Père : ils sont les enchanteurs et les devins par excellence, la Grand'Mère et le Grand-Père du soleil et de la lune (1). Les deux seconds sont nommés, dans le texte quiché, *Tepeu* (Celui d'en haut ou le Dominateur) et *Gucumatz* (Serpent orné de plumes, le même que *Quetzalcohuatl*); mais, sous ce dernier nom, ils sont désignés aussi tous ensemble, parce que, ajoute le texte, « ils sont enveloppés (comme d'un manteau) dans une ombre de vert et d'azur, » c'est-à-dire revêtus, voilés de mystère et de sainteté (2). En général les deux derniers paraissent commander, ce sont les deux premiers qui agissent. Oxomoco et Cipactonal (Xmucané et Xpiyacoc), souvent confondus dans les anciennes traditions, alternativement mâle et femelle, ont bien l'air cependant d'avoir été deux êtres distincts : Oxomoco serait la femme, Cipactonal le mari. Celui-ci fait intervenir le soleil pour former l'homme (3); celle-là recueille le maïs dont elle le nourrit. On la voit fréquemment représentée, accroupie devant le *metlatl* ou pierre à broyer, occupée à préparer les aliments dont elle a inventé l'usage, et c'est pour cela que la langue nahuatl l'appelle *Centeotl* ou plutôt *Centeocihuatl*, la

---

(1) Ces titres se retrouvent dans plusieurs religions antiques de notre continent.

(2) Tous étaient *quetzalcohuatl*, à cause du caractère sacré et mystérieux dont ils étaient revêtus. Ce mystère fait allusion aussi à l'enveloppe sacrée (*tlaquimilolli*) dont ils sont les gardiens, à la majesté, au feu enveloppé du *Livre Sacré*, qui parlait la nuit aux chefs sacrificateurs.

(3) Dans le *Livre Sacré* on les appelle aussi l'un et l'autre *Ahgih*, ceux du soleil ou les maîtres du soleil (astrologues), titre qui devint celui des prêtres dans ces contrées.

déesse du Maïs (1). On la nomme aussi *Téteoinan*, la Mère des dieux, et *Toci*, notre aïeule (*Atit* (2), dans la langue quichée). Mais c'est à tort qu'on a voulu la confondre avec l'Ève de Moïse, la mère du genre humain. Elle était simplement la mère et l'aïeule de la race nahuatl : ce serait encore la même que *Xochitl* (Fleur), xxe signe du calendrier, interprété *Hun-Ahpu* dans celui du Guatémala (3). Ne serait-ce pas en mémoire de ce génie femelle, associé ici aux trois dieux mâles, que l'on aurait vu plus tard au nord et au sud, une femme-chef, associée à la souveraineté des princes floridiens et natchez, ainsi qu'aux trois rois du Zenu, sur les bords du Magdalena? Les uns et les autres avaient, d'ailleurs, comme on le verra bientôt, des institutions et des symboles qui procédaient évidemment d'une origine nahuatl.

A Cipactonal on donne dans les langues de l'Amérique centrale le titre de *Mam*, l'Ancien ou l'Aïeul ; il porte celui de *Cipactli*, ou *Imox*, sous lequel il commence le calendrier. Il est appelé aussi *Tonacateuctli*, le seigneur de notre subsistance, et *Ometeuctli*, deux fois seigneur, comme la femme Oxomoco est appelée *Tonacacihuatl*, la dame de notre subsistance, et *Omecihuatl*, deux fois dame, en leur qualité de seigneurs de l'*Omeyocan*, lieu de délices mystérieux, qui paraît être un second nom du *Tonacatepetl*, la Montagne de notre subsistance, le *Pan-Paxil* et *Pan-Cayala* du quiché, découvert par Quetzalcohuatl, et dont ils s'étaient rendus

---

(1) *Centeotl* ou *Centeuhtli* (seigneur ou dieu du maïs) est plutôt le mâle de *Centeocihuatl* (la déesse du maïs), appelée aussi *Chicomecohuatl*, Sept-Serpents (peut-être parce qu'elle nourrit les sept dieux survivants au naufrage. Sahagun dit qu'elle était représentée avec une couronne sur la tête, ayant dans la main droite un vase, et dans la gauche un bouclier orné d'une grande fleur ; ses sandales et ses vêtements étaient de couleur verte (*Hist. gen. de Nueva-España*, lib. I, cap. 17).

(2) *Atit*, dit une tradition guatémaltèque, était la femme de *Copichoch*, de la race de *Tan*, *Dan* ou *Tamub*. D'elle vient le nom d'*Atital-huyu*, montagne d'Atit, au volcan d'Atitlan.

Son nom est aujourd'hui synonyme d'un fantôme que les Indiens s'imaginent voir de nuit dans un rocher en saillie, un tronc d'arbre isolé, etc. ; ils en ont fort peur.

(3) La différence du signe et du personnage dans les jours du calendrier embarrassait beaucoup Ximenez, qui ne pouvait s'en rendre compte, quand les indigènes lui disaient que Hunahpu et le signe fleur étaient la même chose. Dans le n° 35 du *Codex Borgia*, le xxe caractère est le signe *Xochitl*, fleur ; mais la figure qui est assise à gauche du tableau est celle de *Toci*, notre aïeule, dite aussi *Tecitzin*, aïeule des humains (Fabregat, *Esposizione del Codice Borgia*).

les maîtres par la violence, en tuant *Utiu* ou le chacal, qui en était le gardien (1) : c'est là qu'on trouve encore Oxomoco représentée sous la figure de *Cihuacohuatl*, la femme serpent ou le serpent femelle, également confondue quelquefois avec Ève par des auteurs modernes, mère des deux serpents jumeaux, *cocohua*, qui ne sont autres que les deux frères qui se succèdent mystérieusement de génération en génération, dans leur lutte contre Xibalba (2).

Dans Tlaltetecui et Xuchicaoaca on revoit les personnages de *Tepeu* (le Dominateur) et de *Gucumatz* (le Serpent orné de plumes), qui paraissent quelquefois n'en faire qu'un seul, pour former une sorte de trinité mystérieuse avec Oxomoco et Cipactonal. Car, ajoute le texte quiché, développant ici le dogme le plus élevé de la théologie américaine, « ils sont sur l'eau comme une lumière
» grandissante. Ils sont enveloppés de vert et d'azur, voilà pour-
» quoi leur nom est *Gucumatz* (Quetzacohuatl). Des plus grands sa-
» ges est leur être : voilà pourquoi le ciel existe, comment existe
» également le *Cœur du ciel*, car tel est le nom de Dieu, c'est ainsi
» qu'il s'appelle.

» C'est alors que sa parole vint ici avec le Dominateur, le Puis-
» sant Serpent dans les ténèbres et dans la nuit et qu'elle parla
» avec le Dominateur, le Puissant Serpent. Et ils parlèrent : alors
» ils se consultèrent ; ils se comprirent, ils joignirent leurs paroles
» et leurs avis.

» Alors il fit jour, pendant qu'ils se consultaient : au moment
» de l'aurore, l'homme se manifesta tandis qu'ils tenaient conseil

---

(1) On dirait Hercule tuant le dragon pour entrer au jardin des Hespérides.

(2) *Cocohua*, littéralement, signifie deux serpents ; mais il est employé toujours pour exprimer l'idée de deux jumeaux ; de là, le mot provincial espagnol du Mexique *coache*, qui ne dit pas autre chose. Ces jumeaux sont dans le *Livre Sacré* les *Hun-Ahpu*, qui se succèdent deux par deux pour combattre Xibalba ; on les voit représentés quelquefois comme deux serpents roulés autour d'un bâton, assez semblable au caducée de Mercure, inexplicable dans la mythologie européenne ou asiatique, et dont M. Aubin dit qu'on doit chercher l'origine en Amérique. C'est le même symbole qu'on voit placé au titre de ce livre, l'anneau en pierre du jeu de paume, par où les joueurs devaient faire passer le ballon pour gagner la partie. Celui-ci était rattaché à la muraille du jeu de paume antique, dont on voit les ruines à Chichen-Itza, où il a été dessiné. Son diamètre réel est de 4 pieds anglais.

» sur la production et la croissance des bois et des lianes, sur la
» nature de la vie et de l'humanité, (opérées) dans les ténèbres de
» la nuit, par celui qui est le Cœur du ciel, dont le nom est Hurakan.

» L'éclair est le premier de Hurakan; le second est le sillonne-
» ment de l'éclair (le petit doigt de l'éclair); le troisième est la
» foudre qui frappe, et ces trois sont du Cœur du ciel (1). »

Ce dogme de la trinité dans l'ouragan, n'est exprimé que trois ou quatre fois de cette manière dans le *Livre Sacré*; quoiqu'il y soit fait allusion assez souvent sous d'autres noms. Mais Tepeu et Gucumatz, Celui d'en haut ou le Dominateur, et le Serpent orné de plumes, reparaissent fréquemment, parfois sous des noms et des symboles analogues, au point qu'ils semblent se confondre en une seule personnification, d'autres fois sous des caractères entièrement distincts. Dans l'inscription des divers calendriers d'origine nahuatl, ainsi que nous l'avons dit plus haut, le premier après Cipactli (Imox), c'est *Éhecatl* (*Ig*, dans l'Amérique centrale), l'esprit, le souffle qui anime tout, le vent de la nuit, *Opu* ou l'invisible, personnification, sans doute, de *Hurakan*, l'ouragan, appelé aussi le *Cœur de la mer*, le *Cœur du ciel*, le *Centre de la terre*, où il souffle la tempête. On lui prête par conséquent les mêmes attributs qu'à *Tlaloc* (le fécondateur de la terre), représenté la foudre à la main et commandant aux orages (2), puis ceux de *Xiuhteuctli* (le maître du feu ou de l'année) et aussi ceux de *Tetzcatlipoca* (celui du miroir fumant?) lançant la foudre et qui souvent paraît avec de grandes lunettes devant les yeux (3). Cependant, par l'effet d'une transition assez ordinaire dans cette théogonie, *Éhecatl*, l'esprit

(1) « C'est le *Puissant* qui a créé les dieux et qui leur survivra. Les hommes n'osent point lui donner un nom. Peut-être est-ce lui qu'ils adorent dans cette trinité mystérieuse, nommée deux fois seulement dans l'*Edda* (mais plusieurs fois dans le *Livre Sacré* des Quichés), *Har*, *Jafn-har* et *Thriddi*, c'est-à-dire le Haut, celui qui est également haut et le troisième. Il est dit que le *Fort d'en haut*, qui gouverne toutes choses, viendra juger le monde et que le temps ne peut rien contre ses décrets (Ozanam, *Études germaniques*. — Les Germains avant le Christianisme, tom. 1, page 30.) Le Dominateur (Celui d'en haut); le Puissant-Serpent, c'est presque le Fort d'en haut des Scandinaves.

(2) Torquemada, *Monarq. Ind.* lib. vi, cap. 23, et lib. x, cap. 31.

(3) Ainsi que dans la planche qui est en tête de ce livre.

ou le vent, se personnifie dans Quetzalcohuatl; celui-ci devient alors le dieu de la pluie; ensuite il se trouve chargé de balayer les nuages devant Tetzcatlipoca, qui devient le soleil, *Tonatiuh*, le resplendissant, dans la langue nahuatl.

C'est pour cela sans doute qu'il reparaît dans les mêmes calendriers, immédiatement après *Éhecatl* (ou *Ig*, dans le quiché), sous les noms divers de *Votan*, d'*Odon* et d'*Akbal*, mot vieilli de la langue sacrée du Quiché, signifiant le *Vase* (1), avec les attributs de Quetzalcohuatl; par une transformation analogue à celle du *Wodan* germanique (2), il est représenté comme le dieu des batailles, *Huitzilopochtli*, et revient sous l'image de *Teo-yao-tlatohua*, Celui qui proclame la guerre sacrée (3). Il est appelé aussi *Toteouh*, notre dieu, de *Teotl*, dans la langue nahuatl, et la tradition quichée dit expressément qu'il est le même que *Toh* ou *Tohil* (la pluie, le bruit du tonnerre et le cliquetis des armes); c'est le *Hun-pic-tok* des Mayas (Un chef de huit mille Lances), adoré quelquefois sous l'image d'une lance de silex ou d'obsidienne, le *Tecpatl* mexicain. Ces divinités, dont on pourrait multiplier ici les dénominations et les symboles, si divers en apparence, représentaient simplement la diversité des attributs dont les fondateurs de la religion antique avaient revêtu les grands dieux ou héros échappés à l'ouragan et qu'ils identifièrent avec la nature entière. Ce culte se rapportait sans doute à celui dont les Nahuas avaient reçu les principes dans leur patrie primitive et qu'ils travaillèrent à introduire dans les contrées qu'ils colonisèrent.

(1) C'est le *Vase* ou la *Marmite* mystérieuse, le *Con* ou *Comitl* de la légende mexicaine qui joue un grand rôle dans les mythes primitifs, comme nous le verrons ci-après. Constatons seulement ici qu'il paraît identique avec Quetzalcohuatl.

(2) Hunziker, *Études de Mythologie allemande*, dans la *Revue Germanique*, du 15 mars 1861, pag. 9.

(3) Fabregat, *Expos. del Codice Borgia*.

§ VIII.

Vukub-Cakix, Zipacna et Cabrakan, symboles des géants américains. Xibalba ou l'empire primitif, symbole de l'enfer. Tulan ou Toltecat, cité de la race nahuatl. Rivalités des diverses races. Le Jeu de paume, image de leurs luttes. Épopée de Hun-Ahpu et de Xbalanqué. Triomphe de la race nahuatl.

A la suite des idées relatives à la divinité, le récit du *Livre Sacré* passe à la création des animaux, que les créateurs renvoient dans les forêts, à cause de leur inaptitude à glorifier, par leur langage, le nom de leurs auteurs (1). Ceux-ci procèdent après à la création de l'homme, qu'ils font de terre glaise, mais dont l'intelligence bornée les dégoûte de leur ouvrage. Ils le détruisent et demandent aux deux enchanteurs, Xmucané et Xpiyacoc, de leur faire connaître de quoi ils devraient former un homme capable de célébrer leurs louanges et de soutenir les autels des dieux. Les deux devins jettent le sort ; ils déclarent que l'homme doit être fait de *tzité* (2) et la femme de *zibak* (3). Ce récit de deux catégories d'hommes, créés à des époques diverses, appartient à une idée d'une grande importance. On croit y reconnaître en même temps une allusion à deux races distinctes, et à la différence des castes de la société américaine, la caste servile et grossière vouée au travail des mains, et la classe des artisans et des laboureurs, composée d'hommes utiles, matériellement parlant, mais incapables de soutenir le ciel, de supporter les autels des dieux ; car « ils ne pensaient ni ne parlaient devant leur Formateur et leur Créateur. » Cette faculté était réservée à la noblesse et au sacerdoce, aux prêtres et aux guerriers, dont l'institution n'arrive, dans le *Livre Sacré*, qu'après le long récit de la lutte contre Xi-

(1) *Livre Sacré*, pag. 15.
(2) Le *tzité*, appelé *tzonpantli*, dans la langue nahuatl, est une sorte de liége américain ; il produit de longues baies, renfermant des haricots, d'un beau rouge, qu'on appelle, je crois, graine d'Amérique, lesquels servaient et servent encore aujourd'hui à tirer le sort parmi les indigènes.
(3) *Zibak*, suivant un de mes Vocabulaires quichés, est la moelle d'une sorte de petit jonc, avec lequel les indigènes font des nattes. D'après un autre document, c'est le *sassafras*.

balba et le triomphe définitif de la race nahuatl; mais elle est accompagnée ici de circonstances d'un extrême intérêt pour l'histoire de la civilisation américaine. Ce qui mérite encore de fixer l'attention, c'est l'analogie que présente le fond de ce récit avec celui du *Rigsmaal*, dans les antiques annales sacrées du Nord (1). Observons, en passant, d'ailleurs, que la première création qui est celle des animaux, paraît désigner une classe distincte d'hommes, séparés de la première société américaine, les sauvages, comparés à des brutes et à des bêtes fauves (2). La facilité avec laquelle on discerne ici le mythe de la vérité historique est remarquable : à la suite de la seconde création humaine, vient la description de l'ouragan qui détruisit cette société; elle continue avec l'étalage de l'orgueil de Vukub-Cakix, qui devient une des premières victimes de l'ambition des Nahuas, après les événements de l'inondation et la découverte de la région de Pan-Paxil, Pan-Cayala.

Pour connaître les incidents de cette lutte, soulevons, à l'aide du *Livre Sacré*, les voiles dont elle s'enveloppe dans les rituels du Mexique et de l'Amérique centrale, où ses conséquences ont si puissamment influé sur les doctrines et sur les sociétés dès les temps les plus anciens.

Les traditions qui rapportent à Oxomoco et à Cipactonal l'origine du nouveau calendrier, s'accordent à dire qu'il commença à courir au signe *Ce-Tochtli*, Un-Lapin, caractère de la nation tol-

---

(1) *Complément de l'Encyclopédie moderne*, Paris, Didot, 1856. Dans un article fort remarquable sur l'*Edda*, M. Oscar de Watteville termine ainsi : « Par cette analyse du Rigsmaal on peut entrevoir peut-être combien ce chant soulève de questions importantes. On peut y rechercher les origines de la constitution sociale des anciens peuples scandinaves. On y voit la religion invoquée pour expliquer la séparation de la société en trois classes ou, pour mieux dire, en trois castes bien distinctes. La caste noble, sacerdotale et militaire, qui connaît les Runes, qui s'entretient directement avec les dieux, dépositaires de la doctrine, du culte et de l'épée. La caste libre, celle des artisans et des laboureurs. Enfin la caste servile, vouée aux travaux les plus grossiers. » Ce sont exactement les mêmes attributs que les Créateurs accordent aux quatre hommes de la quatrième création. Voir *Livre Sacré*, pag. 199 et suiv.

(2) Le mot *chicop*, animal, brute, peut impliquer à la fois les bêtes fauves, oiseaux, etc., ainsi que les hommes brutes, sauvages ou barbares.

tèque ; tout, dans les mêmes documents, tend à faire croire qu'il fut inauguré à Téotihuacan et solennisé dans cette ville par les premiers sacrifices humains (1). Jusqu'à présent, les calculs chronologiques n'ont donné rien de précis sur l'époque de cet événement ; ce qui paraît certain, toutefois, c'est qu'entre le temps où il fut composé et celui où il fut publiquement adopté et mis en vigueur, il se passa un intervalle de plusieurs siècles. Alors eurent lieu ces guerres fameuses des dieux et des géants, dont toutes les traditions américaines sont remplies, comme celles de l'ancien monde, mais que l'histoire, conservée dans le *Livre Sacré* des Quichés, se charge d'interpréter d'une manière bien plus rationnelle et plus satisfaisante que ne le font les annales de notre continent.

Vassaux et tributaires des Quinamés (Chanes ou Colhuas), après leur colonisation à Pan-Paxil ou à Tulan, les Nahuas, du moment qu'ils se sentirent assez forts, travaillèrent à affaiblir la puissance de Xibalba, d'abord au plateau de Cholullan, où l'un de leurs chefs avait bâti la grande pyramide connue sous le nom de *Tlachihualtepec* (2), ou le Mont de la Sentinelle, en mémoire des désastres de l'inondation, ensuite dans les provinces plus rapprochées de la capitale, et soumises plus directement à l'autorité de l'empire primitif. Les noms anciens conservés à quelques localités de la république actuelle de Guatémala (3), donnent tout lieu de croire que les premières tentatives faites par les Nahuas, soit pour conquérir leur indépendance, soit pour renverser la puissance chane, éclatèrent dans cette contrée, voisine, d'ailleurs, de celles auxquelles les Mexicains conservèrent, jusqu'au temps

---

(1) *Codex Chimalpopoca*, dans l'*Hist. des Soleils*.

(2) Rios in *Cod. Vatic.* Un grand nombre d'auteurs depuis la conquête crurent voir dans les légendes généralement mal traduites relatives à la pyramide de Cholullan une allusion à la tour de Babel.

(3) Ces noms se retrouvent d'ordinaire dans les *Titres territoriaux et généalogiques* des populations indigènes, titres constatant les possessions territoriales des villes et des tribus, portant les noms de toutes les anciennes limites, des villages, des bourgs limitrophes, des champs, des montagnes et des rivières, titres, contrôlés et légalisés depuis la conquête, par ordre des rois d'Espagne, valables encore aujourd'hui devant les tribunaux, dans les contestations qui s'élèvent entre les indigènes ou entre eux et les descendants des Espagnols. Nous possédons plusieurs originaux et les copies de plusieurs autres, dont nous aurons occasion de parler plus loin.

de la conquête, le nom de Tlapallan, et les traditions locales celui de Xibalba (1).

Dans le *Livre Sacré*, ainsi que nous l'avons déjà remarqué, la lutte se dessine à la suite de l'ouragan et de l'inondation : comme nous le disions également, elle se personnifie du côté colhua dans un prince puissant du nom de Vukub-Cakix, chef apparemment d'une nation limitrophe de Pan-Paxil et pour cela même plus immédiatement en contact avec les Nahuas. Le portrait que le texte antique a laissé de ce prince et de ses deux fils, répond assez à celui que la tradition mexicaine a tracé des Quinamés; et si l'on n'était en Amérique, à voir leur orgueil qui défie les dieux, on croirait y retrouver l'origine des Titans, escaladant le ciel pour détrôner Jupiter. Vukub-Cakix se vante d'être l'égal du soleil et de la lune : son fils aîné, *Zipacna*, roule les montagnes et en une nuit fait surgir les volcans du Guatémala. Le second, *Cabrakan*, dont le nom est encore aujourd'hui synonyme de tremblement de terre, les remue par le seul effet de sa volonté et bouleverse la terre et le ciel (2). Qui saura mettre un terme à cette puissance malfaisante, qui parviendra à humilier ces êtres superbes? Hurakan suscite pour les ruiner deux frères (*cocohua*, deux serpents ou jumeaux), deux *Hun-Ahpu* (Un Tireur de Sarbacane), petits-fils de Xmucané et de Xpiyacoc. Ceux-ci reparaissent sous les noms de *Zaki-*

---

(1) Ixtlilxochitl, xiiie *Relacion*, *Crueldades de los conquistadores*, etc. pag. 112. — Alvarado écrivant de Tecpan-Guatémala à Cortès dit : « Je partirai » de cette ville pour aller reconnaître » le *Tapallan*, qui est dans l'intérieur, à quinze journées de marche » d'ici. On prétend que la capitale est » aussi grande que Mexico, etc. » Cette désignation paraît se rapporter au Honduras, qui fut depuis conquis par Alvarado, mais tellement désolé et saccagé qu'il n'est guère resté d'autre souvenir de cette conquête qu'un massacre continu et à peine quelques noms. Quant au nom de Xibalba, quoique pris généralement en mauvaise part, on le regardait, à l'époque de la conquête, comme une contrée située au nord de la Vérapaz; c'est à peu près la situation de Palenqué.

(2) *Cabrakan* est un mot de la même origine que *hurakan*, c'est-à-dire des Antilles, où ils avaient apparemment un sens plus intelligible que dans le quiché. Il y a encore à peu de distance de Quezaltenango, au Guatémala, un village indigène de ce nom, dit aujourd'hui *Cabrican*. En rappelant ici ce mythe, ajoutons avec Humboldt « qu'il est bien remarquable que » la Lycionie et l'Atlantide soient les » seuls (mythes) qui, sous l'empire de » Neptune dont le trident fait trembler » la terre, soient engloutis par de » grandes catastrophes. » *Essai sur l'hist. de la géogr. du N. Continent*, tom. I, page 171.

Nim-Ak (le Grand-Sanglier-Blanc), et de *Zaki-Nima-Tzyiz* (le Grand-Blanc-Piqueur d'Epines) et travaillent avec eux à la défaite de Vukub-Cakix. La ruse et la perfidie sont leurs armes principales, ce qui laisserait croire que les Nahuas étaient faibles encore. Vukub-Cakix est vaincu le premier; on le prive de la vue et des richesses qui le rendaient si superbe. Zipacna, après avoir fait tomber dans le piége les *Quatre-cents-Jeunes-gens* (1), compagnons de Hunhun-Ahpu, est pris lui-même dans une embûche que les deux frères lui avaient dressée, au pied du mont Meavan (2) : ceux-ci excitent sa gourmandise avec une écrevisse monstrueuse, qu'ils ont fabriquée par leurs enchantements, au fond d'une caverne où Zipacna entre pour la chercher; mais dès qu'il y est entré, les deux frères font écrouler sur lui la montagne, et il demeure dessous changé en rocher. Restait Cabrakan : c'est aussi par son appétit vorace qu'ils le prennent; après l'avoir dépouillé de sa puissance, ils l'étendent sur le sol et l'ensevelissent sous la terre. Ainsi périssent Vukub-Cakix et ses deux fils, qui paraissent avoir été les personnifications les plus importantes de la race des géants américains. Dans une tradition, conservée par Ixtlilxochitl (3), les Nahuas, à bout d'oppression et de tyrannie, auraient invité à un festin les plus fameux d'entre les Quinamés, qu'ils égorgèrent après les avoir enivrés. Ce sont peut-être des tribus de cette race qui, après succombé sous les coups des Nahuas, émigrèrent, quelques siècles avant notre ère, vers l'Amérique méridio-

---

(1) *Omuch-Qaholab*; le premier mot *omuch*, en quiché, ainsi que *centzon*, dans la langue nahuatl, est le nombre indéfini pour dire, monceau, multitude, beaucoup; défini il signifie 400. *Qaholab*, pluriel de *qahal*, garçon, jeune homme, fils. Dans la province de Xuchiltepec, au Guatémala, on trouve encore une localité, nommée *Omuch-Qaholab*, souvenir peut-être d'un fait historique ou d'un mythe antique. Plus loin, au sud-ouest une autre localité aujourd'hui couverte de bois et de broussailles s'appelait *Omuch-Cakha*, les 400 Pyramides, à cause des nombreux tumuli qu'on y voyait, tombeaux peut-être des Nahuas vaincus. *Omuch*, monceau, est le nom qu'on donne aux Pléiades, qui devinrent le séjour des 400 compagnons des Hunahpu, après leur apothéose. Comme ils périrent dans une orgie de liqueur fermentée (chicha), on les retrouve au Mexique comme les patrons des ivrognes sous le nom de *Centzon-Totochtin*, les 400 Lapins.

(2) *Meavan* est le nom d'une montagne considérable baignée par les eaux du Lacandon ou Uzumacinta et qui s'élève au nord-est du Quiché.

(3) *Hist. des Chichimèques*, tom. I, chap. 1.

nale, où elles auraient porté le culte du soleil, figuré par l'Ara, descendant du ciel (*Vukub-Cakix*, Ara sept fois couleur de feu), que quelques voyageurs croient reconnaître dans les têtes de perroquet ou de condor, sculptées sur le portique monolythe de Tiahuanaco, au Pérou.

La grande épopée qui comprend l'histoire des Hun-Ahpu et où, sous l'image des neuf épreuves de Xibalba, on trouve les événements de la lutte des Nahuas, se présente à la suite du chapitre de la défaite de Cabrakan. Malgré les voiles dont l'auteur du texte quiché cherche encore à couvrir la vérité, son récit prend cependant un caractère tout à fait historique, et à mesure que l'action avance, elle se dégage de plus en plus des symboles primitifs. Entre les divers Hun-Ahpu qui apparaissent sur la scène, on distingue aisément plusieurs générations de chefs qui combattent tour à tour contre *Xibalba*, dont le nom mystérieux se rencontre ici pour la première fois dans le *Livre Sacré*. Inventé par la haine, le respect ou la terreur, pour caractériser l'empire primitif, Xibalba désigne indubitablement la nation ou le pays que les annales du Mexique font connaître sous celui de *Tlapallan*, quoique, dans les traditions religieuses de cette contrée, *Mictlan* corresponde plus directement à la dénomination de Xibalba. Les missionnaires, songeant peu à se rendre compte de la signification que l'antiquité attachait à ce mot, crurent y découvrir l'*enfer* du dogme chrétien, dont il avait jusqu'à un certain point l'acception dans l'idée du vulgaire (1). C'était là, disait-on, que les âmes descendaient après qu'elles avaient été séparées de leur enveloppe matérielle. *Mictlan*, en effet, étymologiquement est le séjour des morts (2), comme *Xibalba*, le pays des fantômes, bien qu'ancien-

---

(1) Sahagun, *Hist. gen. de las cosas de N. España*, lib. III, in append. cap. 1.

(2) De *mic*, racine de *miqui*, mourir et *tlan*, les dents, au bord, auprès. Il existait plusieurs localités du nom de *Mictlan*, au temps de la conquête ; on en connaît un surtout fort célèbre à 7 l. de la ville d'Oaxaca, séjour d'un pontifical souverain et où l'on enterrait les princes et les prêtres du Zapotecapan. C'est de là que M. Charnay a rapporté une collection de photographies qui donnent une haute idée des antiques édifices de *Mictlan* (Mitla). Il y en avait un autre, non loin du lac Huixa, au Guatémala, sanctuaire dédié à Quetzalcohuatl, dont on retrouve encore la trace dans le village de *Mita*.

nement ils aient dû présenter une idée différente (1) : mais la caste noble et sacerdotale savait fort bien que les assemblages d'édifices qu'on désignait de cette sorte, outre qu'ils servaient aux rois et aux pontifes de lieux de sépulture, étaient destinés aux épreuves des initiations antiques. Le *Manuscrit Cakchiquel*, mentionnant la classe guerrière des Nahuas, au moment de sa création pour la défense de Tulan, qui est en Xibalba, donne à cette contrée les titres de riche (forte) et de glorieuse ou puissante. Les rois de Xibalba sont deux, le premier et le second, désignés, dans le *Livre Sacré*, sous les noms allégoriques de *Hun-Camé* (Un Mort) et de *Vukub-Camé* (Sept Morts), juges suprêmes de l'empire : ils ont sous eux dix autres rois, toujours nommés deux par deux, souverain chacun d'un grand royaume et formant avec eux le grand conseil de l'État (2). Tous les princes de la terre, est-il dit, étaient tributaires de leur puissance et ils n'étaient princes que par la volonté de Hun-Camé et de Vukub-Camé.

Le *Livre Sacré* étant, avec le *Manuscrit Cakchiquel*, le seul document qui offre quelques données sur Xibalba, c'est de là qu'il faut chercher à extraire tout ce qui peut servir à éclairer ce sujet obscur. Dans la route qu'on fait suivre aux Hun-Ahpu pour y arri-

Il peut donc y avoir eu aussi plusieurs Xibalba.

(1) Par le changement des consonnes qui a lieu fréquemment d'une langue à une autre, il pourrait y avoir eu *Tzibalba*, pour *Xibalba*, ce qui donnerait *taupe peinte* au lieu de *taupe effrayante*, titre qui serait assez d'accord avec l'usage où les Xibalbaïdes étaient de se peindre.

(2) Sans chercher à faire prévaloir ici aucune opinion particulière, il ne sera pas inutile de faire remarquer au lecteur les analogies que présente l'empire de Xibalba avec celui des Atlantes, dont il est question dans le dialogue de Critias de Platon. L'un et l'autre sont des contrées magnifiques, puissamment fertiles et abondantes en métaux précieux : l'empire des Atlantes est partagé en dix royaumes, et ce sont cinq couples d'enfants mâles et *jumeaux*, fils d'Atlas, qui en ont le gouvernement. Ces dix royaumes forment une confédération, dont les chefs s'assemblent pour composer un tribunal d'où ressortent toutes les grandes affaires de l'État. Les descendants de ces dix princes gouvernent après eux : mais la prospérité finit par les perdre. La soif du luxe et des richesses les porte à dépouiller les peuples, à conquérir les provinces, etc. Alors Jupiter, gardien des mœurs et vengeur des lois, vit leur dépravation et résolut de les punir. Il convoqua l'assemblée des dieux... Ici finit le texte de Platon, dit Bailly, le reste manque. Mais on voit que le philosophe allait raconter la submersion de l'Atlantide, la destruction de ses habitants et la présenter comme un châtiment céleste.... (*Lettres sur l'Atlantide de Platon*, pag. 39.) Les dix rois soumis au sceptre de Hun-Camé et de Vukub-Camé, leur portrait que nous donnons un peu plus loin, d'après le *Livre Sacré*, etc., prêtent certainement à de cu-

ver, il est fréquemment question de descentes rapides, qu'on prendrait pour des escaliers, si on ne savait par l'expérience qu'on acquiert, en voyageant dans l'Amérique centrale, combien sont raides les chemins par où l'on passe des plateaux supérieurs aux vallées inférieures ou aux plaines situées sur l'un ou l'autre océan (1). Ajoutons à ce renseignement le trajet d'un fleuve impétueux qui roule ses ondes entre des rochers amoncelés, une ou deux rivières bourbeuses, une contrée où croissent les calebassiers, et l'on pourra en conclure que celle où les rois de Xibalba faisaient leur séjour, devait se trouver sous une latitude assez chaude. Quoique vague, cette description répond au territoire où l'on arrive, en descendant le versant septentrional de la dernière Cordillière de la Verapaz, dans laquelle existe encore aujourd'hui la bourgade de Carchah. C'est le point de départ de cette vaste région qui est presque déserte actuellement, arrosée par les eaux des deux grands bras de l'Uzumacinta, le *Lacandon* et le *Gancuen* (Rio Pasion) comprenant le Peten, avec ses lacs, et l'ancien pays bas d'Acallan, jusqu'au delà peut-être des limites de l'Yucatan. Les noms d'*Ah-Tucur* et d'*Ah-Tza*, attribués aux populations xibalbaïdes et à leurs chefs (2), donneraient à penser même que les *Ah-Itza*, ou habitants du Peten et les *Itzaob*, chassés à diverses reprises de Potonchan

rieuses comparaisons, il n'y manque ni l'inondation qu'on a vue plus haut, ni même le nom d'*Atlan*, dont l'étymologie ne se trouve que dans la langue nahuatl, d'*atl*, eau, et l'on sait qu'une cité d'*Atlan* (Acla), auprès de l'Eau, existait encore sur l'isthme de Panama, du côté de l'Atlantique, au moment de la conquête.

(1) Pour descendre de Tumbala à Palenqué et de la Verapaz aux régions basses du nord, il est impossible à la plupart des voyageurs de se servir de chevaux ou même de mules ; à moins d'aller à pied, il faut se faire porter assis sur une chaise sur le dos d'un Indien ; la route ou plutôt le sentier ressemble à une suite d'escaliers dans le roc, descendant ou montant à des hauteurs prodigieuses.

(2) *Ah-Tucur*, que nous traduisons dans le texte du *Livr. Sacré* par ces mots *de la nature des hiboux*, veut dire aussi habitants ou maître du lieu qui s'appelait *Tucur* ou *Tucurub*, et il y a encore un village de ce nom dans la Verapaz, *San Miguel Tucurub*. L'autre nom, *ah-itza*, en réunissant les deux mots, signifie méchant, celui du mal, celui de l'inimitié, ou l'ennemi. Mais il se pourrait qu'il se prit anciennement de *itza*, les mots de ce genre perdant fréquemment leur première voyelle. *Itza* vient de *its*, le mal, le sortilège, la sorcellerie, d'où *ah-its*, celui du sortilège, le sorcier. *Tza* et *itza* sont souvent confondus. *Ah-Itza* était le nom des populations voisines du lac de Peten, dont les îles furent leur dernier refuge. Une tradition (qui me paraît peu sûre) les fait venir de *Chichen-Itza*, dans l'Yucatan ; dans la langue maya, *its-a* où *itz ha* signifie douce eau, et *Chichen-Itza*, ouverture du puits d'eau douce.

et de Chichen-Itza par les *Tutul-Xiu* (1), auraient été des débris de cette race antique : l'étendue, comme le caractère remarquable des ruines qu'on découvre tous les jours dans ces contrées, tend à confirmer ces limites et à accréditer l'opinion que l'une ou l'autre de ces grandes cités, ensevelies aujourd'hui dans l'épaisseur des forêts, devait être le siége de l'empire primitif. On a voulu le trouver dans les ruines de Palenqué : mais rien encore n'est venu confirmer cette assertion, et on n'a pas davantage de certitude pour Tulan, quoiqu'on prétende reconnaître sa situation dans les environs d'Ococingo. Ce qu'on peut regarder comme avéré, cependant, c'est que la vallée de Ghovel (Ciudad-Real de Chiapas) faisait partie du royaume de ce nom, et que la ville de Zotzlem, autrement dit *Tzinacantlan* (2), en était comme un poste avancé à l'ouest : la tradition, conservée par Ordoñez, assignait également aux Nahuas la fondation de la ville de Ghovel, et l'on sait que Teopixca, qui en était voisin, fut considéré, même après la conquête, comme l'héritage de la famille des prêtres de Votan (3).

Le peu de traditions fournies par Ixtlilxochitl, au sujet de Tlapallan ou de Huehue-Tlapallan, ne nous renseigne en aucune manière sur le caractère du peuple ou des princes de cette contrée : c'est encore au *Livre Sacré* que nous devons avoir recours. Le portrait qu'on en trouve dans le texte quiché emprunte naturellement à l'hostilité séculaire de Nahuas pour Xibalba les couleurs odieuses dont il est revêtu. « Ils aimaient, dit-il, à faire la guerre
» aux hommes. Ils n'étaient pas des dieux (ainsi qu'ils le disaient),
» mais ils inspiraient la terreur : ils étaient méchants (*ah-tza*), de
» la nature des hiboux (*ah-tucur*), excitant le mal et la discorde ;
» ils étaient également de mauvaise foi, en même temps blancs et

---

(1) *Chronologie en langue Maya*, MS. de don Pio Perez. Les *Tutul-Xiu* étaient une famille sortie de Tulan et de la race nahuatl.

(2) *Zotzlem*, demeure des Chauves-Souris, en langue zotzlem et tzendal: *Tzinacantlan* dit la même chose en langue nahuatl. C'est aujourd'hui le pauvre village de *Cinacantan*, au pied du mont où s'élève l'ancienne forteresse, à 2 l. de Ciudad-Real.

(3) *Hist. del cielo y de la tierra.* Ghovel ou *Hovel* signifie en tzendal Lieu de paille ou d'herbe ; de là le nom de *Zacatlan* que donnaient les Mexicains au pays voisin.—A une lieue de Teopixca se trouvent de grandes ruines appelées encore aujourd'hui

» noirs, hypocrites, tyranniques, à ce qu'on disait. En outre, ils
» se peignaient avec de la couleur (1). » Ce portrait est loin d'être
flatteur : il offre toutefois quelques indications, la principale, que
Xibalba n'était nullement un mythe, et que ses habitants, comme
encore ceux de l'Yucatan, au temps de la conquête, se peignaient le
visage et s'oignaient le corps de diverses couleurs. Ajoutons qu'on
trouve également dans le texte du *Livre Sacré* l'usage de sacrifier
des victimes humaines, en leur arrachant le cœur de la poitrine,
mais qui paraîtrait n'avoir été employé alors qu'envers les criminels.

Sahagun, qui prend à la lettre ce que le vulgaire racontait de
Mictlan, l'appelle en un endroit *Chicuna-Mictla*, les Neuf séjours
des Morts, lesquels passaient pour y arriver, dans l'opinion populaire, le fleuve *Chicunaoapan*, ou les Neuf-Fleuves. Ce séjour
inspirait l'épouvante ; c'était une prison sans portes ni fenêtres (2).
Mais il est bien certain que les Neuf-Mictlan sont les lieux d'épreuves dont il est parlé deux fois dans le *Livre Sacré* et qui
étaient au nombre de neuf, quoique six seulement soient nommément spécifiés dans le texte ; ce qu'il y a à remarquer cependant,
à ce sujet, c'est que ces épreuves, tout en constatant l'existence des
initiations antiques, semblent faire allusion ici à un nombre allégorique de localités où les Nahuas auraient tenté le sort des armes
contre Xibalba. Quoi qu'il en soit, on ne saurait douter que le
Mictlan ou l'enfer du rituel mexicain ne soit un symbole de
l'empire dont Hun-Camé et Vukub-Camé sont représentés comme
les chefs, et que ceux-ci ne soient à leur tour les mêmes personnages que le *Mictlanteuctli* (seigneur du séjour des morts) et la
Mictecacihuatl (la dame qui étend les morts) des traditions religieuses du Mexique. L'ensemble de l'histoire, le caractère des
rois, les attributs qu'on leur prête, ainsi que leurs fonctions, tout

---

Valum-Votan, ou Terre de Votan.
(1) *Livre Sacré*, page 189.
(2) Les demeures ou lieux d'épreuves sont au nombre de neuf, mais il n'y en a que six de nommées dans le *Livre Sacré* et moins encore dans la tradition mexicaine ; ce sont : *Geku-mal-ha*, la Maison Ténébreuse, *Chaim-ha*, la Maison des Lances d'Obsidienne, *Balami-ha*, la Maison des Tigres, *Teuh-Ha*, la Maison du Froid, *Gagal-ha*, la Maison du Feu, et *Zotzin-ha*, la Maison des Chauves-Souris. Celle-ci se retrouve dans *Zotzlem* ou ville de Tzinacantlan.

cela confronté avec les explications du *Codex Borgia* et du *Codex du Vatican*, ne laisse pas le moindre doute sur l'identité des personnages et des traditions qui les concernent (1).

Suivant les histoires toltèques, conservées par Ixtlilxochitl (2), les provinces, habitées par les Nahuas dans l'empire de Huehue-Tlapallan, étaient nombreuses et fort peuplées, et les princes nahuas les gouvernaient d'une manière à peu près indépendante du monarque chichimèque. D'après les mêmes histoires, leur cité principale, nommée *Tlachicatzin*, avait été fondée par des hommes sages et d'une grande habileté dans les arts, ce qui avait fait donner en outre à cette ville le nom de *Toltecatl*, qui, dans la langue nahuatl, signifie ouvrier ou artiste (3). Ailleurs, les mêmes auteurs racontent que les Toltèques ou Nahuas, soumis au joug des Chichimèques-Quinamés, se soulevèrent contre eux de toutes parts et en firent une grande destruction; ils en rapportent la date au signe *Ome-Tochtli*, II. Lapin, c'est-à-dire à l'an 298 de notre ère (4). Leur ville aurait alors succédé à la suprématie de la capitale des Quinamés, qu'elle aurait gardée durant près d'un siècle; de nouvelles guerres se seraient ensuite élevées entre les deux races, après quoi les Toltèques, vaincus à leur tour, se seraient décidés à abandonner leur capitale et à émigrer vers d'autres climats. Ce récit, quelque court qu'il soit, concorde néanmoins avec celui du *Livre Sacré* et permet d'identifier cette capitale de l'em-

---

(1) Fabrega, *Esposizione del Codice Borgia*. — (2) Ixtlilxochitl, *Sumaria Relacion*, etc. — Veytia, *Hist. antigua de Mexico*, tom. I, cap. 12.

(3) *Tlachicatzin* paraît dans sa forme un nom de personne plutôt que de lieu; *Tlachicatzinco* serait plus conforme à la grammaire. Ce mot viendrait-il de *Tlachtli*, le jeu de paume? Le nom de *Toltecatl* qu'on donnait aussi à cette capitale toltèque primitive semblerait, avec celui de *Tlachicatzin*, indiquer plutôt les noms des deux chefs de cette ville. Cependant on trouve *Toltecat* dans le *Livre Sacré* comme le nom de la cité dont Xmucané et Xpiyacoc (Oxomoco et Ci-paetonal) étaient les fondateurs et les princes. L'*Histoire de Tentihuacan*, MS., appartenant à la coll. de M. Aubin, donne également à cette dernière ville le nom de *Toltecat*, qui est accompagné d'un caractère ou signe indiquant l'espérance. Mais *Toltecat* a pu être aussi le nom de diverses cités de *Tula* ou *Tulan*, et il y a quelque présomption qu'outre celles dont nous avons déjà parlé, on pourrait bien en découvrir une dans l'intérieur du Honduras ou aux frontières de San-Salvador où paraît avoir existé le *Tlapallan*, dit de Cortès.

(4) Ixtlilxochitl, *Segunda Relacion*, ap. Kingsborough, Sup., tom. IX. — Ses dates ne sont pas toujours sûres.

pire toltèque (1) avec le Tulan de Xibalba, reconnu, dans toutes les traditions guatémaltèques, pour avoir été une source de migrations considérables, entre le IIIe et le Ve siècle de l'ère chrétienne.

Cependant, si l'on en croit une autre tradition, recueillie par Las Casas, c'est de la ville d'Utlatlan, choisie depuis pour la capitale de l'empire quiché (2), que seraient partis les chefs de la conjuration et où elle se serait nourrie, durant plusieurs générations, dans la famille symbolique des Hun-Ahpu. Mais le *Livre Sacré* indique clairement que les premières tentatives révolutionnaires eurent lieu à Nimxob-Carchah (3), qu'on retrouve dans une grande bourgade de la haute Vérapaz. Ce qui mérite ici une attention toute spéciale, c'est que cette conjuration, ces tentatives, et les combats qui en furent la conséquence, sont constamment présentés sous l'image d'une partie de ballon, et la salle du jeu de Paume comme le grand champ de bataille des conjurés (4). *Pa-Hom*, tel est le nom qu'on donne à cet édifice dans la langue quichée (5), *Tlachco* dans la langue nahuatl : les rituels

---

(1) Id. *Tercera Rel.* ibid. Dans cette relation, Ixtlilxochitl donne encore une fois un autre nom à la capitale de l'empire toltèque de cette époque; il l'appelle *Huey-Xalac*, et c'est de là que seraient partis les sept chefs toltèques dont il est question dans beaucoup d'histoires, en l'an 386.

(2) *Hist. apol. de las Ind. Occid.* tom. III, cap. 125. *Utlatlan*, dont il sera souvent question dans la dernière partie du *Livre Sacré*, sous le nom quiché de Gumarcaah, était une ancienne ville dont les ruines existent encore auprès du pueblo de *Santa-Cruz del Quiché*; c'est, suivant Las Casas, celle d'où serait parti Xbalanque, le vainqueur de l'Enfer.

(3) *Carchah*, aujourd'hui transporté avec sa nombreuse population au bourg voisin, appelé *San-Pedro Carcha*, à deux lieues à l'est de Coban; celle-ci est l'ancienne capitale espagnole de la province de Vérapaz au Guatémala, située à 30 lieues environ au nord de cette ville. Las Casas ajoute que près de là était un des chemins de l'Enfer, c'est-à-dire de Xibalba, et dans mon dernier voyage à Coban j'appris des Indiens qu'il y avait encore à six journées de là, au nord-ouest et dans la direction de Palenqué, un lieu appelé *Xibalba-tzul*, ou Mont de Xibalba, en langue cakchi.

(4) Le jeu de paume, *tlachtli*, dans la langue nahuatl, ne pouvait être usité que parmi les princes; c'était un jeu sacré, et le *tlachco*, ou salle du jeu, était considéré comme un temple (Voir toute la description dans Torquemada, *Monarq. Ind.* lib. xiv, cap. 12). Il était fort en usage à Haïti et à Cuba, avant la découverte de l'Amérique; on l'y appelait *batey*; on le retrouve également chez un grand nombre d'autres populations américaines (Voir aussi mon *Hist. des Nations civilisées du Mexique et de l'Amérique centrale*, tom. III, livre xii, chap. 6, p. 661).

(5) *Hom*, jeu de paume ; *pa-hom*, au jeu de paume ou de balle. Ce mot n'a pas d'autre signification dans la langue. La balle ou ballon était de gomme élastique ou caoutchouc; chez les Mexicains on ne pouvait la toucher ni avec les mains, ni avec les pieds,

mexicains y font également allusion à plusieurs reprises; l'on voit en particulier une scène de ce genre, représentée dans le *Codex Borgia* et qui, d'après les explications de son commentateur (1), a pour objet un combat entre deux races ennemies.

Les chefs de la révolte sont tour à tour *Hunhun-Ahpu* et *Vukub-Hun-Ahpu*, fils de Xpiyacoc et de Xmucané (2), *Hun-Ahpu* et *Xbalanqué* (3), en qui elle est personnifiée jusqu'au moment de son triomphe et de la défaite de Xibalba. Les deux premiers ont été engendrés durant la nuit et l'obscurité, c'est-à-dire avant que le nouveau calendrier eût son cours ; mais leur père était mort (4), et ils demeuraient avec leur mère et leurs deux fils *Hun-Batz* et *Hun-Chouen* (5), auxquels ils avaient enseigné tous les arts utiles et d'agrément, c'est-à-dire tous ceux qui constituaient la civilisation toltèque (6). « Or, ajoute le *Livre Sacré*, ils s'occupaient » uniquement à jouer aux dés et au ballon, et tous les deux jours » ils s'exerçaient tous les quatre et se réunissaient *en grand nom-* » *bre* dans la Salle du jeu de Paume. » Mais le bruit en arrive aux oreilles des rois; ils en prennent l'alarme : « Qu'est-ce donc, » s'écrient-ils, qui se fait sur la terre, qui sont ceux qui la font » trembler et qui excitent tant de tumulte? qu'on les envoie cher- » cher à l'instant; qu'on les amène ici pour jouer à la paume, » afin que nous les vainquions. En vérité, nous ne sommes plus

---

mais seulement avec les reins; le joueur la recevait sur une culotte de cuir dont il se couvrait le derrière.

(1) Fabregat, *Esposizione del Codice Borgia*, quadro 4 inter. della pag. 21, facciata XVII, et seg.

(2) *Hunhun-Ahpu* signifie Chaque Tireur de Sarbacane; *Vukub-Hun-Ahpu*, Sept un Tireur de Sarbacane : le nombre sept revient sans cesse dans ce livre.

(3) *Xbalanque*, de *balam*, tigre, jaguar; le *que* final est un signe pluriel, et le *x* qui précède, prononcez *sh* (anglais), est alternativement un diminutif ou un signe féminin.

(4) Leur père était mort : c'était *Xpiyacoc*, le *Cipactonal* mexicain, qui paraît plusieurs fois baigné dans son sang devant *Mictlanteuctli*, le chef de Xibalba, dans les figures du *Codex Borgia.*

(5) *Hun-Batz*, Un Singe (ou un Fileur); *Hun-Chouen*, un qui se blanchit ou s'embellit. Ces deux personnages paraissent correspondre exactement à tous les attributs que les livres mexicains donnent à *Ozomatli*, le Singe, et à *Piltzinteuctli*, le seigneur enfant ou des enfants. Ce dernier paraît le même que le dieu *Chuvenila*, cité par Rios et dont jamais aucun sacrifice humain ne pouvait satisfaire la soif sanguinaire (Rios *in Cod. Vat.* pag. 48). — *Chouen* (Hun-Chouen) est un des signes du calendrier maya.

(6) Voir page 73.

» obéis par eux; ils n'ont plus pour nous ni respect, ni révérence,
» et ne font que se batailler au-dessus de nos têtes, dirent tous
» ceux de Xibalba. »

La situation de cette capitale dans les terres chaudes du Peten et d'Acallan, si basses en comparaison des hautes montagnes de Carchah, où était le jeu de Paume, ne laisse aucun doute sur le sens de cette phrase, et explique parfaitement l'expression descendre du ciel à l'enfer, employée ici par les écrivains espagnols qui eurent connaissance de quelques-unes des traditions relatives à Xibalba (1). Quatre *Tucur*, ou Hiboux, sont chargés d'aller prendre les coupables (2); les deux fils de Xmucané sont emmenés devant leurs juges, et après diverses épreuves, ils sont condamnés à mort: on tranche la tête à Hunhun-Ahpu, dont le tronc seul est enterré avec le corps de son frère dans le Cendrier ou cimetière de Xibalba (3).

Mais pour conserver la mémoire de leur châtiment, ordre est donné de placer la tête de Hunhun-Ahpu entre les branches arides d'un calebassier, planté au milieu du chemin: à peine y est-elle, que l'arbre se charge de fruits verts et spontanés au milieu desquels sa tête disparaît, devenue calebasse elle-même. Au bruit de ce prodige, tout Xibalba accourt pour en être témoin: mais défense est faite par ses princes de toucher désormais à cet arbre merveilleux sous les peines les plus graves. L'un d'eux avait une fille, *Xquiq* ou *Ixquic*, c'est-à-dire la Femme-Sang ou la Gomme-Noire (4); entraînée par la curiosité, celle-ci quitte ses

---

(1) Ainsi parlent Las Casas, Torquemada, Ordoñez et Ximenez. Dans la langue quichée, *chi cah* signifie également au ciel ou en haut.

(2) *Tucur*, c'est-à-dire hibou; c'est le nom qui est donné dans le *Livre Sacré* aux satellites de Xibalba; mais il leur donne un titre, celui d'*Ahpopachih*, capitaine des gardes du corps, qui explique le mythe apparent. *Tucurub*, la ville des hiboux, était la capitale d'une province comme dans les histoires mexicaines sous le nom de *Tecolotlan*. Auprès des hiboux, de

tecolotl, hibou. Les pages figuratives du *Codex Borgia* nous montrent continuellement ces satellites de Xibalba, occupés visiblement aux divers actes dont il est question dans le *Livre Sacré*; c'est pourquoi on les appelait *tlaca-tecolotl*, homme-hibou, dont les missionnaires ont fait le diable.

(3) Le *Cendrier*; il y a dans le texte *pucbal-chah*, le lieu où l'on dépose, où l'on jette les cendres.

(4) *Ixquiq*, ce nom, symbolique comme tous les autres, se compose du signe féminin *x* ou *ix*, et de *quiq*, qui

— CXXXVII —

montagnes et s'approche de l'arbre, dans le dessein d'enlever un de ses fruits, malgré la défense des rois. La voix de Hunhun-Ahpu la prévient et lui demande ce qu'elle veut. Sur sa réponse il lui ordonne d'étendre le bras et lui lance dans le creux de la main un crachat qui disparaît aussitôt : mais dans le même instant elle sent qu'elle devient mère (1). De retour chez son père, elle ne tarde pas à paraître grosse, et celui-ci ne pouvant lui arracher l'aveu de son crime, la fait condamner à mort par le tribunal suprême de l'empire. Xquiq trouve le moyen de se soustraire à sa vengeance en gagnant ses bourreaux (2) et se retire chez la mère de Hunhun-Ahpu, à qui elle se présente comme sa bru. Elle met bientôt après au monde deux jumeaux, Hun-Ahpu et Xbalanqué, dont la sagesse et la prudence ne tardent pas à éveiller la jalousie de leurs aînés Hun-Batz et Hun-Chouen. Mais ceux-ci seront châtiés de leur haine : leurs deux jeunes frères les amènent dans les bois sous prétexte d'une chasse aux oiseaux et, par leurs enchantements, les métamorphosent en singes (3). Dans toute cette première partie de l'épopée quichée, il ne faut pas une bien grande perspicacité pour découvrir la réalité sous

signifie le sang et la gomme élastique. *Xquiq* se retrouve dans les documents mexicains sous le nom d'*Itzpapalotl*, Papillon d'obsidienne ou aux couteaux d'obsidienne ; elle paraît probablement aussi sous celui d'un des *tzontemoque*, qui s'applique aux divers personnages condamnés par Mictlanteuctli en Xibalba (Fabregat, *in Cod. Borgian.*)

(1) C'est, à peu de chose près, la même légende que les Mexicains racontaient de la naissance de Huitzilopochtli. Sa mère *Cohuatlicue* (Jupon de serpent), étant occupée un jour à balayer un temple auprès de Tulan, au lieu nommé Cohuatepec (Mont des serpents), vit tout à coup une *pelote* ornée *de plumes* qui volait dans l'air. Elle la reçoit et la cache dans son sein ; bientôt après, elle se sent enceinte. La voyant grosse, ses frères les *Centzon-Vitznahua* (ou 400 Méridionaux, ou Nahuas du sud), veulent la tuer. Mais, des entrailles où il est retenu, Huitzilopochtli la rassure. Bientôt il naît tout armé, s'avance contre les *Centzon-Vitznahua*, les tue ou les disperse, et reste triomphant. C'est évidemment une autre version du récit du *Livre Sacré*. Ce sont toujours les métis combattant tour-à-tour les descendants légitimes des Nahuas, ou les Xibalbaïdes.

(2) *Livre Sacré*, pag. 99 et suiv.

(3) De là peut-être le nom de *Hun-Batz*, Un Singe, à l'un d'eux. Serait-ce à la scène des deux princes changés en singes que ferait allusion le nom d'*Uzumacinta*, mieux *Ozomatzin-tlan*, Auprès des seigneurs singes, sous lequel est connu le fleuve *Uzumacinta*, qui sépare les terres de Palenqué du pays Lacandon, ainsi que plusieurs localités de ce nom, une sur le même fleuve et une autre dans le département de San-Marcos (Guatémala), non loin des frontières de Chiapas?

l'allégorie. Dans l'union clandestine de Xquiq avec Hunhun-Ahpu, on reconnaît celle des Nahuas avec les femmes du pays qu'ils gagnent par leur supériorité. Hun-Ahpu et Xbalanqué représentent la descendance de leur amour, non moins odieuse à ceux de la race étrangère, restée pure de tout mélange, et figurés dans Hun-Batz et Hun-Chouen, qu'aux anciens aborigènes. Il n'est pas question de Xibalba dans cet intervalle, et l'inimitié réciproque des quatre frères laisse entrevoir une lutte entre les Nahuas légitimes et les métis, où les premiers ont le dessous (1).

Avec les fils de Xquiq la civilisation continue ses progrès. Loin des lieux où Xibalba commande, l'allégorie les montre abattant à diverses reprises les forêts pour y tracer un champ et semer le maïs : deux fois les sauvages, figurés par des animaux de toute espèce, y mettent obstacle, en commandant de suite aux arbres de se relever, aux lianes de repousser et de s'entrelacer de nouveau. La colombe, image de la vie domestique, se perche au haut d'une branche par ordre de Hun-Ahpu et de Xbalanqué, pour surveiller ces ennemis invisibles et les avertir dès qu'ils reparaîtront. Les deux frères les mettent en fuite, et c'est un rat, le seul animal qu'ils aient pu attraper, qui leur révèle, avec le secret de leur origine, l'existence des instruments du jeu de Paume, que leur aïeule Xmucané leur avait constamment dérobée. Ils s'en emparent à l'insu de la vieille et pleins d'allégresse s'en vont à leur tour à Nimxob-Carchah jouer au ballon, c'est-à-dire, s'essayer à la révolte contre Xibalba. Ce bruit inaccoutumé répand de nouveau l'alarme parmi les princes de l'empire. Hun-Ahpu et Xbalanqué sont également appelés à leur tribunal : mais ils luttent d'adresse et d'habileté avec les Xibalbaides et passent sans y succomber par les principales épreuves, dont les détails, dans le *Livre Sacré*, offrent plus d'une fois un intérêt dramatique. Mais à la suite de plusieurs incidents

---

(1) Une lutte de ce genre se reproduisit dans notre siècle dans les mêmes contrées, lorsqu'au temps de l'indépendance, les descendants des conquérants, métis ou blancs, n'importe à quel degré, chassèrent les Espagnols du Mexique, puis les métis se tournèrent contre les autres.

mystérieux, ils se trouvent prisonniers à Tzotzim-ha du grand chef des Chauves-Souris, et Hun-Ahpu a la tête tranchée par une circonstance plus mystérieuse encore. Par l'effet d'un enchantement, il en reparaît bientôt un autre à sa place, tandis que Xbalanqué fait un appel aux bêtes fauves, c'est-à-dire aux barbares. A travers l'allégorie qui continue encore plus ou moins, on revoit la lutte reprendre entre les deux frères et les princes de l'empire; ceux-ci finissent par obtenir de nouveau la victoire, malgré le soin de l'écrivain pour voiler la défaite de ses héros. Hun-Ahpu et Xbalanqué ont bien l'air de commander eux-mêmes leur supplice; mais ils n'en sont pas moins condamnés au feu, et expient leur audace sur un bûcher où ils ne tardent pas à être consumés.

Leurs cendres sont jetées à la rivière par le commandement des rois: mais les deux princes en renaissent bientôt, d'abord sous la forme de deux beaux jeunes gens, ensuite sous celle de deux hommes-poissons qui apparaissent le cinquième jour au-dessus de l'eau. Cette fable qui rappelle à la fois le mythe du phénix et celui de Oannès, l'homme-poisson qui se montre comme un prophète à Babylone (1), n'est pas une des moindres singularités de ce livre curieux. Sans chercher à l'expliquer entièrement, ne pourrait-on pas y découvrir l'origine du mythe de *Cipactli*, sous la forme d'un monstre marin, et ne serait-il pas permis d'y voir des hommes nouveaux, ayant un berceau commun avec les Nahuas et arrivant par mer pour s'unir avec leurs descendants contre la puissance de Xibalba ? Il faut le dire, d'ailleurs, cette allégorie vient à peu près ici comme un hors d'œuvre et les lignes qui ont rapport aux deux hommes-poissons n'ont aucune relation avec la suite du sujet. Les personnages de Hun-Ahpu et de Xbalanqué retournent sur la scène, non plus comme deux guerriers, mais sous la figure et le costume de deux pauvres saltimbanques ; ils émerveillent avec leurs compagnons les rois et les princes de

---

(1) Beros., *Fragm. Hist. Græc.*, tom. II.

Xibalba par leurs prestidigitations et les prodiges qu'ils opèrent en spectacle public, se servant de tous les secrets de la magie pour les abuser et les mettre hors de leurs gardes. C'est ainsi seulement qu'ils réussissent à les surprendre et à jeter à bas leur puissance. Le meurtre de Hun-Camé et de Vukub-Camé couronne leurs enchantements : princes et vassaux fuient épouvantés et sont ramenés par les *Fourmis* aux pieds de leurs vainqueurs, qui proclament à la face du peuple de Xibalba, avec leurs noms, l'apothéose de leurs pères, transformés dans le soleil et dans la lune. Tel est le résumé de cette épopée américaine qui mérite à tous égards d'être étudiée par ceux qui s'intéressent aux origines des peuples anciens. Les Mexicains, qui se glorifiaient de descendre des Nahuas, leur avaient emprunté la plupart des circonstances dont ils avaient orné la naissance du dieu Huitzilopochtli (1). Sahagun, qui les a conservées en partie (2), ajoute une particularité que nous ne saurions passer sous silence ; c'est qu'après sa victoire sur les *Centzon-Vitznahuas* (Quatre cents Méridionaux ou Nahuas du sud), qui représentent ici les Xibalbaïdes, les uns, à la vérité, se soumirent au vainqueur, mais qu'il y en eut un grand nombre qui se retirèrent de devant sa face et descendirent au sud (*Vitzlampa*). Cette notion, si courte qu'elle soit, est précieuse, en ce qu'elle nous montre comme certaine une émigration de cette race primitive, dont nous retrouverons plus tard des groupes dispersés sur une étendue considérable de l'Amérique.

Les traditions qui concernent ces événements laissent entrevoir que le triomphe des chefs nahuas n'aurait pas été de bien longue durée : un des princes de Xibalba, échappé à la première fureur du massacre, avait trouvé grâce aux yeux de ses vainqueurs et continué à gouverner ses sujets de leur consentement (3). Xibalba, cependant, était humilié : Tulan paraît avoir succédé alors pour quelque temps à sa prééminence, et les provinces que

---

(1) V. la note 1 précédente, p. cxxxvii.
(2) Sahagun, *Hist. gen.*, etc., lib. iii, cap. 1, § 1.
(3) Las Casas, *Hist. apol.*, etc., tom. iii, cap. 125. — Torquemada, *Monarq. ind.*, lib. vi, cap. 20.

les races étrangères avaient particulièrement colonisées, en obtenant leur indépendance, se seraient érigées en plusieurs États souverains. Il ressort néanmoins des courts fragments que nous a laissés l'histoire de ces temps éloignés, que l'antique métropole des Xibalbaïdes aurait promptement recouvré sa suprématie, au moins dans les régions immédiatement soumises à son influence, et que Tulan serait rentré sous sa domination. Des dissensions entre les Nahuas eux-mêmes, peut-être de nouvelles querelles entre la race restée pure et celle des métis, occasionnaient-elles ce revirement, en leur mettant les armes à la main les uns contre les autres; peut-être donnèrent-elles lieu à ces migrations immenses des nations *toltèques* (1), dont on trouve des vestiges dans l'Amérique entière et dont le souvenir est conservé dans tant d'histoires.

Malgré l'obscurité et l'incertitude qui recouvrent cette époque intéressante, une tradition ancienne rapportée par Las Casas (2) nous met jusqu'à un certain point sur la trace de ces événements et laisse entrevoir une phase nouvelle à l'histoire de Xibalba. Après avoir raconté comment Xbalanqué était sorti d'Utlatlan pour faire la guerre à l'Enfer et la victoire qu'il avait remportée sur le souverain du séjour infernal, il ajoute qu'étant retourné au pays d'où il était parti, on ne l'accueillit pas, à son arrivée, avec les chants et les fêtes qu'il espérait; qu'à cause de cela, il s'en alla à un autre royaume, où on le reçut avec plus de complaisance, et que ce vainqueur de l'Enfer introduisit alors l'usage de sacrifier des victimes humaines.

Ces traditions, si remplies d'intérêt, sont malheureusement celles qui ont le moins préoccupé les écrivains qui les recueillirent. L'auteur ne dit pas le nom du royaume où Xbalanqué se retira, quoiqu'il y ait des raisons pour supposer que ce fut à Copan ou

---

(1) C'est seulement à dater de ces premières migrations que Veytia et les autres auteurs donnent le nom de *tol-* *tèque* aux principales nations de la race nahuatl.

(2) *Ibid., ut sup.*

au pays d'Anahuac (1). On sait, par le *Codex Chimalpopoca*, que Teotihuacan fut un des premiers endroits où l'on introduisit ces sacrifices abominables et qu'ils servirent à solenniser l'inauguration du calendrier nahuatl. Dans les histoires mexicaines, le soleil et la lune ne se mettent en marche qu'après le sacrifice volontaire de deux personnages mystérieux, *Nanahuatl* et *Tecuziztecatl*, transformés ensuite dans ces deux astres, ainsi que Hunhun-Ahpu et Vukub-Hun-Ahpu, dans le *Livre Sacré*. Suivant l'un, le sacrifice paraîtrait avoir eu lieu à Teotihuacan, suivant l'autre à Xibalba; le *Codex Chimalpopoca* donne à entendre, d'ailleurs, que, si l'holocauste se fit en Tamoanchan, où demeurait Nanahuatl (2), son apothéose se célébra dans l'Anahuac. Quoi qu'il en soit, celui-ci est le personnage principal; mais ce qui donne à toutes ces scènes un caractère étrange, c'est que son nom, qui paraît simplement un redoublement, énonçant d'habitude le signe du pluriel dans la langue mexicaine, ne peut se traduire que par *Buboso* en espagnol et en français par le *Vérolé* (3). Il souffre d'un mal incurable, et c'est à lui que les dieux ordonnent de se sacrifier pour faire marcher le soleil et la lune. « C'est à toi, lui » disent *Tonacoteuctli* (le seigneur de notre subsistance) et » *Xiuhteuctli* (le seigneur de l'année), à soutenir le ciel et la » terre. »

Nanahuatl obéit, mais avec tristesse. Ici le voile de l'allégorie se déchire légèrement. Les Nahuas, figurés par les deux dieux que nous venons de nommer, envoient un des leurs contre Xibalba,

---

(1) *Anahuac*, Auprès de l'eau, nom donné à tous les pays voisins des grandes eaux, comme certaines contrées maritimes du Nord-Est et du Sud-Ouest, mais spécialement aux rivages des lacs de la vallée de Mexico.

(2) *Codex Chimalpopoca*, dans l'*Histoire des soleils*. A la suite de la glorification de Nanahuatl et de Metztli, le Codex ajoute: « Niman yeic teomi- » cohua in yeyeoncan in Teotihua- » can. Aussitôt on commença à im- » moler des victimes humaines là, à » Teotihuacan. » Dans la langue nahuatl, *teomicohua*, tuer divinement ou ce qui est sacré, exprime l'idée du sacrifice humain (Molina, *Vocab. en leng. Mexic.*, etc.).

(3) Ce nom étrange doit avoir eu dans l'origine une signification mystérieuse, dont il est fort difficile aujourd'hui de se rendre compte. S'agirait-il d'une lèpre analogue à celles dont parle l'Ecriture, ou bien y aurait-il une simple confusion de mots dans les manuscrits antiques?

il doit s'exposer à un péril évident ; c'est la cause de sa tristesse. Mais il n'y va pas seul, *Quauhtli* et *Ocelotl* (l'Aigle et le Tigre) l'accompagnent, c'est-à-dire le peuple, toujours symbolisé par ces deux animaux dans les histoires mexicaines. Pour se préparer à la mort, il fait pénitence durant quatre jours, dit Sahagun (1) ; il va faire des captifs, suivant le texte du *Codex Chimalpopoca* (ce qui signifie combattre), peut-être pour avoir des prisonniers à faire immoler sur sa tombe. Au jour du sacrifice, il paraît devant le bûcher autour duquel sont rangés les dieux qui l'excitent à s'y précipiter. Evidemment ce ne sont plus les mêmes qui l'ont envoyé comme une victime volontaire ; aucun texte ne le dit, et, dans le *Livre Sacré* (2), ce sont les princes de Xibalba qui plaisantent cruellement les deux frères, au moment où ils vont pour se jeter dans les flammes. Une série d'images qui font à la fois allusion aux phénomènes naturels accompagnant le lever du soleil et sa course dans le ciel, où il est suivi de la lune, signalent l'apothéose de Nanahuatl dans plusieurs documents. Mais la marche de l'astre du jour est encore interrompue : la mort de Nanahuatl et celle de son compagnon n'ont pas suffi pour faire avancer le soleil et les autres astres. Les dieux qui avaient assisté à leur sacrifice demandent la mort à leur tour, et le vent se charge de les tuer. S'il nous est possible de voir clair entre toutes ces images, historiquement parlant, ces dieux sont les princes de Xibalba, immolés par Hun-Ahpu et Xbalanqué, figurés eux-mêmes sous le symbole du vent, *Ehecatl*, l'une des personnifications de Quetzalcohuatl. Métaphoriquement, dans la religion élémentaire de ces contrées, ce seraient les nuages voilant le soleil après son lever, dissipés bientôt par le zéphir matinal (3).

Ces fables sont racontées encore de diverses manières, suivant les documents. Dans l'une, c'est Xolotl que les dieux désignent pour aller demander à Mictlanteuctli un os de mort, afin qu'il

---

(1) *Hist. gen. de las cosas de Nueva-España*, lib. VII, cap. 1.
(2) Voir page 175.
(3) Sahagun, *Ibid., ut sup. — Codex Chimalpopoca*, ubi sup.

en puisse créer de nouveaux hommes ; plus loin, les dieux, voyant que le soleil continue à rester immobile, se font tuer par ce même Xolotl, qui se tue à son tour avec un couteau d'obsidienne, duquel sort une race nouvelle (1). Ces variantes font peut-être allusion aux événements qui accompagnèrent la chute du pouvoir de Xibalba, l'établissement du nouveau calendrier et la création de la caste guerrière, que le *Manuscrit Cakchiquel* désigne, d'ailleurs, sous le nom de *Chay Abah*, ou la Pierre d'Obsidienne ; nous en reparlerons plus loin.

Nous avons à dessein rappelé ici les diverses fables concernant la marche du soleil ; leur confrontation avec le *Livre Sacré* ne peut manquer de mettre en lumière les origines des principales religions américaines. Nous terminons cette matière par l'histoire de l'apothéose des Hun-Ahpu, telle que nous la trouvons ici, en la faisant suivre de quelques notions concernant les pyramides de Teotihuacan. Si, dans le *Codex Chimalpopoca* et les autres documents de la langue nahuatl, la fable cherche à voiler les événements de ses couleurs poétiques, dans le *Livre Sacré*, au contraire, le récit prend de plus en plus la forme historique à mesure qu'il se rapproche du dénoûment. Vainqueurs de Xibalba, les meurtriers de Hun-Camé et de Vukub-Camé se rendent au Cendrier, où reposent les os de leurs pères, afin de célébrer dignement leurs funérailles. Ce qu'il y a de curieux à cet égard, c'est qu'on n'y retrouva que le nom (*u bi*, l'épitaphe ?) de Vukub-Hun-Ahpu, avec sa bouche, son nez, ses os et sa face (sa ressemblance). « Il ne » consentit pas à prononcer avec son nom celui des (autres) » Hunahpu. » Mais l'invocation adressée à leur mémoire a quelque chose de solennel : « Soyez invoqués désormais, leur di-» rent leurs fils, pour consoler leurs âmes. C'est vous qui vous » élèverez les premiers (sur la voûte du ciel) ; vous serez les pre-» miers adorés par les peuples civilisés et votre nom ne se perdra » point, ainsi soit-il ! Nous sommes les vengeurs de votre mort

---

(1) Id. *ibid.* — Torquemada, *Monarq. Ind.*, lib. vi, cap. 41, 42, 43.

» et de votre ruine, des souffrances et des travaux qu'on vous a
» fait endurer. Tels furent leurs ordres, en parlant à tout le peuple
» de Xibalba qu'ils avaient vaincu. Alors ils montèrent au milieu
» de la lumière, et aussitôt (leurs pères) montèrent aux cieux.
» A l'un échut le soleil et à l'autre la lune qui éclairent la voûte
» du ciel et la surface de la terre, et au ciel ils demeurent. »

Soit que les cendres de ces héros fussent demeurées en Xibalba, soit qu'on les eût transportées ensuite à Teotihuacan, il n'en paraît pas moins avéré que ce fut en leur honneur qu'on érigea dans cette ville les deux pyramides appelées du Soleil et de la Lune, qu'on y voit encore aujourd'hui. En même temps que l'apothéose de Hunhun-Ahpu, eut lieu celle des quatre cents jeunes gens, leurs compagnons, tués par Zipacna, et qui furent personnifiés avec les Pléiades (1). L'ère nouvelle marquée par cet événement est signalée sous le nom de *Nahui-Ollin-Tonatiuh*, Soleil de IV. Mouvement, ainsi appelé du jour *Nahui-Ollin* ou IV. Mouvement : cette ère, qui datait de la mort de Nanahuatl, s'ouvrit avec son apothéose solennisée par des sacrifices humains à Teotihuacan. Un texte fort obscur du *Codex Chimalpopoca* semble indiquer un intervalle de vingt-cinq ans entre ces deux événements. Si l'on pouvait s'en rapporter aux dates chronologiques fournies par Ixtlilxochitl, il serait aisé de découvrir celles qui nous intéressent en ce moment ; mais ces calculs n'accusent qu'une seule émigration toltèque à la suite de la révolution de l'empire primitif, tandis qu'on en voit évidemment plusieurs, à l'une desquelles se rattache probablement l'apothéose des héros nahuas à Teotihuacan.

C'est à quoi réfère ce passage de Sahagun : « De Tamoan-
» chan, ajoute-t-il (2), on allait offrir des sacrifices dans la ville
» de Teotihuacan... et c'était là qu'on élisait ceux qui devaient

---

(1) Voir le *Livre Sacré*, pag. 193. — Autour des pyramides du Soleil et de la Lune, à Teotihuacan, existe un grand nombre de *tumuli* de moindre dimension, qui étaient dédiés, dit Botturini, aux étoiles errantes (*Idea de una nueva historia*, etc., pag. 43).

(2) Sahagun, *Hist. de Nueva-España*, lib. x, cap. 29.

» gouverner les autres. Là aussi on enterrait les princes et les
» seigneurs, et sur leurs sépultures ils commandaient d'élever des
» monticules de terre qu'on voit encore aujourd'hui et qui pa-
» raissent comme des collines faites à la main; l'on voit encore
» les carrières d'où ils tirèrent les pierres ou roches dont ils fa-
» briquèrent ces tumuli, et ceux qu'ils édifièrent au soleil et à la
» lune sont comme de grandes collines élevées de main d'hom-
» mes et qui paraissent naturelles, quoiqu'elles ne le soient
» point... Or le lieu se nomme *Teotihuacan*, c'est-à-dire la Ville
» de Teutl, qui est le dieu, parce que les seigneurs qu'on y en-
» terrait, on les *canonisait* pour des dieux après leur mort et on
» disait qu'ils ne mouraient point, mais qu'ils s'éveillaient comme
» d'un songe qu'ils avaient vécu. C'est pourquoi les anciens di-
» saient que lorsque les hommes mouraient, ils ne périssaient
» point, mais qu'ils commençaient à vivre à nouveau, comme
» s'éveillant d'un songe, et devenaient des esprits ou des dieux, et
» ainsi ils disaient : Seigneur, ou Madame, éveillez-vous, voilà que
» déjà commence l'aurore; voici l'aube, puisque les oiseaux aux
» plumes jaunes commencent à chanter, que les papillons aux
» diverses couleurs s'en vont volant dans les airs. » Et lorsque
» l'un d'eux mourait, ils avaient coutume de dire de lui qu'il était
» déjà Teutl, c'est-à-dire qu'il était mort pour être un esprit ou dieu.
» Et les anciens croyaient par erreur qu'en mourant ils devenaient
» des dieux, ce qu'ils disaient afin d'être obéis ou respectés de ceux
» qu'ils gouvernaient. Ils ajoutaient que les uns se convertissaient
» en soleil, les autres en lune et d'autres en diverses planètes. »

Ces lignes ne laissent aucun doute sur l'origine sacrée de Teotihuacan : ces sépulcres gigantesques, érigés à la mémoire des premiers héros de la race nahuatl, devinrent de bonne heure un lieu de pèlerinage où toutes les nations issues d'elle ou qui adoptèrent sa civilisation, affluèrent des diverses régions de la terre américaine, longtemps, peut-être, avant que les troubles de Tulan eussent commencé à provoquer les grandes migrations dont nous aurons lieu de nous occuper tout à l'heure. On ne voit nulle part clairement ce qui excita ces commotions formidables; mais par les événements qui en furent la conséquence on reconnaît suffisamment que des dissensions intestines, auxquelles Xibalba n'était point étranger, affaiblirent au bout d'un petit nombre d'années la puissance qui avait tenté de s'élever sur ses ruines. Voyons maintenant s'il est possible, à l'aide des vagues données qui nous restent à cet égard, de reconstruire l'itinéraire des nations et des tribus qui de Tulan émigrèrent au nord et au sud, dans les différentes contrées où l'on croit avoir retrouvé les traces des institutions civiles et religieuses des Nahuas.

§ IX.

Quatrième création de l'homme. La caste sacerdotale et guerrière. Description de Tulan d'après les traditions indigènes. Emigrations des tribus de la race nahuatl. Tribus qui retournent vers le Nord. Leur retour vers l'Anahuac.

Après avoir relaté longuement les épreuves et le triomphe des Hun-Ahpu, le *Livre Sacré* retourne subitement aux époques génésiaques, et l'on se retrouve de nouveau en face des quatre demi-dieux, envoyés par Hurakan, pour travailler à la création de l'homme. C'est ici seulement que, dans ce document curieux, se présente la scène qui se rapporte à la découverte du maïs et à la recherche de la substance qui doit alimenter les créatures raisonnables. La première partie de ce chapitre appartient évidemment à la période qui précède l'histoire des Hun-Ahpu. L'écrivain, après avoir relaté ce qui concerne les temps primitifs, passe sous silence les événements qui ont suivi la victoire des Nahuas sur Xibalba et ne reprend son récit qu'au moment où les nations toltèques, violemment arrachées à leur patrie, commencent à émigrer en différentes directions. Les tribus de la famille de *Dan* ou *Tamub* (1) paraissent avoir été des premières qui de Tulan en

---

(1) *Tamub*, ailleurs écrit *Tanub*, paraît être le nom de la plus ancienne des dynasties royales du Quiché; tous les documents que je possède sont d'accord à ce sujet. Ximénez (*Tesoro de las lenguas quiche, cakchiquel y tzutuhil*) traduit ce mot par *juntados*, unis, joints, du verbe *tam*, réunir,

Xibalba dirigèrent leurs pas vers les plateaux guatémaliens, entre le troisième et le cinquième siècle de notre ère : elles y fondèrent une monarchie dont les annales sont perdues, à laquelle succéda, au xiv⁰ siècle, celle de la nation quichée qui domina jusqu'au temps de l'invasion espagnole. C'est l'histoire de cette nation que le compilateur quiché du *Livre Sacré* entreprend de raconter; mais pour pouvoir rattacher l'origine de sa race au berceau de la civilisation américaine, il s'efforce constamment, dans le commencement, d'assimiler les Quichés aux Tamub, et d'entremêler le récit de leurs migrations avec celles de cette famille antique, confond à dessein les divers Tulan et réussit ainsi à faire passer les quatre chefs ou sacrificateurs de la nation quichée pour ceux qui guidèrent les Tamub; les traditions des uns et des autres sont de cette manière continuellement embrouillées, au point qu'il est souvent fort difficile d'assigner à chacun sa part. Source de la noblesse, qui tout entière se vante de descendre d'eux, ces quatre chefs sont présentés ici comme les premiers hommes formés par les quatre créateurs ou demi-dieux, à l'origine des temps, et l'annaliste rassemble autour de ces quatre premiers pères tout ce que les traditions avaient transmis sur l'œuvre de cette quatrième création. C'est donc ici que nous reprenons nos commentaires sur le *Livre Sacré*.

La scène a quelque chose de solennel; les dieux viennent de découvrir le maïs en Paxil; ils sont assemblés et s'entretiennent sur ce qui doit les alimenter : « Déjà l'aurore est proche, disent-ils; » l'œuvre est (1) achevée : voilà que sont ennoblis le soutien, le » nourricier (de l'autel), le fils de la lumière, le fils de la civilisation; » voilà qu'est honoré l'homme, l'humanité à la face de la terre. »

augmenter; *Tamub* serait donc le pluriel de *Tam*. Cependant, on trouve ce nom écrit alternativement *Dan*, *Tam* ou *Tan*, et le *Livre Sacré* parle fréquemment de *Amag-Dan*, tribu, ville de Dan, les chefs de cette race avaient fondé une ville de ce nom à quelques lieues de la localité connue sous le nom d'Utlatlan, capitale ancienne du Quiché. On sait que *Dan* et *Danp* sont des noms de princes ou de seigneurs dans les antiques souvenirs du nord (Voir le dernier verset du *Rigsmaal*, trad. de M. de Ring; Paris, 1854).

(1) Au ton du livre, on croirait qu'il s'agit du grand œuvre, comme dans le langage symbolique des sociétés secrètes.

Ce ne sont plus, comme dans les créations précédentes, des hommes de terre et de bois; mais, continue le *Livre Sacré* : « on » les appela simplement des êtres façonnés et formés; ils n'eurent » ni mère, ni père, et nous les nommons simplement des hom- » mes. La femme ne leur donna pas le jour, et ils ne furent pas » engendrés par l'Edificateur et par le Formateur, par Celui qui » engendre et par Celui qui donne l'être. Mais ce fut un prodige, » un véritable enchantement que leur création et leur façon, » (opéré) par le Créateur et le Formateur, par Celui qui engendre » et par Celui qui donne l'être, Tepeu et Gucumatz (1); en appa- » raissant comme des hommes, hommes ils furent : ils parlèrent, » ils raisonnèrent; ils virent, ils entendirent; ils marchèrent, ils » palpèrent, hommes parfaits et beaux, et dont la figure était une » figure d'homme.

» La pensée fut et exista en eux : ils virent, et aussitôt leur re- » gard s'éleva. Leur vue embrassa tout : ils connurent le monde » entier, et lorsqu'ils le contemplaient leur vue se tournait en un » instant de la voûte du ciel à regarder de nouveau la surface de » la terre. Les choses les plus cachées ils les voyaient toutes à » volonté, sans avoir besoin de se mouvoir auparavant, et lors- » qu'ensuite ils jetaient la vue sur ce monde, ils voyaient de même » tout ce qu'il renferme. Grande fut leur sagesse; leur génie s'é- » tendit sur les bois, sur les rochers, sur les lacs et les mers, sur » les montagnes et sur les vallées (2). »

(1) La femme ne leur a point donné le jour, ils n'ont pas été engendrés, mais uniquement *formés* par le Créateur et le Formateur (la Grand-Mère et le Grand-Père, Xmucané et Xpiyacoc), par celui qui engendre et celui qui donne l'être, Tepeu et Gucumatz.

(2) Dans l'analyse du *Rigsmaal*, nous lisons au sujet de *Iarl* (le Noble), fils de Rig: « La Mère enfanta un fils qu'on enveloppa avec des langes de soie, après l'avoir arrosé d'eau lustrale; on l'appela Iarl (le Noble). Ses cheveux étaient dorés (*sakit al sakit qahol*, les brillants, les blancs fils), ses joues vermeilles, son regard vif et pé- nétrant. Il apprit à dompter les che- vaux, à courber les arcs, lancer le javelot, se servir de la lance, à chasser et à nager. Rig alors le reconnut pour son fils, lui donna son nom, lui apprit les Runes. Iarl épousa, avec des céré- monies magnifiques, la fille du Baron; il en eut plusieurs enfants, le Fils, l'Héritier, le Descendant, le Roi (Konr). Les fils de Iarl s'exerçaient dans l'art des armes, mais Konr seul connut les Runes, les Runes du temps et les Ru- nes de l'éternité; il comprit le chant des oiseaux, il sut calmer la mer, éteindre les incendies; il avait la force de huit hommes. Alors, il fut appelé

On ne pouvait énumérer avec plus de grandeur les dons accordés à l'homme, à celui-là seul qui avait le droit de porter ce nom, c'est-à-dire à celui de la caste noble, guerrière et sacerdotale. C'est un des traits de ressemblance les plus remarquables qu'offre, pour ce qui concerne l'origine de la société, le *Livre Sacré* avec le *Rigsmaal* des races du nord de l'Europe. Dans le *Manuscrit Cakchiquel* (1), le récit présente quelques variantes pleines d'intérêt. Le *Chay-Abah*, c'est-à-dire la pierre d'obsidienne, personnifie la caste militaire (2). « Chay-Abah, est-il dit, est sorti de Xibalbay, » du riche et puissant Xibalbay (3); l'homme est l'œuvre de son » Créateur et de son Formateur, et celui qui soutient son Créa- » teur, c'est Chay-Abah. » Le même document, après avoir rappelé les créations antérieures, ainsi que la découverte du maïs dont le corps de l'homme devait s'alimenter, ajoute que « du de- » dans de la mer vint le sang du tapir et du serpent avec lequel » il devait se pétrir, » expression symbolique dont nous ne chercherons pas à découvrir le sens. Ce qui n'est pas moins remarquable, c'est que la création de cette noblesse, au lieu de se borner, comme dans le *Livre Sacré*, à quatre hommes et à quatre femmes, origine des rois du Quiché, énonce clairement que ces chefs de l'aristocratie primitive, à l'imitation peut-être de ceux de Xibalba, furent créés au nombre de treize, et qu'il y eut, en même temps, quatorze femmes, dont deux devinrent les épouses d'un seul (4). « Ils engendrèrent, ajoute le manuscrit, des filles et des

Rig, c'est-à-dire Riche, le Puissant. » (O. de Watteville; *Edda*, art. dans le *Complément de l'Encyclopédie moderne*, etc., 1856, tom. II.)
(1) *MS. Cakchiquel* ou *Mémorial des Rois de Guatémala*, Manuscrit de ma collection.
(2) *Chay* est le mot quiché et cakchiquel pour l'obsidienne; *abah*, pierre. Les capitaines généraux sont fréquemment appelés *Ah-Chay*, celui de l'obsidienne (ou de la lance), et simplement *chay*, obsidienne ou lance. De là le dieu *Chay*, en maya *Hun-pic-Tok*, Un de 8000 obsidiennes, et *Tecpatl* ou *Tecpatl-teuhtli*, chez les Mexicains.

(3) MS. *Cakchiquel*, etc.. « Tan qa *balax ri Chay-Abah ruma ri sa Xibalbay, gana Xibalbay*, etc... mot à mot : « Alors donc fut créé le Chay » Abah par le (ou à cause du) riche » (fort, ou florissant) Xibalbay, du » puissant (royal) Xibalbay. » N'est-il pas curieux de voir ici se *reproduire* les expressions mêmes du *Rigsmaal* au sujet de Iarl (le Noble), appelé le Riche et le Puissant? nous n'en voulons cependant tirer aucune conséquence.
(4) *MS. Cakchiquel*. Serait-ce là l'origine du droit que s'arrogeaient les princes de prendre plusieurs femmes?

» fils, et ce fut là le premier homme : ainsi se fit cet homme;
» ainsi fut formé Chay-Abah, qui protége l'entrée de Tulan. »

Voilà donc la noblesse créée, pour être le soutien et le nourricier de l'autel, pour protéger l'entrée de Tulan, pour être l'appui et le défenseur de cette royauté nouvelle qui vient de s'élever par la défaite et l'humiliation de Xibalba. Malheureusement, c'est là que s'arrêtent nos notions de l'histoire de Tulan; après cela, tout devient si vague et si obscur, qu'il est impossible de rien recueillir qui puisse les éclaircir ou les compléter. Les divers pays auxquels on donne ce nom, soit du nord, de l'est ou de l'ouest, sont constamment confondus dans les histoires, et quoique le *Livre Sacré* désigne particulièrement une de ces localités sous la dénomination de *Tulan-Zuiva* ou *Tulan* et *Zuiva*; une fois on est tenté de l'appliquer à une cité voisine de Palenqué ou de Comitan, une autre fois au Tulan lointain du nord; en un autre moment, on croit entrevoir que ce Tulan, tout en étant sous la domination de Xibalba, se serait trouvé à l'est du pays Quiché, dans l'intérieur des provinces du Honduras, où, depuis, se fonda au xii° siècle une nouvelle monarchie toltèque. Ce qu'on parvient à constater, cependant, c'est la vaste étendue des régions soumises à l'empire de Xibalba, qui pouvait sans difficulté embrasser à l'est un Tulan, eût-il été situé même au delà du Honduras, et à l'ouest les vallées où l'on croit découvrir le Tulan dont il est question ici, entre Ocosingo et Comitan, aux frontières occidentales de l'État de Guatémala (1). C'est donc celui-ci auquel il faudrait attribuer

---

(1) Ils allaient, dit le *Livre Sacré*, recevoir leurs dieux à *Tulan-Zuiva, Vukub-Pek, Vukub-Civan*, c'est-à-dire Tulan-Zuiva, (dit aussi) les *Sept-Grottes* et les *Sept-Ravins*, les mêmes lieux qui dans la tradition mexicaine sont appelés *Chicomoxtoc*. Ce Tulan Zuiva était-il en Xibalba, ou ailleurs, Zuiva était-il un nom donné aussi à Tulan en mémoire d'un autre endroit? on pourrait le penser, Ximenez, dans sa traduction, écrit toujours *Tulan-Zuy* ne faisant des deux mots qu'un seul en omettant la particule *va*. Peut-être l'un et l'autre n'étaient-ils que deux cantons ou quartiers de la même ville. Je remarquerai encore que le *Titre des terres et possessions de la ville de Comitan*, dans l'État de Chiapas, fait mention d'un lac, nommé *Tolan-tzuyub*, à 20 lieues environ à l'est de cette ville, et aux bords duquel existent, au dire des gens du pays, de magnifiques ruines. *Tzuyub* est le pluriel de *zuy* ou *tzuy*, calebasse ou citrouille en langue tzendale. D'après le *MS. Cakchiquel*, *Tolan* et *Zuiva* étaient en Xibalba.

les grands événements qui sont surtout liés à l'histoire des Nahuas ; ce serait le même où les populations lointaines, attirées par la renommée de sa sagesse, accouraient pour entendre ses oracles, pour recevoir des notions inconnues sur la divinité, ainsi que les symboles sous lesquels les dieux daignaient se manifester. C'est ainsi qu'en parle le *Livre Sacré*. Le Tula ou *Tollan* de l'Anahuac, fondé par des émigrés sortis de son sein, aurait plus tard succédé à sa grandeur et à sa prospérité, quoiqu'il semble que ce soit au premier que se rattachent les descriptions merveilleuses dont nous entretiennent les traditions.

« Terre de l'abondance et de la richesse, répétait Sahagun, qui
» en avait recueilli un grand nombre de la bouche des Mexicains,
» après la conquête (1); terre où les calebasses ont une brassée de
» diamètre, où le maïs a des épis qu'on ne peut enlever qu'à force
» de bras, où les gerbes montent si haut qu'elles ressemblent à
» des arbres : terre où l'on semait le coton qu'on récoltait de tou-
» tes les couleurs, rouge, écarlate, jaune, violet, blanchâtre, vert,
» bleu, brun, gris, orangé, fauve; et où toutes ces couleurs
» étaient des couleurs naturelles au coton, car il croissait ainsi.
» Terre de Tulla, où l'on voyait, dit-on, tous les oiseaux aux plus
» riches plumages, aux couleurs les plus brillantes; où se trou-
» vaient réunis le *xiuhtototl*, le *quetzal*, le *zacuan*, le *tlauhque-
» chol*, et où une foule d'autres oiseaux font entendre de doux et
» mélodieux ramages.... C'est dans cette terre si riche, si abon-
» dante en vivres de toute espèce, que se trouve le meilleur
» cacao et la rose aromatique *teunacaztli*, qu'on recueille la
» gomme noire de l'arbre *ulli* et la rose *wiloxuchitl*, au milieu
» d'une foule d'autres variétés de fleurs délicieuses. C'est la patrie
» des oiseaux aux panaches étincelants, des perroquets de toute
» grandeur, des limpides émeraudes, des turquoises, de l'or et de
» l'argent. Terre, qu'enfin, à cause de son excessive fertilité, les

---

(1) *Hist. de las cosas de N.-España*, lib. iii, cap. 3. Sahagun donne le nom de *Xumiltepec* à la ville ou au pays qui succéda à Tamoanchan. (*Ibid*, lib. x, cap. 29.)

» anciens avaient nommée *Tlallocan*, qui veut dire la terre des ri-
» chesses (de l'abondance) et le paradis de la terre (1), et dont les
» habitants étaient surnommés les enfants de Quetzalcohuatl. »

Sahagun, qui nous a conservé ces restes précieux de la géographie antique et des traditions toltèques, ajoute ailleurs que les anciens reconnaissaient sous le nom de *Tlallocan*, cette vaste contrée comprise entre les trois Etats actuels d'Oaxaca, de Chiapas, de Tabasco et les frontières guatémaliennes, et que de ses montagnes, comme d'un immense réservoir, sortaient toutes les grandes eaux qui arrosaient la terre (2). Dans leurs longues migrations, les tribus ont sans cesse à la mémoire le souvenir de cette heureuse région, le nom de Tulan est continuellement sur leurs lèvres : ils chantent, avec leurs regrets d'avoir laissé cette patrie, ses grandeurs et ses délices qui ne sont plus (3). Qu'avaient-elles fait qui les eût obligés à cette séparation douloureuse ? nul ne le dit : ce qu'on discerne au milieu de leurs plaintes, ce sont des guerres terribles, guerres civiles et étrangères, causées par l'oppression et la tyrannie. Des nations s'y rassemblent avec leurs chefs ; on les voit venir du levant et de l'ouest ; on en voit d'autres qui descendent des régions plus lointaines du septentrion, où elles étaient dans l'ombre et dans la nuit. Les unes arrivent pour recevoir des dieux de bois et de pierre, qu'elles ne connaissaient point auparavant, ainsi que des dogmes nouveaux ; les autres pour offrir leurs bras et prendre part à des combats de toute sorte. Plusieurs sont mises sous le joug ; il en est qui trouvent le moyen de s'y soustraire ; elles s'échappent avec leurs chefs qui, pour les animer, leur montrent, au delà même des mers, une patrie nouvelle, où elles cesseront d'être esclaves, où elles vivront libres dans leurs montagnes et leurs vallées, à l'abri des tyrans. Telle est la confusion que présentent, pour cette époque, les deux do-

(1) Encore une fois le Paradis que cherchaient les anciens, et que Colomb espérait avoir découvert à la côte de Paria.
(2) Curieuse coïncidence ! ne semble-rait-on pas voir, là par hasard cette montagne d'où sortaient les quatre grands fleuves du Paradis ?
(3) Ces regrets sont continuels dans le *Livre Sacré*.

cuments que nous possédons, les plus complets, cependant, qui existent jusqu'à présent sur cette matière intéressante, le *Manuscrit Cakchiquel* et le *Livre Sacré* des Quichés.

Avant d'arriver à la séparation des tribus et à leur sortie de Tulan, on lit, dans ce dernier document, plusieurs versets à la suite de la création de la noblesse et qui peuvent servir, jusqu'à un certain point, à jeter de la lumière sur l'origine de tous ces événements. Après que les nouvelles créatures « ont achevé de connaî-» tre et de voir tout ce qui existe aux quatre coins et aux quatre » angles dans le ciel et sur la terre, » leurs Edificateurs et Formateurs se repentent de leur avoir concédé une si grande sagesse: ils trouvent trop clairvoyants les hommes qu'ils ont faits; leur vision est trop étendue; ils seront bientôt eux-mêmes des dieux, si on ne la leur raccourcit point. Les Créateurs se consultent: ils leur soufflent alors un nuage aux yeux; et pour les consoler sans doute, ils les endorment de façon qu'ils trouvent à côté d'eux, à leur réveil, chacun une belle femme, qui devient leur épouse (1). Dans ce passage excessivement curieux, si l'on en excepte l'orgueil insensé des humains et l'édification de la tour de Babel, dont il n'est nullement question ici, on croirait entendre le discours des personnes divines (les Elohim) de la Genèse. Ce passage a tout à fait l'air d'un hors-d'œuvre qui appartiendrait à une époque plus ancienne; mais s'il faut le rattacher aux événements de la séparation de Tulan, on y verrait difficilement autre chose que les efforts, tentés par un sacerdoce puissant, pour mettre une barrière aux connaissances humaines devenues trop vastes et rabaisser le niveau d'une civilisation trop avancée : aussi appelons-nous sur ce morceau toute l'attention de la critique et de la science.

Quant aux événements dont Tulan fut le théâtre à cette époque, on ne saurait se dissimuler, en comparant l'ensemble des détails qu'on trouve dans ce chaos, qu'il ne se fût opéré alors un vaste

---

(1) Voir le *Livre Sacré*, pag. 215. Peut-être ces lignes ne sont-elles aussi que le souvenir d'une tradition antérieure appliquée à des événements plus r(......), ou bien cette dernière phrase serait-elle une interpolation.

mouvement parmi les populations de l'empire de Xibalba, mouvement causé sans doute par les efforts d'une caste souveraine pour garder le pouvoir et par l'invasion de races nouvelles, sorties des mêmes contrées septentrionales, d'où étaient venus les Nahuas, ou des régions plus sauvages du nord-ouest : barbares ou civilisés, il y eut naturellement de leurs essaims qui s'amalgamèrent aux nations soumises à l'empire, tandis que d'autres, continuant leur route vers l'Amérique méridionale, y portèrent, sinon les institutions entières des Quinamés et des Nahuas, au moins les symboles qui les avaient le plus frappés au passage ou qui convenaient davantage à leur génie.

Dans cette confusion, on est bien loin des annales chronologiquement coordonnées par les historiens du Mexique : mais si vagues qu'elles paraissent, ces choses se relient entre elles, et on parvient, sans trop de difficulté, à les renouer dans un tableau d'ensemble. Quant aux *Relations* d'Ixtlilxochitl, les faits qui s'y trouvent concernant cette époque, sont rares et obscurs : l'une parlant des Chichimèques-Quinamés, se contente de dire que leur principale ruine eut lieu vers la fin du III⁰ siècle de notre ère, et l'autre que les Toltèques (Nahuas) dont la suprématie avait supplanté la leur, vaincus à leur tour, à la suite de plusieurs guerres désastreuses, se virent obligés d'abandonner leur capitale, moins de cent ans après l'établissement de leur monarchie, et d'émigrer dans toutes les directions (1) ; c'est donc dans cet intervalle qu'on doit placer les événements, si confusément relatés dans les traditions guatémaltèques, et suivant toute probabilité l'émigration des *Tutul-Xiu*, vers l'Yucatan, qui eut lieu aux dernières années du II⁰ siècle (2). Ceux-ci auraient été des premiers à quitter leur patrie : « C'est ici, dit la chronologie maya qui assigne cette époque, » la série des *katun* (3), qui se sont écoulés depuis que les quatre

---

(1) Ixtlilxochitl, *Segunda y tercera Rel.* ap. Kingsborough, Supp. tom. IX.
(2) *Chronologie en langue maya*, MS.
(3) *Katun*, c'est-à-dire pierre posée, en langue maya : c'étaient des séries de pierres qu'on incrustait dans les murs de certains édifices au Yucatan et sur lesquelles on gravait, comme dans les cartouches égyptiens, des inscriptions historiques et chronologiques.

» Tutul-Xiu sortirent de la maison de Nonoual, qui est à l'ouest de
» Zuiva, dans la terre de Tulapan (1). Herrera, référant les choses
qui ont trait aux antiquités de l'Yucatan, ajoute que les *Cocomes* (2) régnaient sur la péninsule en grande harmonie et prospérité, lorsque des régions méridionales, les Tutul-Xiu, accompagnés d'une population nombreuse, descendirent des montagnes du Lacandon, et qu'on tenait pour certain qu'ils sortaient de l'État de Chiapas (3). La chronologie Maya ajoute que la contrée où ils entrèrent d'abord, s'appelait *Chacnouitan*, et que leur première colonie fut *Bakhalal* (4), qui avait aussi pour nom *Ziyan-Caan*, ou les limites du ciel, et que le chef qui les guida portait le titre curieux de *Holon-Chan-Tepeuh* (5). On sait par le même document que les Tutul-Xiu firent successivement la conquête de Chichen-Itza, et de Potonchan, qu'ils ruinèrent au ixe siècle, après en avoir chassé les Cocomes : ils fondèrent ensuite le royaume d'Uxmal, qui en union des rois de Chichen et de Mayapan constitua la monarchie des Mayas, l'une des plus glorieuses et des plus fécondes, sous le rapport des arts, qu'il y eut en Amérique, si l'on s'en rapporte aux monuments dont on trouve les ruines éparses sur toute l'étendue de la péninsule (6).

La tradition guatémaltèque attribue également à quatre frères la fondation des premières monarchies toltèques de l'Amérique centrale : à compter de *Tanub*, qui aurait été le premier roi de Tulan, quatre autres princes auraient régné successivement dans cette

---

(1) *Nonoual* paraît avoir été le nom ancien d'une partie de la côte du Tabasco ; de ce nom serait venu celui de *Nonohualco* ou *Onohualco* que les Mexicains donnaient au fond du golfe jusqu'à Potonchan. *Tulapan*, en maya, Mur ou Étendard de Tula ; ce mot est suffisamment expressif pour qu'il soit inutile de l'expliquer davantage.

(2) *Cocom*, en maya signifie écouteur, auditeur, qui entend ; c'est le nom de la plus ancienne dynastie royale que l'on connaisse dans l'Yucatan.

(3) Herrera, *Hist. gen.*, décad. iv, lib. 10, cap. 2.

(4) *Bakhalal*, c'est-à-dire Enceinte de bambous, en maya ; nom original de Bacalar.

(5) *Ziyan-Caan*, ou Limites du ciel, rappelle le pays montagneux qu'on appelait le ciel à cause de sa hauteur, par opposition à *Xibalba*, le pays bas, l'Enfer. — *Holon-Chan*, c'est-à-dire Tête de Serpent ; ceci rappelle, ainsi que le nom suivant *Tepeuh*, les deux personnages de Tepeu et de Gucumatz dont il est souvent question plus haut.

(6) *Chronologie en langue Maya*, MS. Voir Stephens, *Incidents of travel in Yucatan*, tom. I et II.

ville, et le dernier, sur la foi d'un oracle, aurait abandonné sa patrie avec ses trois frères avec qui il se serait ensuite partagé toutes les contrées environnantes (1). Les deux premiers auraient fondé au Guatémala les royaumes des Mams et des Pokomams ainsi que celui des Quichés (2); le troisième aurait établi sa puissance sur la Verapaz et le quatrième sur la nation des Quélènes, dans l'Etat de Chiapas (3). Sous le nom de Quélènes, on comprenait, au temps de la conquête, les diverses populations de la langue zotzile (4), établies entre le haut plateau de Ghovel ou de Ciudad-Real et les montagnes de Soconusco au midi : à l'ouest de ce plateau, entre les Zotziles ou Quélènes du sud et les Zoqui du nord, habitaient les Chiapanèques, dont le nom fut depuis acquis à toute la province (5) : ceux-ci attestaient leurs droits aux villes et aux terres voisines du grand fleuve, par une occupation continue de plus de mille ans avant la domination espagnole, et ils en commandaient les alentours, du haut de la citadelle imprenable de *Chapa-Nanduimé*, ou l'Ara couleur de feu, dont le nom rappelle encore l'antique légende de Vukub-Cakix (6). Leur langue, qui n'a d'affinité qu'avec celle des Zoqui leurs voisins, offre des ressemblances frappantes avec l'idiome des Dirias et des Chorotecas de Nicaragua : leurs titres territoriaux reconnaissent encore aujourd'hui ceux-ci pour des frères, et ils affirment que ce furent leurs ancêtres qui, à une époque lointaine, dont la mémoire était perdue, envoyèrent peupler les bords du lac de Nicaragua et du

(1) *Hist. de la prov. de Guatemala*. MS. — Juarros, *Hist. de la ciudad de Guatemala*, tom. I, trat. IV, cap. 1.
(2) Nous reviendrons plus loin sur les émigrations guatémaliennes.
(3) Juarros, *ibid*.
(4) La langue *zotzile*, dialecte du *Tzendal* avec lequel elle n'offre que des nuances extrêmement légères. Au temps de la conquête, la ville principale des Quélènes était *Copanahuaztlan*, actuellement, qui a fait abandonnée depuis 40 ans; *Tzinacantlan* ou *Cinacantan*, ou *Zotzlem* dans leur langue (Pays des Chauves-Souris), était le berceau de la langue et de la nation; les Mexicains y entretenaient une nombreuse garnison, destinée à contenir les Chiapanèques.
(5) L'Etat de *Chiapas* actuellement, fut ainsi nommé par les Mexicains du fleuve de Tabasco ou Grijalva, nommé plus haut *Chiapan*, d'où *Chiapanecatl*, homme de Chiapan.
(6) *Chapa-Nanduimé*, l'Ara couleur de Feu, est le nom de la cité fortifiée du rocher d'où les Chiapanèques, réduits à toute extrémité par les troupes espagnoles, se précipitèrent dans le fleuve avec leurs femmes et leurs en-

golfe de Nicoya (1) : les populations de la langue zotzile disent, au contraire, que les Chiapanèques sont des étrangers, à la vérité établis depuis de longs siècles dans leur pays, mais qui n'en sont pas moins des usurpateurs qui se sont mis par la violence en possession des territoires qu'ils occupent (2).

Les Zotziles, en effet, descendaient des Nahuas qui avaient les premiers colonisé la vallée de Ghovel et les montagnes voisines; mais il est probable que, de leur côté, les Chiapanèques appartenaient à un des groupes de l'antique nation des Chânes ou Quinamés, que la tradition mexicaine nous montre sous le nom de *Centzon-Vitznahua*, fuyant devant la colère du vainqueur de Xibalba vers les régions du sud. Ce qui corrobore cette opinion, c'est que les Chiapanèques gardèrent jusqu'à la fin la tradition du gouvernement de deux rois, comme à Xibalba, et une réputation d'habileté et d'élégance remarquables dans les objets d'art et de luxe, dont la fabrication était chez eux supérieure à celle de toutes les nations environnantes (3). Après avoir vécu durant plusieurs années en paix sur les bords de l'Océan Pacifique, ils se seraient vu de nouveau assaillis par les Nahuas, à leur tour proscrits de Xibalba et partagés en divers groupes; les uns auraient continué leur migration au sud, tandis que les autres se seraient jetés dans le nord-ouest par delà les montagnes des Quélènes, où ils se seraient trouvés en face des Zotziles. Ce mouvement eut lieu évidemment lorsque les Nahuas, déroutés de toutes parts, abandonnèrent Tulan en si grand nombre, fuyant devant la colère de ceux qu'ils avaient vaincus naguère.

fants, pour éviter de se rendre ou de mourir de faim. La ville d'en bas, appelée *Chiapa de Indios* par les modernes, avait pour nom indigène *Nambi-hina-Yaca*, c'est-à-dire Cité grande du Singe.

(1) Je possède ces *Titres territoriaux* qui m'ont été donnés par Don Angel Corso, gouverneur de l'État de Chiapas. Ces titres rappellent l'existence antique des Chiapanèques et leur colonisation au Nicaragua.

(2) Les Chiapanèques proprement dits, à l'exception d'un certain nombre de vieillards, ont aujourd'hui laissé leur langue pour l'espagnol. Indiens ou métis, ils sont supérieurs à leurs voisins par leur activité et leur énergie; leurs pères tinrent toujours en échec les armes mexicaines. Lorsque je les connus ils étaient peu nombreux, mais ils sont les maîtres de l'État et le dominent.

(3) Herrera, *Hist. gen.*, decad. IV,

Cette nombreuse émigration, dont le souvenir revient si souvent dans le *Livre Sacré* et que tous les peuples rappelaient avec tristesse dans leurs chants (1), était la même que celle des Toltèques dont Ixtlilxochitl suit l'itinéraire à l'aide des cartes laissées par ses ancêtres dans les archives de l'Anahuac (2). Malgré la brièveté des détails consignés dans ses *Relations*, on voit que les chefs toltèques ne cédèrent, cependant, le terrain qu'en combattant pied à pied, jusqu'à leur arrivée sur les bords de la mer du Sud, où, déjà, à quelque distance de leurs ennemis, ils bâtirent la ville de *Tlapallantzinco* (3), ainsi nommée en mémoire de la terre sacrée de Tlapallan d'où ils avaient été exilés. C'est là qu'un grand nombre de familles, dont le sort était uni au leur, les rejoignirent de différentes parties de l'empire, en particulier de la cité de *Tlaxi-Coliuhcan* (4), qui paraît avoir été identique avec l'ancienne capitale des Quinamés : mais le nombre des fugitifs augmentant chaque jour, et les Toltèques se trouvant pressés davantage par leurs adversaires, sentirent bientôt la nécessité de songer à une nouvelle émigration. Au bout de trois ans de séjour à Tlapallantzinco, la nation proscrite se partagea en plusieurs groupes qui s'établirent à des distances respectables les uns des autres ou qui s'éloignèrent dans des directions inconnues. Alors sans doute les tribus de Tamub et d'Ilocab prirent leur route vers les montagnes guatémaliennes, tandis que le gros de la nation, commandé par les sept chefs qui l'avaient guidé dès le commencement, se mettait en chemin, en côtoyant les rivages de la mer Pacifique vers le nord-ouest. C'est cette séparation à laquelle les

lib. 50, cap. 11. — Sahagun, *Hist. gen. de N. España*, lib. cap. ix, 4, etc.
(1) Voir le *Livre Sacré*, pages 245 et 247.
(2) Voir les diverses *Relations* et Veytia, *Hist. antigua de Mexico*, tom. 1, cap. 21 et suiv.
(3) *Tlapallantzinco* (non *Tlapallanconco*, qui est erroné) paraît avoir existé dans le territoire actuel de Soconusco : les histoires guatémaltèques citent une ville de ce nom, sur les bords du Pacifique, qui fut conquise par Gucumatz, roi des Quichés, et ensuite par le roi Quicab. Tlapallantzinco est placé par Ixtlilxochitl sur les bords de la mer, à soixante lieues environ de l'ancienne capitale abandonnée par les Toltèques ; c'est à peu près la distance qu'il y a des vallées entre Ococingo et Comitan aux rivages de l'Océan méridional.
(4) Veytia, *Hist. antigua de Mexico*, tom. 1, cap. 21. *Tlaxi-Coliuhcan*, peut-

rédacteurs du *Livre Sacré* font sans cesse allusion, dans leurs lamentations sur leur départ de Tulan, en disant que « ce fut alors » qu'ils laissèrent derrière eux leurs frères de la nation des » *Yaqui* (1), que leur aurore éclaira dans les contrées qu'on » appellé aujourd'hui Mexico (2). »

Malgré l'extrême rareté des détails consignés dans les histoires, on parvient, cependant, à suivre d'étape en étape cette étonnante migration, durant plus d'un siècle, à travers les régions les plus lointaines du Mexique ; on la voit s'avancer lentement par les provinces de Tehuantepec et du Michoacan, jusqu'aux extrémités de la Sonora et de la Haute-Californie, laissant partout des traces durables de son passage. Elle colonise à mesure qu'elle monte vers le nord ; ses moindres colonies, les plus légers essaims qui pénètrent dans l'intérieur, deviennent des centres de civilisation qui réduisent les tribus sauvages, en adoucissant leurs mœurs, ou qui modifient les sociétés existantes. On ignore où s'arrêta cette marche extraordinaire : mais on a cru découvrir dans le calendrier et dans la langue des habitants de Noutka (3) des analogies qui semblent annoncer d'antiques communications avec les Toltèques ; on n'a cependant signalé jusqu'ici au delà de la Californie aucun monument qui pût, comme en d'autres localités, faire présumer qu'ils y eussent fait aucun séjour stable (4). Pour retrouver des traces certaines de nations civilisées, il faut retourner aux vallées arrosées par le Rio-Gila, remarquables par les

---

être *Tlaxi-Colhuacan* ou Colhuacan du centre de la terre, paraît encore faire allusion à l'antique capitale, berceau *central* des nations primitives.

(1) *Yaqui* paraît être dérivé de la langue nahuatl, c'est *celui qui va*, qui marche, le nomade. Dans les langues de l'Amérique centrale il se prend pour la sauterelle. Il a aussi le même sens que le mot *toltecatl* et exprime par conséquent l'idée de *toltèque*, d'artiste, de personne bien élevée et de bon goût ; en un mot, les *Yaqui* sont ceux de la race nahuatl, les Toltèques et les Mexicains.

(2) *Livre Sacré*, pag. 247.
(3) Les Indiens de Noutka ont les mois mexicains de 20 jours, mais leur année n'est que de 14 mois, auxquels ils ajoutent, d'après des méthodes très-compliquées, un grand nombre de jours intercalaires ; quant à la langue, elle renferme beaucoup de sons analogues à ceux des mots mexicains, mais le sens en est totalement différent.
(4) Bradford, *American Antiquities*, pag. 199 et 205.

ruines de plusieurs grandes cités, dont les constructeurs sont demeurés inconnus (1), bien qu'elles paraissent appartenir à une époque postérieure à celle des Toltèques. En effet, le flot de l'émigration régulière de cette race entreprenante aurait eu son terme dans le nord, au bord du golfe de Californie où ils fondèrent une monarchie puissante, dont la capitale reçut le nom sacré de *Colhuacan* ou *Teo-Colhuacan*, en mémoire de celle qu'ils avaient laissée derrière eux en Tlapallan. Cette ville, dont les annales se retrouveront peut-être un jour, subsistait encore au temps de la conquête, dans une condition florissante, et Las Casas (2) lui accorde une population qui égalait, si elle ne surpassait même pas celle de Mexico-Tenochtitlan. Mais quoiqu'on n'y tolérât ni les sacrifices, ni la manducation des victimes humaines, les institutions phalliques qu'on y trouve établies de temps immémorial, avaient produit dans les mœurs une dissolution effrayante. Des hommes habillés en femmes y faisaient métier de pédérastie : les jeunes filles à marier étaient déflorées solennellement par un prêtre avant d'être livrées à leurs maris, et d'autres femmes se consacraient par des fêtes scandaleuses, ainsi qu'à Babylone, au service du public. Teo-Colhuacan était, d'ailleurs, orné d'un grand nombre de temples et de tombeaux superbes ; ce qui la faisait considérer comme une ville sainte par les nations voisines qui s'y rendaient chaque année en grand nombre pour y offrir des sacrifices. Dès le XIe siècle on y voit paraître les Mexicains, et des auteurs prétendent qu'ils passaient annuellement le golfe de Californie, pour aller assister aux solennités du culte qu'on célébrait dans cette ville (3).

À dater de cette station importante, l'itinéraire des Toltèques, conservé par les auteurs, cesse de présenter la même clarté qu'au-

---

(1) Des ruines analogues se rencontrent dans l'État de Chihuahua et dans les vallées du Nouveau-Mexique, où l'on trouve, d'ailleurs, plusieurs grandes bourgades bâties de la même manière et habitées par les Zunis.

(2) *Hist. apol. de las Ind. Occid.*, tom. I, cap. 53 et 54, manuscrit. — *Relation de Castañeda*, coll. de Ternaux, deuxième partie, chap. I, page 150.

(3) Castillo, *Hist. Mexic.*, en langue nahuatl, MS. de M. Aubin.

paravant : au lieu de continuer vers le nord, on les voit se diriger vers le levant, d'où ils retournent ensuite vers le sud, et, à la fin du sixième siècle, ils arrivent au lieu nommé Tollantzinco, au nord de la vallée d'Anahuac (1). Cette ville devint alors la capitale d'un nouvel État; mais au bout de peu d'années elle céda la prééminence à une nouvelle Tulan, dite aussi *Tollan* et *Tula*, située à quatorze lieues de Mexico et qui fut édifiée sur les débris de la cité otomie de Mamheni ou Xocotitlan (2). Confédérée avec les villes d'Otompan et une autre Colhuacan, bâtie vers le même temps sur le lac de Tenochtitlan, par un autre essaim descendu du nord, elle constitua la fameuse monarchie toltèque de l'Anahuac qui dura jusqu'à la fin du onzième siècle. Ce qu'il y a à remarquer dans l'ensemble de ces migrations, c'est que le berceau primitif, Colhuacan de Tlapallan, est souvent confondu par les auteurs avec Teo-Colhuacan ou le Colhuacan de Sonora : aussi cette confusion a-t-elle donné lieu à des commentaires fort contradictoires sur les routes signalées par les Toltèques. C'est là aussi ce qui est cause qu'à partir de la station où, du nord-ouest, ils prirent la direction du soleil levant, pour ensuite rebrousser vers le midi, les notions de leurs étapes deviennent vagues et indéterminées : on ne les suit plus qu'imparfaitement sur la carte, et l'on dirait, en examinant celles qui nous sont parvenues de leurs longues pérégrinations, qu'une main plus moderne a tenté de combiner en un seul voyage les itinéraires de plusieurs tribus distinctes. Il est donc fort probable que le gros de la nation avait fixé sa demeure au lieu où elle érigea la cité de Teo-Colhuacan, comme au terme définitif de ses fatigues : mais des causes inconnues, peut-être des dissensions entre les chefs, des distinctions de castes entre les Nahuas de sang pur et les métis, occasionnèrent-elles la séparation violente des tribus qu'on voit s'éloigner de cette capitale nouvelle et s'acheminer vers l'Anahuac. On ne

---

(1) Motolinia, *Ritos antiguos y sacrificios*, etc., ap. Kingsborough, t. ix Supp.

(2) Id. ibid. — Sahagun, *Hist. gen. de Nueva-España*, etc., lib. x, cap. 29.

saurait douter que d'autres essaims n'aient, pour des raisons analogues, émigré à leur tour, soit en passant à la péninsule californienne, où l'on a cru trouver dans les temps modernes des traces de leur séjour, soit au Nouveau-Mexique, ou bien dans la Louisiane, le long des rives du Mississipi.

§ X.

Migrations anciennes à l'ouest et à l'est du Mississipi et aux Florides. Populations de ces contrées au temps de la conquête. Leur état social. Coutumes et religion des Natchez. Monuments antiques aux Etats-Unis. Pyramides, enceintes, tumuli, etc., bâtis par un peuple inconnu. Les Allighewi ; traditions à leur sujet.

Lorsqu'un peuple a laissé des souvenirs si faibles de son histoire, ce n'est pas une tâche aisée, après tant de siècles, d'en recoudre les lambeaux et de présenter une idée satisfaisante d'une migration antique, trop souvent confondue avec d'autres émigrations qui eurent lieu postérieurement. Mais au fond de ce chaos il est un trait qui distingue évidemment la race toltèque entre toutes les autres et qu'on ne saurait passer sous silence, sans manquer à l'histoire : en effet, quel qu'ait été dans l'origine le nombre des tribus qui émigrèrent, en emportant avec elles cette dénomination générique dans les contrées qu'elles occupèrent, il est remarquable qu'elles eurent l'art de se multiplier toujours d'une manière si rapide qu'elles paraissaient couvrir le monde américain de leurs ramifications. Cette prodigieuse multiplication avait deux causes : la première tenait évidemment à la facilité avec laquelle les Toltèques réussissaient à s'assimiler les peuples de races diverses, la seconde à la nature de leurs institutions politiques et religieuses dont le caractère superstitieux convenait admirablement au génie américain. Leur nombre réel fut peut-être bien moindre qu'il ne paraît en suivant leurs traces dans l'histoire, mais il est positif que partout où ils plantèrent des colonies, ils policèrent les populations : usant tour à tour de la violence ou de la persuasion, ils les soumettaient à l'influence de leurs rits et de leurs dogmes, au point de les transformer insensiblement en Toltèques ; à leur tour, ceux-ci tentaient sur leurs voisins les effets de leur prosélytisme. C'est de cette manière qu'on parvient à s'expliquer comment leurs idées pénétrèrent en tant de régions diverses.

C'est ainsi naturellement que procédèrent les essaims vagabonds qui se séparèrent de leurs frères, soit avant leur arrivée à Teo-Colhuacan, soit après la fondation de cette colonie importante : les uns s'amalgamèrent parmi les nations de la Californie, les autres se créèrent des alliés entre les tribus sauvages ou policées du Nouveau-Mexique ou du Texas, à l'aide desquelles ils descendirent ensuite sur l'Anahuac. On ne saurait douter, en effet, qu'ils eussent contracté à l'ouest du *Rio-Colorado* des alliances avec des populations, peut-être, venues d'Asie par une route diverse et à l'est du *Rio-Gila*, avec celles qui habitaient les vallées arrosées par le *Rio-Bravo* et la *Rivière-Rouge* jusqu'au *Mississippi*. Peut-être encore ne faisaient-ils que renouer ainsi les liens d'une parenté antique, et la civilisation mystérieuse dont on découvre tant de traces aux Etats-Unis, n'est-elle autre chose qu'une série des anneaux de la grande chaîne, qui rejoignait les Tula du nord aux diverses cités qui en avaient reçu leur nom dans les contrées plus méridionales (1).

Les leçons de l'histoire et les monuments de l'antiquité américaine s'accordent, en effet, pour démontrer que ce n'est qu'en dirigeant nos regards vers les régions du Levant qu'on peut espérer de signaler les traces continues de la race toltèque, à partir des bords de l'océan Pacifique. Dans l'incertitude que présentent ses itinéraires, on a de la peine à les découvrir au nord du 34ᵉ degré de latitude ; mais on les retrouve en tournant à l'est, où un grand nombre d'essaims paraissent se perdre, les tradi-

---

(1) On trouve encore une autre ville du nom de Tula sur la rive droite du Mississipi, probablement vers l'embouchure de l'Arkansas (Las Casas ; *Hist. apol.*, etc., tom. I, cap. 54. — *Relation de la Floride* par le Fr. Gregorio de Betcta (coll. Ternaux, *Recueil de pièces sur la Floride*, pag. 95).

tions mexicaines ne s'attachant qu'à ceux qui redescendirent vers la vallée de l'Anahuac. Ces essaims, suivant toute apparence, auraient traversé le *Rio-Bravo* au-dessus du *Paso-del-Norte*, et de là ils se seraient internés dans le Texas, d'où ils auraient gagné les vallées du Mississipi et la Floride. Car, dans ce long trajet, on discerne encore des vestiges de leur langue et de leurs institutions. Un grand nombre de localités, au Texas, portaient des noms mexicains à l'époque de la découverte de l'Amérique, et, de l'extrémité de la péninsule floridienne aux bords du Mississipi, on reconnaît, dans un grand nombre de noms, soit de villes, soit de provinces ou des chefs qui les gouvernaient, une origine alternativement maya, nahuatl ou haïtienne (1).

Dans les Sagas islandaises (2), toute cette contrée, comprenant même la Géorgie actuelle et les Carolines, apparaît désignée sous le nom d'*Irland-ik-Mikla* ou la Grande-Irlande et par celui de *Hvitramanaland* ou la Terre des hommes blancs. Est-ce vers ces rivages que les Irlandais et les Gallois naviguaient au moyen âge? Au xe siècle, reprennent les Sagas (3), une tempête y jeta Ari, fils de Mar de Holum qui *s'y laissa baptiser*, et qui s'étant marié se fixa dans cette contrée par suite de la considération qu'il s'y était acquise. Au xvie siècle, ce sont des bandes espagnoles, altérées d'or et de conquêtes, à qui l'on voit parcourir à plusieurs reprises la partie de ces régions qui est la plus rapprochée des Antilles. Elles y rencontrèrent des nations guerrières, d'une taille et d'une force remarquables, mais qui se rattachaient moins aux races septentrionales qu'aux anciennes populations du Mexique et de l'Amérique centrale (4). Sous l'appellation commune de Floridiens, elles s'étendaient des rives de la Savannah à celles du Père des Eaux et sur l'un et l'autre bord du grand fleuve, au moins aussi haut que l'embouchure de l'Arkansas, où elles formaient plusieurs États flo-

---

(1) Las Casas, *ibid.* — *Relations, ibid. passim.*
(2) Beauvois, *Découvertes des Scandinaves en Amérique*, etc., dans la *Revue orientale et américaine*, t. II, pag. 116.
(3) Id. *ibid.*
(4) Bradford, *American Antiquities*, pag. 199.

rissants encore pour ce temps-là : on connaît surtout ceux de *Sotoriva* et d'*Alimacani*, dans la péninsule de la Floride, ceux d'*Utina*, d'*Olagal*, d'*Oloeatan*, d'*Apalachi*, d'*Altapaha*, d'*Alibanio*, de *Tuzcaloza*, de *Talahazé*, à la gauche du Mississipi, et les grandes provinces de *Paçaha*, de *Chicaza*, de *Coligua* et de *Tula*, sur la rive droite (1). Ces provinces obéissaient à des princes dont la puissance s'étendait sur un grand nombre de chefs d'une catégorie inférieure et même sur quelques groupes de l'Archipel des Antilles (2).

Leurs villes ou bourgades étaient d'ordinaire construites au bord des lacs ou des fleuves et quelquefois au milieu des marécages, entourées d'enceintes fortifiées avec de larges et profonds fossés : là dominait, au-dessus des huttes de la foule, le tertre massif aux formes pyramidales, sur l'esplanade duquel était érigée la demeure du chef, gardien du sanctuaire. La confusion des anciens récits, écrits d'ordinaire par des hommes qui n'avaient eu d'autre occupation que de chercher de l'or ou de se défendre contre les Indiens, permet difficilement de discerner les détails propres à éclairer l'historien : on voit, toutefois, qu'il existait parmi ces populations des édifices couverts par de hautes murailles, du parapet desquelles les indigènes cherchaient à repousser les invasions ennemies et se servaient de cottes de mailles de coton (*ichcahuipil*), comme les Mexicains : les conquérants parlent d'étangs artificiels, de routes, de canaux, de vergers, de parcs clos, où les princes réunissaient des troupeaux considérables de cerfs privés, et ce qui est plus étonnant, de vaches domestiques dont le lait leur servait à faire du fromage (3) ; toutes choses qui annoncent une société bien éloignée de l'état barbare. Les mêmes récits décrivent la poterie des nations floridiennes comme étant d'une re-

---

(1) Las Casas, *Hist. apol.*, etc., t. 1, cap. 54. — *Recueil de pièces sur la Floride*, d'Escalante, de Soto, Biedma et Beteta, etc., coll. Ternaux. L'inexactitude de ceux qui écrivirent ces lettres ne permet pas de déterminer entièrement la topographie de ces lieux.
(2) *Recueil*, etc., page 22.

(3) Ce fait, qui est fort extraordinaire, se trouve répété plusieurs fois, entre autres, dans la *Lettre de Soto*, pag. 47, et dans la *Relation de Biedma*, pag. 101. On trouve également des détails à ce sujet dans Gomara, dont on ne saurait suspecter la véracité.

marquable, finesse, d'une richesse de couleurs et de formes également admirables; car « ces Indiens sont peintres et ils peignent tout ce qu'ils voient, » ajoute le narrateur (1). Les villes d'*Aquera*, d'*Ocale*, de *Nandacaho* et de *Haïs*, situées dans les vallées voisines du Mississipi, frappent les Espagnols par leur étendue: il s'y tenait des marchés importants; on y voyait un commerce actif, et les Indiens trafiquaient de quantités considérables d'or et de perles. Les rois s'y faisaient porter en litière, comme ceux du Mexique, par les seigneurs de leur cour, tandis qu'on élevait au-dessus de leurs têtes des parasols de plumes, richement ouvragés, pour les garantir du soleil. Ce qui ajoute à la ressemblance avec les contrées d'origine toltèque, c'est que les hommes y faisaient l'office de portefaix et de bêtes de somme, exactement comme dans l'Anahuac, et on voit quelquefois jusqu'à huit cents tlamèmes, requis par les officiers espagnols pour porter leurs bagages à travers le pays. L'agriculture y était en honneur, pratiquée sur une grande échelle, et sur les bords du Mississipi les chefs possédaient des flottilles de canots dont quelques-uns pouvaient porter jusqu'à quatre-vingts hommes (2).

Ainsi que chez les Chichimèques de Quauhtitlan et à Xalizco, les femmes, dans la Floride, héritaient quelquefois de l'autorité suprême, et alors on les voit disposer des temples nationaux comme du produit des récoltes publiques (3). Quant à leurs institutions religieuses, elles sont généralement peu connues. On sait, cependant, que le feu sacré brûlait perpétuellement dans le sanctuaire, en l'honneur du soleil : les temples des Maubiliens auraient même joui à cet égard d'une prérogative particulière; c'est que, si le feu venait à s'éteindre chez les Natchez ou dans quelque autre des nations de la Louisiane, c'était aux autels de Maubile que le rite les obligeait à le rallumer (4). Le soin en était commis à des vierges qui avaient la garde du sanctuaire, ce qui donne à croire que

---

(1) *Relation d'Escalante Fontanedo*, pag. 24.
(2) *Relation de Biedma*, pag. 104.
(3) Charlevoix, *Voyages dans la Nouvelle-France*, tom. II, pag. 242.
(4) Id. ibid.

le soleil en était la divinité principale : mais son culte n'était ni plus pur, ni plus pacifique aux bords du Mississipi ou de l'Alabama, qu'il ne l'était chez les Nahuas. La plupart immolaient leurs captifs, mais en réservant ces sacrifices barbares pour solenniser leurs fêtes religieuses ; d'autres les dévoraient. A la mort des chefs, on égorgeait, ainsi qu'au Michoacan et ailleurs, un grand nombre de serviteurs et de femmes, destinés à les accompagner et à les servir au delà du tombeau.

Les Natchez ayant conservé plus longtemps que les autres populations de ces contrées leur organisation antique, Charlevoix a pu y observer, au commencement du xviiie siècle, des usages depuis longtemps disparus autour d'eux : le tableau qu'il en fait, mérite toute notre confiance ; il complète les renseignements fournis par ses prédécesseurs. Le grand chef de la nation portait là le titre de *Soleil*, comme à Teotihuacan (1), et partageait avec sa plus proche parente, la femme-chef (2), l'exercice de la puissance souveraine. Pontife et roi, il jouissait ainsi d'une double autorité, et réglait les travaux, les entreprises militaires, en un mot, toute l'existence de la nation. Au-dessous de lui, les chefs de guerre, d'une part, les devins de l'autre, présidaient aux combats et à l'accomplissement des rites imposés par la religion. La plupart étaient de sa race divine ; car il prétendait descendre de l'astre dont il prenait le nom ; mais leur filiation ne se comptait que par les femmes, le désordre des mœurs publiques ne permettant pas de la régler autrement. En effet, une dissolution effrénée résultait de l'état social des Natchez, autant que de leurs coutumes : le soleil et la femme-chef étaient obéis dans toutes leurs passions ; à leur exemple les principaux de la nation profanaient le mariage par une licence sans bornes et qui ne laissait même plus exister la jalousie. On y retrouvait les institutions phalliques en honneur

---

(1) *Codex Chimalpopoca*, dans l'*Hist. des soleils*.

(2) Institution qui remontait, apparemment, à Oxomoco et Cipactonal, qui firent marcher le soleil en inventant leur calendrier, et qui se retrouvent dans la dualité d'*Ometeuctli* et d'*Omecihuatl*.

ainsi qu'à Teo-Colhuacan, et les prostitutions babyloniennes se renouvelaient sur les rives du Mississipi comme au bord de l'Océan Pacifique, en vertu des commandements du pontife suprême.

Cette dissolution, qui rappelle également les désordres existants parmi les populations civilisées de Panuco (1) au temps de la conquête, avait été importée au XIe siècle dans cette contrée par des tribus émigrées de l'est et qui parurent alors à Tollan et dans l'Anahuac. On les connaît, dans l'histoire, sous le nom d'*Ixcuinamé* (2), et entre autres coutumes qu'elles introduisirent dans Tollan, on leur attribue le rite monstrueux d'écorcher les victimes humaines pour se revêtir de leur peau toute fraîche (3). Serait-il étonnant, d'après la perversion d'idées et de sentiments qu'entraînait un pareil état de choses, que le contact de ces tribus méridionales eût contribué plus tard aux déréglements autorisés parmi les peuplades du nord, comme chez les Iroquois et les Hurons, ainsi que l'observèrent les missionnaires du siècle dernier. C'était une combinaison monstrueuse que ce système social qui admettait simultanément la barbarie des sacrifices, le despotisme effréné des chefs et l'impureté de la vie domestique. Mais ce système était loin d'être sans exemple, puisqu'on retrouve les mêmes notions, consacrées par le culte du soleil et du serpent (4) à Pa-

---

(1) « Dans certaines contrées, et particulièrement à Panuco, on adore le phallus (*il membro che portano gli uomini fra le gambe*), et ils le conservent dans des temples. Il est représenté aussi sur la place avec des statues en ronde-bosse, qui figurent toutes les sortes de plaisirs dont l'homme peut jouir avec la femme. On voit des figures humaines, ayant les jambes en l'air de différentes façons. Les hommes de la province de Panuco sont très-adonnés au vice contre nature ; ils sont fort lâches et si ivrognes, que lorsqu'ils sont fatigués de boire leur vin par la bouche, ils se couchent, élèvent les jambes en l'air et s'en font introduire dans le fondement au moyen d'une canule, tant que le corps peut en contenir » (*Relation sur la Nouvelle-Espagne*, écrite par un gentilhomme de la suite de Cortés, coll. Ternaux, *Premier recueil de pièces sur le Mexique*, pag. 84). Voir encore, sur l'ivrognerie des *Cuextecas*, ou habitants de la province de Panuco, Sahagun, *Hist. de las cosas de Nueva-España*, lib. x, cap. 29.

(2) *Codex Chimalpopoca*, ad ann. IX. Acatl, 1059. — *Ixcuiname*, Femme au visage peint ou masqué. Ce nom rappelle les hommes peints ou masqués de Xibalba ; il paraîtrait que cette race venait de l'Yucatan.

(3) Id. ibid. ad ann. XIII, Acatl, 1063. Ce rite s'intitulait *Xipe*, l'écorchement, ou *Xipe-Totec*, notre seigneur de l'écorchement.

(4) *Relation sur la Nouvelle-Espagne, ubi sup.*

nuco, dans quelques autres régions du Mexique, bordant les rivages du Pacifique, et même chez un grand nombre de nations de l'Amérique méridionale jusqu'à la Colombie et au Pérou.

En reconnaissant si loin, à l'intérieur de l'Amérique du Nord, ces institutions impies, réformées en partie dans le Mexique par un Quetzalcohuatl, ailleurs par d'autres prophètes sortis de son école, conservées par les montagnards des Andes et par des nations nombreuses sur l'un et l'autre Océan, on se demande si elles avaient exercé leur action sur des nations plus septentrionales que les Floridiens. Les récits des premiers voyageurs français et anglais qui visitèrent la côte orientale des Etats-Unis ne laissent aucun doute à cet égard. Tout le littoral était alors habité par de petites tribus, dont les chefs exerçaient un commandement despotique, et dans les temples, ainsi que dans ceux de la Floride et du Mississipi, on trouva, malgré leur barbarie, des traces d'un état social et d'un culte analogues. Cependant, elles n'élevaient point de tertres pour y placer l'habitation de leurs souverains, et leurs villages, pareils en tout à ceux des nations actuelles, indiquaient une origine commune. L'examen détaillé de toutes leurs coutumes indique clairement que c'étaient des clans du nord, semblables jadis à ceux de l'intérieur, mais parmi lesquels s'étaient propagées des formes religieuses et politiques empruntées au midi.

Toutefois, cette propagation ne remontait pas à une époque bien reculée : car les Floridiens eux-mêmes étaient un peuple d'origine assez récente dans leur pays et ils se souvenaient pour la plupart d'y être venus de contrées plus occidentales (1). Les Natchez surtout avaient à ce sujet des traditions précises qui mettaient leur patrie dans le pays du sud-ouest, d'où ils prétendaient n'être partis qu'à l'approche des blancs (2). On sait d'ailleurs qu'à l'instar de plusieurs nations d'origine nahuatl à Ni-

---

(1) Vater a réuni une partie des témoignages qu'on possède encore sur cette émigration (*Mithrid.*, tome III, troisième partie, page 247).
(2) Avant ou après la découverte de l'Amérique par Colomb?

caragua, au Yucatan, et ailleurs au Mexique (1), les Natchez avaient la coutume de comprimer le front de leurs enfants à leur naissance (2), et un auteur ajoute (3) que le même usage existait parmi les peuplades de la Caroline du Sud et chez les autres tribus indigènes, tout le long de la route jusqu'au Nouveau-Mexique. On le retrouvait également chez les Choctaws et chez les Têtes-Plates qui en avaient reçu leur nom (4), ainsi que certaines nations caraïbes de l'Amérique méridionale. On voit de cette manière que les coutumes, en apparence les plus insignifiantes, de même que les rites les plus sacrés, concouraient avec les traditions, chez les populations de la Floride et du Mississipi, à les rattacher à un berceau plus méridional. Ce qui donne encore à ces traditions un caractère plus authentique, c'est que les régions même qu'elles habitaient à cette époque, offraient des monuments d'une race bien antérieure, mais dont le départ ou la destruction ne paraît remonter, tout au plus qu'à sept ou huit siècles. Elles n'avaient donc pu s'établir là que depuis que celle-ci en avait disparu, et les similitudes qu'elles conservaient avec les nations du Mexique montrent qu'elles ne s'en étaient séparées que depuis peu de temps. Ainsi s'explique le peu d'influence que leurs rites et leurs mœurs paraissent avoir exercé sur la masse flottante des peuples septentrionaux, avec lesquels elles n'avaient eu généralement que fort peu de contact. Les Pawnies seuls, parmi les tribus nomades, semblent leur avoir emprunté l'usage des sacrifices humains.

---

(1) Oviedo, *Hist. de Nicaragua*, coll. Ternaux, pag. 71. — Herrera, *Hist. gen.*, decad. IV, lib. III, cap. 3. — Il y a dans le *Livre Sacré*, pag. 125, un passage assez curieux qui semble faire allusion à l'établissement de cette coutume parmi les populations qui furent soumises ou civilisées par les Nahuas. Sous l'image d'un champ défriché par les deux frères Hunahpu et Xbalanqué, on reconnaît le commencement de la civilisation ; les bêtes fauves, les brutes, c'est-à-dire les sauvages, les barbares, cherchent à s'y opposer. Les deux frères les combattent, mais ils ne se saisissent d'abord que du Rat, à qui ils brûlent le poil de la queue, dont ils pressent la tête, en faisant ressortir ses yeux. Ne serait-ce pas là un symbole pour rappeler l'origine de l'usage de s'épiler et de comprimer la tête ?

(2) Morton, *Crania Americana*, etc. pag. 161, 162.

(3) Adair, *History of the North-American Indians*, etc., pag. 8.

(4) Charlevoix, *Voyage dans l'Amérique septentrionale*, etc., tom. I, pag. 83, 84.

C'est donc à d'autres groupes qu'il faut parvenir pour distinguer les foyers ultérieurs de croyance et d'association qui s'étaient formés jadis dans ce monde sauvage. Pour nous guider ici nous rencontrons d'abord les monuments érigés par une race plus ancienne que les Louisianais et les Floridiens, et qui offrent le témoignage le plus irrécusable de sa force et de son étendue. Les principaux, qu'on peut comparer aux pyramides de l'Yucatan et du Mexique, sont, soit des monticules artificiels, en forme de parallélogramme, dont la terrasse supérieure devait servir de base au sanctuaire de la divinité ou à la demeure du chef, soit des tumuli, représentant des monuments funéraires. Répandus dans toute la vallée du Mississipi et principalement dans les régions qui sont à l'est du fleuve, ils augmentent en nombre à mesure qu'on descend vers le sud. Leur élévation varie suivant les lieux ; mais elle atteint quelquefois cent pieds anglais et l'on en cite qui ont jusqu'à deux mille cinq cents pieds de diamètre à la base. Souvent il existait à l'entour d'autres travaux que le temps a rendus moins reconnaissables. « Dans une plaine, dit un auteur qui avait eu l'occasion de les examiner avant notre époque (1), j'ai vu plusieurs montagnes artificielles qui ont sept à huit cents pieds de circonférence et trente à quarante de hauteur ; une pyramide, dont les dimensions sont beaucoup plus considérables ; quatre terrasses de forme carrée, ayant dix à douze pieds d'élévation ; et enfin une arène creusée avec quatre rangs de banquettes qui pouvait contenir trois mille spectateurs. » Nul doute que la population qui avait laissé dans les vallées de ces régions des traces si durables de son passage, n'eût été nombreuse et compacte, qu'elle n'eût possédé des institutions sociales, assez puissantes pour tenir unies les masses de la nation, et un culte assez intelligent pour régulariser leurs efforts. On a travaillé vainement jusqu'à présent à découvrir à quelle race de pareils

---

(1) Saint-John de Crèvecœur, *Voyage dans la Haute-Pensylvanie, par un membre adoptif de la nation Oneida*, etc., tom. III, pag. 104.

ouvrages avaient pu appartenir : des squelettes humains trouvés dans les tumuli ont donné lieu de croire à quelques savants qu'elle présentait de l'analogie avec la race scandinave ; mais le problème est loin d'être résolu. Arrêtés par l'incertitude et forcés de créer une dénomination nouvelle pour ce peuple inconnu, les antiquaires américains, appuyés sur une tradition iroquoise, le désignent en général sous celle d'*Allighéwi*, empruntée aux montagnes qui dominaient son territoire.

Dans les comparaisons qu'on a établies fréquemment entre ce peuple et les autres nations de l'Amérique, on a conclu généralement que ses monuments ne présentent partout que des ouvrages de terrassement, ses progrès dans les arts, comme sa position sociale, devaient avoir été inférieurs à ceux des peuples policés du Mexique et du Pérou. « Mais je dois dire, observe un » écrivain (1), que si tous les ouvrages que j'ai vus sont de terre, » c'est qu'ils existent tous dans des régions absolument dénuées » de pierres. » On prouve encore, par l'examen d'un grand nombre de ruines, que les Allighéwis n'ignoraient pas entièrement l'art de se servir de pierres dans la construction de leurs édifices : outre les pierres sculptées trouvées dans l'excavation de plusieurs pyramides, il existe des forteresses entourées d'enceintes en pierres, et, dans le Missouri, des édifices avec des appartements intérieurs en pierre, construits avec régularité et offrant des voûtes à degrés renversés comme à Palenqué. Bradford (2) parle des ruines d'une ancienne ville existant dans cet Etat, où l'on découvre encore les directions des rues et des places, avec les fondements de maisons en pierre, et Ulloa a vu, dans la Louisiane, d'anciennes constructions qu'il compare à celles du Pérou (3).

Du caractère général des principaux vestiges qui existent aux Etats-Unis, on peut conclure que les peuples qui les construisirent

---

(1) Flint's *Recollections*, pag. 164.
(2) *American Antiquities*, etc., pag. 168 et 171.

(3) *Voyage au Pérou*, etc., tom. II, pag. 113, et *Noticias Américanas*, pag. 43.

appartenaient à la même nation, ou du moins qu'ils avaient eu un berceau commun. Commençant dans l'Etat de New-York, ils s'étendent à la base occidentale des Alléghanies, tournent à l'est dans la Géorgie et ne se terminent qu'au bord de l'Océan, à l'extrémité la plus méridionale de la Floride. Dans l'ouest, on les trouve en grand nombre au bord de toutes les eaux occidentales, jusqu'aux sources mêmes du Mississipi, éparpillés le long du Missouri et de ses affluents, et de là, continuent jusqu'au golfe du Mexique, s'étendant même au delà de la Rivière-Rouge, au nord-ouest du Texas : « Or, la distance qu'il y a de la grande pyramide de la rivière Rouge aux premiers teocalli de la Nouvelle-Espagne, dit M. Brackenridge (1), n'est pas si grande qu'on ne puisse les considérer comme des monuments de la même contrée. »

Ce qu'il y a de remarquable, c'est qu'en aucun endroit, excepté dans la Floride, ils ne s'étendent dans la direction de l'océan Atlantique : aussi loin que les découvertes modernes ont permis de s'en assurer, ces vestiges s'arrêtent en approchant des régions plus froides du nord et n'atteignent nulle part au couchant les rivages du Pacifique ; tandis qu'au sud et à l'ouest, on les voit pousser presque en ligne droite et sans interruption vers le Mexique (2). Quoique les traditions mexicaines fassent descendre par la Floride, et ensuite, le long des côtes du golfe jusqu'à Panuco, les tribus nahuas qui bouleversèrent la face du monde américain, on ne saurait cependant, sans témérité, affirmer que cette péninsule ait été le premier berceau de ces nations inconnues, et que de là elles se soient ensuite répandues vers les vallées de l'ouest. Sans compter que le fait même du passage des Nahuas prouve qu'ils venaient de plus loin, il faut reconnaître que la tendance naturelle à tous les peuples, a été constamment de s'étendre d'abord sur les rives des fleuves ou sur les plages ma-

---

(1) *Transact. Amer. Phil. Soc.*, v. I, pag. 158.

(2) Bradford, *American Antiquities*, etc., pag. 64.

ritimes. Si la Floride avait été le lieu de leur origine, elles auraient naturellement poussé leurs établissements le long de l'Atlantique ; mais on ne trouve de ce côté aucune trace de leur existence : aussi est-ce là ce qui a conduit les écrivains américains, indistinctement, à penser que leurs migrations avaient dû se diriger par les grandes vallées de l'ouest dans les contrées méridionales jusqu'à la Floride.

L'étonnante multiplicité de ces monuments, décrits, d'ailleurs, indistinctement dans un grand nombre d'ouvrages spéciaux, ne permet pas de douter que cette vaste région n'ait été très-anciennement occupée par ces nations ; cette extension même et le caractère de leurs constructions sont des arguments en faveur de leur antiquité : car ce ne sont pas, comme on pourrait le supposer, des retranchements hâtivement élevés par des tribus actuellement en voie d'émigration, mais bien des ruines de villes et de temples, dont plusieurs présentent des dimensions si massives et si durables, qu'on ne peut les attribuer qu'à des populations établies depuis longtemps et d'une manière permanente dans le pays. Des voyageurs superficiels, guidés par les vieux préjugés qui se refusent à accorder l'antiquité et la civilisation à l'Amérique d'avant Colomb, n'avaient trouvé là que les tombeaux de quelques hordes nomades: en effet, que les tumuli et la plupart des pyramides tronquées aient servi de lieux de sépulture, rien de plus probable, mais est-ce à dire pour cela que tel ait été l'unique objet de tous ces grands édifices? La plate-forme qui les couronne, le soin particulier avec lequel ils étaient retranchés, leur situation relative quant aux enceintes fortifiées et la régularité qui avait présidé à la disposition de certains groupes, suggèrent autre chose que l'idée d'un tombeau. Dans l'arrangement de ceux qui avoisinent les fortifications, tout tend à prouver qu'ils prêtaient leur appui à la défense des positions militaires ; d'autres, et cette remarque s'applique à la majorité des grandes pyramides, par leur correspondance astronomique aux quatre points cardinaux, aussi bien que par leur analogie avec des monuments analogues chez les nations méridionales du continent, donnent raison de supposer qu'ils étaient destinés à des usages purement religieux.

Les enceintes appartiennent également à deux ordres d'idées bien distinctes. Quelques-unes, d'une forme régulièrement géométrique et de dimensions restreintes, comme celle qu'on voit à Circleville, dans l'Etat d'Ohio, avaient évidemment une origine sacrée. On en voit d'autres de figure irrégulière, renfermant une vaste étendue de terrain et qui doivent avoir servi naguère de villes ou de forteresses. On ne saurait trop remarquer, cependant, que la disposition particulière de certains terrassements autour du site des villes, et leur existence en lignes continues le long des rivières, n'aient eu pour objet, probablement, de protéger l'approche des lieux habités et de mettre les plaines adjacentes à l'abri des inondations; des digues du même genre qu'on trouve encore ailleurs, s'étendant à de longues distances, semblent, d'un autre côté, faire juger, par leur largeur, leur situation, ainsi que d'autres circonstances, qu'elles avaient pu servir de routes et de chaussées. Les grandes enceintes ovales, souvent en forme de fer à cheval, autour d'une pyramide, qui présentent quelque ressemblance avec le *Cursus* des Romains, avaient peut-être été consacrées à des usages analogues; peut-être avaient-elles servi, aux jours de fête, à des processions nombreuses, comme on en voyait dans les solennités de la religion mexicaine.

Lorsqu'on observe avec attention l'étendue et la disposition de ces monuments, le nombre des tumuli, rangés autour des pyramides principales, on tourne involontairement le yeux vers les pyramides de Teotihuacan et de Cholula, dont elles rappellent quelquefois la forme jusque dans les moindres détails. Quoique le plus grand nombre se présente d'une seule venue, on en voit qui se composent, comme au Mexique, de terrasses superposées et dont les assises, quoique dégradées, sont encore fort visibles. « Le grand tertre de Cahokia, ajoute Brackenridge (1), est cons-

(1) Brackenridge's *Journal*, pag. 138.

truit avec autant de régularité que les teocalli de la Nouvelle-Espagne ; il était indubitablement revêtu extérieurement de brique ou de pierre et couronné de grands édifices. » Le culte du soleil, conservé jusqu'au siècle dernier parmi les Natchez, aurait été celui de ces anciennes nations perdues, opinion que confirment les traditions générales du genre humain et en particulier, dans ce cas, les médaillons à l'effigie du soleil et de la lune, découverts dans les débris de divers monuments (1). Entre les tribus qui paraissent avoir conservé dans cette contrée quelque souvenir de cette religion antique, dans ses rapports avec celle des Nahuas, nous citerons, avec Adair, la nation des Choctaws, qui donnait aux pyramides le nom de *Nanne-Yah*, ou les Collines de Dieu, que cet écrivain compare au mot *teocalli* des Mexicains (2). Le vase orné de trois têtes, trouvé dans un tombeau, rappelle la trinité dont nous avons parlé plus haut ; les masques, analogues à ceux du Mexique, dont on se servait dans certaines cérémonies religieuses, les objets en cuivre de toute sorte, d'une ressemblance si frappante avec ceux des populations toltèques, sont encore autant de témoignages, sinon en faveur d'une communauté d'origine, au moins des relations qui pouvaient exister anciennement entre ces dernières et les nations sans nom des Etats-Unis (3).

Quand on songe après cela au temps qu'il a fallu pour peupler l'étendue des territoires où l'on découvre aujourd'hui ces vestiges et pour mettre ces nations en état d'ériger ces monuments ; qu'on réfléchit à l'intervalle qui a dû s'écouler ensuite entre leur construction et l'époque de leur abandon définitif, on se voit forcément amené à leur accorder une haute antiquité. Cependant le sort de ce peuple ne paraît pas avoir été le même dans les différentes provinces qu'il occupait. Vers le nord et dans la région des lacs, il avait érigé des places de guerre qui semblent annon-

---

(1) *Archéol. Amer.*, vol. 1, pag. 243.
(2) *Transact. Amer. Phil. Soc.*, v. III, pag. 216. — Le nom de *Nanne-Yah* rappelle encore celui de *Nanahuatl*, qui fut transformé dans le *soleil* à *Teotihuacan*.
(3) Bradford, *Amer. Antiq.*, pag. 167.

cer les périlleuses nécessités d'une longue défense. On ne découvre rien de pareil vers le sud, comme si les tribus qui habitaient ces parages les eussent abandonnés sans combattre. C'est là un contraste d'autant plus singulier, que les principaux monticules artificiels se trouvent précisément dans ces contrées méridionales et attestent l'importance des anciennes populations. Mais elles pouvaient avoir émigré ou péri sans soutenir une lutte durable. Leur mémoire même s'était si complétement effacée depuis longtemps, que les Chérokées, en arrivant dans ce pays, au xve siècle, n'avaient pu rien apprendre des nations qu'ils avaient vaincues, touchant l'origine de ces pyramides. Il ne restait plus même la moindre tradition relative à ces débris d'un passé mystérieux (1).

Au contraire, des souvenirs d'anciens combats et de victoires chèrement achetées se rattachaient aux ouvrages militaires que des peuples du même sang avaient érigés dans les régions septentrionales des Etats-Unis. Ces ouvrages, situés pour la plupart à l'ouest de la chaîne des Alléghanies, occupaient les positions les plus avantageuses pour commander le cours des fleuves et assurer la possession des vallées. On les trouve sur les bords de l'Ohio et de ses affluents, sur les eaux du Mississipi et dans la région des lacs, sans qu'on sache exactement jusqu'ici, s'il en existe encore au delà de la carrière sacrée, d'où se tirait le marbre rouge des Calumets (2). Ce sont quelquefois des remparts de terre, ou même des murs d'une grande longueur, destinés à fer-

---

(1) Bartram's *Travels*, etc., p. 365. Moke, *Hist. des peup. améric.*, p. 223.

(2) Depuis longtemps, on avait observé que le calumet servait aux nations des Etats-Unis d'emblème pacifique, quand il était fait de marbre rouge et garni de plumes de la même couleur. Mais ce n'est que depuis peu d'années qu'on a découvert que cette pierre rouge, qui est toujours la même, provient d'une seule carrière, située au centre de l'Amérique du Nord, près de l'endroit nommé *Coteau des Prairies.* Là, parmi des rochers d'un quartz dur et brillant, se trouve une couche de cette matière (une sorte de stéatite), jusqu'alors inconnue aux minéralogistes, et peut-être unique dans le monde. Quand et comment les peuples indigènes se sont entendus pour en adopter l'usage et lui attribuer une vertu mystérieuse, c'est là un problème aujourd'hui insoluble. Mais tous s'accordaient sur ce point, et, d'après une tradition généralement admise, le Grand-Esprit avait autrefois déclaré aux Indiens que cette pierre était leur chair commune, qu'il fallait l'employer à faire leurs pipes de paix, et qu'alentour les nations ennemies devaient se rencontrer sans bander l'arc ni lever le tomahawk. Y aurait-il là encore

mer un passage, mais plus souvent des enceintes de villes ou de forteresses, dont la forme est plus ou moins régulière, dont les boulevards, quelquefois doubles, sont encore garnis de fossés, et dont les portes étroites se trouvaient munies d'ouvrages de défense. Leur étendue, très-inégale, embrasse jusqu'à trente hectares, et souvent on en voit plusieurs à côté l'une de l'autre, réunies par des chemins couverts qui mènent parfois aussi aux rivières du voisinage. A l'intérieur sont épars un certain nombre de tertres, de différentes grandeurs, dont quelques-uns, comme nous l'avons déjà observé, servaient encore à la défense. Des tumuli d'élévation médiocre se trouvent en dehors, mais à proximité de la forteresse. Le plus souvent, il n'y en a qu'un seul et qui aurait servi de tombeau : car en fouillant à la base, on découvre des ossements et des cendres qui reposent quelquefois sur un lit de briques bien cuites. Quelquefois plusieurs de ces monuments funèbres avoisinent la même enceinte, la première tombe étant, sans doute, devenue insuffisante pour la famille des chefs qui les occupaient.

L'examen des squelettes a montré que ce peuple appartenait à une race d'hommes de taille médiocre, quoique robuste (1), et dont la tête avait quelque ressemblance avec celle des Scandinaves, d'autres disent avec celle des Indiens du Brésil. Elle a disparu depuis si longtemps, qu'une partie de ses fortifications a été trouvée couverte d'arbres de la plus grande dimension, et, en plus d'un endroit même, des forêts nouvelles ont pu succéder à d'autres forêts tombées avec l'âge. Cependant les *Delawares* se souvenaient que la grande nation des *Leni-Lenape*, après avoir longtemps habité une contrée lointaine de l'ouest, étant descendue, plusieurs siècles avant la découverte de l'Amérique (2), dans les contrées du soleil levant, avait trouvé les territoires, situés à l'est du Mis-

---

un souvenir éloigné de *Tlapallan*, la terre rouge, sacrée, ou de la couleur?

(1) On leur donne en général cinq pieds anglais (1 mètre 52 cent.), mais la moyenne est plutôt un peu au-dessus, car on y a trouvé aussi des squelettes de six pieds (1 mètre 82 cent.).

(2) On s'accorde généralement à penser que cet événement a dû avoir lieu vers le xii° siècle.

sissipi, occupés par un peuple nombreux et civilisé, qu'elle nommait Allighéwi, et qui habitaient des villes fortifiées. Ces barbares demandèrent à passer le fleuve, afin de se rendre au levant à travers leurs terres : on leur répondit par un refus. Ensuite on le leur accorda, à condition qu'ils ne s'arrêteraient qu'après avoir laissé derrière eux les frontières des Allighéwis. Mais, au passage, ils furent attaqués à l'improviste et rejetés en arrière. Indignés de ce procédé perfide, les Leni-Lenape conclurent un traité d'alliance avec les Iroquois, qui venaient d'arriver à leur tour sur le Mississipi : ils revinrent avec fureur sur les Allighéwis qui, après avoir souffert à plusieurs reprises des pertes considérables, se virent forcés de céder leur territoire aux Indiens alliés, et de fuir vers les vallées inférieures du fleuve. Une des tribus iroquoises, les Senécas, racontait, de son côté, qu'à une époque fort éloignée ses ancêtres avaient détruit une nation puissante et nombreuse, qui habitait les bords des grands lacs. Plusieurs des plus beaux et des plus fertiles cantons, occupés depuis par les Six-Nations, avaient, d'après leurs traditions, été possédés et cultivés, avant leur arrivée, par un peuple dont elles signalaient facilement les tombeaux : ce qu'elles avaient appris à ce sujet de leurs pères, c'est que ce peuple occupait anciennement une vaste étendue de territoire, et qu'il avait été exterminé peu à peu par les Iroquois après de longues et cruelles guerres. Elles ajoutent que la dernière fortification fut attaquée à la fois par quatre tribus qui éprouvèrent d'abord une défaite; mais qu'ayant appelé les Mohawks à leur aide, elles emportèrent la ville assiégée et en détruisirent tous les habitants (1).

Ainsi périrent obscurément des peuples qui auraient pu jouer encore un grand rôle dans ces contrées, s'il leur avait été donné de survivre aux invasions barbares jusqu'au XVe siècle. C'est par la civilisation que les Allighéwis paraissent avoir étendu naguère

---

(1) Yate and Moulton, *History of New-York*, pag. 40. — *Life of Brant*, vol. II, pag. 486 et 487. — Bradford, *Amer. Antiq.*, pag. 206.

leur influence sur ces immenses territoires de l'Ohio et du Mississipi : leurs villes détruites devaient avoir été le centre d'où rayonnaient les idées pacifiques et religieuses, représentées par le calumet solennel, et qui avaient entretenu longtemps, parmi ces races lointaines, plus d'ordre, d'union, de consistance, qu'on n'en a observé dans les âges modernes. Les vagues traditions qui nous sont parvenues à leur égard, par leur accord avec les événements qui survinrent au Mexique du XIe au XIIe siècle, leur donnent une importance qu'elles n'auraient point autrement. Elles procèdent aussi de nations qui, par leur multitude, l'étendue de leur dispersion dans ces vastes contrées, et quelques traits particuliers à leur caractère et à leurs coutumes, paraissent avoir été parmi les premiers et les plus anciens occupants, après que le pays eut été abandonné par ses autres habitants. Les Algonquins-Lenape et les Iroquois sembleraient avoir été emportés par le premier flot de ces grandes migrations de l'ouest qui, en se refoulant les unes les autres, poussèrent alors tant de hordes étrangères sur l'empire toltèque de l'Anahuac, déjà ébranlé par les factions civiles et religieuses : policées ou barbares, ces hordes accélérèrent sa chute, et décorées tour à tour du nom de Chichimèques ou de Toltèques, elles se confondirent avec les anciens habitants, ou contribuèrent, en continuant leur marche vers le sud, à la fondation des divers États qui surgirent, au XIIIe siècle, dans le Mexique et dans l'Amérique centrale.

Voilà comment le Nord, après avoir été le foyer d'une civilisation inconnue, aurait été la source de ces migrations redoutables, et comment le contre-coup de sa ruine se serait fait sentir si cruellement dans les régions du Midi. Des événements de cette nature ne sont pas rares dans l'histoire des peuples, et l'on ne saurait douter qu'un bouleversement analogue n'eût eu lieu à l'époque où les révolutions de Xibalba dispersèrent dans toute l'étendue du monde américain les rameaux du grand tronc de la race nahuatl. Mais il reste un problème dont la solution serait d'un grand intérêt historique, c'est de savoir si c'est à la même source qu'il faut ramener les puissantes tribus anthropophages qu'on voit à plusieurs reprises déborder sur l'une et sur l'autre Amérique : on serait tenté de le croire, à la vue de ce que dit Torquemada, dans ces notions concernant les premiers Toltèques (1), qui mangeaient de la chair humaine et dont la religion même autorisait cet usage comme un rite sacré. Les Cannibales de l'Amérique du Sud avaient jadis apporté du Nord ces habitudes barbares qui chez eux, comme chez les Mexicains, faisaient partie d'un ordre systématique de croyances religieuses; paisibles peut-être par instinct, ils auraient été rendus féroces par artifice (2). On sait, d'ailleurs, que les Iroquois et les nations environnantes dévoraient leurs captifs avec la même solennité que les Caraïbes et les Brésiliens. Cette coutume monstrueuse aurait-elle existé chez les Allighéwis et chez les Indiens de la race algonquine et iroquoise, qui paraissent eux-mêmes avoir appartenu à un peuple civilisé et vêtu (3) ; auraient-ils reçu d'eux, en même temps que les idées pacifiques du calumet, cette institution effroyable ? Ce qui est constant c'est que cette incohérence dénaturée on la rencontre chez les Mexicains et chez d'autres nations tout aussi policées, et Dieu a permis peut-être que la mystérieuse disparition des premiers, ainsi que la facile conquête des seconds, fût comme un châtiment de cette abomination.

(1) *Monarq. Ind.*, lib. III, cap. 7.
(2) Moke, *Hist. des peuples américains*, pag. 230.
(3) Hennepin, *Voyage*, etc., tom. II, pag. 79, édit. amér. « Les sauvages de l'Amérique septentrionale, y est-il dit, au rapport de leurs ancêtres, ont toujours été vêtus, même avant qu'ils eussent eu aucun commerce avec les Européens. »

§ XI.

Les Caraïbes et les populations du Nouveau-Mexique. Constructions étonnantes de cette contrée. Les Néo-Mexicains au temps de la conquête. Pays de Cibola et des Sept-Villes. Religion et mœurs primitives. Antiquité de ces peuples. Anciens rapports avec les Toltèques. Aztlán-Chicomoztoc. Les Mexicains du XIe siècle. Invasions récentes. Les Apaches; leur caractère destructeur.

De toutes les nations anthropophages de l'Amérique, les Caraïbes sont sans contredit ceux qui, depuis la découverte, ont le plus fixé l'attention de la science. Qu'on vienne en effet à examiner le Caraïbe dans son existence intime, on voit sa vie domestique réglée par une loi d'ordre qui lui est propre, la réunion de tous les guerriers dans le carbet commun : cette salle de conseil, ainsi que le *calpul* ou *tecpan* (maison municipale des Nahuas) qui était autant celle du repas et des fêtes, devenait un atelier de travail pour les hommes de la tribu, tant ils tenaient à rester rassemblés entre eux, laissant leurs cases à leurs femmes et à la famille. La coutume partageait les occupations entre les deux sexes, assignant au plus fort quelques ouvrages dont auraient rougi les Indiens du nord, comme le tissage des étoffes dont se faisaient les hamacs, celui des tamis à manioc, et des nattes, avec la fabrication des poteries. Cette tâche, réservée en beaucoup d'endroits aux femmes, était exécutée dans le carbet par le Caraïbe, qui s'y complaisait autant qu'à préparer ses armes. On reconnaît là des usages si différents de ceux des nations environnantes qu'ils attestent une origine à part. Les luttes qui avaient jeté le Caraïbe dans l'Amérique du Sud, son orgueil de conquérant, sa dispersion dans les régions conquises, avaient étouffé cette organisation sociale qui lui était propre ou empêché qu'elle se développât jusqu'à produire un état plus avancé. Mais ce progrès ou ce reste de civilisation perdue existait ailleurs chez un peuple que les mêmes institutions primitives séparaient de la barbarie.

En effet, lorsque les Espagnols pénétrèrent pour la première lois dans les régions montagneuses qui portent aujourd'hui le nom de *Nouveau-Mexique,* ils y trouvèrent aux bords du Rio-Bravo-del-Norte une nation à demi civilisée qui bâtissait de grands édifices et récoltait d'abondantes moissons. Elle possédait alors soixante et dix bourgades dans la vallée étroite que sillonne ce fleuve, et à la force des positions qu'elle avait choisies se joignaient encore pour la défendre, la hauteur et la solidité de ses maisons, dont chacune formait une véritable forteresse. Qu'on se figure un large édifice, ou plutôt une enceinte carrée de bâtiments, habitée par une vingtaine de familles et n'ayant pas moins de trois ou quatre étages, échelonnés comme les assises d'une pyramide, les uns au-dessus des autres. Au rez-de-chaussée le mur se continue sans interruption comme un rempart et n'est percé sur chaque face que d'une seule porte étroite. Mais au-dessus règnent des balcons qui, embrassant pour ainsi dire le contour de cette vaste ruche, mettent en communication ses nombreuses cellules. Du haut de ces balcons, et de la plate-forme qui sert de toit, les guerriers peuvent sans péril accabler de flèches ceux qui s'avanceraient pour les attaquer. Ils passeront même de maison en maison pour courir tous au point menacé par l'ennemi, les toits de la bourgade entière se rejoignant de manière à former en quelque sorte une seule terrasse. Un mur d'enceinte qui sert de clôture commune, achève de mettre les habitants à l'abri d'un coup de main, et quoique la construction de ces divers ouvrages paraisse grossière, la plupart n'étant que de terre battue ou de pisé, ils peuvent défier les efforts d'une armée barbare dépourvue d'artillerie et de machines de guerre (1).

Au seul aspect de ces bâtiments vastes et réguliers, si supérieurs aux cabanes des sauvages et même des maisons de la plupart de nos paysans européens, on reconnaissait une race déjà parvenue à un degré assez élevé de civilisation. Mais là, comme dans presque tout le reste de l'Amérique, cette civilisation avait

(1) Castañeda, *Voyage à Cibola,* coll. Ternaux, part. 1.

décliné avant même les invasions espagnoles au xvi⁰ siècle : car si ces indigènes possédaient encore des villages d'une force et d'une construction si remarquables, leurs ancêtres avaient eu autrefois des cités populeuses, qu'avaient vues même les premiers conquérants et dont les ruines attestent l'importance. Lorsque, au dernier siècle, les voyageurs et les missionnaires commencèrent à parler des cités abandonnées sur les bords du Rio-Gila et dans les vallées du Rio-Yaquimi, on s'étonna avec raison de cette merveille ; car on avait oublié ce qu'en avaient raconté les Espagnols deux cents ans auparavant, et l'on s'était accoutumé en Europe, avec les livres de quelques philosophes dédaigneux et ignorants (1), à considérer l'Amérique comme une terre malsaine et abrutissante et les aborigènes en masse comme s'élevant à peine au-dessus du niveau des singes. Depuis lors, les expéditions entreprises par ordre du cabinet de Washington, et les explorations récentes d'un voyageur hongrois instruit, ont contribué à faire découvrir un grand nombre de ruines du même genre, non-seulement au Nouveau-Mexique et dans la vallée du Gila, mais encore dans plusieurs cantons isolés de la Basse-Californie, des Etats de Chihuahua et de Sonora. Bien plus, il existe des églises chrétiennes bâties sur le même plan depuis la conquête, les unes déjà ruinées à leur tour, les autres encore debout, et aujourd'hui le voyageur peut parcourir les villages des *Zuni* au Nouveau-Mexique, encore habités par les indigènes qui ont conservé avec leurs coutumes, les antiques demeures de leurs ancêtres (2).

Ainsi les bourgades du Rio-del-Norte n'offraient, au temps de la conquête, ni un progrès récent ni un essai unique : c'était l'ouvrage d'un peuple qui, à d'autres époques et sur d'autres

---

(1) Carli, *Lettres Américaines*, t. I. Lettre première, où l'auteur réfute les arguments faux de Raynal et de De Paw contre les Américains. Aujourd'hui même, il ne manque pas de savants à la manière du philosophe allemand et de l'historien français.

(2) Johann Xantus, *Reise durch die Kalifornische Halbinsel*, 1858. (Mittheilungen, etc. von Dr A. Petermann, IV. 1861.) — Emory, *Notes of a military reconnoissance*, etc. Washington, 1848. — Bartlett's *Journal through Chihuahua, New-Mexico*, etc. — Sitgreaves, *Report of an expedition down the Zuni and Colorado rivers*, 1853.

points, avait déjà déployé sa puissance par de grands travaux. On retrouvait des constructions analogues dans la plupart des provinces de la Sonora et même à Teo-Colhuacan, dont les monuments d'une architecture mixte, autant qu'on peut en juger d'après les rares détails qui nous en sont parvenus (1), auraient réuni à l'art toltèque de l'Amérique centrale le style et la manière des peuples du Rio-Gila ; d'où l'on peut conclure jusqu'à un certain point, qu'ils auraient reçu le joug ou subi l'influence des Nahuas du sud, à leur arrivée dans cette contrée, et que les deux races se seraient fusionnées dans cette grande ville et dans les contrées adjacentes (2). Aussi voit-on clairement que les diverses populations situées entre le golfe de la Californie et le Nouveau-Mexique ne formaient pas une famille unique, leurs types étant loin d'être uniformes. Les Espagnols qui avaient observé surtout les hommes des tribus nomades, dépeignaient les uns comme de petite taille, mais fort agiles ; un voyageur américain, Pikes, qui avait vu les *Querès*, une des plus considérables d'entre les nations néo-mexicaines, les compare aux Osages, c'est-à-dire aux plus gigantesques des Indiens de la prairie ; une autre tribu du même groupe nous est signalée comme portant de longues barbes, phénomène, du reste, qui est loin d'être rare parmi les habitants du nouveau monde ; et, dans le rapport du colonel Emory, on trouve des types d'hommes et de femmes qu'on peut comparer aux races les plus belles et les plus pures de l'Europe (3).

Ces populations ne formaient donc pas une seule famille, unie par les liens du sang, mais un assemblage de clans hétérogènes, que rattachaient seulement des habitudes et un système commun de défense. A défaut, toutefois, de traits distinctifs, les usages qui leur étaient propres semblaient les séparer de tous les

---

(1). Las Casas, *Hist. apol.*, tom. I, cap. 33. — Castañeda, *Ibid, ut sup.* Alegre, *Hist. de la Comp. de Jesus en Nueva-España*, tom. II, lib. VI.

(2) D'après les descriptions anciennes, il y aurait eu à Teo-Colhuacan des édifices analogues à ceux du Rio-Gila et du Nouveau-Mexique, et des teocalli comme au Mexique et dans l'Amérique centrale.

(3) Emory, *Notes*, etc. Voir les planches.

groupes environnants. Si nous pénétrons, avec les anciens voyageurs, dans l'intérieur de leurs bourgades, nous y voyons les hommes vivant ensemble dans de grandes salles qui leur sont destinées et qui occupent la cour de chaque habitation. Ces salles sont creusées dans la terre et leur toit seul vient au niveau du sol, quoique leur étendue égale quelquefois celle d'un jeu de paume. Le feu qu'on entretient au centre y maintient une température assez élevée, ce qui leur avait fait donner le nom d'*estufas* ou étuves par les premiers Espagnols qui les virent. Les femmes n'y pénètrent que pour entretenir ce feu ou pour porter à manger à leurs époux et à leurs fils qui, réunis dans ce carbet souterrain, filent et tissent le coton, fabriquent leurs outils ou leurs armes. En revanche, le reste de la maison appartient à l'autre sexe qui en est seul maître et s'y livre sans contrôle à ses propres travaux (1).

A l'époque de la conquête, ce pays qu'on appelait vulgairement pays de *Cibola*, des *Sept-Villes*, ou des *Sept-Royaumes* (2), comprenait encore environ soixante-dix bourgades, réparties en sept provinces qui étaient *Cibola*, *Tiguex*, *Quirix*, *Hemes*, *Tutahaco*, *Cicuyé* et *Acha* (3). Chaque bourgade était gouvernée par un conseil de vieillards, et en cas de guerre un chef militaire prenait le commandement : ce chef avait à subir des épreuves analogues à celles des sauvages et de la chevalerie mexicaine. Mais le plus souvent la guerre était de médiocre durée et se bornait à la défense des villages que les nomades venaient assaillir. Dans les négociations qui s'engageaient ensuite, on faisait usage du calumet comme d'un gage d'alliance.

On sait peu de chose des croyances des Néo-Mexicains. « Ils ne sont point idolâtres, » dit le moine Benavidès, qui en avait converti une partie ; mais ils conservaient des rites superstitieux où

---

(1) Castañeda, *Voyage à Cibola*, part. II, chap. 3.

(2) Id. *ibid*. Ce nom rappelle les *Sept-Grottes* et les *Sept-Ravins* des auteurs anciens, mais il est indubitable qu'il y eut diverses localités ainsi nommées, dont le Nouveau-Mexique pouvait être l'une.

(3) Ces noms ot bien d'autres offrent une grande analogie avec les noms mexicains ; mais étaient-ce des noms originaux, ou bien avaient-ils été donnés par les soldats mexicains qui suivaient les Espagnols ? La première supposition paraît la plus plausible.

l'on reconnaît une sorte de fétichisme grossier. Outre des devins, dont l'influence était quelquefois assez puissante pour balancer celle des chefs, ils avaient pour prêtres des vieillards qu'on voyait, chaque matin, monter sur la terrasse la plus élevée de la bourgade et prendre la parole au lever du soleil. Le peuple assis à l'entour écoutait en silence les conseils qu'ils lui donnaient sur la manière de vivre. L'objet de leur culte était-il le soleil ou le Dieu qui l'avait créé, c'est ce qui échappe au lecteur, en parcourant les relations du temps : on sait cependant que la *croix* était chez eux un symbole de paix. L'usage de monter sur les terrasses au soleil levant, rappelle jusqu'à un certain point le sabéisme dont le *Livre Sacré* semble offrir des traces à une époque éloignée (1), et des modernes qui ont visité les montagnes du Nouveau-Mexique ont cru découvrir quelque chose d'analogue à la religion des mages dans le foyer des *estufas*, où les femmes ne peuvent entrer qu'une à une, pour jeter une poignée de thym sauvage sur le feu, dont l'entretien leur est commis. On ne peut douter, cependant, que le fond de leur religion ne fût profondément moral : car ils ne se livraient ni à la violence, ni au larcin, ni aux excès de la boisson, ni aux déréglements des mœurs reprochés à ceux de Panuco ou de Teo-Colhuacan (2).

Le mariage, qui était en honneur chez eux, marquait pour ainsi dire le passage de l'adolescence à la virilité. Le jeune homme avait été jusque-là au service de la tribu et chargé des corvées domestiques, comme de l'approvisionnement du bois. En quelques endroits, la jeune fille n'avait pas encore eu le droit de se vêtir : son futur époux tissait le premier manteau qu'elle dût porter et qu'elle recevait de sa main, le jour où elle lui était amenée par les anciens du village. Après la mort, ils brûlaient avec les cadavres les instruments qui leur avaient servi de leur vivant. Leurs vêtements les plus ordinaires étaient des peaux de bêtes fauves qu'ils tannaient si merveilleusement qu'elles devenaient

---

(1) Voir à la pag. 209.
(2) Castañeda, *Voyage à Cibola*, part. II, chap. 3.

aussi souples que le linge le plus fin. Ils se servaient également d'étoffes de coton parfaitement tissées, de draps de laine qu'ils recevaient en échange d'une province plus septentrionale nommée *Totonteac*, et chaussaient des brodequins de cuir : ils avaient des bijoux d'or, des pierres précieuses bien taillées, des poteries vernissées, aussi remarquables par leur forme que par le dessin et les couleurs, et connaissaient en outre le chant et la musique, dont ils accompagnaient leurs divertissements.

A leur caractère d'étrangeté, les institutions néo-mexicaines joignaient donc un développement remarquable. La vie domestique et les formes du gouvernement qu'on y entrevoit se retrouveront plus tard chez les tribus caraïbes : mais il est évident que, si l'organisation intérieure offre de l'analogie d'un peuple à l'autre, l'ordre ici est plus complet, le travail plus régulier, et, dans les restes de sa civilisation, circonscrits dans les vallons du Rio-del-Norte, l'Indien a conservé une supériorité marquée sur le barbare de l'Amérique méridionale. Mais où cette civilisation avait-elle pris naissance? Nous n'avons à cet égard que des indications approximatives. Les souterrains où les hommes se tenaient réunis semblent déceler un peuple septentrional, accoutumé jadis à chercher de pareils abris contre la rigueur du froid; car ce n'était là qu'un vieil usage et une tradition immémoriale, qui pouvaient l'engager encore à creuser ses étuves dans le sol, comme il aurait eu raison de le faire dans des régions glacées. Mais comment le trouvons-nous à une si grande distance de son berceau, réfugié dans les montagnes et réduit à un état de faiblesse, qui fait un si grand contraste avec le progrès de ses arts et de ses institutions. Avait-il occupé anciennement les plaines centrales de l'Amérique du Nord, ou bien aurait-il étendu sa puissance autrefois sur les Etats septentrionaux du Mexique, ainsi que le laisseraient supposer les débris qu'on y rencontre? L'une et l'autre hypothèse est également probable; mais divers indices se réunissent pour assigner une date lointaine aux révolutions qui les chassèrent du Nord et ensuite du Midi, révolutions oubliées, comme tant d'autres qui eurent l'Amérique pour théâtre.

C'est d'abord l'isolement des Néo-Mexicains, qui paraissent au premier abord parfaitement étrangers aux peuples dont ils sont entourés aujourd'hui. Dernier reste d'un groupe antérieur, ils n'ont de rapport qu'avec des races déjà éteintes ou déplacées. Leur industrie, si supérieure à celle des nomades de la plaine, conservait au XVIe siècle et même aujourd'hui conserve encore quelque ressemblance avec celle des Toltèques, ainsi que des nations inconnues, dont les forteresses et les pyramides subsistent dans la région des lacs et sur les deux rives du Mississipi. Mais la preuve la plus frappante de leur ancienneté, c'est que, hors de la contrée qu'ils habitaient et de quelques parages plus méridionaux de la Basse-Californie, de la Sonora et de Chihuahua, les traces de leurs hautes constructions et de leurs vastes souterrains n'ont été retrouvées nulle part, bien qu'il eût fallu sans doute un grand nombre de siècles pour effacer si complétement de pareils ouvrages. Castañeda, dans sa relation, parlant du pays d'où ils se disaient sortis, fournit lui-même les plus fortes présomptions en faveur d'une origine septentrionale : « D'après la route qu'ils ont suivie, dit-il, ils ont dû venir de l'extrémité de l'Inde orientale et d'une partie très-inconnue, qui, d'après la configuration des côtes, serait située très-avant dans l'intérieur des terres, entre la Chine et la Norwége. Il doit y avoir, en effet, une immense distance d'une mer à l'autre, suivant la forme des côtes, comme l'a découvert le capitaine Villalobos, qui alla dans cette direction à la recherche de la Chine. Il en est de même quand on suit la côte de la Floride ; elle se rapproche toujours de la Norwége, jusqu'à ce que l'on soit arrivé au pays des Bacallaos (1). » Il était impossible de signaler plus clairement alors les terres du Labrador et du Groënland.

Maintenant si nous consultons les rares documents qu'on possède sur les anciens habitants de la Sonora et des vallées du Gila

---

(1) Castañeda, *Voyage à Cibola*, part. II, chap. 6. On sait que *Bacallaos* est identique avec *Terre-Neuve*, ou le pays de la pêche à la morue.

jusqu'au Nouveau-Mexique, nous trouvons dans le centre le plus civilisé de cette contrée les *Tahuès :* leur capitale était Téo-Colhuacan dont nous avons parlé plus haut; les *Pacaxas*, moins civilisés qu'eux, et les *Acaxas*, habitant les montagnes de la côte du golfe de Californie, où ils possédaient, comme ceux du Rio-del-Norte, des bourgades fortifiées, situées sur les cimes les plus inaccessibles. Ces deux dernières tribus, plus barbares que les premières, possédaient cependant des éléments d'une civilisation avancée; mais elles joignaient aux vices des peuples de Téo-Colhuacan l'usage abominable de manger de la chair humaine. On trouvait ensuite les provinces de *Petatlan* et de *Euya*, dont les habitants, quoique moins policés, étaient fixés dans de grands villages ayant les mêmes vices et la même religion que les autres. On arrivait en dernier lieu au désert de *Chichilticale* (2), ainsi nommé des ruines du palais situé au bord septentrional du Rio-Gila, connues, depuis le siècle dernier, sous le nom de *Casas grandes de Moctezuma*, dont les voyageurs exaltaient alors l'étendue et la magnificence.

En effet, quel est le voyageur en Amérique qui n'a depuis entendu parler de ces palais, des vastes bassins circulaires, toujours remplis de l'eau du fleuve, et des ruines de cette ville immense, située à deux lieues plus loin, dont les rues, tirées au cordeau, sont formées de vastes quadrilatères à trois ou quatre étages, comme les îles régionnaires de la ville de Rome (3)? Si l'on rapproche cette description des traditions mexicaines, il y aurait lieu de supposer que ce sont là les débris de la grande cité dont il est parlé dans les chroniques, sous le nom d'*Aztlan-Chi-*

---

(1) *Ibid.*, chap. 1. Les *Tahues* étaient probablement les mêmes que ceux que l'on désigne plus tard sous le nom de *Tarahumaras*.

(2) *Chichilticale*, ainsi appelé, dit la relation de Castañeda, parce que les murs de ce palais étaient bâtis d'une terre ou pisé rouge (Tlapallan?). Ce mot vient probablement du mexicain *chichiltic, cosa colorada ó bermeja* (Molina, *Voc. mex.*), chose rouge ou vermeille, et de *calli*, maison.

(3) Castañeda, *Voyage à Cibola*, part. II, chap. 2. — Rivera, *Diario y derrotero de la visita gen. de los presidios de Nueva-España*, etc., Goathemala, 1736. — Arricivita, *Chronica serafica del colegio de Prop. fide de Santa-Cruz de Queretaro*, part. II, l. IV, cap. 4; Mexico, 1792.

comoztoc (1), et qui fut longtemps dans le nord le séjour d'une tribu toltèque de qui descendent les fondateurs de Mexico. Avant de commencer leur longue pérégrination, les Aztèques auraient exercé sur le bord du fleuve la profession de bateliers, passant d'une rive à l'autre les voyageurs qui se rendaient à Aztlan-Chicomoztoc ou qui en sortaient pour aller ailleurs. Là régnait, au XIe siècle, un souverain puissant, du nom de Montézuma (2), dont la dureté et la tyrannie donnèrent lieu alors à l'émigration de ces tribus, d'abord vers Teo-Colhuacan et ensuite vers le midi. C'est d'Aztlan et de Chicomoztoc que prétendent être sorties ces diverses peuplades, et si le premier de ces deux noms convient à plus d'un canton de la Sonora, le second semble se rapporter avec également de justesse aux régions montagneuses, sillonnées par le Rio-del-Norte (3). On sait d'ailleurs que ce furent les Mexicains qui apportèrent aux vallées plus méridionales de l'Anahuac l'usage de construire des maisons à plusieurs étages, surmontées de toits en terrasse, telles qu'on les voit encore à Mexico, maisons dont le style ne se retrouve anciennement que parmi les nations avoisinant le Nouveau-Mexique. On ignore l'époque de la destruction des palais de Chichilticale : lorsque Castañeda y passa, ils étaient ruinés depuis longtemps ; mais on se souvenait encore, chez les tribus voisines, qu'ils avaient été habités auparavant par le même peuple que celui de Cibola.

Dans la route qu'ils suivirent avant d'atteindre cette contrée, si célèbre encore sous le titre fabuleux des Sept-Villes, les Espa-

---

(1) Alonso Franco, *Histoire de Mexico*, manuscrit en langue nahuatl de la coll. Aubin. — Chimalpain, *Memorial de Culhuacan*, manuscrit de la même collection. — Alonso Franco dit de cette ville : *Cerca huey altepetl*, fort grande ville. L'étendue de ses ruines le prouve bien.
(2) Id. *ibid*. — Rivera, parlant du palais, ajoute : « Les Indiens nous dirent que c'était par ces ouvertures (les fenêtres), qui sont fort grandes, que le souverain, qu'ils nomment *l'homme déplaisant* (*hombre amargo*, ce qui est à peu près la traduction du nom de *Moctézuma*, qui signifie *seigneur sévère*), regardait le soleil à son lever et à son coucher, afin de le saluer » (*Diario y derrotero*, etc.).
(3) Le nom d'*Aztatlan*, plus exact qu'*Aztlan* (pays des Flamants), se trouve, dans l'expédition de Nuño de Guzman, non loin du rio de *Yaqui* ou *Yaquimi* (des Mexicains). Voir Herrera, *Hist. gen.*, decad. IV, lib. VIII, cap. 1.

gnols aperçurent un grand nombre de localités, récemment désolées par une invasion de barbares qu'on croyait venus du Nord et auxquels on donnait dans le pays le nom de *Teyas* ou de vaillants. C'était une nation étrangère et puissante qui, avec celle des *Querechos*, qui étaient de la même race, habitait depuis cinq ou six ans les confins de la province de *Quivira* : on croyait qu'ils avaient des machines de guerre; car les Espagnols avaient vu une quantité de boulets de pierre qui paraissaient avoir servi à sa destruction (1); ils avaient même assiégé Cicuyé, mais sans avoir pu s'en rendre maîtres. Depuis lors, ils retournaient quelquefois pour commercer sous les murs des bourgades néo-mexicaines, sans, toutefois, qu'on les admît dans l'intérieur.

A cette invasion passagère d'un essaim obscur, substituons un grand peuple nomade, comme les Sioux et les Pieds-Noirs, traînant après lui les hordes associées à sa fortune, et nous aurons une de ces émigrations formidables qui avaient jadis inondé les contrées méridionales et qui achevaient actuellement de détruire les restes de l'antique civilisation du Nouveau-Mexique. Les Teyas et les Querechos, qui paraissent s'être fixés, depuis, dans cette contrée, racontaient que pour y arriver ils avaient traversé des pays fort peuplés et florissants. Ainsi que les autres tribus nomades que les Espagnols observèrent à cette époque au nord du Rio-Gila, ils vivaient comme les Arabes, sous de vastes tentes de peaux de buffle tannées, faisant de la chasse aux bisons leur ressource principale et leur occupation favorite ; mais ils ne se déplaçaient guère qu'en été et revenaient passer l'hiver dans leurs habitations. Leurs vêtements étaient de cuir comme leurs tentes : ils se nourrissaient de viande crue, buvaient du sang, mais ne se nourrissaient point de chair humaine. Ils avaient l'art de conserver la viande, et pour cela « ils la coupent en tranches très-minces, ajoute Castañeda (2), et la font sécher au soleil ; ils la

---

(1) Castañeda, *Voyage*, etc., part. II, chap. 5.
(2) Id. *ibid.*, chap. 7.

réduisent ensuite en poudre pour la conserver; une seule poignée, jetée dans un pot, suffit pour un repas, car elle se gonfle beaucoup. » C'est le *pémican*, substance qui forme encore leur nourriture ordinaire, et dont les Européens ont également appris à faire usage dans ces vastes solitudes. Le chien, ce compagnon naturel du chasseur, lui servait ici d'auxiliaire, non pour découvrir et poursuivre le bison, mais pour transporter les tentes et les provisions de la tribu, comme le fait aujourd'hui le cheval. « Ils ont de grands troupeaux de chiens qui portent leurs bagages, continue le même auteur; ils l'attachent sur le dos de ces animaux au moyen d'une sangle et d'un petit bât : quand la charge se dérange, les chiens se mettent à hurler pour avertir leurs maîtres de l'arranger. » Les Teyas avaient sans doute reçu ces grands chiens des tribus polaires, entre lesquelles ils avaient peut-être vécu dans le Nord : car l'espèce en était inconnue aux Mexicains, tandis que les Esquimaux la possèdent et en forment de nombreux attelages pour leurs traîneaux.

Dans le siècle dernier, des voyageurs qui avaient parcouru les contrées arrosées par le Colorado, croyaient que ce fleuve prenait sa source dans les montagnes situées au sud du pays actuel des Mormons, non loin desquelles vivait alors une nation civilisée à laquelle on donnait le nom de *Mosemlec* (1). Entre les nations les plus connues à cette époque dans l'État de Sonora, on citait les *Yaqui*, population jadis nombreuse, qui vivait aux bords du Yaquimi; les *Tarahumaras*, les *Pimas*, les *Opas*, les *Cocomaricopas*, les *Quiquimas*, les *Opatas*, les *Tohuas*, les *Guaimas*, les *Moquis* et les *Séris*; tous, à l'exception de ces derniers, parlaient à peu près une même langue et avaient les mêmes coutumes (2). Étaient-elles étrangères dans ces contrées, ou bien, comme le conjecturent certains auteurs, étaient-elles les restes des nations puissantes,

---

(1) Alegre, *Hist. de la Comp. de Jesus de Mexico*, etc., tom. II, lib. VI. « Como afirma tambien en su relacion don Gabriel de Cardenas, que habla larga y ventajosamente del asiento, costumbres y politica de aquellas gentes, poco diversas de las de Europa)»

(2) Alegre, *ibid.*, lib. 5.

maîtresses auparavant de ces beaux territoires? seraient-ce les mêmes qui se seraient signalées par la construction de ces monuments dont les voyageurs reconnaissent chaque jour davantage la singularité et l'étendue? Ce qui est constant, c'est qu'il existait parmi elles des races d'hommes, endurcies à la fatigue et au danger, qui, comme les Teyas, étaient de haute taille et d'une beauté remarquable. On comprend donc que ce devaient être de terribles adversaires pour les populations paisibles, qui voyaient quelquefois un essaim de nomades sortir à l'improviste des prairies, pour envahir leurs territoires. Telles étaient ces nations nouvelles dans lesquelles les Espagnols ont cru, depuis, reconnaître les Apaches et les autres tribus de leur race, à qui les missionnaires attribuaient la destruction de l'antique civilisation septentrionale.

Guerriers farouches et indomptables, ils auraient, de siècle en siècle, et d'une région à l'autre, chassé devant eux les populations du Nord, dévastant les campagnes et les cités, brûlant et saccageant tout ce qui s'offrait sur leur passage, pour le seul plaisir de détruire : la tradition sonorienne leur attribue l'incendie des *Casas grandes de Moctézuma*, et l'histoire des temps modernes les représente comme les auteurs de la ruine des provinces de Sonora et de Sinaloa (1). On ne trouve chez eux nulle trace de livres ni d'annales : on ne leur connaît aucune espèce de sacrifice, de culte ou de religion; on ne sait même pas s'ils adorent un esprit supérieur aux choses de la terre. Mais ils ont entre eux des traditions orales, des rites maçonniques et une société secrète dont ils ne révèlent les mystères à aucun étranger (2). Il y a un siècle, les Apaches hantaient les montagnes qui environnent les plaines et les vallées de la Sonora : la chasse alors si abondante dans le Nord leur manquait rarement, et leur multiplication n'était arrêtée que par leurs luttes intestines. Mais les bisons se rendant plus rares, il leur devint nécessaire d'occuper d'autres can-

---

(1) Arricivita, *Cronica serafica*, etc., part. II, lib. IV, cap. 3.

(2) Alegre, *Hist. de la Comp. de Jesus*, tom. II, lib. VI.

tons les armes à la main. Quels que fussent les vaincus, la lutte ne pouvait se terminer que par leur départ ou leur extermination : c'est le secret de ces débordements périodiques qu'on remarque également dans l'histoire des peuples pasteurs de l'ancien monde. On peut donc dire que l'œuvre de la destruction, commencée par les barbares avant la découverte de l'Amérique, ne s'est pas ralentie un moment : la plupart des nations que nous avons nommées plus haut, ont depuis lors disparu devant les Apaches, et aujourd'hui les restes de la colonisation espagnole sont menacés, à leur tour, au nord du Mexique par ces fiers et indomptables sauvages.

Avec ces notions se termine le coup d'œil sous lequel nous avons travaillé à embrasser l'ensemble des migrations des nations civilisées de l'Amérique centrale vers le nord et de leur retour vers le sud; nous y avons joint quelques détails sur les autres peuples qui ont pu s'y rattacher, afin de répandre toute la lumière possible sur l'histoire de cette partie du continent occidental, si mal-à-propos nommé le *Nouveau-Monde*. Le temps n'est peut-être pas éloigné où, complétées par de nouvelles découvertes, elles acquerront plus d'étendue et de certitude. En attendant, retournons vers l'Amérique centrale : cherchons les traces des tribus de cette même race nahuatl qui prirent une direction opposée à celle des Toltèques du nord, et assurons-nous si, dans les régions méridionales qui s'étendent sur l'autre moitié du continent, nous découvrons encore des vestiges de cette race puissante.

§ XII.

Décadence universelle des races américaines au temps de la conquête. Classement de celles de l'Amérique méridionale. Migrations centro-américaines au sud-est, sur l'isthme de Panama et au Darien. Les Caraïbes issus de la race nahuatl. État social des nations caraïbes du Darien aux bords de l'Orénoque. Caractère de la race caraïbe. Son influence sur les populations de l'Amérique méridionale. Anthropophagie religieuse. Déchéance des nations anthropophages.

Les races qui portèrent la civilisation dans l'Amérique centrale, ou dont les institutions se modifièrent dans cette contrée au contact de ses habitants, avaient, dans leur caractère, dans leur organisation et dans leurs coutumes, des éléments de force et de durée dont les traces se distinguent encore jusque chez les nations les plus éloignées de leur berceau, sans que le cours des siècles, ni le mélange des Européens aient réussi à les effacer entièrement : on les retrouve chez les peuples les plus divers de mœurs et de langage, chez les hordes incultes comme chez les nations policées, jusqu'à l'extrémité même de l'Amérique méridionale. Rien en apparence n'est plus capricieux que le développement inégal de cette antique civilisation, et dont le hasard seul paraît avoir produit le contraste : mais en y regardant de près, on découvre bientôt dans ce chaos où se mêlent les vestiges de tant d'institutions différentes, qu'ils représentent des nations sinon d'une origine tout à fait diverse, dont l'arrivée date au moins d'une époque distincte, et lorsque déjà le temps avait sensiblement modifié leurs symboles et leurs usages : c'est donc à un mélange de races ou de tribus, envahissant successivement les mêmes contrées, qu'on doit attribuer les transformations des cultes et des sociétés, ainsi que les différences qu'on observe entre les populations lointaines et le berceau d'où émanèrent les idées primitives. Remarquons, en passant, toutefois, que partout ailleurs que sur les points où cette fusion s'opéra, les peuples conquérants nous apparaissent dans un état plus ou moins voisin de la barbarie, quoique chacun conservât encore quelque débris d'une organisation antérieure, mais mutilée.

Ces données premières se trouvent en partie confirmées par les traditions et les usages des populations de l'Amérique méridionale. Ce que nous ne pouvons nous arrêter à établir ici, quoique la preuve en soit partout écrite, c'est la perte que toutes firent d'une partie de leurs vieilles institutions, dont les restes n'apparaissent plus qu'à leur déclin : elles avaient eu des croyances religieuses uniformes; et, quoique les traces en soient partout visibles, on ne les saisit nulle part, si ce n'est défigurées et mourantes. Toutes les fois, cependant, qu'il est possible d'interroger leurs annales, et qu'on parvient à s'éloigner de l'âge où ces contrées furent conquises par les armes espagnoles, les sociétés, aujourd'hui même les plus barbares, se montrent plus fortes, leur existence plus stable et leurs idées morales moins confuses. Dans celles qui avaient possédé une organisation politique où le sacerdoce et l'aristocratie avaient eu un rôle fixe, on ne voit plus d'ordinaire que des devins et des chefs électifs, les premiers sans culte intelligent, les seconds sans pouvoir durable. Ce phénomène d'une décadence universelle éclate à des degrés divers sur tous les points de l'Amérique civilisée aussi bien que barbare. Sans chercher ici à en découvrir toutes les causes, nous tenons à en constater le fait si important dans l'histoire des peuples, et à indiquer celles qui nous ont le plus frappé; nous voulons parler des jalousies individuelles de clans et de foyers, où l'indépendance de la tribu prévalant sur la grandeur de l'unité nationale, rompit le nœud qui unissait les monarchies, en les fractionnant en une multitude de petits États incohérents. C'est cet esprit mesquin, encore aujourd'hui si commun entre les aborigènes de l'Amérique, qui contribua certainement à précipiter le déclin de la civilisation et qui livra ensuite avec tant de facilité la plupart de ces nations entre les mains des Espagnols.

Lorsqu'on embrasse dans leur ensemble les races diverses qui peuplent la partie méridionale du continent américain, on les groupe ordinairement en trois familles principales, la *Guarani-Brésilienne*, à laquelle se rattachent les *Caraïbes*, du côté de l'est ; la *Pampéenne*, ainsi nommée des *pampas* ou plaines centrales qu'elle possède, et la *Péruvienne* dont les rameaux s'étendent sur la croupe des Andes et le long de l'Océan Pacifique (1). Si l'on jette avec cela ses regards sur la carte où leur situation est tracée, on voit qu'elles s'étendent toutes les trois, sans interruption, du nord au sud, comme des masses qu'un même mouvement aurait poussées dans une direction uniforme. Ainsi l'emplacement qu'elles occupent atteste encore le sens dans lequel s'accomplit leur marche (2) : car, sorties de l'Amérique centrale, ainsi que l'attestent presque universellement les traditions, toutes auraient cheminé vers le midi, en passant par l'isthme de Panama. Quoique confuses chez un grand nombre de nations ou de tribus, ces traditions s'éclaircissent et deviennent plus distinctes, lorsqu'on les compare à celles que nous avons relatées dans les chapitres précédents, et toutes uniformément paraissent se relier aux théories fondamentales du *Livre Sacré*, dont elles sont encore un commentaire. Pour le moment, laissons les différents États guatémaliens, groupés autour de ce berceau primitif, et voyons de quelle manière, en partant de là, nous pouvons suivre et y rattacher l'échelle des migrations méridionales. C'est Torquemada qui nous offre leur premier point de départ (3).

Dans un chapitre antérieur, nous avons parlé de l'origine des Chiapanèques qui formaient, au nord-ouest des montagnes de Soconusco, un groupe si différent de mœurs et de langage des populations environnantes : établis par la force des armes sur les bords du fleuve de Chiapas, à peu de distance de Ciudad-Real, ils donnaient, au nord, la main aux *Zoqui*, à l'ouest aux *Mijes* ou *Mixi*, aux *Mixtèques* et aux *Wabi* de Tehuantepec avec lesquels ils paraissent avoir eu quelque affinité (4). Qu'ils fussent

---

(1) Alcide d'Orbigny, *L'homme Américain*, passim.
(2) Moke, *Hist. des peuples américains*, pag. 70.
(3) *Monarq. Ind.*, lib. iii, cap. 40.
(4) Cette affinité paraîtrait même s'étendre, suivant Burgoa, à la plupart des populations de l'État d'Oaxaca,

de la souche des Vitznahuas (Chanes ou Quinamés), comme semble l'indiquer le culte antique de l'Ara, personnifié dans Vukub-Cakix, ou issus des premiers Nahuas, symbolisés dans Hun-Batz (1), il n'est pas moins certain que la tradition les distingue de toutes les autres tribus et qu'ils n'avouent eux-mêmes de parenté qu'avec les Dirias et les Chorotecas du Nicaragua. Ceux-ci racontaient que leurs ancêtres, bien des siècles avant l'arrivée des Espagnols, avaient occupé les régions aujourd'hui à peu près désertes qui s'étendent entre le territoire de Tehuantepec et celui de Soconusco, sur les bords de l'Océan Pacifique, aux mêmes lieux où les Nahuas, chassés de Tulan à la suite de la révolution, descendirent pour chercher un asile. Les Chorotecas donnent à ces derniers le nom d'*Olmecas;* ils ajoutaient qu'ils avaient été tout à coup envahis par eux et réduits au plus cruel esclavage. Pour finir cette odieuse tyrannie, dont on comprend, du reste, la rigueur, ils s'entendirent avec leurs prêtres et leurs chefs qui, se mettant à leur tête, les guidèrent par les rivages de la mer jusqu'au golfe de Nicoya ; de là, ils retournèrent ensuite, en passant les monts, jusqu'au lac de Nicaragua et se fixèrent sur ses bords.

Par la même tradition, nous apprenons que les Olmecas, leurs ennemis, refoulés à leur tour par une puissance supérieure, prirent bientôt après la même route, cherchant comme eux une patrie nouvelle. Les détails que nous donne à ce sujet l'historien, sont suffisants pour faire connaître parfaitement dans ces Olmecas les tribus de la race nahuatl, proscrites de Tulan et dont nous reparlerons un peu plus loin, à propos de leurs établissements au Guatémala. Ce qu'il importe, toutefois, de signaler ici, ce sont les stations diverses qu'une partie de ces tribus fondent en passant par l'Amérique centrale : ce sont eux encore qui, après

---

dont les langues, dit-il, sont sœurs, et jusqu'aux tribus du nord-ouest, comme chez les Tarasques du Michoacan.

(1) Le nom de la forteresse qui dominait la cité de Chiapas s'appelait, dans la langue chiapanèque, *Chapà-Nanduimé*, Ara-Couleur-de-Feu, et la ville elle-même *Nambi-hina-Yaca*, Cité Grande du Singe.

avoir suivi une partie du littoral du Pacifique, donnent naissance à la plupart des colonies de la langue mexicaine qu'on retrouve aujourd'hui même sur la côte jusqu'au delà d'Ezcuintla et de Sonzonate (1); on peut observer leur marche à l'intérieur du pays où ils fondent la ville sacerdotale de Mictlan, près du lac Guixa, à la frontière de San-Salvador, et le royaume de Cuzcatlan, le plus florissant et le plus riche des Etats de la langue nahuatl, dans ces contrées (2). Puis, continuant aux flancs de la Cordillère de Lépatérique et de Segovia, elles gagnent l'Océan Atlantique à l'est de l'Etat de Nicaragua vers l'embouchure du fleuve San-Juan; là elles fondèrent une ville qui avait conservé de l'importance au temps de la conquête, et où l'on parlait un dialecte nahuatl alors fort corrompu.

On les suit encore jusqu'à l'isthme de Panama, s'arrêtant dans les territoires voisins du *Darien*, entre *Nombre-de-Dios* et *Porto-Belo* (3): récemment on a découvert les traces de leur séjour dans cette contrée, et les îles du golfe de *Chiriqui* nous ont révélé des monuments, couverts de sculptures et d'inscriptions, qui rivalisent avec les palais du Yucatan (4). Dès lors Torquemada cesse de suivre les Nahuas qui passèrent plus avant: mais il ramène un des groupes de cette race à travers l'isthme jusqu'au bord de l'Océan Pacifique, puis par les Etats de *Veragua* et de *Costa-Rica*, où l'on trouve encore tant de traces de leur langue et de leur passage,

---

(1) *Itzcuintlan*, aujourd'hui *Ezcuintla*, la Ville des Chiens, connue des Cakchiquels sous le nom de *Panatacat*, cité riche et populeuse de plus de 40,000 âmes au temps de la conquête, renaît aujourd'hui, grâce au commerce du café, et compte environ 10,000 âmes; elle est à 12 lieues sud de Guatémala, et ses eaux sont les plus belles du pays. — *Sonzonate*, autrefois *Centzon-atl*, les 400 eaux ou sources, jolie ville de 12 à 15,000 âmes, à 4 lieues de la mer et du port d'Acajutla, dans l'Etat de San-Salvador.

(2) *Mictlan*, aujourd'hui *Mita*, village encore important de l'Etat de Guatémala. On voit près de là des ruines qui attestent son antique importance; il ne faut pas confondre cette ville avec une autre du même nom dans l'Etat d'Oaxaca, au Mexique. — *Cuzcatlan*, Terre des richesses, ancienne capitale du royaume du même nom, remplacé depuis par la ville de San-Salvador.

(3) Torquemada, *Monarq. Ind.*, lib. III, cap. 40.

(4) « At the *Isla del Muerto*, Whiting and Shutman also found monuments and columns, covered with hieroglyphics, similar to those discovered in Yucatan by Mr Stephens » (Cullen's *Isthmus of Darien Ship canal*, etc. Note, pag. 38).

jusqu'au bord du lac de Nicaragua. Là ils se rencontrent de nouveau avec le peuple qu'ils avaient obligé naguère à fuir son pays : mais les Chorotecas, oubliant leurs anciennes injures, les accueillent comme autrefois leurs ancêtres avaient reçu les premiers Nahuas. Ceux-ci, cependant, avaient gardé rancune de leur dernière proscription : payant l'hospitalité par la perfidie la plus noire, ils attaquent leurs hôtes au milieu de la nuit et les poursuivent ensuite avec cruauté jusqu'aux limites de leur territoire. Les Chorotecas (Vitznahuas) épouvantés prennent la fuite devant leurs ennemis : les uns, se dirigeant au nord-ouest, vont fonder *Nagarando*, au bord du lac de Managua (1), tandis que les autres contournaient les rivages du golfe de Nicoya, que l'on trouve encore aujourd'hui habités par leurs descendants (2). C'est de cette manière que la race nahuatl resta en possession des bords méridionaux du lac de Nicaragua, où la trouva la conquête espagnole (3).

Ce qu'on ne saurait trop remarquer dans les émigrations subséquentes qui eurent lieu dans cette direction, c'est que les deux races ennemies (4) descendirent simultanément vers le sud-est par l'isthme de Panama. Ce furent, d'un côté, les Chorotecas (Vitznahuas) qui fuyaient devant les hôtes perfides qui les avaient obligés

---

(1) De *Nagarando* ou *Nagrando*, en nahuatl, *Xolotlan*, vient le nom des *Nagarandas*; cette ville était à peu de distance de la première cité espagnole de Léon, au bord occidental du lac de Managua, à trois lieues de la capitale actuelle.

(2) Sous le nom commun de *choroteca*, Squier réunit les trois dialectes, nagranda, diria et choroteca; ces deux derniers, qui n'ont presque aucune différence, sont fort éloignés du premier; ils se parlent entre Managua et le golfe de Nicoya, et ont beaucoup d'analogie avec le chiapanèque propre. Les Chorotecas passaient pour la plus ancienne race du pays.

(3) On donnait aux descendants de la race nahuatl de Nicaragua le nom de *Niquira*, qu'on trouve énoncé dans Oviedo. Dans un des interrogatoires rapportés par cet auteur, on lit cette réponse d'un chef niquira de Nicaragua : « Quand les enfants viennent au » monde, ils ont la tête tendre, et on » la leur pétrit pour la rendre telle » que nous l'avons, avec deux bosses » de chaque côté et un creux au mi- » lieu, car nos dieux ont dit à nos » ancêtres qu'ainsi nous aurions l'air » beau et noble; cela rend aussi la » tête plus dure pour porter des far- » deaux » (Oviedo, *Relation de Nicaragua*, coll. Ternaux, pag. 71).

(4) « Ceux qui parlent la langue » chorotega et qui sont leurs ennemis » (des Niquiras), ont aussi la même » religion; mais leur langue, leurs » mœurs, leurs coutumes et leurs cé- » rémonies sont si différentes, qu'ils » ne s'entendent même pas » (Oviedo, *ibid.*, pag. 8).

d'abandonner de nouveau leurs foyers : la tradition nous les montre d'abord sur les côtes et dans les îles du golfe de Nicoya : mais on continue à suivre les traces de leur langue et de leurs coutumes dans les provinces de Costa-Rica et de Veragua, et au delà du Darien, jusque dans les régions de la Nouvelle-Grenade qui longent le littoral de la mer Pacifique. Du côté opposé, le même fait se répète exactement pour les Nahuas, que Torquemada nous montre s'arrêtant sur l'Atlantique, aux environs de Porto-Belo, et l'on continue à reconnaître leurs traces sur la plus grande partie des territoires du Darien, quoique mêlées parfois à celles de leurs adversaires (1). Les siècles n'ont pas encore achevé de les effacer : c'est ainsi qu'aujourd'hui on distingue les indigènes du Darien sous deux noms, les *Mandingas* et les *Tulé*, dont la différence rappelle peut-être encore leur origine distincte.

Dans les tumuli qui furent ouverts, il y a deux ou trois ans, auprès de la ville de David, dans la province de Chiriqui (2), on trouva un grand nombre d'objets travaillés en or d'une grande perfection, et les forêts de Veragua continuent à révéler les restes imposants d'une civilisation antique; tombeaux, palais, colonnes colossales, couvertes de sculptures fantastiques, mais qui n'ont rien de commun avec les nobles débris de Palenqué et de l'Yu-

---

(1) Citons pour exemple quelques noms encore existant aujourd'hui, soit de localités, soit de rivières, et dont nous chercherons à rétablir l'orthographe : Cuiti (*cuitic* ou *cuiltic*), Putrigandi, Navagandi (de *nahua*, etc.), Sasardi, Carreto, Gandi, Tutumate (de *totoma*), Aclatomate, nom de la rivière à l'embouchure de laquelle était située la célèbre ville d'Acla (*Atlatomate* et *Atlan*, auprès des eaux, sur l'Atlantique), Urraba (*Ullahuan*), Atrato (*Atlalon*), Chucunaqua (*Choconacuan*), Artuganti (*Atlacantin*), Tapanaca (*Tlapanecan*), Uztacapanti (*Oztocapan*), etc. Presque tous ces noms sont d'origine nahuatl, et ont un sens parfaitement approprié aux localités où on les trouve ; il faut remarquer encore l'analogie éloignée qu'il y a entre les mots terminant en *andi*, *anti*, *ando*, qui paraissent encore être une corruption du nahuatl. Ex. : *Navagandi*, lisez *Nahuacantli*. Ces noms appartiennent aux Indiens du Darien, qu'on appelle encore aujourd'hui *Tule* (Voir Cullen's *Isthmus of Darien*, appendix, pag. 99). Cet appendice, qui renferme un vocabulaire de mots de leur langue, semble appartenir à la race chorotèca. Ajoutons encore ici les noms, conservés au temps des Espagnols, de plusieurs princes de cette contrée : *Dobayba*, *Abi-Beiba*, *Aben-Amechey*, *Abrayba*, etc., qui nous paraissent avoir une tournure tout à fait moresque ou biblique (Herrera, *Hist. gen.*, decad. 1, lib. IX, cap. 6).

(2) La province de *Chiriqui*, située entre les deux océans, est disputée par les Etats de Costa-Rica et de Veragua (Nouvelle-Grenade), entre lesquels elle se trouve, et la ville de David est du côté du Pacifique.

catan (1). Les *Dorachos*, considérés comme les plus policés des habitants de cette contrée, au temps de la conquête, ne paraissaient pas en avoir été les auteurs. D'autres peuples avaient-ils donc passé par là, ou bien faut-il attribuer ces monuments aux Chorotecas proscrits à Nicaragua ou à leurs ancêtres plus anciens, les Vitznahuas, adorateurs de l'Ara *Vukub-Cakix*, ou bien à ceux du singe Hun-Batz, symbole des premiers Nahuas? Ce qui est certain c'est que lorsque les Espagnols arrivèrent dans ces contrées, cette civilisation était déchue, sinon éteinte: les populations du Darien, quoique policées jusqu'à un certain point, participaient à la fois des institutions alors existantes à Cuba, à Haïti et parmi les Nahuas, et des écrivains ont cru y retrouver même des analogies avec celles des Japonais. On n'y voyait guère d'édifices en pierre; les maisons des chefs, quoique grandes et commodes et d'une structure fort remarquable, étaient généralement en bois et assises sur pilotis, précaution jugée nécessaire pour les mettre à l'abri des inondations sur les côtes marécageuses de Darien. Le palais du prince Comagre avait cent cinquante pas de long sur quatre-vingts de largeur, et les pilotis qui en formaient la substruction étaient environnés d'un mur de pierre solidement bâti : l'intérieur en était distribué avec beaucoup de goût, et les parois comme les planchers étaient tendus de nattes admirablement tissées. Dans une des salles de sa maison, le chef gardait avec piété les corps de ses ancêtres, desséchés au feu ou embaumés et enveloppés d'étoffes de prix. Cette installation était celle de la plupart des villes du littoral du Honduras et de Nicaragua jusqu'aux embouchures de l'Orénoque sur l'Atlantique. Il en était de même de la plupart des nations qui occupaient le vaste territoire renfermé entre la mer et ce fleuve : d'origine caraïbe ou alliées à cette race puissante, elles se partageaient en une foule de tribus, classées d'ordinaire au dernier degré de l'échelle sociale, mais à qui les relations, tout à fait con-

---

(1) Seeman's *Voyages*, etc. *Trans. Amer. ethnol.*, 1853, pag. 175.

temporaines de la découverte, accordent des institutions bien plus policées qu'on ne saurait se l'imaginer aujourd'hui.

En effet, les relations subséquentes les représentent comme des sauvages, dont le nom seul suffisait pour jeter l'épouvante dans les Antilles : leur énergie, leur impétuosité guerrière et surtout l'usage abominable où plusieurs de leurs tribus étaient de manger de la chair humaine, leur avait valu cette renommée. Mais, ainsi qu'on l'a déjà vu chez les Nahuas, cette coutume, liée à des rites mystérieux, était loin d'exclure les arts et les notions sociales, et quoique à cette époque la civilisation parût à son déclin parmi ces peuples, que l'invasion européenne achevait de précipiter dans la barbarie, il existait encore un état de culture assez avancé. Outre les maisons dont nous venons de parler et dont aujourd'hui les descendants des conquérants seraient incapables de reproduire les modèles, il s'y fabriquait des étoffes de la plus grande finesse et des ouvrages en plume aussi beaux qu'au Mexique (1). Si les hommes en quelques endroits allaient presque nus (2), les femmes s'y distinguaient par la recherche de leurs vêtements, par la beauté artistique de leurs bijoux d'or et d'argent, et surtout la taille admirable des émeraudes et des autres pierres fines dont toutes aimaient à se parer également. Herrera (3), sans entrer dans beaucoup de détails sur leur gouvernement et leurs institutions, en dit cependant suffisamment sur *Acla, Comagre, Careta* et les autres Etats de la côte jusqu'à *Cumana*, pour donner à entendre qu'ils étaient au niveau des nations de Nicaragua et du Cundinamarca. Il loue la perfection de leurs peintures, sans dire toutefois s'il s'agit de caractères à l'aide desquels ils auraient conservé leurs annales : mais on sait

---

(1) Herrera, *Hist. gen.*, decad. I, lib. IX, cap. 2, 6, etc., *passim*.

(2) Les relations sont fort contradictoires à ce sujet : parfois on représente les hommes comme très-bien vêtus, ailleurs, comme allant à peu près nus; il est probable que les classes inférieures se couvraient beaucoup moins, surtout dans un climat si chaud. Au Japon, les femmes du peuple s'habillent également fort peu, et les hommes se présentent absolument nus, si ce n'est que parfois ils ont une ceinture assez légère autour des reins.

(3) *Ibid., ut sup.* Voir à la table générale les noms cités ici.

que chez les *Caramari* de Carthagène, qui se vantaient également d'appartenir à la puissante nation des Caraïbes, on trouvait, comme parmi les indigènes d'*Urraba*, les traces d'une culture considérable, importée anciennement, ainsi que des notions de livres et de l'art graphique (1).

Les chefs du Darien et des côtes d'Urraba prenaient les titres de *Quevi* et de *Sako*, qui correspondaient à ceux de prince ou de roi : ce dernier, qui se retrouve au Cundinamarca, est également mentionné comme un titre princier et sacerdotal dans la Mixtèque (2). Si chez quelques-unes de ces nations on trouvait la coutume de dévorer la chair humaine, en d'autres endroits les mœurs montraient une dissolution analogue à celles des populations de Natchez, de Panuco et de Teo-Colhuacan. Partout on voit établi le culte du soleil, ainsi que des traces d'institutions phalliques. Entre les rares notions religieuses qui nous ont été transmises sur ces peuples, Herrera parle du culte de *Dobayba*, nommée aussi la *Mère des dieux*, créatrice du soleil et de la lune, et dont Balboa chercha inutilement à découvrir le temple, afin d'en piller les trésors. Ces notions, malgré leur brièveté, nous ramènent aux dieux des Nahuas, Oxomoco et Cipactonal, la grand-mère et le grand-père du soleil et de la lune ; mais ce qui achève d'identifier cette race avec les Caraïbes, c'est, ajoute Blas-Valera (3), que « toute cette génération d'hommes si terribles et si cruels » était sortie des régions du Mexique pour peupler ensuite celles de » Panama et de Darien, ainsi que toutes ces immenses contrées qui » vont d'un côté jusqu'au nouveau royaume de Grenade et de » l'autre jusqu'au delà de Sainte-Marthe. » Ce sont les mêmes, en effet, qu'on retrouve, plus bas, sous des dénominations diverses, quoique la tradition leur ait conservé généralement celles de *Cara, Cari, Coro, Cali*, etc., dont la première syllabe est dé-

---

(1) Petr. Mart. Ocean., pag. 22 et 65. — Humboldt, *Essai sur l'histoire de la géographie du Nouveau-Continent*, tom. II, pag. 83.

(2) *Hist. des nations civilisées du Mexique et de l'Amér. cent.*, tom. III, chap. 1, pag. 17.

(3) Garcilaso de la Vega, *Comentarios Reales*, etc., lib. 1, cap. 11.

meurée attachée à une foule de localités où ils établirent leur séjour, soit en passant, soit d'une manière permanente (1). Les foires et marchés qui se tenaient dans ces contrées, à l'instar de ceux du Mexique et de l'Amérique centrale, constatent l'existence d'un commerce actif et continu : mais on en ignore les particularités et l'on ne sait pas davantage jusqu'où il s'étendait. Cependant des communications paraissent avoir été établies anciennement avec les peuples du Pérou : on ne saurait donc s'étonner, en lisant les relations du temps, que les premières nouvelles qu'en apprit Balboa, ainsi que de la mer Pacifique, lui eussent été données par un jeune chef de Comagre qui, en lui désignant le Sud, lui disait que dans cette direction il trouverait des princes qui n'usaient que de vaisselle d'or et qu'on y naviguait dans des barques à voiles et à rames peu inférieures à celles des Espagnols (2) : Un peu plus tard, c'était le chef de Tumaco qui traçait à Balboa, à son arrivée dans la baie de Panama, la *figure* des côtes de Quito, lui décrivant en même temps la richesse de l'or du Pérou et la forme extraordinaire des llamas que l'on charge de minerais dans les Cordillères et que les Castillans prirent pour des chameaux. Cependant il y avait plusieurs centaines de lieues depuis l'isthme jusqu'aux régions dont le Cacique avait une connaissance si précise. Combien y en a-t-il parmi nous ou parmi les Hispano-Américains, même dans les classes *instruites*, qui seraient aujourd'hui en état d'en faire autant ?

En observant ainsi sur le grand isthme qui unit les deux Amériques les débris de ces races, qu'on peut regarder comme les plus anciennes entre celles qui fondèrent les institutions sociales sur ce continent, on voit déjà comment leurs migrations ont dû s'opérer du nord au sud, et par quel concours de circonstances des nations ennemies, différant de coutumes et de religion, se

---

(1) De *Cariari*, première localité que Colomb découvrit après le cap Gracias à Dios, sur la côte orientale de Nicaragua, on retrouve ces noms jusqu'à l'extrémité du Pérou.
(2) Petr. Mart., *Ocean.*, pag. 22 et 65. — Herrera, *Hist. gen.*, decad. I, lib. x, cap. 3.

sont trouvées simultanément sur la même route et auront pu quelquefois se fondre l'une avec l'autre : ce fait intéressant dans l'histoire des migrations humaines nous conduit par analogie à en supposer beaucoup d'autres; il servira peut-être à expliquer bien des anomalies apparentes, en indiquant de quelle manière des populations, soit sauvages, soit civilisées, ont dû naturellement se rencontrer sur cette route étroite, afin de passer pour ainsi dire d'un pôle à l'autre.

Si nous n'avions d'autre objet que de soumettre à un rapide examen les diverses nations que l'on s'accorde généralement à considérer comme ayant possédé, antérieurement à la conquête, des institutions sociales supérieures, nous passerions sans nous arrêter de l'Amérique au plateau de Bogota, et de là par les Andes au Pérou. Mais ce que nous cherchons à découvrir, ce sont les traces des peuples que nous venons de suivre jusqu'aux confins de l'isthme de Darien : car dans les régions intermédiaires, en grande partie aujourd'hui recouvertes de forêts, c'est à peine si, à l'exception des villes et des États modernes, on trouve un souvenir du passé. Ce que nous avons déjà vu suffit, cependant, pour démontrer que ces solitudes où l'on discerne encore de loin en loin quelque tribu indigène, se reliaient par des anneaux d'une chaîne rarement interrompue d'existences maintenant éteintes, aux civilisations méridionales. En les interrogeant, nous verrons jaillir encore quelque lumière sur les problèmes qui se rattachent à l'histoire des grands peuples environnants. En effet, qu'on suive, en longeant le littoral, les navigateurs et les conquérants du xvi° siècle, de Darien à Cumana, on trouve ces contrées occupées, comme nous venons de le voir, par des populations qui paraissent appartenir presque invariablement à la même race que celles des *Caramari* de Carthagène et de Sainte-Marthe, race guerrière et souvent farouche, à laquelle toutes les autres se vantaient d'être unies, sinon par des liens du sang bien étroits, au moins par des alliances nombreuses. Vivant à des degrés divers de civilisation ou de barbarie, c'est la même race qu'on voit se répandre sur les deux rives de l'Orénoque, envahissant tour à tour les différentes régions de l'Amérique méridionale jusqu'aux confins même du Chili.

Peu d'années avant l'arrivée des Espagnols, un essaim de Caraïbes avait débarqué aux Antilles, où leur force et la coutume de dévorer leurs ennemis avaient répandu la terreur. Fiers de leur puissante stature, ces guerriers formidables se sentaient doués des qualités personnelles que semblent avoir presque toujours possédées les races conquérantes. Aussi se plaçaient-ils au-dessus des peuples qui les environnaient, et ils répétaient avec orgueil qu'eux seuls étaient des hommes, tandis que les autres n'étaient que des esclaves. La même pensée leur faisait redouter pour leurs fils la petitesse des yeux, qu'ils regardaient comme une disgrâce, sans doute parce qu'elle était une marque distinctive des tribus brésiliennes qui les avoisinaient. Pour la prévenir, ils avaient, ainsi que les Nahuas de Nicaragua, adopté la coutume de repousser en arrière le front du nouveau-né, ce qui lui déformait le crâne, mais en faisant ressortir les yeux comme ils le désiraient (1). Leur nom même, si l'on ajoute foi à l'étymologie qu'on en donne (2), attestait l'orgueil d'une race puissante et belliqueuse, car il aurait signifié l'homme par excellence, et, ainsi que *nahual* dans le Nord, celui de *cara* dans le Sud n'était dans l'origine qu'une sorte de titre d'honneur qu'on décernait aux chefs qui s'étaient distingués par quelque action d'éclat.

Les Caraïbes se souvenaient d'être sortis du nord, et l'on a recueilli des traditions qui leur donneraient pour berceau les

---

(1) Dans l'épopée de Hunahpu et de Xbalanqué, il y a un passage curieux, où les saltimbanques mystérieux, qui se montrent en Xibalba pour exécuter leurs prestidigitations merveilleuses, refusent de se présenter devant les rois, dans la crainte que leurs grands yeux ne paraissent quelque chose de difforme (Voir le *Livre Sacré*, pag. 179).

(2) Suivant Rochefort (*Histoire des Antilles*, pag. 455), *Caribe* signifie guerrier; c'est le même sens qu'on donne au mot *Guarani*, qui veut dire guerre, suivant le P. Antonio Ruiz; *Guarini-hara*, guerrero, guerrier (*Tesoro de la lengua guarani*, pag. 130). Alors *Guarani*, *Carini*, *Caribe* auraient la même origine que le mot *war*, guerre, ainsi que la plupart des mots germaniques qui s'y rattachent (A. d'Orbigny, *L'homme Américain*, tom. II, pag. 268). D'autres donnent à ce mot la même origine qu'au mot *Cara* des Turcomans, beau, fort, puissant, excellent, etc.

plaines des Florides, aussi loin même que les Alléghanies (1). On a déjà vu par quel concours de circonstances la race nahuatl avait pénétré dans l'Amérique méridionale, et les premières colonies qu'elle y avait établies : avant elle, et depuis, d'autres essaims, identifiés avec les Caraïbes par un contact prochain, auraient pu suivre la même route, les uns, en descendant les côtes du Pacifique, à la suite des Chorotecas, les autres en remontant les rives du Magdalena ou en traversant même un bras de mer, d'un point de la terre ferme à l'autre, afin de se fixer dans quelque autre partie du continent, comme aux embouchures de l'Orénoque, où plusieurs de leurs tribus se maintinrent fort longtemps. Autour d'eux s'étaient répandus, dans cette direction, une foule de peuples de mœurs analogues et parfois de même langage (2) ; ceux-ci avaient sans doute partagé naguère leur fortune ; mais les Caraïbes les regardaient si peu comme leurs égaux, qu'aujourd'hui même ils ne peuvent encore se résoudre à vivre auprès d'eux dans les missions espagnoles. Aussi s'efforçaient-ils constamment de les soumettre ou de les détruire, et de là naissaient des guerres mortelles où se consumaient les forces des nations voisines. On les représentait surtout comme de terribles chasseurs d'hommes, qui entreprenaient les expéditions les plus hardies pour aller au loin surprendre des clans étrangers et y faire des prisonniers. C'est ainsi que les Nahuas, dans les temps les plus anciens, allaient au loin chasser aux captifs, et que les Mexicains, à une époque rapprochée de la conquête, s'engageaient à dessein dans des combats avec les Tlaxcaltèques et les autres États voisins, afin d'avoir des victimes à ramener aux autels des dieux.

Quelque inférieure que nous paraisse aujourd'hui la condition des Caraïbes, les relations des premiers conquérants, d'ac-

---

(1) Petr. Mart., De Mare Oceano, pag. 6.—Rochefort, Hist. des Antilles, pag. 351.
(2) D'Orbigny, L'homme Américain, tom. ii, passim.

cord avec les observations d'un voyageur moderne (1), nous font voir, chez cette nation ambitieuse et intelligente, des traces d'institutions vastes et savantes, destinées à consolider le pouvoir aristocratique et l'influence sacerdotale. Mais comme elles étaient partout en décadence, même chez les tribus les plus policées, à l'époque de la découverte de l'Amérique, c'est à peine si l'on en aperçoit actuellement quelques débris presque effacés. On y retrouve cependant l'hérédité consacrée dans les familles régnantes, le respect des princes et de la religion, l'obéissance aux lois, une extrême tenacité aux anciennes coutumes, les épreuves de l'initiation guerrière, sanctifiées par des pénitences cruelles et des austérités extravagantes qui rappellent les rites des Mexicains; on y retrouve, comme parmi les Iroquois, l'usage de préparer, par des supplices atroces, le sacrifice du prisonnier qu'on dévorait ensuite religieusement. Le récit qu'on lit de ces horreurs dans les histoires du temps, les représente généralement comme une simple coutume populaire; mais des descriptions plus anciennes et plus spécifiées ajoutent aux détails ordinaires d'autres rites qui nous montrent le bourreau se préparant au meurtre par des veilles austères, comme le sacrificateur mexicain.

Parmi les tribus du Brésil qui avaient appris des Caraïbes à dévorer leurs prisonniers, c'était le prêtre qui les excitait, au nom des dieux « qui demandaient de la chair humaine. » Ainsi les scènes monstrueuses où la peuplade entière s'associait au meurtre de l'ennemi, dont elle mangeait les restes, étaient dans le principe de véritables sacrifices humains, analogues à ceux qui existaient dans l'Anahuac. Ils faisaient partie de cet ensemble de croyances et d'institutions, systématiquement conçu dans l'origine, comme une satisfaction mystérieuse par le sang, et dont le sacerdoce se servait actuellement pour endurcir le guerrier à toutes les horreurs du carnage. On ne saurait méconnaître qu'une pensée bien profonde eût présidé à cette organisation de la tribu

---

(1) Humboldt, *Relation historique*, pag. 471, etc.

barbare. C'est une vaste combinaison que celle dont nous trouvons ici les débris : car elle renfermait de tous les côtés la vie du guerrier et lui traçait une route uniforme vers le but militaire et religieux qu'elle lui avait assigné ; mais là, comme au Mexique, elle n'atteignait ce but qu'en sacrifiant les sentiments d'humanité, qu'en étouffant la voix de la conscience, qu'en faussant entièrement l'idée vraie de la religion (1). Faut-il s'étonner après cela qu'elle imprimât aux peuples ce mouvement rétrograde que nous signalions tout à l'heure? Elle ne formait le guerrier qu'en dénaturant l'homme. Du reste, les faits paraissent s'accorder partout pour montrer que les cruautés du sacrifice humain et l'anthropophagie qui en était la conséquence, s'accroissaient dans le sens contraire de la civilisation. On peut en juger par les nations de la Zapotèque et du Yucatan, dont la religion était moins cruelle et chez qui la culture sociale était bien supérieure à celle des Mexicains et des Tlaxcaltèques ; il en était de même chez les nations du littoral, depuis la commerçante cité d'Acla au Darien, jusqu'à Cumana, où les coutumes étaient généralement plus douces et la condition plus policée que chez les tribus caraïbes de l'intérieur.

Si des bords de l'Orénoque nous passons à des régions plus méridionales, nos regards, en embrassant cette vaste étendue de fleuves et de forêts qui s'étend entre les bords de l'Amazone et ceux du Rio de la Plata, découvrent des populations homogènes, au teint jaunâtre, à la taille ramassée, à la physionomie presque mongole et qui, pour la plupart, parlent des dialectes de la même langue. Ce sont les Guarani-Brésiliens, sortis évidemment d'une autre souche que les Caraïbes à la haute stature et aux traits caucasiens : mais leurs usages guerriers et religieux, l'organisation de leurs tribus, les détails même de la vie domestique, les assimilent si complétement à ces derniers, qu'on peut dire, au point de vue social et historique, qu'il devient impossible de séparer

(1) Moke, *Hist. des peuples américains*, pag. 54.

les deux familles. Or, quelque obscur que soit le passé chez les peuples qui n'ont point d'histoire, les mœurs et le caractère du Caraïbe le rattachent visiblement à ces Américains du Nord parmi lesquels il se souvenait d'avoir vécu autrefois. Les Brésiliens, aussi, venaient de contrées plus septentrionales, et ils en avaient rapporté des coutumes qui rappelaient leur séjour dans ces parages : tels étaient l'anthropophagie et l'usage de scalper les prisonniers (1), celui d'entretenir du feu auprès de leur couche et l'emploi d'une sorte de calumet. Une autre habitude qu'ils ne pouvaient pas tenir de la race caraïbe, atteste encore mieux leurs relations avec les tribus qui occupaient jadis le territoire des États-Unis : c'est l'arrangement particulier de leurs habitations, disposées sur un autre plan que le carbet, mais pareilles de tout point à celles que construisaient les Hurons et les Iroquois.

C'est donc bien du nord que venait la race brésilienne, et ses coutumes propres le démontrent aussi clairement que celles qui lui étaient communes avec les Caraïbes. Mais en était-elle sortie en même temps qu'eux ? Les vagues traditions qui répondent à cette question prouvent seulement que les deux peuples avaient été entièrement unis à l'époque d'une grande crise qui avait menacé leur existence et qui fut suivie de leur départ pour leur séjour actuel. Thevet, parlant du respect dont les Caraïbes étaient entourés chez les *Tupis*, ajoute (2) : « La réputation des Cannibales est si grande en ce pays-là, que tous nos sauvages, pour se dire et porter vaillants, se disent en être descendus. Car comme après leur déluge, plusieurs (de leurs ancêtres) se furent sauvés sur les montagnes de ce peuple, ils se marièrent là et revinrent ensuite avec leurs femmes, les enfants qui en étaient nés et quelques-uns des parents de leurs épouses. Par ce moyen ils repeuplèrent leur région, ce qui est cause qu'ils sont si vaillants. »

---

(1) « Voici maintenant ce qu'ils font (les Carios) avec les têtes qu'ils ont coupées dans un combat : ils enlèvent la peau avec la chevelure, la font sécher, et la placent au bout d'une perche en signe de victoire, » etc. (*Voyage d'Ulrich Schmidel au Rio de la Plata*, coll. Ternaux, pag. 121).

(2) Thevet, *Cosmographie*, liv. xxii, chap. 1.

Il ne saurait donc rester aucun doute sur l'ascendant qu'avait jadis obtenu ce peuple roi, et les Brésiliens désignaient eux-mêmes le Caraïbe comme leur protecteur et comme le brave par excellence, opinion qui était encore admise au xvi° siècle chez toutes les tribus du littoral. Ainsi l'idée d'amitié, d'alliance, de communauté de fortune entre les deux races se trouvait généralement établie, quelque vague que fût devenue la mémoire des événements qui les avaient réunis. Les Caraïbes avaient donné aux Brésiliens les devins ou *piayes* qui prenaient encore au Brésil le nom de *Caraïbe* ou *meyre* qui signifiaient étranger (1). A ces prêtres d'une religion sanguinaire, les populations voisines attribuaient les habitudes féroces qui les élevaient à leurs propres yeux et constituaient le guerrier. On voit donc partout l'action du même peuple dominer l'existence des autres, comme si les tribus au teint jaunâtre, à la physionomie chinoise, dont se compose le groupe brésilien, avaient obéi sans résistance à la supériorité d'une race à la fois plus intelligente et plus énergique.

Ces indications suffisent pour montrer l'influence que le Caraïbe dans l'Amérique méridionale, comme ailleurs le Toltèque ou le Nahua, avait exercée à une époque ancienne sur ces nations inférieures. Issu d'une autre souche et formé, pour ainsi dire, d'éléments plus actifs, il les avait rencontrées éparses, désunies, timides, peut-être, ou étrangères du moins à la passion des armes : mais après s'en être emparé comme d'une masse inerte, il leur avait donné sa propre impulsion. De lui venaient leurs pensées comme leurs lois, leur caractère comme leurs rites, et ce n'est pas de lui que nous l'apprenons, mais d'elles seules. Nous n'essaierons pas de déterminer l'époque, ni la région où s'était formé le lien qui attachait la race brésilienne à la fortune des Caraïbes : les événements accomplis avant les temps historiques ne peuvent être ramenés qu'à demi à la lumière. Cependant, les

---

(1) Thevet, *ibid.* — Jean de Lery, et, depuis lors, Humboldt, en font aussi la remarque, ainsi que M. Ferdinand Denis, le savant bibliothécaire de Ste-Geneviève.

notions que nous avons relatées dans les chapitres précédents permettent de distinguer vers quel temps ces grands essaims ont pu s'acheminer du nord au midi, pour prendre possession des vastes contrées où les Européens les découvrirent. Le *Livre Sacré* nous fait assister à trois grandes périodes de dispersion des races américaines : c'est celle du déluge de Gucumatz où probablement de nombreuses nations, épouvantées de ce cataclysme, s'éloignèrent, ainsi que semble l'indiquer la tradition des Tupis, du théâtre de ce grand désastre; ce sont les révolutions, causées dans l'empire de Xibalba par les différentes migrations de la race nahuatl, migrations qui occasionnèrent évidemment le déplacement d'un grand nombre de nations plus anciennes, durant les siècles qui précédèrent ou qui suivirent immédiatement le commencement de l'ère chrétienne ; c'est enfin l'irruption des tribus du nord sur le Mexique, au temps de la chute de l'empire toltèque, au xi° siècle, et qui paraissent avoir causé également d'immenses bouleversements dans le monde américain. On voit clairement à ces diverses époques les mouvements qui s'opèrent parmi les peuples, tant barbares que civilisés, et si, dans les traditions mexicaines, on ne les aperçoit guère au delà de Panama, dans celles du Pérou, au contraire, on les voit s'avancer à droite et à gauche, descendre dans les régions situées au delà même du lac de Titicaca et traverser toute l'étendue du continent.

Ainsi qu'on l'a vu précédemment, la marche des tribus avait en général suivi les bords de l'Océan ; d'autres vinrent, cependant, directement par mer, comme on le verra par les traditions que nous rapporterons plus bas. Chacune de ces migrations, encore qu'elles fussent d'une même race, s'accomplit à plusieurs reprises et quelquefois même à des périodes fort éloignées. Les nations pampéennes, qui semblent avoir occupé primitivement la partie méridionale du continent, furent naturellement balayées l'une après l'autre devant ces invasions redoutables, quel que fût le degré de civilisation qu'elles eussent atteint, ou bien se confondirent avec les nouveaux venus. Chez un grand nombre de ces nations, on reconnut à l'époque de la conquête des traces nombreuses d'institutions policées qui rappelaient une civilisation antérieure, déchue comme tant d'autres, et dont les traditions religieuses, quoique bien vagues déjà, les rattachaient aux dogmes antiques propagés par la race nahuatl. Chez les *Yuracarès* (hommes puissants), c'était un incendie général des forêts dont le récit rappelle en partie l'ouragan dont il est question au *Livre Sacré*, et l'éruption des volcans, telle que la raconte le *Codex Chimalpopoca*; cette catastrophe remplace chez eux le déluge des autres nations. Chez les mêmes encore, *Ulé*, de l'arbre le plus brillant des forêts qu'il était d'abord (1), se métamorphose en homme, à la prière d'une jeune fille, qui, devenue mère d'une manière merveilleuse, donne le jour à Tiri qu'arrache de son sein la femelle d'un jaguar. De leur côté, les *Mbocobis* racontent que la lune est un homme (*Adago*) et le soleil sa compagne (*Gdazoa*). Ce dernier tomba du ciel : un Mbocobi le releva et le plaça où il est ; mais il tomba une seconde fois et incendia toutes les forêts. Les Mbocobis se sauvèrent en se changeant en *Gabinis* et en *Caïmans*. Un homme et une femme seuls montèrent sur un arbre pour fuir le danger et voir couler les flots de feu : une flamme leur brûla le visage et ils furent changés en singes (2). En résumé, chez la plupart de ces populations, dont on a si mal recueilli les traditions religieuses, on retrouve sous une forme ou une autre le culte du soleil souvent mêlé à celui du serpent ; celui du *Tamoï*, ou le Vieux du ciel, de la Grand'Mère ou du Grand-Père qui rappellent constamment les titres d'Oxomoco et de Cipactonal. C'est le même dieu qui a vécu parmi eux, qui leur a enseigné l'agriculture, qui, avant de les quitter, leur a promis de les secourir au besoin et qui ensuite a disparu à l'orient. C'est aussi en mé-

---

(1) D'Orbigny, *l'homme Américain*, tom. 1, pag. 365. Le lecteur se rappellera que la balle avec laquelle jouait Hunhun-Ahpu était d'*ulé*, *ulli*, ou gomme élastique. La fable ici paraît un souvenir confus de ces événements antiques, comme d'Oxomoco, épouse de Cipactonal, représentée quelquefois comme *Tlaca-Oceloll*, l'Homme-Tigre.

(2) V. le *Livre Sacré*, pag. 31.

moire de son ascension au ciel qu'ils bâtissaient des temples octogones où ils allaient demander par leurs prières et leurs austérités l'accomplissement des promesses de leur législateur (1).

§ XIII.

Origine antique du Pérou. Ecritures et chronologie. Premières émigrations. Arrivée des Chimus ou Géants. Leur migration vers les montagnes, puis à la côte. Invasions étrangères. Ruine de la dynastie primitive du Pérou. Période inconnue jusqu'aux Incas. Réforme religieuse et sociale opérée par ces princes. Traditions antiques de Tijahuanaco et du lac de Titicaca. Les Viracocha. Illa-Ticci et Con-Ticci-Viracocha. Pacaric-Tambo et le Tonacatepetl. Les quatre Ayar, souvenir des traditions nahuas. L'Inca Viracocha. Culte de Con chez les Chibchas. Traditions et institutions toltèques au Bogota et au Zenu.

Si des plaines centrales de l'Amérique du Sud on jette les regards vers la grande chaîne des Andes, on reconnaîtra que la côte occidentale du continent forme ici comme une étroite vallée, resserrée entre l'Océan et les montagnes. Au rapport de quelques observateurs modernes, une seule race d'hommes aurait peuplé toute cette contrée dont la longueur est de plus de mille lieues. On ne voit pas, disent-ils, qu'aucune invasion y soit venu déplacer violemment les peuples, et le rempart de montagnes que la nature y a mises, aurait partout couvert les anciens habitants des révolutions qui s'accomplissaient dans les autres régions de l'Amérique. Ces peuples, c'est sous le nom d'*Ando-Péruviens* qu'un de ces observateurs (2) les a classés dans le tableau des races américaines. Cependant, si l'on en croit les traditions antiques du Pérou et de l'Equateur, le mouvement des grandes migrations et le choc des masses, pour être plus anciens, ne s'y seraient pas moins fait sentir qu'ailleurs. Les notions que nous comptons présenter à ce sujet sont en partie tirées d'un auteur accusé quelquefois d'avoir exagéré l'antiquité des annales péruviennes (3),

(1) D'Orbigny, *L'homme Américain*, tom. II, pag. 102, 277, 319 et 329.
(2) Id. *ibid.*, *passim*.
(3) Montesinos, *Mémoires sur l'An-*cien *Pérou*, coll. Ternaux. Muñoz, historiographe de l'Amérique, comme par le roi d'Espagne, dans une note jointe au manuscrit de cet ouvrage,

mais à qui l'on accorde cependant une connaissance approfondie des choses de cette contrée. Après avoir hésité à nous servir de ses *Mémoires*, nous avons cru, sur un examen attentif de cet ouvrage, ne pas pouvoir lui refuser la confiance qu'il nous paraît mériter. Il est d'accord, pour la plupart des faits les plus importants, avec Herrera, Zarate, Balboa et Garcilaso lui-même ; mais ce qui a surtout entraîné notre suffrage, c'est que ces faits coïncident d'une manière singulière avec les époques mémorables de l'antiquité américaine, telles qu'on les trouve exposées dans le *Livre Sacré* et dans le *Codex Chimalpopoca*, qu'on ne le peut en aucune façon soupçonner d'avoir connus auparavant. Quant à Garcilaso, écrivain véridique en tout ce qui touche au côté glorieux de l'histoire des Incas, on ne saurait dire qu'il soit contraire à l'ensemble des annales, rapportées par Montesinos : Inca lui-même et considérant comme barbare (1) tout ce qui était antérieur à sa famille, ou établi diversement de la législation des fils du Soleil, il se contente de commencer l'histoire de son pays avec Sinchi-Roca, réformateur religieux et fondateur d'une nouvelle dynastie, dont il fait naturellement le second monarque du Pérou, afin de le rattacher immédiatement à Manco-Capac, que les peuples étaient accoutumés à vénérer, comme la souche sacrée des rois et des nations dès la plus haute antiquité.

Les divers écrivains qui ont traité de l'histoire du Pérou, et

---

dit que Montesinos avait été deux fois visiteur (visitador) au Pérou, qu'il l'avait parcouru dans tous les sens et y avait résidé plus de quinze ans. Le P. Rodriguez, dans son *Histoire du Maragnon*, dit que personne ne connut mieux les antiquités du Pérou. Ajoutons que les monuments de Tiahuanaco et d'autres si supérieurs à ceux de la civilisation des Incas, sont le meilleur témoignage en faveur des nations civilisées, dont Montesinos donne les annales, et contre les assertions de Garcilaso, qui ne peut s'empêcher de le reconnaître lui même (*Comentar. Reales*, lib. III, cap. 1).

(1) C'est dans le même esprit que les historiens romains omirent à dessein toute ce qui avait trait à la civilisation et aux annales étrusques, détruites par leurs consuls après la prise de Véies, et que Scipion ordonna la destruction des monuments et des bibliothèques de Carthage. De même encore les Grecs considéraient les Perses et les appelaient des barbares comme leurs successeurs appelaient aussi nos pères des barbares, au moment même où de vrais barbares, les Turcs, s'apprêtaient à leur prendre Constantinople. Du reste Garcilaso dit, avec ses préjugés ordinaires, que les Incas étaient incapables de faire le mal et en dit le moins qu'il peut. Balboa ne paraît pas du même avis.

Garcilaso le premier, s'accordent à donner aux régions, comprises actuellement sous ce nom, une origine fort ancienne et à reculer, bien au delà de la monarchie des Incas, le berceau des nations qui furent depuis soumises par leurs armes (1). La plupart sont d'accord également à reconnaître qu'en outre des *quipos* ou nœuds de diverses couleurs, dont ils se servaient pour compter les temps et les choses, les peuples de cette contrée possédaient plusieurs sortes d'écritures, les unes *calculiformes*, ainsi qu'elles étaient surtout à Quito, les autres figuratives et monosyllabiques (2), d'autres enfin phonétiques comme les nôtres, si l'on en croit Montesinos et, peut-être, Herrera lui-même. Le papier fabriqué des feuilles du bananier, dont on se servait encore pour écrire

(1) Garcilaso parlant des populations appelées *Géants* dans la tradition, et auxquels on attribuait les édifices de Tiahuanaco, dit : « Sera bien démos » cuenta de una historia notable y de » grande admiracion, que los Natu- » rales della (region de Manta) tienen » por tradicion de sus antepasados, » de *muchos siglos atras*, de unos » gigantes, que dicen fueron por la » mar à aquella tierra.... (*Coment. Real.* lib. IX, cap. 9.) — Montesinos fait remonter la première dynastie péruvienne à 2,500 ans avant J.-C. — Suivant Velasco, *Hist. du roy. de Quito*, coll. Ternaux, tom. I, pag. 12, la race des peuples, dits géants, habitait encore la côte de Manta, dans le commencement de l'ère chrétienne, et elle en avait chassé des nations plus anciennes. Au Cundinamarca la tradition faisait remonter à vingt cycles la réforme religieuse due au prophète Subacon ; on sait que ces cycles étaient de soixante ans chacun, comme au Japon. (Zamora, *Hist. del Nuevo Reyno de Granada*, lib. II, cap. 14, pag. 134.)

(2) Voici ce que dit Herrera : « In- » dios christianos ha havido que se han » confesado por el Quipo, como un » Castellano por escrito, i algunos In- » dios se han confesado llevando la » Confesion escrita con *pinturas*, i » *caracteres*, pintando cada uno de los » diez Mandamientos por cierto modo, » i luego haciendo ciertas señales » como cifras... de donde se puede » colegir la viveza de aquellos in- » genios, pues por este modo *escri-* » *ven* tambien muchas oraciones, » i asi nunca, los Indios tuvieron Le- » tras, sino cifras, ó Memoriales, en la » forma dicha. Por unas cuentas de » pedreçuelas aprenden quanto quie- » ren tomar de memoria. Sus *es-* » *crituras*, como no eran letras, sino » dicciones, sin necesidad de travarse » unas con otras, las ponian de arriba » abajo ; i de esta manera, con sus » *figuras* se entendian. » (*Hist. gen.* décad. V, lib. IV, cap. 1.) — Balboa, parlant du testament écrit de Huayna-Capac, dit : « On prit un long bâton ou » espèce de crosse et on y dessina des » raies de diverses couleurs d'où l'on » devait avoir connaissance de ses » dernières volontés ; on le confia » ensuite au *Quipocamayoc* ou no- » taire (ou plutôt archiviste-général). » (*Hist. du Pérou*. Coll. Ternaux, pag. 198.) Ainsi on écrivait aussi les signes qu'on faisait avec les quipos. Voir encore Aubin, *Mém. sur la peinture didactique et l'écriture fig. des anciens Mexicains*, Paris, 1849, pag. 59. Quant aux *quipos*, ils étaient connus au *Paruhuas* de Quito longtemps avant les Incas ; les chefs araucaniens s'en servent encore aujourd'hui et les lisent couramment. Les écrivains des États-Unis comparent les quipos au *Wampum* ou colliers de porcelaine dont parlent Lafitau et Charlevoix et disent que les Indiens du nord s'en servaient de même pour conserver leurs annales (Smith's *History of New-York*, vol. I, pag. 74).

au Chili, vers l'époque de la conquête, aurait existé dix-huit cents ans au moins avant notre ère, ainsi que les *quilcas*, peaux de bêtes préparées ou parchemins, sur lesquels on écrivait alors les annales du pays ; car « on connaissait l'usage des lettres, et il y
» avait des hommes savants et des maîtres qui enseignaient à
» lire et à écrire, ajoute l'auteur (1), comme le font aujourd'hui
» les *Amautas*. » Dès cette époque reculée, « le roi Inti-Capac avait
» établi l'année solaire de 365 jours et six heures, et partagé les
» années en cycles de dix, de cent et de mille ans, au moyen des-
» quels ils conservèrent l'ordre des dynasties royales (2) et la
» mémoire des événements les plus reculés de leur histoire. »

C'est ainsi que les traditions, d'accord avec les chants historiques des Amautas, avaient transmis le souvenir des premières tribus qui, vingt-cinq siècles avant notre ère, avaient peuplé le Pérou, depuis les côtes qui sont sous l'équateur jusqu'à l'extrémité du Chili. Ces tribus seraient venues indistinctement des Andes, de terre ferme et par la mer du Sud ; elles seraient demeurées en paix les unes avec les autres, pendant une période d'environ deux siècles, après quoi des contestations s'étant élevées sur la possession des sources et des pâturages, les premières guerres auraient éclaté à cette occasion. Chaque tribu se choisit alors un

---

(1) Montesinos, *Mémoires sur l'ancien Pérou*, pag. 33. « Quand D. Alonso de Ercilla se trouvait au Chili, dit-il, il manqua de papier pour écrire les vers de son poème, et un Indien lui enseigna l'usage de ces feuilles. Ils écrivaient aussi sur les pierres. Un Espagnol a trouvé des inscriptions de ce genre sur les édifices de Quinoa, à trois lieues de Guamanga (à 60 l. environ à l'O. N. O. du Cuzco), et personne ne put les lui expliquer. » Cette écriture serait-elle la même que M. Aubin a si bien appelée *catculiforme*; elle serait entièrement phonétique, et les Araucaniens, au dire des voyageurs, en auraient conservé le secret. Remarquons ici que le mot *quilcu*, qui n'a pas de sens dans le qquichua, pourrait avoir sa racine dans le mot *cuiloa* (nahuatl), écrire, peindre.

(2) « Ce dernier cycle, celui de mille ans) se nommait *Capac-huata* ou *Intip-huatan*, c'est-à-dire grande année du soleil. C'est au moyen de ces cercles qu'ils ont conservé la chronologie de leurs rois. Les Indiens se servent très-habituellement de cette phrase, *Iscay Intipquillacampincay, iscay capac huata*, telle ou telle chose est arrivée, il y a deux soleils. C'est parce que le licencié Polo de Indagardo n'a pas compris cette phrase qu'il a avancé que les Ingas n'avaient pas plus de 180 ans d'antiquité ; il a confondu le cercle de cent ans avec celui de mille ans. Les Indiens disent 4500, ce qui les fait remonter au déluge. Cependant il est très-vraisemblable que les Ingas n'ont en effet régné que 400 ans. » *Mém. sur l'ancien Pérou*, pag. 62. Nous ne changeons rien aux mots qquichuas, qui sont fort peu corrects par la faute du copiste ou du cor-

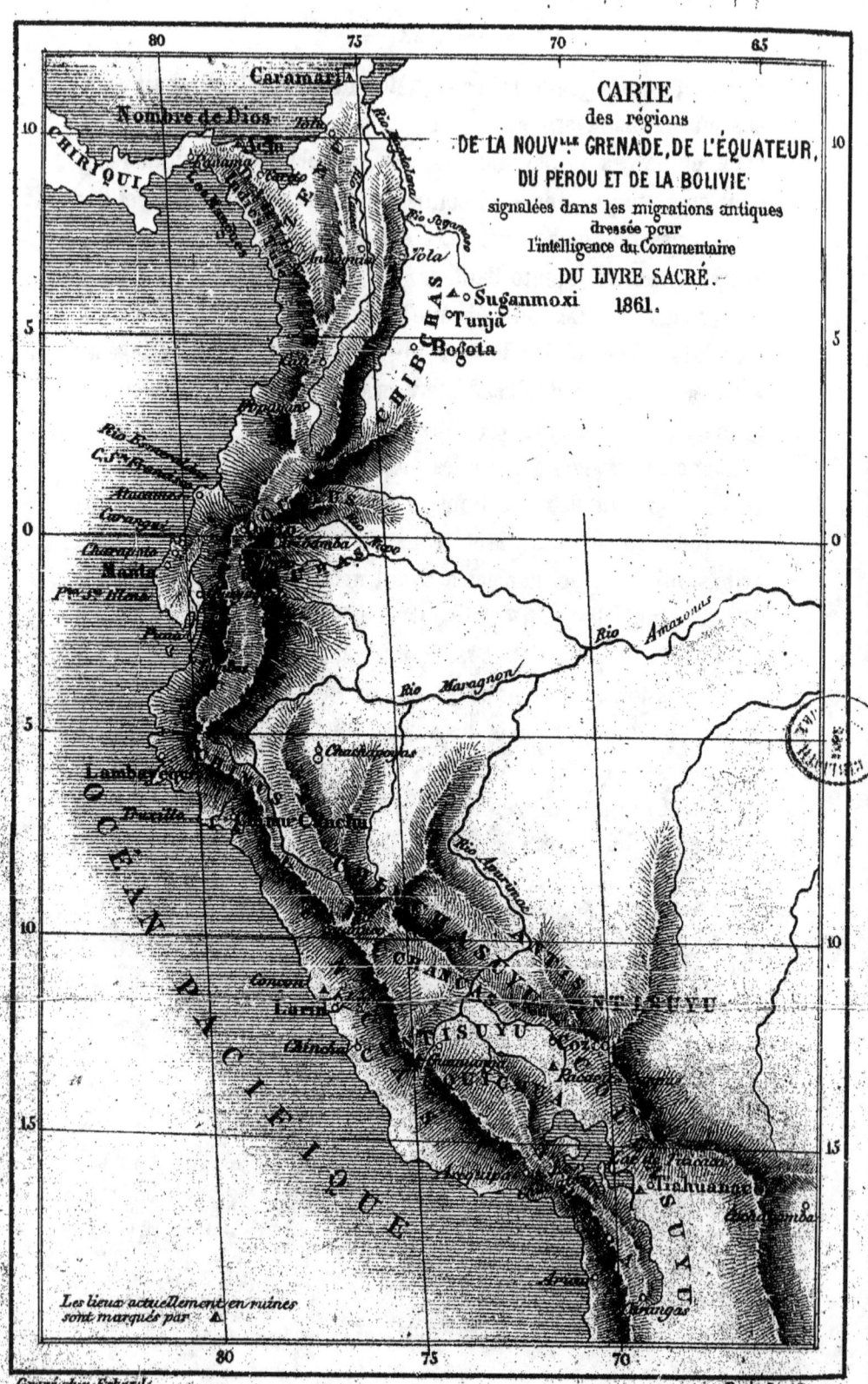

chef capable de la conduire au combat, et ceux-ci auraient profité de cette circonstance pour étendre leur pouvoir. Tel était l'état des choses, lorsqu'apparurent les quatre frères avec qui commencent d'ordinaire toutes les histoires péruviennes, mais dont la légende rappelle si clairement les antiques traditions du *Livre Sacré*, que nous croyons devoir la laisser momentanément pour la reprendre plus bas, lorsque nous traiterons des notions religieuses conservées dans ces contrées. Le nom du fondateur de la première monarchie péruvienne aurait été Pirhua, qui réunit plusieurs peuplades éparses et qui aurait bâti la ville du Cuzco, afin de pouvoir les retenir plus aisément sous son autorité (1).

Sous le règne de Manco-Capac Ier, arriva au Pérou, suivant Montesinos, la première émigration étrangère : ses bandes nombreuses sortaient à la fois des provinces méridionales d'*Arica* et de *Collao*, tandis que d'autres descendaient des Andes au nord-est vers le Cuzco. La tradition leur donnait le nom d'*Atumu-Runas* (2) : c'étaient des hommes grands et forts ; mais leur caractère paisible les fit regarder comme une classe inférieure. Plusieurs de leurs tribus s'établirent dans les provinces de *Pumacocha*, de *Quinoa*, de *Huaitara* et de *Chachapoyas*, qui s'étendaient jusqu'à plus de cent lieues au nord du Cuzco et où l'on trouvait encore au temps de la conquête des débris d'édifices antiques,

(1) Id. *ibid.* pag. 6. Les diverses légendes qui regardent *Pirhua* nommé d'abord *Ayar-Uchu-Topa*, n'ont rien de précis ni d'arrêté et elles paraissent confondues avec des traditions d'une date postérieure. Sous la dynastie des Incas, on distinguait la monarchie qquichua par le nom des quatre aires des vents. Ainsi *Cuzco* étant considéré comme le centre ou l'ombilic de la terre, on appelait ce qui était à l'orient de cette ville *Antisuyu*, région des Antis, ce qui était à l'occident *Cuntisuyu*, région de Cunti, au nord *Chinchasuyu*, région de Chincha, et au midi *Collasuyu*, région de Collao. C'est dans celle-ci qu'existait le lac fameux de Titicaca.

(2) Montesinos, *Mémoires sur l'ancien Pérou*, page 26. M. Ternaux a laissé passer tant de fautes de copiste ou d'impression dans les ouvrages qu'il a traduits de l'espagnol, qu'on a le droit de douter si le mot *Atumuruna* est correct. Tel qu'il paraît on ne le trouve point dans le *vocabulaire de la langue qquichua*. Cependant, il serait possible qu'il vînt de *hatun*, supérieur ou ancien ou grand, et de *runa*, homme. Ceci correspondrait à — hommes anciens ou grands, peut-être à *géants*, cette dernière dénomination étant généralement celle de toutes les populations anciennes, dont l'origine a quelque chose de mystérieux.

monuments de cette vieille race : il y en eut d'autres, qui, on ne sait pourquoi, ajoutent les Amautas (1), ayant construit des canots, descendirent le fleuve Apurimac, pour aller peupler sans doute les contrées arrosées par le Maragnon. Deux comètes, qui se montrèrent, dix-sept cents ans environ avant l'ère chrétienne, auraient été suivies d'une grande sécheresse, dont les conséquences auraient fait périr la plupart des habitants de la côte entre *Tumbez* et *Arica* (du 3° au 18° sud), après quoi le pays serait demeuré à peu près désert. Mais quelques années plus tard, il aurait été repeuplé par des étrangers de haute stature et d'un aspect monstrueux, dont l'apparition aurait jeté l'épouvante parmi ceux qui y étaient restés. Ces étrangers sont indifféremment appelés les *Géants* et les *Chimus* (2), dans les histoires; c'est à la côte où se trouve le port de *Manta* sur l'Océan Pacifique qu'on les vit débarquer (3), sans qu'on sache d'où ils étaient partis.

Ces étrangers occupèrent d'abord tout le pays qui s'étend entre la rivière de Guayaquil et le rivage de l'Océan, où l'on voit encore divers travaux qui leur sont attribués : à la pointe de *Santa-Elena*, ce sont des puits creusés dans le roc, et dans l'île de *la Plata*, qui est en face du continent, un temple dédié à *Umiña*,

---

(1) Ceci donnerait à penser que c'était une race primitive et conquise, provenant d'une de ces grandes migrations antiques de peuples chassés de leur pays.

(2) Montesinos, *Mémoires*, etc., pag. 67 et 74. L'auteur n'identifie les *Géants* avec les *Chimus* qu'à la pag. 78, où le récit prend un ton plus conforme à l'histoire. Sous le nom de Chimus, Garcilaso les reconnaît lui-même comme une des plus anciennes et des plus puissantes races du Pérou; à la même famille auraient appartenu les *Chinchas*, quoique les deux nations eussent été souvent en guerre pour la possession des pâturages (*Com. Real.*, lib. vi, cap. 32).

(3) *Manta*, aujourd'hui petit port de mer au N. de *Monte-Cristo*, dans la république de l'*Ecuador* (0° 57' sud). C'est là également que Garcilaso et les autres auteurs font aborder ceux qu'ils appellent *Géants*, d'après la tradition; tous également sont d'accord sur les grands édifices qu'ils y laissèrent et dont on voit encore des restes à la *Punta-Santa-Elena* (2° 11' sud). Conf. Garcilaso, *Com. Real.*, lib. ix, cap. 9. — Herrera, *Hist. gen.*, decad. v, lib. ii, cap. 1. — Montesinos, *Mémoires*, pag. 15. — Velasco, *Hist. du roy. de Quito*, chap. 1, pag. 12. Suivant ce dernier, ils occupaient encore toute la côte de *Manta* et de *Charapoto*, au commencement de l'ère chrétienne. Les traditions disent qu'ils furent consumés par le feu, à cause de leurs sodomies; mais les mêmes histoires ajoutent plus loin qu'ils en furent chassés pour la plupart par une autre nation qui arriva également par mer, les *Puruhas* ou *Puruhuas* qui paraissent avoir appartenir à la race nahuatl.

(4) *Umiña*, pierre précieuse en

qu'on appelait le dieu de la santé et qui n'était pas moins célèbre autrefois que celui de Pachacamac. Chassés plus tard par d'autres populations, ces géants pénétrèrent dans l'intérieur des montagnes jusqu'à Huaitara et Quinoa, où, ajoute l'annaliste (1), ils trouvèrent des édifices déjà commencés. Cieça de Leon mentionne des ruines d'une grande importance (2), ornées d'inscriptions sculptées qui paraissent se rapporter à cette indication; elles existaient encore de son temps sur les bords du *Rio-Vinaque*, et suivant la tradition des Indiens de *Guamanga* ces monuments avaient été édifiés de longs siècles avant la domination des Incas, par des hommes blancs et barbus, semblables à ceux qui avaient construit les palais et les temples de *Tiahuanaco*. Quant aux Chimus ou Géants, des montagnes ils seraient redescendus sur les côtes du Pacifique jusqu'auprès de Truxillo, et ils auraient été des premiers à coloniser toute la région, dite des *Yuncas*, c'est-à-dire les plaines de terre chaude, jusqu'aux confins du Chili (3). Les Amautas,

qquichua. La tête de cette idole était faite d'une émeraude d'une grosseur prodigieuse (Velasco, *Hist. du roy. de Quito*, liv. II, § 4, n. 6).

(1) *Quinoa*, près de *Guamanga*, à 60 l. environ O.-N.-O. du Cuzco. Ceci est une preuve de l'étendue de la puissance antique des *Chimus* ou *Géants*, dont on retrouve le nom dans plusieurs localités, telles que *Chimbo*, non loin de *Riobamba*, et le célèbre pic du *Chimborazo* (ou neige de Chimbo), ce qui tendrait encore à prouver que les très-anciens habitants du royaume de Quito furent aussi des Chimus, longtemps avant les conquêtes des *Scyris* ou *Carás*. Cependant, si ce que Montesinos dit est vrai, ils auraient été précédés encore dans ces montagnes par d'autres peuples civilisés, puisqu'ils trouvèrent des édifices commencés à *Quinoa*.

(2) Cieça de Leon, *Chronica del Peru*, part. 1, cap. 87. — Herrera, *Descrip.* pag. 42.

(3) Toute la côte paraît avoir été originairement peuplée par la même race, à laquelle d'autres vinrent peu à peu se mêler. Les Incas les désignaient tous sous le nom générique de *Yuncas*, gens des plaines ou de terre chaude. M. Léonce Angrand, ancien consul et consul général au Pérou et en Bolivie, qui nous a fourni sur ces contrées un grand nombre de renseignements, dit que les langues des populations *Yuncas* différaient essentiellement du *qquichua* et de l'*aymara*. Des auteurs tout à fait modernes désignent sous le nom de *Chis* les hommes de la race la plus ancienne du Pérou, établie le long des côtes du Pacifique, entre les 10e et 14e degrés de latitude sud (Rivero et Tschudi, *Antiquités Péruviennes*, trad. française dans la *Revue des races latines*, avril 1859, chap. 2, pag. 511). Suivant les mêmes, la capitale antique des *Chimus*, portant comme le chef de cette nation le nom de *Chima-Canchu* (Enclos du Chimu), existait auprès de l'emplacement de la cité actuelle de Truxillo, et les ruines de cette ville, décrites par Rivero, couvriraient, suivant son dire, presque toute l'étendue qu'il y a entre le village de *Mansich* et le *Rio Mocha* (Id. ibid. oct. 1859, chap. X, pag. 450). Suivant M. Angrand qui a visité également ces ruines, et qui les a dessinées, le

dans leurs récits merveilleux, disaient qu'ils étaient les fils de la mer, au sein de laquelle ils avaient été créés par le dieu Pachacamac, ou créateur de toutes choses ; car tel était le titre qu'ils donnaient à la divinité suprême à qui les chefs de cette nation bâtirent le temple fameux de ce nom dans la vallée de *Lurin*. Leur arrivée au Pérou datait de quinze siècles avant l'ère chrétienne, et on les regardait comme la race la plus anciennement civilisée de cette partie du continent (1). Ce qu'il y a encore de remarquable à leur sujet, c'est qu'ils travaillaient les pierres avec des instruments en fer qu'ils avaient, dit l'annaliste (2), apportés de leur pays. Du reste on les accusait d'être des hommes superbes et orgueilleux, adonnés à tous les excès de la table et de la chair, mais en particulier au vice contre nature (3). Dans la suite, lorsque les Incas tentèrent de les soumettre à leur puissance, ils n'y

groupe principal existe à un quart de lieue de Truxillo, vers le S.-O. dans la direction du port de Huanchaco : de l'autre côté de la route à droite, se trouve la *huaca* dite *de San-Pedro*, une des plus vastes nécropoles du Pérou. Les restes des palais du Grand-Chimu, sont généralement en *adobe* et en *tapia* (pisé antique des Indiens).

(1) C'est en quoi les historiens cités plus haut paraissent s'accorder généralement.

(2) Montesinos, *Mémoires*, etc., pag. 75. A la page suivante l'auteur répète que la vue de leurs armes de fer jeta l'épouvante dans les populations. Velasco dit de son côté, en parlant des armes des Péruviens : « Ils n'employaient pas le fer, quoiqu'ils le connussent sous le nom de *Quillay*, parcequ'ils savaient tremper le cuivre comme l'acier. (*Hist. du roy. de Quito*, liv. II, § 7, art. *armes*.) » — « Il est remarquable, dit Molina, que le fer, qu'on suppose universellement avoir été inconnu aux nations américaines, a un nom particulier dans la langue chilienne. On l'appelle *panilque* et les instruments qui en sont faits *chioquel*, pour les distinguer de ceux faits d'autres matières et qui sont compris sous le nom générique de *nulin*. (*The geographical nat. and civil history of Chili, translated from the original italian*, etc. London, 1809, chap. 4.) Le *Mercurio Peruano*, tom. 1, pag. 201, an. 1791, mentionne les mines suivantes comme ayant été travaillées par les Incas (ou bien ceux qui les précédèrent) : *Escamera*, *Chilleo* et *Abatanis*, d'or ; *Choquipiña* et *Porco*, d'argent ; *Curahuato*, de cuivre ; *Carabuco*, de plomb (probablement le voisinage d'*Oruro*, dit Bollaert, *Antiquities*, pag. 90, donnait de l'étain) et les magnifiques *mines de fer* d'Ancoriamès (16° 25' sud) sur la rive orientale du lac de Titicaca. L'Amérique est encore à découvrir ! il faut ôter les voiles sous lesquels la politique espagnole a voulu ensevelir son ancienne civilisation.

(3) Ce nom de *géants* donné aux Chimus, les reproches qu'on leur fait partout à leur orgueil et à leur luxure sont exactement les mêmes que les Nahuas opposaient aux Quinamés ; remarquons que nulle part encore il n'est question de l'anthropophagie ni des sacrifices humains, importés par la race nahuatl, ce qui pourrait bien faire croire que dans le culte de Pachacama, créateur du monde, on retrouvât l'origine de celui des Incas qui paraît n'être qu'une rénovation de la religion primitive, après la ruine de la religion toltèque.

réussirent qu'en admettant en quelque sorte leurs rois comme leurs alliés et en recevant eux-mêmes le culte de Pachacamac dans l'empire.

Le XIII° siècle avant l'ère chrétienne est signalé par la réunion d'un grand nombre d'Amautas, qui travaillèrent à la correction du calendrier civil et religieux et par des modifications dans le culte du royaume du Cuzco. Dans les huit ou dix siècles suivants, on trouve encore, de temps en temps, des invasions sortant du sud ou du nord : mais ce qu'il y a de plus remarquable, ce sont les progrès de l'astronomie introduits successivement par les rois qui s'en occupaient d'une manière particulière ; c'est ainsi que trois siècles avant la naissance du Christ, Yahuar-Huquiz, l'un des plus habiles astrologues de son temps, « découvrit la nécessité d'intercaler un jour tous les quatre ans, pour former les années bissextiles ; mais, ajoute la tradition (1), il imagina au lieu de cela d'intercaler une année au bout de quatre siècles, calcul que les Amautas et les autres astrologues qu'il consulta, trouvèrent très-juste. » Cent cinquante ans après, des peuples nouveaux envahissaient le Pérou du côté de la province de Tucuman (2) ; bientôt après, d'autres arrivaient en descendant les Andes, demandant à s'établir paisiblement dans le pays : ils venaient, disaient-ils, d'une contrée lointaine, riche et puissante, d'où ils avaient été chassés par des étrangers de haute taille, et pour arriver au Pérou ils avaient dû traverser d'immenses forêts et des contrées marécageuses remplies de bêtes féroces (3).

(1) Ce fut *Ayay-Manco*, trente-troisième roi du Cuzco, qui convoqua la seconde assemblée pour la réforme du calendrier, 700 ans environ av. J.-C. C'est alors qu'on décida qu'on ne compterait plus par lunes, mais par mois de trente jours, et par semaines de dix. Ils nommèrent petite semaine les cinq jours qui restaient à la fin de l'année ; ils y ajoutèrent un jour pour les années bissextiles et les nommèrent *Allacauqui*. Ils comptaient aussi par décades d'années et décades de décades, qui faisaient un soleil ou cent ans ; l'espace de cinq cents ans se nommait *pacha cuti*. La réforme dont il est question ensuite sous Yahuar-Huquiz eut lieu environ 350 ans plus tard. (Montesinos, *Mémoires*, etc. pag. 95 et 101.)

(2) Au 26° sud, dans la république Argentine.

(3) Montesinos, *Mémoires*, etc. pag. 103. Ces notions sembleraient indiquer que ces étrangers auraient traversé les contrées de l'intérieur arrosées par l'Amazone : d'où venaient-ils ? c'est un problème ; mais

Entre tant d'invasions et de migrations différentes, il est bien difficile de reconnaître à quelles races ces populations pouvaient appartenir. Mais il ne serait pas impossible qu'on retrouvât dans ces hommes, chassés par des étrangers à la taille élevée, un groupe de la race antique des *Vitznahuas*, et qu'on pût les identifier avec ces hommes, à la complexion blanche et à la face barbue, dont parlent les traditions du lac de Titicaca ; leur civilisation aurait eu ainsi sa source dans l'empire de Xibalba, antérieurement aux changements apportés par la race nahuatl (1). Les deux siècles qui suivirent leur arrivée sont regardés comme l'époque la plus florissante de l'histoire ancienne du Pérou (2), ce qui ferait supposer encore qu'ils ne furent pas étrangers au progrès de la civilisation. La fin de cette période de prospérité coïncide d'ailleurs avec les noms de deux rois suffisamment significatifs, Manco-Capac III et Manco-Capac IV (3) : mais elle fut suivie d'une longue période de douleur et d'angoisse ; on vit des signes effrayants dans le ciel et l'on éprouva des tremblements de terre qui durèrent deux mois. Le Pérou fut envahi par des nations féroces, dont les unes arrivèrent par le Brésil et les Andes, les autres du côté de terre ferme, ce qui causa de terribles et sanglantes guerres, pendant lesquelles se perdit l'usage des lettres qu'on avait conservé jusqu'alors (4).

nous inclinons à penser qu'ils étaient de la même race que les Chimus et qu'ils avaient été déplacés par une des premières révolutions arrivées en Xibalba depuis l'invasion nahua. Nous ne prétendons point toutefois imposer cette opinion.

(1) Il reste trop peu de chose sur ces temps anciens pour qu'il soit possible d'émettre une opinion sans se hasarder. Cependant, disons que les têtes d'oiseaux gravées sur le portique monolithe de Tiahuanaco, et dont M. Angrand a rapporté jusqu'au moindre détail avec une exactitude si parfaite, rappellent, et c'est aussi l'opinion de notre savant ami, le culte du soleil figuré par l'Ara au Yucatan, dans quelques parties de la Mixtèque et par le mythe de *Vukub-Cakix* (Sept-Aras) au Guatémala. Ce culte, établi avec la civilisation qui en était la conséquence, à Tiahuanaco et ailleurs, donna naissance à ces vastes et magnifiques édifices qui faisaient l'admiration même des Incas et qui restèrent inachevés, par suite de l'invasion subséquente de la race nahuatl qui arriva à peine 200 ans plus tard.

(2) Montesinos, *Mémoires*, etc., p. 107.
(3) Le nom de *Manco-Capac*, unique dans l'histoire de la dynastie inca, qu'il commence, suivant Garcilaso, pourrait bien avoir été attribué comme un titre aux chefs des diverses dynasties qui régnèrent antérieurement.
(4) Montesinos *Mémoires*, etc., pag. 108. Il paraîtrait plutôt que ces lettres furent remplacées par des caractères différents, apportés probablement par la race conquérante.

Titu-Yupanqui, qui régnait en ce temps-là, se prépara à les combattre : mais « on l'avertit bientôt qu'une armée nombreuse s'avançait du côté du Callao ; que les nations féroces qu'on avait aperçues dans les Andes s'approchaient également, et que parmi elles il y avait un grand nombre de *noirs* (1) ; que les habitants des plaines commençaient aussi à se soulever et avaient réuni une armée considérable (2). » Le roi, malgré l'avis de ses ministres, voulut marcher en personne au-devant d'eux ; mais, dans le fort de la bataille il fut tué, et sa mort plongea le royaume entier dans l'anarchie.

Les traditions qui nous ont conservé la mémoire de ces événements, laissent, malgré leur brièveté, entrevoir suffisamment l'étendue des changements qui s'opérèrent alors dans le Pérou. L'indépendance des provinces, dont chacune se donna un chef particulier, l'abandon du Cuzco par les habitants et par l'héritier même du dernier souverain, à qui les historiens n'accordent plus que le titre de roi de *Tambotoco*, non moins que la confusion qui règne dans les récits subséquents, jusqu'à la fondation de la monarchie des Incas, ouvrent un vaste champ aux conjectures : il y a tout lieu de croire que d'autres dynasties, également étrangères à ces princes et aux dynasties primitives, par leur culte comme par leurs institutions, auront rempli ce long intervalle qui dura plus de

---

(1) Cette invasion qui vient du Brésil et des bords de l'Amazone, accompagnée d'un grand nombre de *noirs*, est fort remarquable. Ce n'est pas la première fois qu'il est question de peuples noirs en Amérique avant la conquête. Colomb avait appris lors de son second voyage que l'île de Haïti était attaquée quelquefois par une race d'hommes noirs, *gente negra*, qui avaient leur demeure dans le sud ou le sud-ouest. Il les distingue parfaitement des Caraïbes, qu'il appelle *Caribales* (Herrera, *Hist. gen.* decad. I, lib. IV, cap. 9). Vasco Nuñez de Balboa, qui franchit le premier l'isthme pour parvenir à la mer du Sud, trouva des hommes noirs au Darien : « Ce » conquérant, dit Gomara, entra dans » la province de *Quareca*. Il n'y trouva » point d'or, mais quelques nègres » esclaves du seigneur du lieu. Ayant » demandé à ce seigneur d'où il avait » tiré ces esclaves noirs, il reçut pour » réponse que des gens de cette cou- » leur vivaient assez près de là et » qu'on était constamment en guerre » avec eux. » (*Hist. de Indias*, fol. XXXIV.) Gomara ajoute que ces nègres étaient en tout semblables aux *nègres de Guinée* et pense qu'on n'en a jamais plus vu d'autres en Amérique. Gumilla parle également de nègres qui habitaient les bords de l'Orénoque. (*El Orinoco ilustrado*, etc. tome 1, pag. 78.)

(2) Montesinos, *Mémoires*, etc., pag. 110.

mille ans. La ville du Cuzco, abandonnée même par les prêtres du Soleil à la suite de plusieurs nouveaux tremblements de terre, aurait été entièrement détruite alors et cessé d'être la capitale du pays (1). L'époque de ces invasions formidables et de ces désastres, fixée vers le premier siècle de notre ère, concorde avec celle des premières migrations de la race nahuatl et des grandes révolutions de l'empire de Xibalba. Il ne serait donc pas impossible que les nations barbares qui changèrent alors la face du Pérou eussent été de celles qui se laissèrent entraîner par cette race énergique à conquérir des régions nouvelles : descendant des Andes et venant du Brésil, elles auraient suivi les routes indiquées plus haut, ravagé l'intérieur de l'Amérique méridionale, peut-être même jusqu'au Rio de la Plata, envahi ensuite les bords du lac de Titicaca et refoulé les anciens Qquichuas (les Aymaras ?) à Tambotoco. Car c'est alors apparemment que sortit des vallées de Coquimbo ce vaillant capitaine du nom de *Cara*, qui conquit *Chucuritu* et les îles du lac (2), où il massacra les hommes blancs et barbus qui avaient établi dans cette ville, ainsi qu'à *Tiahuanaco*, le siége de leur empire et de leur religion (3). C'est probablement

(1) La barbarie la plus complète succéda à la civilisation, suivant la tradition, au point que les lettres se perdirent. Mais il est évident que c'est dans cet intervalle que devait régner la civilisation nahuatl. Quant aux lettres dont on se servait, il faut remarquer que le roi de Tambotoco, regardant les lettres comme la source des malheurs publics, en défendit lui-même l'usage (dans son petit royaume, bien entendu), et un Amauta ayant inventé, quelques années après, une nouvelle espèce de caractères, fut brûlé vif pour ce délit. Ceci inclinerait bien à penser que ces caractères étaient ceux des nations étrangères, dont le culte venait de supplanter l'ancienne religion. *Tambo-Toco*, que Balboa traduit Maison de l'Aurore ou de la Fenêtre, était le même lieu que *Pacaric-Tambo*, regardé par les auteurs comme le berceau de la première monarchie péruvienne. C'était une ville à 7 ou 8 lieues au sud du Cuzco (Balboa, *Hist. du Pérou*, pag. 4).

(2) Herrera, *Hist. gen.*, decad. v, lib. III, cap. 6.

(3) Garcilaso, *Comentarios Reales*, lib. III, cap. 1. Cet écrivain décrit avec admiration les grands édifices de Tiahuanaco, que l'Inca Maytu-Capac trouva abandonnés et inachevés lorsqu'il réduisit à son obéissance la population riveraine du lac de Titicaca. Les monuments de *Chuquivitu* ou *Chucuytu* n'étaient pas moins remarquables. M. Angrand a dessiné les ruines de Tiahuanaco et en a levé les plans avec un talent et une exactitude dont la science ne saurait lui témoigner trop de gratitude. Dans la grande colline artificielle dont nous avons examiné avec attention les dessins, nous avons cru reconnaître le système des grandes pyramides, sur le sommet desquelles les peuples de Palenqué et d'Yucatan construisaient leurs temples et leurs palais ; on n'y distingue que difficilement, cependant, les traces de plusieurs terrasses superposées.

ce prince qui, après ses victoires, fixa son séjour dans la cité de *Tapac-ri*, où ses descendants régnaient encore sous le même nom, gardé comme un titre royal, au XIIᵉ siècle, lorsque l'Inca Capac-Yupanqui les soumit à son autorité (1).

Cette race qu'on reconnaît, d'un côté, à ses grandes institutions sociales, de l'autre, à ses mœurs désordonnées, à ses coutumes sanglantes, à l'anthropophagie religieuse, aux sacrifices humains, comme au culte du serpent, de *Con* et de *Viracocha* (2), se répandit sur la plus grande partie de l'Amérique méridionale, entraînant de gré ou de force les peuples à ses autels superstitieux. Ses traces se discernent, ainsi qu'on le verra tout à l'heure, dans toute l'étendue du Pérou : durant mille ans entiers elle domina, changeant et se modifiant sans doute, comme dans l'autre moitié de l'hémisphère, au contact des populations ou des inspirations schismatiques de ses divers Viracochas ou prophètes (3), jusqu'à ce que les Incas, profitant de leurs dissensions, eussent réformé le culte, en brisant les idoles et ramené la monarchie à son existence primitive. L'origine de cette dynastie est racontée diversement par les auteurs. Il était naturel que ses admirateurs la ramenassent à Manco-Capac, ce mythe ou ce héros déifié qu'on trouve, comme ailleurs Quetzalcohuatl, au commencement de toutes les histoires. La plupart, cependant, sont d'accord pour les

---

(1) Garcilaso, *Comentarios Reales*, lib. III, cap. 14. Cet auteur donne au chef de Tapac-ri le nom de *Cari*, qu'il tient, dit-il, comme un titre de rois ses ancêtres. C'est la province de *Tapacari*, dans le département actuel de *Cochabamba*.

(2) Id., *ibid.*, passim. Nous verrons plus loin les notions religieuses des Nahuas, qui s'étaient conservées malgré la domination des Incas.

(3) La religion des Nahuas ou Toltèques avait cela de commun avec les sectes enfantées dans le sein du christianisme qu'elle donna naissance à des schismes fort nombreux. Au milieu des rites sanglants de l'anthropophagie et des sacrifices humains, il s'éleva fréquemment des hommes, animés d'un esprit véritablement religieux, qui travaillèrent à abolir ces coutumes cruelles. Ces dissidences, dont les chefs prirent souvent pour drapeau les noms de Tetzcatlipoca, dans ses symboles guerriers ou ennemis de l'humanité, et de Quetzalcohuatl, dans ses symboles pacifiques, occasionnèrent des guerres civiles et religieuses, qui, dans l'Anahuac, contribuèrent puissamment à la ruine de l'empire tolté que au XIᵉ siècle. Voir mon *Histoire des nations civilisées du Mexique*, etc., tom. I et II, *passim*. Les mêmes causes produisirent probablement les mêmes effets au Pérou, et aidèrent les Incas dans la réforme politique et religieuse dont ils firent la base de leur monarchie.

faire sortir d'une contrée voisine du lac de Titicaca, et suivant un écrivain digne de foi (1), la révolution qui porta les Incas au trône aurait pris naissance dans le Collao, avec un prince du nom d'*Inca-Zapana*, qui s'éleva le premier et prit les armes contre les femmes qui gouvernaient dans la ville de *Chuncara* (1). Vainqueur de ces Amazones, dont le gouvernement et la défense rappellent encore les femmes-chefs qui exerçaient le commandement entre diverses nations de la race nahuatl, Zapana marcha des bords du lac de Titicaca vers le Cuzco, dont il s'empara, après avoir soumis les contrées environnantes. Rien n'empêche que ce ne soit là le héros réformateur de la religion que les princes de sa famille auraient depuis environné des légendes sacrées relatives à Manco-Capac. Mais que ce soit lui ou seulement son successeur qui ait eu la gloire de relever la splendeur du Cuzco, il paraît que des princes de son nom continuèrent à régner après lui dans la province de *Cochabamba* d'où il était sorti et qui se soumirent dans la suite aux Incas (3).

Dans les premiers temps de la monarchie qquichua, l'ordre de la succession au trône aurait conservé les traditions des Nahuas; après la mort du souverain c'était son frère qui lui succédait, et ce n'était qu'à la suite de son oncle qu'il était donné à l'héritier du premier de saisir le sceptre (4). Les choses changèrent sans doute avec l'affermissement de la nouvelle dynastie : mais on lui trouvait encore, même au XIIIᵉ siècle, des traces frappantes des institutions toltèques. Dans plusieurs nations voisines elles conservèrent une vigueur plus grande encore : c'est ainsi que chez les *Chancas*, peuple puissant au nord des Qquichuas (5), la royauté

---

(1) Zarate, *Hist. del descub. y conquista del Peru*, lib. I, cap. 13.
(2) Herrera, *Hist. gen.*, decad. V, lib. III, cap. 6.
(3) Garcilaso, *Coment. Real.*, l. III, cap. 14.
(4) Zarate, *Hist. del descub.*, etc., ut sup.
(5) Les *Chancas*, nation puissante, dont les dernières provinces étaient situées à 40 lieues environ au nord du Cuzco, et dont faisait partie celle d'*Antahuaylla*. Ils se vantaient d'avoir conquis autrefois une portion fort considérable de l'Amérique, et se gouvernaient en trois royaumes, suivant la constitution toltèque. Ils menacèrent, jusqu'au temps de l'Inca Viracocha, la puissance des Incas, et leur dernier roi Huanca-Huallu s'exila avec

se composait encore de trois souverains confédérés, *Huanca-Huallu*, *Tumai-Huaraca* et *Aztu-Huaraca*, dont le premier préféra alors l'exil à la domination des Incas.

Avant cette époque, toutefois, l'histoire fait connaître encore diverses migrations qui ont besoin d'être relatées ici : les peuples qui en faisaient partie arrivèrent au Pérou, en traversant les Andes, comme la plupart de ceux qui les avaient précédés. Ils se livraient, dit la tradition (1), à la sodomie et à toute sorte de vices et mangeaient de la chair humaine. A ce caractère, exagéré d'ordinaire, cependant, par des relations ennemies, on ne saurait méconnaître leur origine : de près ou de loin, ces hordes devaient appartenir à la race nahuatl. L'époque de leur arrivée paraît coïncider avec le IXe siècle : dans le même temps apparurent d'autres nations, non moins barbares dans leurs coutumes, venant du port de *Buena-Esperanza* (2) : elles traversèrent l'isthme de Panama et s'établirent sur les côtes voisines de l'Equateur, où elles fondèrent plusieurs villes. On leur donna, entre autres noms, ceux de *Colima*, de *Paceha* et de *Pirao* ou *Puruhua* (3), et sous ce dernier, il exista un Etat puissant qui se confondit, un siècle environ avant la conquête, avec celui de Quito. Les Puruhuas avaient parmi leurs divinités le dieu *Con*, dont le temple, édifié à Liri-

huit mille de ses partisans dans l'intérieur du continent, plutôt que de recevoir le joug de l'étranger et de changer ses coutumes (Garcilaso, *Coment. Real.*, lib. IV, cap. 15, 23 et 24, et lib. V, cap. 26). Les *Qquichuas* avaient été autrefois soumis aux *Chancas*, sous ce nom on comprenait les provinces dites de *Cotanera*, *Cotapampa* et *Aymaraes*. L'opinion de M. Angrand est que les Incas, fondateurs de la dernière dynastie du Pérou, étaient originaires de ces provinces qui sont au nord du Cuzco.

(1) Montesinos, *Mémoires*, etc., pag. 122.

(2) Id., *ibid*. L'auteur ne dit pas quel est ce lieu de *Buena-Esperanza*, d'où venaient ces tribus; il y avait un port de ce nom près de *Colima*, au Mexique, et il y a lieu de croire qu'ils venaient de là; le nom de *Colimas*, que Velasco donne à l'une de ces tribus, nous y autorise suffisamment. Les Colimas paraissent avoir colonisé également le *Rio Calima*, qui descend des montagnes voisines de *Cali*, dans la Nouvelle-Grenade, au 3e nord, sur l'Océan Pacifique, et l'on sait que des populations vaillantes et nombreuses du nom de *Colimas* habitaient aussi dans le voisinage de *Hunza*, au 5e degré nord, dans les vallées voisines du *Rio Magdalena* (Velasco, *Histoire du royaume de Quito*, liv. 1, § 1. — Herrera, *Hist. gen.*, decad. VIII, l. IV, cap. 6, 7, 58).

(3) Montesinos, *Mémoires*, etc., pag. 120 et 121. Cet écrivain les appelle *Piraos*, mais, en le comparant avec Velasco, on voit que ce sont les mêmes que les *Puruhuas*; nous ignorons quelle était leur langue.

bamba, leur capitale, était journellement ensanglanté par l'immolation des victimes humaines (1). Avant l'arrivée des Puruhuas, toute cette côte, depuis la pointe de Santa-Elena jusqu'à la baie de Manta, avait été occupée par des tribus qui y avaient succédé aux Géants du peuple de Chimu (2) : mais vers la même époque que les Puruhuas, d'autres nations, également arrivées par mer, s'étaient établies entre Manta et le cap San-Francisco, et de leur chef *Caran*, avaient nommé leur capitale *Carangui* ou *Caraccas* (3). Ces étrangers avaient, ainsi qu'un grand nombre de tribus de la race nahuatl, l'usage de comprimer et d'allonger la tête des enfants : leurs nombreuses familles se confondirent ensuite avec les autres populations, au loin même dans l'intérieur, et leur communiquèrent leur nom générique de *Cara* ou Vaillants, qui leur resta ; mais leurs chefs, peu satisfaits du séjour de Carangui, remontèrent au nord jusqu'à Atacamès, et dans l'espace d'un siècle ou deux s'emparèrent de tout le pays qu'arrose le fleuve Esmeraldas. A la suite de cette conquête, ils portèrent leurs armes dans le royaume de *Quitu* (4), qu'ils achevèrent de soumettre à leur domination, vers la fin du xe siècle ; ce qu'il y a de remarquable à observer à ce sujet, c'est que les Caras, malgré l'origine caraïbe ou nahua à laquelle ils paraissent appartenir, aient introduit dans le royaume de Quito, qu'ils gouvernèrent sous le titre de *Scyri*, la langue et la religion des Qquichuas (5).

(1) Velasco, *Histoire du royaume de Quito*, liv. 1, § 8, n. 2, et liv. 11, § 4, n. 4.

(2) Les tribus qui occupèrent cette côte prenaient leurs noms des villes d'*Apichiqui*, de *Cancebi*, de *Charapoto*, de *Pichota*, de *Picoaca*, de *Pichunsi*, de *Manavi*, de *Xarahusa*, de *Xipixapa* et d'*Yzapil* (Velasco, *ibid.*, liv. 1, § 1, n. 7). Plusieurs de ces noms rappellent des noms mexicains ou de l'Amérique centrale. Il y avait une tribu principale parmi les Mams du Guatémala qui portait le nom de *Cancebi*.

(3) Velasco, *ibid.*, liv. 1, § 1, *passim*. — Les Indiens d'*Ica* et ceux d'*Arica* disaient qu'anciennement ils avaient coutume de naviguer à des îles situées au couchant et fort éloignées, et que le voyage se faisait avec des radeaux soutenus sur des cuirs de loup marin gonflés d'air (Garcia, *Origen de los Indios*, lib. 1, cap. 4, § 7, pag. 35).

(4) Id., *ibid.* On ignore dans quelle condition étaient les *Quitus* et la langue qu'ils parlaient avant leur conquête par les *Caras* ; l'inspection de quelques ruines qui paraissent antérieures à la période des Scyris atteste une civilisation déjà puissante, et celle des Caras n'était pas inférieure à celle des Incas, qu'elle surpassait en bien des branches d'art et d'industrie.

(5) Velasco, *Histoire du royaume*

Tant d'invasions diverses devaient avoir pour conséquence de mélanger singulièrement les populations, et dans un tel chaos ce ne saurait être une chose aisée de reconnaître la souche originale de la plupart d'entre elles. On sait encore qu'à l'époque où les régions méridionales, comprises sous le nom de *Callao*, se virent envahies par des tribus qui massacrèrent les hommes barbus de Tiahuanaco, un grand nombre des habitants de ces contrées, ainsi que des montagnes plus orientales du Cuntisuyu, se réfugièrent dans les plaines d'Aréquipa, dont le climat les avait éloignés jusqu'alors : là ils se confondirent probablement avec les races des Chimus, que leurs traditions faisaient également descendre des Andes, ainsi qu'on l'a vu plus haut. Les habitants de *Lambayèque* (Llampallec), désignés aussi sous le nom de *Yuncas*, qui est commun à toutes les nations des plaines de terre chaude, surtout du côté du Pacifique, racontaient à leur tour que leurs ancêtres étaient venus, à une époque reculée (1), d'un pays plus septentrional, montés sur une grande flotte de radeaux (2). La tradition montre leur chef Naymlap, débarquant à l'embouchure de la rivière Faquizllanca (3), accompagné d'une suite brillante

---

de Quito, liv. II, § 8, n. 7. M. Angrand, dont l'opinion est ici d'un grand poids, croit que les *Caras* ou *Scyris* s'étaient trouvés en contact avec les *Qquichuas* dans les provinces voisines du Cuzco, ou peut-être étaient-ils issus d'un mélange de Caras ou Nahuas avec les Qquichuas. Quant aux Incas, après avoir fait la conquête de Quito, ils poussèrent leurs armes plus au nord jusqu'à la province des *Quillacencas*, c'est-à-dire des *Nez de métal* ou *Nez-Percés*. Garcilaso (lib. VIII, cap. 3) dit que le nom de *Quillacenca* veut dire «*Nez de fer*, parce que ces peuples mettaient à leurs nez des anneaux d'or, d'argent ou de cuivre.» On devrait plutôt supposer qu'ils s'appelaient *Nez-Percés*, *Nez-Cicatrisés*, parce qu'ils se perçaient en effet le nez pour y passer des anneaux... (Note de M. L. Angrand dans *Le Pérou avant la conquête espagnole*, par M. Ernest Desjardins; Paris, 1858, pag. 80.) Plusieurs populations de la côte voisine portaient également des joyaux au cartilage du nez, ainsi que le faisaient les Nahuas, Toltèques, Mexicains et Guatémaliens.

(1) Balboa, *Histoire du Pérou*, pag. 87, 89 et suiv. *Llampallec*, aujourd'hui *Lambayeque*. En calculant la moyenne du règne des reis de Llampallec à 20 ans, et en prenant une centaine d'années pour l'anarchie que l'auteur appelle *république*, on trouve, pour le commencement de cette nation, environ la fin du IXᵉ siècle.

(2) *Balza*, radeau de cannes attachées sur des courges ou autrement; ces balzas sont fort légères, et peuvent porter un grand poids; on s'en sert encore aujourd'hui au passage de certaines rivières et pour naviguer sur les côtes.

(3) M. Ternaux (Balboa, *Hist. du Pérou*, pag. 90) dit, dans une note, qu'il possède une grammaire de la langue *yunga* (une des langues *yuncas*, comme dit fort bien M. Angrand) de Lambayeque, composée par Fer-

de femmes et d'officiers de tout rang : ils occupèrent les territoires de *Montupey*, de *Lallanca*, de *Callanca* et de *Collique*, dans la vallée de Llampallec, ainsi nommés de leur idole principale, à laquelle ils bâtirent un temple qu'ils appelaient *Chot* (1). Après un long règne, Naymlap aurait été enlevé au ciel, et plusieurs de ses compagnons, affligés de sa disparition, se rembarquèrent, abandonnant femmes et enfants, pour courir à sa recherche. Cium, fils de Naymlap, régna après son père, et de ce prince descendit une longue série de rois qui, dans la suite, furent soumis au Grand-Chimu, et plus tard aux Incas. Dans les recherches que nous avons faites pour découvrir à quelle race ceux de Llambayèque pouvaient appartenir, nous avons cru trouver de l'analogie entre leur langue et celle des *Araucans* du Chili, d'un côté, et de l'autre avec celle des *Wabi*, habitants des lagunes de Tehuantepec (2). Ceux-ci, du reste, racontaient que leurs pères étaient venus de la mer du Sud, également montés sur des barques ou radeaux, en côtoyant le rivage. Suivant Burgoa (3), la langue des Wabi ne différerait guère non plus de celle des Nagarandas de Nicaragua.

Les invasions étrangères qui, du nord, descendirent si souvent

nando de la Carrera, et imprimée à Lima, en 1644, in-12. Il dit que *cette langue yunga* est parlée par plus de 40,000 Indiens, dans les *corregimientos* de *Piura, Truxillo, Zaña et Caxamarca*, ainsi que dans quelques districts des montagnes, où les Incas avaient transporté une partie de la population. Le nom de *Cuelap*, dont les ruines importantes encore existent dans le district de Santo-Tomas (Rivero et Tschudi, *Antig. Peruv.*, *ibid. ut sup.*, pag. 454), indique une origine de la même langue.

(1) L'épouse du roi s'appelait *Ceterni*; ses principaux officiers étaient *Pitazofi, Ninacolla, Nimagentue, Fongasigde, Ochocalo, Xam, Ollop-Copoc, Llapchiluili*. Les successeurs de *Naymlap* furent *Cium, Excunain, Mascuy, Cunti-pallec, Allascunti, Nofanech, Mulu-Muslan, Llamecoll, Lanipaicum, Acunta et Tempellec*.

Ensuite se passe un temps indéterminé, après lequel gouvernèrent, *Pongmassa, Pallomassa et Oxa*; puis, sous les Incas, *Llempisan, Chullumpisan, Cipromarca, Fellempisan, Efquempisan et Iecfunpisan*, qui régnait, quand vinrent les Espagnols (Balboa, *Histoire du Pérou*, pag. 93 et suiv.). L'idole placée au temple de Chot s'appelait *Llampallec*; elle était faite d'une pierre brillante de couleur verte.

(2) Voir mon article sur les *Wabi de Tehuantepec* dans la *Revue orientale et américaine*, tom. v, pag. 261, janvier 1861. M. Hyacinthe de Charencey, qui a écrit plusieurs notices intéressantes de philologie comparative, croit avoir trouvé des analogies également entre ces diverses langues.

(3) Burgoa, *Geographica descripcion historia de la provincia de Guaxaca*, cap. 72, fol. 367.

dans les temps anciens sur l'Amérique méridionale, paraissent avoir diminué graduellement avec le cours des siècles. Cependant, elles n'avaient pas entièrement cessé à l'époque de la conquête espagnole : car deux ans seulement avant l'entrée de Balboa dans la province de Paris, au Darien, ce territoire avait été envahi soudainement par une horde considérable d'anthropophages à la haute stature, sortis, à ce qu'il paraît, des régions voisines de Nicaragua (1). Ainsi, à dater des temps les plus anciens, c'est toujours du nord au sud qu'on peut observer ces grands mouvements de peuples dont l'Amérique fut le théâtre : c'est dans cette direction que roule à l'intérieur du continent ce vaste torrent de migrations, refoulant devant lui, à droite et à gauche, les populations qui les y avaient précédées. C'est alors aussi que celles-ci, se rapprochant des plaines, affrontaient les dangers de la terre chaude, dans l'espoir d'y trouver un abri contre la tempête, ou s'exposaient sur les flots de l'Océan, retournant à leur tour vers le nord, d'où leurs pères étaient partis dans l'origine. Dans les traditions religieuses qui restent à examiner, nous verrons que les notions les plus anciennes du culte et des institutions politiques se rapportent également au berceau commun signalé par le *Livre Sacré*.

Au Pérou et dans les contrées adjacentes, ainsi que dans l'Amérique centrale, l'idée de l'Être suprême se confond d'ordinaire avec celle du tonnerre, qui renferme, comme Hurakan, la trinité redoutable des voix qui mugissent dans la tempête, exprimée chez les Qquichuas et au royaume de Quito, par le mot *Illapa*, trinité invisible du tonnerre, de l'éclair et de la foudre, à qui même on avait dédié des temples (2). Seulement, sous la dynastie inca, ces trois, au lieu d'avoir le premier rang, ne sont que les servi-

---

(1) Herrera, *Hist. gen.*, decad. IV, lib. I, cap. 11. Paris était le nom du chef de *Cutaturà*, où celui-ci le nom du chef de *Paris*; ils sont alternativement confondus.

(2) Garcilaso, *Comentarios Reales*, lib. I, cap. 2. Cet auteur ajoute : « Tuvieron que residían en el ayre, mas no en el Cielo. » C'est encore l'idée du Tonnerre, de l'Éclair et de la Foudre, contenus dans un seul *Hurakan*, le centre, le cœur du ciel, la tempête, le vent, le souffle (*Ibid.*, l. II, cap. 23, et l. III, cap. 21).

teurs de la divinité du soleil (1) : car au Pérou, la religion dominante, après avoir renversé les autels sanglants des Nahuas, était redevenue astronomique. Par une politique dont on ne peut assez admirer l'énergie et la persévérance, les rois de cette dynastie, confondant à dessein toutes les notions de l'histoire et de la religion, antérieures à leur avénement, sous le nom méprisant d'antiquité barbare (2), avaient ramené le culte et la société, dont ils étaient les rénovateurs, uniquement au soleil et à son fils Manco-Capac, dont ils prétendaient descendre en ligne directe. Cependant, malgré leurs efforts pour anéantir tout ce qui les avait précédés, on en retrouve partout les traces dans les traditions, dans les monuments, dans les noms des lieux les plus célèbres, jusque dans la personne d'un des Incas les plus puissants, *Viracocha*. Après avoir rapporté l'histoire d'un déluge ou d'une inondation, dont les circonstances varient suivant les localités, on dit que le monde était déjà depuis longtemps habité par des hommes, quoique le soleil ni les autres astres n'existassent pas encore : alors apparut, sortant du lac de Titicaca, un personnage blanc de visage, barbu et couvert de longs vêtements flottants, auquel toutes les traditions s'accordent à donner le nom de Viracocha (3). Ce personnage s'étant arrêté au lieu où existent encore actuellement les ruines imposantes de Tiahuanaco, créa le soleil et lui commanda de se mettre en marche pour éclairer le monde, après quoi il créa la lune et les autres astres (4). Il est impossible de ne pas reconnaître, dans ce mythe, le langage symbolique du *Livre Sacré*, comme des autres traditions d'origine nahuatl, langage employé constamment pour exprimer le temps où la nation, privée de la lumière véritable, n'avait pas

---

(1) Id., *ibid.* Dans le système des Nahuas, le culte des éléments précède celui des astres ; dans celui des Incas, le culte du soleil et des astres reprend sa place première.
(2) C'est constamment l'idée que présente Garcilaso (*ibid.*, lib. I, cap. 9 et suiv., passim).

(3) Herrera, *Hist. gen.*, decad. v, lib. III, cap. 6. — Garcia, *Origen de los Indios*, lib. v, cap. 3. — Balboa, *Histoire du Pérou*, pag. 40. — Garcilaso, *Comentarios Reales*, lib. v, cap. 21 et passim.
(4) Id., *ibid.*

encore vu lever le soleil de sa liberté, avec le système astronomique et les institutions que ce système représentait (1).

On a longuement discuté sur la valeur du nom de Viracocha; mais il a été d'autant plus difficile d'en donner une explication satisfaisante, qu'il paraîtrait ne pas s'interpréter étymologiquement suivant les règles de la langue qquichua (2). Il est évident, toutefois, d'après les circonstances particulières qui environnent les personnages désignés sous ce nom, que l'idée mystérieuse qu'il renferme est identique avec celle que le *Livre Sacré* attribue à Gucumatz ou Quetzalcohuatl. Viracocha, ainsi que Quetzalcohuatl, est représenté comme un homme blanc et barbu, aux vêtements longs, prêchant une religion nouvelle, arrivant par mer, suivant les uns (3), sortant d'un lac, selon les autres (4); c'est sous ce nom qu'on désigna les Espagnols, au moment de leur débarquement; c'est celui que leur donna, par analogie, Atahualpa lui-même, à sa première entrevue avec eux, imitant ainsi, sans le savoir, Montézuma qui, prenant Cortès pour un descendant de Quetzalcohuatl, à son arrivée à Tabasco, lui envoya en présent les ornements de ce demi-dieu (5). Maintenant, si on l'envisage dans les autres titres qui précèdent le symbole principal, on le trouve confondu avec la divinité suprême sous celui d'*Illa-Ticci-Viracocha*, qu'un auteur traduit par l'Éclat, le fondement et l'abîme de toutes choses (6), d'autres par l'Éclat de la foudre, le Principe des choses et l'Écume ou la graisse des eaux ou de la mer. Or, quelles que soient les altéra-

---

(1) Voir le *Livre Sacré*, p. 31 et suiv.
(2) Les vocabulaires écrits après la conquête n'en donnent aucune étymologie qui soit bien d'accord avec la langue qquichua.
(3) Velasco, *Histoire du royaume de Quito*, liv. III, § 7, n. 14. — Balboa, *Histoire du Pérou*, pag. 40.
(4) Herrera, *Hist. gen.*, decad. V, lib. III, cap. 6. — Garcia, *Origen de los Indios*, lib. V, cap. 3, etc.
(5) Garcilaso, *Comentarios Reales*, lib. V, cap. 21 et passim. — Velasco, *Hist. du roy. de Quito*, l. III, § 6, n. 17.
(6) Montesinos, *Mémoires*, etc., pag. 84. Voici l'étymologie qu'en donne cet auteur, elle vaut bien les autres : « Le roi voulut que le grand dieu Pirhua fût adoré par-dessus tous les autres; et, comme le mot *Pirhua* avait changé de signification, il ordonna qu'on le nommât *Illatici-Huiracocha*, ce qui veut dire l'éclat, l'abîme et le fondement de toutes choses, car *illa* signifie éclat; *tici*, fondement; *huira*, corruption du mot *pirua*, veut dire réunion de toutes choses, et *cocha* signifie abîme. »

tions que le temps ou la politique des Incas ait fait subir à ce nom célèbre, il n'est pas moins vrai qu'au fond on y reconnaît les symboles mystérieux du *Livre Sacré* sur le Formateur et le Créateur, si poétiquement exprimés par ces paroles : « Ils
» sont sur l'eau comme une lumière grandissante; ils sont en-
» veloppés de vert et d'azur, voilà pourquoi leur nom est
» *Gucumatz* (Quatzalcohuatl)..... Voilà pourquoi le ciel existe,
» comment existe également le *Cœur du ciel*...., dont le nom est
» *Hurakan* (la voix qui gronde dans la tempête, le tonnerre
» *Illapa*). »

Ainsi, comme dans le *Livre Sacré*, le nom de Viracocha ne s'applique pas à un seul mythe, à un seul individu. Viracocha, de même que Quetzalcohuatl, exprime l'idée d'une religion de mystère, le symbole du feu, de la majesté enveloppée, et que les prêtres s'appliquaient à eux-mêmes, comme le titre le plus auguste de leur pontificat. Dans l'Amérique centrale, les Créateurs et les Formateurs sont quatre : ils sont aussi quatre Gucumatz, représentés surtout dans *Tepeu*, Celui d'en haut, le Dominateur, et *Gucumatz*, le Puissant-Serpent, orné de plumes, le *Tupac-Amaru* (serpent sacré) qu'adoraient également les populations antisiennes. Au Pérou, les quatre se reconnaissent dans les quatre personnages divins de *Manco-Capac*, de *Colla*, de *Tocay* et de *Pinahua*, à qui un être supérieur, un Viracocha a partagé le monde à la suite du déluge (1). Dans les mythes de *Pachacamac* et de *Pachacutec* (2), on entrevoit le Créateur et le Formateur suprême, Celui qui engendre et Celui qui donne l'être (*Alom, Qaholom*, dans la langue quichée) ; mais on ne saurait méconnaître

---

(1) Garcilaso, *Comentarios Reales*, lib. I, cap. 18. Il est à remarquer que *Tocay* appartient à un dialecte de la langue quichée: c'est l'Oiseau-Mouche; et *Pinahua* appartient au nahuatl, et signifie Celui qui rougit, qui est honteux; il correspond à l'*ahqiab* quiché. Velasco (*Histoire du royaume de Quito*, lib. III, § 7, n. 14) ajoute que le nom de *Viracocha* était porté par le frère de Manco-Capac, fondateur de l'empire.

(2) Garcilaso dit très-bien que *Ticci-Vira-Cocha* est le même que *Pachacamac*, le créateur de toutes choses, le Très-Puissant (Poderosísimo), autre nom de *Gucumatz*, qui est aussi l'un des deux ou des quatre créateurs. *Pacha-cutec* signifie qui change le monde.

dans *Illa-Ticci* et *Con-Ticci-Viracocha* l'idée de Hurakan réuni à Gucumatz pour créer l'univers.

Quiconque se donnera la peine d'étudier tant soit peu les étymologies savantes de la langue nahuatl, dont M. Aubin s'est fait l'interprète (1), reconnaîtra aisément une origine nahuatl au monosyllabe initial du second de ces deux noms; nous ajouterons qu'il renferme, d'ailleurs, une allusion aux symboles les plus profonds de la religion antique (2). C'est, avec Viracocha et Pachacamac, le nom le plus connu entre ceux des divinités antérieures à la dynastie des Incas, dans les histoires péruviennes, et il entre dans la composition d'une foule de noms de localités, tant au Chili et en Bolivie, qu'au Pérou, sans compter un grand nombre de villes situées dans l'autre partie de l'hémisphère (3). Con,

---

(1) *Mémoire sur la peinture didactique et l'écriture figurative des anciens Mexicains*.

(2) Ce mot ne paraît avoir aucun sens dans la langue qquichua. *Co*, *con*, radical de *comitl*, vase, marmite, chaudron, dans la langue nahuatl. Dans l'ancien langage symbolique du Mexique, ce nom fait allusion à des mythes religieux d'une haute antiquité. Un fragment tronqué d'un très-ancien chant chichimèque y fait allusion, dans le *Codex Chimalpopoca*, signalant à plusieurs reprises le *huey-comitl*, mot à mot grand vase ou marmite, dont le sens mystérieux est encore à découvrir. Peut-être s'agit-il de l'union fécondante de la race nahuatl, figurée par *Mixcohua-Xocoyotl*, et la race antique colhua-chichimèque, représentée par *Itzpapalotl* (le Hunhun-Ahpu du *Livre Sacré* et la femme *Xquiq*). Serait-ce là l'origine des institutions dont parle M. Aubin, à propos des conjectures hasardées sur les inscriptions calculiformes. « Ces conjectures, » dit-il, recevraient un haut degré » d'intérêt et de vraisemblance de ce » qu'on pourrait ajouter sur Quetzal- » cohuatl, introducteur des arts gra- » phiques au Mexique et adoré depuis » la Californie jusqu'au Pérou; sur » les institutions phalliques, commu- » nes au Mexique et à la Colombie, » d'après le *Codex Mexicanus* du Pa- » lais-Bourbon, » etc. (*Mémoire sur la peinture didactique*, etc.). Dans la langue quichée, *cun* exprime l'idée du vase *pudendum muliebre*, et aussi celle de la médecine. *Comitl*, ajoute M. Aubin, est aussi la petite bisnaga à *chiles* rouges acidulés, comestibles, appelés *chilchotl*; le *huey-comitl* est la grande bisnaga, boule végétale, énorme, dont on fait des conserves.

(3) M. d'Orbigny et Castelnau citent plusieurs villes dont le nom commence par ce mot dans l'Amérique méridionale. Ce dernier dit avoir visité les ruines d'une ville antique considérable, du nom de *Concon*, à 4 lieues de Lima (*Voyage dans l'Amérique méridionale*, etc., tom. IV, pag. 188). A la même divinité paraissent faire allusion les noms de plusieurs villes connues au Mexique et dans l'Amérique centrale. Telles sont: *Tetzcoco*, l'Athènes de l'Anahuac, dont l'étymologie serait *tetz-con-co*, dans le vase brillant ou émaillé (Aubin, *Mémoire*, etc., pag. 102); *Comitlan*, Auprès du vase ou de la marmite, ville près de laquelle il y a de grandes et belles ruines, dans l'Etat de Chiapas; *Copan*, Sur le vase ou sur la marmite, célèbre par ses magnifiques débris, aux frontières de Guatémala et de Honduras. A l'ouest du Cuzco, ancienne capitale du Pérou, était une petite province, appelée *Cun-ti*, d'où vint le nom générique de *Cunti-Suyu* (ou *Conti-Suyu*, ainsi

première et suprême puissance, dit Velasco, qui n'avait ni chair ni os, de même que les autres hommes, qui avait créé le monde et qu'on croyait venu du septentrion, abaissant les montagnes et soulevant les vallées par sa seule volonté. Dans la description que cet auteur nous a laissée du temple de cette divinité à *Liribamba*, capitale des *Puruhuas*, au sud du royaume de Quito, on retrouve tout le caractère des mythes religieux de la race nahuatl. « C'était une idole d'argile qui représentait seulement la » tête d'un homme. Elle avait la forme d'une *marmite* (1) : la » bouche et les lèvres étaient sur le sommet de la tête, et c'est » par là qu'on versait le sang des sacrifices, dont on frottait » aussi la face de l'idole, qui représentait le Dieu de la guerre ou » de la vengeance. On lui immolait les prisonniers qu'on avait » faits à la guerre. »

Pachacamac, au dire des uns, était fils de Con ; suivant les autres, il se serait manifesté seulement au moment où celui-ci disparut. Ce qui est certain, c'est que le culte de Pachacamac continua, malgré les efforts des Incas pour le remplacer par celui du soleil, à garder la suprématie, surtout dans les contrées baignées par l'Océan Pacifique. Son temple, bâti par la race antique des Chimus, dans la vallée de Lurin, était un des plus anciens de l'Amérique et le plus vénéré de tout le Pérou : à l'instar de ceux de Palenqué et d'Izamal, il était construit sur une éminence

---

que l'écrit aussi Garcilaso), indiquant la région de l'ouest. Le nom de *Cuzco*, mieux *Cozco*, pourrait bien avoir la même origine ; il n'appartient pas au qquichua, dit Garcilaso (*Comentarios Reales*, lib. II, cap. 11), mais à la langue particulière des Incas, oubliée entièrement, dans laquelle on sait cependant que *Cozco* avait le sens d'ombilic. Or, cette langue sacrée pourrait bien avoir eu un grand rapport avec le nahuatl, dans lequel on retrouve l'étymologie de ce mot, qu'on écrirait parfaitement, d'après le système développé par M. Aubin, avec le signe *co* redoublé, et la ligature ou consonne *z*, exprimée par le poinçon

(fig. 31) ....*co*
(fig. 18) ....*z*
(fig. 31) ....*co*, c'est-à-dire

dans le vase ou la marmite (Aubin, *Mémoire*, etc., pag. 39 et 56. Voir aussi le même dans la *Revue américaine et orientale*, tom. IV, pag. 39, 41 et 276).

(1) Velasco, *Histoire du royaume de Quito*, liv. II, § 2, n. 4, et § 4, n. 1.

artificielle (1), où l'on montait par une multitude de degrés. Son enceinte réunissait un grand nombre d'édifices, destinés à divers usages, entre autres un vaste hospice pour les pèlerins et une université où s'enseignaient toutes les sciences; aussi la cité de Pachacamac passait-elle pour l'Athènes de l'Amérique méridionale, et le collége de ses *Cushipatas* ou prêtres était regardé comme la plus savante des corporations religieuses du Pérou. Quant au dieu Con, après qu'il eut doté le pays des institutions dont il était le fondateur, il se retira vers l'ouest, remonta au nord jusque chez les Suyos, dans la province de Manta (Puerto-Viejo), et là, ayant étendu son manteau sur la mer, disparut pour ne plus se montrer (2).

Si, des traditions relatives à cette divinité redoutable, nous passons à celles qui concernent les créations diverses, rapportées dans le *Livre Sacré*, nous les reconnaîtrons également au Pérou, où les hommes, alternativement tirés des eaux, des cavernes ou des rochers, sont détruits, changés en chats, ou ruinés par le feu du ciel, que Con ou Viracocha, mécontent d'eux, fait descendre sur leurs têtes : mais il est évident, comme l'observent fort bien Gomara et Velasco (3), que toutes ces traditions furent à dessein altérées et modifiées par la politique des Incas. Un de ces récits, expliquant l'origine des classes diverses de l'antique société péruvienne, disait qu'il était tombé du ciel trois œufs, l'un d'or, le second d'argent et le troisième de cuivre : du premier sortirent les *Curacas* ou chefs souverains ; du deuxième les nobles ordinaires et du dernier la masse du peuple (4). Calancha, d'accord avec plusieurs autres, ajoutait (5) que le personnage mer-

---

(1) Velasco, *Histoire du royaume de Quito*, liv. ii, § 2, n. 5.
(2) Garcia, *Origen de los Indios*, lib. v, cap. 3. — Gomara, *Hist. gen.* cap. 122. — Velasco, *Hist. du roy. de Quito*, liv. ii, § 2, n. 3. — Acosta, *Hist. nat. y mor.* lib. v, cap. 3. — Herrera, *Hist. gen.* decad. v, lib. iii, cap. 6.
(3) *Hist. gen.* cap. 122.

(4) Avendaño, *Sermones en lengua qquichua*, Lima, 1649, serm. 9, pag. 100.
(5) *Cronica de la Orden de San Agustin en el Perú*, lib. ii, cap. 19. — Garcilaso, *Comm. Real.* lib. 1, cap. 15. — Acosta, *Hist. natur. y mor.*, lib. i, cap. 25. — Herrera, *Hist. gen.* decad. v, lib. iii, cap. 7. Celui-ci, ainsi que Garcia, d'après Acosta qui eut les MS. de

veilleux qui avait créé les quatre premiers hommes de la légende citée plus haut, les avait fait sortir d'une caverne auprès de *Pacaric-Tambo*, que les auteurs traduisent généralement par la *Maison de Production*. On ne saurait méconnaître ici le *Pan-Paxil* du *Livre Sacré*, et le *Tonacatepetl* des traditions mexicaines : à ces origines il faut joindre une foule de variantes, nées sans doute des notions diverses que les populations avaient reçues du mythe primitif, dont le berceau était trop éloigné, pour qu'elles eussent pu se conserver pures de tout mélange ou des superfétations qquichuas.

Aux quatre chefs qu'il avait créés, Viracocha donna autant de femmes et leur partagea l'empire du monde. Les auteurs ne sont pas également d'accord sur leurs noms; on les trouve appelés le plus souvent *Ayar-Manco-Topa*, *Ayar-Guchi-Topa*, *Ayar-Auca-Topa* et *Ayar-Uchu-Topa* (1). Le premier ayant gravi la montagne de Huanacauti, lança de la cime, avec une fronde qu'il portait roulée autour de sa tête, quatre pierres aux quatre points cardinaux, annonçant ainsi qu'il prenait possession du monde (2). Suivant une autre tradition, laquelle rappelle exactement celle de Zipacna, dans le *Livre Sacré*, il se servait de sa fronde pour

---

Betancos, dit que *Pacaric-Tampu* signifie Maison de la substance ou de la production, *casa de mantenimiento ó de produccion*; c'est exactement le sens que donne le mot *tonacatepetl*, nom du pays d'abondance que les dieux des Nahuas trouvèrent après l'inondation et que le livre sacré appelle *Pan Paxil pa Cayala* (voir p. LXXXIII). *Pacaric*, dit M. Angrand, donne le sens de principe, d'origine, de commencement, ce qui n'exclut pas le sens antique donné par Herrera et Garcia. *Pacaric-Tampu* devint une ville; elle était située à sept ou huit lieues au sud du Cuzco; c'était la même que *Tambotoco*, dont il est parlé dans Montesinos et qui aurait été probablement une des plus anciennes capitales du Pérou et peut-être le berceau de la famille des Incas.

(1) Montesinos, *Mémoires*, etc. pag. 3. Le nom de *Topa* donné aux quatre frères est fort remarquable. Dans la langue qquichua il a le sens de roi ou prince. *Tupa* (pron. *toupà*), chez un grand nombre de tribus de diverses races, signifie sacré, divin; *tupan* est Dieu, surtout chez les nations brésiliennes, guaranies et paraguaies; il exprime l'idée divine dans le tonnerre et la foudre comme le *Hurakan* de l'Amérique centrale; qu'on le rapproche de *tabu* ou *tabou*, et voilà un enchaînement avec les nations polynésiennes, où tout ce qui est *tabou* est sacré. Au Chili, chez les Araucans, *Toqui* est le chef du monde invisible, appelé aussi *Pillan*, la Foudre.

(2) C'est à peu près de cette manière que le prince chichimèque Nopaltzin prend possession de la vallée de l'Anahuac au XIIe siècle. Voir Veytia, *Hist. antigua de Mexico*, tom. II, cap. 2, et aussi mon *Histoire des nations civilisées du Mexique et de l'Amérique centrale*, tom. II, pag. 227.

ébranler les montagnes et s'amusait à les entasser l'une sur l'autre jusqu'au ciel. Sous le prétexte d'un sacrifice à Illa-Ticci-Viracocha, ses deux plus jeunes frères l'engagent à entrer dans une caverne dont ils bouchent ensuite l'ouverture : les cris poussés par ce malheureux font trembler le ciel et la terre, et bientôt après, le second, par un châtiment céleste, diversement raconté, sent ses pieds s'attacher au sol où il est changé en rocher (1). Qui ne reconnaîtrait, en effet, dans ces traditions, les notions altérées de l'histoire de Zipacna et de Cabrakan, dont l'orgueil et la témérité sont punies exactement de la même manière, à la voix de Hurakan, par les deux frères Hun-Ahpu et Xbalanqué (2) ? Si l'on peut s'en rapporter aux histoires péruviennes, ces mythes seraient des plus anciens de cette contrée, et la source où ils auraient pris naissance seraient les îles du lac de Titicaca ; ils y auraient été apportés par des hommes blancs et barbus, Viracocha, qui s'y substituèrent peut-être à d'autres hommes blancs plus anciens qu'eux, Xibalbaïdes ou Vitznahuas, à une époque rapprochée du commencement de l'ère chrétienne. Des invasions successives où l'on discerne toujours les traits distinctifs de la race nahuatl, au nom de *Car* ou de *Cara*, dans les régions méridionales du Pérou, auraient tour à tour modifié ces institutions, jusqu'au moment où, anéanties par des convulsions intérieures, elles auraient, dans le cours du XIIe siècle, cédé au prosélytisme armé des chefs de la monarchie Qquichua, qui se présentèrent comme les rénovateurs des lois antiques.

Aussi, dans les histoires écrites par les Incas ou par leurs partisans, cette antiquité civilisée, si supérieure à la société péruvienne de l'époque de la conquête et vivante encore, en partie, dans les principautés des Yuncas qui occupaient les bords de l'Océan Pacifique, est-elle rejetée généralement dans le chaos d'une barbarie abrutissante. Cependant les traces de cette période

---

(1) Montesinos, *Mémoires*, etc., pag. 4 et suivantes. — Balboa, *Hist. du Pérou*, pag. 4 et suiv. — Herrera, *Hist. gen.* decad. v, lib. III, cap. 7. — (2) Voir le *Livre Sacré*, pag. 45, 59 et 67.

mystérieuse se retrouvent encore en une foule de lieux ; on les signale surtout, en remontant vers le nord. A côté du culte du Soleil, que les Incas se virent eux-mêmes dans la nécessité de subordonner à celui de Pachacamac, afin de rendre leur gouvernement supportable aux Chimus, on voit surgir, dans les contrées septentrionales, soit maritimes, soit antisiennes, une multitude d'idoles et d'attributs divers, dont les autels, réputés impurs au commencement, finirent néanmoins par être tolérés et encensés même par les Fils du Soleil (1). Ce revirement paraît avoir pris naissance avec un Inca, exilé dans sa jeunesse par son père Yahuar-Huacac, à cause de ses désordres et de son insubordination : il assura qu'étant occupé à garder les troupeaux du soleil, l'antique Viracocha lui était apparu et lui avait annoncé les malheurs qui menaçaient l'empire. C'est de cette vision que le jeune Inca prit le nom de Viracocha, qu'il illustra bientôt après, en se mettant à la tête des armées royales et en battant les *Chancas* qui s'étaient avancés jusqu'aux portes même du Cuzco. Le premier il rétablit le culte de cette divinité et lui éleva un temple avec une statue dans la ville de *Con-Cacha* (le Messager de Con), à quelques lieues de la capitale. Il y a tout lieu de croire d'après ce détail qu'un sentiment de gratitude l'anima dans cette occasion, pour les services que lui auraient rendus les prêtres aymaras ou les sectaires cachés de l'ancienne religion (2).

Si l'on continue à chercher entre les cérémonies religieuses et les rites des Péruviens, on n'y découvre pas moins de traces des institutions toltèques. Nous avons parlé plus haut du temple de

---

(1) Garcilaso et Balboa représentent cet esprit des Incas. Le premier cherche constamment à les défendre, surtout, de l'idolâtrie commune à tous les Indiens, mais que, dans les commencements de leur monarchie, les Incas paraissent avoir travaillé à extirper ou à amoindrir.

(2) Garcilaso, *Coment. Real.* lib. III, cap. 21. Il est bien possible que l'Inca Viracocha eût, durant son exil, des entretiens avec les sectateurs du culte antique supplanté par ses ancêtres, et sa prétendue vision où il dit avoir vu le dieu Viracocha était sans doute un prétexte pour autoriser les modifications qu'il introduisit dans la religion de sa famille. La révolte des Chancas et la facilité avec laquelle l'Inca Viracocha trouva de l'aide autour de lui pour repousser l'invasion, semblent dénoter une alliance secrète avec les partisans du culte déchu, dont il releva en partie les autels, après avoir détrôné son propre père.

Con à Liribamba et de la forme du gouvernement des Chancas. A Quito, on voyait également des autels dédiés à Con-Ticci-Viracocha, à côté de ceux du Soleil et de la Lune. Là, aussi bien qu'au Cuzco, il existait pour les enfants une espèce de baptême ou d'ablution, lavant la souillure originelle, comme le baptême administré à Mexico, au nom de Chalchiuhlicué ou la déesse des eaux. En outre de cette sorte de sacrement venait une confession des péchés, suivie d'une communion de pain et de vin (*chicha*), consacrés par le grand prêtre, et à laquelle tous les étrangers même participaient. Ainsi qu'au Mexique, le pain consacré était pétri avec du sang humain, et, bien que Garcilaso assure que ce sang était uniquement celui que les princes et les prêtres se tiraient volontairement, en esprit de pénitence, de certaines parties du corps, il n'en présente pas moins un rite entièrement d'accord avec celui dont il est si souvent question dans le *Livre Sacré*. Ce rite, qui se pratiquait chez un grand nombre de nations du nouveau et de l'ancien monde, avait évidemment pour objet, au Pérou, ainsi qu'au Mexique, une expiation mystérieuse, où le sang de l'homme, rendu sacré par son immolation, était seul jugé capable d'apaiser la divinité. Des sacrifices et des festins du même genre avaient lieu dans une foule de circonstances : quelquefois, cependant, le sang des llamas remplaçait celui de l'homme, notamment aux époques solennelles, où l'Inca recevait dans son ordre les nouveaux chevaliers, après qu'ils avaient subi, ainsi que dans l'Anahuac, les rudes épreuves de l'initiation (1).

A l'occasion des personnages merveilleux qui, comme Viracocha, travaillèrent à fonder ou à purifier les autels de l'ancien Pérou, Gomara rapporte (2) que celui qu'il appelle *Con* et *Sahagun* était descendu des contrées situées au nord, en opérant les prodiges dont il est question ailleurs à propos de ce prophète. Ce

---

(1) Garcilaso, *Com. Real.* lib. 1, cap. 10. — Velasco, *Hist. du roy. de Quito*, liv. II, § 5, passim.
(2) *Hist. gen.* cap. 122. Sahagun est une corruption évidemment espagnole, ce nom tel qu'il se présente étant celui d'une ville d'Espagne d'où le père Francisco de Sahagun est originaire. Il doit s'écrire probablement *Suha-con*.

nom, présenté de cette manière, devient une transition naturelle entre le royaume de Quito, où sans doute il avait apparu d'abord, et le *Cundinamarca* (1) ; car il y a tout lieu de supposer que ce n'est là qu'une corruption du nom de *Suha-Con* (l'homme blanc Con), *Suha* ou *Suhé* étant l'un des titres de *Bochica*, l'un des héros mythiques du plateau de *Bogota* (2), où on l'appelait aussi *Nemterequeteba*. Il était représenté ayant une grande barbe et des cheveux fort longs, revêtu d'une tunique qui lui descendait à mi-jambes, avec un manteau noué par-dessus l'épaule. Sous la dénomination de *Suganmoxi* (3) ou *Sugamoso*, un autre personnage analogue, si ce n'est le même, apparaît, suivant d'autres traditions, plus de vingt cycles de soixante ans chacun avant l'époque de la conquête espagnole ; il venait de l'est, c'est-à-dire des grandes plaines arrosées par les confluents de l'Orénoque, tels que le *Guaviaré*, le *Méta* et l'*Arauco*, encore aujourd'hui célèbres par les grandes ruines qu'on y découvre à l'approche des Cordillères et par les rochers sculptés entre les bras de l'Amazone. Il entra au plateau de Bogota par *Pasca*, d'où il passa à *Boza* et à *Fontivon*, en traversant les montagnes qui sont au nord : ce fut lui qui apprit aux *Chibchas* à peindre des croix sur leurs manteaux, et sa doctrine entière, à l'instar de celle du Quetzalcohuatl de Tollan, était d'une extrême pureté. On le vit, à *Zipacon*, enseignant des arts nouveaux aux indigènes, et à *Zuache* il laissa la marque de ses pieds imprimée sur un rocher. On le vit à *Hunza* (Tunja), et au lieu nommé de lui *Sogamoso*, couchant dans des grottes aux bords de la rivière du même nom où la tradition populaire le fait vivre deux mille ans, après lesquels il aurait été enlevé au ciel.

En général ces traditions, comme celles du Pérou, sont extrêmement vagues et obscures, et l'on a de la peine à les discerner les

---

(1) *Cundinamarca*, nom peut-être donné improprement au plateau dit de Bogota, au centre des montagnes de la Nouvelle-Grenade. Ses habitants étaient les *Muyscas*, autrement dits *Chibchas*.

(2) Plaza, *Memorias para la histo-ria de la Nueva-Granada*, cap. IV, pag. 51.

(3) Ce nom paraît composé encore de *Su* ou *Suha*, de *con* et de *moxi*. Voir Zamora, *Hist. de la prov. de N.-Granada*, lib. II, cap. 16.

unes d'avec les autres. On y distingue, cependant, quelques traces des institutions politiques et religieuses contenues dans le *Livre Sacré*. Trois chefs confédérés gouvernaient souverainement le pays : le *Zipa*, qui avait son siége à *Muequeta*, aujourd'hui *Funza*; le *Zaque* de *Ramiriqui* qui se transféra plus tard à *Hunza*, et enfin le *Sogamoso*, successeur du prophète qui lui avait légué, avec son nom, l'héritage de sa puissance et de sa sainteté. Cette confédération devait évidemment son origine au dernier, et la tradition, en nous disant que le Zaque de Ramiriqui était le neveu de Sogamoso, laisse entrevoir la parenté qui devait exister entre les trois princes. D'accord avec les notions toltèques que nous avons trouvées également au bord du grand lac qui s'étend entre les ruines de Chicuyitu et celles de Tiahuanaco, elle racontait que les hommes avaient eu l'existence longtemps avant le lever du soleil et de la lune : le monde alors vivait dans les ténèbres et dans la nuit, parce que l'astre du jour n'avait pas encore reçu l'ordre de se mettre en marche. Cependant, il n'y avait que deux hommes (de la caste noble et sacerdotale), le Zaque de Ramiriqui et le Sogamoso : ils commencèrent par créer des hommes avec de l'*argile jaune* et des femmes avec des paquets d'herbes (*zibak*); après quoi, voyant la nécessité d'éclairer l'univers, le Sogamoso commanda à son neveu de Ramiriqui de monter au ciel où il devint le soleil. Trouvant encore cette lumière insuffisante, il s'éleva lui-même ensuite aux astres et devint la lune. Après ce que nous avons déjà dit, ces notions n'ont plus besoin de commentaires. Quelques idées relatives au Grand-père et à la Grand'mère se distinguent encore dans les rares notions qu'on a de ces contrées. On sait en outre qu'au sanctuaire de Sogamoso, où le vicaire du prophète continua à demeurer jusqu'à l'arrivée des Espagnols, on offrait fréquemment des victimes humaines, et que les *Xèques* ou prêtres du temple s'obligeaient à une continence perpétuelle et à des austérités aussi rigoureuses (1) que ceux de Quetzalcohuatl à Teohuacan.

---

(1) *Id., Ibid.*

Cependant, entre les traditions confuses concernant ces divinités ou les personnages merveilleux dont on a conservé les noms, on voit s'élever des luttes et des combats, dont les causes se dérobent sous des fables puériles en apparence, mais dont le côté sérieux se retrouve, dès qu'on les confronte avec celles des autres peuples et surtout de la race nahuatl. On en conclut que les missionnaires ou législateurs qui apparurent au Cundinamarca, soit du nord, soit de l'est, y apportèrent, comme tous les apôtres de cette race ambitieuse et turbulente, des dogmes différents ou les semences des hérésies qui bouleversèrent tour à tour et ruinèrent les empires du Mexique et de l'Amérique centrale. Les Chibchas adoraient *Chibchacum* (1) comme la divinité protectrice de la nation; ainsi que Quetzalcohuatl à Cholullan, il était le patron des marchands et des laboureurs. *Nencatacoa* était celui des peintres et des tisserands : il présidait aux orgies et s'y montrait sous la forme d'un ours, couvert d'un manteau, qui dansait avec les ivrognes; il portait en outre le nom de *Fò* ou le Renard, suffisamment significatif et qu'on retrouve dans la composition des noms de plusieurs localités de ces contrées (2).

Un souvenir de la trinité nahuatl se représente dans la statue à trois têtes qui existait au temple de *Boyamà* près de Tunja ; nous ne saurions affirmer, cependant, qu'il eût un rapport direct avec le Hurakan du *Livre Sacré*. Mais la diversité des actions attribuées à Bochica et autres personnages merveilleux confondus avec lui,

---

(1) Simon, dans Zamora, *ibid.* — Acosta, *Compendio histórico del discubrimiento y colonización de la N.-Granada*, Paris, 1848, cap. XI, pag. 195. Chibcha est le vrai nom des peuples de cette contrée que nous appelons *Muyscas*. Chibcha-Cum paraît encore faire allusion au dieu *Con* du Pérou.

(2) On sait que *Fox* est le renard en anglais, *fugs* en allemand, *voss* en flamand, etc. *Funza* paraît en venir, ainsi que *Fuquené*, etc. Le renard à jeun ou en deuil (*Nezahual-Coyotl*, nom d'un souverain de Tetzcuco) était un fétiche adoré au Mexique et au Pérou, à qui on offrait de la chicha comme au *Fò* du Bogota (Aubin, *Mémoires sur la peinture didactique*, etc., pag. 79). Une autre coutume commune aux Nahuas, Toltèques, etc., qu'on trouve encore aujourd'hui jusqu'à la Nouvelle-Grenade, c'est la danse appelée en espagnol *del Palo Volador*, et qu'un voyageur moderne a vu exécuter à Angostura, sur les rives du Magdalena (Hippisley's *Narrative of the expedition to the rivers Orinoco and Apure*, pag. 312).

donne bien à penser que là, comme aux bords du Grand-Fleuve que nous appelons le *Rio-Magdalena*, les trois royaumes principaux du Cundinamarca auraient été fondés simultanément par trois de ces personnages, dont l'origine toltèque ne saurait se révoquer en doute. Cette forme de gouvernement qui était établie au *Zenù*, à l'époque où les Espagnols y entrèrent, devait son existence à trois dieux qui y étaient apparus ensemble, suivant la tradition (1), en un temps déjà fort éloigné, et à qui les indigènes des bords du *Rio-Cauca* et des contrées adjacentes attribuaient l'origine des royaumes de *Zenù*, de *Tinzenù* et de *Panzenù*, situés entre le Magdalena, les montagnes d'Abibe et le golfe de *Tolu* (2) : malgré la rareté des détails laissés par les conquérants, on reconnaît, cependant, partout les traces des institutions toltèques et celles d'un état de société analogue à ce qui se voyait au Cundinamarca d'un côté et au Darien de l'autre. C'est là que les conquérants de la suite de Quesada découvrirent ces sépultures tant vantées dans les relations et auxquelles seules ce pays doit de n'avoir pas été entièrement oublié. C'étaient des tumuli semblables à des collines, dont l'intérieur renfermait des tombeaux en pierre de taille et voûtés où l'on trouva, avec les cendres des princes, des trésors considérables. Depuis Caramari (Carthagène) la vallée entière du Zenù et du Cauca jusqu'au delà d'Antioquia était parsemée de ces tumuli; de vieux seibas étendaient au-dessus leurs branches entre lesquelles pendaient des multitudes de cloches d'or fin, aussi grosses que des mortiers. Là, ainsi qu'en tant d'autres lieux, la civilisation avait déchu considérablement, depuis les temps antiques, à la suite de révolutions de toute sorte et d'invasions successives dont les peuples avaient perdu le souvenir: mais on retrouvait ses vestiges dans les monuments en pierre, abandonnés dans l'épaisseur des forêts, et surtout dans les arts admirables que les

---

(1) Zamora, *Hist. de N.-Granada*, lib. ii, cap. 3.
(2) *Tolu*, ville sur le bord du golfe dit aujourd'hui de Morrosquillo, non loin du Darien. Ce nom, chez ces nations d'origine caraïbe, rappelle encore celui de *Tula* ou *Tolan*.

Caras de toute dénomination avaient conservés ; on la reconnaissait à la taille des pierres précieuses, au travail de la bijouterie d'or et d'argent, à la richesse et à l'élégance des étoffes qu'ils continuaient à tisser, et même à la structure si remarquable de leurs temples et de leurs palais qui, quoique en bois, présentaient un air de grandeur et de solidité dont s'étonnèrent à juste titre les conquérants (1).

Ainsi, des lacs glacés du nord jusqu'aux extrémités du Chili, sous les couches diverses que le temps, les invasions des tribus barbares ou civilisées, venues par mer ou par terre, de l'est ou du couchant, ont étendues dans les deux Amériques, on reconnaît constamment, à côté d'un sabéisme primitif et d'une religion astronomique, les vestiges des institutions apportées par la race nahuatl ou développées par elle sur le sol qu'elle avait conquis. Ces institutions s'étaient mêlées à une foule d'autres, introduites naturellement par des nations qui lui étaient étrangères, ou ennemies, elles s'y sont modifiées à leur contact, ainsi qu'il est arrivé depuis trois siècles que les missionnaires espagnols leur ont annoncé l'Évangile ; mais partout où cette race énergique a passé, elle a laissé l'empreinte ineffaçable des superstitions et des rites qui la distinguaient : ni les prédications persuasives des Las Casas, ni le fanatisme brutal des Valverde, n'ont réussi à lui ôter son caractère, pas plus que le prosélytisme armé des Incas qui les précédèrent, à la manière de Mahomet et d'Omar. En comparant les populations agricoles des Andes et les clans vagabonds du Brésil et du Chili, aux habitants du Mexique ou aux tribus guerrières des États-Unis, qui en sont éloignés de plus de deux mille lieues, on est surpris d'observer encore une similitude frappante d'idées et d'usages entre l'Araucan qui habite vers le 50° degré de latitude méridionale, et le Chippeway, situé à la même distance de l'équateur dans les contrées du nord. A côté des habitudes agricoles et

---

(1) Herrera, *Hist. gén.*, decad. v, lib. 11, cap. 1. — Zamora, *Hist. de N.-Granada*, lib. 11, cap. 3.

des traces d'une culture en commun, qui paraît avoir été une des lois primitives des sociétés régulières de l'Amérique, on rencontre des maximes de désordre et de dissolution, mêlées aux simples lois d'une existence paisible : les rites magiques des devins, l'usage de vouer l'enfant dès sa naissance à un génie familier (nagual ou manitoa), souvent représenté par un animal, un reptile ou un oiseau, enchaîné plus ou moins à son existence, se retrouvent encore aujourd'hui au fond des coutumes des populations civilisées et chrétiennes, comme dans celles des plus sauvages, d'un bout à l'autre du continent (1).

D'un autre côté, quel que soit le contraste de leurs institutions, telles qu'elles se présentent à nous actuellement, elles marquent toutes un état plus avancé que celui où nous voyons encore les peuples barbares du nord-est de l'Asie. Cette frontière de l'ancien monde, d'où tant d'écrivains prétendent que l'Amérique a dû recevoir sa première population, n'est plus habitée elle-même que par des tribus nomades, refoulées depuis longtemps vers la mer Glaciale, par les grandes hordes des Mongols et des Mantchoux, et si de nouveaux déplacements devaient aujourd'hui les conduire d'un continent à l'autre, ils n'y porteraient avec eux que l'ignorance et l'anarchie. Il restera donc toujours malaisé d'expliquer comment des nations à demi policées sortirent jadis de ces parages pour se répandre dans les contrées américaines, à moins d'admettre qu'un ordre de choses tout différent régnait alors dans le monde asiatique, et que ses vieilles institutions rayonnaient librement jusque dans les steppes du Nord, maintenant livrées aux Tartares : c'est encore ce qu'on peut inférer, jusqu'à un certain point, des monuments pyramidaux et des tumuli qu'on trouve en grand nombre dans la Sibérie, et qui attestent une culture antique depuis longtemps anéan-

---

(1) Moke, *Histoire des peuples américains*, chap. II. — Herrera, *Hist. gen.*, decad. IV, lib. VIII, cap. 4 et 5 in fine. — Torquemada, *Monarq. Ind.*, lib. XIV, cap. ultimo. — La Peyrere, *Relation de l'Islande*, art. 12. — Nuñez de la Vega, *Constit. diœces.*, in Præamb., n. 36. — Smith, *Voyages and discoveries*, vol. I, pag. 140.

tie. Nous ajouterons que le culte d'un dieu invisible, adoré sous trois noms différents, l'art de la magie si universellement pratiqué chez les Nahuas, et les effets d'hallucination extraordinaires qu'on y observe, rappellent sensiblement le culte de diverses tribus sibériennes et le chamanisme des Mongols (1). Ainsi auraient pu partir de ces régions aujourd'hui sauvages et inaccessibles des essaims déjà organisés régulièrement; ainsi encore il aurait pu en arriver de très-loin, jusque des confins de l'Inde et de la Chine, comme l'ont cru reconnaître des hommes éminents aux croyances savantes de quelques nations. Mais de quelque part qu'aient pu sortir ces migrations de peuples initiés à l'ordre social, que leur marche ait été dirigée de l'est à l'ouest ou de l'orient au levant, elles n'appartiennent pas moins à une époque déjà bien reculée, qui répond au développement de la vie politique dans l'intérieur de l'Asie et qui précède de plusieurs siècles la domination des Mongols dans ces vastes contrées.

§ XIV.

Traditions du Livre Sacré locales au Guatémala. Expédition de Xbalanqué contre Xibalba. Migration des tribus de Tamub et d'Ilocab. Titres anciens des tribus guatémaliennes. Etat des nations guatémaliennes au XIe siècle. Commencement des nations de la langue quichée. Leurs conquêtes. Etablissement de la monarchie quichée. Cotuha, Balam-Conaché, Gucumatz et Quicab, les plus célèbres de ses rois. Abaissement de l'aristocratie au Quiché.

Après avoir suivi jusque dans les régions les plus lointaines les populations issues ou alliées de la race nahuatl, il est temps de retourner à celles dont l'histoire se rattache d'une manière plus spéciale à la dernière partie du *Livre Sacré*. Ainsi que nous l'avons fait remarquer auparavant, ce document a surtout pour objet de nous instruire des destinées de la nation quichée, dont il ramène l'origine aux quatre premiers chefs de l'ordre aristo-

---

(1) Strahlenburgh, *Hist. Kamtschatka*, pag. 16. — Malte-Brun, *Géographie*, liv. xxxviii. — Sauer's *Expedition*, vol. i, pag. 116. — Hérodote mentionne également l'art de la divination chez les Scythes, etc. (*Hist.*, lib. iv, cap. 59).

cratique et sacerdotal, créé à l'inauguration du système social des Nahuas dans l'Amérique centrale. Cependant, entre l'époque de cette création et la fondation de la monarchie des Quichés, il a dû s'écouler un intervalle dont il est difficile d'évaluer la longueur, mais qui n'est peut-être pas de moins de onze à douze siècles. Durant cette longue période, l'auteur de ce livre, qui ne reconnaît que le peuple auquel il appartient, passe sous silence toute l'histoire de ceux qui ont précédé les siens dans cette contrée; il se contente de mentionner indirectement les anciennes familles régnantes de Tamub et d'Ilocab, en prolongeant la migration des Quichés jusqu'au moment où ceux-ci commencèrent à prendre rang parmi les nations, sous la domination lesquelles ils avaient vécu auparavant. Cette lacune nous allons essayer de la combler en partie, à l'aide des données que nous fournissent les autres documents guatémaliens que nous avons été à même de consulter.

Les premières luttes de la race nahuatl paraissent avoir eu pour objet, ainsi qu'on l'a constaté ailleurs, la possession des parages où se rencontrent les symboles primordiaux de leur système religieux, c'est-à-dire en *Paxil* et en *Cayala* : il serait dangereux toutefois de considérer cette localité même autrement que comme un mythe, si le *Manuscrit Cakchiquel* n'en laissait entrevoir le côté historique, en nous apprenant qu'un des chefs de Paxil fut tué par les héros auxquels il avait servi d'introducteur. Dans le récit de la défaite de *Vukub-Cakix*, et de ses fils *Zipacna* et *Cabrakan*, par les *Hun-Ahpu*, les rédacteurs du *Livre Sacré* continuent à couvrir de voiles plus ou moins épais les réalités de l'histoire : mais la vérité se fait jour malgré leurs efforts, et l'on voit grandir insensiblement la lutte entre les races qui se disputaient l'empire en Xibalba. Les siècles qui se sont écoulés depuis lors n'en ont point effacé le souvenir, et il est resté attaché au nom de diverses localités existantes encore aujourd'hui dans les provinces guatémaliennes. Une vallée déserte, située à peu de distance de l'Océan Pacifique, a gardé celui d'*Omuch-Qaholab*, ou les Quatre-cents Jeunes-gens, compagnons des Hun-Ahpu, tués par Zipacnà, et, à quelques lieues de là, une plaine, parsemée de *tumuli*, ombragés d'antiques seibas, s'appelle encore *Omuch-Cakha* ou les Quatre-cents Pyramides, sans doute parce qu'ils furent érigés sur la sépulture des héros primitifs de la religion toltèque (1). Les noms même de Zipacnà et de Cabrakan sont jusqu'aujourd'hui ceux de deux bourgades bien connues dans le pays des Mams (2), et les montagnes contre lesquelles s'exerçait la puissance surnaturelle des deux géants continuent d'être désignées comme dans le *Livre Sacré*. Le ballet parlé de *Hunahpu-Qoy*, ainsi que les autres représentations scéniques dont il est question dans le même document, se dansent aujourd'hui comme il y a mille ans; tout y respire les mêmes idées mystérieuses, et c'est dans les mêmes lieux que nous en avons recueilli les traditions de la bouche des indigènes, qui se plaisent à les raconter, chaque fois qu'on parvient à dissiper leurs défiances. Répétons donc qu'il y a des raisons suffisantes pour penser que c'est dans ces contrées qu'il faut chercher le berceau de ces épopées primitives.

C'est à la cité de *Tulan*, dite aussi *Toltecat*, que les nations guatémaliennes réfèrent leur origine. En quelque partie du continent américain qu'on doive placer les autres Tulan dont parle le *Manuscrit Cakchiquel*, il paraît hors de doute qu'un Tulan existait entre le site des ruines connues sous le nom de Palenqué, et la ville moderne de Comitan, dans l'Etat de Chiapas; siége principal des princes de la race nahuatl, cette ville aurait été fondée à une époque contemporaine de la capitale des Xibalbaïdes, plusieurs siècles avant l'ère chrétienne (3), et, au rapport de toutes les tra-

(1) *Titre territorial des Seigneurs de Totonicapan*, manuscrit. — *Titre royal de la maison d'Ixtcuin-Nehaib, ses possessions et conquêtes*, etc., original légalisé de la main du conquérant dom Pedro de Alvarado, manuscrit de ma collection.

(2) *Zipacna* paraît avoir laissé son nom au bourg indigène de *Zipacapan*, au département de San-Marcos (Guatémala); de nombreuses ruines et des traditions fort curieuses rappellent encore le souvenir du dieu-géant. — *Cabrakan*, aujourd'hui *Cabrican*, bourgade à 8 lieues au sud de Zipacapan, et à 12 lieues environ au nord de Quezaltenango.

(3) Ordoñez, *Hist. del cielo y de la tierra*, etc.

ditions, elle aurait rivalisé constamment avec sa métropole, dont elle cherchait à se rendre indépendante. Ce n'est cependant pas à Tulan qu'aurait été le foyer de la conspiration, personnifiée dans les Hun-Ahpu : car l'épopée qui en développe les principaux incidents, sous l'image d'une partie de ballon, en place les premières scènes à Nimxob-Carchah, à l'extrémité de la Haute-Verapaz, où Las Casas, citant sans les comprendre quelques-unes des traditions de cette contrée, raconte que se trouvait une des entrées du chemin de l'*Enfer*, c'est-à-dire de Xibalba (1). C'est là, comme on l'a déjà vu, que les deux princes Hunhun-Ahpu et Vukub-Hunahpu, symboles, ainsi que leurs deux fils Hun-Chouen et Hun-Batz, de la race nahuatl pure et légitime, se réunissaient pour jouer en présence d'une multitude nombreuse. La défaite et la mort des deux premiers indique suffisamment la victoire de Xibalba sur les Nahuas. Mais les métis, représentés dans les deux autres héros Hun-Ahpu et Xbalanqué, nés du mélange des deux peuples, triomphent dans la lutte intestine engagée avec leurs propres frères ; ils sont censés ensuite les avoir changés en singes, mais en réalité ils les obligent à rétrocéder au nord-ouest vers l'Etat d'Oaxaca, dont Hun-Batz et Hun-Chouen sont regardés comme les premiers civilisateurs (2).

A la suite de ces événements, qu'on entrevoit vaguement sous les voiles de l'allégorie, dans le *Livre Sacré*, commence cette série d'entreprises contre l'empire de Xibalba, figurées par les épreuves de Hun-Ahpu et de Xbalanqué. Se réclamant des liens du sang qui les unissent par leur mère aux races anciennes du pays, ils s'attachent les *brutes*, c'est-à-dire les classes inférieures ou les populations barbares, qu'ils finissent par entraîner à leur suite au moyen de la violence ou par des bienfaits. La cité d'*Utlatlan*, connue sous le nom de *Gumarcaah*, quand elle devint la capitale de l'empire quiché, paraît avoir été, dans ces temps an-

---

(1) *Hist. apolog. de las Ind. occid.*, tom. III, cap. 125. — Torquemada, *Mon. Ind.*, lib. VI, cap. 26.

(2) *MS. vicarii Cuilap. ord. præd.*, in Garcia, *Origen de los Indios*, lib. V, cap. 4.

ciens, le siége principal de la race métise, et c'est de là que ses princes commencèrent à diriger leurs opérations contre l'empire antique. Les conséquences de leur victoire sur Xibalba, ainsi qu'on l'a déjà vu, n'eurent pas une bien longue durée. La race nahuatl pure existait, et c'est peut-être à ses influences ennemies que Xbalanqué dut, à son retour, de n'être pas reçu par les siens avec les honneurs auxquels il prétendait. Suivant la tradition à laquelle on doit ce détail (1), il se serait alors retiré dans une province plus éloignée, et c'est à lui qu'on attribue les premiers sacrifices humains dans l'Amérique centrale. *Copan*, dont le nom fait mystérieusement allusion aux symboles religieux de la race métise des Nahuas, aurait-il été choisi alors par ce prince, dont la mère personnifiait l'idée fondamentale de ce culte sanguinaire? Ce qui paraît avéré, c'est que cette ville devait son origine à un guerrier farouche, du nom de *Balam*, qui était entré dans cette contrée par les terres du Peten-Itza (2), environ quinze siècles avant la conquête espagnole. Dans les derniers temps de la domination indigène on appelait la province dont Copan était la capitale *Payaqui*, ou royaume de *Chiquimulá* (3) : elle était renommée par la splendeur de ses temples et par le concours des nations qui y accouraient pour sacrifier à Xbalanqué, dont les autels ne furent brisés qu'après avoir été arrosés du sang de plusieurs Espagnols (4).

Que ce soit de cette époque ou de plus haut que datent les dissensions qui déchirèrent les nations issues de la race nahuatl, il n'en paraît pas moins constant que l'empire de Xibalba et en particulier le royaume de Tulan en demeurèrent le théâtre durant

---

(1) Las Casas, *Hist. apol.*, etc., ubi sup.
(2) *Isagoge historico*, cap. 4, manuscrit cit. ap. Garcia Pelaez, *Mem. para la historia del antiguo reino de Guatemala*, tom. I, pag. 45 et suiv.
(3) Id., ibid. C'est sans doute à Copan qu'Ordoñez fait allusion quand il dit que Chiquimula fut fondé au même temps que Nachan, Mayapan et Tulan... « El principado de Payaqui ó Chiquimula, dit l'*Isagoge historico*, cuya capital era Copan. » Copan, étym., Sur la marmite ou le vase, *Payaqui*, Dans ou sur les Yaqui (Nahuas).
(4) Herrera, *Hist. gen.*, decad. III, lib. IV, cap. 19. — Juarros, *Hist. de Guatemala*, tom. II, trat. 6, cap. 13.

les derniers siècles de leur existence. C'est un enchaînement continuel de guerres, de combats, de discordes civiles et religieuses, tantôt entre les familles de cette race célèbre, qui se disputaient le pouvoir et la suprématie dogmatique, tantôt entre les Nahuas et les rois de Xibalba qui travaillaient à ressaisir leur prépondérance antique, au milieu des dissensions de leurs adversaires. Ces luttes, dont on entrevoit obscurément les traces entre les fragments historiques conservés dans les documents indigènes, paraissent s'être prolongées fort longtemps ou s'être renouvelées à plusieurs reprises : ce n'est que du VIe au VIIe siècle de notre ère qu'elles se seraient terminées par la destruction totale de Tulan, et probablement aussi de plusieurs autres grandes cités adjacentes (1). Durant cet intervalle de nombreuses migrations se seraient succédé, tantôt dirigeant leur marche vers le nord-ouest, tantôt vers le sud et l'est, selon que l'un des divers partis triomphât des autres, et c'est à quoi on peut attribuer ces luttes acharnées entre les autels d'une même religion et les descendants d'une même race qu'on observe partout où les Nahuas ont laissé quelque trace de leur passage. Nous ne parlerons pas ici des princes qui régnèrent à Tulan ; car les listes en sont apocryphes ou incertaines (2). En ce qui concerne l'émigration des tribus qui fondèrent la monarchie guatémalienne, elle aurait eu lieu vers le temps même de

---

(1) *Livre Sacré*, passim. — MS. *Cakchiquel*, passim.

(2) Juarros, *Historia de Guatemala*, tom. II, trat. 4, cap. 1. Cet auteur, qui suit presque invariablement le chroniste menteur Fuentes, donne pour rois de Tulan : *Tanub, Copichoch, Calel-Ahus* et *Ahpop*, qu'il fait suivre par *Nima-Quiché*. Nous ne possédons malheureusement aucun document qui constate leur authenticité, et la mauvaise foi de Fuentes ne nous permet pas d'avoir confiance dans ses assertions. — Dans le *Codex Chimalpopoca* (*Histoire des soleils*), il y a une liste de cinq rois de Tulan (ou Tollan), qui paraît ici distinct du Tollan de l'Anahuac. Seraient-ce les rois nahuas de Tulan en Xibalba ? C'est possible ; mais nous ne l'affirmons point, quoique leur nombre se rapporte à celui qui est donné par les traditions guatémalièques. Le premier est appelé *Topiltzin Quetzalcohuatl* (peut-être le premier *Ce-Acatl*, un *Hunahpu* ?) ; le 2e est *Huemac* ; le 3e, *Nequametl* ; le 4e, *Tlacateotzin*, et le dernier, *Huitzilpopoca*. Celui-ci, étymologiquement, peut signifier Fumée d'épines, et, dans ce cas, il aurait quelque analogie avec celui de *Gagavitz* (Kacavitz), feu d'épines, qui paraît dans le *Manuscrit Cakchiquel*, comme le chef et le conducteur des premières tribus de cette langue ; c'est aussi le dieu d'*Ahau-Quiché*, ce dernier mot ayant aussi le sens d'épine ou de broussailles dans la langue quichée, ce qui nous rapprocherait du *Nima-Quiché* de Juarros.

la destruction de Tulan, et ses principaux chefs auraient été des princes alliés à la famille royale, portant dans les documents le nom de *Tamub* (1).

Le peu d'écrivains qui ont eu l'opportunité de s'occuper de la migration des tribus, dites toltèques, soit au Mexique, soit dans l'Amérique centrale, se sont étonnés souvent et avec raison de l'incohérence que présentent à ce sujet les histoires indigènes : ces incohérences se remarquent, non-seulement dans les noms des chefs et des localités, mais plus encore dans les dates et la chronologie. Elles disparaissent, toutefois, devant une lecture attentive des originaux : ce qu'on n'a pas suffisamment observé, c'est que chaque tribu, chaque chef de clan, souvent même chaque ville, ou chacun de ses quartiers, tenait un registre exact dans lequel étaient inscrits après la légende qui concernait son berceau, celui de ses voyages, étape par étape, jusqu'à son arrivée au lieu où on s'était fixé, registre qui se continuait ensuite avec l'histoire locale et la généalogie des familles principales de chaque tribu. Ces diverses migrations avaient bien, peut-être, eu le même point de départ : mais leurs routes étaient distinctes, les unes les ayant effectuées par les montagnes ou les plaines de terre chaude, les autres ayant eu l'opportunité de se servir de barques ou de radeaux et ainsi de se transporter par mer. Il n'y a pas d'autre raison à ces incohérences qui ne sont donc qu'apparentes.

Après la conquête des pays où l'on voit ces groupes divers s'établir, chaque tribu s'organise avec un soin extrême dans les limites du territoire qui lui est échu en partage : elle en mesure l'étendue, en fait le cadastre, impose des noms nouveaux à tous les lieux, à chacune de ses bornes, aux villes et aux villages, aux bois, aux ravins, aux montagnes, aux rivières, tout en fondant des centres communs, destinés aux assemblées du peuple et de la noblesse, encore aujourd'hui appelés le *Tecpan*, le Palais, le *Calpul*, la Maison grande, d'après la tradition nahuatl antique. Il n'y a peut-

---

(1) Voir pour *Tamub*, au Commentaire, page CXLII.

être pas de pays au monde où la propriété ait été si bien définie, où les cadastres soient aussi anciens et tenus avec autant d'ordre, que chez ces nations, aujourd'hui regardées avec un si grand dédain par l'Europe. Les titres de ces tribus, de ces familles, écrits dans leur forme et leurs caractères originaux, existent encore en bien des lieux (1), quoique les indigènes s'efforcent de les dérober aux regards des profanes et des étrangers. A l'époque de la conquête par les Espagnols, la plupart des tribus s'empressèrent, dans l'intérêt de leurs possessions, d'en faire des copies en caractères latins, afin de les rendre accessibles aux conquérants à qui ils en demandèrent la légalisation; un grand nombre y joignirent même une traduction officielle en langue castillane. Ce sont ces titres, soit originaux, soit copiés ensuite, qui ont encore servi depuis lors à fixer les limites de leurs propriétés territoriales et qui sont aujourd'hui même la base des décisions légales et judiciaires dans toutes les contestations des indigènes, soit entre eux, soit avec les descendants des Espagnols. Ces titres si intéressants sous ces divers rapports, sont en outre de véritables monuments historiques, comme le sont les chartes et les cartulaires de nos municipalités et de nos anciens monastères. D'accord à l'origine avec les faits consignés dans le *Livre Sacré*, ils contiennent toujours avec plus ou moins de détails les faits de l'histoire primitive et ensuite des faits subséquents. Ces titres, nous le répétons, sont nombreux encore; nous en possédons plusieurs, soit en langue quichée ou cakchiquèle, soit en espagnol, et c'est là-dessus que nous avons recomposé, autant qu'il nous a été possible, l'histoire des pays guatémaliens.

Entre les familles ou tribus mentionnées au commencement des récits historiques du *Livre Sacré*, la plus ancienne paraît être celle de *Tan* ou *Tamub* : les noms de *Tepeu*, d'*Oloman*, de *Cohah*, de *Quenech* et d'*Ahau* (2), quoique cités simultanément, appartien-

---

(1) La magnifique collection de mon savant ami M. Aubin renferme plusieurs de ces cadastres originaux, entre autres le *Codex Vergara*.

(2) Nous avons parlé ailleurs du sens de *Tepeu* et d'*Ahau*. Le mot *Oloman*, écrit aussi *Oliman*, paraît venir du nahuatl *olli*, *ulli*, gomme élastique, li-

nent, suivant toute apparence, à une époque postérieure, et la région orientale, signalée ici comme leur berceau commun, serait probablement différente de l'Orient d'où sortit Tamub. Cette confusion, qu'on ne discerne pas toujours avec facilité, ne provient pas moins de la brièveté des détails que du dessein arrêté de l'annaliste qui travaille constamment à identifier les quatre chefs ou conducteurs de la nation quichée avec ceux de la race qui aurait établi la première monarchie guatémalienne (1). Ceux-ci, dont l'origine remonte encore à une haute antiquité, sont désignés sous les noms de *Copichoch*, de *Cochochlam*, de *Mahquinalon* et d'*Ahcanabil* (2), qui sembleraient n'être après tout qu'une autre série de symboles ou de substituts des quatre chefs primitifs de la race nahuatl. Tout ce qu'on peut inférer des documents où il en est parlé, c'est que la famille de Tamub, avant de venir en Tulan de Xibalba, habitait une contrée lointaine où elle pratiquait les préceptes de la loi naturelle unis à une sorte de sabéisme : pour sortir de cette contrée, elle passa la mer en compagnie de la maison d'Ilocab (3),

---

quidé, *man* de *mama*, prendre. *Cohah* vient de *Coh*, lion ou masque, et de *ah*, particule possessive rarement placée à la fin dans la langue quichée. *Quenech*, de *quen*, vain, présomptueux, *ech*, la chose, la possession.

(1) Les chefs quichés avaient les titres d'*ahqizb* et *ahqahb* (Voir au *Livre Sacré*, note 2, page 206). Ceux de Zacapulas, qui furent peut-être les mêmes que les chefs de Tamub et d'Ilocab, avaient pour noms *Chumul-Gag*, que le Titre de cette ville traduit *Conejo de Fuego*, Lapin de feu ; *Ah-Toltecat*, celui de Tula ou de Toltecat ; *Canza-Quitzal*, peut-être de *Can*, serpent, de *zak*, blanc, et de *quetzal* ; enfin *Xcanil*, composé du signe féminin ou diminutif *x* et de *canil* déterminatif de *can*, serpent, forme, mame. (*Titulo de los Señores de Sacapulas*).

(2) *Titulo territ. de los Señores de Totonicapan*, MS. Ces noms n'ont pas une étymologie rigoureusement quichée : *Copichoch* paraît venir de *cop*, zarcillos, boucles d'oreilles, *ru copil nu xiquin*, la punta baja de mis orejas (Ximenez, *Tesoro de las leng. quiché*, etc.) ; *chach* n'est pas quiché, à moins qu'il vienne de *chochobe*, sorte de guêpe (id. ibid.) ; ou bien du pokomam *chocho*, sorte de perroquet, especie de papagayo bozal. (Fr. Pedro Moran, *Vocab. de la leng. pokomam*, MS.) Dans un autre document Copichoch est donné pour le mari d'*Atit*, la vieille ou l'aïeule, ce qui en ferait le même personnage que Xpiyacoc ou Cipactonal. *Cochochlam* et *Mahquinalon* n'offrent aucune étymologie satisfaisante. *Ahcanabil*, composé de la particule possessive *ah* et de *canabil*, forme même de *canab*, et qui signifie les captifs ou la captivité.

(3) *Ilocab*, en quiché, pourrait se composer de *ilol*, voyant, et de *gab*, main : mais il est probable que c'est une ancienne forme plurielle de *iloc*, dont le sens serait oublié aujourd'hui. Ainsi que *Tamub*, *Dan*, *Tan* et *Daqui*, il rappelle une origine scandinave : M. C. Rafn m'écrit qu'il a « lu le nom » d'*Ilok* sur une pierre runique trouvée en Suède : il appartenait aussi » à un Herser ou baron de Sogn, que » l'on considère comme l'aïeul primitif de presque tous les hommes notables de l'Islande à l'époque de sa » première colonisation au IXᵉ siècle. » (*Lettre part.*, du 28 fév. 1861.)

avec laquelle elle fut ensuite initiée, en Tulan, aux mystères de l'idolâtrie nahuatl et au culte d'une triple divinité, analogue à celle dont il est question au commencement du *Livre Sacré*, quoique sous des symboles distincts de ceux des Quichés (1). Quelle était leur condition en Tulan et de quelle durée fut leur séjour dans ce lieu, c'est ce qu'on ne découvre nulle part d'une manière satisfaisante, quoiqu'il paraisse avoir été suffisamment long pour avoir fait de ces deux tribus une nation tout à fait toltèque.

C'est pour se soustraire aux rigueurs de l'oppression que leurs chefs prennent plus tard la résolution d'abandonner cette autre patrie, et l'on y démêle les mêmes causes qui avaient donné lieu aux émigrations précédentes. Le titre de *Cakoh-Ekome* (2), que prennent ici les chefs de Tamub, est allusif à leur caractère sacré, comme celui d'*ahqixb* et d'*ahgahb*, ou sacrificateurs, que portèrent les princes quichés : quant à ceux d'Ilocab, qui sont au nombre de cinq, leurs noms qui paraissent s'appliquer à des villes ou à des tribus sont : *Chi-Ya-Toh*, *Chi-Ya-Tziquin*, *Xol-Chi-Tum*, *Xol-Chi-Ramay* et *Chi-Pel-Camuhel* (3). A ces deux familles se joignent, au moment du départ, les chefs des *Treize clans de Tecpan* (4), connus depuis comme les ancêtres des Pokomams. Ces diverses tribus paraissent avoir émigré directement vers les

---

(1) *Tohil*, *Avilix* et *Hacaritz* composent la trinité divine des Quichés, et ceux-ci l'attribuent également aux tribus de Tamub et d'Ilocab; mais il y a grandement raison de supposer que quoique la divinité fût la même, elle avait d'autres noms et d'autres symboles.

(2) *Cakoh-Ekome*, probablement les Porteurs de l'enveloppe de feu. *Cakoh* doit venir de *cak* ou *gag*, le feu, *oh* très-anciennement une chose roulée, l'*ahuacatl*, fruit de l'avocatier. *Ekome*, pluriel d'*ekom*, participe présent d'*eko*, porter, charger. C'est toujours une allusion à la divinité invisible dont les quatre chefs étaient censés les porteurs et les interprètes.

(3) Ces noms sont plutôt des noms de lieux; seraient-ce ceux des localités où ces chefs s'établirent primitivement? *Chi-ya-Toh*, A l'eau de Toh (pour Tohil ou l'obsidienne); *Chi-ya-Tziquin*, A l'eau des oiseaux; *Xol-chi-Tum*, entre les feuilles (d'aloès); *Xol-chi-R'amag*, entre les tribus; le dernier n'offre pas d'étymologie satisfaisante en quiché. (*Tit. ter. de los Señores de Sacapulas*.)

(4) Les *XIII Bras* (clans) de *Tecpan* désignent d'ordinaire les tribus de la race *pokomame* et *pokomchie*, peut-être aussi les *Mams* ou *Mems*, suivant le *MS. Cakchiquel*. Ce document désigne les Pokomams comme des hommes à la poitrine recouverte de cuir, ce qui les rapprocherait des *Acolhuas* et des populations du Rio-Gila et du Nouveau-Mexique.

bords de l'Océan Pacifique, comme celles qui, de Tlapallantzinco, se dirigèrent vers le nord-ouest; après quoi, suivant au sud-est les bords de la mer, elles vinrent donner à la plaine des Quatre-Cents-Pyramides. Du vi^e au viie siècle, elles s'étendirent par droit de conquête ou autrement sur la plus grande partie du territoire guatémalien qu'elles occupèrent, depuis les Lacandons, au nord, jusqu'à la mer Pacifique : peut-être, faudrait-il en excepter les districts orientaux, voisins du lac d'Izabal et du fleuve Motagua, ainsi que les provinces maritimes de la côte d'Ezcuintla où l'on continue jusqu'à présent à parler un dialecte de la langue nahuatl. Ce vaste territoire, qu'on trouve habité vers le xiiie siècle par des populations distinguées sous les noms génériques de *Mam*, de *Pokomam* et de *Pokomchi*, était partagé alors en plusieurs États différents, quoique unis par de fortes alliances et les liens d'une parenté commune.

Il serait difficile, avec le peu de documents que nous possédons, de déterminer clairement leurs positions respectives; nous allons tâcher, cependant, d'en donner une idée générale. Au centre, c'est-à-dire dans le *Quiché* propre, commandaient les chefs de Tamub, dont la capitale, *Amag-Dan* (1), existait, suivant toute apparence, entre les monts *Tohil* et *Mamah*, à trois lieues à peine au nord d'Utlatlan (2) : c'est peut-être aux mêmes lieux qu'on voyait le temple encore fameux au temps de la conquête, appelé *Cahbaha*, où l'on vénérait la fontaine sacrée de *Tzutuha* et la pierre mystérieuse dont les princes allaient de temps immémorial consulter les oracles (3). Ilocab étendait sa domina-

---

(1) On trouve alternativement *Dan* et *Tan*; il s'agissait donc d'un nom étranger à la langue quichée, puisque le son n'en était pas fixe. Le pluriel antique faisait *Danub* ou *Tanub*, nom que portent encore les ruines d'*Amag-Dan*. (Ville ou tribu de Dan).

(2) Près de *Santa-Cruz del Quiché*, bourg du département actuel de Sololá, à 25 lieues environ au N.-O. de Guatémala. Il serait fort possible que *Acxopil* et *Xiuhtemal*, dont les noms sont rapportés par Fuentes et Juarros, aient été les deux premiers rois de la dynastie de Tamub, laquelle aurait compté neuf souverains, avant la domination quichée proprement dite, si l'on peut s'en rapporter à une notion fort vague de l'*Isagoge historico*, citée dans les mémoires de Mgr Garcia Pelaez.

(3) *Livre Sacré*, pag. 329. *Cahba-ha* ou Maison du sacrifice; *Tzutuh-a*, Eau fleurie ou des fleurs.

tion à l'ouest et au sud de Tamub, et la cité d'*Uquincat*, siége principal de cette maison (1), occupait un plateau étroit, situé entre les mêmes ravins qui ceignent un peu plus bas, les ruines d'Utlatlan. Cette famille se partageait en deux branches principales, la première appelée de *Gale-Ziha* (2) et la seconde de *Tzununi-ha*. Le chef des Ilocab était le second des trois souverains, dont la confédération régissait l'empire, selon le régime toltèque, où Tamub occupait le premier rang. Nous n'avons pu découvrir encore quel était le troisième : peut-être était-ce le chef de la tribu d'Ahau-Quiché, d'où la nation des Quichés aurait tiré son nom, étendu depuis à tout le pays, lors de l'élévation de la maison de Cavek. Peut-être, et quelques indices le donneraient à penser, était-ce le souverain de la nation puissante des *Agaab* (3), dont les possessions s'étendaient sur les deux rives du Chixoy ou Lacandon (4), ou bien encore les *Canil* de Sacapulas, dont l'antiquité remontait aux temps les plus reculés de l'histoire guatémalienne (5).

Les autres maisons princières de cette époque étaient-elles feudataires de celles de Tamub et d'Ilocab, ou bien vivaient-elles indépendantes des trois couronnes, c'est ce qu'il paraît difficile de décider : mais il est certain que sous le nom d'*Uxab* et de *Po-*

---

(1) *Livre Sacré*, page 237. — *Tit. ter. de los Señores de Totonicapan*. La ville d'*Uquincat* (forme antique), Avec le filet (à mettre le maïs), était sur un plateau au nord-ouest de ceux d'Utlatlan, dont elle n'était séparée que par ses ravins; on en voit encore les ruines connues aujourd'hui sous le nom de *P'-Ilocab*, en Ilocab.

(2) *Gale-Ziha* paraît avoir été anciennement le nom de la tribu puissante, encore aujourd'hui connue sous le nom de *Santa-Catarina Ixtlahuacan*, dont le vrai nom quiché est *Ziha*.

(3) Les *Agaab*, de *Aga* ou *Aca*, dont l'étymologie peut venir de *ak*, sanglier, de *aq*, coq, de *aka*, parenté, ou de *aga*, ou *agab*, la nuit. C'était une nation puissante dont les principales villes existaient à peu de distance de la rive gauche du fleuve *Chixoy* ou *Lacandon* (Rio Grande de Sacapulas). L'une d'elles était *Carinal*, dont j'ai visité le premier, en 1856, les belles ruines, situées sur les bords du *Pacalag*, rivière qui se jette dans le Lacandon, presque vis-à-vis l'embouchure de celle de Rabinal, dans la Vérapaz. Les notions sur les Agaab sont extraites du *Tit. ter. de los Señores de Totonicapan*, du *Tit. real de la casa de Itzcuin-Nehaib*, etc.

(4) Le fleuve *Uzumacinta* se forme de deux grandes rivières principales, le *Rio-Pasion* qui sort du Peten, et le *Lancandon*, appelé aussi *Chixoy*, Rio-Grande de Sacapulas, Rio-Negro et enfin Rio-Blanco, à peu de distance de sa source principale qui est à deux ou trois lieues à l'ouest de Malacatan (département de Huehuetenango).

(5) *Tit. ter. de los Señores de Sacapulas*.

komam, une partie des treize tribus de Tecpan, dont la capitale était la grande cité de *Nimpokom*, était maîtresse de la Verapaz et des provinces situées au sud du Motagua jusqu'à Palin (1). A l'ouest, jusqu'aux frontières de Chiapas, s'étendaient les *Mams*, proprement dits *Mam-Yoc*, dans leurs histoires (2), partagés en plusieurs familles également puissantes qui gouvernaient souverainement cette contrée, alors désignée sous le nom commun d'*Otzoya* (3) : c'étaient d'un côté les *Chun-Zak-Yoc*, qui avaient pour capitale *Qulaha*, que son opulence et son étendue avaient fait surnommer *Nima-Amag* ou la Grande-Ville, dite depuis *Xelahun-Quieh*, ou *Xelahuh*, et *Quezaltenango* (4); les *Tzitzol*, dont la capitale était peut-être *Chinabahul* ou Huehuetenango (5), les *Ganchebi* (6) et les *Bamaq*. Ceux-ci (7), dont nous avons connu les descendants, étaient seigneurs d'*Iztlahua-*

(1) Les ruines de *Nimpokom* (Grand-Pokomam) existent sur une suite de hautes collines dominant la vallée de Rabinal, à 2 lieues nord-ouest de cette bourgade, reconnues pour la première fois par moi en mai 1856. — *Palin* est un gros bourg à 9 lieues environ sud-ouest de Guatémala.

(2) *Tit. de los Señores de Quezaltenango y de Momostenango.* — *Tit. ter. de los Señores de Totonicapan.* — *Tit. real de la casa de Itzcuin-Nehaib.*

(3) *Ibid.* Le pays d'*Otzoya*, de *otzoy*, sortes d'écrevisses d'or dont ils faisaient des colliers, et *a*, l'eau.

(4) *Ibid.* Suivant les documents cités plus haut, *Qulaha* est le nom mam du Quezaltenango indigène, qui était situé, non dans la plaine de Zakaha, mais au pied du volcan de Santa-Maria. Le nom de *Xelahuh*, Sous les Dix, ou plutôt *Xelahun-Quieh*, Sous les dix Cerfs, suivant les mêmes documents, fut donné à cette ville après sa conquête par Quicab, roi des Quichés, qui la prit sur les Mams. Les dix seigneurs ou princes de qui serait venu le nom de *Xelahuh*, suivant Fuentes, est donc encore une invention de cet annaliste menteur et sans foi, dont on ferait bien de brûler les manuscrits.

(5) *Chinabahul* est le nom même de l'ancienne cité de Huehuetenango, appelée *Zakuleu* (Terre blanche ou claire) par les Quichés. C'était une ville importante avant la conquête espagnole, mais je n'oserais affirmer que c'était celle des *Tzitzol*, dont parle le document. Ses ruines, que j'ai visitées en octobre 1859, en compagnie du corregidor de Huehuetenango, don Manuel Fuentes y Franco, sont très-curieuses. Je saisis cette occasion pour remercier ce magistrat de son obligeance.

(6) *Ganchebi*, écrit alternativement *Canchebiz*, *Canchevez* et *Ganchebirse*. Rien n'indique d'une manière précise où régnait cette famille ; mais il se pourrait que ce fût à Zipacapan ou à *Chuun*, dont les ruines existent à trois lieues au sud de cette dernière localité ; là était l'ancien *Oztoncalco*, dont les habitants furent transportés par les Espagnols au grand bourg de ce nom près de Quezaltenango.

(7) Il y a dans la république de Guatémala plusieurs localités du nom nahual d'*Iztlahuacan*, mais se désignant autrement dans leur langue propre. Celui dont il s'agit ici est *San-Miguel-Iztlahuacan*, autrement dit *Zakchoh* (silex en langue mame). José Bamaq, le principal représentant de cette antique maison, vivait alors à Zipacapan, dont il était *gobernador*, quand je quittai les montagnes des Mams, en juin 1860 ; c'était un homme d'une belle prestance, Indien fort fin et rusé et qui exerce encore en secret les fonctions d'*ahqih*, prêtre du soleil

čan, dont le plateau est encore aujourd'hui parsemé de ruines au milieu desquelles s'élève l'humble bourgade de ce nom : au-dessus domine, à une hauteur formidable, *Xubiltenam* (ville du Souffle), forteresse aux débris imposants, avec son palais et ses nombreux teocalli, d'où les Bamaq commandaient naguère le plateau et les montagnes environnantes. Ces notions sont les seules qu'il soit possible de condenser avec les rares détails, épars dans nos documents, au sujet des populations qui occupaient ces contrées antérieurement aux conquêtes des Quichés.

Ce n'est guère que vers la fin du xii° siècle, que ceux-ci commencent à faire parler d'eux. Ils ne formaient alors probablement qu'un groupe insignifiant de petites tribus, campées entre les cimes arides des montagnes du Lacandon ou de la Verapaz : le nom même de *quiché*, s'ils ne le prirent point d'une alliance avec la maison d'*Ahau-Quiché*, leur serait venu des bois où ils vivaient errants et dispersés (1). Au rapport des traditions, ils seraient sortis de Tulan, en même temps que les tribus de Tamub et d'Ilocab, ayant à leur tête *Xurcah* et *Totomay*, qui sont regardés comme les premiers chefs de la maison de *Cavek* (2). Durant l'espace de trois ou quatre siècles, ils n'auraient eu qu'une existence vagabonde, transportant leurs foyers avec leurs dieux d'un endroit à un autre ; asservis souvent par les nations plus puissantes qui les environnaient. Les *Rabinaliens*, les *Cakchiquels*, les *Ah-Tziquinaha*, composaient, avec la famille de Cavek, les principaux clans de leur langue, suivant plus ou moins les traces les uns des autres, et partageant des destinées analogues. On ignore la nature des événements qui se passèrent entre l'époque de la fondation des États mams et pokomams et celle de la chute de l'empire toltèque de l'Anahuac, au xi° siècle. Si, dans cet

dans le pays. On le désignait en espagnol sous le titre de grand *Zahori*; il continuait, comme Xmucané vingt siècles auparavant, à tirer le sort avec le maïs et le *tzité*.

(1) *Quiché*, de *qui*, beaucoup, plusieurs, et de *che*, arbre, ou de *queche*, *quechelah*, *qechelah*, la forêt (Ximenez, *Tesoro de las lenguas*, etc.).
(2) MS. *Cakchiquel*.

intervalle, le mouvement de l'émigration s'était ralenti; il paraît bien certain qu'il recommença alors avec une force nouvelle : ce torrent tumultueux reprit son cours, et une foule de nations, soit barbares, soit civilisées, poussées encore une fois par le débordement du Nord, envahirent l'Amérique centrale, d'où elles refluèrent jusqu'au delà de l'isthme de Darien.

Les Quichés et les autres tribus de leur langue, répandus entre les régions humides des montagnes qui s'échelonnent sur la rive gauche du *Chixoy* (Lacandon), au delà de *Cunen* et de *Chahul* (1), se grossissaient insensiblement par l'incorporation des tribus étrangères ; en échange du feu qu'elles recevaient, celles-ci offraient à *Tohil* le sang de leurs fils qui, par un pacte mystérieux (2), devenaient la chose de la divinité des Quichés. C'est ainsi que s'agrandit cette nation et qu'elle se rendit redoutable aux populations aux confins desquelles elle avait établi les autels de ses dieux. Ses chefs, qui se disaient issus du sang des Toltèques, se vantaient d'avoir reçu des mains de leur dernier monarque, Acxitl (3), le *Giron-Gagal*, la Majesté ou le Feu Enveloppé qui leur révélait, durant la nuit, la volonté divine. Dans les histoires nationales, ces chefs paraissent au nombre de quatre, sous les noms de *Balam-Quitzé*, de *Balam-Agab*, de *Mahucutah* et d'*Iqi-Balam*, décorés des titres d'*Ahqixb* et d'*Ahqahb* ou sacrificateurs. Le *Livre Sacré*, après avoir raconté les incidents qui ont rapport aux migrations générales des tribus guatéma-

---

(1) *Cunen* et *Chahul*, petits villages dépendants de la cure de *Nebah*, au nord du Quiché, autrefois villes importantes et le berceau probablement de la famille royale de Cavek dont ces deux villes étaient les plus anciennes seigneuries. Les Cavek, sont appelés les *Yaqui de Cunen*, les *Yaqui de Chahul*, ce qui indique clairement leur origine toltèque (*Xahoh-Tun Rabinal-Achi*, Ballet parlé de Rabinal, MS.).

(2) *Tohil, Avilix* et *Hacavits*, divinités de la nation quichée, souvent résumées dans Tohil seul, autre symbole de Quetzalcohuatl, *Tok*, à Rabinal et *Tok* dans l'Yucatan. Voir p. 225.

(3) La monarchie des Toltèques de l'Anahuac, composée des trois États fédérés de Colhuacan (à 2 l. de Mexico), d'Otompan et de Tollan (Tula), fleurit du huitième au onzième siècle; les haines religieuses, la guerre civile, l'invasion étrangère mirent fin à cet empire, dont le dernier roi légitime Topiltzin-Acxitl-Quetzalcohuatl se réfugia dans le Honduras où il fonda un nouveau royaume; il y mourut au commencement du douzième siècle.

liennes, nous font voir les Quichés se retirant devant un ennemi qu'il ne fait point connaître, et se retranchant par ordre de Tohil au sommet du mont *Chipal*, à quelques lieues de la rive droite du Chixoy (1). C'est là que les quatre chefs, interprètes de sa volonté, réunissent pour la première fois les groupes épars de la nation autour de la pyramide dédiée à *Hacavitz*, dieu d'Ahau-Quiché (2), dont l'enceinte sacrée devient ainsi le site de leur première ville et le siége de leur gouvernement.

Durant plus d'un siècle, ce fut le refuge des bandits et des vagabonds, dont les guerres civiles et religieuses, allumées dans les contrées voisines, inondaient l'Amérique centrale, mais que l'ambition des princes quichés sut transformer promptement en soldats audacieux : s'aidant de la violence et du brigandage, mais surtout de la ruse et de la cruauté, ils se rendirent la terreur des nations pokomames, aux limites desquelles ils venaient de se fixer. On ignore comment ils parvinrent à établir leur demeure en ces lieux : ce qui est certain, c'est que celles-ci s'aperçurent trop tard de la faute qu'elles avaient commise, en n'y mettant point d'obstacle. Après avoir tenté, durant plusieurs années, d'inutiles efforts pour les chasser de leurs positions et détruire ce nid de bandits, elles se virent réduites au silence, et, des treize princes de Tecpan, cinq, qui étaient ceux de *Rotzaïb*, de *Quibaha*, d'*Uxab*, de *Bacah* et de *Quebatzuna*, se virent obligés de payer tribut à la maison de Cavek. *Ahcan*, fils de *Tziquin*, était alors à la tête des sacrificateurs, et c'est de lui qu'étaient fils *Qocaïb* et *Qocavib*, que le *Livre Sacré* donne pour les chefs de la royauté quichée (3). Au moment de mourir, trouvant son peuple suffi-

(1) *Chipal* ou *Chipel*, appelé aussi *Hacavitz-Chipal*, localité aujourd'hui déserte entre les hautes cimes des monts qui s'élèvent au nord de Rabinal, dans la Verapaz, à 3 l. environ à l'est du fleuve Lacandon.

(2) *Tohil* était le dieu de la maison de *Cavek*, *Avilix*, le dieu de la maison de *Nihaïb*, et *Hacavitz* de la maison d'*Ahau-Quiché*. Ces trois divinités, qui remplacent ici le Tonnerre, l'Éclair et la Foudre, sont souvent unifiées dans le seul Tohil.

(3) *Tit. ter. de los Señores de Totonicapan*. Le Livre Sacré fait Qocaïb et Qocavib, fils de Balam-Quitzé. Mais, ainsi que je l'avais prévu en écrivant mon *Histoire des nations civilisées du*

samment affermi, il remit à ses enfants le dépôt divin qu'il avait reçu de ses pères, en les exhortant à se rendre à la cour du grand roi de l'Orient, afin de lui demander, comme au représentant des antiques traditions toltèques, l'investiture avec les insignes de la puissance royale. C'était une injonction à laquelle ils n'auraient eu garde de manquer.

Le *Livre Sacré* ne mentionne à ce sujet qu'un seul voyage, dans les contrées qu'il appelle de l'Orient, celui que les deux frères entreprirent ensemble : mais le *Titre des Seigneurs de Totonicapan* en fait connaître un autre qui précéda celui-ci et dont les circonstances méritent d'être rapportées. Ces deux documents se complètent ainsi l'un par l'autre : ils démontrent surtout combien les princes d'origine toltèque tenaient à ce que leurs droits fussent légitimés suivant l'usage antique et combien ils craignaient de manquer les moyens d'obtenir cette consécration auguste. Les deux fils d'Ahcan, au lieu de se mettre ensemble en chemin, se séparèrent donc au moment de leur départ : le premier, Qocaïb, prit sa route vers le Honduras, où Acxitl avait établi le siége de son empire et où sans nul doute devait régner encore un de ses descendants (1). Mais comme avant d'abandonner l'Anahuac il y avait laissé également un fils, dont les rejetons étaient censés alors en possession du trône de Colhuacan (2), ce fut du côté du Mexique que se dirigea Qocavib afin d'obtenir l'investiture royale de ces derniers, pour

---

Mexique et de l'Amérique centrale, le nom de *Balam-Quitzé*, comme ceux de *Balam-Agab*, de *Mahucatah* et d'*Iqi-Balam*, avaient dû se perpétuer à leurs héritiers successivement. Le document cité plus haut le dit expressément et donne ainsi la lignée de *Balam-Quitzé* : Il engendra deux fils, Qotzaha et Qoraxon-Amag. — Qotzaha engendra Tziquin ; — celui-ci engendra Ahcan. — Ahcan engendra Qocaïb et Qocavib, dont le premier eut cinq fils qui furent Quehnay, Qeyoy, Xmaiqueh, Chocoy et Qocamel, qui tous s'appelèrent aussi Ahcan, mais ne régnèrent point.

(1) *Topiltzin-Acxitl-Quetzalcohuatl*, dernier roi légitime de Tollan dans l'Anahuac, chassé de ce royaume par d'implacables ennemis, fonda plus tard le royaume de *Huey-Tlato* ou du Grand-Seigneur au Honduras, appelé l'empire d'Orient par les Quichés ; il y mourut, suivant Ixtilxochitl, à l'âge de cent quatre ans, dans l'année V Acatl, 1107 ou 1159 de notre ère (*Quinta y decima-tercia Relacion*).

(2) Dès l'an 1200, il y eut une usurpation à Colhuacan. Quetzal s'étant emparé du trône, à la suite de diverses querelles. Cette usurpation dura plusieurs années avant que les petits-fils d'Achitomel, fils de Pochotl, fils d'Acxitl, eussent recouvré le trône, et ce fut peut-être dans cet intervalle qu'arriva le prince quiché.

le cas où le succès ne couronnerait pas les démarches de son frère, au côté opposé. On ignore combien de temps ils passèrent dans ce voyage : ce qui est certain, c'est qu'il ne fut pas sans danger ni pour l'un ni pour l'autre. Autant qu'on peut en juger, c'était au commencement du XIIIe siècle. L'Amérique centrale ainsi que le Mexique continuaient d'être bouleversés par le choc violent des migrations de tout genre, qui avaient continué encore après la chute de l'empire toltèque, et par les prétentions rivales des chefs, barbares aussi bien que civilisés. L'Anahuac surtout était déchiré par des luttes intestines, et les débris de la race toltèque commençaient à peine à se relever de leur ruine. Le prince quiché parvint jusqu'à la vallée de Tenochtitlan : mais en arrivant aux bords du lac, il fut saisi des difficultés et des périls qui s'offraient à l'accomplissement de sa mission. Rempli d'épouvante, il reprit brusquement le chemin de son pays et retourna à Hacavitz sans avoir rien fait.

De retour dans cette ville avant Qocaïb, il connut illicitement sa belle-sœur, épouse de ce prince, qui, en l'absence de son mari, donna le jour à un fils, fruit de cet adultère incestueux. Sur ces entrefaites, des courriers annoncèrent que Qocaïb revenait chargé d'honneurs. Cette nouvelle jeta le coupable prince dans une profonde tristesse, et il songeait à se donner la mort, lorsque son frère parut. Ayant étalé aux yeux de tous les insignes qu'il avait apportés, Qocaïb reçut les félicitations des chefs des diverses tribus et entra ensuite dans sa maison. A la vue de l'enfant entre les bras de sa mère, il demanda : « De qui est cet enfant, d'où est-il venu ? — Il est de ton sang, répondit la princesse, formé de ta chair et de tes os. — Puisqu'il en est ainsi, reprit Qocaïb, loin de moi de l'abhorrer, au contraire je le comblerai d'honneurs. Et prenant le berceau avec l'enfant dans ses bras, il s'écria : « Dorénavant et pour toujours cet enfant se nommera *Balam-Conaché.* » C'est de là, ajoute le document (1), que commença la souche de la maison de

---

(1) *Tit. ter. de los Señores de Totonicapan.*

Conaché et d'Iztayul, ainsi que la dignité d'*Ahpop-Camha* (1), second titre de la maison d'Iztayul.

Ce titre était celui de l'héritier présomptif du trône, c'est-à-dire du roi en second. Les documents dont nous nous servons, trop rares et trop abrégés, ne disent pas comment il se fit que Qocaïb qui arrivait avec son droit d'aînesse, celui de l'investiture royale et des honneurs dont il était la source à l'égard de tous les autres chefs de sa nation, accepta si facilement l'affront que lui avait fait son frère : ce qui est tout aussi inexplicable, c'est que son nom ne figure même pas dans les listes royales; car c'est Qocavib qui paraît en tête, à la suite du chef symbolique de la race, Balam-Quitzé. Soit par affection pour son frère, soit par politique, afin d'éloigner les dissensions toujours si fâcheuses à la prospérité d'un État naissant, Qocaïb renonça peut-être au trône en sa faveur, se contentant pour sa part d'être le distributeur des titres et des dignités dont furent investis alors plusieurs des chefs de la nation quichée. Ceux-ci de leur côté se considérèrent, dès ce moment, comme pères et chefs d'autant de tribus, se répandant avec plus de fureur et d'audace qu'auparavant sur les États voisins qu'ils conquirent l'un après l'autre. Ainsi se fondèrent les principautés puissantes de Rabinal, du Cakchiquel, d'Ah-Tziquinaha, qui demeurèrent jusqu'à la fin les branches les plus puissantes de la famille quichée, en dehors de la maison de Cavek (2). C'est dans cet intervalle, apparemment, que les princes entreprirent leur second voyage à la cour du grand roi de l'Orient, qui acheva de les investir alors de

---

(1) *Ibid.* Voir à la fin du *Livre Sacré* l'énumération des titres divers de la cour quichée.

(2) La maison de Cavek se composait de trois familles régnant séparément, chacune sur un État différent, mais toujours confédérées, comme on le verra plus loin. Les grands vassaux paraissent avoir été d'abord *Rabinal*, dont la capitale était à *Zamaneb*, dans les montagnes de Xoyabah ou (*Xolabah*, Entre les rochers); le titre du prince de Rabinal était *Galel-Ahpop-Achi*; en second lieu, le *Cakchiquel*, dont la capitale fut, en dernier lieu, *Iximché* ou *Tecpan-Guatemala*, lors de la déclaration de l'indépendance de cette nation, et *Ah-Tziquinaha*, réuni ensuite aux Tzutohiles d'Atitlan. Voir mon *Histoire des nations civilisées*, etc., t. II, liv. V, ch. 4 et 5, et liv. VIII, ch. 1 et 2. Nous n'avons consigné ici que des détails relatifs à l'origine et au commencement de la nation quichée, que nous ignorions à l'époque où nous écrivîmes ce premier ouvrage; ils se complètent maintenant l'un par l'autre.

l'autorité nécessaire pour consolider la monarchie nouvelle.

Durant le règne de Qocavib, la puissance quichée continua à grandir par les conquêtes de ce prince : ses armes se firent redouter au nord jusqu'au delà de *Carchah* dont les histoires du temps vantent les richesses et la splendeur (1). *Uxab* et *Pokomams* furent déroutés dans le reste de la Verapaz; *Tucurub, Cubul, Ropenal* avec son territoire (2) jusqu'à *Patzima*, devinrent la proie des guerriers quichés. Les châteaux, les forteresses les plus inaccessibles virent escalader leurs murailles, et les chefs des cités conquises furent mis à mort pour faire place à de nouveaux seigneurs. Maîtres de *Pachalib*, ils prennent d'assaut *Qoxbaholam*, la plus importante des villes fortes des Agaab, qu'ils s'apprêtent à attaquer sur toute la ligne du fleuve Chixoy. A la suite de ces victoires le prince des Agaab est fait prisonnier : conduit devant Itzcuin-Nihaïb, chef de la seconde famille de Cavek, qui commandait l'armée, il se jette à ses pieds, en s'écriant : « Vous » êtes nos anciens et nos pères, vous êtes nos princes. Nous paie-» rons tribut et nous donnerons du poisson au grand roi des » Quichés. » Alors ils adorèrent Tohil, Avilix et Hacavitz, en offrant des oiseaux à leurs autels (3).

Déjà maîtres de Pachalum, et sur le point d'entrer dans *Zquina* (4), les Quichés se voyaient arrêtés par des forces imposantes, quand un allié imprévu s'offrit à eux : c'était *Cotuha*, prince de *Cakulgi*, gardien héréditaire de la pierre sacrée de *Tzutuha*, au temple de *Cahbaha*, qu'ils venaient de faire prisonnier. En habile politique, Qocavib mit à profit cet événement si providentiel pour lui. L'histoire laisse entrevoir qu'au milieu de leurs conquêtes

---

(1) *Titulo real de la casa de Itzcuin-Nehaib*. Carchah, qui est encore aujourd'hui la bourgade indigène la plus peuplée et la plus riche de la Verapaz (20,000 âmes au moins), était renommée pour ses plumes précieuses, ses belles émeraudes et la beauté de ses filles. Dans le drame-ballet *Xahoh-Tun-Rabinal-Achi*, c'est une belle princesse de Carchah qui est l'épouse légitime du prince de Rabinal.

(2) *Ibid*. Au lieu de *Rabinal*, dans les titres anciens, on trouve souvent *Ropenal* et *Robenal*.
(3) *Ibid*.
(4) La situation de la plupart des villes dont il est question ici se retrouve encore dans la Verapaz, où il y a beaucoup d'anciennes ruines; les indigènes connaissent toutes ces localités et c'est avec eux que nous les avons reconnues pour la plupart.

les Quichés étaient divisés par des rivalités de famille ; aussi paraît-il probable que Qocavib, dont le nom se présente à la place de celui de son frère aîné, avait pour ennemis tous les princes de la maison d'Ahcan, issus de Qocaïb. Comptant peu naturellement sur l'appui de ses proches, il devait chercher à s'affermir en se faisant des alliés parmi les chefs vaincus : c'est ainsi que Cotuha étant devenu son captif, il lui offrit généreusement, dans l'ordre des *ahqixb* et *ahqahb*, le quatrième rang, vacant alors par la mort du titulaire, décédé sans postérité ; ce qui assurait à ce prince des droits éventuels au commandement de la nation entière (1). Cotuha, acclamé par la noblesse, prouva bientôt qu'il était digne de cette haute faveur : après avoir aidé puissamment les Quichés dans la conquête de *Zquina*, de *Bayal*, de *Chamilah*, de *Ginom*, de *Tocoy* et de *Patzima*, de retour au fleuve Chixoy avec ses nouveaux alliés et sujets, il les guida par des passages que lui seul connaissait (2) jusqu'au cœur de la grande cité de *Cavinal*, sise à l'autre bord du fleuve, ce qui fut suivi bientôt après de la soumission de la nation entière des Agaab, dont elle faisait partie (3). Les rois du Quiche, se trouvant désormais trop à l'étroit sur le mont Hacavitz, abandonnèrent alors cette ville pour celle de Cavinal, où ils établirent le siège de leur gouvernement.

Cette capitale ne devait cependant pas être définitive. A la mort de Qocavib, Balam-Conaché passa le fleuve du nord au sud, probablement même avant d'avoir été couronné, et alla fixer sa résidence à *Izmachi* (4) ; c'est là qu'il se fit proclamer *Ahau-Ahpop* et sacrer avec tout le cérémonial toltèque ; il conféra en même

---

(1) *Tit. real de la casa de Itzcuin-Nehaib.* — *Tit. ter. de los Señores de Totonicapan.*

(2) *Cavinal*, dont j'ai visité les belles ruines en mars 1856, est à une lieue du fleuve Chixoy ou Lacandon, rive gauche, sur la rivière *Pacalag* ; le passage pour y arriver est d'une extrême difficulté, fortifié par la nature et par un grand nombre d'ouvrages fort remarquables.

(3) *Tit. real de la casa de Itzcuin-Nehaib.*

(4) Dans le *Livre Sacré*, ce nom est constamment écrit *Izmachi*, ou *Chi-Izmachi*, la barbe ou à la barbe, de *izm*, cheveux, poils, et de *chi*, la bouche. Mais Ximenez (*Tesoro de las tres lenguas*, etc.) affirme que ce nom vient d'*Izmaleg* (chevelure noire), nom d'une famille puissante à qui cette ville appartenait ; au pluriel, *Izmalchi*.

temps la dignité d'*Ahpop-Camha* à son fils *Iztayul*, qu'il avait eu de son union avec *Tzipitaban*, princesse dont la chronique (1) exalte avec admiration les charmes et la beauté. C'est peut-être à la suite de cette cérémonie que l'investiture fut donnée aux autres princes, chefs de villes et de tribus qui avaient commencé à se partager les territoires conquis, et de là date, autant qu'on peut en inférer des divers documents, l'établissement des grandes seigneuries tributaires du Quiché. Balam-Conaché mourut lorsque son fils Iztayul était peut-être encore trop jeune pour prendre les rênes du gouvernement; car ce fut Cotuha qui s'en saisit avec le titre d'Ahau-Ahpop ou roi suprême. Quoique étranger au Quiché, dont il n'était devenu un des souverains que par l'adoption politique, ce fut lui qui imprima à la nation ce caractère de grandeur qui la distingua promptement entre toutes celles de l'Amérique centrale. Izmachi s'embellit par ses soins d'édifices somptueux, et fut entouré de remparts capables de mettre cette capitale à l'abri d'un coup de main. Alors seulement se constitua la monarchie suivant toutes les formes antiques des Toltèques: elle se partagea en trois royautés distinctes entre les trois branches principales de la maison de Cavek, dont Cotuha se regardait comme le représentant. La première continua de se distinguer sous le nom de *Cavek*; la seconde fut celle de *Nihaib* (2), dont le chef Itzcuin échangea son nom nahuatl contre celui de *Hun-Tzi* et fut proclamé *Galel-Ahau* et roi de *Momostenango* (3), qu'il avait conquis sur les Mams. La troisième fut celle d'*Ahau-Quiché*, dont la capitale, portant le même nom, existait à peine à cinq ou six lieues d'Izmachi. De la race de Tamub, il n'existait

---

(1) Tit. ter. *de los Señores de Totonicapan*.

(2) *Nihaib*, pluriel *Nihaibab*. Ce nom vient de *Nim-ha*, grande-maison, titre de la seconde branche de la famille royale de Cavek; on le trouve écrit souvent aussi *Nehaib*.

(3) Tit. real *de la casa de Itzcuin-Nehaib*. Ce fut ce prince, à ce qu'il paraît, qui conquit *Momostenango*, autrement dit *Tzunun-Che* (Arbre du Colibri), et par les Quichés *Pa-Tzak* ou *Patzaka*, Au château ou A la fortification; il conquit également *Tzoloh-Ché*, le Saule, aujourd'hui *Chiquimula*, qui était avec la première, la principale ville de ses Etats. Il ne faut pas confondre cette ville avec *Chiquimula de la Sierra*, aux frontières de Honduras.

déjà plus peut-être, comme princes souverains, que les *Canil* de Sacapulas, déjà très-affaiblis eux-mêmes par les conquêtes des Quichés (1), pour oser remuer. Mais ceux d'Ilocab possédaient encore des domaines considérables entre le fleuve Chixoy et le lac d'Atitlan, et leur capitale, assise à peine à une lieue de distance d'Izmachi, se trouvait menacée chaque jour davantage par ces puissants voisins.

La guerre paraît avoir recommencé à la suite du mariage de Cotuha. L'Ahpop avait épousé la belle *Hamai-Uleu*, ou la Rose de la terre, fille du seigneur de *Malah* (2) : à cette occasion, il avait incorporé ce prince à la nation quichée, et afin de l'attacher davantage à ses intérêts, lui avait conféré, du consentement de la noblesse, le titre d'*Ahpop-Camha-Alaituy*. Ces distinctions excitèrent vivement la jalousie des seigneurs tzutohiles, déjà irrités de la protection que Cotuha avait accordée aux sept tribus de la nation *Ah-Actulul*, qui s'étaient établies sur des territoires dépendants de la souveraineté d'Atitlan (3). Ils se mirent bientôt après en campagne contre les Quichés; mais ils furent défaits avec une grande perte, et deux de leurs princes, *Tecpan* et *Xutzin*, demeurèrent prisonniers. Les seigneurs d'Ilocab, incapables de supporter plus longtemps des succès si menaçants pour eux-mêmes, prirent les armes à leur tour et envahirent à l'improviste les alentours d'Izmachi : l'attaque fut si subite et si imprévue, qu'ils réussirent à pénétrer dans cette ville; mais ils en furent repoussés aussitôt et déroutés ensuite dans plusieurs batailles. Leur capitale, Uquincat, fut prise et ruinée de fond en comble; *Chiquimula*, *Chuila*, *Ziha*, et d'autres villes tombèrent aux mains de leurs

---

(1) *Tit. ter. de los Señores de Sacapulas.* Le nom de l'ancienne famille régnante de Sacapulas était *Canil* ou *Icanil*, que portait un de ses fondateurs; elle paraît être contemporaine des Tamub. Après la conquête par les Quichés, Sacapulas fut nommé *Tuhal* ou *Tuhalha*, Maison des bains de vapeur.

(2) *Hamai-Uleu* est une fleur pourprée, sorte d'*oximalva*, que les Mexicains appellent *quajocote*, du nahuatl *quauhxocotl*). Cette princesse était fille du seigneur de *Malah* (Canne ointe), l'un des petits rois tzutohiles du lac d'Atitlan (*Tit. de los Señores de Totonicapan*).

(3) Ces sept tribus sont: *Ah-Tzuque*, *Ah-Canem*, *Manacot*, *Manazaquepet*, *Vancoh*, *Yabacoh* et *Ah-Tzakol-Queh* ou *Queh*. (Ibid.) — *Ac-Tulul* peut-être pour *Ah-Tulul*.

ennemis, qui réduisirent en esclavage un grand nombre de leurs habitants et traînèrent une multitude de captifs aux autels de Tohil.

La ruine de la maison d'Ilocab mit le sceau à l'indépendance et à la grandeur de la nation quichée : quelques tentatives de ses princes pour relever la tête ne servirent qu'à aggraver le joug qui pesait sur leur race. Ils réussirent cependant à souffler la discorde entre les branches de la famille de Cavek, en excitant les espérances ambitieuses de quelques seigneurs contre Cotuha et Iztayul, représentant le premier comme un étranger et le second comme le fils d'un bâtard adultérin, qui occupaient la place des héritiers légitimes du trône. Les insinuations les plus perfides furent mises en œuvre pour semer la mésintelligence entre l'Ahau-Ahpop et l'Ahpop-Camha; au premier on disait : « L'ahau » Iztayul te méprise : il dit que tu es un misérable et que tu ne » te nourris que d'écume de *chiquivin* (1) et d'autres vils ali- » ments, indignes d'un grand roi. » Puis, à Iztayul ils répétaient : « Le roi Cotuha est rempli de dédain pour toi; tu n'es pour lui » qu'un homme inutile, qui ne te nourris que de fumier, d'œufs » de mouches et d'autres insectes, tandis que sa propre table est » toujours couverte de poisson frais excellent, de *moharras* (2) et » d'autres mets dignes d'un grand prince. » Ces discours, souvent réitérés, finirent par allumer une telle envie entre les deux rois, qu'ils furent sur le point de prendre les armes l'un contre l'autre. Mais, sur l'avis de quelques sages conseillers, ils s'enquirent des faits, et les imposteurs, ayant été dégradés de leur rang, furent chassés de la cour. Dans leur fureur, ils tentèrent alors d'assassiner Cotuha, en l'étouffant dans un bain de vapeur où il était entré (3); mais leur

---

(1) *Chiquivin*, mot corrompu d'origine nahuatl, dont la signification n'est pas claire.

(2) La *moharra*, poisson fort renommé à Guatémala, qu'on pêche, entre autres endroits, dans le lac d'Amatitlan.

(3) Ce bain était un bain de vapeur, en quiché *tuh* ou *tuha* (nahuatl, *temazcalli*); de là est venu probablement le nom de ce prince qui ne paraît être qu'un sobriquet. *Cotuha*, mieux *Qo-tuha*, Où il y a un bain de vapeur. Ces détails sont tirés du même document, *ubi sup*.

dessein ayant été découvert, ils furent saisis et lapidés.

A la mort de Cotuha (1), *Iztayul* régna avec *Gucumatz*, qui prit le titre d'Ahpop-Camha : il continua les conquêtes de son prédécesseur. Mais les dissensions qui avaient déjà si vivement agité l'empire auparavant, se renouvelèrent durant la royauté d'Iztayul, et après lui, au commencement du règne de Gucumatz : elles prirent alors un caractère si grave qu'elles ébranlèrent la monarchie jusque dans ses fondements. Gucumatz était un prince d'une sagesse consommée; mais hors d'état d'arrêter les débordements de la noblesse, il l'abandonna à elle-même dans Izmachi et transporta le siége de son gouvernement au plateau voisin de *Gumarcaah* ou *Utlatlan*. Les hommes les plus sages de la nation s'empressèrent de l'y suivre : ils l'aidèrent à organiser la monarchie sur de nouvelles bases et à réformer cette aristocratie turbulente. Il satisfit l'ambition des nobles en partageant la maison royale en vingt-quatre grandes familles, qu'il subdivisa encore, de manière à les affaiblir, tout en les comblant de titres et d'honneurs (2). Par lui-même ou par le Galel-Ahau, roi de Nihaïb, il étendit les conquêtes de ses prédécesseurs jusqu'aux rivages de l'océan Pacifique : un grand nombre de princes et de nations, admirant sa prudence, accoururent lui rendre leurs hommages, et l'histoire, en lui décernant le titre de *Merveilleux* (naual), avec le nom de Gucumatz, reconnaît qu'il soumit plus de peuples par la renommée de sa sagesse que par la force de ses armes (3).

Cotuha II, qui paraît avoir succédé à Gucumatz, fut assassiné après un règne dont on ignore la durée, dans une embûche où il avait été traîtreusement attiré par les seigneurs de *Qohaïl* et d'*Ulahail* (4); mais on ignore la cause de cette trahison. Ses fils, *Qui-*

---

(1) D'après le même document, il paraîtrait qu'il finit par mourir assassiné dans une conjuration de princes quichés et autres.
(2) *Tit. de los Señores de Totonicapan*. Ce document renferme un grand nombre de titres de dignités qui ne se trouvent point énumérés dans le *Livre Sacré*. Voir ci-après, page 311.
(3) *Livre Sacré*, pag. 815 et 335. — *Título de los Señores de Quezaltenango*, etc.
(4) *Tit. de los Señores de Totonicapan*, etc.

cab et *Cavizimah*, qui régnèrent suivant leur rang, conjointement avec *Iztayul II*, et ensuite par eux seuls, se chargèrent de venger sa mort : ils s'emparèrent de treize de ses meurtriers, qui furent aussitôt tués par leurs ordres. A son avénement comme Ahau-Ahpop, Quicab, dont les conquêtes sont célébrées par tous les historiens de cette contrée, déclara la guerre aux Mams et aux Pokomams, ainsi qu'aux princes cakchiquels et tzutohiles, qui avaient embrassé leur cause. Il extermina sans pitié les principaux chefs de la noblesse de Sacapulas, de Momostenango, de Chiquimula, avec ceux de tout le pays d'Otzoya jusqu'au lac d'Atitlan, comprenant les districts de *Chichicastenango*, de *Ziha*, de *Totonicapan*, d'*Iztlahuacan*, de *Tzolola* et de *Quezaltenango*, les remplaçant partout par des princes de sa famille. *Zamaneb*, *Cakyug* et les autres villes soumises aux Galel de Rabinal s'obligèrent à lui payer tribut : après avoir subjugué le reste de la Verapaz, il porta ses armes aux bords du lac de *Peten-Itza*, pénétra au nord jusqu'au centre du Yucatan et à l'est jusqu'à *Cuzcatlan* (San Salvador). Au sud, il imposa son joug aux *Ahpo-Zotzil* et aux *Ahpoxahil*, souverains des Cakchiquels ; aux *Bagahol*, aux *Gekaquchi*, de la même famille ; aux *Uchubaha*, aux *Chimalaha*, aux *Ahcab* de *Balumiha*, aux *Gabaleal*, aux *Nolitiha*, aux *Quibaha*, aux *Ahaqabauil*, aux *Ahpova*, aux *Ahpo-Bulaxa*, aux *Ahpo-Runum*, aux *Ahpo-Zakucha*, aux *Ahpo-Goche*, aux *Ahpo-Tuctum*, aux *Ahpo-Hum*, aux *Ahpuali*, aux *Lolmet-Cuminay*, etc. (1). Il anéantit la puissance des Mams, de Huehuetenango à Cuilco, et jusqu'à l'océan Pacifique, imposant aux princes, comme à leurs sujets, des tributs onéreux, des bords du *Paxa* jusqu'aux embouchures du *Naualat* et du *Nil* (2).

---

(1) *Ibid.* — MS. *Cakchiquel*.
(2) Ce nom de *Nil* donné à un fleuve de l'Amérique centrale surprendra peut-être plus d'un lecteur ; cependant, c'est bien un nom indigène à ces contrées, et le fleuve qui le porte est un des grands cours d'eau qui descendent de la Cordillère de Soconusco à l'océan Pacifique. Ce nom se traduit en quiché par les mots *cosa sosegada, que está en paz*, selon Ximenez, chose paisible, tranquille. Deux documents fort anciens en font mention : le *Titulo de los Señores de Totonicapan* et le *Titulo de los Señores de Quezaltenango*, en rapportant les conquêtes de Gucumatz, d'Itzcuin-Nihaïb et de Quicab.

Pour contenir un si grand nombre de provinces, Quicab constitua de nouvelles tribus et bâtit partout des forteresses, dont il donna le commandement à des princes de sa famille. Mais en éloignant de cette sorte de sa personne les chefs naturels de la noblesse et de l'armée, il se vit amené forcément à revêtir souvent de charges importantes les officiers d'un ordre inférieur ou des hommes sortis des rangs du peuple, qui autrement n'eussent jamais songé à porter leurs prétentions au-dessus de leur condition accoutumée. Ce fut l'origine de la réaction des races vaincues anciennement contre la race conquérante ; excités par les rejetons des familles de Tamub et d'Ilocab, qui voyaient dans ce changement le moyen de secouer le joug qui pesait sur eux depuis plus d'un siècle, les chefs du peuple ouvrirent bientôt les yeux sur la nouvelle position que leur faisait le monarque. Ils s'agitèrent tumultueusement et finirent par envoyer une députation au roi Quicab, pour lui demander l'abolition des corvées et des priviléges de l'aristocratie féodale. Le superbe Ahpop s'indigna de leur audace et, sur l'avis de son conseil, envoya les députés au supplice : mais leur mort fut promptement suivie de l'insurrection des classes populaires, dont la vengeance s'exerça par les plus sanglantes représailles. Un grand nombre de nobles périrent dans ce conflit, et les trois souverains de la famille des Cavek se virent obligés d'admettre les délégués du peuple au partage des dignités de la cour. Les descendants de Tamub et d'Ilocab en profitèrent pour se faire réintégrer dans leurs droits antiques et se virent alors assimilés à leurs vainqueurs. C'est ainsi qu'après moins de deux siècles disparurent les distinctions entre les anciennes et les nouvelles tribus, et qu'une révolution de courte durée réunit en une seule nation tous les peuples du Quiché (1).

De leur côté, les princes de Rabinal, de Chamel et de Carchah

---

(1) *Livre Sacré*, page 327. — *MS. Cakchiquel*. — *Tit. de los señores de Totonicapan.*

dans la Verapaz; ceux du Cakchiquel et des Mams, naguère humiliés par les armes de Quicab, saisirent cette occasion pour recouvrer l'indépendance qui leur avait été ravie au commencement de son règne : les luttes qui surgirent de cette autre révolution se prolongèrent pendant près d'un siècle, et elles duraient encore lorsque la première nouvelle du débarquement des Espagnols, suivie bientôt de celle de la prise de Mexico, vint mettre un terme à leurs rivalités mutuelles : elles achevèrent de s'éteindre sous la compression brutale des conquérants européens, dont l'astucieuse et cruelle politique fit passer en peu d'années tous les royaumes de l'Amérique sous le sceptre des rois d'Espagne. Telle est, en résumé, l'histoire des migrations et de l'établissement des nations indigènes de l'hémisphère occidental, avec l'ensemble des faits ressortant des documents divers que nous possédons à ce sujet dans leur relation avec le *Livre Sacré*.

FIN DU COMMENTAIRE.

POPOL VUH.

LE LIVRE SACRÉ
ET LES MYTHES DE L'ANTIQUITÉ AMÉRICAINE.

POPOL VUH.

HUPAH CHI VUH.

NABEBIBAL.

Are u xe oher tzih varal Quiche u bi.

Varal x-chi-ka tzibah, x-chi-ka tiqiba vi oher tzih, u tiqaribal, u xenabal puch ronohel x-ban pa-tinamit Quiche, r'amag quiche vinak :

Are cut x-chi-ka qam vi u qutunizaxic, u calahobizaxic, u tzihoxic puch euaxibal, zakiribal rumal Tzakol, Bitol, Alom, Qaholom, qui bi Hun-Ahpu-Vuch, Hun-Ahpu-Utïu, Zaki-Nima-Tzyiz, Tepeu, Gucumatz, u Qux-Cho, u Qux Palo, Ah-Raxa-Lak, Ah-Raxa-Tzel

---

OBSERVATION IMPORTANTE. — Chaque alinéa de la traduction correspond au verset de la page opposée. Au lecteur, qui s'étonnera de ne pas voir ici d'accents, nous répondons que la longue ou la brève d'un grand nombre de mots varie suivant le canton ou la tribu où la langue quichée est parlée, et l'accentuation écrite ne pourrait même pas rendre toujours la prononciation particulière de beaucoup d'autres. Pour ce qui regarde celle des lettres, nous disons que le G est toujours guttural, quoique cette gutturation varie aussi suivant les lieux. Le Q non suivi d'un u annonce un son bref, tant soit peu guttural; le que, qui, comme en français; le Ch se prononce tche; la lettre H est fortement aspirée comme la jota espagnole; L final est légèrement aspiré; l'X se prononce comme le Sh anglais, le Z comme le Ç, le V comme W et U comme ou français. Quant aux notes, la nécessité nous a contraint de les placer indistinctement sous le texte et la traduction, quoiqu'elles correspondent directement au français.

(1) *Hun-Ahpu*, presque toujours écrit *Hunahpu* en un seul mot, nom d'un des principaux dieux ou héros divinisés dans les anciens royaumes du Guatémala : c'est celui du vingtième ou dernier jour du mois dans le calendrier quiché et cakchiquel. Ce nom se compose de *hun*, et de *ahpu*,

LE LIVRE SACRÉ.

PREMIÈRE PARTIE.

PRÉAMBULE.

Voici l'origine de l'ancienne histoire (du pays) ici appelé Quiché.

Ici nous écrirons et nous commencerons l'histoire d'autrefois, le principe et l'origine de tout ce qui s'est fait dans la cité du Quiché, dans les tribus de la nation quichée :

Voici donc que nous amènerons la manifestation, la découverte et l'éclatement de ce qui était dans l'obscurité, l'œuvre de son aurore par la volonté du Créateur et du Formateur, de Celui qui engendre, de Celui qui donne l'être, et dont les noms sont : Un Tireur de Sarbacane au Sarigue (1), Un Tireur de Sarbacane au Chacal (2), le Grand (3) Blanc Piqueur (d'épines), le Dominateur, le Serpent couvert de plumes (4), le Cœur des Lacs, le Cœur de la Mer, le Maître du Planisphère verdoyant, le Maître de la Surface azurée (5).

---

tireur de sarbacane, composé lui-même de *ah*, particule possessive ou préposition très-fréquente dans les langues de ces contrées, et de *pub*, la sarbacane. *Vuch* ou *uch* est le sarigue, animal de l'Amérique, que l'on nomme *tlacuatzin* au Mexique et *opossum* aux États-Unis.

(2) *Utiu* est l'animal nommé *coyotl* au Mexique; c'est une sorte de chacal.

(3) *Zaki-Nima-Tzyiz*, blanc-grand-piqueur, mot à mot. *Tzyiz*, qui pique, du verbe *tzizo*, coudre, et, dans un sens plus élevé, se tirer du sang en l'honneur des dieux, coutume générale dans toutes ces contrées. Antiguamente sangrarse para sacrificar á los idolos. (Fr. Domingo de Basseta, *Vocabulario quiché*, Ms.)

(4) *Tepeu, Gucumatz*, le très-haut, ou le puissant, le serpent couvert de plumes. Le premier, dans le quiché, a le sens de grand, puissant, majestueux ; il est d'origine mexicaine, et peut venir de *tepeua*, echar algo por el suelo, esparcir (Molina, *Vocab. de la lengua mexicana*), jeter par terre, répandre, ou de *tepeuani*, conquistador, vencedor en batallas. (Molina, *Ib.*) *Gucumatz* est composé de *gug* ou *guc*, plume, plume verte et riche, surtout celle du quetzal, et de *cumatz*, serpent; c'est le même sens que *Quetzalcohuatl*.

(5) Ces noms ou titres appartiennent

Ch'u chaxic r'achbixic, r'achtzihonic riy Iyom, Mamom, Xpiyacoc, Xmucane u bi; Matzanel, Chukenel; camul iyom, camul mamom; ch'u chaxic pa quiche tzih : ta x-qui tzihoh ronohel ruq x-qui ban chic chi zakil qolem, zakil tzih.

Vae x-chi-ka tzibah chupan chic u chabal *Dios*, pa Christianoil chic; x-chi-k'elezah, rumal ma-habi chic ilbal re Popo-Vuh, ilbal zak petenak chaka palo, « u tzihoxic ka muhibal, ilbal zak qazlem, » ch'u chaxic.

HUPAH CHI TZIH.

Qo nabe vuhil, oher tzibam puch; xa eual u vach ilol re bizol re; nim u peoxic, u tzihoxic puch, ta chi qiz tzuk ronohel cah, uleu, u cah-tzukuxic r'etaxic, u cah-cheexic, u meh-qamaxic, u yuc-qamaxic upa cah, upa uleu, cah tzuk, cah xucut, ch'u chaxic rumal ri Tzakol, Bitol, u

---

aux quatre personnages plus ou moins allégoriques dont il est parlé dans le commentaire.

(1) *Xpiyacoc, Xmucane*, deux noms d'une interprétation fort difficile : ils sont identiques avec le *Cipactonal* et l'*Oxomoco* des antiques traditions mexicaines.

(2) *Chi zakil qolem, zakil tzih*, mot à mot, dans la blancheur ou lumière de la vie, blancheur de la parole. Métaphore qui signifie quelquefois le bonheur, une sorte d'âge d'or, la civilisation, etc.

(3) *Chupan chic u chabal Dios*, mot à mot, en dedans déjà de la langue de Dieu, c'est-à-dire depuis le christianisme, ou le temps du Dieu des Espagnols, exprimé par le mot *Dios*, que les missionnaires mettaient partout au lieu du mot *Qabauil*, qui dit Dieu en langue quichée.

(4) Voici la traduction littérale de cette phrase *x-chi k' elezah; x-chi*, signe du futur; *k'* pour *ka*, nous; *elezah*, ferons sortir; *el* est le verbe radical sortir, *elezah*, faire sortir, tirer ou produire; *rumal*, à cause de

C'est ainsi qu'on nomme, qu'on chante et qu'on célèbre ensemble ceux (qui sont) la Grand'mère et l'Aïeul, dont le nom est Xpiyacoc, Xmucané (1); Conservateur et Protectrice; deux fois grand'mère, deux fois aïeul; ainsi qu'il est dit dans les histoires quichées : de qui on racontait tout avec ce qu'ils firent ensuite pour la prospérité et la civilisation (2).

Voilà ce que nous écrirons depuis (qu'on a promulgué) la parole de *Dieu* (3), et en dedans du Christianisme; nous le reproduirons, parce qu'on ne voit plus ce Livre national, où l'on voyait clairement qu'on était venu de l'autre côté (4) de la mer, (c'est-à-dire) « le récit de notre existence dans le pays de l'ombre (5) et comment nous vîmes la lumière et la vie, » ainsi qu'il est appelé (6).

CHAPITRE PREMIER.

C'est le premier livre, écrit anciennement; mais sa vue est cachée à celui qui voit et qui pense. Admirable est son apparition et le récit (qu'il fait) du temps auquel acheva de se former tout (ce qui est) au ciel et sur la terre, la quadrature et la quadrangulation de leurs signes, la

---

ou que, pour le motif de; *mahabi*, il n'y a, *no hay* espagnol dit mieux; locution négative composée de *ma*, non ou ne pas, et *habi*, ancien verbe impersonnel il y a, rarement usité; *chic*, avec, plus, déjà; *ilbal*, instrumental de *ilo*, voir, comme le *videndus* latin; re *Popo vuh*, ce national livre, *ilbal xak*, qu'on pouvait voir clairement, où à voir clairement; *petenak*, qui était venu; *chaka*, composé de *chi aka*, de outre; *palo*, la mer.

(5) *U tzihoxic ka muhibal*, mot à mot, son être raconté de notre *ombragement*. Le *u* est un article déterminant possession ou pronom possessif; *tzihoxic*, passif de *tzihoh*, raconter, éclaircir; *muhibal*, instrumental du verbe *muhih*, faire de l'ombre, ayant à peu près le sens du latin *obumbraculum*.

(6) *Ch'u chaxic*, avec ou par son être appelé (où c'est le titre du) *Popo Vuh* ou Livre national, dont on vient de parler.

chuch, u cabau qazlem, vinakirem, abanel, quxlanel, alay rech, quxlaay rech zakil amagil, zakil al, zakil qahol, ahbiz, ahnaoh chirech ronohel ato qol-vi cah, uleu, cho, palo.

Are u tzihoxic vae ca ca tzinin-oc, ca ca chamam-oc, ca tzinonic; ca ca zilanic, ca ca lolinic, ca tolona puch u pa cah.

Vae cute nabe tzih, nabe uchan. — Ma-habi-oc hun vinak, hun chicop ; tziquin, car, tap, che, abah, hul, civan, quim, qichelah : xa-utuquel cah qolic.

Mavi calah u vach uleu : xa-utuquel remanic palo, u pa cah ronohel.

Ma-habi nakila ca molobic, ca cotzobic : hunta ca zilobic ; ca mal ca ban-tah, ca cotz ca ban-tah pa cah.

X-ma qo-vi nakila qolic yacalic ; xa remanic ha, xa lianic palo, xa-utuquel remanic ; x-ma qo-vi nakilalo qolic.

Xa ca chamanic, ca tzininic chi gekum, chi agab. Xa-utuquel ri Tzakol, Bitol, Tepeu, Gucumatz, e Alom, e Qaholom qo pa ha zaktetoh :

E qovi e mukutal pa gug, pa raxon ; are u binaam vi ri Gucumatz ; e nimak ahnaoh chi qui qoheic. Quehecut xax

---

(1) *Ma-habi-oc*, locution négative composée de la négation *ma*, du verbe impersonnel *habi*, il y a, et de la particule optative *oc*.

mesure de leurs angles, leur alignement, et l'établissement des parallèles au ciel et sur la terre, aux quatre extrémités, aux quatre points cardinaux, comme il fut dit par le Créateur et le Formateur, la Mère, le Père de la vie, de l'existence, celui par qui tout agit et respire, père et vivificateur de la paix des peuples, de ses vassaux civilisés, celui dont la sagesse a médité l'excellence de tout ce qui existe au ciel, sur la terre, dans les lacs et la mer.

Voici le récit comme quoi tout était en suspens, tout était calme et silencieux; tout était immobile, tout était paisible, et vide était l'immensité des cieux.

Voilà donc la première parole et le premier discours. Il n'y avait pas encore (1) un seul homme, pas un animal; pas d'oiseaux, de poissons, d'écrevisses, de bois, de pierre, de fondrières, de ravins, d'herbe ou de bocages : seulement le ciel existait.

La face de la terre ne se manifestait pas encore : seule la mer paisible était et tout l'espace des cieux.

Il n'y avait encore rien qui fît corps, rien qui se cramponnât à autre chose; rien qui se balançât, qui fît (le moindre) frôlement, qui fît (entendre) un son dans le ciel.

Il n'y avait rien qui existât debout; (il n'y avait) que l'eau paisible, que la mer calme et seule dans ses bornes; car il n'y avait rien qui existât.

Ce n'était que l'immobilité et le silence dans les ténèbres, dans la nuit. Seuls aussi le Créateur, le Formateur, le Dominateur, le Serpent couvert de plumes, Ceux qui engendrent, Ceux qui donnent l'être, sont sur l'eau comme une lumière grandissante.

Ils sont enveloppés de vert et d'azur; voilà pourquoi leur nom est *Gucumatz* (2) : des plus grands sages, est

---

(2) *Gucumatz*, serpent couvert de vert et d'azur. Ils sont ainsi nommés parce que *Mukutal pa gug, pa raxon*, enveloppés, ombragés de vert et d'a-

qo-vi ri cah, qo naipuch u Qux cah; are u bi ri Qabauil, ch'u chaxic.

Ta x-pe cut u tzih varal x-ul cuq ri Tepeu, Gucumatz varal chi gekumal, chi agabal, x-chau ruq ri Tepeu, Gucumatz :

X-e cha cut, ta x-e naohinic, ta x-e bizonic : x-e riqo quib; x-qui cuch qui tzih, qui naoh.

Ta x-calah, ta x-qui quxlaah quib : xe vi zak ta x-calah puch vinak, ta x-qui naohih u tzukic, u vinakiric che, caam, u tzukic puch qazlem, vinakirem, chi gekumal, chi agabal, rumal ri u Qux cah, Hurakan u bi.

Cakulha Hurakan nabe; u cab cut Chipi-Cakulha; r'oxchic Raxa-cakulha; chi e cu oxib riy u Qux cah.

Ta x-e ul cuq ri Tepeu, Gucumatz; ta x-naohixic zak qazlem; hupacha ta ch'auax-oc, ta zakiro puch, apachinak tzukul cool.

Ta ch'ux-oc. Qu'yx nohin-tah. Areri ha ch'el-tah, chi hama-tah, chi vinakir va uleu; u lakel-ta cu rib, cha-ta cut, ta ch'auax-oc, ta zakir-oc cah uleu; ma-ta cut u gihi-

zur (c'est-à-dire de vêtements sacrés et mystérieux).

(1) Ces ténèbres et cette nuit expriment dans ce livre, comme dans tous ceux de la même origine, le temps où la civilisation nahuatl n'existait pas encore.

(2) *Hurakan.* Ce nom, dont on ne trouve nulle part l'explication dans les livres ou dictionnaires de la langue quichée ou cakchiquèle, paraît venir des Antilles, où il désignait la tempête et le grondement de l'orage. De là le mot *huracan* adopté par les Espagnols et dont nous avons fait *ouragan.* Le père Ximenez, qui en cherche l'étymologie, le tire de *hun*, un, et de *r'akan*, sa jambe; ce qui ne signifie rien.

(3) L'éclair, *Cakulha*, se compose de *cak* ou *gag*, le feu, de *ul*, venir, et de *ha*, l'eau; mot à mot *Feu qui sort de l'eau.* — *Chipi-Cakulha* est le sillonnement de l'éclair, et *Raxa-Cakul-*

leur être. Voilà comment le ciel existe, comment existe également le Cœur du ciel; tel est le nom de Dieu; c'est ainsi qu'il s'appelle.

C'est alors que sa parole vint ici avec le Dominateur et le Gucumatz, dans les ténèbres et dans la nuit (1), et qu'elle parla avec le Dominateur, le Gucumatz :

Et ils parlèrent : alors ils se consultèrent et méditèrent : ils se comprirent; ils joignirent leurs paroles et leurs avis.

Alors il fit jour pendant qu'ils se consultaient : et au moment de l'aurore, l'homme se manifesta, tandis qu'ils tenaient conseil sur la production et la croissance des bois et des lianes, sur la nature de la vie et de l'humanité, (opérées) dans les ténèbres et dans la nuit, par celui qui est le Cœur du ciel, dont le nom est Hurakan (2).

L'Eclair est le premier (signe) de Hurakan; le second est le sillonnement de l'Éclair; le troisième est la Foudre qui frappe, et ces trois sont du Cœur du ciel (3).

Alors ils vinrent avec le Dominateur, le Gucumatz : alors on tint conseil sur la vie civilisée; comment se feraient les semailles, comment se ferait la lumière (4); qui serait le soutien et le nourricier (des dieux) (5).

Qu'il soit ainsi fait. Remplissez-vous (6), (fut-il dit). Que cette eau se retire et cesse d'embarrasser, afin que la terre ici existe, qu'elle se raffermisse et présente sa sur-

ha, l'éclair ou la foudre qui frappe subitement; *Raxa* ou *rax*, vert, neuf, subit, etc. C'est dans ce sens qu'on dit *rax camic*, mort subite.

(4) *Zakiro*, faire jour, luire, blanchir l'aube, etc., du radical *zak*, blanc. Ce mot s'entend presque constamment dans un sens métaphorique : faire jour s'applique à la lumière de la civilisation pour les peuples encore plongés dans les ténèbres d'un état social antérieur à celui de Gucumatz.

(5) *Apachinak*, qui, lequel, interrogatif, *tzukul*, participe présent du verbe *tzukuh*, chercher ou soutenir, le soutien ; *cool*, participe présent de *co* ou *coo*, nourrir, alimenter, comme l'oiseau ses petits. Il s'agit ici des hommes dont les dieux civilisateurs veulent faire les soutiens, les nourriciers de la religion, c'est-à-dire les nobles et les prêtres.

(6) *Qu'yx nohin-tah*, que vous remplis soyez,

labal, u calaibal riy ka tzak, ka bit, ta vinakir-oc vinak tzak, vinak bit.

X-e cha cut ta x-vinakir curi uleu cumal.

Xa quitzih x-qohe vi u vinakiric chi vinakir uleu: Uleuh, x-e cha; libah chi x-vinakiric.

Queheri xa tzutz, xa may vi u vinakiric chi cu pu puheic, ta x-tape pa ha ri huyub; huzuk nimak huyuh x-uxic.

Xaki naual, xaki puz x-bana-tah vi u naohixic huyub, tagah, huzuk r'achvinakiric u qizizil u pachabil u vach.

Quehecut x-quicot-vi ri Gucumatz: Utz mi-x-at ulic, at u Qux cah, at Hurakan, at pu Chipi-Cakulha, Raxa-Cakulha !

X-ch'utzinic ka tzak, ka bit, x-e cha-cut.

Nabe cut x-vinakir uleuh, huyub, tagah: x-chobochox u be ha; x-biniheic colehe r'akan xol-tak huyub; xa chobol chic x-e qohe vi ha, ta x-qutuniheic nimak huyub.

---

(1) *Vinak* qui se présente si souvent avec ses dérivés veut dire l'homme en général, l'être raisonnable, et aussi fort souvent la nation, comme le *gens* des Latins. De *vinak* vient *vinakir*, exister, vivre, naître, etc. *Vinakirem* existence, création, naissance, humanité, etc. *Vinakirizah*, faire exister, donner la vie; *vinakiribal*, ce avec, par quoi ou en quoi on existe, on naît, etc, etc.

(2) *X-uxic*, furent, existèrent ou furent faites. *X* (prononcez *sh*), signe du passé, prétérit; *uxic*, être ou être fait, dont le radical *ux* est aussi le souffle par lequel on vit, on respire, et de là *uxla*, *uxlab*, respiration, qui,

face, afin qu'elle s'ensemence et que le jour luise au ciel et sur la terre ; car (nous ne recevrons) ni gloire ni honneur de tout ce que nous avons créé et formé, jusqu'à ce que existe la créature humaine, la créature douée de raison.

C'est ainsi qu'ils parlèrent, tandis que la terre se formait par eux.

C'est ainsi véritablement qu'eut lieu la création comme quoi la terre exista : Terre, dirent-ils ; et à l'instant elle se forma (1).

Comme un brouillard ou un nuage (eut lieu) sa formation dans son état matériel, lorsque semblables à des homards apparurent sur l'eau les montagnes ; et en un instant les grandes montagnes furent (2).

Seulement, par une puissance et un pouvoir merveilleux (3), on put faire ce qui s'était résolu (sur l'existence) des monts et des vallées, instantanément avec la création des bois de cyprès et de pins (qui apparurent) à leur surface (4).

Et ainsi Guçumatz fut rempli d'allégresse : Tu es le bienvenu, (s'écria-t-il), ô Cœur du ciel, ô Hurakan, ô Sillonnement de l'Eclair, ô Foudre qui frappe !

Ce que nous avons créé et formé, aura son achèvement, répondirent-ils.

Et d'abord se formèrent la terre, les monts et les plaines : le cours des eaux fut divisé ; les ruisseaux s'en allèrent serpentant entre toutes les montagnes ; c'est dans cet ordre que les eaux existèrent, lorsque les grandes montagnes se furent dévoilées.

le cœur, l'âme, *quzlaah*, la pensée, etc.

(3) *Naual* se prend ordinairement dans le sens de puissance surnaturelle, d'une science supérieure comme la magie, du radical *na* ou *nao*, sentir, penser, savoir, etc. ; il prend plus de force encore lorsque le mot *puz* s'y joint comme ici, et ensemble ils déterminent la puissance merveilleuse la plus élevée. Cependant, dans son sens propre, *puz* exprime la moisissure, la pourriture, et dans un autre le sacrifice par excellence, l'immolation humaine.

(4) *Qiziz* est le cyprès américain, *qiziztî* le bois de cyprès ou la cyprière.

Quehecut u vinakiric uleu ri, ta x-vinakiric cumal ri u Qux cab, u Qux uleu, que u chaxic riy cute nabe x-qui nohih, x-colo vi ri cah, x-colo naipuch uleuh chupam ha.

Quehecut u nohixic ri, ta x-qui nohih, ta x-qui bizoh r'utzinic u banatahic cumal.

CAPAH CHI TZIH.

Ta x-qui nohih chic u chicopil huyub, chahal re qichelah ronohel; u vinakil huyub, ri quieh, tziquin, coh, balam, cumatz, zochoh, qanti, chahal caam.

Ca cha ri Alom, Qaholom : Xa-pa chi lolinic, ma xaon chi tzininic, u xe che, caam? qate utz chi qohe chahal re.

X-e cha cut ta x-qui nohih, x-qui tzihoh puch ; huzu cu x-vinakir queh, tziquin. Ta x-qui zipah cut r'ochoch queh, tziquin.

At, queh, pa be yaa, pa zivan c'at var vi : varal c'at qohe vi pa quim, pa zaçul ; pa qechelah qu'y pogo-vi yvib, cahcah y binibal, y chakabal. Ch'uxic x-e u chaxic.

---

(1) Le *qanti* est un serpent d'une espèce fort dangereuse dans l'Amérique centrale; il est fort beau de couleurs.
(2) *Alom, Qaholom*, celui qui engendre, celui qui donne l'être; pour exprimer le créateur. Ce sont deux participes présents l'un du verbe *alah*, enfanter, accoucher, de *al*, enfant.

Ainsi fut la création de la terre, lorsqu'elle fut formée par ceux qui sont le Cœur du ciel et le Cœur de la terre ; car ainsi se nomment ceux qui les premiers la fécondèrent, le ciel et la terre encore inertes étant suspendus au milieu de l'eau.

Telle fut sa fécondation, lorsqu'ils la fécondèrent, tandis que son achèvement et sa composition se méditaient par eux.

CHAPITRE DEUXIÈME.

Ensuite ils donnèrent la fécondité aux animaux de la montagne, qui sont les gardiens de toutes les forêts ; des êtres qui peuplent les monts, des cerfs, des oiseaux, des lions, des tigres, des serpents, de la vipère et du qanti, gardiens des lianes (1).

Alors parla celui qui engendre, celui qui donne l'être (2) : Est-ce donc pour (rester) silencieux, est-ce pour (demeurer) sans mouvement, qu'il y a l'ombre des bois et des lianes ? Après quoi il est bon qu'il y ait des êtres pour les garder.

C'est ainsi qu'ils parlèrent, pendant qu'ils excitaient la fécondation, qu'ils s'en entretenaient ; et aussitôt existèrent les cerfs, et les oiseaux. Alors donc ils distribuèrent aux cerfs et aux oiseaux leurs demeures (3).

Toi, cerf, au bord des ruisseaux, dans les ravins tu dormiras ; c'est ici que tu resteras entre les broussailles et le fourrage ; dans les bois vous vous multiplierez, sur quatre pieds vous irez, sur quatre pieds vous vivrez. Ainsi fut fait comme il leur fut dit.

---

chose suspendue, poids, et l'autre du verbe *qaholah*, engendrer, avoir des fils, formé de *qahol*, fils.

(3) *Tziquin*, nom générique de l'oiseau ; *queh* ou *quieh*, de la bête fauve, en particulier du cerf.

Ta x-quichic cut c'ochoch chuti tziquin, nima tziquin yx-yx, tziquin chu vi che, chu vi caam qu'yx ochochin vi, qu'yx hain vi ; chiri qu'yx pog-vi ; qu'yx quiritah-vi chu gab che, chu gab caam.

X-e u chaxic quieh, tziquin, ta x-qui bano qui banoh ; ronohel x-u qamo u varabal, u yacalibal. Quehecut c'ochoch vi chicop ri uleu x-u yao Alom, Qaholom.

X-utzininaka chic ronohel ri queh, tziquin, ta x-e u chax chicut riy queh tziquin rumal Tzakol, Bitol, Alom, Qaholom:

Qu'yx chau-oc, qu'yx ziquin-oc ; mi-x-yonoliquinic, mi-x-ziquinic ; qu'yx chauahetah, chi huhunal chu hutak chobil, chi hutak molahil ; x-e u chaxic ri queh, tziquin, coh, balam, cumatz :

Ch'y biyh nacut ri ka bi, koh y gaharizah, oh y chuch, oh y cahau, qu'y cha va nacut Hurakan, Chipi-Cakulha, Raxa-Cakulha, u Qux cah, u Qux uleuh, Tzakol, Bitol, Alom, Qaholom ; qu'yx cha-oc, koh y ziquih, koh y gihila ; x-e u chaxic.

Ma cu x-utzinic x-e chauic quehe ta ri vinak ; xa que vachelahic, xa que caralahic, xa que vohonic ; mavi x-vachinic u vach qui chabal, halahoh x-qu'ogibeh chi qui huhunal.

Ta x-qui ta ri Tzakol, Bitol mavi mi-x-utzinic mi-x-e chauic, xe chachic chi quibil quib : Mavi mi-x-utzin u bixic

Alors furent (réparties) également les demeures des oiseaux grands et petits : Vous autres oiseaux, vous vous logerez en haut des bois, en haut des lianes; vous y ferez vos nids, vous vous y multiplierez ; vous vous développerez sur les branches des arbres, sur les rameaux des lianes.

Ainsi fut dit aux cerfs et aux oiseaux, tandis qu'ils faisaient ce qu'ils devaient faire, et tous prirent leurs demeures ou leurs tanières. C'est ainsi qu'aux animaux de la terre Celui qui engendre, Celui qui donne l'être donna leur habitation.

Etant donc tous achevés, cerfs et oiseaux, il leur fut dit également à ces cerfs et à ces oiseaux par l'organe du Créateur et du Formateur, de Celui qui engendre, de Celui qui donne l'être :

Bramez, gazouillez maintenant, puisque la puissance de bramer et de gazouiller (vous est donnée); faites entendre votre langage, chacun suivant son espèce, chacun suivant son genre ; ainsi leur fut dit aux cerfs, aux oiseaux, aux lions, aux tigres et aux serpents :

Dites donc notre nom, honorez-nous, nous votre mère, nous votre père ; invoquez donc Hurakan, le sillonnement de l'Eclair, la Foudre qui frappe, le Cœur du ciel, le Cœur de la terre, le Créateur et le Formateur, Celui qui engendre et Celui qui donne l'être ; parlez, appelez-nous, et nous saluez; ainsi leur fut dit.

Mais il leur fut impossible de parler ainsi que l'homme; ils ne firent que caqueter, que glousser, que croasser; sans qu'il se manifestât (aucune) forme de langage, chacun dans son espèce murmurant d'une manière différente.

Lorsque le Créateur et le Formateur entendirent qu'ils ne pouvaient parler, ils se dirent encore une fois les uns aux ka bi, rumal oh c'ahtzak, oh pu c'ahbit : Mavi utz, x-cha chic chi quibil quib ri Alom, Qaholom.

X-e u chax cut : Xa qu'yx halatahic, rumal mavi mi-x-utzinic mavi mi-x-yx chauic. Mi cu x-ka hal ka tzih : yv'echa, y cuxun, y varabal, y yacalibal x-yvech vi, mi-x-e uxic zivan, qechelah ; rumal mavi x-utzin ka gihiloxic, mavi yx ziquiy.

Que ca qo, qo-vi lo gihilonel, nimanel chi ka ban chic. Xa ch'y qam y patan ; xa y tiohil chi cachic, ta ch'uxoc.

Are cut ch'y patanih. Xe u chaxic, ta x-e pixabaxic chuti chicop, nima chicop qo chuvach uleu.

X-r'ah cu qui tih chic qui gih ; x-r'ah qui tihtobeh chic, x-r'ah pu qui nuq chic gihilabal.

X-ma x-qui ta yi qui chabal chi quibil quib ; x-ma x-nauachir vi cut, x-ma x-bana-tah vi puch.

Quehecut x-e chakatah vi qui tiohil ; x-qui patanih x-e tyic, x-e camizaxic ri chicop qo varal chuvach uleuh.

Quehecut u tihtobexic chic vinak tzak, vinak bit cumal Tzakol, Bitol, Alom, Qaholom :

Xa cu tiha chic ; mi-x-yopih n'auaxic u zakiric ; ka bana tzukul ke cool ke.

Hupacha ta koh ziquix-oc, ta koh nabax puch chuvach

---

(1) *Chicop*, qui signifie toute espèce de bête vivante, s'étend aussi aux hommes, dans le sens de brute, mal élevé, sauvage, bar-

autres : Ils n'ont pu dire notre nom, quoique nous (soyons) leurs créateurs et leurs formateurs. Cela n'est pas bon, répétèrent entre eux Celui qui engendre et Celui qui donne l'être.

Et il leur fut dit (aux animaux) : Voilà que vous serez modifiés, parce qu'il vous a été impossible de parler. Nous avons donc changé notre parole : votre nourriture et votre alimentation, vos tanières et vos habitations vous les aurez; (mais) ce seront les ravines et les bois ; car notre gloire n'est pas parfaite et vous ne (nous) invoquez point.

Il en est encore (des êtres) il y en a sans doute encore qui puissent nous saluer ; nous les rendrons capables d'obéir. Maintenant faites votre devoir; quant à votre chair elle sera broyée sous la dent, ainsi soit-il.

Voilà donc quelle est votre destinée. C'est ainsi qu'on leur parla, et en même temps on leur notifia (ces choses) aux grands et petits animaux qu'il y a sur la face de la terre (1).

Or ils voulurent essayer de nouveau leur fortune ; ils voulurent faire une nouvelle tentative, ils voulurent concerter un nouveau mode d'adoration.

Mais ils n'entendirent point le langage les uns des autres ; ils n'aboutirent à rien, et rien ne put se faire.

Ainsi donc leur chair fut humiliée ; et tous les animaux qui sont ici sur la face de la terre furent réduits à être mangés et tués.

C'est ainsi qu'il dut y avoir un nouvel essai de créatures à former par le Créateur et le Formateur, par Celui qui engendre, par Celui qui donne l'être :

Qu'on essaie de nouveau ; déjà s'approche le temps des semailles, voici l'aurore (qui va paraître); faisons ceux (qui doivent être) nos soutiens et nos nourriciers.

Comment (faire) pour que nous soyons invoqués et que

---

bare. La création dont il s'agit ici paraît faire allusion aux tribus sauvages ou barbares de l'Amérique.

uleuh? Mi-x-ka tiho chirech ri nabe ka tzak, ka bit: mavi x-utzinic ka gihiloxic, ka calaixic puch cumal. Quehecut ka tiha vi u banic ahnim ahxob tzukul cool.

X-e cha. Ta u tzakic cut, u banic puch; uleu xocol u tiohil x-qui bano;

Mavi utz x-qu'ilo; xa chi yohomanic, xa tzubulic, xa nebelic, xa lubanic, xav'ulanic, xa pu chiumaric; mavi chi colol u holom, xahum benak vi u vach; xa culuvach, mavi chi mucun chirih; chi chau nabec, ma-habi u naoh; xa huzuk chiumar pa ha mavi qo.

X-e cha chi cu ri Ahtzak, Ahbit : Cavach-labek ta ch'ux-oc, xalabe mavi chi binic, ma pu chi pogotahic : ta ch'ux-oc xa u naoh chiri, x-e cha.

Ta x-qui yoh cut, x-qui yoc chic ri qui tzak, qui bit. X-e cha chicut: Hupacha chi ka bano ch'utzin-ta vi chi nauachir-ta vi gihiloy kech, ziquiy kech?

X-e cha ta x-qui naohih chic: Xa ka byih chique Xpiyacoc, Xmucane, Hun-Ahpu-Vuch, Hun-Ahpu-Utiu: Qu'y tiha chic u gihixic, u bitaxic. X-e uchan qui quib Ahtzak, Ahbit, ta x-qui byih cut chire Xpiyacoc, Xmucané.

Qatecut u bixic ri chiquech ri e nicvachinel, r'atit gih,

---

(1) *Uleu xocol u tiohil x-qui bano*, mot à mot: terre, boue sa chair firent. On voit ici le commencement de la création des castes diverses; mais ce qu'il y a de particulier, c'est que cette première classe de *terre glaise*, qui ne réussit pas, paraît avoir été destinée d'abord à devenir la caste

nous soyons commémorés à la face de la terre? Nous avons essayé déjà avec notre première œuvre et créature : il n'a pas été possible que nous fussions salués et honorés par elles. C'est pourquoi essayons de faire des (hommes) obéissants et respectueux qui (soient nos) soutiens et nourriciers.

Ils dirent. Alors la création et la formation (de l'homme eurent lieu) ; de terre glaise ils firent sa chair (1) ;

Ils virent qu'il n'était pas bien ; car il était sans cohésion, sans consistance, sans mouvements, sans force, inepte et aqueux ; il ne remuait point la tête, sa face ne se tournant que d'un seul côté ; sa vue était voilée et il ne pouvait voir par derrière ; il avait été doué du (don du) langage, mais il n'avait pas d'intelligence, et aussitôt il se consuma dans l'eau sans (pouvoir) se tenir debout.

Or le Créateur et le Formateur dirent encore une fois : Plus on y travaille, plus il est incapable d'aller et de se multiplier : qu'il se fasse donc là un être intelligent, dirent-ils.

Alors ils défirent et détruisirent encore une fois leur œuvre et leur création. Ils dirent ensuite : Comment ferons-nous pour qu'il puisse éclore des (êtres) qui nous adorent et qui nous invoquent (2) ?

Ils dirent alors, tandis qu'ils se consultaient de nouveau : Disons-leur à Xpiyacoc et à Xmucané, au Tireur de Sarbacane au Sarigue, au Tireur de Sarbacane au Chacal : Essayez de nouveau de tirer son sort et (de voir le temps de) sa formation. Ainsi se dirent l'un à l'autre le Créateur et le Formateur, et ils leur parlèrent alors à Xpiyacoc et à Xmucané.

Ensuite (eut lieu) le discours avec ces devins, l'aïeule du

---

noble et sacerdotale, pour *soutenir* les dieux et les *nourrir*. Il n'est pas moins curieux d'observer que l'homme en Amérique est formé toujours de terre *rouge* ou *jaune* ; c'est ce qu'on voit dans toutes les traditions.

(2) *Gihíloy kech*, *Ziquíy kech*, adorateurs de nous, invocateurs de nous.

r'atit zak, que u chaxic cumal ri Tzakol, Bitol; are qui bi ri Xpiyacoc, Xmucane.

X-e cha cu ri Hurakan ruq Tepeu, Gucumatz; ta x-qui byih chirech ahgih, ahbit, e nicvachinel : X-u culu, xa pu ch'u riqo ch'eta chic chi ka vinak bitoh, chi ka vinak tzakoh, ta chic tzukul cool, koh ziquix-tah, koh nabax-tah puch :

C'at-oc-ta cut pa tzih, iyom, mamom, k'atit, kä mam, Xpiyacoc, Xmucane; ch'a-tah ta ch'auax-oc, ta zakir-oc, ka ziquixic, ka toquexic, ka nabaxic rumal vinak tzak, vina k bit, vinak poy, vinak anom; ch'a-ta ch'uxoc;

Ch'y qutun y bi, Hun-Ahpu Vuch, Hun-Ahpu Utiu, camul alom, camul qaholom, Nim-Ak, Nima-Tzyiz, ahqual, ahyamanic, ahchut, ahtzalam, ahraxa-lak, ahraxa-tzel, ahgol, ah-Toltecat, r'atit gih, r'atit zak, qu'yx uchaxic rumal ka tzak, ka bit;

Ch'y mala ch'y ixim, ch'y tzité, xa chi banatahic, xa

(1) *R'atit gih*, l'aïeule du soleil, *r'atit zak*, l'aïeule de la lumière ou de l'aurore, indiquée ici particulièrement comme l'auteur du calendrier. *Ri, re* ou *r'* est ici un article déterminatif de possession comme le *u*.

(2) Celui du soleil, *Ahgih*, composé de la particule possessive *ah* et de *gih*, soleil. Ce mot est pris d'ordinaire dans le sens d'astronome, astrologue ou prêtre; aujourd'hui il a encore parmi les indigènes du Guatemala, le sens de devin.

(3) *Ka vinak bitoh*, notre homme créé, *ka vinak tzakoh*, notre homme formé, dit le texte.

(4) Entre donc en parole, dit le texte.

(5) *Vinak poy*, l'homme mannequin, poupée; c'est le sens de *poy* que nous traduisons ici par dressé.

(6) Celui de l'émeraude, de la bijouterie, du poinçon, comme si c'était celui qui travaille l'émeraude, la bijouterie et se sert du poinçon; *ahtzalam* nous paraît bien signifier architecte, le mot *tzalam* signifie une

soleil, l'aïeule de la lumière (1), ainsi qu'ils sont appelés par ceux (qui sont) le Créateur et le Formateur, et ce sont là les noms de Xpiyacoc et de Xmucané.

Et ceux de Hurakan parlaient avec Tepeu et Gucumatz ; alors ils dirent à celui du soleil (2), à celui de la formation, qui (sont) les devins : Il est temps de se concerter de nouveau sur les signes de l'homme que nous avions formé (3), pour (qu'il soit) encore une fois (notre) soutien et (notre) nourricier, afin que nous soyons invoqués et commémorés.

Commence donc à parler (4), ô toi qui engendre et mets au monde, notre grand'mère et notre aïeul, Xpiyacoc, Xmucané ; fais donc que la germination se fasse, que l'aube blanchisse, que nous soyons invoqués, que nous soyons adorés, que nous soyons commémorés par l'homme formé, par l'homme créé, par l'homme dressé (5), par l'homme moulé ; fais qu'il en soit ainsi ;

Manifestez votre nom, ô Tireur de Sarbacane au Sarigue, ô Tireur de Sarbacane au Chacal, deux fois engendreur, deux fois procréateur, Grand-Sanglier, grand piqueur d'épines, celui de l'émeraude, le bijoutier, le ciseleur, l'architecte (6), celui du planisphère verdoyant, celui de la surface azurée, le maître de la résine (7), le chef de *Toltecat* (8), aïeule du soleil, aïeule du jour ; car ainsi soyez appelés par nos œuvres et nos créatures ;

Faites vos passes sur votre maïs, sur votre *tzité* (9), pour

planche, une dalle, une pente de montagne, etc. Voilà bien des titres qui annoncent la civilisation toltèque.

(7) *Ahgol*, maître de la résine. *Gol* ou *col* signifie toute espèce de gomme découlant des arbres résineux ; serait-ce une allusion à la médecine ?

(8) *Ah-Toltecat*. Ces mots sont fort curieux. Signifient-ils maître de Toltecat ou bien habitant ou prince de Toltecat. *Ah* est pris dans ces différents sens et d'après un manuscrit de l'histoire de l'antique cité de Teo-tihuacan, près de Mexico, et que possède M. Aubin, *Toltecat* serait le nom le plus ancien de cette ville célèbre. C'est probablement aussi le nom de la cité de *Tulan* en Xibalba.

(9) Le *tzité* est un arbre appelé *tzompan-quahuitl* par les Mexicains ; il porte des baies contenant des haricots rouges, que nous appelons en français graines d'Amérique : les sorciers ou devins du pays s'en servent pour tirer le sort en les mêlant avec des grains de maïs, comme autrefois, ce qui prouve l'an-

pu ch'el apon-oc chi k'ahah, chi ⚹ qotah puch u chi u vach che; x-e u chaxic e ahgih?

Qatepuch u kahic u gihiloxic ri x-malic chi ixim chi tzité; Gih, Bit, x-e cha curi hun atit, hun mama chiquech: Areri mama are ahtzité, Xpiyacoc u bi; are curi atit ahgih, ahbit, Chirakan Xmucane u bi.

X-e cha cut, ta x-qui tiqiba gih : Xa ch'u culu, xa pu ch'u riqo; ch'a byih; ca ta ka xiquin, ka chauic, ka tzihon tah xa ch'u culu ri che ch'ahauaxic, chi qotox puch cumal Ahtzak, Ahbit; ve are tzukul, cool, ta ch'auax-oc, ta zakir-oc.

At ixim, at tzité, at gih, at bit, c'at chogonic, c'at taqen-tah ; x-cha chire ixim, tzité, gih, bit. C'at qix la uloc, at u Qux cah, m'a qahizah u chi, u vach Tepeu, Gucumatz.

X-e cha ta x-qui bih cut u zukuliquil : Utz are ch'uxic ri y poy, aham-che, chi chauic, chi tzihon bala chuvach uleu.

Ta ch'ux-oc, x-e cha-cut, ta x-qui bih. Huzuk x-banic poy aham-che; x-e vinak vachinic, x-e vinak tzihonic puch ; are vinakil u vach uleu.

X-e uxic, x-e pogic; x-e mealanic, x-e qaholanic ri poy, aham-che : ma-cu-habi qui qux, ma-pu-habi qui naoh;

---

l'antiquité de ce genre de divination.
(1) *Ahtzite*, celui du *tzité*, ou l'enchanteur par le *tzité*.

(2) Il y a dans le texte *c'at chogonic, c'at taqen-tah*, appelle (comme le mâle appelle sa femelle), montant que tu peux sur l'autre. Les

(voir) s'il se fera et s'il arrivera que nous élaborions et sculptions sa bouche et son visage de bois; ainsi qu'il fut dit aux devins?

Alors (ce fut le moment) de jeter (le sort) et de saluer ce qui composait l'enchantement avec le maïs et le tzité : Soleil et Créature! leur dirent alors une vieille et un vieillard. Or, ce vieillard était le maître du tzité (1), Xpiyacoc (était) son nom; mais la vieille était la devineresse, la Formatrice, dont le nom (était) Chirakan Xmucané.

Or ils parlèrent ainsi, au moment où le soleil s'arrêtait (au midi) : Il est temps qu'on se concerte; parle, que nous entendions, que nous parlions et que nous disions s'il faut que le bois soit charpenté et sculpté par le Formateur et le Créateur; si ce sera le soutien et le nourricier, au moment où se fera la germination et où le jour blanchira.

O maïs, ô tzité, ô soleil, ô créature, unissez-vous, accouplez-vous l'un sur l'autre (2); ainsi fut dit au maïs et au tzité, au soleil et à la créature. Et toi, rougis, ô Cœur du ciel, ne fais pas baisser la bouche et la face de Tépeu, de Gucumatz (3).

Alors ils parlèrent et dirent la vérité : C'est bien ainsi qu'il faut faire vos mannequins, travaillés de bois, qui parlent et raisonnent à leur aise sur la face de la terre.

Ainsi soit-il, répondirent-ils, lorsqu'ils parlèrent. Dans le même instant se fit le mannequin travaillé de bois; les hommes se produisirent, les hommes raisonnèrent, et ce sont les gens qui (habitent) la surface de la terre.

Ils existèrent et se multiplièrent; ils engendrèrent des filles et des fils, mannequins travaillés de bois : mais ils

---

deux verbes ont un sens fort lascif.

(3) Cette phrase est difficile à comprendre. *C'at qix-la uloc*, rougis, ou viens rougir ici, peut signifier également, viens te piquer, t'ensanglanter avec des épines, suivant la coutume de ce peuple. *Qix* est l'épine dans son sens ordinaire.

mavi natal c'ahtzak, c'ahbit; xalog x-e binic, x-e chakanic:

Mavi x-qui natah chic ri u Qux cah, quehecut x-e pah chiri : xa u tihtobexic, xa pu u vababexic chi vinak; que chau nabec, xa chakih qui vach; mana zonol c'akan, qui gab; ma-habi qui quiqel, qui comahil, ma-habi qui ticoval, qui gabchiyal; chakih cotz qoh qui vach; ca pichipoh c'akan, qui gab, ca yeyoh qui tiohil.

Quehecut mavi x-e nau chi vi chuvach Tzakol, Bitol, alay quech, quxlaay quech. E nabe tzatz chi vinak x-e uxic varal chuvach uleu.

R'OXPAH CHI TZIH.

Qatecut qui qizic chic, qui mayxic, qui gutuxic puch, x-e camizax chic poy aham-che.

Ta x-nohix qui butic rumal u Qux cah, nima butic x-banic, x-pe pa qui vi ri e poy e ahamche.

Tzité u tiohil ri achih : ta x-ahaxic rumal Tzakol, Bitol

---

(1) *Xalog, x-e binic, x-e chakanic,* sans but ils allaient et marchaient comme des bêtes; *chakanic,* aller à quatre pattes.

(2) D'après ce texte, il parait bien évident qu'il y eut une caste noble et sacerdotale créée avant celle dont il est question plus tard : elle est repoussée ici par les écrivains du Livre sacré comme inutile, ingrate et informe, et détruite en partie, à ce qu'il parait, par le déluge, ou l'ouragan dont il va être question. Une tradition historique, conservée par Garcia (*Origen de los Indios,* lib. v, cap. 4), donne lieu à penser qu'effectivement ce cataclysme en abima une partie et que les autres se retirèrent aux

n'avaient ni cœur, ni intelligence, ni de souvenir de leur formateur et de leur créateur; ils menaient une existence inutile et vivaient comme des animaux (1).

Ils ne se souvenaient plus du cœur du ciel, et voilà comment ils déchurent là : ce n'était donc qu'un essai et une tentative d'hommes, qui parlèrent d'abord, mais dont la face se desssécha; sans consistance (étaient) leurs pieds et leurs mains; ils n'avaient ni sang, ni subsistance, ni humidité, ni graisse; des joues desséchées étaient (tout ce qu'offraient) leurs visages; arides étaient leurs pieds et leurs mains, languissante leur chair (2).

C'est pourquoi ils ne pensaient point (à élever) leurs têtes vers le Formateur et le Créateur, leur père et leur providence (3). Or, ceux-ci furent les premiers hommes qui en grand nombre existèrent ici sur la face de la terre.

CHAPITRE TROISIÈME.

Ensuite (arriva) la fin (de ces hommes), leur ruine et leur destruction, de ces mannequins, travaillés de bois, qui furent également mis à mort.

Alors les eaux furent gonflées par la volonté du Cœur du ciel; et il se fit une grande inondation qui vint au-dessus de la tête de ces mannequins et de ces (êtres) travaillés de bois.

Le *tzité* (composa) la chair de l'homme : mais lorsque

---

montagnes de Chiapas et d'Oaxaca et que d'eux descendirent les nations civilisées de la Zapotèque. Les deux frères Hun-Chouen et Hun-Batz, dont il est question plus loin, s'y seraient retirés avec eux, d'où il résulterait que les hommes de cette création étaient les Nahuas purs, nés sans mélange avec les femmes de ce pays, et véritables Toltèques des pays d'Oaxaca et de Tehuantepec « qui se disaient les amis et fils de Quetzalcohuatl. » (Sahagun, *Hist. gen. de las cosas de Nueva-España*, lib. x, cap. xxix, § 10.)

(3) *Alay quech*, l'enfantant eux; *quxlaay quech*, pensant (pour) eux.

— 26 —

ixok, zibak cut u tiohil ixok : x-r'ah oquic rumal Tzakol, Bitol.

Mavi x-e nauic, ma-pu x-e chauic chuvach c'ahizak, c'ahbit, banol que, vinakirizay quech.

Quehecut qui camizaxic; x-e butic, x-pe nima gol chila chicah. Xecotcovach u bi x-qotin uloc u bak qui vach; x-e pe Camalotz x-cupin ula qui holom; x-pe Cotzbalam x-tio qui tiohil; x-pe Tucum-balam x-tukuvic, x-quichouic qui bakil, qui bochil; x-qahixic, x-muchulixic; kahizabal qui vach.

Rumal mavi qui nauic chuvach qui chuch, chuvach puch qui cahau, ri u Qux cah, Hurakan u bi; cumal x-gekumaric u vach uleu, x-tiqaric gekal hab, gihil hab, agabal hab.

X'oc ula chuti chicop, nima chicop, x-qut qui vach rumal che, abah. X-chauic ronohel qui quebal, qui xot, qui lak, qui boh, qui tzi, qui aq, haruh-pala ronohel, x-qutu qui vach.

Qax x-y ban chike; x-oh y tio; yx chicut x-qu 'yx qati chic, x-cha ri qui tzi, c'aq chiquech.

Are curi caa : X-oh qokonic yvumal; hutagih, hutagih, xgek, zakiric, amagel, holi, holi, huqui, huqui, ka vach yvumal : are-ta nabe ka patan ch'y vach; yx tana vinak vacamic cut x-ch'y tih ka chugab;

---

(1) Zibax, c'est la moelle d'un petit jonc dont les indigènes font leurs nattes, dit un vocabulaire manuscrit; un autre ajoute que c'est le sassafras.
(2) Ces noms sont ceux de divers oiseaux de proie inusités aujourd'hui et dont la traduction ne se trouve point.
(3) Kahizabal qui vach, châtiment de leurs faces, ou pour humilier, abaisser leurs faces. Kah, descendre, abattre; kahizah, faire descendre ou faire abattre; kahizabal, ce avec quoi

la femme fut charpentée par le Formateur et le Créateur, le *zibak* (1) (fut ce qui entra dans) la chair de la femme : c'est là ce qui dut entrer (dans sa construction) par ordre du Formateur et du Créateur.

Mais ils ne pensaient ni ne parlaient devant leur Formateur et leur Créateur, celui qui les avait faits, qui les avait fait naître.

Et ainsi fut leur destruction; ils furent inondés, et une résine épaisse descendit du ciel. (L'oiseau) nommé *Xecotcovach* leur vint arracher les yeux de l'orbite, le *Camalotz* vint leur trancher la tête; le *Cotzbalam* dévora leurs chairs; le *Tecumbalam* brisa et broya leurs os et leurs cartilages; et leurs corps furent réduits en poudre et dispersés (2), pour le châtiment de leurs personnes (3);

Parce qu'ils n'avaient pas pensé devant leur mère et leur père, celui qui (est) le Cœur du ciel, dont le nom est Hurakan ; à cause d'eux la face de la terre s'obscurcit, et une pluie ténébreuse commença, pluie de jour, pluie de nuit.

Arrivèrent (alors tous) les animaux grands et petits (et les hommes se virent) maltraités en face par le bois et la pierre : tout ce qui leur avait servi parla, leurs tourtières, leurs plats, leurs marmites, leurs chiens, leurs poules, tous autant qu'il y en avait, les maltraita en face (4).

Vous avez mal agi avec nous ; vous nous mordiez ; à votre tour vous serez tourmentés, leur dirent leurs chiens et leurs poules.

Et voilà que les *metates* (dirent à leur tour (5) : Nous étions tourmentés par vous; quotidiennement, quotidiennement, de nuit comme de jour, toujours, *holi, holi, huqui, huqui* (6), (disaient) nos surfaces à cause de vous :

ou par quoi on fait descendre, etc.

(4) Maltraita en face. Le texte dit *x-qutu qui vach*, manifesta ou montra leurs visages.

(5) *Metate*, du mexicain *metlatl*, pierre sur laquelle les femmes broient le grain de maïs pour en faire les tortilles, *caa* en quiché.

(6) *Holi, huqui*, sons imitatifs du bruit que fait la pierre quand on y broie le maïs.

x-chi-ka queeh, x-chi ka hoc puch y tiohil, x-cha ri qui caa chique.

Arecuri qui tzi x-cha chic, ta x-chauic : Nakipa rumal mavi ch'y ya ka va ? Xa koh mucunic, xa pu koh y cuxih uloc, koh y tzak pu uloc ; yacal u bi ka cheel yvumal, ta x-qu'yx vaic :

Xere koh yv'uchaah vi ; mavi koh chauic. Ma-ta cu mi-x-oh camic chyve ? Hupacha mavi mi-x-yx nauic, x-yx nau ta cut chyvih ta cut ? X-oh zach vi, vacamic cut x-ch'y tih ka bak qo pa ka chi ; x-qu'yx ka tio, x-e cha ri tzi chique, ta x-qut qui vach.

Are chi curi qui xot, qui boh x-chau chic chique : Qax, ra x-y ban chike xak ka chi, xak ka vach, amagel oh tzacal chuvi gag, koh y qato, mavi qax x-ka nao ;

X-ch'y tih cut, x-qu' yx ka poroh, x-cha ri qui boh, ronohel x-qutu qui vach. Are ri abah ri qixcub, chi ta ninic hi pe pa gag tagal chi qui holom, qax x-ban chique.

Anilabic que mal, malihab chic : que rah akanic chuvi ha, xa chi u ulih ha que tzak uloc ; que r'ah akan chuvi

---

(1) *Nakipa-rumal mavi ch'y ya ka va*, mot à mot quoi-pour ne vous donniez pas notre nourriture.

(2) Ces animaux et ces instruments qui insultent à l'homme en ce moment semblent encore faire allusion

voilà ce que nous avons supporté pour vous ; maintenant que vous avez cessé d'être des hommes, vous allez sentir nos forces; nous moudrons et nous réduirons vos chairs en poudre, leur dirent leurs *metates*.

Et voici ce que leurs chiens, parlant à leur tour, leur dirent : Pourquoi ne nous donniez-vous pas à manger (1) ? A peine étions-nous regardés, et vous nous chassiez dehors et vous nous poursuiviez; l'objet qui vous servait à nous frapper était (toujours) prêt, tandis que vous preniez vos repas.

C'est ainsi que vous nous traitiez ; nous étions incapables de parler. Sans cela nous ne vous aurions pas (donné) la mort maintenant. Comment donc ne raisonniez-vous pas, comment ne pensiez-vous donc pas à vous-mêmes ? C'est nous qui vous détruisons, et maintenant vous éprouverez les dents qu'il y a dans notre gueule; nous vous dévorerons, leur dirent les chiens, tout en leur déchirant la face.

Et voilà que leurs tourtières et leurs marmites leur parlèrent à leur tour : Mal et dommage vous nous causiez, en enfumant notre bouche et notre surface ; toujours nous exposant au feu, vous nous brûliez, quoique nous ne sentissions rien (2) ;

Vous le sentirez à votre tour et nous vous brûlerons, dirent les marmites, en les insultant tous en face. Ainsi (firent) les pierres qui (servent à former) le foyer, (demandant) que le feu s'allumât avec violence sous leurs têtes étendues dessus, pour le mal qu'ils leur avaient fait.

(Alors on vit les hommes) courir en se poussant, remplis de désespoir ; ils voulaient monter sur les maisons, et

---

à une révolution entre les races de cette époque, qui aurait concordé avec les convulsions de la nature. C'est ce qui paraît résulter encore des traditions rapportées par Garcia, *Origen de los Indios*, lib. v, cap. IV et VI.

che, que chakix uloc ruma che; que r'ah oc pa hul, xa chi yuch hul chi qui vach.

Quehecut u gayohic vinak tzak, vinak bit, e tzixel, e tzalatzoxel chi vinak; x-mayxic, x-qutuxic qui chi qui vach conohel.

X-cha cut are r'etal ri qoy qo pa qechelah vacamic; are x-qohe vi r'etal, rumal xa che qui tiohil x-cohic rumal Ahtzak, Ahbit.

Arecuri qoy queheri vinak chi vachinic, r'etal hule vinak tzak, vinak bit, xa poy, xa pu aham-che.

CAHPAH CHI TZIH.

Are cut xa hubic zaknatanoh u vach uleu; ma-habi gih. Hun cut c'u nimarizah rib, Vukub-Cakix u bi.

Qo nabe cah, uleu; xa ca moymot u vach gih, iq.

Ca cha curi: Xavixere u zak etal vinak riy x-hutic, queheri naual vinak u qoheic.

---

(1) *X-mayxic, x-qutuxic qui chi, qui vach conohel,* furent détruites et ruinées leurs bouches et leurs faces toutes. Le mot *chi*, bouche, porte, ouverture, bord, etc., est aussi la préposition en, dans, sur, à, etc., et entre dans la composition d'une foule de mots. *Vach,* qui paraît se composer de *u ach,* son va avec, son compagnon, signifie alternativement l'œil, le front, la face, la figure, la tête, la personne, le nom même ou le titre quelquefois.

(2) *Qoy,* espèce de singes fort petite qu'on trouve dans la haute Vérapaz.

(3) *Are x-qohe-vi r'etal,* ceux-ci demeurèrent ou furent leur signe ou postérité. *Etal,* déterminatif de *et,* signe, signal, marque, signifie aussi postérité, descendance; de là une

les maisons, s'écroulant, les faisaient tomber (à terre); ils voulaient monter sur les arbres, et les arbres les secouaient loin d'eux; ils voulaient entrer dans les cavernes, et les cavernes se fermaient devant eux.

Ainsi (s'accomplit) la ruine de ces créatures humaines, gens qui étaient destinés à être détruits et bouleversés; (ainsi) leurs personnes à tous furent livrées à la destruction et au mépris (1).

Or on dit que leur postérité (se voit dans) ces petits singes (2) qui vivent aujourd'hui dans les bois; c'est le signe (3) qui resta (d'eux), parce que de bois seulement leur chair se composa par les soins du Formateur et du Créateur.

C'est pourquoi ce petit singe ressemble à l'homme, signe qu'il est d'une autre génération d'êtres humains (qui n'étaient) que des mannequins, que (des hommes) travaillés de bois.

CHAPITRE QUATRIÈME.

Or (il n'y avait alors) que peu de clarté sur la face de la terre; le jour n'était pas encore (4). Mais (il y avait) un homme qui s'enorgueillissait, et son nom (était) *Vukub-Cakix* (5).

Le ciel et la terre existaient; seulement la face du soleil et de la lune était voilée.

Or (Vukub-Cakix) disait : Véritablement ce qui reste de ces gens qui se sont noyés est extraordinaire, et leur existence est comme celle d'êtres surnaturels (6).

---

foule de mots qui s'y rapportent plus ou moins. Quant à la tradition des hommes changés en singes, on la trouve encore parmi les Indiens : ils disent que les hommes d'alors se transformèrent ainsi pour s'exempter du travail et des tributs.

(4) Le jour, le soleil, le calendrier toltèque et la législation qui en était la conséquence n'existaient pas encore.

(5) *Vukub-Cakix*, Sept-Aras. C'est un nom dont l'origine paraît toltèque. Le prince qui le portait, et dont Ximenez fait Lucifer, était probablement le souverain d'une grande portion de l'Amérique centrale, avant l'arrivée des étrangers qui le mirent à mort.

(6) Il y avait eu une inondation ou un naufrage dans lequel avaient péri quelques-uns des compagnons de Gu-

In nim qui qohe chic chuvi vinak tzak, vinak bit. In u gih, in pu u zak, in naipu r'iqil ; ta ch'uxoc.

Nim nu zakil ; in binibal, in pu chakabal rumal vinak :

Rumal puvak u bak nu vach, xa ca tiltotic chi yamanic raxa quyal ; naipu v'e raxçavacoh chi abah queheri u va cah.

Are curi nu tzam zakhuluhuh chi nah queheri iq, puvak cut nu galibal ; ca zakpaque u vach uleu, ta qu'in el uloc chuvach nu galibal.

Quehecut in gih vi, in pu iq, rumal zakil al, zakil qahol. Ta ch'uxoc, rumal chi nah c'opon vi nu vach.

Cha ri Vukub-Cakix. Ma-cu quitzih are ta gih ri Vukub-Cakix ; xere c'u nimarizah rib ri u xic, u puvak :

Xere cut togol vi u vach ri chi cube vi, mana ronohel ta u xe cah c'opon vi u vach.

Ma-ha cut qui qu'iloc u vach gih, iq, chumil ; ma-ha-oc ca zakir-oc.

Quehecut c'u cobizah vi rib ri Vukub-Cakix chi gihil, chi iqil ; xa ma-ha chi qutun-oc, chi calahob-oc u zakil gih, iq : xa x-u raih nimal iqouen.

Are ta x-banic butic cumal poy aham-che.

---

cumatz, et cette inondation a un rapport étroit avec le déluge dont il est parlé dans le chapitre précédent. (Conf. *Codex Vatican.* ap. Rios, et *Codex Borgian.*, ap. Fabregat, et le commentaire précédent.

(1) *Queheri u va cah*, comme la face du ciel ; *va* souvent pour *vach*.

(2) *Rumal zakil al, zakil qahol*, mot à mot, à cause des blancs enfants, des blancs fils. Les mots *al*, enfant, et *qahol*, fils, lorsqu'ils se suivent, ont d'ordinaire le sens de vassaux ou sujets.

(3) Richesses ; *puvak* signifie tout métal précieux indifféremment, quoiqu'aujourd'hui on le dise plutôt pour l'argent : cependant, pour exprimer tout à fait l'argent on dit *zaki-puvak*.

Je serai donc grand encore une fois au-dessus des êtres créés. Je suis leur soleil ; je suis leur aurore et je suis leur lune ; ainsi soit-il.

Grande est ma splendeur ; je suis celui par qui vont et marchent les hommes.

Car d'argent est le globe de mes yeux, qui sont resplendissants de pierres précieuses, et mes dents brillent dans leur émail comme la face du ciel (1).

Voilà que mes narines reluisent de loin comme la lune, et d'argent est mon trône ; la face de la terre se vivifie lorsque je m'avance devant mon trône.

Ainsi donc je suis le soleil, je suis la lune, à cause de la civilisation, de la félicité de mes vassaux (2). Ainsi soit-il, car ma vue s'étend au loin.

(Ainsi) parlait Vukub-Cakix. Mais véritablement ce n'était pas lui Vukub-Cakix qui était le soleil ; seulement il s'enorgueillissait de ses pierreries, de ses richesses (3).

Mais en réalité sa vue terminait où elle tombait et ses yeux ne s'étendaient pas sur le monde entier (4).

Or, on ne voyait pas encore la face du soleil, de la lune ni des étoiles ; il ne faisait pas encore jour.

Ainsi donc Vukub-Cakix se faisait superbe (à l'égal) du soleil et de la lune, la lumière du soleil et de la lune n'ayant pas encore commencé à briller et à se manifester ; seulement il désirait s'agrandir et (tout) surpasser.

Or, ce fut en ce temps qu'eut lieu l'inondation à cause des mannequins et des (hommes) faits de bois.

blanc métal précieux, et *gana-puvak*, jaune métal précieux pour l'or. Le métal commun se dit *chich* ; un adjectif le détermine, *gana chich*, cuivre ou laiton.

(4) *Mana ronohel ta-u xecah c' oponvi u vach* ; non toutefois tout cependant du monde atteignait sa vue. *Vi*, qui suit le verbe, est presque toujours une particule d'élégance ou de force dans ce cas ; cependant elle a un sens fort déterminé ailleurs, elle signifie le bout, la tête, ex. : *Ru vi nu gab*, le bout de mes doigts (ou de ma main). *Xecah*, le monde, est composé de *xe*, monosyllabe qui signifie racine et qui est aussi la préposition au-dessous ; de *cah*, ciel, c'est-à-dire tout ce qui est sous le ciel.

3

Quehecut x-chi ka byih chic ta x-camic Vukub-Cakix, x-chakatahic, ta x-banatahic vinak rumal Ahtzak, Ahbit.

ROOPAH CHI TZIH.

Vae u xe u chakatahic u yicoxic chi puch u gih Vukub-Cakix cumal e caib qaholab, Hunahpu u bi hun, Xbalanque u bi u cab.

Xavi e qabauil. Rumal itzel x-qu'ilo ri nimarizay rib, x-rah u ban chuvach u Qux cah, x-cha cu ri qaholab : Mavi utz ta ch'ux-oc, mavi chi qaze vinak varal chuvach uleu.

Quehecut chi ka tih u ubaxic chuvi r'echa, chi ka vubah vi chiri, chi ka coh vi u yab ta qiz-oc u ginomal, u xit, u puvak, qual, u yamanic ri gagabeh, quehecut ch'u bano ronohel vinak.

Mavi are chi vinakir vi gagal ri xa puvak. Ta ch'uxoc, x-e cha ri qaholab, huhun chi ub qui telen qui cabichal.

Are cu ri Vukub-Cakix e caib u qahol ; are nabeal ri Zipacna ; u cabal chi cut ri Cabrakan ; Chimalmat u bi qui chuch, r'ixokil ri Vukub-Cakix.

---

(1) Au lieu de Hunahpu, il devrait y avoir *Hunhun-Ahpu*, chacun des Tireurs de sarbacane, comme on le voit plus loin. Quant au nom de *Xbalanqué*, il signifie le Petit-Tigre, composé qu'il est de *x* qui, placé devant un nom propre, indique un diminutif ou féminin, et *balam*, qui est le tigre ou jaguar; le *que* indique un pluriel; il est probable que les deux avaient les mêmes noms, ou qu'on les désignait par les mêmes dénominations : *chacun des Tireurs de sarbacane et des Petits-Tigres.*

(2) Les hommes vivaient, mais pas comme le voulaient les civilisateurs, de la vie intellectuelle qu'ils apportaient, l'ordre des prêtres et de

Ainsi donc nous raconterons maintenant quand mourut Vukub-Cakix, (quand) il fut abattu et en quel temps se fit l'homme par la main du Formateur et du Créateur.

CHAPITRE CINQUIÈME.

Voici l'origine de la défaite et de la destruction de la gloire de Vukub-Cakix par les deux jeunes gens, (dont) le premier s'appelait *Hunahpu* et le second *Xbalanqué* (1).

Véritablement c'étaient des dieux. A cause du mal qu'ils voyaient en celui qui s'enorgueillissait et qu'il voulait commettre à la face du Cœur du ciel, ils dirent ces mêmes jeunes gens: Il n'est pas bon que cela soit, l'homme ne vivant pas encore ici sur la terre (2).

Ainsi donc nous essaierons de tirer de la sarbacane sur sa nourriture, nous y tirerons et nous lui inoculerons une maladie qui mette fin à ses richesses, à ses pierreries, à ses métaux précieux, à ses émeraudes et à ses bijoux dont il s'enorgueillit; ainsi le fera tout le monde.

Ce n'est pas pour enfler sa gloire que les richesses (existent). Qu'il soit donc ainsi fait, dirent les deux jeunes gens, chacun d'eux avec sa sarbacane à l'épaule.

Or, ce Vukub-Cakix (avait) deux fils; et le premier (était) *Zipacna*; et le second (était) *Cabrakan*; *Chimalmat* (était) le nom de leur mère, l'épouse de Vukub-Cakix (3).

la noblesse n'étant pas encore créé.

(3) *Zipacna*, ce nom est difficile à décomposer, parce qu'il ne présente aucun sens raisonnable. *Zipac* signifie ergot de coq, talon. Si on le décompose davantage, *zi* est le bois, *pac* un fruit, l'ananas des pays chauds, *na* signifie beaucoup de choses, par exemple l'actualité, etc., et peut venir de *nao*, penser. *Cabrakan* est traduit par Ximenez, de deux jambes; mais il signifie le tremblement de terre; je le crois d'origine haïtienne, comme *hurakan*. *Chimalmat*, dans le quiché, dit avec empressement; peut-être vient-il du mexicain *chimalli*, bouclier; ce nom rappelle celui de *Chimalman*, mère de Quetzalcohuatl.

Are curi Zipacna are chire chaah ri nimak huyub, ri Chicak, Hunahpu, Pecul, Yaxcanul, Macamob, Huliznab, ch'u chaxic, u bi huyub x-qolic ta chi zakiric, xa hun agab chi vinakiric rumal ri Zipacna.

Areri chicut Cabrakan chi zilab huyub rumal, chi nebouic chuti huyub, nima huyub rumal;

Xavi quebe nimarizabal quib x-qui bano u qahol Vukub-Cakix : Yx va in gih, x-cha Vukub-Cakix. — In va in banol uleu, x-cha ri Zipacna. — In chicut quiyou cah, ch'in ulih ronohel uleu, x-cha ri Cabrakan.

Xavi u qahol Vukub-Cakix, xavi x-chi yi x-qui qam vi qui nimal chirih qui cahau.

Are cut itzel x-qu'il vi qaholab. Maba chi ban-tah-oc ka nabe chuch, ka nabe cahau. Quehecut x-nobix vi qui camic, qui zachic, cumal qaholab.

VAKPAH CHI TZIH

Vae cute u ubaxic Vukub-Cakix cumal caib qaholab x-chi ka byih qui chakatahic chi qui huhunal ri nimarizay rib.

(1) *Are curi Zipacna, are chire chaah*, mot à mot, de celui-ci donc Zipacna de lui pour jouer.

(2) Ces montagnes appartiennent aux pays guatémaliens. Le *Hunahpu* n'est autre que le volcan dit de *Fuego*, qui domine la Antigua-Guatemala, encore aujourd'hui en éruption. Le *Yaxcanul*, autrement dit par les Cakchiquels *Gagxanul*, est le volcan

— 37 —

« Or donc, ce Zipacna (avait pour occupation) de rouler (1) ces grandes montagnes qu'on appelle *Chicak, Hunahpu, Pecul, Yaxcanul, Macamob, Huliznab* (2), et (c'est là) le nom des montagnes qui existèrent avec le lever de l'aurore et qui en une nuit furent créées par (la puissance de) ce Zipacna.

De même aussi Cabrakan remuait les montagnes par sa volonté, et les montagnes grandes et petites s'agitaient par lui;

Ainsi donc, les fils de Vukub-Cakix s'en faisaient une cause d'orgueil : Attention, c'est moi qui suis le soleil (3), dit Vukub-Cakix. — C'est moi qui ait fait la terre, dit Zipacna. — Et c'est moi qui secoue le ciel, c'est moi qui bouleverse toute la terre, dit Cabrakan.

C'est ainsi que les fils de Vukub-Cakix, c'est ainsi vraiment qu'ils s'arrogeaient la grandeur à la suite de leur père.

C'était donc là le mal que virent les (deux) jeunes gens. Mais en ce temps notre première mère et notre premier père n'étaient pas encore créés (4). C'est ainsi que fut résolue leur mort (celle de Vukub-Cakix et de ses fils), avec leur destruction, par ces jeunes gens.

CHAPITRE SIXIÈME.

Voici donc maintenant le (récit du) coup de sarbacane tiré sur Vukub-Cakix par les deux jeunes gens : nous raconterons leur défaite de chacun en particulier de ces (êtres) qui se faisaient si superbes.

de Santa-Maria, près de Quetzaltenango, dans les Altos ; les autres sont dans les contrées voisines, entre la grande chaîne de Soconusco et le Lacandon. (3) *Ya, in ꜭih*, mot à mot Voilà moi le soleil, comme s'il y avait : vous autres regardez.

(4) C'est-à-dire les hommes que les Quichés regardaient comme leurs ancêtres.

Areri Vukub-Cakix hun nima che ri tapal, are cu r'echa ri Vukub-Cakix; are ch'ulo ri u vach tapal ch'akan chu vi che hutagih, x-ilom akut r'echabal cumal ri Hunahpu, Xbalanque:

Qui qakalem chicut chu xe che ri Vukub-Cakix, e matzamoh ulo ri caib qaholab pa xak che, ta x-opon cut Vukub-Cakix takal chuvi r'echa ri tapal.

Qatecut ta x-ubaxic cumal ri Hunbun-Ahpu takal u bak u ub chu cacate; ch'u rakuh u chi; ta x-pe chu vi che takal chuvach uleu.

Chi malmat cut ri Hunhun-Ahpu, anim x-bec quitzih vi x-be u chapa; qatecut ta x-cupix ula u gab ri Hunhun-Ahpu rumal ri Vukub-Cakix, huzuk x-tzak uloc, x-meho uloc tzam u teleb;

Ta x-u tzocopih chicut Hunhun-Ahpu ri Vukub-Cakix; xavi utz x-qui bano, ma nabe qui chakatahic-tah rumal Vukub-Cakix.

U caam chicut u gab ri Hunhun-Ahpu rumal ri Vukub-Cakix, ta x-be chi r'ochoch, xa chi cu ulo tem u cacate x-oponic.

Nakipa mi-x-qamou chi La, x-cha cu ri Chimalmat, r'ixokil Vukub-Cakix? — Nakipa-ri, ri e caib qaxtok mi-xi-qui yubah, mi-x-zilibatah nu cacate;

Rumal xa ca chuyu ahe, y'e, ca coxou chic; mi nabe mi-x-nu qam uloc chuvi gag cut, chi xeque-vi, chi tzayaba

(1) *Tapal*, arbre des climats chauds, qu'on appelle *Nanze* au Mexique; son fruit est rond et petit, jaune, aromatique et savoureux.

(2) Au lieu de *Hun-Ahpu*, le texte donne ici *Hunhun-Ahpu*, qui est appelé ailleurs le père du premier. L'histoire serait plus exacte, si dans ces quatre chapitres il y avait *Hunhun-Ahpu et Vukub-Hun-Ahpu*, mais

Ce même Vukub-Cakix avait un grand arbre, (de ceux qu'on appelle) *Nanze* (1), et c'était là la nourriture de Vukub-Cakix; lequel venait au nanze et montait chaque jour à la cime de l'arbre, pour voir les écosses (des fruits) qui avaient été mangés par Hunahpu et Xbalanqué :

De leur côté, donc, épiant Vukub-Cakix au pied de l'arbre, les deux jeunes gens venaient se cacher dans le feuillage, tandis que Vukub-Cakix arrivait pour se jeter sur les nanzes (qui faisaient) sa nourriture.

Ensuite il fut frappé d'un coup de sarbacane de (la main de) *Hunhun-Ahpu* (2) qui lui tira la balle de la sarbacane dans la joue ; il poussa (aussitôt) de grands cris, en venant tomber de la cime de l'arbre à terre.

Hunhun-Ahpu s'empressa donc après lui et courut promptement afin de s'emparer de lui : mais Hunhun-Ahpu se (laissa) saisir d'un bras par Vukub-Cakix qui aussitôt le secoua et le lui arracha avec violence de l'extrémité de l'épaule.

Mais alors Hunhun-Ahpu laissa aller Vukub-Cakix : c'est bien ainsi qu'ils firent, sans pouvoir être vaincus les premiers par Vukub-Cakix.

Ainsi portant le bras de Hunhun-Ahpu, Vukub-Cakix gagna sa maison, où il arriva soutenant sa mâchoire.

Qu'est-il donc arrivé à Votre Seigneurie (3), demanda alors la Chimalmat, l'épouse de Vukub-Cakix ? — Que serait-ce (autre chose) que ces deux méchants qui m'ont tiré de leur sarbacane et démonté la mâchoire :

C'est de quoi sont ébranlés ma denture et mes dents, qui me font beaucoup souffrir; (son bras que j'ai arraché) d'abord, je viens de l'apporter sur le feu, pour qu'il demeure

---

tous ces noms sont plus ou moins symboliques, et il faut se garder de les prendre à la lettre.

(3) *Chi La*, à votre seigneurie. *La* est une particule révérentielle qui équivaut à votre seigneurie, votre altesse, seigneur, ou bien, ô puissant seigneur !

chuvi gag, ta c'ul qui qama chic quitzih chi e qaxtok; x-cha ri Vukub-Cakix, ta x-u xequeba u gab ri Hunhun-Ahpu.

Qui naohinie chic ri Hunhun-Ahpu, Xbalanque, ta x-qui-bih cut chirech hun mama, quitzih zak chic r'izmal vi chi mama, hun atit, quitzih quemel atit chic, xa que lucu-kila chic chi rihitak vinak.

Zaki-Nim-Ak u bi mama; Zaki-Nima-Tzyiz cut u bi atit. X-e cha out qaholab chique ri atit, mama:

Qu'yx k'achbilah-tah chi be-ta qama ka gab ruq Vu-kub-Cakix. Xa koh tere chyvih : Qui ri ka mam ri k'ach-bilan, caminak qui chuch, qui cahau. Quehecut que tere cotila vi chikih tala que ka zipah vi; rumal xa elezan u chicopil eiah ca ka bano, qu'yx cha.

Quehecu ri oh acalab chi r'ilo ri Vukub-Cakix, xavi oh qoh yauic y naoh, x-e cha ri e caib qaholab.— Utzbala! x-e cha cut.

Qatecut ta x-e bec tzamal cubi ri Vukub-Cakix chuvach u galibal; ta x-e iqouic ri atit, mama, que etzeyah curi e caib qaholab ehiquih, ta x-e iqou chuxe r'ochoch ahau, c'u rakub cu u chi ri Vukub-Cakix rumal r'e.

Ta x-il cut Vukub-Cakix ri mama, atit c'achbilan

---

(1) Ici reparaissent sous une forme plus humaine deux autres des personnages divins du premier chapitre.

(2) Qu'yx k'achbilah-tah chi be-ta, que vous nous accompagniuns à aller. Le *tah* qui suit le verbe accompagner et *ta* le verbe aller, indiquent le subjonctif et aussi le pouvoir ou la volonté de faire ce que dit le verbe:

suspendu au-dessus du brasier jusqu'à ce qu'ils le viennent en vérité reprendre ces démons; dit Vukub-Cakix. tandis qu'il suspendait le bras de Hunhun-Ahpu.

Ayant tenu conseil Hunhun-Ahpu et Xbalanqué, ils en parlèrent avec un vieillard, et véritablement la chevelure de ce vieillard était toute blanche, ainsi qu'à une vieille femme, et cette vieille était vraiment toute courbée et pliée en deux par la vieillesse.

Le Grand-Sanglier-Blanc était le nom du vieillard; le Grand-Blanc Piqueur d'Epines était le nom de la vieille. Or, les jeunes gens leur dirent à la vieille et au vieillard (1) :

Veuillez nous accompagner pour aller (2) prendre notre bras de chez Vukub-Cakix. Nous irons derrière vous (et vous direz) : Ce sont nos petits-fils (3) que nous accompagnons; leur mère et leur père sont morts. Ainsi ils nous suivent partout où il nous convient de leur permettre; car nous faisons (le métier) de tirer les vers des dents, direz-vous.

Ainsi Vukub-Cakix nous regardera comme des enfants et nous serons là pour vous donner nos conseils, dirent les deux jeunes hommes. — C'est fort bien! répondirent (les deux vieillards).

Ensuite ils se mirent en chemin (vers) l'extrémité où Vukub-Cakix était couché sur le devant de son trône; la vieille et le vieillard passèrent alors, les deux jeunes gens jouant derrière eux, et comme ils passaient au pied de la maison du roi, (ils entendirent) les cris que poussait Vukub-Cakix à cause de ses dents (4).

Or, dès que Vukub-Cakix aperçut le vieillard et la

---

quelquefois on le voit faisant seul l'office même du verbe, ex. *In tah utz*, que je sois bon, mot à mot, moi puisse (être) bon.

(3) *Nom* ou *mama* est le vieillard, l'ancien ou l'aïeul, et quelquefois il signifie le petit-fils.

(4) *Cu rakuh cu u chi*, il vociférait, mot à mot, il raclait sa bouche.

quib : Apa qu'yx pe-vi, ka mam, x-cha curi ahau? —
Xa oh tzukubei kib; Lal ahau! x-e cha cut.

Nakipa y tzukubal? Ma yv'alcual ri yv'achbilan? —
Mahabi, Lal ahau; e ka mam ri; xere nare ca ka tokobah
qui vach, ri yaaxel hupir chakap ca ka ya chiquech, Lal
ahau, x-e cha-cut ri atit, mama.

C'utzin curi ahau rumal u coxom u e, xa cu nimakva-
chih chic ca chauic : In taba canih chyvech ch'y tokobah
ta nu vach. Nakipa qui ch'y bano, nakion qui ch'y cunah,
x-cha-cut ahau?

Xa u chicopil eiah chi k'elezah; xa cu u bak u vach chi
ka cunah, xa bak chi ka viko, Lal ahau, x-e cha-cut.

Utzbala. Ch'y cunah-ta ba v'e quitzih ca coxouic hutagih; mavi ch'ogitahic, ma-habi nu varam rumal, ruq u bak
nu vach;

Xaxi qui ubah e caib qaxtok ta x-tiqaric; mavi qu'in
echauic rumal : Quehe-ta-cut ch'y togobah vi nu vach;
xa ca ch'u yub v'ehe chic ri v'e.

Utzbala, Lal ahau. Chicop ba ca coxuvic; xa ch'oc u
gexel ch'el ri e La. — Ma-ba utz-lo ch'el ri v'e; rumal xere
in ahau vi, nu caubal ri v'e ruq u bak nu vach.

X-chi ka coh chic na-cut u gexel, hogom bak x-

---

(1) *Tzukubei kib*, de quoi nous soutenir, de *tzukuh*, soutenir, qui forme *tzukubeh*, soutenir avec quelque chose, ex. *Nu tzukubeh va*, je me soutiens avec du pain, le mot avec étant exprimé par *beh*, qui devient participe en changeant *h* en *t*.
(2) *Ca ka tokobah que vach*, mot

vieille, ainsi que ceux qui les accompagnaient : D'où venez-vous, mes anciens? leur dit aussitôt le roi. — Nous allons cherchant de quoi nous soutenir, ô mon seigneur! répondirent-ils (1).

Quel est votre moyen de subsistance? Sont-ce vos enfants que vous accompagnez? — Point du tout, mon seigneur : ce sont nos petits-fils; mais voyez-vous, nous avons pitié d'eux (2), nous partageons et leur donnons la moitié (de notre nourriture), répondirent la vieille et le vieillard.

Or, le roi était à bout, à cause de la souffrance de ses dents, et c'était avec effort qu'il parlait : Je vous en conjure, tout de suite ayez pitié de moi (dit-il). Que faites-vous, quelles choses guérissez-vous? ajouta le roi.

Nous tirons simplement les vers de la mâchoire; nous guérissons (les maux) du globe de l'œil et nous remettons les os, ô mon seigneur, répondirent-ils.

C'est fort bien. Guérissez donc bien vite, je vous en prie, mes dents qui me font vraiment souffrir chaque jour; car je n'ai ni repos ni sommeil à cause de cela et de mes (maux d') yeux;

Deux démons me tirèrent un coup de sarbacane pour commencer; (ce qui fait que) je ne mange plus : ainsi donc ayez pitié de moi; car tout remue (dans ma bouche), mes dents et ma mâchoire.

C'est fort bien, mon seigneur. C'est un ver qui vous fait souffrir; il suffit qu'on change (votre mâchoire) en ôtant les (mauvaises) dents de Votre Altesse (3). — Sera-ce bien bon d'ôter mes dents; car c'est ainsi seulement que je suis roi, et toute ma beauté (vient) de mes dents et du globe de mes yeux.

Nous en mettrons aussitôt d'autres en échange, (c'est-

---

a mot, nous plaignons leurs faces. Le premier ca indique le présent.
(3) *Ia ch'oc u gocel ch'el ri e La,* mot à mot, seulement qu'il entre son échange et sorte les dents de votre altesse.

ch'oc chic; arecut hogom bak x-ri xa zaki ixim.

Utzbala; ch'yv'elezah, ch'y too uloc, x-cha-cut. Ta x-el curi r'e Vukub-Cakix; xa zaki ixim u gexel r'e x-oquic, xa chi cu zakhuluhuh chi ula ixim pu chi.

Huzuku x-kah u vach, mavi ahau chic x-vachinic : x-qiz elic ri r'e qual, raxcanacoh pu chi. Ta x-cunax chi cut u bak u vach Vukub-Cakix, ta x-cholic u bak u vach x-qiz elic ri puvak.

Mani ca x-tah x-u nao; xavi xere ca mucunic ta x-qiz cu elic ri u nimarizabal rib, xavi qui naoh ri Hunahpu, Xbalanque.

Ta x-cam cut ri Vukub-Cakix, ta x-u qam cut u gab ri Hunahpu, x-cam naipuch Chimalmat, r'ixokil Vukub-Cakix.

Quehecut u zachic u ginomal Vukub-Cakix; ri xa abcun x-qamouic ri qual yamanic x-u punabeh varal chuvach uleu.

Naual atit, naual mama x-banouic. Ta x-qui qam cut qui gab x-tiqui ta x-uq-ec utzohic x-uxic.

Xa rumal u cauic Vukub-Cakix (x-elah quehe x-qui bano; itzel x-qu'ilo nimarizabal ib. Qateout x-e be chic e caib qaholab, xa u tzih ri u Qux cah ta x-qui bano.

---

(1) On a découvert au Pérou et dans l'Équateur des vases de terre cuite de grande dimension (urnes funéraires), contenant entre autres objets un squelette qui avait dans la bouche de fausses dents attachées a

à-dire que) des os purs et nets seront mis à leur place (1); or, ces os purs et nets n'étaient autre chose que des grains de maïs blanc.

Fort bien; tirez-les donc et me venez en aide, répondit-il. Alors on enleva les dents de Vukub-Cakix; mais on ne lui mit que des grains de maïs blanc en échange, et (l'on vit) aussitôt briller ces grains de maïs dans sa bouche.

Sa splendeur aussitôt tomba, et il cessa de paraître roi. On acheva de lui enlever ses dents de pierres précieuses, qui brillaient dans sa bouche. Tandis qu'on opérait les yeux de Vukub-Cakix, on écorcha le globe de ses yeux, en achevant de lui ôter les richesses.

Mais il n'était plus en état de le sentir : il voyait bien encore, mais ce qui faisait son orgueil avait fini par lui être enlevé (entièrement), par le conseil de Hunahpu et de Xbalanqué.

Alors mourut Vukub-Cakix, tandis que Hunahpu reprenait son bras, et (ensuite) mourut également Chimalmat, l'épouse de Vukub-Cakix.

Telle fut la destruction des richesses de Vukub-Cakix; or ce fut le médecin qui lui prit les émeraudes et les pierres précieuses dont il s'enorgueillissait ici sur la terre.

La vieille et le vieillard qui firent (ces choses) étaient des êtres merveilleux. Or, ayant repris les bras (des deux jeunes gens) ils les replacèrent, et les ayant rattachés, le tout demeura bon.

Uniquement pour (amener) la mort de Vukub-Cakix, ils voulurent agir ainsi; car il leur paraissait mauvais qu'il s'enorgueillît. Après cela, les deux jeunes gens se mirent en chemin, ayant exécuté (de cette manière) la parole du Cœur du ciel.

---

la mâchoire avec un fil d'or (Bollaert, Antiquarian, ethnological and other researches in New-Granada, Ecua- | dor, Peru, Chile, etc. London, Trübner and co. page 83).

VUKPAH CHI TZIH.

Vae chi cute u banoh chic Zipacna, u nabe qahol Vukub-Cakix : In banol buyub, ca cha ri Zipacna.

Are curi Zipacna e'atinic chu chi ha, ta x-e iqouic omuch qaholab, e hur vi che r'akan qui cabal, omuch ch'u binic, ta x-qui gat cut hun nima che u vapalil qui cabal.

Qatecut x-be ri Zipacna, x-opon cu chila cuq ri omuch qaholab : Nakipa qui bano, yx qaholab? — Xa che mavi ca ka yaco chi teleba. — X-ch'in teleh. Apa c'opon vi? Nakipa u chak chi y qux?

Xa u vapalil ka cabal. — Utzbala, cha-cut. Ta x-u huruh cut, x-u teleba cu akan-oc chu chi qui cabal omuch qaholab.

Xatavi e'at qohe kuq, at qahol. Qo-pa a chuch a cahau? — Ma-habi, x-cha-cut. — Ca ka chakimah tanabala chuvek chu vabaxic chic hun ka che r'akan ka cabal. — Utz, x-cha chicut.

Qatecut x-qam qui naoh ri omuch qaholab : Areri ala, hupacha chi ka ban chire chi ka camizah-tah; rumal mavi utz ri c' u bano, xa utuquel mi-x-u yac ri che.

Ka qoto hun nima hul, chiri ta cut chi ka tzak vi kahoc pa hul : H'a qama gaha uleu pa hul, koh cha-ta

CHAPITRE SEPTIÈME.

Voici ensuite les faits de Zipacna, le premier engendré de Vukub-Cakix : Je suis le créateur des montagnes, disait Zipacna.

Or, voici que Zipacna se baignait au bord de la rivière, quand vinrent à passer quatre cents jeunes gens, traînant un arbre pour pilier de leur maison ; quatre cents ensemble cheminant, après avoir coupé un grand arbre pour (servir de) poutre mère à leur maison.

Alors Zipacna s'en allant arriva où étaient les quatre cents jeunes gens (et leur dit) : Que faites-vous, ô enfants? — Seulement cet arbre que nous ne pouvons soulever pour le charger sur nos épaules. — Je le porterai (répondit-il). Où (faut-il) qu'il aille ? Quel service désirez-vous ?

Seulement la poutre principale de notre maison (que nous vous prions de porter). — C'est fort bien, répondit-il. Alors il l'enleva avec force, le chargea sur ses épaules et le porta à l'entrée de la maison des quatre cents jeunes gens.

Eh bien, donc, reste avec nous, jeune homme. As-tu mère et père? — Je ne les ai plus, répondit-il. — Or ça, (reprirent-ils), nous vous reprendrons encore une fois demain pour signaler un autre arbre pour pilier de notre maison. — C'est bien, dit de nouveau (Zipacna).

Ensuite les quatre cents jeunes gens tinrent conseil : Voilà ce jeune homme (dirent-ils), comment ferons-nous pour que nous puissions le tuer ; car il n'est pas bon qu'il fasse ces choses, ayant à lui seul soulevé cet arbre.

Creusons une grande fosse et nous le jetterons en le faisant tomber dans la fosse : Va prendre et tirer de la

chire; chi are ta cut pachal kahoc pa hul, ta ka tarih kahoc ri nima che chiri ta cut chi cam vi pa hul.

X-e cha-cut omuch qaholab ta x-qui qot cut hun nima hul naht x-kahic : ta x-qui tak cut ri Zipacna : Ob canih chavech ; chi be-ta a qoto chic uleuh, mavi ca ka riqo, x-u chaxic.

U tzbala, x-cha-cut. Qatecut x-kah pa hul. C'a ziquin uloc ta qoto-tah-oc ri uleu : naht ta chi kahic aumal, x-u chaxic? — Ve, x-cha-cut, ta x-u tiqiba u qotic hul ; xa cu u hul x-u qoto u colbal rib.

X-r etamah ri u camizaxic, ta x-u qot cut hun vi chi hul, chu tzalanem, u ca hul x-u qoto x-colo-tah vi.
Ca hanican pala, x-u chax cu kahoc cumal omuch qaholab? — Qui na nu qoto; ve x-qu'yx nu ziquih akanoc, ta ch'utzin-oc u qototahic, x-cha uloc Zipacna chiri pa hul.
Ma cu are c'u qot u xe hul ri u mokikil, xa u hul c'u qoto colbal rib. Qatecut ta x-ziquin uloc ri Zipacna, colon chu ca chiri pa hul ta x-ziqui uloc.

Qu'yx pet-oc ch ul y qama uleu r'achak hul mi-x-qototahic; quitzih nah mi-x-kah vumal. Mapa qu'y ta nu ziquibal lo ? Are curi y ziquibal xa u bi ca xohamic, queheri hun elebal, caib elebal, yx qo-vi ca nu tao ;

X-cha ula ri Zipacna pa u hul chiri cut matzal chi vi uloc ca ziquiyah chi ula pa hul.

---

(1) *Hun nima hul naht x-kahic,* mot à mot, une grande fosse (qui) loin descendait.

(2) *Ob canih chavech,* nous aimons à toi ou pour toi. — *Canem* ou *ganem,* amour.

terre du trou, lui dirons-nous; et une fois incliné et descendu dans la fosse, nous y lancerons un grand arbre et il mourra promptement là dans la fosse.

Ainsi parlèrent les quatre cents jeunes gens, et ils creusèrent une fosse bien profonde (1); ensuite ils appelèrent Zipacna : Nous te chérissons (véritablement); va donc et creuse davantage la terre, que nous n'en pouvons plus, lui fut-il dit.

C'est fort bien, répondit-il. Ensuite il descendit dans la fosse : et l'appelant tandis qu'il creusait la terre : Es-tu descendu déjà bien profondément (2)? lui dit-on. — Oui, répondit-il (3), pendant qu'il commençait à creuser la fosse; mais la fosse qu'il creusait (était) pour se sauver.

Il savait qu'on voulait le tuer tandis qu'il creuserait cette fosse, et de côté il creusa une seconde fosse pour se sauver.

Est-ce bientôt fini? lui fut-il dit d'en haut par les quatre cents jeunes gens.—Je suis encore occupé à creuser, mais je vous appellerai d'en bas, quand ce sera fini de creuser, leur répondit Zipacna du fond de la fosse.

Mais il ne creusait nullement le fond de la fosse (qu'on lui destinait) pour tombeau; sinon qu'il creusait le trou où il voulait se sauver. Après quoi Zipacna appela, ne criant toutefois que lorsqu'il se vit à l'abri dans l'autre trou.

Venez chercher et emporter la terre avec les débris de la fosse que j'ai creusée : car vraiment je suis arrivé bien bas. N'entendez-vous donc pas mon cri? Mais voici votre voix, et le son en est répercuté comme un, comme deux échos, j'entends où vous êtes;

Disait Zipacna de la fosse où il s'était abrité, et il (continuait) à crier du fond de la fosse.

---

(3) *Naht ta chi kahic aumal,* loin déjà avec la descente par toi. — *Vumal,* par moi ou à cause de moi; *aumal,* par ou pour toi; *rumal,* par ou à cause de lui; *kumal,* par ou pour nous; *yvumal,* par ou pour vous;

Are cut ca hurux uloc ri qui nima che rumal qaholab; qatepuch x-qui tarih kahòc ri che pa hul.

Ma qo ma chauic; chi-ka tana-ta ch'u rakuh u chi, ta cam-oc, x-e cha chi quibil quib; xa que hazlahic, xa pu chi matzalah qui vach chi qui huhunal, ta x-qui tarih kahoc ri che.

Are cu x-cha cut ta x-u rakuh u chi, xa hupah chic x-ziquinic, ta x-kah apan-oc ri che.

Oka mi-x-utzinic qui utz mi-x-ka bano chire! mi-x-camic: atalabe chi taken ch'u bano ch'u chakuh, ta ch'uxoc: u nabe la x-u qoh ula rib kuq, chi kaxol puch la, oh omuch qaholab.

X-e cha-cut que quicot chic : Qo ri u banic ka quiy oxih, que eqouic oxih puch chi k'uqah lakabebal ka cabal la, oh, omuch chi qaholab.

X-e cha : Chauek cut chi k'ilo; cabih puch chi k'ilo mapa chi pe zanic pu uleu, ta chuin-oc, ta gey-oc; qatecut cul chi ka qux ta k'uqah ri ka quiy, x-e cha-cut.

Cu ta ou uloc ri Zipacna chiri pa hul, ta x-qui bih qaholab ri. Cu chu cabih puch, ta x-tubukih zanic, que binouic, que buchuvic, ta x-e culun xe che;

---

cumal, par ou pour eux; umal est le pro, per et propter des Latins.
(1) Qo ri u banic ka quiy oxih, mot à mot, il y a ceci son (ou de) faire nos vins trois jours. Le mot quiy que nous rendons par vin est le nom générique de toutes les boissons fermentées que faisaient et que

Et voilà que le grand arbre (qu'ils avaient amené pour leur maison) fut emporté violemment par les jeunes gens, et ils lancèrent ensuite le bois en le faisant tomber vivement dans la fosse.

Que personne ne parle ; attendons seulement qu'il crie et qu'il meure, se dirent-ils les uns aux autres, en parlant en secret et se contentant de se couvrir la bouche et de se regarder mutuellement, tandis qu'ils faisaient tomber le bois.

Or, voilà que Zipacna parla alors, en poussant un cri ; mais il ne fit entendre sa voix qu'une seule fois, tandis que le bois tombait au fond.

Oh ! combien nous avons réussi dans ce que nous lui avons fait ! il est bien mort : si par malheur il avait continué le travail qu'il avait commencé, ce serait fait (de nous) : il s'était introduit le premier avec nous, parmi nous-mêmes, nous autres les quatre cents jeunes gens.

C'est ainsi qu'ils dirent, se réjouissant davantage : Ce qu'il y a à faire maintenant, c'est notre vin (1) pendant trois jours et à passer trois jours de plus à boire à la fondation de nos maisons, nous autres, les quatre cents jeunes gens.

Ils dirent : Or, demain nous verrons ; après demain nous verrons encore si par hasard les fourmis sont venues dans la terre (attirées) par l'odeur, pour enlever cette charogne ; ensuite notre cœur se reposera, tandis que nous boirons notre vin, ajoutèrent-ils.

Or Zipacna entendait là dans la fosse ce que disaient les jeunes gens. Puis au deuxième jour, les fourmis arrivèrent tout à coup, allant et venant en masse, pour se réunir sous l'arbre ;

font encore les Indiens : on le traduit souvent par le mot *chicha*, et c'est un des noms qu'on donne à la boisson tirée du maguey ou aloès américain, eau-de-vie ou pulqué, *octli*, en mexicain. — Le mot *oxih* est composé de *ox-gih*, trois jours.

Humah qui cayeloon iz, qui cayeloon puch r'ixgag Zipacna. Ta x-qu'il curi qaholab : Mi-pa x-utzin ri qaxtok? Ch'yv 'ila na zanic mi-x-e culun uloc, mi-x-e tubukih uloc, humah iz qui cayen, qo r'ixgag; ri chila mi-x-ka bano.

Ca x-e cha chi quibil quib. Are curi Zipacna xavi qazlic, x-u gat uloc r'izmal u vi, xa pu c'u cux uloc r'ixgag chi r'e, c'u ya ula chiquech ri zanic.

Quehe curi x-camic x-qui nao omuch qaholab. Qatecut x-tiqar qui quiy chi r'oxih, ta x-e gabar puch conohel qaholab.

E cu gabarinak chic conohel omuch qaholab, ma-habi ca qui na chic ; qatepuch x-ulix ri cabal pa qui vi rumal ri Zipacna; x-e qiz chayatahic conohel.

Mahabi chic hun, caib x-colotah chiquech ri omuch chi qaholab, x-e camizaxic rumal Zipacna, u qahol ri Vukub-Cakix.

Quehecut qui camic omuch qaholab ri, x-cha chicut are ri x-e oc chi chumilal ri metz u bi cumal; ve cut xa zakbal tzih lo.

Are chicut chi ka biyh u chakatahic chic Zipacna rumal ri e caib qaholab, Hunahpu, Xbalanque.

---

(1) *C'u cux uloc r'ixgag chi r'e,* il avait scié ses ongles avec ses dents. *Ul,* qui suit le verbe *cux,* scier, est un autre verbe qui signifie venir, descendre; mais il est souvent auxiliaire comme ici, indiquant une sortie, une séparation, et donnant plus de force au verbe qu'il accompagne, comme si l'on disait scier dehors; *oc,* particule optative, indique le plus-que-parfait, quoique celui-ci s'exprime encore autrement. *Oc* est aussi le verbe entrer.

Les unes portaient des cheveux et les autres des ongles de Zipacna. En voyant ces choses, les jeunes gens (dirent) : A-t-il fini, ce misérable ? Voyez-vous que les fourmis se montrent et qu'elles arrivent en masse, les unes portant des cheveux, et les autres sont (chargées) de ses ongles ; voilà ce que nous avons fait.

Voilà ce qu'ils se disaient les uns aux autres. Mais Zipacna était bien vivant ; il s'était coupé (lui-même) les cheveux de la tête et s'était scié les ongles avec ses dents (1), pour les donner aux fourmis.

Et ainsi les quatre cents jeunes gens pensèrent qu'il était mort. Ensuite au troisième jour commença leur festin, et tous les jeunes gens s'enivrèrent.

Et les quatre cents jeunes gens étant tous ivres, il ne leur restait plus de sentiment : et alors leur cabane fut renversée sur leurs têtes par Zipacna ; et ils finirent par être tous détruits.

Ni un ni deux ne se sauva d'entre ces quatre cents jeunes gens, tués qu'ils furent par Zipacna, le fils de Vukub-Cakix.

Or telle fut la mort des quatre cents jeunes gens, de qui l'on dit également qu'ils entrèrent dans le groupe d'étoiles qu'on appelle le Groupe (les Pléiades) à cause d'eux (2), quoique ceci puisse être une fiction.

Nous raconterons ici également la défaite de Zipacna par les deux jeunes gens, Hunahpu et Xbalanqué.

(2) *Motz*, groupe ou amas, c'est le nom des Pléiades en quiché. *Omuch-qaholab*, les quatre cents jeunes gens, dont il est ici question et qui périssent dans une orgie, sont les mêmes qu'on adorait au Mexique, sous le nom de *Centzon-Totochtin*, les quatre cents lapins, invoqués comme les divinités protectrices du vin (puiqué) et des ivrognes. *Omuch* comme *Centzon* est une multitude ; pris particulièrement, il signifie 400.

VAHXAKPAH CHI TZIH.

Are chic u chakatahic, u camic Zipacna, ta x-chak chic cumal ri e caib qaholab Hunahpu Xbalanque.

Are chic u yok qui qux qaholab ri omuch chi qaholab x-e camic rumal Zipacna.

Xa car, xa tap ch'u tzukuh chi tak a, xere chi r'echaah hutagih : pa gih chi vacatic ta ch'u tzukuh r'echa, ch'agab cut chi r'ekah huyub.

Qatecut u halvachixic hun nima tap cumal Hunahpu Xbalanque, are cut x-qui coh ri u vach ek : ri maq ek qo pa tak qechelah.

Are u xul tap x-uxic, pahac chicut u cok gab : x-qui coho zelabah curi u va r'achak tap rihouohic.

Qatecut ta x-qui coh u coc chu xe pek, chu xe nima huyub, Meavan u bi huyub, x-chakatah vi.

Qatecut ta x-e pe ri qaholab x-qui cu ri Zipacna chi ya : Apa c'at be vi, at qahol, x-chax curi Zipacna? — Mahabi quin be vi, xa v'echa ca nu tzukuh, yx qaholab, x-cha curi Zipacna.

---

(1) *U halvachixic hun nima tap cumal Hunahpu, Xbalanque,* mot à mot, il fut imité une grande écrevisse par Hunahpu et Xbalanque.
(2) *Ek* est le nom d'une plante sylvestre, à grandes feuilles, dont les

CHAPITRE HUITIÈME.

Voici à son tour la défaite et la mort de Zipacna, quand il fut vaincu à son tour par les deux jeunes gens, Hunahpu et Xbalanqué.

Ce qui blessa le cœur de ces jeunes gens, (c'est que) les quatre cents jeunes gens (dont nous avons parlé plus haut) eussent été tués par Zipacna.

De poisson et d'écrevisses seulement il s'alimentait au bord des rivières, et c'était sa seule nourriture de chaque jour : de jour il se promenait, en cherchant sa nourriture, de nuit il chargeait les montagnes sur ses épaules.

Ensuite Hunahpu et Xbalanqué fabriquèrent une fausse écrevisse d'une grande dimension (1) et ils lui mirent une tête d'*ek* (2) : or l'ek se recueille dans les bois où il y en a partout.

De cela se firent les grandes pattes de l'écrevisse et de *pahac* les petites pattes (3) : ils lui mirent une carapace de pierre, ce qui acheva la face postérieure de l'écrevisse.

Ensuite ils introduisirent cette (espèce de) tortue au fond d'une grotte, au pied d'une grande montagne, et Meavan est le nom de la montagne, (dans l'espoir) d'être les vainqueurs (de Zipacna).

Puis les jeunes gens allèrent à la rencontre de Zipacna au bord de la rivière : Où donc vas-tu, jeune homme ? dirent-ils à Zipacna. — Je ne vais nulle part, c'est seulement ma nourriture que je cherche, ô jeunes gens, répondit Zipacna.

indigènes ornent leurs arcs de triomphe, etc.
(3) Je n'ai pu découvrir jusqu'à présent ce qu'était le *pahac*; mais ailleurs je trouve *paak*, sorte d'anone.

Nakipa av'echa? — Xa car, xa tap; x-ma qo chiri ca nu riqo; cabihir ch'in canah r'echaxic, mavi ca nu chih chic vaih, x-cha Zipacna chiquech Hunahpu, Xbalanque.

Huna re la tap qo ula xe zivan; quitzih chi nima tap, ca gih-tala ch' av'echaah lo. Xa koh u tio mi-x-r'ah ka chapo, ca ka xibih kib rumal. Ma-chi-be-on ka chapa, x-e cha ri Hunahpu, Xbalanque.

Qu'y togoba nu vach, qu'y beta y vaba, yx qaholab, x-cha ri Zipacna. — Ma-ba chi k'ah. Xata c'at bec; ma zachibal-tah; xa r'akan ha c'at bec, at cu ta c'ul apon-oc xe nima huyub, hovol ula chu-xe zivan; xa c'at el apan-oc, x-e cha Hunahpu, Xbalanque.

Lakiba! togob nu vach! ma-ba x-u culu, yx qaholab? Qu'yx be na cu nu vaba; qo qui xo viri tziquin chi be-tah yv'ubah v'etaam qo-vi, x-cha chicut Zipacna.

X-elahic x-oc na chi qui vach qaholab: La maqui cu x-ch' a chap-lo, ta xa quehe x-koh tzalih avumal: ma-xa-mavi x-ka tiho, xa huzuc chi tionic ri oh hupulic koh oc ubic. Qatecut ka xibih rib, ri oh pagalic koh oc ubic; xa cu zcaquin chic mavi chi ka riqo. Qatecu utz at pagalic c'at oc ubic, x-u chax cut.

---

(1) *La* se rencontre assez souvent dans le discours; outre qu'il est révérentiel, c'est une particule d'élégance, d'euphonie, etc. *Lo* est une particule dubitative. *Ma* est une négation et une particule d'interrogation plus ou

Quelle est ta nourriture? — Seulement du poisson et des écrevisses; mais il n'y en a point ici que j'aie pu trouver; (voici) le deuxième jour que j'ai laissé de manger et je n'en puis plus de faim, leur dit Zipacna à Hunahpu et à Xbalanqué.

Il y a là-bas une écrevisse au fond de la ravine (dirent-ils alors); véritablement c'est une grande écrevisse, et ce serait un fameux morceau pour ton dîner. Seulement elle nous a mordus (quand) nous voulions la prendre et nous nous en sommes effrayés. Pour rien nous n'irions la prendre maintenant, dirent Hunahpu et Xbalanqué.

Ayez pitié de moi, venez me montrer (par où il faut que j'aille), jeunes gens, dit Zipacna. — Pour rien au monde nous ne le voudrions. Vas-y seulement; il n'y a pas où pouvoir se perdre; suis le bord de la rivière et tu arriveras au pied d'une grande montagne qui résonne au fond de la ravine; vas-y (sûr) d'y arriver, répondirent Hunahpu et Xbalanqué.

Hélas! que je suis malheureux! Où donc se trouve-t-elle, ô jeunes gens? Venez me la montrer; il y a beaucoup d'oiseaux que vous pouvez aller tirer à coups de sarbacanes, et moi je sais où ils sont, reprit Zipacna.

Son humilité trouva grâce devant les jeunes gens : La sauras-tu prendre (reprirent-ils), si nous retournons ainsi à cause de toi (1) : car il est bien certain que nous n'avons plus essayé, (parce qu'elle cherchait) aussitôt à nous mordre, quand nous entrions en nous baissant (où elle était). Alors nous nous prîmes de peur, en entrant ainsi rasant la terre, et il s'en est fallu de peu que nous ne l'ayons saisie. Il est donc bon que tu y entres toi-même en te baissant, lui dirent-ils.

---

moins négative, et *pa* à la fin d'un verbe ou d'un pronom est interrogatif. Ex: *Qo-pa ahau?* Est-il (là) le maître?

Utzbala, x-cha cu ri Zipacna, ta x-be cut achbilan chicut ri Zipacna, x-bec x-e opon chuxe zivan, tzalam cula ri tap, cakvacavoh ula rih : xe zivan ri cute qui cumatzih.

Utzbala, chi quicot curi Zipacna ; ca r'ah-tah x-c'oc-ta pu chi. Rumal quitzih c'utzin chi vaih. X-r'ah cu tih ri xa x-r'ah hupunic x-r'ah oquic, pagal curi tap x-akanic.

Qatecut x-el ch'u uloc. Mavi x-a riqo, x-u chax cut? — Mahabi; xa pagalic c'akanic, xa nabe zcaquin chic mavi mi-x-nu riqo. Qate utz-lo qui paqueic qu'in oc ubic, x-cha chicut.

Qatecut pagal chic ta x-oc ubic ; x-qiz cu oc ubic ; xa u vi u chek chic x-qutun uloc, x-qiz bikitahic, x-lilob cu kahoc nima huyub chi u qux : mavi x-tzolcopih chic ; abah cut x-uxic ri Zipacna.

Quehe u chakatahic chic Zipacna cumal qaholab Hunahpu, Xbalanque. Ri banol huyub, x-cha u tzihoxic oher, u nabe qahol Vukub-Cakix.

Chu xe huyub Meavan u bi x-chakatah vi ; xa naual x-chakatah-vi u cab nimarizay rib. Hun chicut x-chi ka biyh u bixic.

(1) *Meavan u bi*, Meavan son nom ; c'est une montagne fort élevée, baignée au sud et à l'est par le Chixoy ou Lacandon, l'un des grands rameaux de l'Uzumacinta, dans l'ancien Quiché ; ce fleuve, dit aussi Rio

Tout va bien, répondit Zipacna, en s'avançant de compagnie avec eux : puis en arrivant Zipacna descendit au fond de la ravine, où l'écrevisse était couchée de côté, présentant une superficie fort rouge : or, (c'était) au fond de la ravine (qu'ils avaient caché) leur enchantement.

Tout va bien (répondit) Zipacna avec allégresse. Je voudrais qu'elle se trouvât déjà dans ma bouche. Car véritablement il se mourait de faim : or il voulait tenter de se mettre à plat ventre, pour tâcher d'entrer, l'écrevisse s'étant mise en marche en montant.

Alors il se retira : Ne l'as-tu pas encore prise ? demandèrent (les jeunes gens). — Pas encore; sinon qu'elle s'est mise à monter, pour peu je la saisissais. Mais peut-être serait-il bon que j'entrasse, répondit-il.

Ensuite il se mit à entrer de nouveau à plat ventre; or il achevait d'entrer et il ne montrait plus que l'extrémité de ses jambes, (quand) la grande montagne, minée par en bas, achevant de se détacher vint couvrir sa poitrine : il ne retourna plus et Zipacna fut changé en pierre.

Telle fut à son tour la défaite de Zipacna par les jeunes gens Hunahpu et Xbalanqué. C'est lui, dit l'antique tradition, qui faisait les montagnes (et qui était) l'aîné des fils de Vukub-Cakix.

Au pied de la montagne, appelée *Meavan* (1), il fut vaincu, et seulement d'une manière surnaturelle fut vaincu le second de ceux qui s'enorgueillissaient. (Il en reste) un encore dont nous allons raconter l'histoire.

---

de Sacapulas, la contourne pour couler de l'est au nord, formant une grande courbe, à huit lieues environ à l'ouest de Rabinal, dans la Verapaz.

BELEHPAH CHI TZIH.

R' ox chicut nimarizay rib, u cab u qahol Vukub-Cakix, Cabrakan u bi : In yohol huyub, x-cha.

Xavi-cu-xere Hunahpu, Xbalanque x-chakou re Cabrakan. X-cha ri Hurakan, Chipi-Cakulha, Raxa-Cakulha, ta x-chauic chiquech ri Hunahpu, Xbalanque :

U cab u qahol Vukub-Cakix hunchic chi chakatahic ; xavi nu tzih : rumal mavi utz qui banoh chuvach uleuh, ca qu'iqouizah gih chi nimal chi alal ; ma cu quehe ch'uxic.

Ch'y bocbiyh cu ubic chila r'elebal gih, x-cha cut ri Hurakan chique ri e caib qaholab.

Utzbala, Lal ahau, que vi na cut. Mavi utz vi ca k'ilo. Ma-pa Lal qolic, Lal pu Yacalic, Lal u Qux cah, x-e cha-cut ri qaholab, ta x-qui culuba u tzih Hurakan !

Are puch ca tahin ri Cabrakan yohol huyub : xa zcaquin ch'u tinih r'akan chuvach uleuh, huzu chi bulih nima huyub, chuti huyub rumal.

Ta x-culutah cumal ri qaholab : Apa c'at be vi, at qahol, x-e cha chirech ri Cabrakan ? — Mahabi qu'in be-vi : xa in uliy huyub ; in puch yohol rech chi be gih, chi be zak, x-cha cut, ta x-chauic.

---

(1) *In puch yohol rech, chi be gih, chi be zak,* mot à mot, moi donc destructeur d'elles, tant va le soleil, tant va la lumière, expression élégante

CHAPITRE NEUVIÈME.

Or le troisième de ceux qui s'enorgueillissaient, était le second fils de Vukub-Cakix, appelé Cabrakan : C'est moi qui détruis les montagnes, disait-il.

De même aussi Hunahpu et Xbalanqué vainquirent Cabrakan. Alors Hurakan, le Sillonnement de l'Eclair et la Foudre qui frappe dirent à Hunahpu et à Xbalanqué, leur parlant ainsi :

Que le second fils de Vukub-Cakix à son tour soit humilié; telle est notre volonté : car ce n'est pas bien ce qu'ils font sur la terre, d'exalter leur gloire, à ce degré de grandeur et de puissance ; qu'il n'en soit donc plus ainsi.

Attirez-le avec douceur par là vers l'orient, dit encore Hurakan aux deux jeunes gens.

Fort bien, puissant seigneur, répondirent-ils. Ce n'est pas bien ce que nous voyons. N'est-ce pas Vous qui êtes, n'est-ce pas Vous qui êtes la Paix, Vous le Cœur du Ciel, ajoutèrent les jeunes gens, en écoutant la parole de Hurakan !

Or, Cabrakan était en ce moment occupé à remuer les montagnes; pour si peu qu'il battait des pieds sur la terre, aussitôt se déchiraient les grandes montagnes, les petites montagnes à cause de lui.

C'est alors qu'il fut rencontré par les jeunes gens : Où vas-tu, jeune homme ? lui dirent-ils à Cabrakan. — Je ne vais nulle part : seulement je suis ici bouleversant les montagnes; car je suis celui qui les abat, en quoi je suis continuellement occupé (1), dit-il pour sa réponse.

---

pour dire sans cesse, toujours. — La réponse de Cabrakan est un symbole du tremblement de terre presque continuel dans l'Amérique tropicale.

X-cha chicut ri Cabrakan chique ri Hunahpu, Xbalanque : Hupacha x-petic? mavi v'etaam u vach. Nakipa y bi? x-cha Cabrakan.

Ma-habi ka bi, xa oh ubom, xa pu oh tzarabom pa tak huyub; xa oh meba, ma-habi nakila kech, at qahol.

Xa chuti huyub, xa nima huyub koh bec, at qahol. Are curi hun nima huyub x-k'ilo, xa qo qu'il cakiyc; quitzih naht c'akanic, xa ca cupupih qu'iqovic chuvi huyub ronohel.

Ma-cu-habi hun caib tziquin mi-x-ka qam chuvach, at qahol, Ve cut quitzih c'av'ulih ronohel huyub, at qahol, x-e cha ri Hunahpu, Xbalanque chire Cabrakan?

Ma quitzih x-yv'ilo ri huyub qu'y biyh? Apa qo-vi? X-chi v'il na, x-ch'in v'ulih kahoc ; apa x-yv'il vi? — Chila-ba qo-vi chi r'elebal gih, x-e cha-cut Hunahpu, Xbalanque.
Utz. Ch'y qama ka be, x-e u chax curi e caib chi qaholab. — Mahabi : xa ka chape nicah chi kaxol, cut qohe vi hun ch'a mox, hun ch'a vi qui gab chike, rumal qo ka vub ; ve qo tziquin chi ka vubah, x-e cha cut.

Que quicot chi qui tihtobela qui vubanic. Are curi ta que vubanic, mana uleuh-tah u bak qui vub, xa chi c'uxlabih ri tziquin, ta chi qui vubah.

---

(1) *Xa oh ubom, xa-pu oh tzarabom,* seulement nous *sarbacanant,* seulement et nous chassant au glu, | *Pu* ou *puch,* qui est ici pour *et,* suit la même règle que le *que* conjonction en latin, comme dans

Puis Cabrakan leur dit à son tour à Hunahpu et à Xbalanque : Quel est (le motif de) votre venue? Je ne connais pas ce visage. Comment vous nommez-vous? dit Cabrakan.

Nous n'avons point de nom, seulement nous chassons avec la sarbacane; nous attrapons (les oiseaux) au glu (1) dans les montagnes; nous sommes orphelins, (n'ayant) rien à nous, ô jeune homme.

Seulement nous parcourons les montagnes grandes et petites, ô jeune homme. Mais nous avons vu une grande montagne, et où elle est on voit de grands précipices; véritablement elle s'élève à une grande hauteur, et elle est si haute qu'elle surpasse les cimes de toutes les montagnes.

Nous n'avons ainsi pu prendre ni un ni deux oiseaux devant elle, ô jeune homme. Mais s'il est vrai que toi tu renverses toutes les montagnes, ô jeune homme, dirent Hunahpu et Xbalanqué à Cabrakan?

Vraiment avez-vous vu la montagne que vous dites? Où est-elle? Je la verrai et je la jetterai par terre; où l'avez-vous vue? — Par là-bas elle est au soleil levant, répondirent Hunahpu et Xbalanqué.

C'est bien. Montrez-nous le chemin, leur dit-il aux deux jeunes gens. — Non point : il faut que nous te prenions entre nous et qu'il y en ait un de nous à ta gauche et un autre à ta droite, parce que nous avons nos sarbacanes; s'il y a des oiseaux, nous les tirerons, répondirent-ils.

Ils (allaient) joyeux, essayant leurs sarbacanes. Or, en tirant de leurs sarbacanes, ils ne (se servaient) point de balles de terre dans le tuyau, seulement ils soufflaient (pour abattre) les oiseaux, en usant de leurs sarbacanes (2).

ego, paterque, moi et mon père.
(2) C'est-à-dire qu'ils les abattaient de leur seul souffle, sans leur lancer les boulettes de terre, avec lesquelles les enfants et les hommes chassent encore les oiseaux à l'aide de la sarbacane.

Ch'u maihah curi Cabrakan. Ta x-qui bak cu qui gag ri qaholab, x-qui bol cut qui tziquin chuvach gag : hun cut tziquin x-qui cul zahcab chirih, zaki uleu x-qui coho.

Are cut chi ka ya chire, ta higon-oc, ta ch'u tzica puch r'uxlab. Ka tziquin ta ch'u kah-oc. Arecuri uleuh x-ch'oc chirih tziquin kumal; p'uleu chi ka tzak vi quehecut p'uleu chi muk vi.

Ve nima etamanel hun tzak, hun bit ta ch'auax-oc, ta zakir-oc, x-e cha ri qaholab.

Rumal xax chi rain vi u quxlal ri chi tiyc, chi hakuxic, quehe x-ch'u raih u qux ri Cabrakan, x-e cha chi quibil quib Hunahpu, Xbalanque.

Ta x-qui bol ri tziquin, x-chagah cut gan u bolic, chi yipouic chi cabchiyanic quih ri tziquin chi coinic zimizoh r' uxlab.

Are curi Cabrakan c'u raih chic r'echaxic, xa gavahin u vaal pu chi, xa gabiquilahic, ca curulah puch u chub, u gaxah rumal u zimzohil tziquin.

Ta x-u tzonoh cut : Nakipa ri yv'echa? Q'itzih guz r'uxlab ca nu nao. Ch'y ya-ta zcaquin vech, x-cha-cut.

Ta x-ya cut hun tziquin chire Cabrakan, u chakatahic curi. Qatecut x-u qiz ri tziquin, ta x-be chicut x-e opon cu chila r'elebal gih, qo-vi ri nima huyub.

---

(1) *Zahcab* ou *Tizate*, du nahuatl *tiçatl*, terre blanchâtre fort friable et dont ils se servent pour polir les métaux, faire du ciment, etc.

Or Cabrakan était émerveillé. Alors les jeunes gens battirent du feu et mirent rôtir leurs oiseaux devant le feu : mais ils frottèrent l'un des oiseaux avec du *tizate* (1) et lui mirent de la poussière blanche à l'entour.

Voici celui que nous lui donnerons pour exciter son appétit par le fumet qui en sortira. Cet oiseau doit être sa défaite. De même que la terre enveloppera tout autour cet oiseau par nos soins, sur la terre nous l'abattrons de la même manière et dans la terre nous l'ensevelirons.

Il est grand, il est sage (de penser à) former la créature, au moment où vont paraître les semailles et où le jour va se montrer, dirent les jeunes gens (2).

Comme c'est (une chose) extrêmement (naturelle) au cœur de l'homme de désirer de manger et de broyer sous la dent, ainsi le cœur de Cabrakan convoite (cet oiseau que nous avons préparé), se disaient entre eux Hunahpu et Xbalanqué.

Pendant ce temps ils faisaient rôtir l'oiseau qui se cuisait et prenait couleur en tournant, le jus de l'oiseau ruisselant de toutes parts avec sa graisse qui exhalait le fumet le plus appétissant.

Et voilà que Cabrakan éprouvait le plus vif désir d'en manger, au point que l'eau lui en venait à la bouche, qu'il en bâillait et que la salive et la bave lui découlaient à cause de l'odeur appétissante de l'oiseau.

Alors il demanda : Quel est donc ce mets que vous avez là ? Vraiment (rien n'est si) savoureux (que) le fumet que je sens. Donnez-m'en donc une petite part, ajouta-t-il.

On lui donna alors un oiseau à Cabrakan, ce qui devait être sa ruine. Ensuite qu'il eut fini l'oiseau, ils se mirent en chemin de nouveau, se dirigeant du côté où le soleil se lève, au lieu où était la grande montagne.

(2) *Ve nima etamanel hun tzak, hun bit*, cette phrase dans le texte est fort obscure et ne paraît pas avoir beaucoup d'à-propos.

Are curi Cabrakan xa tubul chic r' akan u gab, mavi chi coun chic, rumal ri uleu x-cul chirih tziquin x-u tio : ma-cu-habi chic nakila x-u ban chic chire huyub, mavi x-utzi-nic x-u ulih-tah.

Ta xim cut cumal qaholab chirih, xim vi u gab, x-r'ilih u gab cumal qaholab; xim cut u cul r'akan u capichal, qatecut x-qui tarih kahoc p' uleu, x-qui muku.

Quehecut u chakatahic Cabrakan, ri xavixere Hunahpu Xbalanque: mavi ahilan qui banoh varal chuvach uleuh.

Are chicut x-chi ka biyh chic c' alaxic Hunahpu, Xba-lanque; are nabe mi-x-ka biyh ri qui chakatahic Vukub-Cakix, ruq Zipacna, ruq Cabrakan, varal chuvach uleuh.

Et voilà que Cabrakan, déjà chancelant des pieds et des mains, n'avait plus de force, à cause de la terre dont on avait frotté l'oiseau qu'il avait mangé : il était également incapable de rien faire avec les montagnes et il ne pouvait plus les renverser.

Ayant ensuite été lié par les jeunes gens, ses mains (furent) attachées derrière son dos et gardées par les jeunes gens : lui ayant ensuite lié le col et les jambes ensemble, ils l'étendirent par terre et l'y enterrèrent.

Telle fut la défaite de Cabrakan (exécutée) réellement par les seuls Hunahpu et Xbalanqué ; mais on ne saurait compter tout ce qu'ils firent ici sur la terre.

Mais voici que nous raconterons également la naissance de Hunahpu et de Xbalanqué : car nous avons raconté premièrement la défaite de Vukub-Cakix, avec celle de Zipacna et de Cabrakan, ici sur la terre.

CAPAH CHI VUH.

HUPAH CHI TZIH.

Are chicut x-chi ka biyh chic u bi qui cahau ri Hunahpu Xbalanque. X-ka gamuh chu vi, xa-pu x-ka gamuh u bixic u tzihoxic puch qui qaholaxic ri Hunahpu, Xbalanque; xa nicah x-chi ka biyh, xa chakab u bixic qui cahau.

Vae cute u tzihoxic. Are qui bi ri hunhun Ahpu, que u chaxic. Are cut qui cahau ri Xpiyacoc, Xmucane chique. Cumal chi agab x-e alaxic ri Hunhun-Ahpu, Vukub-Hunahpu, cumal Xpiyacoc, Xmucane.

Are curi Hunhun-Ahpu e caib x-e r'alcualah e pu caib u qahol, Hunbatz u bi nabeal, Hunchouen chicut u bi u cabal.

Are cut u bi qui chuch va Xbakiyalo; ch'u chaxic r'ixokil Hunhun-Ahpu. Are curi Vukub-Hunahpu ma-habi r'ixokil, xa ulaquel.

---

(1) C'est-à-dire que les pères de Hunahpu et de Xbalanqué étaient les fils de Xpiyacoc et de Xmucané.

(2) *Chi agab*, dans la nuit, c'est-à-dire avant la marche de leur soleil (de leur calendrier, de leurs institutions). — *Vukub-Hun-Ahpu*, sept-untireur de sarbacane, peut-être chacun des sept.

(3) Ici Hunhun-Ahpu cesse d'être le nom d'un seul; il s'agit des deux, puisqu'il y a *x-e alcualah*, ils engendrèrent légitimement. Ce verbe fait sans doute allusion à la différence des races; Hun-Batz et Hun-Chouen représentent la race pure, née de femmes étrangères comme eux, tandis que les deux suivants dont nous parlerons tout à l'heure, sont des métis, nés de femmes du pays.

DEUXIÈME PARTIE.

CHAPITRE PREMIER.

Or, voici que nous allons dire également le nom du père de Hunahpu et de Xbalanqué. Mais nous jetterons un voile mystérieux sur leur origine, nous couvrirons du mystère la relation et l'histoire de la naissance de Hunahpu et de Xbalanqué; nous n'en dirons que la moitié et seulement une partie de la relation de leur père.

Voici donc son histoire. Leur nom à chacun est Ahpu (Tireur de Sarbacane), comme on les appelle, et leurs pères sont Xpiyacoc et Xmucané (1). Par eux dans la nuit furent engendrés Hunhun-Ahpu et Vukub-Hunahpu, par Xpiyacoc et par Xmucané (2).

Or, ces Hunhun-Ahpu étaient deux; ils avaient engendré deux fils légitimes (3), et le nom du premier-né (était) Hunbatz, et Hunchouen le nom du second (4).

Mais le nom de leur mère était celui-ci, Xbakiyalo (5); ainsi s'appelait l'épouse de Hunhun-Ahpu. Quant à Vukub-Hunahpu, il n'avait point de femme, car (il était) célibataire.

Quant au célibat du Vukub-Hunahpu dont il est parlé plus bas, faisait-il allusion à la continence instituée par Quetzalcohuatl?

(4) *Hun-Batz*, qui peut se traduire par *un fil* ou *un singe*; *batz* signifie également le fil ou le coton filé et le singe de la grande espèce, peut-être à cause des grimaces qu'il fait avec ses pattes et qui lui donnent l'air d'un fileur. *Batz* est le onzième signe ou jour dans les calendriers des Tzendales, des Quichés et des Cakchiquels. — *Hun-chouen*, un qui s'embellit, onzième signe du calendrier maya (VIIIe).

(5) *Xbakiyalo*; ce nom est symbolique comme tous les autres. Ximenez le traduit par *huesos atados*, os liés; *Yaloh* en quiché signifie séparer, retenir, demeurer. Le *x* qui précède

Xa-pu u cab xa qahol u qoheic e nimak ahnaoh, nim puch qu'etamabal; e nicvachinel varal chuvach uleuh, xa utz qui qoheic, qui yaqueic puch.

X-qui qutu nauiquil chi qui vach ri Hunbatz, Hunchouen, u qahol Hunhun-Ahpu; e ahzu, e ahbix, e ahpub, ahtzibenai pu, ahqot, e ahxit, e ahpuvak, x-e uxic ri Hunbatz, Hunchouen.

Are curi Hunhun-Ahpu, Vukub-Hunahpu, xa zak, xa chaah chi qui bano hutagih, xa e cacab chi qui culelaah quib e cahib chi conohel ta que cuchmaihic pa hom.

Ch'ul cu ri Voc ilol que, u zamahel Hurakan, Chipi-Cakulha, Raxa-Cakulha: are curi Voc mavi nah varal chuvach uleuh, mavi nah chi Xibalba, chire libahchi ch'opon chic chi cah ruq Hurakan.

le mot, comme dans *Xbalanqué*, exprime le féminin comme le *she* anglais, dont il a le son: ainsi *coh* signifiant lion, comme nom d'homme on dira pour lionne *Xcoh* (prononcez *Sh-coh*).

(1) *Qoheic*, que je rends ici par vie et un peu plus haut par nature, a également le sens de caractère, de coutume, de condition, d'essence, d'être. Il vient du radical absolu, *qo*, être, être présent, être debout, *estar* en espagnol, formant ensuite *qoh, qohe, qoheic,* etc.

(2) *Ahtzibenai*, mot composé de la préposition ou particule possessive *ah*, et de *tzibenai*, participe présent peu usité de *tzibah*, peindre ou écrire, dont le radical est *tzib*, l'écrire ou l'écriture. *Ah-tzibenai* est donc plus que peintre ou écrivain simplement, qui se dit *Ahtzib*; il signifierait plutôt ici chef des peintres.

(3) *Xa zak, xa chaah chi qui bano huta-gih*, seulement les dés, seulement le jeu de paume ils faisaient chaque jour. *Zak* veut dire blanc, tout ce qui est clair; de là une foule de mots qui en dérivent où se composent avec lui. Ici il s'agit du jeu de dés ou des osselets à cause de leur couleur blanche. — *Chaah*, ce mot signifie à la fois la cendre, l'action de jouer où il y a un défi, mais surtout le jeu de paume ou de ballon.

(4) *Hom*, nom qu'on donnait à a salle du jeu de ballon en quiché, et *tlachco*, en nahuatl. Ce lieu était d'ordinaire consacré par des rites mystérieux, et en réalité c'était un temple.

(5) *Voc* ou *vac*, que Ximenez traduit par gavilan, sorte d'épervier qui dévore les serpents.

(6) *Xibalba*, nom d'un empire puissant, antérieur aux premières invasions dites toltèques, remontait probablement à plusieurs siècles avant l'ère chrétienne. Toute cette deuxième partie du *Livre sacré des Quichés* cache sous des voiles plus ou

— 71 —

Seulement (par) leur nature ces deux fils étaient de très-grands sages et grande était leur science; ils étaient devins ici sur la terre, et leur vie comme leurs coutumes (1) étaient tout à fait bonnes.

On leur montra l'ensemble de la science à la face de Hunbatz et de Hunchouen, les fils de Hunhun-Ahpu; joueurs de flûte, chanteurs, tireurs de sarbacane, peintres (2), sculpteurs, joailliers, orfèvres, Hunbatz et Hunchouen devinrent (habiles en tout).

Or Hunhun-Ahpu et Vukub-Hunahpu (s'occupaient) chaque jour uniquement à jouer aux dés et à la balle (3), et, tous les deux jours, ils s'exerçaient tous les quatre et se réunissaient en grand nombre dans la salle du jeu de paume (4).

Et pour les voir venait le *Voc* (5), messager de Hurakan, de l'Éclair qui sillonne le nuage et de la Foudre qui frappe : or ce Voc ne (restait) pas bien loin d'ici de la terre, ni bien loin de Xibalba (6), car en un moment il se transportait au ciel auprès de Hurakan.

moins symboliques la lutte ouverte contre l'empire de Xibalba par une nation ou une dynastie étrangère, dont la civilisation était essentiellement toltèque. L'étymologie du mot *Xibalba* est fort difficile à découvrir : j'en dirai tout ce qui pourra aider le lecteur dans ses investigations, sans me décider pour rien. *Xibal* est le nom que la femme quichée donne à son frère aîné. *U Xibal huyub*, le fantôme de la montagne. *Xibalba*, en quiché, et *Xibalbay*, en cakchiquel, fut pris par tous les missionnaires dans le sens d'enfer, de lieu des morts, comme le fut le mot mexicain *Mictlan*, nom propre de plusieurs villes où d'ordinaire régnait un souverain pontife : tel le *Mictlan* ou *Yopaa* des Zapotèques, à huit lieues environ d'Oaxaca, dont les magnifiques ruines existent encore, et le *Mictlan*, célèbre par le culte antique de Quetzalcohuatl, à peu de distance du lac Guixa, à l'ouest de Guatémala, aux frontières de San-Salvador, aujourd'hui *Mita*. Dans l'Yucatan encore aujourd'hui, *Xibalba* exprime l'idée d'un fantôme effrayant. Dans la langue des Mames, population plus ancienne que les Quichés qui les conquirent, *Xibil* signifie une foule de mots qui sont les mêmes qu'en quiché, sauf que ceux qui dans le quiché commencent en *x*, commencent avec *ch* dans le mam, et *vice versa*; le *tz* également remplace souvent le *ch* ou le *x*, de l'un à l'autre : c'est une des grandes différences entre le quiché et le mam. Ne serait-il pas possible que au lieu de *Xibal-ba*, il y eût autrefois *tzibalba*, c'est-à-dire *taupe-peinte*. Une des catégories des initiés aux mystères antiques s'appelait des *taupes*, *tuzan*, en mexicain, et l'on sait que certaines populations entre Palenqué et l'Yucatan avaient l'habitude de se peindre et non de se tatouer. Ce sont des populations de ce genre, les *Ixcuinames*, ou femmes aux visages peints ou masqués, qui s'introduisirent en

X-e yaluh varal chuvach uleuh ; x-caminak ca cut qui chuch ri Hunbatz, Hunchouen.

Are cut u beel Xibalba x-e chaah-vi, ta x-qui ta cut Hun-Came, Vukub-Came, r'ahaual Xibalba.

Nakipa ri ca ban chuvach uleuh? xa que nicnotic, xa pu que huminic? Que be-ta tak-oc varal tah, que ul chaah vi, que ka chak-ta cut. Xa ma-habi ka nimaxic cumal, ma-habi qui nim, ma-pu-habi qui xob k'uxic, xax que higic uloc pa ka vi, x-e cha-cut conoh Xibalba.

Ta x-qui qam qui naoh conohel : ri qui bi Hun-Came, Vukub-Came, e nimak gatoltzih. Are curi ahauab ronohel yaol u patan r'ahauarem puch huhun chi ahauab rumal Hun-Came, Vukub-Came.

Are curi Xiqiripat, Cuchumaquiq, u bi ahau ; are cut qui patan ri quiq ch'u yabih vinak. Are chi curi Ahalpuh, Ahalgana chic, qui ahauab.

Are cut c'ahauarem ri chi zipohic vinak, chi pe puh r'akan, chi pe gana chirih u vach Chuganal ch'u chaxic, qatecut r'ahauarem Ahalpuh, Ahalgana vi.

Are chi curi ahau Chamiabak, Chamiaholom, r'ahchami

1058 dans la ville de Tollan et contribuèrent par leurs désordres et leur audace à la ruine de l'empire toltèque.

(1) *Hum-Came*, un mort, *Vukub-Came*, sept-morts, noms des deux rois de *Xibalba*, c'est-à-dire du roi et de son héritier présomptif. Ces noms sont symboliques comme les autres; ils sont en rapport avec le calendrier ; *Cam* ou *Camey*, mort, est le cinquième des vingt signes du mois.

(2) *Conoh Xibalba*, tous ceux de Xibalba, ou tous les Xibalba. *Conoh* est ici pour *conohel*, pluriel de *ronohel*, tout, qui souvent même s'emploie au pluriel. *Onohel*, tout, fait *vonohel*, tout moi ; *auonohel*, tout toi ; *ronohel*, tout lui ou cela ; *konohel*,

Tandis qu'ils demeuraient ici sur la terre, mourut la mère de Hunbatz et de Hunchouen.

Et voilà que cheminant vers Xibalba, ils jouaient à la balle, ce qu'entendirent aussitôt Hun-Camé et Vukub-Camé, monarques de Xibalba (1).

Qu'est-ce donc qui se fait sur la terre? qui sont ceux qui la font trembler et qui excitent tant de tumulte? Qu'on les envoie à l'instant chercher; qu'on les amène ici et qu'ils viennent jouer à la pelote, afin que nous les vainquions. En vérité nous ne sommes plus obéis par eux; ils n'ont plus ni respect, ni révérence pour notre être et ne font plus que se batailler sur nos têtes, dirent tous (2) ceux de Xibalba.

Alors ils prirent conseil tous ensemble, et ceux-ci, Hun-Camé et Vukub-Camé, sont les noms des juges suprêmes (3). Or, tous les princes étaient tributaires de leur empire, et chacun de ces princes (ne l'était que) par la volonté de Hun-Camé et de Vukub-Camé.

C'étaient donc Xiqiripat et Cuchumaquiq, nom des seigneurs dont l'office s'exerçait sur les gens qui avaient des flux de sang (4). D'autres encore (s'appelaient) Ahalpuh et Ahalgana, et ceux-ci aussi étaient princes.

Or, leur commandement (s'exerçait) à enfler les hommes, de leur faire arriver les humeurs aux jambes et de leur faire monter la lividité au visage, ce qu'on appelle *Chuganal;* tel était l'office de Ahalpuh et de Ahalgana (5).

D'autres seigneurs étaient Chamiabak et Chamiaho-

nous tous; *yvonohel*, vous tous; et *conohel*, eux tous.

(3) *Nimak-Gatoltzik*, juge suprême. *Nim*, grand, *nimak*, le plus grand. *Gatoltzih*, juge, composé de *gatol*, participe présent de *gai* ou *gato*, trancher, décider, et de *tzih*, parole, sentence; *gatoltzih* est, mot à mot, celui qui tranche la sentence.

(4) *Xiqi-Ripat*, hotte volante; *Cuchuma-Quiq*, sang réuni; *quiq* est le sang et aussi la gomme élastique liquide.

(5) *Ahal-Puh*, qui travaille le pus ou la matière corrompue; *Ahal-Gana*, qui travaille l'eau découlant des plaies. Ce que les Indiens appellent *chuganal* est une espèce de jaunisse.

Xibalba, xa bak qui chamiy : are cut c'ahchamiyal ri chi bakir vinak, quitzih chi bak chi holom chic, ta chi camic, ziyah bak x-u pan chi qamouic. Are u patan vi Chamiabak, Chamiaholom qui bi.

Are chi curi ahau Ahalmez, Ahaltogob qui bi : are qui patan ri xa chi culvachih vinak uve tzamez, ve pe pu chirih ha, chuva ha, chi culvachix vi, xa chi qui togo-ta chi be hupul-oc chuvach uleuh ta chi camic : are cut c'ahauarem Ahalmez, Ahaltocob que u chaxic.

Are chi curi ahau Xic, Patan qui bi, are c'ahauarem ri vinak chi cam pa be, xa rax camic ch'u chaxic, chi pe quiq pu chi ta chi camic chu xavah quiq ; xa huhun chi patan qui telelaon, xa chi qui gozih u culel u qux vinak ta chi cam pa be, xa chi qui culmah apon-oc, ve chi binic, chi cul. Are cut c'ahauarem Xic, Patan ri.

Are cut x-qui c'uq qui naoh ri ta x-e tzaixic, ta x-e cotobax puch Hunhun-Ahpu, Vukub-Hunahpu. Are x-qui raih Xibalba ri qu'etzabal Hunhun-Ahpu, Vukub-Hunahpu, ri qui tzuun, qui bate, qui pachgab, qui yachvach, vachzot puch, qui cauubal Hunhun-Ahpu, Vukub-Hunahpu.

Are chicut x-chi ka biyh chic qui biyc chi Xibalba, x-e canah cu canoc ri Hunbatz, Chouen, u qahol Hunhun-

(1) *Chamia-Bak*, qui porte une baguette d'os ; *chamia-holom*, qui porte une baguette de tête de mort. Ces noms font allusion aux charges symboliques inventées par la haine des Nahuas contre Xibalba ; *ahchami* est le mot que les Espagnols traduisaient par alguazil.
(2) *Ahal-Mez*, qui travaille les immondices ; *Ahal-Togob*, qui travaille ou produit la misère.
(3) *Xic*, épervier ; *patan*, hotte qui

lom (1), massiers de Xibalba, et dont les masses n'étaient que d'os : leur office de massier (consistait) à maigrir les hommes, au point que n'ayant plus qu'une tête sans chair et des os, en mourant il n'y eût plus qu'un squelette à prendre. Tel était l'emploi de Chamiabak et de Chamiaholom, ainsi qu'on les appelait.

Il y avait encore les seigneurs nommés Ahalmez et Ahaltogob : leur office était de faire trouver l'homme en face avec la trahison, soit qu'il la rencontrât derrière ou devant sa maison et qu'il eût le malheur de tomber la bouche en l'air sur le sol et d'y trouver la mort : tel était l'office d'Ahalmez et d'Ahaltocob, ainsi qu'on les nommait.

Ensuite (venaient) d'autres seigneurs, nommés Xic et Patan (2), dont l'office (consistait à conduire) l'homme à mourir en chemin, de ce qu'on appelle mort subite, lui amenant le sang dans la bouche pour le faire mourir en vomissant le sang; chacun d'eux ayant pour emploi d'étreindre la gorge et la poitrine de l'homme, pour qu'il pérît sur le chemin, en le lui faisant arriver subitement à la gorge, pendant qu'il marchait. Tel était l'office de Xic et de Patan.

Et voilà qu'ils se réunirent en conseil pour poursuivre et châtier Hunhun-Ahpu et Vukub-Hunahpu. Ce que désiraient ceux de Xibalba, (c'était de) livrer au mépris Hunhun-Ahpu et Vukub-Hunahpu, leurs boucliers de cuir, leurs anneaux, leurs gants (3), leurs couronnes avec les casques dont se revêtaient Hunhun-Ahpu et Vukub-Hunahpu (4).

Nous conterons donc maintenant leur voyage à Xibalba, laissant derrière eux Hunbatz et Chouen (5), fils de Hun-

---

sert à porter des fardeaux; de là l'office, la charge et le tribut qui se rendent souvent par le même mot.
(4) On voit dans cette énuméra-tion les objets divers qui servaient aux joueurs.
(5) *Chouen*, pour *Hunchouen*.

Ahpu. X-caminak-oc qui chuch, ca chuvi chic qui chakatahic chic Hunbatz, Hunchouen, cumal Hunahpu, Xbalanque.

CAPAH CHI TZIH.

Qatecut qui petic zamahel rumal Hun-Came, Vukub-Came : Qu'yx bec, yx r'ahpop-achih, he y taka ri Hunhun-Ahpu, Vukub-Hunahpu, qu'yx cha-ta : Qu'yx apon kuq.

Que petoc que cha ahauab chyvech : Varal-tah que ul chaaha vi kuq ; chi ka qaztah-ta ka vach cuq ; quitzih ca ka maihab qui chi ; quehecut que pe-vi, que cha ahauab.

Chi qui qam cu uloc ri qui chokonizan, qui bate, qui pachgab, chi pe naipuch ri qui quiq, que cha ahauab. Qu'yx cha-ta : Qu'yx oponoc ; x-e-u chaxic ri zamahel.

Arecut qui zamahel ri Tucur, Chabi-Tucur, Hurakan-Tucur, Cakix-Tucur, Holom-Tucur ; que u chaxic u zamahel Xibalba.

Areri Chabi-Tucur queheri chab xa copquic ; are curi Hurakan-Tucur, xa hun r'akan qo uxic. — Are curi Caxix-Tucur gag rih qo uxic ; are chi naipuch ri Holom-

---

(1) *Ahpop-Achih*, titre de la cour de Xibalba qu'on retrouve longtemps après à celle des rois du Quiché. *Ahpop*, composé de la particule possessive *ah* et de *pop*, natte, c'est-à-dire maître d'une natte ou d'un tapis, parce que les seigneurs seuls avaient droit à s'asseoir sur une natte. *Achih*, composé de *ach*, particule comitative, et de *ih*, côte ou reins, qui vient avec les reins : *Achih* servait à exprimer l'idée d'homme, comme le *vir* en latin, héros, guerrier, garde du corps ; donc *Ahpop-Achih* répondait à capitaine des gardes.

(2) *He, y taka*, allez, vous portez le message. *He* est pour *ho-e*, troisième personne plurielle du subjonctif présent du verbe irrégulier *Ho*, aller, le même que le *go* anglais ;

hun-Ahpu. Or leur mère était déjà morte et ensuite de cela la défaite de Hunbatz et de Hunchouen par Hunahpu et par Xbalanqué.

CHAPITRE DEUXIÈME.

Ensuite arrivèrent les envoyés de Hun-Camé et de Vukub-Camé : Partez, vous autres, Ahpop-Achih (1), allez porter ce message (2) à Hunhun-Ahpu et à Vukub-Hunahpu et dites-leur : Venez avec nous.

Qu'ils viennent, vous disent les princes (3) : Qu'ils viennent ici jouer à la balle avec nous ; que nous vivifiions nos visages avec eux (4) ; en vérité nous sommes émerveillés de leurs (hauts) faits (5) ; ainsi qu'ils viennent, disent les princes.

Qu'ils apportent (les instruments dont ils se servent) pour faire tout ce bruit, leurs anneaux, leurs gants, et qu'ils viennent également avec (leurs balles de) gomme élastique, dirent les princes. Dites-leur : Venez ; ainsi fut-il dit aux messagers.

Or, leurs messagers étaient des Hiboux (6), Flèche-de-Hibou, Une-Jambe-de-Hibou, l'Ara-Hibou et la Tête-de-Hibou ; ainsi se nommaient les messagers de Xibalba.

Quant à Flèche-de-Hibou, il était rapide comme une flèche ; pour Une-Jambe-de-Hibou, sa nature (était de n'avoir) qu'une jambe. Quant à l'Ara-Hibou, sa nature était

il n'existe dans le quiché qu'à l'impératif et aux temps du subjonctif. *Hin* pour *ho-in*, que j'aille ; *h'at*, pour *ho at*, que tu ailles, ou vas, etc.

(3) Mot à mot, qu'ils viennent, ils disent les princes à vous.

(4) *Vuq*, avec moi ; c'est le mecum des Latins. *Avuq*, tecum, ou avec toi ; *ruq*, avec lui ; *kuc*, avec nous ; *yvuq*, avec vous ; *cuq*, avec eux.

(5) *Ca ka maihah qui chi*, nous admirons leurs bouches.

(6) Ce nom de *Tucur* ou hibou, donné à ces messagers de Xibalba, paraît venir du lieu d'où ils étaient originaires, *Tucurub*, les Hiboux, en mexicain *Tecolotlan*, ville ancienne, aujourd'hui réduite au village de *San-Miguel Tucuru*, dans le département de la Vérapaz (Guatémala).

Tucur xa utuquel u holom, ma-habi r'akan xa u xic qolic.

E cahib ri zamahel r'ahpop-achihab qu'ekalem. Ta x-e pe cut chila chi Xibalba, libahchi x-e ulic e cu takal chuvi hom que chaah cut Hunhun-Ahpu, Vukub-Hunahpu pa hom ri Nim-xob-Carchah ch'u chaxic.

E cu takatoh ri Tucur chuvi hom ta x-qui zak cut qui tzih, xavixere u cholic u tzih Hun-Came, Vukub-Came, Ahalpuh, Ahalgana, Chamiabak, Chamiaholom, Xiqiripat, Cuchumaquiq, Ahalmez, Ahaltocob, Xic, Patan qui bi conohel ahauab, x-tzak qui tzih cumal Tucur.

Ma quitzih ca cha ahau Hun-Came, Vukub-Came? Quitzih bala, que cha, oh na cu achbilai yve? — Chi qam uloc ri ronohel qu'etzabal, que cha ahauab. — Utz-bala. Koh yv'oyobeh; na, oh, na, ka pixabah can na ka chuch, x-e cha-cut.

X-e be cut chi c'ochoch, x-e cha cut chire qui chuch; x-caminak-oc qui cahau : Ho na, yx ka chuch : xaet k'ulic. Mi-x-ul u zamahel ahau qamol ke. Que petoc, ca cha-cut : que cha takol ke.

X-chi canah cu gana va ka quiq, x-e cha-cut. Qate x-be qui xima can-oc pu vi ha qo hul. Na qate : Chi ka chokonizah chic. Xa qu'yx tzuan-oc, xa pu qu'yx bixan-oc, qu'yx triban-oc, qu'yx goton-oc, ch'y megoh k'och-

---

(1) *Pa-Hom ri Nim-Xob-Carchah*, dans la salle du jeu de paume du Grand-Affront de Carchah. Nom qui paraît faire allusion à l'insulte offerte aux princes de Xibalba par leur rébel- lion ou à leur propre arrestation. Carchah, qui signifie poisson de cendre, fait peut-être allusion à une scène de l'épopée actuelle et dont nous ferons mention plus tard : c'est le

de feu tout autour ; et enfin Tête-de-Hibou n'avait que sa tête, il n'avait point de jambes, mais des ailes.

Ces quatre messagers avaient la dignité d'Ahpop-Achih (ou capitaines des gardes). En partant de Xibalba ils arrivèrent aussitôt porteurs de leur message en haut du jeu de paume où Hunhun-Ahpu et Vukub-Hunahpu étaient à jouer à la pelote, dans la salle du jeu de Nimxob-Carchah, ainsi qu'elle s'appelait (1).

Or les Hiboux envoyés à la salle du jeu de balle, délivrèrent leur message dans le même ordre du discours que Hun-Camé et Vukub-Camé, Ahalpuh, Ahalgana, Chamiabak, Chamiaholom, Xiqiripat, Cuchumaquiq, Ahalmez, Ahaltocob, Xic et Patan, car c'étaient là les noms de tous les princes, leur avaient arrangé leur parole pour les Hiboux.

Est-ce bien sûr que le roi Hun-Camé et que Vukub-Camé aient (ainsi) parlé? Est-il bien vrai, s'écrièrent (les deux frères) que nous devions vous accompagner? — Qu'ils apportent tous les instruments de leur divertissement, ont dit les princes. — C'est bien. Attendez-nous d'abord un moment ; nous allons de ce pas prendre congé de notre mère, répondirent-ils.

Ils prirent donc le chemin de leur maison et dirent à leur mère ; car leur père était déjà mort : Voilà que nous nous en allons, notre mère : mais notre voyage sera inutile. Les messagers du roi sont venus nous prendre. Qu'ils viennent, a-t-il ajouté, disent ceux qui sont envoyés pour nous chercher.

Mais il restera un témoin (de notre existence) cette pelote de gomme élastique, ajoutèrent-ils. Ensuite ils allèrent la suspendre dans un enfoncement au toit de la maison. Puis, après : Nous jouerons encore à la balle (ajou-

---

nom d'une bourgade indienne fort importante, existant à 2 lieues à l'est de Coban, dans la Vérapaz, et à cinquante environ au nord de Guatémala. Je n'ai pu retrouver le Nimxob dont il est question ici ; mais il est probable qu'on le découvrirait plus au nord du Carchah, où il existe encore un grand nombre de ruines de cités antiques.

och, ch 'y megoh puch u qux yv'atit; x-e uchax-cut Hunbatz, Hunchouen.

Ta x-e pixabaxic, guzguz cut ch'oc qui chuch, ri Xmucane. Ho na, ma-habi koh camic, m'yx bizonic, x-e cha ta x-e bec Hunhun-Ahpu, Vukub-Hunahpu.

Qate puch ta x-e bec Hunhun-Ahpu, Vukub-Hunahpu, x-qam qui be cumal ri zamahel. Ta x-e kah cut pu beal Xibalba, xuluxuh u chi cumuk :

X-e kah cut ta x-e el chi cu apon-oc chu chi hal-ha zivanub, Nuzivan-cul, Cu-zivan u bi, x-e eqo vi. X-e eqo vi chi cut chupan halhal ha zimah; mavi ahilan zimah; x-e iqo vi, mavi x-e togotahic.

Ta x-e opon chicut chi u chi quiqi a : x-e iqou chiri, mavi x-c' uqah : x-e opon chi a utuquel puch chi a, mavi x-e chakatahic : xavi x-e iqou chic, ta x-e opon chicut pa cahib xalcat be, ca chiri cut x-e chakatah vi pa cahib xalcat be.

(1) *Ta x-e kah cut pu beal Xibalba*, alors ils descendirent donc dans le cheminant de Xibalba. La préposition *pu* est ici pour *pa u*, contracté en *p'u*, dans le, comme le *au* pour *à le* français. De Coban ou de San-Pedro Carchah, il y a une route au nord-ouest, connue seulement des Indiens, qui par là gagnent en fort peu de temps les bords de l'Uzumacinta et les approches d'Ococingo et de Palenqué où se trouvent, à ce qu'il paraît, des ruines considérables et d'une grande magnificence qui seraient celles de l'antique Xibalba; durant mon séjour à Coban en 1860, les indigènes m'indiquèrent une montagne éloignée comme de quarante à quarante-cinq lieues au nord-ouest, appelée par eux *Xibalba-tzul*, ou mont de Xibalba, dans la direction d'Ococingo.

(2) Cette déclivité est telle en descendant les monts de la Vérapaz au

tèrent-ils). Quant à vous, faites de la musique, occupez-vous à chanter, à peindre (ou à écrire), à ciseler, réchauffez notre maison et réchauffez le cœur de votre aïeule, dirent-ils à Hunbatz et à Hunchouen.

Au moment de prendre congé de leur mère, l'émotion gagna Xmucané et elle pleurait : Nous partons, mais nous ne sommes pas encore morts; ne vous affligez pas, dirent en partant Hunhun-Ahpu et Vukub-Hunahpu.

Ensuite Hunhun-Ahpu et Vukub-Hunahpu s'étant mis en chemin, les messagers prirent la route devant eux. Alors ils commencèrent à descendre par le chemin qui mène à Xibalba (1), les premiers degrés ayant une déclivité fort grande (2) :

Etant donc descendus, ils arrivèrent au bord d'une rivière rapide (coulant au fond) de gorges profondes, appelées Nuzivan-Cul et Cu-zivan (3), qu'ils passèrent : ils passèrent également sur des eaux bouillonnantes (couvertes) de calebassiers, et les calebassiers étaient innombrables; mais ils y passèrent sans se blesser.

Ensuite ils arrivèrent au bord d'une rivière de sang (4) : ils la passèrent, mais sans boire de son eau : puis ils vinrent à une autre rivière, mais qui n'avait que de l'eau seulement (et jusque-là) on n'avait pu les prendre dans aucune embûche : ils la traversèrent donc aussi : mais ensuite ils arrivèrent (à un endroit) où quatre chemins se rencontraient et là ils se laissèrent prendre aux quatre chemins.

nord-ouest vers les régions inférieures, qu'elle ressemble à un véritable escalier de deux à trois mille pieds de hauteur entre des précipices insondables, ce qui fait que l'Européen n'y voyage qu'à pied comme les Indiens, ou porté sur le dos de l'un d'eux assis sur une chaise.

(3) *Nu zivan-cul*, ma ravine de gorge, *cu zivan*, gorge-ravin, pour exprimer leur profondeur et leurs détours étroits : ces noms correspondent parfaitement aux sinuosités profondes où coule le Lacandon ou haut Uzumacinta.

(4) *Chi quiqi-a*, à la rivière de sang. Si on connaissait davantage les solitudes lacandones où passèrent ces héros pour se rendre à Xibalba, on retrouverait probablement cette rivière : on sait que dans le Honduras il y a une fontaine d'où coule une matière qui ressemble exactement à du sang et se corrompt de la même manière.

Hun caka be, hun cut geka be, zaki be hun, hun cut gana be, cahib be. Are cut x-cha u ri geka be : In quin y qamo, in u be ahau, x-cha u ri be

Chiri cut x-e chakatah-vi : are x-qui takeh ri be Xibalba, ta x-e opon cut pa qui popobal r'ahaual Xibalba, x-e chakatah chicut chiri.

Are nabe cubulel ri xa poy xa ahamche cautalic cumal Xibalba : are cut nabe x-qui gihila : Cala, Hun-Came, x-e cha chire ri poy ; cala, Vukub-Came, x-e cha chic chire ri ahamche.

Mavi x-e chacouic. Qatecut x-e humuhub r'ahaual Xibalba chi tze, xa que humin chic chi tze conohel ahauab, rumal x-e chakomahic chi qui qux, x-qui chak ri Hunhun-Ahpu, Vukub-Hunahpu ; x-e tzeen na.

Qatecut x-e chau chic Hun-Came, Vukub-Came : utzbala mi-x-yx ulic ; chuvek ch'y qaza a vach, y bate, y pachgab, x-e u chaxic cut.

Qu'yx cu uloc chuvi ka tem, x-e u chaxic. Utuquel cu qatanalah ahah qui tem, x-yaic, x-e qat chicut chuvi tem ; quitzih vi x-e pizcalih chic chuvi tem, mavi x-e yacamaric, quitzih vi x-e valehic, x-qat qui culibal.

Qatecut x-e tzeen chic Xibalba, x-e pichicharic chi tze : x-vinakiribeic u cumatz tze chi qui qux, chi qui

---

(1) *X-cha u ri be*, dit celui de ce chemin. Dans la traduction de Ximenez c'est le chemin même qui parle, mais il est évident d'après le texte que c'est celui qui y est préposé.

(2) *Cala*, salut. La signification de ce mot est clair, éclatant, ouvert ; c'est encore un salut en usage chez les Grecs, qui disent pour bonjour, *calos* ; comme si l'on disait : que tout vous

Un de ces chemins était rouge, un autre était noir ; un était blanc et le dernier était un chemin jaune, (ce qui faisait) quatre chemins. Et voilà que celui du chemin noir parla : C'est moi, moi que vous devez prendre, je suis le chemin du roi, dit celui du chemin (1).

En ce lieu donc ils furent pris au piége ; car ils se virent dirigés sur le chemin de Xibalba, et en arrivant à la salle où trônaient les rois de Xibalba, ils y (reconnurent qu'ils) avaient perdu la partie.

Or, les premiers (qu'ils virent) assis étaient un mannequin et un homme de bois, arrangés par ceux de Xibalba : ce furent les premiers qu'ils adorèrent : Salut, Hun-Camé, dirent-ils au mannequin ; salut (2), Vukub-Camé, continuèrent-ils à l'homme de bois.

Mais ils ne leur répondirent point. Déjà les rois de Xibalba éclataient de rire et tous les princes faisaient avec eux grand bruit de risées, parce qu'ils regardaient déjà comme vaincus (3) Hunhun-Ahpu et Vukub-Hunahpu, qu'ils venaient de jouer ; et ils rirent de plus belle.

Ensuite Hun-Camé et Vukub-Camé ajoutèrent : C'est fort bien ; vous voilà arrivés ; demain préparez vos ornements de tête, vos anneaux, vos gants, leur fut-il dit.

Asseyez-vous sur notre siége d'honneur, leur fut-il dit. Mais leur siége d'honneur n'était qu'une pierre incandescente, et s'asseyant ensuite sur ce siége d'honneur, ils se brûlaient : de fait ils se roulaient sur ce trône, sans trouver de soulagement, et voulant se lever, ce siége les brûlait.

Ensuite ceux de Xibalba se mirent à rire de nouveau ; ils pleuraient à force de rire, s'étouffaient

---

soit clair, éclatant, sans embûche. Cette salutation n'est plus en usage que dans la haute Vérapaz et parmi les populations de la langue pokomchi et du cakchi, entre Coban, Carchah et Taktic.

(3) *X-e chakomahic chi qui qux*, ils étaient vainqueurs dans leur cœur, ou leur pensée.

quiqib, chi qui bakib chi tze conohel r'ahaual Xibalba.

Xa h'yx chi ha, ve chi be yaoç y chah, y ziq chi varabal, x-e u chax cut.

Qatecut x-e oponic pa Gekuma ha, utuquel gekum u pam chi ha, ta x-qui qam cut qui naoh Xibalba : Xa que ka puzu chuvek, xalaḥe huzu huzu que camic, rumal ri qu'etzabal ri ka chahibal, que cha curi Xibalba chi quibil quib.

Are curi qui chah xa coloquic cha zakitok u bi ri chah, u chah Xibalba; xa hukul qui chaah, xa huzuk chi yohyox-bak chi couviri qui chaah Xibalba.

X-e oc cut ri Hunhun-Ahpu, Vukub-Hunahpu chupan ri Gekuma ha; ta x-be cu ya-oc qui chah, xa hun chi chah tzihom chic x-el ruq Hun-Came, Vukub-Came, ruq huhun qui ziq xavi tzihon chic x-el cuq ahauab, ta x-be cu ya-oc cuq ri Hunhun-Ahpu, Vukub-Hunahpu.

---

(1) Tout ce verset est d'une traduction fort difficile.

(2) *Ziq* ou *ciq*, c'est le tabac et par extension le cigare et quelquefois la pipe. *Ziq* signifie aussi parfum, voix, cri lamentable; *ziqar*, fumer, parfumer. C'est évidemment l'origine de l'espagnol *cigarro* et de notre cigare.

(3) *Gekuma-ha*, la ténébreuse maison; Nuñez de la Vega fait allusion à une maison ténébreuse, *casa lobrega*, que Votan construisit à Huehuctan, province de Soconusco (*Constit. diœcesanas*, in præamb., n. 34, § 30).

(4) *Chahibal*, affront, insulte et lessive.

(5) Il y a ici des jeux de mots sur le monosyllabe *cha* ou *chah*, qui suivant qu'on le prononce plus ou moins bref ou long a un sens assez différent. *Cha* bref est la parole et la flèche et la pointe de la flèche, obsidienne ou silex; *chah* bref est plus ou moins la même chose, quoique plus particulièrement il signifie *laver* ou *blesser*, *insulter*, et aussi le *pin* ou les échardes de cet arbre qui sont fort résineuses et servent de chandelles ou de torches. *Chah* long ou avec deux *a*, *chaah*, signifie la cendre et le jeu de paume et autres, etc. La moindre inflexion dans la prononciation de ces mots ou de leurs dérivés

dans leur poitrine de rire, et à force de rire tous les princes de Xibalba menaçaient d'être frappés d'apoplexie (1).

Allez à votre demeure, où l'on vous portera votre (flambeau de) résine et votre cigare (2) pour vous endormir, leur dit-on.

Ensuite ils arrivèrent à la Maison Ténébreuse (3) où il n'y avait que ténèbres à l'intérieur de la maison, et pendant ce temps ceux de Xibalba prenaient conseil : Sacrifions-les demain et qu'ils meurent le plus tôt possible ; car leur jeu est un affront (4) pour nous, dirent entre eux ceux de Xibalba.

Or, leur écharde de résine était une flèche ronde et du pin qu'on appelle *zakitok* (ou blanc silex), le pin de Xibalba; très-pointu donc était leur jeu (5); et promptement devait-il arriver au bout et encourager ainsi le jeu de ceux de Xibalba.

Et Hunhun-Ahpu et Vukub-Hunahpu entrèrent dans la Maison Ténébreuse; on leur donna alors leur écharde de résine, à chacun d'eux son écharde allumée, qui leur venait de Hun-Camé et de Vukub-Camé, et à chacun son cigare, également allumé, que leur envoyaient les princes et qu'on apporta alors à Hunhun-Ahpu et à Vukub-Hunahpu (6).

---

donne un sens parfois tout à fait distinct et prête à une foule de quiproquos.

(6) Les répétitions sont si fréquentes dans cette langue et si recherchées comme une beauté, que le même mot s'y présente souvent avec un sens assez distinct. Dans cette phrase c'est le mot *uq*, avec, qui paraît quatre fois: *Xa-hun chi chah tzihom chic x-el ruq Hun-Came, Vukub-Came,* ensemble des échardes allumées aussi sortent d'avec (*ex*) Hun-Camé et Vukub-Camé. — *Ruq huhun qui ziq xavi tzihon chic x-el cuq ahauab,* avec cela (*et*) chacun de leurs cigares également allumés aussi sortit d'avec les rois. — *Ta x-bec u ya-oc cuq ri Hunhun-Ahpu,* *Vukub-Hunahpu,* tandis qu'on allait le donner avec (à) Hunhun-Ahpu et à Vukub-Hunahpu. Le mot *uq* ou *ruq* a d'ailleurs une étymologie fort curieuse, *uq* est une sorte de pou, créé par la malpropreté, qui s'attache au corps, fort commun parmi ceux des indigènes qui ne se baignent pas fréquemment : Ximenez prétend que c'est de cette attache que vient la préposition avec. *Uq* se dit familièrement pour un ami intime, en sorte que lorsqu'on dit par ex.: *Vuq,* avec moi, le sens étymologique dit aussi: mon ami, mon pou; *avuq,* avec toi, ton ami, ton pou; *ruq,* avec lui, son ami, son pou; etc.

E chocochoh chi uloc pa gekum, ta x-opon ri yaol qui chah ruq qui ziq; ca hulhut ri chah x-'oc apon-oc. Ri qui chah e qui iziha ri huhun qui ziq. He ch' ul qui ya chi zakiric : mavi chi qizic xavixere u vach, ch' ul qui moloba, que cha ahauab chyve.

X-e uchaxic : x-e chakatah cut. X-qui qiz ri chah, x-qui qiz curi ziq, x-ha yao chique. Tzatz curi u tihobal Xibalba, quïa molah chi tihobal.

Are u nabe ri Gekuma ha, utuquel gekum u pam. U cab chicut Xuxulim ha u bi, tzatz chi teu u pam zakxuruxuh, zakcaracoh chi xurulah teu ch'oc uloc chupam.

R'ox chicut Balami-ha u bi, utuquel balam qo chupam que quichouic, que buchuvic chi matat, que chi qui til, que e tzapim balam pa ha.

Zotzi-ha u bi u cah u tihobal, utuquel zotz u pam chi ha, que tzitzotic, qui tzitilahic, que ropop pa ha, e tzapin zotz, ma-habi que el vi.

R'oo chicut Chayim-ha u bi, utuquel chakol chupam zaklelohre chi cha, chi tzinimic, chi yohohic, chiri pa ha.

---

(1) Le mot *tihobal*, épreuve, montre bien qu'il y avait en Xibalba des mystères et une initiation rendue ici d'autant plus formidable qu'il s'agissait d'y faire succomber des rebelles ou des conspirateurs.

Quand on arriva pour leur donner leurs échardes de pin, et les cigares, ils étaient repliés sur eux-mêmes dans l'obscurité, où (la flamme de) la résine éclata aussitôt en entrant : Que chacun d'eux allume sa torche et son cigare. Qu'ils viennent les rapporter au lever du jour, mais qu'ils se gardent bien de les user et qu'ils nous les rendent (comme ils les ont reçus), vous disent les princes.

C'est ainsi qu'on leur parla : c'est ainsi également qu'ils furent vaincus. Leur pin se consuma, de même se consumèrent les cigares qu'on leur avait remis. Or, les épreuves en Xibalba étaient nombreuses, ces épreuves étaient de bien des manières diverses (1).

La première était celle de la Maison Ténébreuse, toute d'obscurité au dedans. La seconde (était celle) de la maison appelée Xuxulim (2), au dedans de laquelle pénétrait un vent piquant, vent froid et insupportable qui remplissait tout au dedans.

La troisième (était celle) de la maison dite des Tigres où il n'y avait au dedans que des tigres (3) qui s'entremêlaient et s'attroupaient (avec un air) féroce, des tigres qui (se regardaient en) ricanant, enfermés qu'ils étaient dans cette maison.

Zotzi-ha, ou maison des chauves-souris, était le nom de la quatrième épreuve; il n'y avait que des chauves-souris au dedans de cette maison, criant, battant des ailes et voltigeant dans la maison, chauves-souris enfermées sans en pouvoir sortir.

La cinquième (était celle) dite Chayim-ha (ou maison des combattants) où il n'y avait au dedans que des (guerriers) vainqueurs alternativement avec leurs lances, alternativement se reposant et là combattant dans cette maison.

---

(2) *Xuxulim*, ce mot paraît signifier la bise ou le frémissement du vent du nord.

(3) *Balami-ha*, maison des Tigres. Ces maisons d'épreuve font aussi allusion à des villes dont plusieurs

Qui nabec u tihobal Xibalba : ma u x-e oc ri Hunhun-Ahpu, Vukub-Hunahpu chupam; xa u bixic apon-oc u bi tihobal ha.

Ta x-e oc cu apan-oc Hunhun-Ahpu, Vukub-Hunahpu chuvach Hun-Came, Vukub-Came : Apa qo-vi ri nu ziq, aon qo-vi ri nu chah x-be ya-oc chy vech xgek? x-e u chax cut. — X-ka qizo, at ahau.

— Utzbala, vacamic bala x-qiz y gih, qu'yx camic. X-qu'y zachic, x-qu'y ca cup puch, yaral x-ch' yv'euah vi y vach. Qu'yx puzic, x-cha Hun-Came, Vukub-Came.

Ta x-e puz cut, x-e muk cut chi Pucbal-Chah u bi; x-gat u holom ri Hunhun-Ahpu, xa u nimal x-mukic ruq ri u chag.

Ch'y ya ri u holom xol che ri tiquil pa be, x-cha cut Hun-Came, Vukub-Came. Ta x-be cu ya-oc u holom xol che, ta x-vachin cu ri che, ma habi u vach, maha ch' oco ri u holom ri Hunhun-Ahpu chu-xol che. Are curi tzima koh cha chire vacamic u holom Hunhun-Ahpu, ch'u chaxic.

Ta x-u maihah cut Hun-Came, Vukub-Came u vach ri che. Humah colocak u vach : ma c'u calah qo chi viri u holom Hunhun-Ahpu; xa hunam chic u vach ruq u vach tzima : cu r'ilo ronohel Xibalba ta ch' ul qui cayih.

---

existent encore sous le même nom.
(1) Les deux frères n'y entrèrent point, il était inutile de les initier pour les faire mourir ensuite. Mais ces noms seuls, et les détails que nous trouverons aux chapitres IX

Ce sont là les premières épreuves de Xibalba; mais Hunhun-Ahpu et Vukub-Hunahpu n'y entrèrent point (1), et il a suffi de mentionner les noms de ces maisons d'épreuves.

Lorsque Hunhun-Ahpu et Vukub-Hunahpu arrivèrent dans la présence de Hun-Camé et de Vukub-Camé : Où sont mes cigares, où sont mes torches de pin qu'on vous a apportés la nuit dernière? s'écrièrent-ils. — Nous les avons finis, seigneur !

— Eh bien, aujourd'hui donc sera le terme de vos jours, vous mourrez. Vous serez détruits, on vous tranchera (dans la poitrine), et votre souvenir demeurera enseveli dans ces lieux. Vous serez sacrifiés, dirent Hun-Camé et Vukub-Camé.

Alors on les sacrifia, et ils furent enterrés au lieu nommé le Cendrier; on coupa (auparavant) la tête de Hunhun-Ahpu, et (le corps de) l'aîné fut enseveli avec celui de son jeune frère.

Qu'on aille mettre sa tête dans l'arbre qui est au milieu du chemin, ajoutèrent Hun-Camé et Vukub-Camé. Au moment où on alla placer la tête au milieu de l'arbre, cet arbre se couvrit aussitôt de fruits, car il n'avait pas de fruits avant qu'on eût mis la tête de Hunhun-Ahpu au milieu de l'arbre. Or, c'est la calebasse que nous appelons encore aujourd'hui tête de Hunhun-Ahpu, comme on le dit (2).

Hun-Camé et Vukub-Camé considérèrent alors avec étonnement les fruits de cet arbre (merveilleux). Ce fruit était également rond tout autour : mais on ne vit plus où était la tête de Hunhun-Ahpu; car elle ne (faisait) plus qu'un fruit de la même espèce avec les autres fruits du calebassier : c'est là ce que voyaient tous ceux de Xibalba, lorsqu'ils allaient le considérer.

---

et x ne laissent pas le moindre doute sur l'existence des épreuves mystérieuses de Xibalba qui paraissent avoir été au nombre de neuf.

(2) Il s'agit du calebassier qu'on appelle *tzima* en quiché.

Nim u qoheic ri che x-ux chi qui qux, rumal huzu x-u
banic, ta x-oc u holom Hunhun-Ahpu chu xol. X-e cha cu
ri Xibalba chi quibil quib : Ma qo ma chupuvic ri u vach;
ma qo naipu ma oc apan-oc chuxe che, x-e cha x-qui
catah quib, x-qui gil quib Xibalba conohel.

Ma u calah chiri u holom Hunhun-Ahpu ; xa hunama-
tal chic ruq u vach che ri tzima u bi x-uxic. Nim cut u
tzihozic x-u ta hun gapoh : va cute x-chi ka biyh r'oponic.

R'OXPAH CHI TZIH.

Va chi cute u tzihoxic hun gapoh, u meal hun ahau
Cuchumaquiq u bi.

Are cut ta x-u ta hun gapoh u meal hun ahau ; Cuchumaquiq u bi u cahau, Xquiq cut u bi ri gapoh. Ta x-u ta
cut u tzihoxic ri u vach che, ta chi tzihox chic rumal u
cahau, ch'u maihah cut ta chi tzihoxic.

Maquina oh v'ila ri che ca bixic : quitzih guz u vach ca
cha ca nu tao, x-cha-cut ?

Qate x-bec xa utuquel, x-apon cut chuxe che, tiquil
chi Pucbal-chah tiquil vi : Hiyaa! Nakipe u vach vae che?

---

(1) *Xquiq* ou *ixquiq*, nom com- | tique, et de la préfixe *x* ou *ix* qui
pose de *quiq*, sang, ou gomme élas- | en fait un nom de femme : c'est

Grand dans leur pensée devint (aussitôt) le caractère de cet arbre, à cause de ce qui s'était accompli si subitement, quand on avait mis la tête de Hunhun-Ahpu entre ses branches. Alors ceux de Xibalba se parlèrent entre eux : Qu'il n'y ait personne qui (soit assez hardi) pour s'asseoir au pied de l'arbre, dirent tous ceux de Xibalba, s'interdisant mutuellement et se défendant (d'en approcher).

Dès lors la tête de Hunhun-Ahpu ne se manifesta plus ; car elle s'était réunie aux autres fruits de l'arbre du calebassier, ainsi qu'est son nom. Mais une jeune fille entendit ce récit merveilleux, et voici donc que nous raconterons son arrivée.

CHAPITRE TROISIÈME.

Suit ici l'histoire d'une jeune fille, issue d'un prince nommé Cuchumaquiq.

Et voilà qu'une vierge, fille d'un prince, entendit (ces merveilles); Cuchumaquiq était le nom de son père, et Xquiq était celui de la jeune fille (1). Et lorsqu'elle entendit l'histoire des fruits de cet arbre qui lui fut racontée par son père, elle s'émerveilla aussi beaucoup de ce récit.

Pourquoi n'irais-je pas voir cet arbre dont on parle (tant) : en vérité ses fruits doivent être bien savoureux, suivant ce que j'entends dire, ajouta-t-elle ?

Alors elle partit seule, et s'approchant du pied de l'arbre planté debout au milieu du Cendrier : Ah ! ah ! (s'écria-t-elle

le personnage appelé *Itzpapalotl* ou Papillon aux couteaux d'obsi- | dienne de la théogonie mexicaine.

Maquipa guz chi vachin va che? Ma-qu'i cam-tah, ma-qu'i zach-tah laquita x-ch'in chup hunoc? x-cha cu ri gapoh.

Ta x-cha u cut ri bak qo ula xol che : Nakipa c'a raih chire? ri xa bak ri colocoxinak chu gab-tak che, x-cha ri u holom Hunhun-Ahpu ta x-chauic chire ri gapoh.

Ma c'a raih, x-u chaxic? — Ca nu raih, x-cha cut ri gapoh. — Utzbala; ch'a liquiba uloc ri a vi qui gab vi-la na, x-cha ri bak. — Ve, x-cha cu gapoh, x-u liquiba akan-oc u vi qui gab chuvach bak.

Qatecut chi pitz ca ban u chub bak ta x-petic takal cut pu gab gapoh : ta x-r'il cut u pa gab huzuk xu nicoh; ma-cu-habi u chub bak pu gab.

Xa r'etal mi-x-nu ya chave ri nu chub, nu qaxah. Areri nu holom ma-habi ca chokon chi vi, xa bak, ma-habi chi u chac.

Xavi quehe u holom ve qui nim ahau; xa u tiohil utz vi u vach : are cut ta chi camic ch'u xibih chirih vinak rumal u bakil.

Quehecut xa u qahol queheri u chub u qaxah u qoheic, ve u qahol ahau, ve puch u qahol naol, ahuchan, x-ma chi zach vi chi bec, chi tzakatahic, mavi chupel, ma pu maixel u vach ahau, achih naol, ahuchan, xaxi chi cana-hic u mial, u qahol ta ch'uxoc, quehe mi-x-nu ban chave.

---

(1) C'est le fond de la fable de la naissance de Huitzilopochtli, dieu des Mexicains, bâtie sur celle-ci.
(2) Sorti du peuple. C'est le mot *achih* que nous traduisons ainsi; il signifie régulièrement héros, guer-rier; il semble toutefois s'appliquer à ceux qui n'appartenaient point à

avec admiration). Quoi ! c'est là le fruit de cet arbre. N'est-ce pas admirable comme cet arbre s'est couvert de fruits ? En mourrai-je donc et sera-ce ma ruine si j'en cueille un ? ajouta la jeune fille.

Alors la tête de mort qui était au milieu de l'arbre parla : Est-ce donc que tu en désires ? Ces boules rondes qui sont entre les branches de l'arbre ne sont que des têtes de mort, dit la tête de Hunhun-Ahpu, en parlant à la jeune fille.

En veux-tu toujours ? ajouta-t-elle. — J'en veux, répondit la jeune fille. — Eh bien ! étends seulement le bout de ta main, dit la tête de mort. — Oui, répondit la jeune fille, en avançant sa main qu'elle étendit devant la tête de mort.

Alors la tête de mort lança avec effort un crachat dans la main de la jeune fille tandis qu'elle était étendue vers elle : elle regarda aussitôt le creux de sa main, en y jetant un coup d'œil curieux ; mais la salive de la tête de mort n'était plus dans sa main (1).

Cette salive et cette bave c'est ma postérité que je viens de te donner. Voilà que ma tête cessera de parler ; car ce n'est qu'une tête de mort, qui n'a déjà plus de chair.

Ainsi également est la tête même des plus grands princes ; car la chair seule est ce qui embellit le visage : de là la terreur qui assiége les hommes au moment de la mort, à cause des ossements (qui seuls leur restent).

Il en est de même des fils dont la nature est comme la salive et la bave, qu'ils soient fils de prince ou fils d'artiste ou d'orateur, laquelle ne se perd point, mais se transmet avec la génération sans que s'éteigne ni s'anéantisse la représentation du prince, de l'artiste sorti du peuple (2) ou de l'orateur ; ainsi en est-il également des filles ou des fils (3) qu'ils laissent, et c'est ainsi que j'ai agi avec toi.

l'aristocratie, mais à une classe intermédiaire entre la noblesse et les serfs ou paysans.

(3) Il est à remarquer ici que quand il s'agit simultanément d'hommes et de femmes dans le discours, les

C'at akan cut chila chuvach uleu, mavi c'a camic. C'at oc pa tzih, ta ch'uxoc, x-cha ri u holom Hunhun-Ahpu, Vukub-Hunahpu. Xavi qui naoh ta x-qui bano are u tzih Hurakan, Chipi-Cakulha, Raxa-Cakulha chiquech.

Quehe cu u tzalihic chic gapoh chi r'ochoch, quia pixab x-biyx chirech. Huzu cu x-vinakir r'al chu pam rumal ri xa chub; are cut qui vinakiric Hunahpu, Xbalanque.

Ta x-opon cut chi r' ochoch ri gapoh, x-zakat cut vakakib iq, ta x-nauachil rumal u cahau ri Cuchumaquiq u bi u cahau.

Qatepuch u natahic gapoh rumal u cahau ta x-il ri r'al qo chic. Ta x-qui cuch cut qui naoh conohel ahauab Hun-Came, Vukub-Came ruq ri Cuchumaquiq.

Areri nu meal qo chi r'al, yx ahauab, xa u hoxbal, x-cha cu ri Cuchumaquiq, ta x-oponic cuq ahauab. — Utzbala k ch'a qoto u chi ri, ta ma c'u biyh, chi puz cut, chi naht chi be puzo vi. — Utzbala, Alak ahauab, x-cha cut.

Qatecut x-u tzonoh chirech u meal. Apa ahchoke ri av'al qo ch'a pam, at nu meal? — X-cha-cut, Ma-habi v'al, Lal nu cahau, ma-habi achih v'etaam u vach.

---

femmes ont presque toujours la préséance sur les hommes. Considérés comme bâtards par les Nahuas pur sang, les métis devaient avoir d'autant plus de respect pour les femmes qui leur avaient donné le jour, qu'elles appartenaient à la souche la plus ancienne et la plus illustre du pays. C'est peut-être en mémoire de la mère de Hun-Ahpu que les femmes-chefs en bien des contrées devaient leurs prérogatives.

(1). *Chuvach uleu*, pour *ch'u vach uleu*, sur la face de la terre. Cette scène se passait-elle à l'entrée d'une grotte, d'un souterrain, dans quelque vallon retiré et profond, c'est ce qu'on ne saurait vérifier. Ce qui paraît pro-

Remonte donc vers la terre (1); tu ne mourras point. Crois en ma parole qu'ainsi il en sera fait, ajouta la tête de Hunhun-Ahpu et de Vukub-Hunahpu (2). Or, ces choses ainsi arrangées se faisaient par l'ordre qu'ils avaient reçu de Hurakan, de l'Éclair qui sillonne et de la Foudre qui frappe.

Ainsi donc la jeune fille retourna à la maison (remplie des) nombreux avertissements qui lui avaient été communiqués. Et aussitôt elle conçut dans son sein par la vertu seule de la salive; et ce fut là la conception de Hunahpu et de Xbalanqué.

La jeune fille étant alors arrivée à sa maison et six mois s'étant écoulés, elle fut observée (avec soupçon) par son père, et Cuchumaquiq était le nom de son père.

Ensuite son père remarqua la jeune fille avec plus d'attention, lorsqu'il vit qu'elle portait un enfant (dans son sein). Alors les rois Hun-Camé et Vukub-Camé réunirent tous les avis avec celui de Cuchumaquiq.

Voici ma fille qui est enceinte (3), ô rois, et véritablement pour son déshonneur, dit Cuchumaquic, en arrivant devant les rois. — C'est bien! sonde sa bouche, et si elle ne parle pas, qu'elle soit mise à mort et qu'on aille la sacrifier loin d'ici. — Fort bien, ô mes seigneurs, répondit-il (4).

Alors il demanda à sa fille: De qui est l'enfant que tu portes dans ton sein, ô ma fille? — Mais elle répondit: Je n'ai point d'enfant, ô mon seigneur et père, il n'y a point d'homme dont je connaisse la face.

bable c'est que les épreuves de l'initiation antique avaient lieu au fond des cavernes et des souterrains.

(2) Vukub-Hunahpu reparaîtrait ici comme le représentant de l'ordre sacerdotal.

(3) *Areri nu meal go chic r'al*, celle-ci ma fille est avec son enfant. *al*, qui signifie enfant; dans son sens absolu dit poids, chose pesante, *r'al chu pam*, son poids dans son ventre, c'est-à-dire, être enceinte. De *al* vient *alah*, qui signifie libre; *alahil*, liberté; *alah*, mettre au monde, accoucher, se délivrer d'un poids; *alahix*, être délivré, être enfanté ou naître, etc.

(4) *Alak* est le pluriel du révérentiel *lal*, grandeur, altesse, etc.

X-cha-cut : Utzbala! quitzih vi chi, at hoxol. Ch'ek ch'y puzu, yx r'Ahpop-Achih; ch' y qama uloc ri u qux chupan zel, chi qu'y cololeh ahauab vacamic, x-e uchax cut ri Tucur.

E cahib ta x-e bec qui tiquem ri zel, ta x-e bec qui chelem ri gapoh, cu caam ri zakitok, puzbal re.

Mavi ch' utzinic qu'in y camizah, yx zamahel, rumal mavi nu hoxbal ri qo chi nu pam ; xaki x-vinakiric xere x-be nu maihah ri u holom Hunhun-Ahpu qo chi Pucbal-chah ; quehe-ta-cut mavi qu'y puz, yx zamahel, x-cha ri gapoh, ta x-chauic.

Nakipa x-chi ka coh u gexel ri y qux? Mi-x-biyx uloc rumal a cahau : Ch' y qam uloc ri u qux ; x-chi qu'y tzololeh ahauab; x-chi qu'y tzakix-tah, x-chi qu'y hunam vachih u tzakic ; ch'anim ch'y qama ula pu zel, chi coloba kahoc u qux chupan zel. Ma-pa mi-x-oh uchax uloc? Nakila cut x-chi ka ya pa zel? ca k'ah-ta nabec ma-ta c'at camic, x-e cha u ri zamahel.

Utzbala! Mavi quech ri qux ta ch'uxoc; ruq mavi varal yv'ochoch ch'uxic; ma-cu-xa ch'y chih vinak chi camic, qate quitzih yyech ri quitzih hoxol, qate naipu vech Hun-Came, Vukub-Came ; xa quiq xa holomax rech ta ch'uxoc are chicut chuvach.

---

(1) Ch' ek, qu'on l'emporte. Ek, radical de ekah, emporter, charger sur les épaules, porter en litière. C'est la distinction des princes qu'on accorde encore à la princesse, quoiqu'on l'emporte pour la sacrifier.

(2) U gexel ri y qux, son échange, (son substitut) de votre cœur. Voici la seconde fois que nous trouvons votre mis au pluriel pour ton. Les deux frères disent en partant à leur mère : ne vous affligez point. Ce mode respectueux dans le langage, si analogue au nôtre, se

Il ajouta : Eh bien, tu es en vérité une fornicatrice !... Emportez-la (1) et faites-la mourir, vous autres les Ahpop-Achih ; rapportez son cœur dans un vase et soyez de retour aujourd'hui avec les rois, dit-il aux Hiboux.

Ils étaient quatre qui allèrent prendre le vase et qui se mirent ensuite en chemin, portant la jeune fille sur leurs épaules, et emportant un couteau de silex destiné à l'immoler.

Vous ne sauriez me tuer, ô mandataires (de Xibalba) ; car ce n'est pas le crime que je porte dans mon sein ; seul (ceci) s'est engendré, tandis que j'allais admirer la tête de Hunhun-Ahpu qui est au Cendrier ; ainsi donc vous ne me sacrifierez point, ô mandataires (de Xibalba), dit la jeune fille, en leur parlant.

Mais que mettrons-nous en échange de votre (2) cœur ? Ainsi nous a parlé votre père : Rapportez son cœur : vous retournerez vers les rois ; soyez formels et d'accord manifestez-en l'accomplissement ; vite apportez-en (la preuve) dans un vase. Vous placerez son cœur au fond du vase. N'est-ce pas ainsi qu'on nous a parlé ? que mettrons-nous donc dans le vase ? cependant nous aimerions mieux que tu ne meures point, dirent les mandataires (de Xibalba).

Fort bien ! ce cœur ne peut être à eux ; votre demeure ne peut pas non plus être ici, et non-seulement vous aurez en votre pouvoir de faire mourir les hommes, mais à vous véritablement seront les véritables fornicateurs, à moi seront ensuite Hun-Camé et Vukub-Camé ; le sang seul passe contrat pour lui-même, ainsi soit-il donc devant leur face (3).

(3) Cette phrase est d'une extrême difficulté, plusieurs mots étant inusités aujourd'hui. Nous la donnons donc sous toute réserve. *Max* est le nom de certaines feuilles qu'on met pour la rougir dans une boisson que les rencontre assez souvent dans ce livre. parties prenaient ensemble après avoir fait un contrat de vente. *Holomax* en un seul mot signifie, être à la tête, dominer, et *quix-holomax*, ensemble, font allusion à une sorte de maladie secrète.

Mavi are ri qux chi qat chuvach ta ch'uxoc. Ch' y coho ri u vach che, cha-cut ri gapoh. Cak cut u vaal ri che x-elic, x-cul pa zel : x-u von rib, coloquic x-uxic ; u gexel u qux ta yitz chi c'ul u vaal cak che :

Queho ri quiq u vaal che x-elic u gexel u quiqel ; ta x-u colo chila ri quiq chupan, ri u vaal cak che, quehe curi quiq r'ih x-uxic cakluhluh chic colom chi pa zel ta x-copcot ri che rumal gapoh.

Chuh-Cakche ch'u chaxic, are cu ri quiq x-u binaah rumal quiq holomax ch'u chaxic.

Chila cut qu'yx logox vi, chuvach uleu qo yvech ch' uxic, x-cha-cut chique ri Tucur.— Utzbala, at gapoh. X-ka be ba, ka vaba akan-oc ; xa c'a hin apan-oc, oh na ka yaix-tah u va u gexevach a qux chi qui vach ahauab, x-e cha-cut ri zamahel.

Ta x-opon cut chi qui vach ahauab, que zelevachin conohel. Mavi x-utzinic, x-cha cut Hun-Came ?— Mi-x-utzinic, yx ahauab ; va nacu u qux xe qo pa zel.— Utzbala ! v'ila cut x-cha-cu ri Hun-Came.

Ta x-u chuyeh cu akan-oc, ca turur rih chi comah cakluhluh rih chi quiq : Utz ch'y luu u vach gag, ch'y ya chuvi gag, x-cha cut Hun-Came.

---

(1) Sang-de-Dragon est le nom français de l'arbre appelé par les Mexicains *ezquahuitl*, arbre de sang, et par les Quichés *chuh-cakche*, c'est-à-dire cochenille de l'arbre rouge.

(2) C'était un contrat de sang entre la princesse et les *Tucurs* ou *Sôires* de Xibalba.

Quant à brûler ce cœur devant eux, cela ne sera pas (davantage). Mettez (dans le vase) le produit de cet arbre, ajouta la jeune fille. Et rouge la séve de l'arbre sortit et coula dans le vase : elle se coagula et devint (comme) une boule : (c'était) l'échange de son cœur qui sortait jaillissant, ce liquide de l'arbre rouge.

Semblable à du sang sortait la séve de l'arbre, en échange du sang ; alors il se figea là ce sang au fond (du vase), ce liquide de l'arbre rouge, et semblable à du sang son apparence devint brillante, rougeâtre et coagulée dans le vase, tandis que l'arbre devenait célèbre à cause de la jeune fille.

Sang-de-Dragon (1) il fut appelé ; c'est donc ce qui fut surnommé sang, parce que sang passé en contrat il fut appelé (2).

Là donc vous serez aimés, et tout ce qu'il y a sur la surface de la terre deviendra votre héritage (3), dit-elle encore aux Hiboux. — Fort bien, jeune fille. Pour nous, nous partons, nous allons rendre compte (de notre mission) ; va ton chemin, tandis que nous allons mettre l'image et ressemblance de ton cœur sous les yeux des rois, répondirent les mandataires (de Xibalba).

Lorsqu'ils arrivèrent devant les rois, tous étaient dans une attente inquiète. Est-ce déjà fini? dit alors Hun-Camé. —C'est fini, ô rois, voici présentement son cœur au fond de ce vase. — C'est fort bien, que je le voie donc, reprit Hun-Camé.

Alors il le souleva délicatement du bout des doigts, et le liquide ensanglanté, brillant d'une couleur rougeâtre, commença à se répandre avec le sang : Avivez bien les braises et placez-le au-dessus du feu, ajouta Hun-Camé.

---

(3) Ce contrat est d'autant plus curieux qu'il révèle un des côtés les plus intéressants de la conspiration : la princesse promet aux *ahpop achih*, capitaines des gardes ou chefs du peuple, la possession des héritages dont ils sont exclus et qui n'appartient qu'à la noblesse. Ceux-ci seraient

Qatepuch x-qui chakih chuvi gag, c'oc cut x-qui na Xibalba, x-e qiz yacatah uloc conohel x-e chike chuvi quitzih chi guz x-qui nao ri u zibel quiq.

Arecut e chiquichoh vi canoc, ta-xe be ri Tucur e vabai rech gapoh x-u quïa akan-oc chi hul chuvi uleuh, x-zalih chi cu cahoc ri vabanel.

Quehecut x-e chakatah vi r'ahaual Xibalba ri rumal gapoh x-e moyvachixic conohel.

CAHPAH CHI TZIH.

Arecut e qo ri u chuch Hunbatz, Hunchouen, ta x-ul ri ixok Xquiq ruq ri u chuch Hunbatz, Hunchouen ; x-qol-oc r'al chupam xa zcaquin chic mavi que yaqueic ri Hunahpu, Xbalanque qui bi.

Ta x-ul cu ri ixok chire ri atit, x-cha curi ixok chire ri atit : Mi x-in ulic, Lal chichu, in alib La, in puch alcual La, Lal chichu, x-cha ta x-oc uloc ruq ri atit.

Apa c'at pe-vi uloc? qo chi pa ri v'al? ma-pa x-e camic chi Xibalba? e cu caib canoc qu'etal qui tzihel puch, Hunbatz, Hunchouen, qui bi, ve av'ila? C'at pe-vi, c'at-el ubic, x-u chax ri gapoh rumal atit.

---

ils les mêmes dont on créa plus tard l'ordre des nobles et des prêtres.
(1) C'est la suite de la conjuration.

Le mot *hul*, trou, profondeur, caverne, fondrière, symbolise avec une sorte de mépris les lieux souterrains

Après donc qu'ils eurent jeté (le cœur) sur le feu et que ceux de Xibalba eurent commencé à sentir (l'odeur qui s'en exhalait), tous se levèrent à la fois et se tournèrent avec un étonnement inquiet vers le parfum qu'ils sentaient de la fumée de ce sang.

Tandis qu'ils demeuraient (étourdis de ce qui se passait), les Hiboux, prévenus par la jeune fille, s'acheminaient montant en grand nombre de la fondrière vers la terre, où ils tournaient aussitôt ses partisans (1).

Ainsi furent joués les princes de Xibalba par cette jeune fille par qui tous se laissèrent aveugler.

CHAPITRE QUATRIÈME.

Or, la mère de Hunbatz et de Hunchouen (2) était chez elle, lorsque la femme Xquiq arriva auprès de la mère de Hunbatz et de Hunchouen ; elle était enceinte et peu s'en fallait pour la naissance de ceux qui se nommèrent Hunahpu et Xbalanqué.

Lorsque la femme arriva auprès de la vieille, cette femme donc dit à la vieille : J'arrive, ô ma dame et mère; je suis votre belle-fille, je suis la fille adoptive de votre seigneurie, madame et mère, dit-elle en entrant auprès de la vieille.

D'où viens-tu? où sont mes fils? ne sont-ils pas morts en Xibalba? et leurs deux descendants, les signes de leur parole, qu'on appelle Hunbatz et Hunchoven, ne les vois-tu donc pas? Sors d'ici, va-t'en! fut-il répondu par la vieille à la jeune fille.

---

et bas où jusque-là ces sbires de Xibalba avaient servi les rois, avant d'être appelés par la princesse à une position plus élevée et à posséder des châteaux au sommet des montagnes.

(2) La mère apparemment pour l'aïeule.

Xerela quitzih vi chi in alib La x-qo nare; in qo-vi rech Hunhun-Ahpu; va u caam e qazlic, mavi e caminak ri Hunhun-Ahpu, Vukub-Hunahpu, xa u gatbal rib zak mi-x-qui bano; Lal v'alib. Quehecut yv'ila-ta chi log u vach ri u caam, x-u chaxic ri atit.

Arecut que cakal ri Hunbatz, Hunchouen : xa zu, xa bix ca qui bano; xa tzibanic, xa pu qotonic qui chakih chi hutagih; are cut cubul vi u qux ri atit.

X-cha chicut atit : X-ma ca v'ah-vi at-ta v'alib; xa a hoxbal ri qo ch'a pam; at qaxtok, x-e cam vi v'al c'a biyh.

X-cha chicut ri atit : Quitzih ibare va ca nu biyh. Utzbala, at v'alib ca nu tao. Uh'at bala, h'a qama qu'echa vi chi qui veeh, h'a hacha hun chi nima cat; chi petic, at nacu v'alib ca nu tao, x-u chax cut ri gapoh.

Utzbala, x-cha-cut. Qatepuch ta x-bec pa abix qo vi c'abix ri Hunbatz, Hunchoven, hocam u beel cumal; x-u takeh cut gapoh x-opon puch chiri pa abix.

Xa cu huvi ri abix, x-ma qo chivi u ca-vi r'ox-vi, xu vachelaam vi u vach chi huvi : ta x-qiz cut u qux ri gapoh.

Quila in makol, in qazbol! Apa x-ch'in qam viri hun cat echa ca bixic, x-cha-cut. Qatepuch u ziquixic Chahal echa rumal, ta t'ul va uloc, ta t'ul takal-oc.

Croyez-moi véritablement, je suis certainement votre belle-fille; car je suis (l'épouse) de Hunhun-Ahpu; les voici portés vivants, Hunhun-Ahpu, Vukub-Hunahpu ne sont pas morts, et la sentence qui les a frappés ne les a rendus que plus illustres; Vous êtes ma belle-mère. Ainsi donc voyez leur image chérie dans ceux que je porte, fut-il dit à la vieille.

Et voilà que Hunbatz et Hunchoven se mirent en colère (contre la jeune femme): à jouer de la flûte et à chanter ils s'occupaient uniquement; à peindre et à sculpter ils employaient tout le jour, et ils étaient la consolation de la vieille.

La vieille alors répondit: Je n'ai nullement besoin de toi pour ma belle-fille; c'est ton adultère qui est (renfermé) dans ton sein; tu es une menteuse; ils sont morts mes enfants dont tu parles.

Et la vieille reprit: Ce n'est que trop vrai tout ce que je t'ai dit. Mais c'est bien, tu es ma belle-fille à ce que j'entends. Va donc ramasser des provisions pour ceux qui mangent; va, moissonne un grand filet tout plein; reviens ensuite puisque tu es ma belle-fille à ce que j'entends, fut-il répondu à la jeune fille.

Fort bien, répondit-elle. Ensuite elle s'achemina vers le champ où étaient les semailles de Hunbatz et de Hunchouen, et le chemin avait été ouvert et nettoyé par eux; la jeune fille le suivit et arriva ainsi au champ.

Mais (elle n'y trouva) qu'une seule gerbe; car il n'en restait ni deux, ni trois, une seule gerbe sortant encore son image (sur la surface du champ): alors le cœur de la jeune fille se brisa:

Malheureuse pécheresse que je suis! où irai-je chercher ce filet tout plein de provisions qu'on m'a commandé, ajouta-t-elle? Alors (elle pensa) à invoquer le Gardien des aliments, afin d'obtenir qu'il en rapportât.

Xtoh, Xganil, Xcacou, yx pu tziya ; at Chahal re qu'e-
cha Hunbatz, Hunchouen, x-cha ri gapoh ! Ta x-u qam
cut ri tzamiy, u tzamiyalu vi hal, x-u bok akan-oc, mavi
x-u hach ri hal, chi cau cut ri hal echa pa cat, x-caxinic
ri nima cat.

Ta x-pe cut ri gapoh : xa eu chicop x-ekan ri cat, ta
x-petic x-be qui ya u coc xucut ha queheri r'ekan. X-ope-
nic x-r'il ri atit ; qatepuch ta x-r'il i atit ri echa hun chi
nima cat :

Apa mi-x-pe-vi ri echa aumal, mi-xe a galaba vi, ve
mi-x-qix a qam uloc ri k'abix? Chi be na v'ila, x-cha ri
atit ta-x-be puch, x-be r'ila ri abix.

Xavixere qo-vi ri huvi abix, xavi-cu-xere calah u qo-
libal cat chuxe. Anim chicut x-pe ri atit x-ul chicut chi
r'ochoch, x-cha chicut chire ri gapoh : Xerevi r'etal ri
quitzih vi chi at v'alib ; chi v'il chi na a banoh, ri e qo ri
vi e nauinak chic, x-u chax cut gapoh.

---

(1) *Xtoh, Xganil, Xcacou*, noms des trois divinités qui présidaient à la nourriture, à l'abondance. *Xtoh*, composé de la particule *x* ou *ix*, femme, et de *toh*, neuvième signe des jours du calendrier quiché et cakchiquel, que les auteurs traduisent par le mot pluie, averse. *Xtoh* ou *Ixtoh* était donc celle de la pluie, la déesse de la fécondation terrestre. *Xganil*, composé de la même particule *x* ou *ix*, et de *ganil*, déterminatif de *gan*, jaune, désignant probablement la maturité, ce qui ferait de *Xganil* ou *Ixganil* la déesse des moissons. *Xcacou*, composé de l'*x* et de *cacou*, cacao, ce qui fait de *Xcacou* ou d'*Ixcacou*, la déesse de ce fruit véritable-

Xtoh, Xcanil, Xcacau, vous qui préparez (1) le maïs avec la cendre, et toi, Gardien des provisions de Hunbatz et de Hunchouen (venez à mon aide), s'écria la jeune fille! Alors elle prit les barbes et l'extrémité de la gerbe, les arracha doucement, sans déraciner la gerbe, les arrangea (ces barbes devenant des) gerbes de maïs au fond du filet, et elle réussit ainsi à remplir un grand filet.

Alors la jeune fille se remit en chemin : mais des barbares chargèrent le filet (2) et allèrent porter leur fardeau dans un coin de la maison, comme leur fardeau (ordinaire). La vieille accourut pour le voir, et quand elle vit un si grand sac rempli de provisions :

D'où t'est venu une telle provision? aurais-tu donc ruiné (mon champ) ou aurais-tu achevé d'emporter toutes nos semailles? Je vais y voir à l'instant, dit la vieille en se mettant en chemin et en allant voir le champ.

Mais le seul épi du champ était debout (à la même place) et l'on voyait de même l'endroit où avait été placé le filet. Avec la même vélocité, la vieille s'en revint à sa maison et dit à la jeune fille : C'est là véritablement un signe que tu es ma belle-fille; je verrai encore tes œuvres et celles des sages que tu portes (actuellement dans ton sein), lui fut-il dit à la jeune fille.

---

ment divin. Vous donc qui préparez le maïs, dit la princesse, *yx pù tziya;* ce dernier mot signifie dans son acception ordinaire, cuire le maïs avec de la cendre ou de la potasse, préparation ordinaire en Amérique où les femmes font passer le maïs par un bouillon d'eau de cendre ou de potasse pour l'adoucir et lui enlever plus facilement sa pellicule et peut-être aussi par mesure hygiénique.

(2) *Chicop* exprime l'idée de la bête quelle qu'elle puisse être, mais ce mot est pris aussi comme en français dans le sens de brute, de sauvage, d'homme barbare et sans éducation. Ximenez traduit par animal; nous avons cru que le mot barbare convenait davantage.

ROOPAH CHI TZIH.

Are chi x-chi ka tzihoh c'alaxic Hunahpu, Xbalanque.

Arecut c'alaxic vae x-chika biyh. Ta x-u riq u gih c'alaxic, ta x-alan puch ri gapoh Xquic u bi.

Macu x-u vachih atit, ta x-e' alaxic: libahchi yaqueic e caib chi c'alaxic, Hunahpu, Xbalanque qui bi, pa huyub x-e yaque vi.

Ta x-e oc cut pa ha : macu que varic : He a tzaka uloc, quitzih chach qui chi, x-cha ri atit. Qate cut ta x-e ya pu zanic; guz cu qui varam chiri : x-e el chi cu chiri, x-e ya chic chuvi qix.

Are ta cut x-c'ah Hunbatz, Hunchouen, x-e cam-ta chiri pa zanic, x-e cam-ta pu chuvi qix; x-c'ah rumal qui chakimal, qui cakvachibal puch cumal Hunbatz, Hunchouen.

Mavi x-e culax pa ha cumal qui chag nabec; xa mavi qu'etaam, xavi cu pa huyub x-e quiyi vi.

E cu nimak ahzu, ahbix ri Hunbatz, Hunchoven : x-e nimakir cut nima qaxcol rail x-e iqou vi x-e qaxcobizaxic e nimak etamanel chic x-e uxic : xavixere e ahzu e ahbix e pu ahtzibab, ahqot xe uxic, ronchel ch'utzin cumal.

Xa x-qu'etaam vi x-e alaxic, xa x-e nauinak e pu u

CHAPITRE CINQUIÈME.

Ce que nous raconterons (maintenant c'est) la naissance de Hunahpu et de Xbalanqué.

Voici donc leur naissance que nous allons raconter. Lorsqu'elle eut atteint le jour de leur naissance, la jeune fille, nommée Xquiq, enfanta.

La vieille n'assista pas toutefois, quand ils naquirent ; instantanément ils se produisirent, et tous les deux furent délivrés, Hunahpu et Xbalanqué (car tels furent) leurs noms, (et c'est) dans la montagne qu'ils se produisirent.

Alors ils rentrèrent dans la maison ; mais ils ne dormaient point : Va les jeter dehors, car en vérité ils ne font que crier, dit la vieille. Après quoi on les porta sur une fourmilière, mais leur sommeil y fut savoureux : ils les emportèrent de là et allèrent les mettre sur des épines.

Or, ce que désiraient Hunbatz et Hunchouen, c'est qu'ils mourussent là sur la fourmilière ; ils le désiraient parce qu'ils étaient leurs rivaux (dans les arts) et ils étaient un objet d'envie pour Hunbatz et Hunchouen.

Dans le commencement même, leurs jeunes frères ne furent pas reçus par eux dans la maison ; ceux-ci ne les connaissaient point, et ainsi ils furent élevés dans la montagne.

Or, Hunbatz et Hunchoven étaient de très-grands musiciens et chanteurs ; ayant cru, au milieu de grandes peines et de grands travaux, qu'ils avaient passés, tourmentés de toute manière, ils étaient devenus de grands sages : ils s'étaient rendus également (habiles comme) joueurs de flûte, chanteurs, peintres et sculpteurs ; tout sortait parfait de leurs mains.

Ils savaient certainement quelle était leur naissance et

gexel qui cahau ri x-e be chi Xibalba, caminak vi qui cahau ; e cu nimak etamanel ri Hunbatz, Hunchouen chi qui qux ronohel nabec qu'etaam ta x-e vinakir ri qui chag.

Macu x-el apanoc qui nauiquil rumal qui cakvachibal, xa chiquih x-kah vi u yog qui qux, mavi banoh x-e poizaxic cumal ri Hunahpu, Xbalanque.

Xa cu u ubanic chi qui bano hutagih : mavi que logoxic rumal ri r'atit, Hunbatz, Hunchouen; mavi chi ya qui va ; x-baninak vaim x-e pu vainak ri Hunbatz, Hunchoven, ta que u ulic.

Macu cakaric oyovaric, xa chi qui cuyu; xere qu'etaam ri qui goheic, queheri zak ca qu'ilo. C'u caam cut qui tziquin ta que ulic hutagih ; chi qui ti cut ri Hunbatz, Hunchouen, mahabi nakila chi ya chique chi qui cabichal ri Hunahpu, Xbalanque.

Xacu zu, xa pu bix chi qui bano Hunbatz, Hunchouen. Ta x-e ul chi puch ri Hunahpu, Xbalanque, ma-habi chic qui tziquin c'u caam; x-e oc ul-oc, x-cakar pu ri atit.

Nakipa rumal mahabi chi tziquin yv caam, x-e u chax cut ri Hunahpu, Xbalanque? — Are vi, yx k'atit, xa mix-e tanatob ka tziquin chuvi che, x-cha-cut : ma-cu-habi ch'akan chuvi che chiquech, yx k'atit ; chi cah-ta pu ri k'atz, que be-ta kuq, chi be-ta qui kazah uloc ri tziquin, x-e cha-cut.

étaient également instruits qu'ils étaient les représentants de leurs pères qui étaient allés en Xibalba, où leurs pères étaient morts ; c'étaient donc de bien grands sages que Hunbatz et Hunchouen, et dans leur intelligence ils avaient su dès l'abord tout ce qui concernait l'existence de leurs jeunes frères.

Mais leur sagesse ne se montra pas à cause de leur envie, le mauvais vouloir de leur cœur ayant pris le dessus contre eux, quoique aucun acte ne les eût provoqués de la part de Hunahpu et de Xbalanqué.

Car ils ne faisaient que chasser à la sarbacane chaque jour : ils n'étaient aimés ni de leur aïeule, ni de Hunbatz, ni de Hunchouen : on ne leur donnait point à manger ; seulement quand le repas était terminé, quand Hunbatz et Hunchouen avaient fini de manger, ils venaient.

Mais ils ne s'offensaient point et ne se mettaient point en colère, se contentant de souffrir ; car ils connaissaient leur nature et ils voyaient (tout) clairement comme le jour. Ils apportaient donc des oiseaux quand ils venaient chaque jour ; mais Hunbatz et Hunchouen les mangeaient sans leur en rien donner à l'un ou à l'autre de Hunahpu et de Xbalanqué.

Hunbatz et Hunchouen ne faisaient autre chose que jouer de la flûte et chanter. Or Hunahpu et Xbalanqué vinrent une fois, sans apporter aucun oiseau, et quand ils entrèrent, la vieille se mit en colère.

Pourquoi donc n'apportez-vous point d'oiseaux, leur fut-il dit à Hunahpu et à Xbalanqué ? — Voici ce que c'est, notre aïeule, seulement nos oiseaux se sont embarrassés dans les branches touffues de l'arbre, répondirent-ils : nous ne sommes pas capables de grimper sur l'arbre pour les prendre, notre aïeule ; mais que nos frères aînés y montent ; qu'ils viennent avec nous et qu'ils descendent les oiseaux, ajoutèrent-ils.

Utzbala, koh be yvuq zakiric, x-e cha-cu ri c'atz, ta x-e chaçouic. X-caminak cut qui naoh qui cabichal chirech qui chakic Hunbatz, Hunchouen : Xa ka tzolcomih qui qoheic, e u pam, ka tzih ta ch'uxoc rumal nima qaxcol mi-x-qui ban chike. X-oh cam-tah, x-oh zach-tah puch, x-kah ri oh qui chag. Queheri ala x-oh pe-vi uloc chi qui qux ; quehecut que ka chak-vi, xa r'etal chi ka bano.

X-e cha chi quibil quib, ta x-e be cut chila chu xe che Cante u bi. C'achbilan curi c'atz ta x-e bec, x-qui tiqiba chicut u ubanic. Mavi ahilan chi tziquin chuvi che que chititic, x-e maihan cut ri c'atz ta x-qu'il ri tziquin.

Are curi tziquin, ma-habi hun oc x-kah uloc chuxe che; ri ka tziquin e mavi que kah uloc : xa h'yx kazah uloc, x-e cha-cut chire c'atz. — Utzbala, x-e cha-cut.

Qatepuch x-e akanic chuvi che, x-nimar cut ri che, x-zipoh u pam : qatecut x-e rah kah uloc, macu utz chic qui kahic uloc chuvi che Hunbatz, Hunchouen.

X-e cha cu uloc chuvi che : Hupacha koh u chanic, yx ka chag ? togob ka vach ! Are ri che ca xibin chic ca qu'ilo, yx, ka chag, x-o cha uloc chuvi che.

---

(1) *Canté*, c'est-à-dire, bois jaune, en langue tzendale et maya, le mot dans son ensemble n'appartenant pas à la langue quichée : c'est, dit Ordoñez, le même auquel les teinturiers et les fabricants de couleurs au Mexique donnent le nom de *toztet*, peut-être *tochtetl*. Le mot *can-té* veut dire également en maya bois de serpent. Le nom de ce bois qui ne

C'est bon, nous irons avec vous demain dès le jour, firent les aînés dans leur réponse. Or la sagesse de Hunbatz et de Hunchouen était morte dans l'un et dans l'autre relativement à leur défaite : Nous changerons seulement leur existence et (la forme de) leur ventre, et que notre parole ait son effet à cause des grands tourments qu'ils nous ont donnés. Que nous périssions et que nous fussions anéantis, qu'il nous arrivât malheur à nous leurs jeunes frères (voilà quel était leur désir). Comme des serviteurs, ils nous ont abaissés dans leur pensée ; de même donc nous les humilierons, et nous le ferons en signe (de notre puissance),

Disaient entre eux (Hunahpu et Xbalanqué), tandis qu'ils s'en allaient au pied d'un arbre, appelé *Canté* (1), accompagnés de leurs aînés ; ils cheminaient, s'exerçant à tirer à la sarbacane ; sans nombre étaient les oiseaux qui gazouillaient à la cime de l'arbre, et leurs deux aînés s'émerveillaient de voir tant d'oiseaux.

En voilà des oiseaux ; mais pas un seul n'est encore venu tomber au pied de l'arbre, et de nos oiseaux il n'en est pas encore tombé : allez donc les faire tomber, vous autres, dirent-ils à leurs frères.—C'est bon, répondirent-ils.

Mais après qu'ils eurent grimpé sur l'arbre, cet arbre s'agrandit et son tronc grossit ; et après, quand voulurent descendre Hunbatz et Hunchouen, ils ne réussirent pas à descendre de la cime de l'arbre.

Ils dirent donc du haut de l'arbre : Comment ceci nous est-il arrivé, ô nos jeunes frères ? Malheureux que nous sommes ! Voilà que cet arbre épouvante ceux qui le regardent, ô vous, nos frères, dirent-ils du haut de l'arbre.

---

croit que dans les contrées chaudes et basses, propres au bois de teinture : mais la langue à laquelle il appartient, semblerait indiquer que la scène dont il s'agit un peu plus loin aurait eu pour théâtre le pays voisin de Palenqué ou les plaines arrosées par le fleuve de Chiapas.

X-e cha curi Hunahpu, Xbalanque : Ch'y quira y vex, ch'y xima xe y pam nahlic u tzam, ch'y hure he ch'yvih; qatecut utz y binic, x-e u chax chic cumal qui chag.

Uve, x-e cha cut, ta x-qui hurtiba cut u tzam qui tok : xa pu huzu qui he chi x-uxic, xa qoy x-qui vachibeh chic.

Qatecut x-e be chuvi tak-che chuti huyub, nima huyub x-e bec pa tak quechelah, que vohon chic, qui zilah chic chu gab tak-che. Quehecut qui chakatahic Hunbatz, Hunchouen cumal Hunahpu, Xbalanque, xa rumal qui naual ta x-qui bano.

Ta x-e opon cut chi c'ochoch. X-e cha-cut x-e oponic ruq c'atit, ruq pu qui chuch : Yx k'atit, nakila mi-x-qui culvachih ri k'atz? xa rax qui vach mi-x-e bec queheri e chicop chic, x-e cha cut.

Ve nakila mi-x-y ban chique yv'atz ; mi-x-in y galaba, mi pu x-in y chikiba. Mata quehe x-y ban chique yv'atz, yx vi, x-cha ri atit chiquech Hunahpu, Xbalanque.

X-e cha chicut chire c'atit : M'yx bizonic, yx k'atit; x-ch'yv'il chic qui vach ri k'atz : x-que ulic; xere chicut u tihouic va chyve, yx k'atit, taqui m'yx-tzeenic. C'a tiha na qui gih, x-e cha-cut.

Qatepuch x-qui tiqiba zuanic Hunahpu-Qoy x-qui zuah.

Qatepuch x-e bixanic, x-e zuanic, x-e gohomanic, ta u qamic ri qui zu, qui gohom : ta x-cube puch ri c'atit

---

(1) Le *Hunahpu-Qoy* ou singe de Hunahpu est un ballet fort curieux encore aujourd'hui en usage au Guatémala parmi les Indiens; ils l'exécutent à certaines fêtes de l'année, portant des masques en bois fort bien faits, représentant les divers personnages, ainsi que les costumes qui y

Et Hunahpu et Xbalanqué répondirent : Otez vos ceintures, attachez-les vous sous le ventre (ayant soin d'y laisser) un long bout pendant que vous tirerez par derrière ; et ainsi vous marcherez à votre aise, ajoutèrent leurs deux frères.

C'est fort bien, répondirent-ils en tirant les extrémités de leurs ceintures : mais dans le même instant elles devinrent des queues et ils furent changés en singes.

Ensuite ils s'en allèrent sur la cîme des arbres, entre les monts grands et petits ; ils s'en allèrent partout dans les bois, grimaçant et se balançant sur les branches des arbres. Ainsi furent vaincus Hunbatz et Hunchouen par Hunahpu et Xbalanqué ; mais c'est seulement à cause de leur pouvoir magique qu'ils le firent.

Ils s'en retournèrent alors à leur demeure. En arrivant, ils dirent à leur aïeule et à leur mère : Grand'mère, qu'est-il donc arrivé à nos frères, qu'en un instant leurs visages soient devenus comme ceux des bêtes ? dirent-ils.

Si c'est vous qui avez fait ces choses à vos frères, vous m'avez ruinée, vous m'avez abîmée de tristesse. N'agissez donc pas ainsi avec vos aînés, ô mes enfants, leur répondit la vieille à Hunahpu et à Xbalanqué.

Ils répondirent alors à leur aïeule : Ne vous affligez pas, grand'mère ; vous reverrez la face de nos frères ; ils retourneront : seulement aussi ce sera une épreuve pour vous, grand'mère ; prenez garde de rire. Eprouvez maintenant leur fortune, ajoutèrent-ils.

Aussitôt ils commencèrent à jouer de la flûte et ils jouèrent l'air du *Hunahpu-Qoy* (1).

Après quoi ils chantèrent, jouèrent de la flûte et du tambour, en prenant leurs flûtes et leurs atabales (2) ;

---

ont rapport. Chacun de ces ballets ou comédies a ses masques, costumes et musique qui lui sont propres.

(2) Le mot *zuah*, formant ailleurs *zua-nic* est un verbe qui signifie jouer, toucher d'un instrument, en particulier un instrument à vent, comme la flûte ; le radical est *zu*, flûte ; de là *ahzu*, flutiste,

cuq, ta x-e zuanic, x-e ziquix pa zu, pa bix ta x-u binaah ri Hunahpu-Qoy u bi zu.

Ta x-e oc cu uloc ri Hunbatz, Hunchouen que xahouic ta x-e ulic : qatepuch ta x-mucun ri atit itzel qui vach, x-r'il atit ta x-tzeenic, mavi x-u cuy u tze atit : xa cu huzu x-e bec, mavi x-il chi qui vach.

Eyal k'atit; x-e be pa quechelah. Nakipa ch'y bano, yx k'atit ? xa cahmul x-chi ka tiho, xa oxmul chic.

X-que ka ziquih pa zu pa bix, qui ch'y cuyu y tze, ca tiha chi na, x-e cha-chic Hunahpu, Xbalanque.

Qate x-e zuan chic; ta x-e oc chi uloc que xahou chic x-e ul chic chi u nicahal u va-ha, xavi cu guz ca qui bano, xavi ca qui takchyih ri c'atit chi tze, libahchi x-tzeen chiri c'atit; quitzih tzeebal qui vach ri qoy, chi xiri ri e xe qui pam, chi chitila he, u chi qui qux, ta xe oc uloc, are cut qui ch'u tzeeh atit.

Qate x-e be chic pa tak buyub. Nakipa chi ka bano, yx k'atit? Xere chi va r'oxmul chic x-chi ka tiho, x-cha ri Hunahpu, Xbalanque.

X-e zuan chic : x-e ul chic que xahauic; xa cu ch'u cuyu ca u tze ri c'atit. X-e akan cu uloc chu qatanah tzak, ca kruxruh u chitak qui vach, mutzumak qui chi, chi qui mal qui chi, qui vach makamo chi qui hogih chique.

musicien; — le *gohom* est un tambour formé d'un bois creux, surmonté à une extrémité seulement d'un cuir d'ani- mal; les Espagnols le traduisaient par *atabal*, sorte de tambour mauresque qui ressemblait à celui des Indiens.

puis, faisant asseoir leur aïeule avec eux, ils touchèrent de leurs instruments pour provoquer leurs frères aînés par leurs sons et par leur chant, dont on appela l'air alors le *Hunahpu-Qoy*.

Alors entrèrent Hunbatz et Hunchouen, qui se mirent à danser en arrivant ; mais, lorsque la vieille eut aperçu leurs laides figures, elle rit en les regardant, sans pouvoir empêcher son rire : mais à l'instant même ils se retirèrent et elle ne vit plus leurs visages.

Voyez-vous ! grand'mère ; ils sont partis dans les bois. Qu'avez-vous fait grand'mère ? Quatre fois seulement nous pouvons faire cette épreuve, il n'en manque plus que trois.

Nous les appellerons (au son) de la flûte et du chant, retenez votre rire et que l'épreuve recommence, ajoutèrent Hunahpu et Xbalanqué.

Ensuite ils se mirent à jouer de nouveau de la flûte ; (les deux singes) retournèrent en dansant jusqu'au milieu de la salle, donnant tant de plaisir à leur aïeule et excitant si bien sa gaîté, qu'elle partit bientôt d'un éclat de rire : il y avait véritablement quelque chose de si grotesque dans leurs faces de singes, avec l'ampleur de leur bas-ventre, le frétillement de leurs queues et le plat de leur estomac, qu'il y avait bien de quoi faire rire la vieille, lorsqu'ils entrèrent.

Alors ils s'en retournèrent dans les montagnes. Qu'allons-nous faire maintenant, grand'mère ? Pour la troisième fois seulement nous recommencerons l'épreuve, dirent Hunahpu et Xbalanqué.

Ils jouèrent encore une fois de la flûte : (les singes) arrivèrent de nouveau dansant ; et leur aïeule (réussit momentanément) à retenir son rire. (Les singes) grimpèrent à la terrasse de la maison (montrant) leurs grands yeux rouges, leur museau allongé et leurs grimaces de toute sorte qu'ils se faisaient à eux-mêmes.

Ta x-r'il chicut ri atit, qate x-pokolih chi u tze ri c'atit. Ma chi cu x-il chi qui vach rumal u tzebal atit. Xere vi cua, yx k'atit, x-que ka pixabah ubic chu cahmul cut.

X-e zuax chic; macu x-e ul chic chu cahmul, huzu x-e bec pa quechelah. X-e cha cut chire c'atit : Mi cu x-ka tiho, yx k'atit, mi nabe x-e ulic, mi pu x-ka tih chic qui ziquixic. M'yx bizon cut; oh qolic, oh y'viy, xa ch'ilo koh ri ka chuch, yx k'atit que nabax ri k'atz ta ch'uxoc mi x-e colvic, mi pu x-e binahic Hunbatz, Hunchouen que u chaxic, x-e cha ri Hunahpu, Xbalanque.

X-e ziquix cut rumal ri ahzu, ahbix ri oher vinak, are puch chu ziquih ri ahtzib, ahqot oher. X-e chicopiric e qoy x-e uxic rumal xax qui nimarizah quib, x-qui yog ri qui chag.

Quehe vi galabil chi qui qux, quehecut qui maixic ri ta x-e zachic ri Humbatz, Hunchoven, e chicop x-e uxic. Are cut e r'amagelal qo c'ochoch chic xavixere c ahzu e ahbix nim chic, x-qui bano ta x-e qoheic ruq r'atit, ruq pu qui chuch.

---

(1) *Quehe vi galabil chi qui qux,* mot à mot : De cette manière donc la | ruine à leur cœur. *Qux* est pris ordinairement dans ce sens; mais il est

Or la vieille les regarda de nouveau et bientôt elle éclata de rire. Mais on ne revit plus leurs faces, à cause de la risée de la vieille : Cette fois seulement, grand'mère, nous les appellerons hors (des bois) et ce sera la quatrième fois (dirent Hunahpu et Xbalanqué).

Ils furent appelés une fois de plus au son de la flûte; mais ils ne revinrent pas la quatrième fois et s'en furent aussitôt dans les bois. (Les deux frères) dirent alors à leur aïeule : Nous avons essayé, grand'mère; mais ils ne sont pas venus, quoique nous ayons tenté de les appeler. Ne vous en affligez pas : nous sommes ici, nous, vos petits-fils, et nous vous regarderons comme notre mère, mère grande, puisqu'il advient ainsi que (nous restions) en mémoire de nos aînés, qui s'appelaient et se surnommaient Hunchouen et Hunbatz, ainsi qu'on les désignait, dirent Hunahpu et Xbalanqué.

Or (Hunbatz et Hunchouen) étaient invoqués par les musiciens et les chanteurs du peuple d'autrefois, et anciennement c'étaient eux qu'invoquaient également les peintres et les sculpteurs. Mais ils furent changés en bêtes et devinrent des singes, à cause qu'ils s'enorgueillissaient et qu'ils maltraitaient leurs frères.

Ainsi fut l'anéantissement de leur raison (1); ainsi furent perdus et anéantis Hunbatz et Hunchouen, quand ils furent changés en bêtes. Or, ils étaient (avant cela) constamment dans leurs maisons, et de même qu'ils étaient grands musiciens et chanteurs, ainsi ils firent de grandes choses, pendant qu'ils existèrent avec leur aïeule et leur mère.

évident qu'il s'agit ici de l'âme, de l'intelligence et par conséquent de la raison, que les Quichés ainsi que d'autres peuples anciens exprimaient par le mot cœur.

VAKPAH CHI TZIH.

Ta x-qui tiqiba chicut qui banoh, qui qutbal quib chuvach c'atit, chuvach pu qui chuch. Nabe x-qui bano ri abix. Xa koh abixic, yx k'atit, yx pu ka chuch, x-e cha. M'yx bizonic, oh qolic oh y viy, oh qui gexel k'atz, x-e cha-cu ri Hunahpu, Xbalanque.

Ta x-qui qam cut qu'icah, qui mixquina, qui xokem, x-e bec ruq huhun qui uub x-qui teleh : x-e el chi c'ochoch, ta x-qui pixab cu c'atit chire u yaic qui va : Chi tiqoh na gih, chi be ya ka va, yx k'atit, x-e cha. — Utzbala, yx viy, x-cha-cut ri c'atit.

Qatecut x-e opon chiri que abix vi, xaki x-qui chikiba ri mixquina pu uleu, xacu qui chi tahin ri mixquina pu uleu, ma cu qui chi tahin ri mixquina ch'utuquel.

Are curi icah xavi chi qui chikiba chu toloc che, xavi chu gab rib che chi bec chi lahahic chi bec ronohel che, caam, cakchacachoh chic chi gatoh che ch'u ban ri xa huna icah.

CHAPITRE SIXIÈME.

A leur tour, ils commencèrent leurs travaux, pour se manifester aux yeux de leur aïeule et de leur mère. La première chose qu'ils firent (fut d'ouvrir) un champ (1). Nous allons travailler aux champs, notre aïeule, notre mère, dirent-ils. Ne nous affligez point; nous qui sommes ici, nous sommes vos petits-fils, nous sommes à la place de nos frères aînés, ajoutèrent Hunahpu et Xbalanqué.

Alors ils prirent leurs haches, leurs pioches et leurs charrues, et se mirent en chemin, chacun avec sa sarbacane qu'il portait à l'épaule : ils sortirent de leur maison, en recommandant à leur aïeule d'envoyer leur nourriture : A midi juste, qu'on nous apporte notre dîner, grand' mère, dirent-ils. — C'est bien, mes petits-enfants, répondit leur aïeule.

Bientôt après, ils arrivèrent (à l'endroit) où ils avaient à ouvrir le champ et partout ils enfoncèrent la pioche dans la terre, la pioche seule (leur servant pour enlever les ronces de dessus la terre, seulement (employant) la pioche à nettoyer le sol.

Et la hache aussi ils l'enfonçaient dans la souche des arbres, comme également dans leurs branches, jetant par terre, taillant, faisant tomber tout, bois et lianes de toute espèce, une seule hache coupant tous ces bois et faisant seule (tout cet ouvrage).

(1) *Abix* en quiché, chez les Mexicains, *milpa*, exprime l'idée des semailles d'un champ défriché : c'est la première œuvre de la civilisation.

Are curi mixquina tzatz chi cupuh; mavi ahilan tum, qixic c'u ban ri xa hun chi mixquina, mavi ahilan capuh xa chuti huyub, nima huyub ca hec.

Ta x-qui pixabah cut hun chicop Xmucur, u bi, x-qui tuyuba akan-oc chuvi nima cutam, x-e cha cut Hunahpu, Xbalanque : xa ch'av'il ri k'atit chi petic yaol ka va : huzu c'at ogic ta petoc, qatecut chi ka chap ri mixquina ruq icah. — Utzbala, x-cha-cu ri Xmucur.

Are cut xa uubanic chi qui bano, mana quitzih abixic ta chi qui bano. Qatepuch ch' og ri Xmucur : anim cut que petic hun chi chapo mixquina, hun cut chi chapon ri icah :

Chi qui piz la qui vi, xalog ch'u bakula uleu pu gab ri hun xa quehe ch'u tziloh u vach, quehe ri quitzih abixom. Are curi hunchic xalog ch'u pukih u vebal che u holom quelle viri quitzih gatoh cheenel.

Ta x-il rumal c'atit : qatecut que vaic, ma quitzih abixic chi qui bano; xalog chi be yaoc qui va. Ta x-e be cut chi c'ochoch : Quitzih mi-x-oh cotzic, yx k'atit, que cha, que oponic, xalog chi qu'ikiquih chi qui yug puch c'akan, qui gab chuvach c'atit.

Ta x-e be chicut chaka gih, x-e opon cut pa c'abix, qiz

---

(1) Nous l'avons déjà dit, *chicop* est l'animal, la bête, la brute et par extension le barbare.

(2) *Xalog*, composé de *xa* seulement et de *log*, primitif de *logo*, aimer, apprécier, se traduit

Et ce que la pioche arrachait était tout aussi considérable : on n'aurait pu calculer (le nettoyage) de ronces et d'épines qui s'était fait avec une seule pioche, on ne pouvait calculer ce qui s'était nettoyé et ce qu'ils en avaient jeté par terre dans les montagnes grandes et petites.

Alors ils donnèrent leurs ordres à un (1) sauvage, nommé Xmucur (ou le Pigeon-Ramier), et l'ayant fait monter sur un grand tronc d'arbre, Hunahpu et Xbalanqué lui dirent : Tu n'as qu'à regarder quand notre aïeule viendra apportant notre dîner : Roucoule aussitôt qu'elle arrive et alors nous prendrons la pioche avec la hache. — Fort bien, répondit le Pigeon-Ramier.

Et voilà qu'ils s'occupèrent à chasser à la sarbacane et en réalité ils ne firent aucun défrichement. Après quoi le Pigeon-Ramier roucoula : aussitôt ils accoururent, l'un pour prendre la pioche et l'autre pour saisir la hache.

S'étant enveloppé la tête, l'un se couvrit gratuitement les mains de terre, salissant également son visage, comme un véritable laboureur. L'autre se remplit aussi inutilement la tête d'échardes de bois, comme si véritablement il eût été occupé à tailler en charpentant.

C'est alors qu'ils furent aperçus par leur aïeule. Ensuite ils prirent leur nourriture, quoique en vérité ils n'eussent fait aucun travail au champ pour les semailles ; et ce fut bien gratuitement (2) qu'on vint leur apporter à manger. En arrivant à la maison : Nous sommes véritablement fatigués, grand'mère, dirent-ils en arrivant, allongeant sans raison leurs jambes et leurs bras devant leur aïeule.

Lorsqu'ils retournèrent le jour suivant, (ils trouvèrent,)

---

d'ordinaire par l'adverbe inutilement, en vain : le plus exact est | gratuitement, par pure charité.

yacatahinak chic ronohel che, caam u chapom chi rib ronohel tum, qixic, ta x-e oponic.

Apachinak koh michouic? x-e cha cut. Are cut que bano u ri ronohel chuti chicop, nima chicop, Coh, Balam, Queh, Umul, Yak, Utïu, Ak, Ziz, chuti tziquin, nima tziquin, are x-e banouic, xa hun agab x-qui bano.

Qate-chi-cut x-qui tiqiba chic abixic : xavi x-u ban chi rib uleuh ruq gatoh che, ta x-qam chicu qui naoh chiri pa gatoh che, pa cupuh puch :

Xa ka varah ri k'abix. Ana-vi chi na ca bano ulo laquita chi ka riqo, x-e cha-cut, ta x-qam qui naoh. X-e opon chicut chi ha.

Naki r'ilo, koh michouic, yx k'atit? Nima quim chic, nima quechelab chi puch ri k' abix, ta x-oh opon mier, yx k'atit, x-e cha-cut chire c'atit, chire pu qui chuch. X-koh be cut, x-chi ka varah; rumal mavi utz ca ban chike, x-e cha.

Qatecut x-e batzonic ; qatecut qui bic chic pa qui gatoh che chiri cut x-e matzehe vi e mukumuxinak chic chiri;

Ta x-e cuchu cu quib ronohel chuti chicop, xa hun x-qui zep vi quib ronohel chuti chicop, nima chicop. Are puch tiqil u qux agab ta x-e petic, are qui chabal ri : *Yaclin che, yaclin caam.*

---

(1) Les brutes petites et grandes, c'est-à-dire les sauvages petits et grands détruisent le défrichement; c'est la réaction de la barbarie contre la civilisation qui paraît ici sous cette image.

en arrivant au champ, que tout avait été remis debout, arbres et lianes, et que ronces et épines tout ensemble s'étaient enchevêtrées de nouveau, au moment où ils arrivèrent.

Qui donc nous a ainsi joués? s'écrièrent-ils. Ce sont certainement eux qui ont fait cela, toutes les brutes, petites et grandes (1), le Lion, le Tigre, le Cerf, le Lapin, le Sarigue, le Chacal, le Sanglier, le Porc-Epic; les oiseaux, grands et petits, ce sont eux qui ont opéré ces choses, et dans une seule nuit ils l'ont fait.

Ensuite ils recommencèrent à préparer de nouveau le champ : ils en firent de même à la surface du sol avec les arbres coupés, tout en prenant conseil (l'un de l'autre) entre la taille des arbres et le nettoyage des broussailles.

Seulement, (dirent-ils), nous veillerons sur notre défrichement. Peut-être entre temps parviendrons-nous à surprendre ceux qui sont venus faire cela, ajoutèrent-ils en s'avisant. Puis ils s'en retournèrent à la maison.

Que vous en semble, nous avons été joués, grand'mère? De grandes broussailles, et la forêt toute grande (avaient repris la place) que nous avions défrichée, quand nous sommes arrivés tout-à-l'heure, grand'mère, dirent-ils à leur aïeule et à leur mère. Mais nous y retournerons et nous veillerons; car il n'est pas bon qu'on agisse ainsi avec nous, ajoutèrent-ils.

Ensuite ils s'armèrent ; puis ils s'en retournèrent à leurs arbres coupés, et s'y cachèrent, abrités qu'ils étaient dans l'ombre.

Alors toutes les brutes se rassemblèrent, chaque espèce s'unissant à part entre toutes les brutes petites et grandes. Et voilà qu'au point de minuit ils arrivèrent, disant dans leur langue : Arbres, levez-vous; levez-vous, lianes (2).

---

(2) *Yaclin che, yaclin caam*. Le mot lever *yaclin* ne répond pas aux formes grammaticales du Quiché : il appar- tient probablement à une langue plus ancienne, même que la langue mame qui est antérieure au quiché.

X-e cha ta x-e petic, que nebebjc xe che, xe caam, ta x-e yopihic, ta x-e qutun cu chi qui vach.

Are cut u nabe ri Coh, Balam : x-r'ah cu qui chapo; mavi x-u ya rib. Ta x-yopih chic Queh, Umul, xa cuch u he; x-qui chap vi ; xa cu x-cupu cub, canahoc u he Queh pa qui gab, ta x-u qam ri u he Queh ruq u he Umul ri x-zcatak qui he.

Ma cu x-qui ya quib ri Yac, Utiu, Ak, Ziz, x-e iqouic conohel chicop chi qui vach ri Hunahpu, Xbalanque; chi gatat chi cut qui qux, rumal ri ma-habi x-qui chapo.

X-pe curi hunchie u xambe chic, ca tzotzotic ta x-petic : qatecut x-qui cateh, x-qui ze cut pa qul ri cho, qatepuch x-qui chapo, x-qui yoteh puch chirih u vi ; x-r'ah qui bio. X-qui poroh u he chuvi gag : ta x-u qam ri u he cho ma-habi r'izmal u he, are naipu u bak u vach ta x-r'ah biyc cumal qaholab ri Hunahpu, Xbalanque.

Ma-ta qu'i camic yvumal ; mavi are y patan ri abixic qo yve, x-chari ri cho. — Apa qo vi que ch'a biyh nacut ? x-e cha cu ri qaholab chire cho. — La qu'in y tzocopih tanaba la ; qo nu tzih chi nu pam, qatecut ch'in biyh chyve; ch'y ya tana zquin v'echa, x-cha ri cho.

Qate chi ha yao av'echa, ch'a biyh na, x-u chaxic. —

C'est ainsi qu'ils parlèrent en arrivant, leurs multitudes se pressant sous les arbres et sous les lianes ; enfin ils s'approchèrent, se découvrant aux regards (de Hunahpu et de Xbalanqué).

Or, les premiers étaient le Lion et le Tigre : (les frères) voulurent les saisir, mais ils ne se laissèrent pas (prendre). A leur tour, s'avancèrent le Cerf et le Lapin, les queues rapprochées l'une de l'autre ; ils les saisirent ; mais ils n'en arrachèrent que l'extrémité, et la queue du Cerf leur resta dans les mains, et ayant pris ainsi la queue du Cerf et celle du Lapin, il ne resta plus (à ces animaux) qu'une queue tout-à-fait courte.

Le Renard et le Chacal ne se rendirent pas davantage, non plus que le Sanglier et le Porc-Epic, et tous les animaux passèrent devant Hunaphu et Xbalanqué, dont le cœur aussi brûlait de colère pour n'avoir pu en prendre un seul.

Mais il en arriva un autre, qui venait en sautant, tout le dernier : alors (les deux frères,) lui barrant le passage, prirent le Rat dans un mouchoir : l'ayant ensuite saisi, ils le serrèrent vivement à la tête et voulaient l'étouffer. Ils lui brûlèrent la queue au-dessus du feu : c'est alors que le Rat commença à porter la queue, mais une queue sans poil, ainsi que les yeux (à fleur de tête,) comme s'ils eussent été pressés dehors pour les jeunes gens, Hunahpu et Xbalanqué.

Que je ne meure pas de vos mains ; (sachez que) ce n'est pas votre profession de travailler à la terre, leur dit le Rat. — Qu'est-ce donc que tu nous contes maintenant, répondirent les jeunes gens au Rat. — Lâchez-moi un moment ; car ce que j'ai à vous dire est dans mon ventre ; ensuite je vous le conterai ; mais d'abord donnez-moi un peu à manger, dit le Rat.

Après, nous te donnerons à manger, dis d'abord (ce

Utzbala. Are bari r'ech y cahau ri Hunhun-Ahpu, Vukub-Hunahpu u bi, ri x-e cam chi Xibalba, qo cu canoc chuvi ha ri qui bate, qui pachgab, qui quiq puch. Xa mavi ca r'ah ch'y vach rumal yv'atit, rumal ri are x-cam vi y cahau.

Ma quitzih av'etaam, x-e cha curi qaholab chire cho ? Nim x-quicot qui qux ta x-qui tao u tzihel quiq. Ta x-u biyh cho, ta x-qui ya r'echa cho.

Are curi r'echa ri, ixim, zakil ic, quinag, pek, cacou, are cut av'ech ri, uve nakila quvun, chi mezcutahinak av'ech cut, ch'a quxu, x-u chax curi cho cumal Hunahpu, Xbalanque.

Utzbala, yx qaholab. Nakila cu qui-nu uchah uve qui r'il ri yv'atit ? x-cha cut. — Mavi chi tzak a qux ; oh qolic, koh nohinic qo ru chaxic ri k'atit. Xa huzu ca ka ya akan-oc xiquin ha ; ta cu ho qo apan-oc, huzu c'at opon chiri x-e quel vi chiri cut ; ca k'il vi pu tum ha, xa pu ka ti ca k'il vi, x-e cha cut chire cho.

Tax-qui pixabah hun agab, x-qam qui naoh ri Hunalpu, Xbalanque, qui cu tiqil gih x-e oponic. Ma c'u calah ri cho, c'u caam ta x-e oponic hun ri yacalic x-oc pa ha,

---

(1) *Zakil ic,* blanc chilé, du mot nahuatl *chilli,* sorte de piment américain, dont il y a beaucoup de variétés.

(2) *Pek,* sorte de cacao de qualité inférieure, dont les indigènes font toutefois des breuvages, mais qui sert surtout de monnaie dans les marchés.

(3) *Nakila cu qui-nu uchah, uve qui r'il ri yv'atit,* quoi donc je dirai, si me elle voit celle votre aïeule?

(4) *Ca k'il vi pu tum ha,* que nous

que tu as à dire), lui fut-il répondu. — Fort bien. (Sachez) donc que ce sont les biens de vos pères Hunhun-Ahpu et Vukub-Hunahpu, ainsi nommés, et qui moururent en Xibalba, qu'ils existent ainsi que les instruments de leur divertissement, qui sont demeurés suspendus au-dessus de la maison, leurs anneaux, leurs gants, leur balle de gomme élastique. Mais on n'a pas voulu (les montrer) à vos yeux, à cause de votre aïeule, parce que c'est pour cela que vos pères sont morts.

Es-tu vraiment certain (de ces choses), dirent les jeunes gens au Rat? Et ils étaient remplis de joie en entendant l'histoire de la pelote élastique. Ce qu'ayant dit le Rat, ils lui donnèrent à manger au Rat.

Voici la nourriture (que nous te donnerons); le maïs, le chilé blanc (1), les haricots, le pek (2), le cacao, seront à toi; et s'il reste quelque chose de gardé ou d'oublié, ce sera encore à toi, et tu le grignoteras, lui dirent au Rat Hunahpu et Xbalanqué.

Fort bien, jeunes gens. Mais que dirai-je si votre aïeule me voit (3), ajouta-t-il. — Ne crains rien; nous sommes là; nous sommes tout prêts pour ce qu'il y a à répondre à notre grand'mère. Vite donc, montons à ce coin de la maison; allons-nous-en où il faut aller, et vite monte à l'endroit où (ces choses) sont suspendues, que nous voyions dans les liens de la maison (4) et que nous voyions pour notre nourriture, dirent-ils au Rat.

Alors ayant avisé pour une nuit, après avoir pris conseil (l'un de l'autre), Hunahpu et Xbalanqué arrivèrent à midi précis. Portant le Rat sans le montrer, ils s'avan-

voyions dans les cordages de la maison. *Tum* désigne toute sorte de corde ou de lien tordu, soit d'écorces d'arbres, soit de lanières de cuir; les indigènes s'en servent encore aujourd'hui pour amarrer les pièces de charpente dans le toit d'une maison, au lieu de clous : ces liens avec lesquels j'ai vu monter plus d'un toit sont plus solides et plus durables que les clous ou les chevilles, dont les indigènes commencent à se servir.

hun cu x-oc xiquin ha, libahchi x-u ya akan-oc ri cho;

Ta x-qui tzonoh cut qui va chire c'atit : Xa ch'y cutu ka ti, ca ka raih ri cutum ic, yx k'atit, x-e cha-cut. Qatecut x-cut qui ti hun lak u vaal x-tiqibax chi qui vach :

Xavi qui michbal re c'atit, qui chuch puch, x-qui tzahizah cu ha pa quebal : Quitzih chakih ka chi ; ch'y qama k'uquia, x-e cha chire c'atit. — Ve, x-cha-cut, ta x-bec.

Are cut que va canoc : ma cu quitzih ta que numic, xa que moyvachibal x-qui bano. Ta x-qu'il cut ri cho chupam cutum ic, colon uloc ri cho chirih quiq x-e quel vi pu vi ha.

Ta x-qu'ilo pa cutum ic, ta x-qui tak cat hun Xan ri chicop ri Xan queheri uz, x-opon chi a : are cu x-voro u vach quebal atit, xa yacal ha ch'el chuvach u quebal ch'u tiho, x-ma chi tzapi-tah vi u vach quebal.

Nakipa mi-x-u ban ri k'atit ? Oh hizabah chi ya, koh utzin rumal chakih chi, x-e cha chic chire qui chuch, ta x-qui tak ubic. Qatecut x-u ca gat ula cho ri quiq, x-kah ula pu tum ha, ruq bate, pachgab, tzuum. X-qui

---

(1) *Xa ch'y cutu ka ti*, seulement broyez notre manger. C'est l'usage de broyer sur le *metate* ou pierre à moudre américaine avec un rouleau de pierre la plupart des aliments : on broie sur la même pierre le maïs pour en composer des aliments divers, le poivre, le cacao, le café, le sucre, etc.

(2) *Chilmol*, du nahuatl *chilmulli*, que Molina traduit *Salsa ó guisado de*

cèrent, l'un entrant délibérément dans la maison, l'autre dans le recoin, où aussitôt il laissa monter le Rat.

Et alors ils demandèrent leur dîner à leur aïeule : Moudez-nous donc notre manger (1) ; nous désirons un chilmol (2), grand'mère, dirent-ils. Aussitôt on leur prépara une écuelle de bouillon, qui fut placée devant eux :

Mais ce n'était qu'une (ruse) pour tromper leur aïeule et leur mère, et ayant renversé l'eau de la cruche : Vraiment nous mourons de soif (3) ; allez donc nous chercher à boire, dirent-ils à leur aïeule. — Oui (j'y vais) répondit-elle en s'en allant.

Quant à eux, ils continuèrent (4) à manger : mais ils n'éprouvaient en réalité aucun besoin de boire, et ils ne le faisaient que pour l'empêcher de voir (ce qu'ils voulaient faire). Et ayant eu soin du Rat (pour ce qui était) du chilmol, le Rat monta librement à côté de la pelote élastique, suspendue (avec les autres instruments) au sommet de la maison.

Ayant fini avec le chilmol, ils commissionnèrent un certain Xan ; or ce Xan était un animal semblable à un moucheron, et il se rendit au bord de la rivière : et il se mit aussitôt à percer le côté de la cruche de la vieille et l'eau se répandit au dehors de la cruche qu'elle essaya (d'arrêter) sans pouvoir boucher le côté de la cruche (par où l'eau coulait).

Que fait donc notre grand'mère ? Nous étouffons faute d'eau, nous mourons de soif, dirent-ils à leur mère, en l'envoyant dehors. Aussitôt (qu'elle fut sortie), le Rat alla couper (la corde qui retenait) la pelote élastique ; elle tomba

---

axi, sauce ou ragoût de piment, en quiché, *cutum ic.* Ce sont des mots encore très en usage dans le Mexique et l'Amérique centrale, fort appréciés aussi par les descendants des conquérants.

(3) *Quitzih chakih ka chi*, mot à mot, véritablement ardentes (ou desséchées sont) nos bouches.
(4) *Are cut que va canoc*, eux donc ils mangeaient cependant.

mahix-tah cut; qate x-pe qu'euah pa be u beel hom.

Qatecut x-e be chic ruq c'atit chi ya, ca tahin curi c'atit, qui chuch tzapi u vach quebal huhun. Qatecut ta x-e oponic huhun chi cu chi uub, ta x-e oponic chi ya : Nakipa mi-x-y bano? Xa mi-x-coz ka qux x-oh petic, x-e cha.

Ch'yv'ila na u vach nu quebal, mavi ca tzapitahic, x-cha c'atit. Libahchi cut x-qui tzapih chic, huham cut x-e pe chic, e nabe chuvach c'atit. Quehecut u canaic quiq ri.

VUKPAH CHI TZIH:

Que quicot chi cut x-e bec e chaahel pa hom; naht cu x-e chaahic qui-tuquel, x-qui mez ri hom qui cahau.

Ta x-qui ta cu uloc r'ahaual Xibalba : Apa chi na chiri mi-x-u tiqiba chic etzanem pa ka vi, ma pu que qixbic que nicnot uloc? Ma pa x-e cam ri Hunhun-Ahpu, Vukub-Hunahpu x-r'ah qui nimarizah quib chi ka vach? He cu y taka chic,

X-e cha chic ri Hun-Came, Vukub-Came, conohel ahauab. X-e tako uloc, x-e cha-cut chire qui zamahel :

des combles de la maison avec les anneaux, les gants, et les boucliers de cuir. Ils s'en emparèrent immédiatement et allèrent ensuite les cacher sur le chemin qui menait à la salle du jeu de paume.

Après cela ils s'en allèrent trouver leur aïeule au bord de la rivière, or leur aïeule et leur mère étaient en ce moment occupées l'une et l'autre à boucher le côté de la cruche. Alors ils arrivèrent tous les deux avec leur sarbacane et s'avancèrent au bord de la rivière : Que faites-vous donc? Nous sommes fatigués (d'attendre) et nous sommes venus, dirent-ils.

Voyez donc le côté de ma cruche, qu'on ne peut pas le boucher, répondit leur aïeule. Mais aussitôt eux le bouchèrent et ensemble ils s'en revinrent, eux marchant devant leur grand'mère. Et voilà comment leur fut livrée la pelote élastique.

CHAPITRE SEPTIÈME.

Or, (Hunahpu et Xbalanqué) se sentaient remplis d'allégresse, en se mettant en chemin pour jouer à la pelote à la salle du jeu de paume; et bien loin (ils se rendirent) pour jouer à la pelote tout seuls, et (ils commencèrent par) balayer la salle du jeu de paume de leurs pères.

Or, les princes de Xibalba vinrent à les entendre : Qui donc sont ceux qui recommencent maintenant à jouer sur nos têtes, et qui ne craignent point d'ébranler (la terre)? Ne sont-ils donc pas morts Hunhun-Ahpu et Vukub-Hunahpu, qui voulurent s'exalter devant notre face? Allez donc chercher ceux-ci à leur tour :

Ainsi dirent encore une fois Hun-Camé et Vukub-Camé et tous les princes (de Xibalba). Ils envoyèrent et dirent à

Qu'yx cha, qu'yx oponic : Que petoc, que cha ahauab : varal-tah koh chaah vi cuq, vukubix koh etzanic, que cha ahauab; qu'yx cha qu'yx oponic, x-e u chax-cut ri zamahel.

Ta x-e pe cut nima hoc cu qui be ri qaholab chi c'ochoch ca togol chi c'ochoch, xa cu yacal ri zamahel x-opon ruq c'atit. Are cut qu'echahic, ta x-ul canoc u zamahel Xibalba.

Quitzih que petic, que cha ri ahauab; x-e cha-cut ri u zamahel Xibalba. Ta x-choye cu canoc qui gih cumal ri u zamahel Xibalba : Vucubix que tzelavachixic, x-u chax canoc Xmucane. — Utzbala, x-que be tak-oc, yx zamahel, x-cha ri atit. X-e be curi zamahel, x-e tzalihic.

Ta x-qiz cut u qux ri atit : Naki x-qui v'uchah qui takic ri viy? Mavi quitzih ri Xibalba xa quehe r'ulic zamahel oher, ta x-e be qam-oc ri qui cahau? x-cha ri c'atit, guz ch'oc pa ha utuquel.

Qateeut x-cah ulo hun Uq ch'u cayac; qateca x-u chap akan-oc, ta x-u ya cut pu gab, chi malmat ib curi Uq x-binic :

At viy, ch'av'ah-tah ca nu tako, que beta a taka ri viy pa hom? x-uchax ri Uq : Ta x-bec takonel mi-x-ul zamahel ruq yv'atit, ca cha : C'at oponic vukubix cut que oponic, ca cha u zamahel Xibalba. Ca cha yv'atit, ca cha x-u chax ri Uq.

leurs émissaires : Allez leur dire : Qu'ils viennent, disent les princes : ici même nous voulons jouer avec eux, dans sept jours nous voulons nous mesurer (avec eux), disent les princes ; allez leur dire cela, leur fut-il répété aux émissaires (de Xibalba).

Ils prirent donc le grand chemin que les jeunes gens avaient déblayé depuis leur maison et qui allait tout droit à leur maison, et par où les envoyés entrèrent directement auprès de leur aïeule. Or ils étaient occupés à manger, quand les envoyés de Xibalba arrivèrent.

En vérité, qu'ils viennent (Hunahpu et Xbalanqué), disent les princes, répétèrent les envoyés de Xibalba. Et alors les envoyés de Xibalba marquèrent le jour (qu'ils devaient venir) : Dans sept jours, ils seront attendus, fut-il dit à Xmucané.—C'est bien, ils s'y rendront, ô messagers, répondit la vieille. Et les envoyés s'étant mis en chemin s'en retournèrent.

Et alors le cœur de la vieille se brisa : A qui commanderai-je d'aller chercher mes petits-fils ? N'est-ce pas véritablement de la même manière que vinrent autrefois les envoyés (de Xibalba) pour prendre leurs pères ? dit leur aïeule, en entrant seule et triste dans la maison.

Après cela un Pou vint à tomber de dessous (son jupon); elle le saisit aussitôt, le soulevant, et le mit sur sa main, où le Pou se remuant, commença à marcher.

Mon neveu (1), aimerais-tu que je t'envoie, pour aller appeler mes petits-fils au jeu de paume? dit-elle au Pou : Des envoyés sont venus trouver votre aïeule et lui ont dit : (Il faut) que tu te prépares dans sept jours et qu'ils viennent, ont dit les envoyés de Xibalba. Ainsi parle votre aïeule, dit-elle en le répétant au Pou.

---

(1) *At viy*, toi neveu (ou petit-fils), expression familière. Le plus âgé dit mon neveu, le plus jeune mon oncle.

Ta x-bec chi malmat cut x-bec. Cubul curi qahol pa be, Tamazul u bi, ri Xpek : Apa c'at be vi, cha cu ri Xpek chire Uq. — Qo ba nu tzih chi nu pam ; qu'in be cuq qaholab, x-cha ri Uq chire Tamazul.

Utzbala ! Ma-ba c'at anaic ca v'ilo, x-uchax cu Uq rumal Xpek · ma ch'av'ah c'a nu bigo ; ch'av'ila na pe qu'in anic va ; x-koh opon ch'anim. — Utzbala, x-cha ri Uq chirech Xpek.

Qatecut ta x-rictaxic rumal Xpek. Chi bec nah curi Xpek ta x-bec, chi mavi ca anic : Qatecut ta x-u cul chicut hun nima Cumatz, Zakicaz ubi :

Apa c'at be vi, at Tamazul qahol, x-uchax chic ri Xpek rumal Zakicaz? — In zamahel. Qo nu tzih chi nu pam, x-cha chicut Xpek chire Cumatz. — Ma ba c'at anic ca v'ilo ; in ta-on x-qu'in opon ch'anim ? x-cha Cumatz chire Xpec. Cat-oho, x-uchaxic.

Qatecu x-big chic ri Xpek rumal Zakicaz. Ta x-u qam ri r'echa Cumatz, que bigo u xpek vacamic. Ch'an cu ri Cumatz ta x-bec ; x-culutah chi-vi-cut ri Cumatz rumal Vac, nima tziquin ; x-big chi viri Cumatz rumal Vac.

Qatepu x-opon ri chuvi hom. Ta x-u qam r'echa ri xic que tio u cumatz pa tak huyub. Ta x-opon puch ri Vac,

---

(1) *Tamazul*, de *tamaçolli*, crapaud, en langue nahuatl. Ces indications sont précieuses pour indiquer le rôle que les ancêtres des Tolté- ques ont joué dans ce drame.
(2) *Qo ba nu tzih chi nu pam*, il y a mon message (ou ma parole) à mon ventre. *Ba* est une particule d'élé-

Alors il s'en alla en se dandinant en chemin. Or, assis sur la route (se trouvait) un jeune homme, nommé Tamazul, ce qui veut dire Crapaud (1). Où vas-tu, lui dit le Crapaud au Pou?— Je porte un message à la ceinture (2), et je vais trouver les jeunes gens, répondit le Pou à Tamazul.

. Fort bien. Tu ne cours guères cependant, à ce que je vois, fut-il dit au Pou par le Crapaud : Veux-tu que je t'avale; tu verras bien comme je cours; nous arriverons tout de suite. — C'est fort bien, répondit le Pou au Crapaud.

Et aussitôt il se laissa avaler par le Crapaud. Or le Crapaud marcha longtemps, en s'avançant dans son chemin; mais il ne courait pas. Après cela il rencontra à son tour un grand serpent nommé Zakicaz :

Où vas-tu donc, Tamazul, mon garçon, lui fut-il dit au Crapaud par Zakicaz? — Je suis un messager. Je porte un message dans mon ventre, dit aussi le Crapaud au Serpent. — Tu ne cours guères à ce que je vois; n'arriverai-je pas plus vite (que toi)? dit le Serpent au Crapaud. Viens ici donc, lui dit-il.

Alors le Crapaud fut à son tour avalé par le Zakicaz. C'est depuis lors que les serpents les prennent pour leur nourriture, et aujourd'hui encore ils engloutissent les crapauds. Le serpent courait en cheminant; et le serpent, de son côté, ayant été rencontré par le Vac, (qui est un) grand oiseau, au même instant ledit serpent fut englouti par le Vac (3).

Bientôt après, il arriva au-dessus du jeu de paume. C'est depuis lors que l'Epervier en fait sa nourriture et

gance et de doute qui exprime beaucoup de choses, comme : ce me semble, vraiment, cependant.

(3) *Vac*, qui est un grand oiseau, dit le texte ; ailleurs se trouve écrit *voc*. Le verset suivant dit que c'est l'oiseau de proie appelé *Xic*, c'est-à-dire l'Epervier américain.

x-chakachob chuvi u tzutzil hom, que quicot curi Hun-Ahpu, Xbalanque que chaahic.

Ta x-opon cut ri Vac, ta x-og curi Vac : Vacco, vacco, x-cha r'ogibal, vacco! — Nakipa ri ch'ogic? pe-ta ka uub, x-e cha.

Qatepuch x-qui uubah ri Vac, qui cu takal u bak uub chu bak u vach ; chi tzelet cut, x-kah uloc. Quitzih vi cut x-be qui chapa, qate x-qui tzonoh : Hupa a petic? x-e cha chire Vac.

Qo ba nu tzih chi nu pam. Ch'y cunah-ta na u bak nu vach nabe, qatecut x-ch'in biyh, x-cha ri Vac. — Utzbala, x-e cha cut. Qate x-qu'elezah zcaquin rih quiq ri chaah, x-qui coh chi u vach ri Vac; Lotzquiq x-u binaah cumal; libahchi cut x-cachoh cumal utz chic u mucubal ri Vak x-uxic.

Ch'a biyh cut, x-e cha chire Vac. Qatecut x-u xauah nima Cumatz. — Ca chau-oc; x-e cha chic chire Cumatz. — Ve, x-cha chicut, ta x-u xauah chi Xpek. — Nakipa qo takikil ca tzihon-oc, x-u chax chi curi Xpek? — Qoba nu tzih chi nu pam, x-cha chi curi Xpek.

Qatecut x-u tih, xa big, mahabi x-u xauah, xa quehe chu qaxah u chi ch'u tiho ; x-ma qo-vi chu xauah. Qatecut x-r'ah chayic cumal qaholab.

---

(1) *Lotzquiq* est une herbe américaine des tropiques, appelée par les Mexicains *Xocoyolli* et, à ce qu'il parait, *oxalis*, dans notre classification d'histoire naturelle. Les indigènes de l'Amérique centrale m'ont assuré

dévore les serpents dans les montagnes. En arrivant, le Vac s'abattit sur la corniche du jeu de paume, où Hunahpu et Xbalanqué s'amusaient à jouer à la balle.

Et se mettant sur pied, le Vac croassa : Vacco, vacco, dit son cri, vacco ! — Qu'est-ce que ce croassement-là? Vite, nos sarbacanes, s'écrièrent (les deux jeunes gens).

Ensuite ils tirèrent au Vac, lui envoyant la balle de la sarbacane dans la prunelle de l'œil : il tourna aussitôt sur lui-même et vint tomber (aux pieds des deux frères). Sur le coup, ils coururent le prendre et lui demandèrent ensuite : Que viens-tu faire ici? parlant au Vac.

Je porte mon message dans mon ventre. Mais guérissez d'abord la prunelle de mon œil, et ensuite je vous le ferai connaître, dit le Vac. — Fort bien, répondirent-ils. Alors ils prirent un peu de la gomme de la balle avec laquelle ils jouaient et l'appliquèrent à l'œil du Vac ; (ce remède) fut appelé par eux *Lotzquiq* (1), et en même temps la vue du Vac se trouva parfaitement guérie par eux.

Parle, maintenant, dirent-ils au Vac. Alors il vomit le grand serpent. — Parle donc, toi, dirent-ils aussitôt au Serpent. — Oui, répondit-il, et à l'instant il vomit le Crapaud. — Où est le message que tu as annoncé, lui fut-il dit à son tour au Crapaud? — Je porte mon message dans mon ventre, répondit le Crapaud.

Alors il fit des efforts comme s'il étouffait ; mais il ne vomit point et sa bouche se couvrait comme de bave dans l'effort qu'il faisait, sans qu'il lui vînt aucun vomissement. Après cela, les jeunes gens voulaient le maltraiter.

qu'ils s'en servaient pour enlever la cataracte et m'en ont enseigné le moyen. Il est impossible, d'ailleurs, que ce remède soit indiqué sans dessein dans cet ouvrage ; les indiens ne font rien hors de propos.

At qaxtok, x-u chaxic, ta x-yic u va r'achak chi akan; x-kah cu bakil u va r'achak chi r'akan. X-u tih chicut, xa quehe chu chub u chi.

Qatepuch x-qui rech u chi ri Xpek, x-rech cumal qaholab, x-qui tzukuh pu chi : xa cu nacal ri Uq chuva r'e Xpek, xa pu chi qo-vi. Mana x-u bigo, xa quehe xa big. Quehecut x-chakatah vi ri Xpek : mavi calah ru vach r'echa x-qui yao; ruq mavi ch'anic, xa u chac cumatz x-uxic.

C'a tzihon-oc, x-uchax chicut ri Uq, ta x-u biyh cu u tzih : Ca cha ri yv'atit, yx qaholab : He a taka. X-ul takol que ca pe chi Xibalba u zamahel Hun-Came, Vukub-Came. Vukubix que ulic varal, koh chaah vi; chi pe ri qu'etzabal, quiq, bate, pachgab, tzuum, are chi qaztah u vach varal, que cha ahauab.

X-ul quitzih, ca cha ri yv'atit. Ta x-i petic. Quitzih ca cha ri yv'atit; c'ogic, ca ziquinic yv'atit; x-i petic. — Ma quitzih, x-e cha-cut qaholab chi qui qux, ta x-qui tao. Huzu x-e petic, x-e opon cut ruq c'atit; xa e pixabay chire c'atit x-e bec.

Tu es un imposteur, lui dirent-ils en lui donnant du pied au derrière ; alors son échine descendit sur ses jambes. Il essaya encore (de vomir, mais ses efforts ne produisirent encore) qu'une sorte de bave autour de sa bouche.

Ensuite ils ouvrirent la bouche au Crapaud, et sa bouche étant ouverte par les jeunes gens, ils cherchèrent dans sa bouche ; or le Pou se trouvait arrêté dans les gencives du Crapaud : il était tout simplement dans sa bouche. Il ne l'avait pas avalé, mais seulement comme s'il l'avait avalé. C'est ainsi que fut joué le Crapaud : (aussi) ne connaît-on pas le caractère de la nourriture qu'on lui donne ; il ne sait pas non plus courir, seulement (on sait qu'il) est fait de la chair des serpents.

Parle, lui fut-il dit ensuite au Pou, et il expliqua son message : Ainsi parle votre aïeule, jeunes gens : Va les appeler. Des envoyés de Hun-Camé et de Vukub-Camé sont venus les chercher de Xibalba. Qu'ils viennent dans sept jours ici pour jouer avec nous à la paume ; viennent également les instruments avec lesquels ils se divertissent, la balle de gomme élastique, les anneaux, les gants et les cuirasses, et qu'ici se vivifie leur visage, dirent les princes.

Et véritablement ils sont venus, dit votre aïeule. Alors je suis venu (1). Car c'est véritablement cela que dit votre aïeule ; elle gémit, elle se lamente, votre aïeule ; je suis donc venu. — Serait-ce bien vrai, répondirent les jeunes gens dans leur pensée, en écoutant (le message). A l'instant même ils se mirent en route et arrivèrent auprès de leur aïeule : et uniquement pour prendre congé de leur aïeule, ils allèrent.

---

(1) *Ta x-i petic*, alors je suis venu. La lettre *i* isolée, qui suit le signe du parfait *x*, est ici pour *in*, je, le *n* étant retranché par euphonie.

Ho na, yx k'atit; xa oh pixabai yve. Vae cute r'etal ka tzih x-chi ka canah : huhun x-chi ka tic chire va ah, chu nicahal k'ochoch x-chi ka tic vi : are r'etal ka camic, ve chi chakihic : Mi pa x-e camic, qu'yx cha, ta chi chakihic. Ve cut ta chi pe u tux : E pa qazlic, qu'yx cha cut. Yx k'atit, yx ka chuch, m'yx ogic, qo r'etal ka tzih ca canahic yvuq, x-e cha.

Ta x-e bec, hun x-u tic Hunahpu, hun-chi cu x-ticou Xbalanque; xa pa ha x-u tic vi, mana pa huyub tah, mana ipu pa rax uleu-tah, xa pa chakih uleu chu nicahal upa c'ochoch x-qui tic vi canoc.

VAHXAKPAH CHI TZIH.

Ta x-e be cut huhun chi uub chique, x-e kah chi Xibalba; libahchi x-e kah chuva cumuk x-e iqou chi vi cut chupan halha civan, xa chuxol tziquin x-e iqou vi, are ri tziquin Molay qui bi.

X-e iqou chi cut pa Puh-ya, pa Quiq-ya, chakbal ta que

---

(1) *Qo r'etal ka tzih ca canahic yvuq,* il y a ce signe de notre parole qui est resté avec vous. C'est le sens direct; mais ces mots signifient également : Il y a ce signe de notre postérité qui est resté avec vous. Ce récit renferme beaucoup de vérités historiques. C'est un voile qui couvre l'union clandestine du nahuatl étranger avec les femmes du pays, de qui naitront les vainqueurs de Xibalba, union symbolisée, suivant toute apparence, dans le *huey-comitl*, de la mythologie mexicaine, le dieu Con de l'Amérique méridionale.

(2) Quel était l'oiseau appelé ici *Molay?*

(3) *Pa-puh-ya,* Dans la rivière (ou l'eau) de boue. *Puh* signifie boue, fange, matière, pus, et le nom parait convenir parfaitement aux régions basses arrosées par l'Uzumacinta et ses affluents, à son issue des montagnes, après avec sa jonction le rio San-

Nous partons, grand'mère; seulement nous sommes venus prendre congé de vous. Mais voici le signal de la parole que nous laisserons : chacun nous planterons une canne par ici ; au milieu de la maison nous la planterons : ce sera le signe de notre mort, si elle se dessèche. Auraient-ils donc péri? direz-vous, si elle sèche. Mais si elle vient à fleurir : Ils sont vivants, direz-vous. O notre aïeule, ô notre mère, ne pleurez point, voici le signe de notre parole qui reste avec vous, dirent-ils (1).

Et aussitôt ils s'en allèrent, Hunahpu ayant planté l'une et Xbalanqué l'autre ; ils les plantèrent au milieu de la maison, et non au milieu des montagnes ou dans une terre humide, mais bien dans une terre sèche, au milieu de l'intérieur de leur maison, où ils les laissèrent plantées.

CHAPITRE HUITIÈME.

Alors (Hunahpu et Xbalanqué) se mirent en chemin, chacun avec sa sarbacane, en descendant vers Xibalba. Ils descendirent avec célérité les gradins précipités (de la montagne) et passèrent de même dans les eaux bouillonnantes de la ravine ; ils la passèrent entre des oiseaux, et ces oiseaux sont ceux qu'on appelle Molay (2).

Ils passèrent de même par la rivière de (3) Fange et la

Pedro, près de Palisada. Encore aujourd'hui les indigènes donnent ce nom à plusieurs rameaux de ce fleuve, ce qui déterminerait presque la situation de la cité même de Xibalba, que l'on croit avoir existé dans la région qui s'étend entre le cours du fleuve, les ruines d'Ococingo et Palenqué. Ce qui est certain c'est qu'Ixtlilxochitl donne aussi le nom de *Papuha* à la contrée maritime où les Xicalancas, prédécesseurs des Toltèques, firent leurs premiers établissements : or, Xicalanco, leur ville principale, était située à l'extrémité de l'île de Carmen, entre la mer et la lagune de Terminos, où débouche l'Uzumacinta. Nous avons toujours eu de fortes présomptions pour croire que la région renfermée entre la mer et le pied des montagnes de Tumbala, au-dessus de Palenqué, avait été le premier théâtre des civilisateurs dont il est question dans ce livre.

chi qui qux Xibalba : mavi x-qui yiqou, xa chirih uub x-e iqou vi, x-e el chi cu apan-oc pa cahib xalcat be.

Xa x-qu'etaam vi cut qui be Xibalba, Geka be, Zaki be, Caka be, Raxa be : chiri cut x-qui tak vi hun chicop Xan, u bi. Are qamol qui ta x-qui tak ubic :

Huhunal que a tio : nabe ch'a ti ri nabe cubulel, ch'a tzakonizah qui tiic conohel : x'av'ech vi cut chi tzubah vi u quiqel vinak pa be, x-u chaxic ri Xan. — Utzbala, x-cha curi Xan.

Ta x-oc pa Geka be, takal cu chirih ri poy, ahamche, nabe culel e cautalic, nabe cut x-qui tio; mavi x-chauic. X-u ti chi cu, ta x-u ti chi u cab culel ; ma chi vi x-chauic.

X-u ti chi cu r'ox ; ca chi r'ox culel qo vi Hun-Came. Aqui, x-cha-cut, hun ta x-tiic. — Naki, Hun-Came, nakila mi-x-y tiouic? x-cha Vukub-Came? — Xahina quichina, x-cha-cut Hun-Came. — Ahi! x-cha chic u cah culel. — Naki, Vukub-Came, nakila mi-x-y tiouic, x-cha chi r'oo culel?

Ahi, ahi! x-cha na Xiqiripat. — X-cha Vukub-Came chire : Nakila mi-x-y tiouic? — X-cha chic x-tiic u vakak culel : Ahi! — Naki, Cuchumaquiq, x-cha Xiqiripat chire. — Nakila mi-x-y tiouic, x-cha chic, ta x-ti u vuk culel? Ahi! x-cha chic.

rivière de Sang, où ils devaient être pris au piége, dans l'idée de Xibalba ; mais ils n'y touchèrent pas du pied, les ayant traversés sur le côté de leurs sarbacanes, d'où étant sortis, ils arrivèrent au carrefour des Quatre-Chemins.

Or, ils savaient eux les chemins qu'il y avait en Xibalba, le chemin Noir, le chemin Blanc, le chemin Rouge et le chemin Vert ; c'est pourquoi ils commissionnèrent de là un animal nommé Xan. Celui-ci devait recueillir les nouvelles qu'ils l'envoyaient chercher au dehors.

Mord-les l'un après l'autre ; d'abord mords le premier assis et finis par les mordre tous : car ta part sera de sucer le sang des hommes sur les routes, lui fut-il dit au Xan. — C'est fort bien, répondit alors le Xan.

Alors il entra par le chemin Noir, et en arrivant auprès du mannequin et de l'homme de bois, qui étaient les premiers assis, couverts de leurs ornements, il piqua le premier ; mais il ne parla point. Alors il piqua l'autre, (c'està-dire) qu'il piqua celui qui était assis le second ; mais il ne parla pas davantage.

Il piqua donc le troisième : et celui qui était assis le troisième était Hun-Camé. Ah! ay! s'écria-t-il, au moment où il fut piqué. — Qu'est-ce, Hun-Camé, quoi donc vous a piqué? lui dit Vukub-Camé. — Quelque chose que je ne sais, répondit Hun-Camé. — Ay! ay! dit à son tour celui qui était assis le quatrième. — Qu'est-ce donc, Vukub-Camé, qu'est-ce donc qui vous a piqué, lui dit celui qui était assis le cinquième?

Ay! ay! dit au même moment (celui-ci qui était) Xiqiripat. — Et Vukub-Camé lui dit : Qu'est-ce donc qui vous a piqué? — Celui qui était assis le sixième, piqué à son tour, s'écria : Ay! — Qu'est-ce donc, Cuchumaquiq, lui dit Xiqiripat? — Qui est-ce qui vous a piqué? ajouta celui qui était assis le septième, au moment où il était également piqué. Ay! ajouta-t-il.

Naki, Ahalpuh, x-cha Cuchumaquiq chire? — Nakila mi-x-y tiouic, x-cha chic, ta x-ti chic u vahxak culel. Ahi! x-cha chic. — Naki, Ahalcana, x-cha chi Ahalpuh chire? — Nakila mi-x-y tiouic, cha chic, ta x-ti chic u beleh culel? Ahi! x-cha.

Naki, Chamiabak, x-cha Ahalcana chire? — Nakila mi-x-y tiouic, x-cha chic, ta x-ti chic u lahuh cubulel. Ahi! — Naki, Chamiaholom, x-cha Chamiabak? — Nakila mi-x-y tiouic, x-cha chic ta x-ti chic u hulah culel. Ahi! x-cha chic.

Naki, cha chic Chamiaholom chire? — Nakila mi-x-y tiouic, x-cha chi, ta x-ti chic u cablahuh culel? Ahi! x-cha chic. — Naki, Patan? x-cha-chic chire.

Nakila mi-x-y tiouic, x-cha chic, ta x-ti chic r'oxlahuh culel, Ahi! — Naki, Quiqxic, cha Patan chirech? — Nakila mi-x-y tiouic, x-cha chi, ta x-ti chic u cahlahuh culel. Ahi! — Nakila mi-x-y tiouic x-cha chic, Quiqrixgag, x-cha Quiqre chirech?

Quehecut u bixic qui bi ri x-qui biyh conohel chi qui-bil quib, x-qui cut u vach x-qui biyh qui bi, huhun chi holoman u bixic cumal, are chi biyn u bi hun ri cubul chu xucut.

Ma-habi hun-oc x-qui zach u bi ; quiz qui biyh qui bi conohel, ta x-e ti rumal r'izmal u vach u chek Hunahpu x-u

---

(1) Le onzième, dit le texte, sans donner son nom. La suite le désigne, mais ces derniers noms sont changés. Dans la première nomenclature des princes de Xibalba, après *Chamiaholom*, viennent *Ahalmez* et *Ahaltocob*,

Qu'est-ce donc, Ahalpuh? lui dit Cuchumaquiq. — Qui donc vous a piqué? ajouta celui qui était assis le huitième, au moment où il se sentit lui-même mordu. Ay! s'écria-t-il. —Qu'y a-t-il, Ahalcana? lui répondit Ahalpuh.—Qui est-ce qui vous a piqué? dit à son tour celui qui était assis le neuvième, et alors il se sentit piqué également, et dit: Ay!

Qu'est-ce donc Chamiabak? lui dit Ahalcana. — Qui est-ce qui vous a piqué? dit de son côté celui qui était le dixième assis, et dans le moment il se sentit mordu à son tour et (cria :) Ay! — Quoi donc! Chamiaholom, dit Chamiabak. — Qui vous a piqué? ajouta celui qui était assis le onzième (3), et se sentant piqué à son tour, il s'écria : Ay!

Qu'est-ce? lui dit Chamiaholom. — Qui vous a piqué? dit également celui qui était assis le douzième, et se sentant mordu de même, il ajouta : Ay! — Qu'est-ce que c'est, Patan? répliqua (son voisin).

Qu'est-ce qui vous a piqué? dit alors celui qui était assis le treizième, et dans l'instant, se sentant piqué lui-même (il cria) : Ay! — Qu'est-ce que c'est, Quiqxic, lui dit Patan? — Qui est-ce qui vous a piqué? demanda celui qui était assis le quatorzième, et dans le moment se sentant piqué à son tour, (il cria) Ay! — Qui donc vous a piqué, Quiqrixgag, lui dit Quiqre, en lui adressant la parole.

Ainsi fut l'appel de leurs noms, que tous énoncèrent les uns aux autres ; c'est ainsi qu'ils se manifestèrent, en s'appelant par leurs noms, chacun de ceux qui commandaient (en ces lieux) étant interpellé par l'autre et qu'ils dirent le nom du dernier qui était assis dans le coin.

Il n'y en eut pas un dont ils oublièrent le nom, ils achevèrent de dire les noms de tous, au moment où ils furent pi-

---

puis *Xio* et *Patan*. Celui-ci reparait; mais au lieu des trois qui le précèdent, on trouve ici *Quiqxic* (Sang-d'Epervier), *Quiqre* (Sang-de-la-Denture), et *Quiqrixgag* (Sang-des-Griffes ou des Ongles).

mich ubic ; mana quitzih Xan ri x-e tiouic, x-be tao qui bi conohel rumal Hunahpu, Xbalanque.

Qatecut ta x-e bec ta x-e opon puch chila e qo-vi Xibalba : Ch'y gihila ahau, x-cha, ri cubulic, x-cha hun takchiinel. — Mavi are ahau, ri xa poy, ahamche ri, x-e cha ta x-e oponic.

Qatecut ta x-e calainic : Cala-ta, Hun-Camé ; Cala-ta, Vukub-Came. Cala-ta, Xiquiripat ; cala-ta, Cuchumaquiq. Cala-ta, Ahalpuh ; cala-ta, Ahalcana. Cala-ta ; chamiabak ; cala-ta, Chamiaholom.

Cala-ta, Quiqxic ; cala-ta, Patan ; cala-ta, Quiqre ; cala-ta, Quiqrixgag, x-e cha, ta x-e oponic, ronohel x-quiz cut u vach, x-qui biyh u bi ronohel ; mahabi hun x-qui zach u bi.

Are ta x-ahauax chiquech, ma-ta x-canai u bi cumal : Qu'yx cu uloc, x-e uchax cut, x-e r'ah-oc chuvi tem ; ma cu x-c'ah : Mavi are ka tem ri xa chohim abah ri tem, x-e cha Hunahpu, Xbalanque, mavi x-e chakatahic

Utzbala, xa-ba h'yx pa ha, x-e uchaxic. Qatecut ta x-e oc pa Gekuma Ha, mavi x-e chakatahic chiri.

---

(1) *Ahau*, roi ou seigneur, composé de la particule possessive *ah*, et de *au*, collier, ce qui fait possesseur d'un collier ou qui a droit à un collier, insigne de noblesse et de supériorité. *Ahau* est donc pris dans le sens ordinaire de seigneur, *dominus*, et son pluriel est *ahauab*. Le déterminatif d'*ahau* est *r'ahaual*, écrit d'ordinaire en un seul mot, ce qui lui donne le sens absolu de la souveraineté. Ex. : *Rahaual Xibalba*, le monarque de Xibalba. De *ahau* vient encore *ahauar*, régner ; *ahauaric*, se faire roi ; *ahauarizah*, faire un autre roi, faire monter sur le trône ; *ahauarem*, la

qués par le poil de la jambe de Hunahpu que celui-ci s'arracha ; car ce ne fut pas un véritable Xan qui les mordit et qui alla écouter leurs noms à tous pour Hunahpu et Xbalanqué.

Ensuite s'étant mis en chemin, ils arrivèrent là où étaient ceux de Xibalba : Adorez le roi (1), leur dit-on, celui qui est là assis, leur dit-on, pour les tenter. — Celui-ci n'est pas le roi ; ce n'est qu'une statue et un homme de bois, répondirent-ils en s'avançant.

Alors ils commencèrent à les saluer : Salut, Hun-Camé ; salut, Vukub-Camé ; salut, Xiqiripat ; salut, Cuchumaquiq. Salut, Ahalpuh ; salut, Ahalcana ; salut, Chamiabak ; salut, Chamiaholom.

Salut, Quiqxic ; salut, Patan, salut, Quiqré ; salut Quiqrixgag, dirent-ils, en arrivant, leur découvrant à tous la face, disant leurs noms à tous, sans oublier le nom d'un seul.

Ce qui leur eût été agréable, c'est que leurs noms n'eussent pas été découverts par (les deux jeunes gens) : Asseyez-vous, leur dirent-ils, (en leur montrant) le siége où ils désiraient qu'ils se missent ; mais ils ne le voulurent point : Ce n'est pas là notre siége, mais c'est (2) un banc de pierre chauffée que ce siége, dirent Hunahpu et Xbalanqué, sans pouvoir être pris au piége.

C'est fort bien ; allez donc à votre demeure, leur dit-on. Alors ils entrèrent dans la Maison Ténébreuse, mais sans pouvoir y être vaincus.

royauté, l'empire ; *ahauaribal*, la grandeur, la majesté, *ahauih*, prendre un ou s'engager sous un maître, etc. Ces formes si multiples, si élégantes et si simples se retrouvent les mêmes dans à peu près tous les verbes ou substantifs.

(2) *Chohim-abah*, pierre chauffée ou rocher embrasé ; ces mots ensemble expriment aussi l'idée d'un bûcher ou pile de bois destiné à brûler quelqu'un mort ou vivant : c'est presque une allusion au *teo-tecalco*, de Teotihuacan, dans le *Codex Chimalpopoca* (Hist. des soleils). MS. de ma collection.

BELEHPAH CHI TZIH.

Are nabe u tihobal Xibalba ri ; x-e oc vi que chi cu u ti-qaric qui chakatahic ta chic chi qui qux Xibalba. Nabe x-e oc pa Gekuma Ha : qatecut ta x-be ya-oc qui chah ca ti-louic, ta x-oponic ruq huhun qui ziq rumal u zamahel Hun-Came.

Vae qui chah e, ca cha ahau, ch'ul qui ya-chic ri chah zakaric, ruq ri ziq ch'ul qui moloba ca cha ahau. X-cha zamahel, ta x-oponic. — Utzbala, x-e cha cut.

Ma cu quitzih ri chah, xa caka hu gexvach x-oquic ; are u he cakix quehe ri chah x-qu'ilo varanel : are chi cu ri ziq xa gaga chicop x-qui coho chuvi ziq.

Hun agab chi yogouic cumal : Mi-x-e ca chako, x-e cha varanel. Ma-cu-habi x-qiz ri chah, xavixere u vach, are cu ri ziq, mahabi nakila x-qui tzih chire, xavixere u vach.

X-be ya-oc cuq ahauab : Nakipa que uxic? apa x-e pe-vi, achinak x-e qaholanic, x-e alanic? Quitzih ca qatat ka qux rumal. Ma utz ca qui bano chike. Halan qui vach, ha-lan naipuch qui qoheic, x-e chi quibil quib.

CHAPITRE NEUVIÈME.

C'était là la première épreuve de Xibalba ; et à leur entrée (dans ce lieu) devait commencer leur défaite, dans la pensée de ceux de Xibalba. D'abord ils entrèrent dans la Maison Ténébreuse : ensuite on leur apporta leurs échardes de pin, tout allumées, avec chacun son cigare, qui leur fut remis par les messagers de Hun-Camé.

Voici leurs flambeaux de pin, dit le roi ; mais ils devront être rendus ces flambeaux demain matin ainsi que les cigares, rendus entiers, dit le roi. Ainsi parlèrent les messagers, en arrivant. — C'est fort bien, répondirent (les deux jeunes gens).

En réalité ils ne (brûlèrent) point l'écharde de pin, ayant mis quelque chose de rouge à la place, c'est-à-dire une plume d'ara, qui leur parut comme le pin (allumé) aux veilleurs, et, pour les cigares, ils mirent des lucioles au bout des cigares.

Toute une nuit, ils furent gardés par ceux qui les veillaient et ceux-ci disaient : Ils sont tombés dans le piége. Mais l'écharde de pin n'était pas usée, sa forme était la même ; ainsi en était-il des cigares, dont ils n'avaient absolument rien allumé et qui avaient la même apparence (qu'auparavant).

On les porta aux princes : Comment ont pu se faire ces choses ? d'où viennent ces gens-là, qui les a engendrés et mis au monde ? En vérité notre cœur en est brûlant ; car ce n'est pas bien ce qu'ils font avec nous. Etranges sont leurs visages, étranges sont leurs façons d'agir, se disaient-ils entre eux.

Ta x-e takon cut conohel ahauab ; Oho chah-oc, yx qaholab, x-e uchaxic. Ta x-e tzonox cut rumal Hun-Came, Vukub-Came : Apa qu'yx yx pe-vi, ch'y biyh-tah, yx qaholab, x-cha-cu Xibalba chique ?

Alaba x-oh pe vi lo ! mavi k'etaam, xa x-e cha, mavi x-qui biy. — Utzbala ; xa ka beco ka chaah, yx qaholab, x-e cha Xibalba chique ?

Utz, x-e cha ; re-ba chi ka coh ri va ka quiq. — X-e cha Xibalba : Ma ta hare-ta ch'y coh, va ke. — X-e cha qaholab : Ma-habi are, chi ka coh va ke.

X-e cha chic Xibalba : Utzbala. — X-e cha qaholab : He bala xa hu chil. — X-e cha Xibalba : Ma ba-la, xa holom coh. — Cha-chic, x-e cha qaholab. — Ma-habi, x-e cha Xibalba. — Utzbala, x-cha Hunahpu.

Ta x-zak cu uloc rumal Xibalba, qui cu takal chuvach u bate Hunahpu : qatepuch ta x-qu'il Xibalba ri zaki tog, ta x-el chupam ri quiq chi tzininic x-be he chuva tak uleuh ri chaa.

Nakipa-la, x-cha ri Hunahpu Xbalanque ! Xa çamic qu'yv'ah chikech. Ma-ta x-oh be y taka, ma-ta-pu x-be y zamahel ? Quitzih togob ka vach ? Xa koh bec, x-e cha qaholab chique.

---

(1) On sait que les Indiens de l'Amérique du Nord, qui ont gardé l'usage de jouer à la paume, sont aussi extrêmement réservés sur le choix de la balle : chaque parti à la sienne, que les devins ont soin de consacrer avec des rites et des enchantements mystérieux, et pour rien au monde ils n'accepteraient de jouer avec la balle du parti contraire ; ce serait porter malheur à sa propre cause. On conçoit dès lors la discussion qui a

Alors tous les princes ensemble les envoyèrent chercher. Allons, jouons à la balle, jeunes gens, leur dirent-ils. Ensuite ils furent interrogés par Hun-Camé et Vukub-Camé : D'où donc venez-vous, vous autres, racontez-le nous, jeunes gens, leur répétèrent ceux de Xibalba?

Qui saurait dire d'où nous venons? nous ne le savons point nous-mêmes, dirent-ils, sans parler davantage. — Fort bien. Alors jetons notre ballon élastique, jeunes gens, reprirent ceux de Xibalba.

C'est bon, dirent-ils ; mais c'est avec celle-ci que nous jouerons, celle-ci, notre pelote élastique. — Ceux de Xibalba répondirent : Point du tout, n'employez pas celle-là, mais la nôtre que voici. — Les jeunes gens répliquèrent : Ce n'est pas celle-là, mais celle-ci la nôtre que nous mettrons (1).

Ceux de Xibalba répondirent : C'est fort bien. — Les jeunes gens reprirent : Allez donc, pour un *chil* (2). — Non certes, dirent ceux de Xibalba, mais pour une tête de lion. — C'est dit ! répondirent les jeunes gens. — Pas encore ! s'écrièrent ceux de Xibalba. — C'est bon, dit Hunahpu.

Alors le jeu commença avec ceux de Xibalba et ils envoyèrent donner (la pelote) devant l'anneau de Hunahpu : ensuite pendant que ceux de Xibalba regardaient le coup, la pelote s'élançant s'en alla bondissant partout sur le sol du jeu de paume.

Qu'est-ce que cela, s'écrièrent Hunahpu et Xbalanqué ! C'est la mort que vous nous souhaitez. Ne nous avez-vous donc pas envoyés chercher, ne sont-ce pas vos mandataires qui sont venus? En vérité, malheureux que nous sommes! Alors nous nous en allons, leur dirent les jeunes gens.

lieu ici. C'est à M. César Daly, qui a été témoin de ces spectacles parmi les Indiens du Nord, que nous devons cette explication.

(2) *Chil*, insecte qui brûle là où il passe. (Ximenez, *Tesoro de las lenguas quiche, cakchiquel y tzutohil*, etc. MS.). Suivant le même auteur, *chil* est un verbe qui signifie écorcher, etc. Serait-ce une allusion au *Xipe-totec*, ou le dieu de l'Écorchement humain? *Chil*, *chili* ou *chilin*, en pokonchi, est un

Are ta cu x-ahauax chique qaholab, huzu ta x-cam ri chiri chi chaa, x-e chakatah-tah. Mavi quehe, xa Xibalba x-e chakatah chic cumal qaholab.

Ma-ba qu'yx bec, yx qaholab, koh chaah na, xa are ca ka coho ri yvech, x-uchax-cut qaholab. — Utzbala, x-e cha-cut, are cu x-oc ri qui quiq, ta x-kah cu chaah.

Qatecut ta x-qui choi qui chakon : Nakipa chi ka chako, x-e cha Xibalba? He na qui cut xax e cha qaholab, xa cucha ca kah cah tzel cotzih, x-e cha Xibalba.

Utzbala. Nakipa chi cotzihal, x-e cha qaholab chique Xibalba? — Huticab caka-muchih, huticab zaki-muchih, huticab gana-muchit, huticab carinimak, x-e cha Xibalba. — Utzbala, x-e cha-cut qaholab.

Ta x-kah cut qui cha, hunam qui chucab tzatz pu qui cha ri qaholab : xa cu qui r'utz qui qux ta x-qui ya quib chi chakatahic ri qaholab.

Que quicot cut ri Xibalba, ta x-e chakatahic. — Utz mi-x-ka bano, nabe mi-x-e ca chako, x-e cha Xibalba : Apa x-ch'y be qu'y qama vi ri cotzih ? x-e cha chi qui qux. Quitzih ta agab ch'y ya ri ka cotzih ; ka chakom puch;

---

grillon. *Chilli*, piment en langue nahuatl. Ce dialogue est à peu près inintelligible; pour le comprendre il faudrait être initié aux mystères du jeu de paume américain.
(1) Ces fleurs sont toutes de la classe de ce qu'on appelle *chipilin* dans l'Amérique centrale, mot de la langue nahuatl dont nous ignorons la traduction française, s'il y en a une.
(2) *Chako*, qui veut dire vaincre, combattre, humilier dans un combat,

Or c'était là précisément ce qu'ils désiraient, que les jeunes gens mourussent au plus tôt dans le jeu de paume et qu'ils fussent battus. Mais il n'en fut pas ainsi ; car ceux de Xibalba furent vaincus de nouveau par les jeunes gens.

Ne partez donc pas, jeunes gens, jouons à la balle ; mais prenons maintenant la vôtre, leur dit-on aux jeunes gens. — C'est bon, répondirent-ils, et ils lancèrent leur balle, ce qui mit aussitôt fin à la partie.

Ensuite de cela, ayant compté leurs défaites : Comment ferons-nous pour les vaincre, dirent ceux de Xibalba ? Qu'ils s'en aillent donc à l'heure même, ces jeunes gens, et qu'entre temps ils nous apportent quatre vases de fleurs, dirent ceux de Xibalba.

C'est fort bien. Quelles sont les fleurs (que vous désirez) ? dirent les jeunes gens à ceux de Xibalba. — Un bouquet de *cakamuchih*, un bouquet de *zaki-muchih*, un bouquet de *gana-muchit* et un bouquet de *carinimak* (1), dirent ceux de Xibalba. — Fort bien, répliquèrent les jeunes gens.

Alors descendirent leurs (gardes armés de) lances, tous égaux par la force, et nombreux (étaient également) les gardes de ces jeunes gens : mais tranquille était l'âme de ces jeunes gens, en se remettant à ceux qui étaient chargés de les vaincre (2).

Ceux de Xibalba se réjouissaient dans l'espoir qu'ils seraient vaincus (3) : — Nous avons bien fait (cette fois), ils vont tout d'abord être pris au piége, disaient ceux de Xibalba : Où donc irez-vous prendre les fleurs ? disaient-

---

a également le même sens pour battre au jeu, tromper, tricher, etc. *Chakatahic* est le gérondif, pour être, devant être joué, battu.

(3) *Ta x-e chakatahic*, mot à mot, tandis qu'ils. *Ta* est une conjonction exprimant le temps, l'espoir, le conditionnel et se traduit alternativement par alors, lorsque, pendant, en ce temps. Placé à la suite d'un verbe, *ta* ou *tah* exprime le subjonctif, le désir et le pouvoir de faire quelque chose.

x-e u chax puch qaholab Hunahpu, Xbalanque rumal Xibalba.

Utzbala. Agaba chicut koh chaahic, x-e cha-cut, ta x-e pixaban quib. Qate chicut ta x-e oc chi qaholab pa Chaim-ha, u cab tihobal Xibalba : are-ta cut x-ahauax chic x-e gatacox-tah rumal cha, ch'anim-tah chi qui qux, x-e cam-tah chi qui qux.

Ma-cu x-e camic. Ta x-e cha chire cha, ta x-qui pixabah : Are yve ri ronohel u tiohil chicop, x-e cha chire cha. Ma-cu x-e zilab chic, xa-hun kah chi vi cha ronohel.

Arecut e qo chi chiri pa Chaim-ha ch'agab, ta x-qui ziquih ronohel zanic : Chai-zanic, Chequen-zanic, qu'yx petic, qu'yx oho yvonohel, oh y qama ronohel u vach cotzih chi chacon ahauab.

Utzbala, x-e cha-cut. Ta x-e be cu ri zanic conohel e qamol cotzih u ticon Hun-Came, Vukub-Came. Mier-oc cut chi qui pixabah chahal qui cotzih ri Xibalba : La qu'y ch'yv'ila ka cotzih, m'y ya chi elegaxic rumal ri mi-x-e ka chako ri qaholab. Ana-vi x-pe vi r'ilo ka chacon cumal ? Ma-habi. Ch'y varah hun agab. — Utzbala, x-e cha cut.

(1) *Cha*, pour *chai*, lance ou lancier, flèche ou archer. *Chai* proprement dit est le couteau d'obsidienne ou l'obsidienne. La beauté que les Indiens voient à répéter constamment les mêmes mots et à jouer sur le sens leur fait trouver souvent des significations différentes, ce qui dépend beaucoup de la prononciation plus ou moins accentuée et de l'ensemble de la phrase. Ainsi dans ce verset le mot *cha* signifie alternativement le verbe

ils en eux-mêmes. En vérité, c'est cette nuit que vous avez à nous donner nos fleurs ; nous sommes les gagnants maintenant, leur disait-on aux jeunes gens, Hunahpu et Xbalanqué, de la part de ceux de Xibalba.

Fort bien. Cette nuit également nous jouerons à la paume, répondirent-ils, en s'avisant mutuellement. Ensuite de cela, les jeunes gens entrèrent dans la Maison des Lances, la seconde épeuve de Xibalba : or c'était bien encore le désir (des princes) qu'ils fussent tués par les lanciers et qu'au plus tôt ils fussent mis à mort, c'était ce qu'ils souhaitaient au fond du cœur.

Mais ils ne moururent point. Parlant alors aux lanciers (1), ils leur firent cette recommandation : C'est à vous qu'appartiendront les chairs de tous les animaux, dirent-ils aux lanciers. Ils cessèrent alors de se remuer et unanimement ils baissèrent leurs armes (2).

C'est ainsi qu'ils étaient dans la Maison des Lances, durant la nuit, lorsqu'ils firent un appel à toutes les fourmis : Fourmis tranchantes et *zampopos* (3), venez et toutes ensemble allez chercher les têtes des fleurs que nous ont dit les princes.

Fort bien, répondirent-elles. Alors toutes les fourmis se mirent en chemin pour aller prendre les fleurs du jardin de Hun-Camé et de Vukub-Camé. D'avance, ceux-ci avaient averti les gardiens des fleurs de Xibalba. Quant à vous faites attention à nos fleurs ; n'en laissez point enlever par ces deux jeunes gens que nous avons pris au piége. Où donc pourraient-ils venir voir ailleurs celles que nous leur avons dit? Il n'y en a point. Veillez donc bien toute la nuit. — C'est fort bien, répondirent-ils.

---

dire ou parler, lance et lancier.
(2) Par des promesses ils séduisent leurs gardiens.
(3) *Zanic* est le nom générique de la fourmi. *Chequen-Zanic* est une grosse fourmi qui rôde de nuit et qui coupe les tiges des légumes et fleurs tendres, comme avec des ciseaux. Son nom, parmi les populations hispano-guatémaliennes, est *zanpopo*.

Macu x-qui na ri chahal ticon : Xalog chi qui rakuh qui chi chu gab tak che ticon puch, que be chakala chiri, xavixere chi qui chabeh ri qui bix : Xpurpuvek, Xpurpuvek cha ri hun ta ch'ogic. — Puhuyu, puhuyu! cha chic ta ch'ogic.

Ri Puhuyu u bi e caib chi chahal ticon Hun-Came, Vukub-Came. Ma cu ca qui na ri zanic elegai qui chahem ca bolouic, ca tuguvic e rai cotzih, ri ca be ca toua uloc cotzih chuvi che r'e ca ziqou cuq chuxe che ri cotzih.

Xa quehe chi qui rakuh qui chi ri chahalib mana r'e ca qui nao ca cux qui he, ca cux qui xic : are ca quirixic cotzih, ca cu kah uloc r'e, ca ziqouic, r'e ca be ca toua uloc.

Libahchi cut x-noh cahib tzel cotzih, tiquitoh chicut ta x-zakiric. Qatecut ta x-ul zamahel takonel : Que petoc, ca cha ahau, huzuc chi qui qam ula ri ka chacon, x-e u chax cut qaholab.

Utzbala, x-e cha-cut. Qui tique laon curi cotzih cahib tzel : ta x-e bec, ta x-e opon cu chi qui vach ahau, ahauab, c'u caam cotzih guz u vach. Quehecut x-e chakatah vi Xibalba.

---

(1) *Xpurpuvek, Puhuyu.* Ximenez, qui, dans tout l'ensemble de ce livre, a toujours cru reconnaître systématiquement des symboles chrétiens et apostoliques, même dans les personnages dont il est ici question et l'enfer dans Xibalba, laisse de côté la traduction de ces mots, comme de bien d'autres. Mais il est évident que ces gardiens des jardins de Xibalba sont des veilleurs de nuit, comme il y en avait chez tous les anciens peuples du Mexique, comme aujourd'hui les *serenos*, et ces deux mots sont deux phrases ou cris de nuit fort intelligibles. Le seul mot difficile peut-être est *pur*, qui n'est plus usité dans le sens où il apparait ici et qu'on traduit par creuser, *cavar*, mais qui ici a le sens d'entrer. X-*pur puvek*, en

Mais les gardes du jardin n'entendirent rien (de ce qui se passa) : En vain allaient-ils criant de toutes leurs forces entre les branches des arbres du jardin, cheminant sur leurs jambes et répétant le même chant : *Xpurpuvek, Xpurpuvek*! disait l'un en chantant. — *Puhuyu, Puhuyu* (1), répétait l'autre en chantant (2).

Puhuyu était le nom des deux gardes des plantations du jardin de Hun-Camé et de Vukub-Camé. Mais ils ne remarquèrent pas les fourmis dérobant ce qui était commis à leur garde, allant et revenant en troupes innombrables, coupant les plates bandes de fleurs, s'acheminant avec ces fleurs qu'elles portaient avec leurs pinces par-dessus les arbres, et par-dessous les arbres ces fleurs répandaient une douce odeur.

Cependant les gardes continuaient à crier de toutes leurs forces, sans observer les dents qui sciaient à la fois leurs queues et leurs ailes (3) : c'était une moisson de fleurs que leurs dents descendaient et que leurs dents transportaient tout odoriférantes (dans la Maison des Lances.)

Bien promptement se remplirent donc les quatre vases de fleurs, et ils étaient tout pleins, lorsque le jour se leva. Bientôt après entrèrent les messagers pour les chercher. Qu'ils viennent dit le roi et qu'ils apportent aussitôt ce dont nous avons parlé, dit-on aux jeunes gens.

Fort bien, dirent-ils. Ils allèrent ensuite chercher les quatre vases de fleurs : puis s'étant présentés devant le roi et les princes, ceux-ci prirent les fleurs dont l'aspect faisait plaisir (à voir). Ainsi furent joués ceux de Xibalba.

espagnol, *ya se entró en la noche*, on est entré dans la nuit. *Pu* est une contraction de *pa u*, dans la; *vek* est pour *gek*, noir, ténèbres, nuit. *Pu huyu*, sur la montagne. Un veilleur crie : déjà la nuit est venue; l'autre répond : au-dessus des montagnes. Ce doit être l'ancien cri des veilleurs de nuit en Xibalba.

(2) *To ch'ogic*, tandis qu'il chantait.

Ogic de *og*, qui exprime le chant des oiseaux, le cri des bêtes, le hurlement et toute sorte de gémissement ou de chant mélancolique comme celui qu'emploient les veilleurs de nuit.

(3) *Ca cux qui he, ca cux qui xic*, étant à scier leurs queues, étant à scier leurs ailes. Il y a ici une allusion que nous ne comprenons point : nous nous contentons de la signaler.

Xa zanic x-qui tak ri qaholab, xa hun agabil x-qui chap zanic ta qui ya pa tzel. Quehecut x-e zakcah e ri conohel Xibalba, zakbu e qui vach rumal ri cotzih.

Quetecut x-qui tak ri chahal cotzih : Nakipa rumal m'yx ya ka cotzih chi elegaxic. Are ka cotzih vae kav'ilo, x-e uchax chahal ? — Ma ba x-ka nao, at ahau. Mi na-re x-cuyu ka he, x-e cha-cut. Qatepuch x-hix qui chi qui tohbal qui chahin chi elegaxic.

Quehecut qui chakatahic Hun-Came, Vukub-Came cumal Hunahpu, Xbalanque, u xe ri banoh ri. Ta x-qui qam ri qui chi herebak qui chi Purpuek, herebak vacamic.

Qate-chi-cut ta x-kah chaah; xavixere hunam que chaahic : x-qu'eleh chicu chaah, ta x-e pixaban chicu quib zakaric chic. X-e cha Xibalba. — Utzbala, x-e cha qaholab, ta x-qu'eleh

---

LAHPAH CHI TZIH.

X-e oc chicut pa Teuh-Ha. Mavi ahilan teu ; tzatz chi zak-bokom chupan ha, r'ochoch teu ; huzu cu tzah teu rumal cutz mamai na, x-zach ri teu cumal qaholab.

---

(1) Ici ces veilleurs rentrent dans le domaine de la fable ; ils deviennent des oiseaux de nuit, l'un appelé *Purpuek*, et l'autre *Puhuy*, qui est

Ce n'étaient que des fourmis que les jeunes gens avaient dépêchées, et, dans une seule nuit, les fourmis les enlevèrent et les placèrent dans les vases. A cet aspect tous les (princes) de Xibalba changèrent de couleur et leurs faces pâlirent à cause de ces fleurs.

Ensuite ils envoyèrent chercher les gardiens des fleurs : Pourquoi avez-vous laissé dérober nos fleurs. Ce sont nos propres fleurs que nous voyons ici, dirent-ils aux gardiens ? — Nous ne nous sommes aperçus de rien, seigneur. On n'a même pas épargné nos queues, répondirent-ils. Alors on leur fendit les lèvres, pour les châtier d'avoir laissé voler ce qui était commis à leur garde.

C'est de cette manière que furent vaincus Hun-Camé et Vukub-Camé par Hunahpu et Xbalanqué, et ce fut là le commencement de leurs travaux. Dès lors aussi les Purpuek ont eu la bouche fendue et fendue elle est aujourd'hui (1).

Et ensuite de cela ils descendirent jouer à la paume ; ils jouèrent de même tous ensemble : mais ayant achevé de jouer, ils s'avisèrent mutuellement pour le lendemain matin. Ainsi le dirent ceux de Xibalba. — Fort bien, répondirent les jeunes gens, en terminant.

CHAPITRE DIXIÈME.

On fit entrer aussi (les deux frères) dans la Maison du Froid. Le froid y était insupportable, et cette maison était remplie de glace, (car véritablement c'était) la demeure des vents glacés du nord (2); mais le froid cessa promptement avec les glands de pin (qu'ils allumèrent) ; il cessa de se faire sentir et le froid disparut par les soins des jeu-

---

une espèce de hibou : aujourd'hui le premier se prononce *Parpuak*.

(2) *Teu* ou *teuh*, le froid et aussi le vent du Nord, la bise.

Mavi x-e camic; xavi e qazlic ta zakiric. Are ta cu x-c'ah Xibalba chiri ta x-e cam vi : mavi quehe, xavi c'utz qui vach, ta x-zakiric. X-e qu'el chi ula takol que x-e be chic e chahal.

Nakipa la mavi mi-x-e camic, x-cha chi rahaual Xibalba! X-qui maihah chic qui banoh qaholab Hunahpu, Xbalanque.

Qate x-e oc chicut pa Balami-Ha ; tzatz chi balam r'ochoch : Mavi koh y tio, qo yvech ch'uxic, x-e u chaxic balam. Qatepuch x-qui pukih bak chi qui yach chicop.

Qatecut que pagaquic chi ri chuvi bak : Mi cu x-e utzinic, mi-x-u tih qui qux ; qate viri mi-x-qui ya quib. Are qui bakil ri caa x-uxic, x-e cha ri varanel, conohel quiy qui qux chire.

Ma-cu x-e camic : xavixere utz qui vach ; x-e el uloc pa Balami-Ha : Nakipa qui chi e vinakil? Apa qui x-e pe-vi? x-e cha ri Xibalba conohel.

Qate chic x-e oc chupam gag, hun Ha chi gag, xa utuquel gag u pam : mavi x-e qatic rumal, xa bolol, xa tzimah vi. Xavixere utz chi qui vach, ta x-zakiric. Are ta c'ahauaxic huzuc ta que camic chupan ri que iqou vi ; mavi quehe, xavi ca zach qui qux Xibalba rumal.

(1) *Mi cu x-e utzinic, mi x-u tih qui qux*, enfin donc ils ont achevé, enfin ils ont appris leurs cœurs. La particule *mi*, très-fréquente dans ce livre indique un passé actuel, comme d'une chose qui vient de se faire. *Utzinic, utzin,* verbe dont le radical est *utz*, bon, bien, parfait, en bonne

Ils ne moururent donc point ; car ils étaient pleins de vie, quand le jour se montra. C'était bien là cependant ce qu'aurait voulu Xibalba, qu'ils y mourussent : mais il n'en fut pas ainsi, et ils étaient en bonne santé au lever du soleil. Ils sortirent donc encore une fois, leurs gardiens étant venus les chercher.

Comment donc, ils ne sont pas encore morts ! s'écria le monarque de Xibalba. Et ils considéraient avec étonnement les œuvres des jeunes gens, Hunahpu et Xbalanqué.

Après cela, ils entrèrent aussi dans la Maison des Tigres ; et l'intérieur était rempli de Tigres : Ne nous mordez point, vous avez autre chose à faire, leur fut-il dit aux Tigres. Ensuite ils jetèrent des os devant ces brutes.

Aussitôt ils se jetèrent avec voracité sur les os : C'en est donc fait d'eux, ils ont appris (1) enfin (à connaître le pouvoir de Xibalba), et ils se sont livrés (aux bêtes). Voilà que leurs os sont broyés cette fois, disaient tous ceux qui veillaient (près d'eux), se réjouissant de leur (mort).

Mais ils n'avaient point péri ; leur visage portait le même air de santé, lorsqu'ils sortirent de la Maison des Tigres : De quelle race sont ces gens-là ? D'où viennent-ils ? s'écrièrent tous ceux de Xibalba.

Après cela on les fit entrer au milieu du feu dans une Maison de Feu, où il n'y avait que du feu à l'intérieur : mais ils n'en furent pas embrasés, quoiqu'il fût extrêmement fort et des plus ardents. (Les deux frères) se portèrent également (2) bien au lever du soleil. C'était bien cependant le désir (de Xibalba) qu'ils y périssent promptement dans le lieu où ils passèrent encore cette fois ; mais il n'en fut pas ainsi, et le courage de Xibalba défaillait à cause d'eux.

---

santé, signifie achever, parfaire, finir, pouvoir.

(2) *Xavixere utz chi qui vach*, également (certainement) bons avec leurs visages ; — phrase pour dire qu'on se porte bien. *Utz-pa a vach*, bon comment ton visage, c'est-à-dire comment te portes-tu ?

X-e çoh chic chupan Zotzin-Ha : utuquel zotz chupam chi ha, hun ha chi Camazotz, nimak chicop, queheri Chaki-tzam qui camizabal, huzu ch'utzinic chupan chi qui vach.

X-e qohe cu'chiri chupam, xa pa uub x-e var vi : mavi x-e tyic rumal ri e qo pa ha ; chiri cut x-qui ya vi quib hun vi rumal hun chi Camazotz chi cah x-pe vi, xavi u qutbal rib ta x-qui bano rumal.

Qo ca qui tzonoh vi qui naoh hun agab, curi zotz que buhuhic : Quilitz, quilitz, que cha, que cha hun agab. X-tane cu ri zcaquin : Ma-habi chic que zilobic ri zotz chiri cu chakal viri hun tzam uub.

X-cha curi Xbalanque Hunahpu : Cahanic-pa u zakiric, c'av'ilo. — Cahanican labalo, v'ila na, x-cha cut. Qui cu are ca r'ah mucum uloc chu chi uub, ca r'ah r'il uloc u zakiric, qatepuch ta x-cupix u holom rumal Camazotz, cupul chi canoc u nimal ri Hunahpu.

Huchatic : Ma mi-x-zakiric, x-cha ri Xbalanque ? Ma-habi chic chi zilobic ri Hunahpu. Hupacha ma-xa-on mi-

---

(1) Ces maisons d'épreuves, images sans doute des épreuves réelles qui se pratiquaient en Xibalba, à l'imitation de celles d'Egypte, portent ici des noms de localités et de villes, telles que *Balami-ha*, la Maison des Tigres, nom d'une tribu qui, après la révolution primitive de Tulan, émigra au Guatémala, où elle fonda une ville avec la même dénomination ; *Zotzi-ha*, la Maison des Chauves-Souris, berceau de la famille des *Zotzil*, qui régna à Tecpan-Guatémala jusqu'au temps de la conquête espagnole ; en tzendal, *Zotzlem* qui existe encore dans le pueblo indigène de Cinacantan, mieux *Tzinacantlan*, près des chauves-souris (nahuatl), à l'ouest de Ciudad-Réal de Chiapas.

(2) *Camazotz* est ici un nom propre plus ou moins symbolique : il signifie, qui prend ou commande les chauves-souris. Son sobriquet de *Nimak chicop*, que nous traduisons par

Alors on les fit entrer dans la Maison des Chauves-Souris (1) : il n'y avait que des Chauves-Souris dans le vestibule de cette maison, maison de Camazotz (2), grande brute dont les instruments de mort étaient comme ceux de Chaki-tzam (3) et qui achevaient aussitôt ceux qui (venaient) en leur présence.

Ils se trouvaient là au dedans; mais, dormant sur leurs sarbacanes, ils ne furent pas touchés par ceux qui étaient dans la maison ; mais ils se rendirent à cause d'un autre Camazotz qui vint du ciel (4) pour se manifester, lorsque les choses commencèrent à être faites par lui.

Elles étaient donc (là) les Chauves-Souris tenant conseil toute la nuit et faisant un grand bruit : *Quilitz, quilitz*, disaient-elles, et elles le dirent toute une nuit. Elles cessèrent cependant un peu : il n'y eut plus de remuement parmi les Chauves-Souris, et elles restèrent debout à une extrémité de la sarbacane.

Alors Xbalanqué dit à Hunahpu : Le jour commence-t-il à poindre, regarde donc? — Peut-être commence-t-il à poindre, je vais y voir tout à l'heure, répondit-il. Et comme il désirait ardemment regarder à la bouche de sa sarbacane, en voulant voir le lever de l'aurore, sa tête fut un moment après coupée par le Camazotz, et le corps de Hunahpu resta privé de la tête (5).

Puis une autre fois : Ne fait-il pas encore jour ? demanda Xbalanqué. Mais Hunahpu ne remuait plus : Est-

---

grande brute, signifie mieux encore le plus grand des barbares; c'était probablement un chef de barbares à qui était commis le soin de défendre les frontières de l'empire de Xibalba; car Cinacantan commandait par sa position la seule entrée de la vallée de *Hovel* ou de Ciudad-Real, par où on pouvait entrer de ce côté dans les domaines de Xibalba. Aussi le MS. Cakchiquel dit-il avec raison que c'était une chauve-souris qui servait à fermer l'entrée de Tullan (en Xibalba), *Xahun chi zotz tzapibal ru chij ri Tullan* (Mémorial des rois de Guatémala).

(3) *Chaki-tzam*, pointe séchée, est probablement encore un nom de lieu.

(4) *Chi cah*, du ciel ou d'en haut.

(5) Dans les images diverses sous lesquelles l'écrivain a enveloppé l'histoire, on distingue la défaite de Hunahpu, probablement lorsqu'il était occupé au siège de *Zotzlem* ou Cinacantan.

x-bec Hunahpu? hupacha mi-x'a bano? ma-habi chic chi zilabic, xa qui chi qo zoz chic.

Qatecut x-u qixbih Xbalanque : Acarok! mi-x-ka yayan, x-cha cut. Chila cut x-be colana-vi u holom chuvi hom xavi u tzih Hun-Came, Vukub-Came, que quicot curi Xibalba conohel rumal u holom Hunahpu.

HULAHPAH CHI TZIH.

Qatecut ta x-u tak chicop ronohel, Ziz, Ak, ronohel chuti chicop, nima chicop, ch'agab xavixare r'agabal ta x-u tzonoh cut qu'echa :

Naki-tak-pa yv'echa chi huhunal? are qu'yx nu tak vi ch'y qam uloc ri yv'echa, x-cha cut Xbalanque chique. — Utzbala, x-e cha-cut.

Ta x-e bec e qamol rech, ta x-e ul he cut conohel; qo xa gumar rech x-be u qama; qo xa tzalic x-be u qama; qo xa abah x-be u qama; qo xa uleu x-be u qama; halahoh qu'echa ri chicop, nima chicop.

Qui pu cu u xambe canah-oc ri tiz Coc, x-be u qama cubulcutih, chu tzam ca petic are cut x-oc halvachibal u holom Hunahpu : libahchi x-qotox u bak u vach.

---

(1). Dans cette convocation de brutes au milieu de la nuit, dans cette demande de Xbalanqué au sujet de leurs aliments, on ne peut méconnaître un appel aux barbares du voisinage, de populations peutce que Hunahpu s'en est allé? comment as-tu fait cela (lui dit-il après); mais il n'avait plus de mouvement, restant là seulement étendu (comme un mort).

Alors Xbalanqué se sentit rempli de honte et de tristesse : Hélas! s'écria-t-il, nous sommes assez vaincus. On alla ensuite placer la tête (de Hunahpu) au-dessus du jeu de paume, par l'ordre exprès de Hun-Camé et de Vukub-Camé, tout Xibalba étant dans l'allégresse à cause de la tête de Hunahpu.

CHAPITRE ONZIÈME.

Ensuite de cela, Xbalanqué convoqua toutes les brutes, les Porcs-Épics, les Sangliers, toutes les brutes, petites et grandes, durant la nuit, et la même nuit leur demanda quels étaient leurs aliments (1).

Quelle est votre nourriture à chacun en particulier? Voici que je vous ai appelés, afin que vous choisissiez votre alimentation, leur dit Xbalanqué. — C'est fort bien, répondirent-elles.

Elles s'en allèrent alors prendre chacune la sienne, tous allant choisir (ce qui leur convenait); il y en eut qui allèrent prendre ce qui était en putréfaction; il y en eut qui allèrent prendre des herbes; il y en eut qui allèrent prendre de la pierre; il y en eut qui allèrent prendre de la terre, et les aliments des brutes, des grandes brutes, étaient fort variés.

A la suite des autres, la Tortue, qui était demeurée en arrière enveloppée dans sa carapace, allait pour prendre (sa part des aliments) en faisant des zigzags, et, venant se mettre à l'extrémité (du cadavre), se plaça en échange de la tête de Hunahpu; et à l'instant même il s'y sculpta des yeux.

être tout aussi civilisées que Xibalba, mais qu'il considérait comme des barbares, ainsi que nous des Chinois et *vice versa*.

Tzatz chi abnaoh chi cah x-pe-vi, are u Qux cah, Hurakan x-cul coloc, x'ulu c'uloc chiri pa Zotziha : Ma cu atan x-utzinic u vach, utz chic x-uxic xavixare u chuuk hebel x-vachinic, xavixare x-chauic.

Are cut ta chi r'ah zakiric chi caktarin u xecah ca xaquinuchic. Ama x-u ch'ux ri vuch? — Ve, x-cha ri mama. Ta chi xaquinic : qate ta chi gekumar chic; cahmul xaquin ri mama.

Ca xaquin-Vuch, ca cha vinak vacamic.

Xa c'u cakraxatzinic ta x-u tiqiba u qoheic : Ma utz, cha, ch'ux cut Hunahpu he? — Utz, cha-cut. Xavixare ch'u bakitila u holom quehe ri quitzih u holom x-uxic.

Qatecut ta x-qui ban qui tzih x-e pixaban quib, mana qui cut chaahic : Xaki ch'a yequh avib. — Xa in hun qui qui banouic, x-cha Xbalanque chire.

Qatecut ta x-u pixabah hun Umul : C'at qole-ta chiri chuvi hom, chivi c'at qohe vi chupan pixc, x-u chax Umul rumal Xbalanque. Ch'opon na quiq avuq, qate c'at elic, ca in qui banouic, x'u chax ri Umul, ta x-pixabaxic ch'agab.

---

(1) *Ca xaquinuchic*, le jour parut. Ce verbe est fort étrange dans son étymologie. *Xaquin* signifie ouvrir les jambes, et *uch* ou *vuch* est le sarigue. Pour exprimer que le jour paraît, on dit textuellement, le sarigue entr'ouvre les jambes. La ligne suivante est encore plus explicite. *Ama x-u ch'ux ri vuch*, est-ce que c'est fait le sarigue ? Le verbe allégorique *tochtecomatica* de l'Hist. des soleils dans le *Codex Chimalpopoca* doit avoir la même origine.

(2) Au lieu du sarigue ici c'est un

Un grand nombre de sages vinrent d'en haut, le Cœur du ciel, Hurakan même vint planer au-dessus de la maison des Chauves-Souris. Mais le visage de Hunahpu ne s'acheva pas si promptement (quoique) on réussit également à le faire ; sa chevelure crut de même avec sa beauté, et il parla également.

Et voilà qu'il voulait faire jour et que l'aurore colorait l'horizon, et le jour parut (1). Le Sarigue se fait-il (demanda-t-on)? — Oui, répondit le vieillard (2) Alors il ouvrit ses jambes : puis l'obscurité se fit de nouveau, et quatre fois le vieillard ouvrit ses jambes.

Voilà que le Sarigue ouvre ses jambes (3), dit le peuple encore aujourd'hui (pour donner à entendre que le soleil se lève).

Au moment où l'aurore couvrit l'horizon de ses brillantes couleurs, il commença à exister : Est-elle bien ainsi, la tête de Hunahpu ? demanda-t-on. — Elle est bien, répondit-on. Et l'on acheva ainsi de fabriquer sa tête, et véritablement elle devint comme une vraie tête.

Ensuite, ils tinrent conseil, s'avisant mutuellement de ne pas jouer à la paume : Expose-toi seul alors (au danger, dirent-ils à Xbalanqué). — Eh bien, je ferai tout par moi-même, lui répondit Xbalanqué.

Après cela, il donna ses ordres à un Lapin : Va te placer là-haut sur le jeu de balle et reste entre les glands de la corniche, lui fut-il dit au Lapin par Xbalanqué. Dès que la balle élastique arrivera à toi, tu sortiras et je ferai le reste, lui fut-il dit au lapin, lorsqu'il reçut cet ordre au milieu de la nuit.

---

vieillard, ou pour mieux dire un ancien de la civilisation, le demi-dieu ou héros *Hun-Ahpu-Vuch*, un tireur de sarbacane au sarigue, dont il est parlé au commencement. Tout ce verset, d'ailleurs, couvre un mystère en rapport avec les antiques théories génésiaques du Mexique et de l'Amérique centrale.

(3) Proverbe qui paraît inusité aujourd'hui.

(4) Tout ce qui précède paraît renfermer des faits historiques très-importants sous les voiles d'un profond mystère.

Qatecut ta x-zakiric, xavixare utz qui vach qui cabichal. X-kah chicu qui chaah colan chi cu u holom Hunahpu chuvi hom.

Mi-x-ka chakoyan! mi-x-y yano qui yan, mi-x-y yao, x-e u chaxic. Xavixere chi ziquin Hunahpu: Ch'a cuk a ri holom chi quiq, que u chaxic. Ma cu chi ca qaxou chic chi yegoub quib.

Are cu x-e tzako u quiq rahaual Xibalba. X-u cul cut Xbalanque; takal curi quiq chuvach bate, chi tanenic ta x-elic huzu cu x-iqo u quiq chuvi hom, xahun xa canab vi takal pa pix.

Ta x-el curi Umul chi coxcotic ta x-bec; ocotal cut ta x-be cumal ri Xibalba que huminic, que chaninic x-e be chirih ri Umul, x-e qiz be conohel Xibalba.

Qatecut x-qui qamix-tah ri u holom Hunahpu, x-tiquix-tah chic u coc Xbalanque: are chicut x-be qui cuba ri coc chuvi hom; quitzih holom chi cu u holom ri Hunahpu, que quicot chi cu qui cabichal.

Are cut que be tzuku na quiq ri Xibalba: qatecut x-qui quamix-tah chiri quiq pa pix, ta x-e ziquin chicut: qu'yx petoc; vae quiq que mi-x-ka riqo, x-e cha qui colem chicut.

Ta x-e ul Xibalba: Nakipa ri mi-x-k'ilo, x-e cha-cut, ta x-qui tiqiba chicut chaahic? Hunam chaabic chicut x-qui ban chic qui cabichal.

Et déjà le soleil s'était levé et leurs visages de l'un et de l'autre annonçaient également la santé. (Les princes de Xibalba) descendirent à leur tour jouer à la paume (au lieu où) était suspendue la tête de Hunahpu, au-dessus de la salle du jeu.

C'est nous qui avons vaincu! Vous avez subi toutes les hontes! Vous nous avez rendu (la palme)! lui disaient-ils. C'est ainsi qu'ils défiaient Hunahpu : Repose ta tête maintenant (de cette fureur que tu avais) du jeu de balle, lui disait-on. Mais il ne souffrait pas des insultes dont on l'abreuvait.

Et voilà que les rois de Xibalba lancèrent la balle élastique. Xbalanqué sortit à sa rencontre; or elle arriva droit devant l'anneau, s'arrêta, et aussitôt elle sortit, passa en haut du jeu de paume et d'un seul bond entra tout droit entre les glands (qui en ornaient la corniche).

Le Lapin sortit aussitôt et s'en allait sautillant; mais il fut au même instant poursuivi par tous ceux de Xibalba, qui couraient en tumulte, vociférant derrière le Lapin, et tout Xibalba acheva bientôt par se trouver en chemin (derrière lui).

Xbalanqué s'empressa aussitôt de saisir la tête de Hunahpu et de la replacer au lieu de la tortue : il alla ensuite colloquer la tortue sur le jeu de paume; et cette tête était véritablement la tête de Hunahpu, et l'un et l'autre en furent dans l'allégresse.

Et voilà que ceux de Xibalba s'en allaient cherchant la pelote élastique : ensuite l'ayant ramassée avec empressement entre les glands, ils crièrent : Venez, voici la pelote que nous venons de trouver, dirent-ils en l'élevant (pour la faire voir).

Ceux de Xibalba arrivant alors : Qu'est-ce donc que nous avons vu, dirent-ils, en commençant à jouer de nouveau à la paume? Et ils jouèrent pareillement, en se remettant encore une fois deux ensemble.

Qatecut x-cakatah ri coc rumal Xbalanque, chi pukabiu ri coc x-kah pa hom, zakquiram curi u zakilal chi qui vach.

Nakipa ri ch'y be y qama, apa qo-vi ri qamol re, x-cha Xibalba? Quehecut qui chakatahic r'ahaual Xibalba rumal Hunahpu, Xbalanque. Nima qaxcol x-e qohe vi, mavi are x-e cam viri ronohel x-ban chique.

CABLAHPAH CHI TZIH.

Are cut vae qui nabal qui camic Hunahpu, Xalanque : are va qui nabal qui camic x-chi ka biyh chic.

Ta x-e pixabah cut x-qui bano ronohel qaxcol rail x-ban chique, mavi x-e camic rumal u tihobal Xibalba, mavi x-e chakatahic rumal ronohel tionel chicop qo chi Xibalba.

Qatecut ta x-qui tak chi caib nicvachinel queheri 'e ilol are qui bi va Xulu, Pacam, e etamanel : Uve qoh tzonoxic chyve cumal rahaual Xibalba rumal ri ka camic, qui naoh ca qui nuk, rumal ri mavi mi-x-oh camic, ma pu mi-x-oh chakatahic, mi-x-ka zach qui tihobal, ma xa chicop ch'oc chique.

---

(1) Les brutes, c'est-à-dire les barbares soumis au sceptre de Xibalba | s'étaient apparemment unis aux rebelles. La même idée se produit dans

Alors précisément la tortue fut atteinte d'un coup de pierre (lancée) par Xbalanqué, et roulant d'en haut, elle tomba en pièces dans le jeu de paume, brisée en mille morceaux comme de la faïence aux yeux de ceux (de Xibalba).

Qui de vous ira la chercher, où est celui qui va la prendre? s'écria-t-on (dans) Xibalba. Ainsi donc furent joués les princes de Xibalba par Hunahpu et Xbalanqué. Or ceux-ci endurèrent de grands travaux ; mais ils ne moururent point de tout le mal qu'on leur fit.

CHAPITRE DOUZIÈME.

Or voici ce que la mémoire (a conservé) de la mort de Hunahpu et de Xbalanqué : Voici que nous raconterons à son tour le souvenir de leur mort.

Après avoir été avertis de tous les travaux et souffrances qu'ils endureraient et qu'ils endurèrent, ils ne moururent pas cependant dans les épreuves de Xibalba et ne furent point vaincus par toutes les attaques des brutes qu'il y avait en Xibalba.

Ensuite ils appelèrent deux devins qui étaient comme des voyants et dont les noms sont Xulu et Paçam, des sages (l'un et l'autre) : Si par hasard on vous pose la question de la part des rois de Xibalba, au sujet de notre mort qu'ils méditent et conjurent actuellement, pourquoi nous ne sommes pas encore morts, pourquoi nous n'avons pu être vaincus, ni abattus par leurs épreuves, (vous leur direz) que c'est parce que les brutes ne sont pas entrés (dans la conjuration) avec eux (1).

les anciens documents mexicains, où *Quauhtli-Ocelotl*, Aigle et Tigre, | *Tlotli-Cuitlachtli*, Epervier et Loup, symbolisent le peuple.

Are cu r'etal va chi ka qux chohim-abah camizabal ke cumal. Mi-x-e cuchu quib ronohel Xibalba : macu quitzih ta koh camic. Are cu y naoh va x-chi ka biyh :

Uve qu'yx ul tzonobex x-oc cumal chirech ka camic ta koh gat-oc, naki x-ch'y cu chah, yx Xulu, yx Pacam? Uve que cha chyve : Chi ka tix-ta qui bakil pa zivan, uve ma-ba utz? — Xavixere chic chi qaztah qui vach, qu'yx cha.

Uve ba are utz xa chi ka xequeba chuvi che ta, que cha chic ch'yve? — Xax ma utz vi, xavixere ch'yv'il chi qui vach, qu'yx cha. Ta que cha chicut chi r'oxmul : Xa-ba-re r'utzil xa chi ka tix qui bakil pa r'akan ha? Ve cut qu'yx uchax chic cumal :

Are utzbala que camic ; qatecu utz chi hok qui bakil chuvach abah, queheri chi queex qahim hal, huhunal cu chi queic. Qatecu ch'y tix ubic chi r'akan a, chiri kah quva, chi be chuti huyub, nima huyub ; qu'yx cha-cut, ta chi qutunizah ri ka pixab mi-x-ka biyh chyve, x-e cha Xhunahpu, Xbalanque, ta x-e pixabic, x-qu'etaamah qui camic.

Are ca-ban ri nima chohim abah, queheri chohibal qui x-qui ban Xibalba, nimak xak x-qui coho. Qatecut x-ul

---

(1) *Chohim-abah,* bûcher, mot à mot rocher embrasé. Voici la troisième fois déjà qu'il est question du *chohim-abah,* pierre ou rocher embrasé, bûcher. Les détails qui y ont rapport rappellent le *teotexcalli,* rocher divin qui s'embrase à Teotihuacan, ainsi que la mort de *Nanahuatl,* le syphilitique, et de *Metztli,* son compagnon, transformés ensuite en soleil et en lune. Voir le commentaire.

(2) *Xulu,* substantif et verbe qui a le sens de deviner, d'où *Ahxulu,* de-

Voici donc dans notre pensée que le signe (de notre mort) est un bûcher (1) qui doit leur servir à nous donner la mort. Tout Xibalba achève de se réunir : mais en vérité nous ne mourrons point. Mais voici que nous allons vous inspirer ce que vous avez à dire :

Si l'on vient vous demander de leur part au sujet de notre mort, quand nous aurons été condamnés, comment répondrez-vous, ô Xulu, ô Pacam (2)? S'ils vous disent : Jetterons-nous leurs os dans le précipice, ne sera-ce pas bien? — Si vous faites cela, ils ressusciteront, direz-vous.

S'ils vous disent encore : Serait-il bon que nous les pendissions à des arbres ? — Certainement que ce n'est pas bon ; car ainsi vous verriez de nouveau leurs visages, direz-vous. S'ils vous disent enfin une troisième fois : Ferons-nous bien de jeter leurs os à la rivière ? Si donc la question vous est répétée par eux, (vous leur direz) :

C'est bien là ce qu'il faut pour qu'ils meurent ; il sera bon ensuite que leurs os soient moulus sur la pierre comme on moud le maïs en farine, et que chacun soit moulu séparément. Ensuite vous les jetterez à la rivière, à l'endroit où tombe la fontaine (3), afin que (leurs cendres) s'en aillent à toutes les montagnes grandes et petites ; (c'est là ce) que vous leur répondrez, quand ils vous interrogeront sur les avis que nous vous avons donnés, dirent Xhunahpu (4) et Xbalanqué, en prenant congé d'eux, sachant qu'ils allaient mourir.

Voilà donc qu'on fit un grand bûcher, semblable à un foyer demi-souterrain, que firent (élever) ceux de Xi-

---

vin. *Pacam* peut venir de *Pag*, qui signifie une pelote et une sorte de tomate.

(3) *Quva*, fontaine, eau cristalline, signifie aussi émeraude. Dans le *Codex Chimalpopoca*, la femme serpent, appelée *Quilachtli*, prend les os ap-portés à Tamoanchan par Quetzalcohuatl, les broie et les met dans un vase d'émeraude, *chalchiuh-apazco*.

(4) Ici le nom se modifie ; au lieu de *Hun-Ahpu*, il y a *Xhunahpu*, Hunahpu, le petit, le jeune ou le second.

zamahel achbilay que u zamahel Hun-Came, Vukub-Came.

Que petoc. Koh be-ta cuq qaholab, chi beta qu'ila, ca qu'yx ka chohih, ca cha ahau, yx qaholab, x-e uchaxic. — Utzbala, x-e cha-cut.

Anim x-e bec, x-e opon cut chu chi choh; chiri cut x-e r'ah chih vi chi etzanem : Ka chopih vae ri ka quiy, cah-tak-mul tah chi ka xicah chi ka huhunal, yx qaholab, x-e chax cut rumal Hun-Came.

Mavi are koh y mich viri. Ma-pa k'etaam ka camic, yx ahauab, chi vi tana, x-e cha-cut ? Ta x-qui cu avachih qui vach, x-qui rip qui gab qui cabichal e pu hupuhuh ta x-e bec pa choh, chiri cut x-e cam vi qui cabichal.

Que quicot chicut ronohel Xibalba, takal qui yuyub, takal qui xulcab : Mi-xe ka chako quitzih, mavi atan x-qui ya quib, x-echa.

Qatecut qui takic ri Xulu, Pacam x-canah vi qui tzih. Xavixare x-tzonox ri x-be vi qui bakil, ta x-e gihin, Xi-balba x-hok qui bakil, x-be tix-oc chi r'akan a. Ma-cu x-e be ta chi nah : xa huzu x-e kah chuxe a, e chaom qaholab x-e uxic; xavixere qui vach x-uxic x-e qutun chicut.

---

(1) *Chi ka xicah chi ka huhunal,* | *chi,* signe de l'impératif ou du futur; volons-nous chacun en particulier; | *ka,* nous; *xicah,* voler avec des ailes,

balba, et l'on y mettait beaucoup de branchages. Après quoi vinrent les officiers qui devaient les accompagner, mandataires de Hun-Camé et de Vukub-Camé.

Qu'ils viennent. Allons donc avec les jeunes gens et qu'ils viennent voir que nous allons vous brûler, dit le roi, ô jeunes gens, leur fut-il dit. — Fort bien, répondirent-ils.

Rapidement ils cheminèrent, et ils arrivèrent auprès du bûcher ; là donc on voulut les obliger à badiner : Prenons donc ici nos doux breuvages, et quatre fois volons-y chacun de son côté (1), ô jeunes gens, leur fut-il dit alors par Hun-Camé.

Cessez de nous plaisanter ainsi. Ne saurions-nous pas par hasard que la mort nous attend ici, mes seigneurs ? répondirent-ils. Et s'embrassant face contre face, ils croisèrent leurs bras et allèrent s'étendre le visage en bas sur le bûcher et y moururent ensemble.

En même temps, tous ceux de Xibalba étaient remplis d'allégresse et ils manifestaient leur joie par des cris et des murmures confus : Enfin nous avons vaincu véritablement, et ce n'est pas trop tôt qu'ils se sont rendus, disaient-ils.

Ensuite ils appelèrent Xulu et Pacam, à qui ils avaient laissé leur (dernière) parole. De même (qu'ils l'avaient annoncé), on leur demanda ce qu'il fallait faire de leurs os, et lorsqu'ils eurent achevé leur divination, Xibalba ayant fait pulvériser les os, les envoya jeter dans la rivière. Mais (ces cendres) n'allèrent pas bien loin : elles descendirent immédiatement au fond de l'eau, où elles furent (changées en) de beaux jeunes gens ; véritablement ce furent leurs traits qui se manifestèrent de nouveau (2).

ouvrir, étendre les bras, de *xic*, aile.
(2) Le phénix, qui renaît de ses cendres, aurait-il donc une origine américaine ?

R'OXLAHPAH CHI TZIH.

Chi r'obix cut x-e qutun chic, x-e il chi ya rumal vinak; e caib queheri xa vinak-car x-e vachinic, ta x-il qui vach cumal Xibalba, x-e tzukux cut chi tak ya.

X-chueka cut, que qutun-oc e caib chi meba, atziyak qui vach, atziyak pu gih, atziyak qul qui qu, mana chi banan-ta qui vach. Ta qui x-e ilic rumal Xibalba; hala chicut x-qui bano, xa xahoh Puhuy, xahoh Cux, xa Iboy, x-qui xaho, xa Xtzul, xa Chitic x-qui xah chic.

Quïa maihabal x-qui ban chic, x-qui poroh ha queheri quitzih chi qatic, libahchi cut chi vinakir chic; tzatz chi Xibalba chi cayic.

Qate chi qui puz quib, chi çam hun chique, chi pune na chi caminakil nabe chi qui camizah quib; xavixere libahchi qaztah vi chi u vach, xa qui cay Xibalba, ta chi

---

(1) *Vinak-car*, exactement homme-poisson. C'est le nom d'une espèce de poisson du pays, appelé en mexicain *tlacamichin*. L'idée qu'on attache encore à ces deux mots est celle d'une sorte de sirène.

(2) Les noms d'animaux et de choses inanimées n'ont ordinairement pas de pluriel; on y supplée par une particule qui l'indique, comme ici *tak*, qui signifie plusieurs, beaucoup, tous en général. *Chi tak ya*, dans les eaux ou les rivières.

(3) Le *Puhuy*, en nahuatl *Mecateco-* lotl, sorte de hibou à longues oreilles: on appelle aussi *puhuy* certains épis courts de maïs de terre chaude.—*Cux*, espèce de belette, appelée en nahua *cuçatl* ou *cuçamatl*.—*Iboy*, armadille ou tatou, en mexicain *Yaotochtli*.—Le *Xtzul* est un insecte fort venimeux, le mille-pieds d'Amérique, connu au Mexique sous le nom de *petlaçol-cohuatl* ou *centzon-maye*.— *Chitic*, qui va sur des échasses. Ces noms sont ceux de certains divertissements scéniques, tantôt mimiques seulement, tantôt mêlés de danse, de dialogue et

CHAPITRE TREIZIÈME.

Au cinquième jour donc ils apparurent de nouveau, et furent vus dans l'eau par les gens (1); semblables à deux hommes-poissons, ils se montrèrent, et leurs faces furent vues de ceux de Xibalba, et ils furent cherchés partout dans les eaux (2).

Mais le lendemain matin apparurent deux pauvres, aux traits vieillis, d'une apparence misérable, (qui n'avaient que) des haillons pour vêtements; leur aspect n'avait rien d'avenant. Lorsqu'ils furent aperçus par ceux de Xibalba, ils ne faisaient que peu de chose, se contentant de danser la danse du *Puhuy*, la danse du *Cux* et l'*Iboy*, et ils dansaient aussi le *Xtzul* et le *Chitic* (3).

Les nombreux prodiges qu'ils opéraient, brûlant des maisons, comme si vraiment elles eussent brûlé et immédiatement les faisant renaître, (firent accourir) tout Xibalba à ce spectacle (4).

Ensuite ils se sacrifièrent, l'un des deux donnant la mort à l'autre, et celui qui s'était le premier laissé tuer s'étendait mort; mais à l'instant même ils se ressuscitaient éga-

de musique; la plupart sont encore aujourd'hui en usage parmi les Indiens.

(4) On trouve dans Sahagun une curieuse confirmation de ce texte et qui peut en quelque sorte lui servir de paraphrase : « Les Cuextecas, dit-il, en » parlant des populations de la côte » de Panuco, retournant à Panutla, » emportèrent avec eux les chants » dont ils se servaient lorsqu'ils dan- » saient, ainsi que les ornements » dont ils usaient dans leur danse ou » comédie. Ces mêmes gens aimaient » à faire des tours de subtilité, avec » lesquels ils trompaient le monde, » donnant à entendre pour vrai ce » qui est faux, comme faire qu'ils » brûlaient des maisons, lorsqu'il n'y » avait rien de semblable; comme » faire apparaître une fontaine avec » des poissons, quand il n'y avait » rien, sinon une illusion des yeux; » gens qui se tuaient eux-mêmes, en » se coupant et en se mettant en » pièces et autres choses qui n'étaient » qu'apparentes et point véritables. » (Sahagun, *Hist. gen. de las cosas de Nueva-España*, lib. x, cap. 20, § 12.)

qui bano ronohel, x-qui ban chic u xenaahic chic chakbal quech Xibalba cumal.

Qate chi puch r'oponic chic u tzihel qui xahoh chi xiquin ahauab Hun-Came, Vukub-Came x-cha ta x-qui tao : Naki ri e caib meba la quitzih vi chi cuz?

Quitzih vi pu chi hebelic qui xahouic ronohel ca qui bano, x-cha cut qui tzihoxic x-oponic cuq ahauab. Cuz x-qui tao ta x-bochi cut qui zamahel takol chique : Petoc ch'ul ta qui bana ka cay que ka maihah-tah, que ka cayih-ta puch, que cha ahauab, qu'yx cha chique, x-u chax ri zamahel.

Xe-opon cut cuq ri xahol, ta x-chao cut qui tzih ahauab chique. Ma ba chi k'ah, rumal ri quitzih koh xobic. Ma xa mavi koh qixbic, koh oc apanoc chi ahaual ha, rumal qui itzel ka vach, ma xaki nimak u bak ka vach chi meba? Ma-xa-on r'il chire xa oh xahol? Nakita chi ka biyh chike k'achmeba qo qam cu raih naipu ri ka xahoh, ca qui qaz-tah qui vach kuq? Ma-quehela u x-chi ka ban chique ri ahauab? Quehecu mavi ca k'ah vi, yx zamahel, x-e cha-cut ri Hunahpu, Xbalanque.

X-elehebex na qui vach chuvi ra, chuvi qax cakrail x-e bec : mavi atan x-c'ah benam quiamul, x-e chihic, xa chi

---

(1) *Ma xaki nimak u bak ka vach*, ne (sont-ils) certainement pas très grands les globes de nos yeux? Cette indica- | tion est assez intéressante, les Indiens n'ayant d'ordinaire pas de bien grands yeux; mais on sait que la race caraïbe

lement : et ceux de Xibalba les regardaient avec stupeur, tandis qu'ils faisaient tout cela, (car) ils faisaient (ces choses comme) le commencement de leur nouvelle victoire sur Xibalba.

Or, après cela, la nouvelle de leurs danses arriva aux oreilles des rois Hun-Camé et Vukub-Camé, et ils dirent en l'entendant : Quels sont donc ces deux pauvres, vraiment donc est-ce si agréable (à voir)?

Oui, leur danse est vraiment admirable, ainsi que tout ce qu'ils font, répondit celui qui en avait porté le récit aux rois. Flattés de ce qu'ils entendaient, ils envoyèrent leurs mandataires pour les chercher : Qu'ils viennent faire (ici ces choses), que nous les puissions voir et admirer, que nous les applaudissions, dirent les rois; dites-leur cela, leur dit-on aux mandataires.

En arrivant auprès des danseurs, ils leur dirent les paroles des rois. Nous ne voulons pas (répondirent-ils), car en vérité nous sommes honteux. Ne rougirions-nous pas de paraître devant des princes de ce rang, à cause que nos figures sont si laides et non-seulement que nos yeux sont si grands (1), et que nous sommes des pauvres? Qu'y a-t-il donc à voir avec nous qui ne sommes que des danseurs? Que diront nos compagnons de misère qui sont là désirant également de prendre (part à) notre danse et de se réjouir avec nous? Ce n'est pas de cette façon certainement que nous en agirions avec les rois? Ainsi donc nous ne le voulons pas, ô messagers, répondirent Hunahpu et Xbalanqué (2).

A force d'être importunés et portant sur le visage les marques de leur mauvaise humeur et de leur chagrin, ils

---

les avait grands et déprimaient la tête de leurs enfants pour les faire ressortir.

(2) Voici la quatrième génération de Hun-Ahpu et de Xbalanqué, qui paraît dans cette épopée en comptant les premiers qui furent sacrifiés en Xibalba.

macheay zamahel chi qui vach qamol que ta x-e be cut ruq ahau.

X-e opon puch cuq ahauab, que mocho chic, chi qui xule la qui vach, x-e oponic, x-qui quemelah quib, chi qui luc quib, chi mayo gih chi atziyak, quitzih ri chi meba qui vachibal x-e oponic.

Ta x-tzonox cut qui huyubal, c'amag puch, x-tzonox naipuch qui chuch, qui cahau : Apa qu'yx pevi, x-e u chaxic ? — Maba k'etaon, at ahau. Mavi x-k'etamah u vach ka chuch, ka cahau, ca oh chutic-oc ta x-e camic, xa x-e cha, mavi nakila x-qui byih.

Utzbala. Ch'y ban-ta ba ka cay, naki ch'yv'ah, yv'ahil chi ka yao, x-e u chaxic. — Ma ba ca k'ah ; quitzih chi ca ka xibih kib, x-e cha chic chire ahau.

M'yx xibih yvib, m'yx xobic, qu'yx xahon-oc. Are ta nabe ch'y xah ri qu'yx puzu ta yvib, ch'y poroh-ta curi v'ochoch ; ch'y bana ronohel ri yv'etaam ; koh cay-tah, ca c'ah are uma ka qux. Qu'yx be-tak-oc rumal, yx meba, chi ka ya yv'ahil, y-e uchax cut.

Ta x-qui tiqiba cut qui bix, qui xahoh ta x-ul cut ronohel ri Xibalba, x-e pulic e cayel ronohel. Cut x-qui xaho, x-qui xah Cux, x-qui xah Puhuy, x-qui xah Iboy.

X-cha cu ahau chique : Ch'y puzu ri nu tzi, chi qaztah

---

(1) *Qu'yx xahon-oc*, vous dansez maintenant, du verbe *xah, xaho, xahou*, danser, battre du pied, du ta- | lon, en figurant des pas. De là *xahbal* et *xahoh*, la danse ou le ballet, représentation, comme aussi toute

partirent, malgré eux : mais ils refusaient d'aller vite, et
bien des fois les envoyés les obligèrent, en négociant avec
eux, pour les amener auprès du roi.

Ils arrivèrent ainsi devant les rois, et s'humiliant avec
affectation, ils baissèrent la tête, en se présentant, s'incli-
nèrent profondément et se prosternèrent avec leur air misérable et leurs vêtements usés, (montrant) ainsi à leur
arrivée un aspect véritablement pauvre.

On leur demanda alors quelles étaient leurs montagnes
et leur tribu ; on leur demanda aussi qui étaient leur mère
et leur père. — D'où venez-vous? leur dit-on. — C'est à
peine s'il nous en est resté un souvenir, seigneur. Nous
n'avons point connu la face de notre mère et de notre père,
et nous étions petits, lorsqu'ils moururent, dirent-ils, sans
parler davantage.

Fort bien. Maintenant faites que nous puissions vous
admirer, (faites tout) ce que vous voudrez, et nous vous
donnerons votre récompense, leur fut-il dit. — Nous ne
désirons rien ; mais véritablement nous sommes remplis de
crainte, répondirent-ils au roi.

Ne vous effrayez pas et ne soyez pas timides, dan-
sez (1). Et d'abord représentez où vous vous tuez, et brûlez ma maison ; faites tout ce que vous savez, que nous
puissions jouir de votre spectacle, c'est tout ce que nos
cœurs désirent. Après cela vous partirez, pauvres gens, et
nous vous donnerons votre récompense, leur répéta-t-on.

Alors ayant commencé leur chant et leur danse, tout
Xibalba vint s'asseoir à l'entour pour tout voir. Et aussitôt se mettant à danser, ils représentèrent le *Cux*, ils représentèrent le *Puhuy* et dansèrent l'*Iboy*.

Et le roi leur dit : Tuez mon chien que voici et qu'il

---

scène de théâtre, parce que chez les Indiens le dialogue, le chant, la mimique et la danse avaient lieu souvent dans la même représentation, ainsi que chez nous, et dans les spectacles anciens.

chi u vach yvumal, x-e u chaxic. — Ve, x-e cha, ta x-qui puz tzi, x-qaztai chi u vach, quitzih cu chi quicot ri tzi, ta x-qaztah u vach, ch'u zakbizala u he; ta x-qaztah u vach.

X-cha cu ahau chique: Ch'y poroh na ba v'ochoch, x-e u chaxic. Ta x-qui poroh cut r'ochoch ahau, e pulinak ahauab pa ha conohel, mavi x-e qatic. Libahchi chic x-c'utzinizah, mana huzu zachic ri r'ochoch Hun-Came.

X-qui maihah cut conohel ahauab, xavi-cu-xere que xahouic nim que quicotic. X-e uchax chicut rumal ahau : Ch'y camizah na-cu hun vinak, ch'y puzu, ma-ta cu chi camic, x-e u chax cut.

Utzbala, x-e cha. Ta x-qui chap cut hun vinak, qate x-qui puzu, x-qui pogoh cu akanoc u qux ri hun vinak, x-qui coloba cut chi qui vach ahauab. X-qui maiha chicut Hun-Came, Vukub-Came; libah chicut x-qazta chi u vach ri hun vinak cumal, nim chi quicot u qux ta x-qaztah u vach.

X-qui maihah cut ahauab: Ch'y puzu chi na-cu yvib, chi k'il-tah, quitzih c'u raih ka qux ri y xahoh, x-e cha chicu ahauab. — Utzbala, at ahau, x-e cha cut.

Qatepuch x-qui puz quib; are cu x-puz ri Xhunahpu rumal Xbalanque, hubunal cu x-perepoxic r'akan u gab, x-el u holom, x-cole aponoc chi nah, x-qotix uloc u qux, x-cheque chuvach tzalic que gabar cu ri ronohel rahaual Xibalba.

---

(1) *Qazl (pour gazil)*, substantif qui exprime la vie, de *qaz*, vivre. *Qaztah*, faire vivre ou vivifier; *qaz-lem* est la vie encore, *qaztah u vach*, faire vivre ou vivifier sa face ou ses yeux, se dit pour ressusciter quelqu'un.

(2) *X-cheque chuvach tzalic que gabar cu ri ronohel rahaual Xibalba*,

soit rendu à la vie par vous, leur dit-il. — C'est bien, dirent-ils, tout en tuant le chien ; puis ils le ressuscitèrent : et vraiment le chien était tout joyeux d'être rendu à la vie et il remuait sa queue, (dans la joie) d'avoir été ressuscité (1).

Puis le roi leur dit : Brûlez donc maintenant ma maison, leur dit-il. Alors aussitôt ils embrasèrent la maison du roi, tous les princes étant assis dans son enceinte, sans qu'ils se brûlassent. Et l'instant d'après, ils la rendaient bonne, et à peine un moment la maison de Hun-Camé fut perdue.

Tous les princes étaient émerveillés et ils éprouvaient également un grand plaisir de la danse. Alors il leur fut dit de la part du roi : Tuez maintenant un homme, immolez-le, mais qu'il n'en meure point, ajouta-t-on.

Fort bien, dirent-ils. Alors ils saisirent un homme, et, lui ayant ouvert la poitrine, ils retirèrent le cœur de cet homme, en l'élevant, et le passèrent devant les yeux des princes. Hun-Camé et Vukub-Camé étaient également étonnés ; mais un moment après l'homme était rendu à la vie par eux, et il se montrait plein d'allégresse d'avoir été ressuscité.

Les princes continuaient à être émerveillés : Tuez-vous maintenant vous-mêmes ; voilà ce que nous désirons voir, c'est vraiment ce que notre cœur souhaite, ce spectacle qui vous est spécial, dirent encore les princes. — Fort bien, seigneur, répondirent-ils.

Après cela commença l'immolation de l'un par l'autre ; ce fut Xhunahpu qui fut tué par Xbalanqué ; ses bras et ses jambes furent tranchés l'un après l'autre, sa tête fut séparée (du tronc) et emportée loin de lui, tandis que son cœur était arraché et exposé devant tous les rois de Xibalba, qui (2) tournaient enivrés (de ce spectacle).

mot à mot : il mettait devant tournés eux ivres certainement tous les rois de Xibalba. Mais cette ivresse était-elle l'ivresse de l'étonnement ou produite par les narcotiques que pouvaient employer Xhunahpu et Xba-

Chi cay xa-cu-hun chi ca xahouilabic ri Xbalanque : Ca valih-oc! x-cha-cut, x-qaztah u vach. Nim que quicotic. Xavi quehe que quicotic ahauab; xaviare que bancuic ca quicot qui qux Hun-Came, Vukub-Came, queheri are que xahouic ca qui nao.

Qatepuch u rainic, u malinic pu qui qux ahauab chire qui xahoh Xhunahpu, Xbalanque, ta x-el cu qui tzih Hun-Came, Vukub-Came : Ch'y bana chike, koh y puzu, x-e cha-cut Hun-Came, Vukub-Came chique ri Xhunahpu, Xbalanque.

Utzbala, chi qaztah y vach; ma-pa yx qo cam? oh pu quicotirizay yve, yx, pu rahaual yy'al, y qahol, x-e cha-cut chique ahauab.

Are cu nabe x-puz ri qui u holom ahau, Hun-Came u bi, rahaual Xibalba. Caminak chicut Hun-Came, ta x-chap chic Vukub-Came, mavi x-qaztah chi qui vach.

Qatepu x-elic Xibalba chi c'akan are x-qu'il ri ahauab x-e camic e xaraxoh ; ch'ubic e pu xaraxoxinak qui cabichal, xa cu kahizabal qui vach x-banic. Huzuc x-u camibeh ri hun ahau ; mana x-qui qaztah chi u vach.

Are curi hun ahau x-elah na, x-oc na chi qui vach ri e xahol, mavi x-u culu, ma pu x-u riqo : Togob nu vach, x-cha, ta x-u na rib.

---

lanqué pour halluciner les spectateurs? Voici à ce sujet ce qu'on trouve dans l'ouvrage du célèbre médecin Hernandez, envoyé par Philippe II pour recueillir les notions des plantes et autres sciences naturelles des Mexicains. « *Ololiuhqui*, quam *coaxi-* » *huitl*, seu herba serpentis alii vo- » cant..... Indorum sacrifici, cum vi- » deri vellent versati cum Superis, ac » responsa accipere ab eis, eâ vesce- » bantur plantâ, ut desiperent, mil- » leque fantasmata et dæmonum ob- » versantium effigies circumspecta-

Ils regardaient avec stupéfaction (1) mais (ne voyaient) qu'une chose, le spectacle que donnait Xbalanqué : Lève-toi ! dit-il ensuite, et (Xhunahpu) fut rendu à la vie. (L'un et l'autre) ils se réjouirent beaucoup. Les princes se réjouirent de même ; en effet, ce qu'ils faisaient transportait le cœur de Hun-Camé et de Vukub-Camé, et ils l'éprouvaient comme s'ils eussent eux-mêmes été les acteurs.

Ensuite l'excès du désir et de la curiosité (emportant) le cœur des princes vers le spectacle (que leur avaient donné) Xhunahpu et Xbalanqué, Hun-Camé et Vukub-Camé laissèrent échapper ces paroles : Faites de même avec nous, immolez-nous, dirent Hun-Camé et Vukub-Camé à Xhunahpu et à Xbalanqué.

Fort bien, vous ressusciterez ; est-ce que pour vous peut exister la mort? mais nous réjouir, c'est votre droit, ô vous, les rois de vos serviteurs et de vos vassaux, répondirent-ils aux princes.

Et voilà que celui qu'ils sacrifièrent d'abord fut le chef-roi, Hun-Camé était son nom, le monarque de Xibalba. Hun-Camé étant une fois mort, ils s'emparèrent de Vukub-Camé, et ils ne leur rendirent pas la vie.

Alors s'enfuirent tous les princes de Xibalba, en voyant les rois morts et la poitrine entr'ouverte : en un moment ils furent eux-mêmes sacrifiés deux à deux, comme un châtiment qui leur était dû. Il ne fallut qu'un instant pour donner la mort au roi, et ils ne lui rendirent pas la vie.

Mais voilà qu'un des princes s'humilia alors, en se présentant devant les danseurs, n'ayant pas été trouvé ni pris (jusqu'à ce moment). Ayez pitié de moi, dit-il, lorsqu'il se vit reconnu.

» rent : qua in re solano manico » Dioscoridis similis fortassis alicui vi- » deri possit. » (Hernandez, apud Nieremberg, *Hist. Nat.* lib. XV, cap. 75.)

(1) *Chi cay xa-cu-hun,* regardait donc à la fois (ou ensemble). *Cay,* qui forme *cayic,* etc., signifie assister à un spectacle, regarder avec étonnement ou admiration, etc. *Xahun,* composé de *xa,* seulement, et de *hun,* un ; le *cu* est une conjonction intercalée.

X-e quiz cu bec ronohel c'al qui qahol pa nima zivan, xahun x-qui balih vi quib pa nima xolobachan; chiri cut e tubul vi ta x-qutun cut mavi ahilan chi Zanic, tuculiy ula que pa zivan.

Queheri x-e beyox uloc, ta x-e ul cut, x-qui xul qui ya chi quih conohel x-e ul elah-oc, x-e ul pu oc-oc. Quehecut qui chakatahic rahaual Xibalba, xa maihabal, xa pu qui halvachibal quib ta x-qui bano.

CAHLAHPAH CHI TZIH.

Qatepuch ta x-qui byib qui bi, x-qui cobizah quib chi qui vach conohel Xibalba.

Ch'y taa ka bi, x-chi ka byih naipuch u bi ka cahau chyve: Oh va, oh Xhunahpu, Xbalanque, ka bi. Are cu ka cahau ri x-y camizah Hunhun-Ahpu, Vukub-Hunahpu, qui bi. Oh pakol re vae qui rail, qui qaxcol ri ka cahau. Quehecut mi-x-ka ouyn vi ronohel qaxcol mi-x-y ban chique; quehecut qu'yx ka zach vi yv'onohel, qu'yx camizah, mahabi chic colotahel chyve, x-e uchax cut.

Qatepuch que tahic c'ogic conohel Xibalba: Togob ka vach, yx Hunahpu, Xbalanque! Quitzih vi x-oh makunic chique ri y cahau qu'y byih la cute e mukul chi Puebalchah, x-e chacut.

Utzbala! are ba ri ka tzih x-chi ka byih chyve. Ch'y taa yv'onohel, yx Xibalba! Rumal mana nim ch'y gih,

Leurs vassaux s'enfuirent tous en foule à une ravine profonde, remplissant comme une seule masse le vaste précipice ; c'est là qu'ils étaient amoncelés, lorsque d'innombrables Fourmis vinrent les découvrir et les acculer dans le ravin.

Ainsi ils furent emmenés par le chemin, et en arrivant (devant les vainqueurs) ils se prosternèrent avec humilité et se rendirent tous, se soumettant sans réserve en se présentant à eux. C'est ainsi que furent vaincus les rois de Xibalba, et seulement par un prodige, et par leur métamorphose (Xhunahpu et Xbalanqué) accomplirent (cette victoire).

CHAPITRE QUATORZIÈME.

Ensuite (les danseurs) dirent leurs noms et s'exaltèrent à la face de tous (les sujets) de Xibalba.

Vous, entendez nos noms, et nous vous dirons également les noms de nos pères. Nous voici, nous, Xhunahpu et Xbalanqué, (tels sont) nos noms. Et ce sont nos pères, ceux que vous avez mis à mort, et qui se nomment Hunhun-Ahpu et Vukub-Hunahpu. Nous voici les vengeurs des tourments et des souffrances de nos pères. Ainsi c'est nous qui prenons tous les maux que vous leur avez faits ; ainsi donc nous vous achèverons tous, nous vous mettrons à mort sans qu'un seul d'entre vous puisse s'échapper, leur fut-il déclaré.

Après quoi tous les sujets de Xibalba se prosternèrent en gémissant. Ayez pitié de nous, ô Hunahpu, Xbalanqué ! En vérité, nous avons péché contre vos pères, que vous dites, et qui sont enterrés dans le Cendrier, répondirent-ils.

Fort bien ! Voici donc notre sentence que nous prononçons sur vous. Ecoutez, vous tous, vous sujets de Xi-

yv'alaxic ch'uxic, ruq naipuch mavi nim y cochibal, x-
zcaquin chic ch'y quiq holomax mavi chu hom quiq yve,
xa xot, xa akam, xa chuch chire x-heraxic; xa naipu
r'al quim, r'al tolob chyve chah. Ma cu yvech ri ronohel
zakil r'al, zakil qahol ; xa noh chi tzako rib ch'y vach. Are
ri ahmak, ahlabal, ahbiz, ahmoquen ch'oc na u mak,
qu'yx og vi. Ma na xa rax chapom ronohel vinak ch'y
bano; qu'yx ta-on puch chuvi ri quiq holomax. X-e uchax
cut conohel Xibalba.

Quehecut tiqarinak qui zachic u maixic, naipuch qui
ziquixic. Mavi nim qui gih oher : xa x-r'ah tza vi vinak
oher ; quitzih mana qabauil qui bi oher : xavi xibal itzel
qui vach, e ah-Tza, ah-Tucur, e takchinel chi mak, chi
labal.

E naipu ahmukulic qux, e qekail-zakiil, ahmoxvach,
ahlatzab que u chaxic. Chi x-e on qui vach que culutahic:
quehecut u zachic qui nimal gagal, mavi nim chi c'ahauarem x'uxic. Are x-e banou ri Xhunahpu, Xbalanque.

---

(1) Une difficulté se présente ici et
un peu plus bas sur *quiq-holomax*,
où il y a un jeu de mots mystérieux
qui échappe à la traduction.
(2) *Xa naipu r'al quim, r'al tolob
chyve chah*, seulement aussi le petit
de la broussaille, le petit de la solitude de votre garde.
(3) Cet aveu est curieux; on commença à les invoquer comme des
dieux, lorsque leur puissance fut
tombée. Le principal de ces dieux paraît avoir été le même qu'on retrouve
dans la mythologie mexicaine sous
le nom de *Mictlanteuctli*, seigneur
du séjour des morts.
(4) *Xavi xibal itzel qui vach*, certainement terribles, méchantes leurs
faces. Ils étaient méchants comme les
hiboux; il y a dans le texte *ah-tza*,

balba! Puisque votre éclat et votre puissance ne sont plus et qu'il ne vous reste même plus de droit à la clémence, votre sang dominera bien encore un peu (1), mais votre pelote ne (roulera) plus dans le Jeu de Paume. (Vous ne serez plus bons qu'à) faire des choses de terre cuite, des tourtières, des marmites, à égrener le maïs; et les bêtes qui vivent dans les broussailles et dans la solitude seront seules votre partage (2). Tous les vassaux heureux, les sujets civilisés, cessent d'être à vous, les abeilles seules continueront à se reproduire devant vos yeux. Vous donc, hommes pervers, hommes cruels et tristes, misérables, qui avez commis le mal, pleurez-le. On ne prendra plus à l'improviste les hommes, comme vous faisiez; mais soyez attentifs (à ce que j'ai dit) sur cette balle dominatrice. C'est ainsi qu'ils parlèrent à tous les sujets de Xibalba.

Ainsi commença leur destruction et leur ruine, comme aussi l'invocation qu'on leur adressa (3). Mais leur éclat ne fut jamais bien grand auparavant : seulement ils aimaient à faire la guerre aux hommes; et véritablement on ne les nommait pas non plus des dieux anciennement: mais leur aspect inspirait l'effroi; ils étaient méchants (comme) les Hiboux (4), inspirant le mal et la discorde.

Ils étaient également de mauvaise foi, en même temps blancs et noirs, hypocrites et tyranniques, disait-on. En outre, ils se peignaient le visage et s'oignaient avec de la couleur (5). Ainsi leur puissance fut ruinée et leur domination cessa de grandir (6). Voilà ce que firent Xhunahpu et Xbalanqué.

ah-tucur, mot à mot : ceux du mal, ceux des hiboux. Mais, ces mots ont probablement un autre sens beaucoup plus complet. *Tza* ou *itza* paraît se rapporter aux anciennes populations; *ah-itza*, habitants du Péten, et *ah-tucur*, à ceux de l'ancien *Tucuru*, également sujets de Xibalba; on ne saurait douter que la capitale de cet empire ne fût fort peu éloignée du pays et du lac de *Peten-Itza*.

(5) Cet usage de se peindre le visage est demeuré en vigueur jusqu'au temps de la conquête parmi les Mayas d'Yucatan, qui paraissent avoir appartenu à la même race que les anciens maîtres de Xibalba.

(6) *Mavi nim chi c'ahauarem x'uxic*, non grande plus leur domination (ou empire) fut.

Are cut c'ogic ca ziquin ri c'atit chuvach ri ah ri x-qui tic canoc; x-pe u tux ri ah, qate x-chakih chic are cut ta x-e qat pa choh ta x-pe chicut u tux ri ah.

Qatecut x-qaton ri c'atit, x-u qat ri pom chuvach ri ah, u natabal quech r'yi. Are x-quicot ri u qux c'atit ri chu camul x-pe u tux ri ah : ta x-qabauilax rumal c'atit, ta x-u binatizah cut Nicah-Ha, Nicah bi ch'oc.

Qazam-Ah, Chatam-Uleu u bi x-uxic ; are cut x-u binaah-vi Nicah-Ha, Nicah bi ch'oc, rumal xa chu nicahal upa c'ochoch x-qui tic ah : are chicu, x-u binaah vi Chatam-Uleu, Qazam-Ah chuvi Chatam-Uleu qui tic-vi ah ; are naipu x-u binaah vi Qazam-Ah, rumal x-pe u tux ah ; ta x-coh u bi rumal Xmucane x-qui tic canoc Hunahpu, Xbalanque, xa natabal que rumal c'atit.

Are curi nabe qui cahau x-oher-oc que cam-oc ri Hunhun-Ahpu, Vukub-Hunahpu ; x-qu'il chicut u vach ri qui cahau chila chi Xibalba, x-chau chic qui cahau chi qu'etax, x-qui chak Xibalba.

Va cute u vikic chic qui cahau cumal are x-qui vik ri Vukub-Hunahpu : chila x-be qui vika vi chi Pucbal-Chah, xavixere u vach x-r'ah uxic. X-tzonox cut

---

(1) Elles reçurent les honneurs divins, *x-qabauilax*, mot à mot : furent déifiées, de *qabauil*, dieu, d'où *qabauilah*, déifier, adorer, *qabauilax*, être déifié.

(2) Le lieu où ces choses se passèrent paraît avoir été *Gumarcaah*, capitale des Quichés; ce nom signifie Maison ou hutte de cannes vieillies. Les Mexicains appelaient cette ville *Otlatlan*, c'est-à-dire, entre les bambous. De là partit Xbalanqué pour

Cependant leur aïeule gémissait et se lamentait devant les cannes qu'ils avaient laissé plantées : ces cannes avaient repoussé ; ensuite elles s'étaient desséchées de nouveau ; mais lorsqu'ils avaient (été) brûlés sur le bûcher, elles avaient reverdi encore une fois.

Après quoi leur aïeule ayant allumé (le brasier), brûla du copal devant les cannes, en mémoire de ses petits-fils. Le cœur de leur aïeule se réjouit, lorsque les cannes reverdirent pour la seconde fois : elles reçurent alors les honneurs divins de leur aïeule qui les nomma « le Centre de la Maison, et le Centre » elles furent appelées (1).

« Cannes-Vives, Terre-Aplanie, » devint le nom (du lieu); et le nom de « Centre de la Maison » de « Centre » lui fut donné, parce qu'ils plantèrent leurs cannes au milieu de la salle de leur maison : et elle nomma (le lieu) « Terre-Aplanie, Cannes-Vives sur la terre aplanie » pour planter leurs cannes, qu'elle appela les « Cannes-Vives, » parce que les cannes reverdirent, et ce nom fut donné par Xmucané (à ces cannes), que laissèrent plantées Hunahpu et Xbalanqué, comme un souvenir d'eux à leur aïeule (2).

Or leurs premiers pères, qui moururent anciennement, étaient Hunhun-Ahpu et Vukub-Hunahpu ; ils virent aussi les faces de leurs pères là-bas en Xibalba ; et leurs pères parlèrent avec leurs descendants (3), qui vainquirent Xibalba.

Or, voici comment leurs pères reçurent d'eux les honneurs funèbres (4) : et ce fut Vukub-Hunahpu, à qui ils furent rendus : on alla pour les solenniser au Cendrier, et

aller à la conquête de l'Enfer, c'est-à-dire de Xibalba. (Torquemada, *Monarq. Ind.*, lib. vi, cap. 26.)

(3) *X-chau chic qui cahau chi qu'e-tax*, parlèrent aussi leurs pères à leurs signalés, c'est-à-dire à leurs descendants.

(4) *Va cute u vikic chic qui cahau*, voici donc les funérailles aussi de leurs pères.

chiri u bi, ronohel u chi, u tzam, u bak, u vach.

X-u riq nabe u bi, xa cu zcaquin chic : x-cha-tah-vi xere, mavi x-u byih chi u bi ri u Hunahpuil u chi xere pu x-cha-tah chivi. Quehecut ta x-qui nimah vi canah-oc u qux qui cahau xavi x-canah chi Pucbal-Chah chiri.

Qu'yx ziquix-vi ch'uxic, x-e cha chi u qahol chirech, ta x-cubax u qux. Nabe ch'el yve, nabe naipuch qu'yx gihiloxic rumal zakil al, zakil qahol! Mavi chi zachic y bi! ta ch'uxoc! Xe cha chirech qui cahau, ta x-qui cuba u qux. Xa oh pakol y camic, y zachic, qaxcol rail x-ban chyve.

Quehecut qui pixabic ri x-chakatahinak-oc ronohel Xibalba. Ta x-e akan c'uloc varale nicah zak, huzu cu x-e akan chi cah : hun cu gih, hun naipu iq chique, ta x-zakiric u pam cah, u vach uleu, chi cah x-e qohe vi.

Are cut ca ch'akanic ri omuch qaholab x-e cam rumal Zipacna, arecut c'achbil x-uxic e U-chumilal cah x-e uxic.

---

(1) *Xavixere u vach x-r'ah uxic*, cela-même sa figure on voulut se fît. Usage antique chez ces peuples qui, après avoir brûlé le mort, réunissaient ses cendres et en pétrissaient avec de l'*ulli*, ou gomme élastique liquide, une statue, en lui mettant un masque qui représentait les traits du défunt; on enfermait cette statue dans une grande urne funéraire que l'on déposait ensuite dans le tombeau qui lui était destiné, avec des statuettes d'argile, dont la tête réduite avait été moulée sur le cadavre.

(2) *X-tzonox cut chiri u bi*, fut cherché donc là son nom. Serait-ce une pierre sépulcrale où ce nom aurait été gravé ?

(3) Ce texte semble dire qu'on ne trouva que les cendres de Vukub-Hunahpu. *Hunahpuil*, pluriel dans les langues tzendale et maya, a un sens

pour cela même, on voulut faire sa figure (1). On y cherCha donc son nom (2), sa bouche, son nez, ses os, sa face.

On arriva d'abord à son nom; mais (on obtint) bien peu en plus : c'est là tout ce qu'il voulut dire, ne consentant pas à prononcer avec son nom celui des Hunahpu (3), et c'est là seulement ce que sa bouche voulut dire. Or, voici comment ils exaltèrent la mémoire de leurs pères, qu'ils laissaient ainsi dans le Cendrier.

Soyez invoqués désormais, leur dirent leurs fils, pour consoler leurs âmes (4). Les premiers vous sortirez (sur la voûte du ciel); les premiers, également, vous serez adorés par les peuples civilisés! et votre nom ne se perdra point; ainsi soit-il! dirent-ils à leurs pères, pour consoler leurs mânes. Nous sommes les vengeurs de votre mort et de votre ruine, des souffrances et des travaux qu'on vous a fait endurer.

Tels furent leurs ordres en parlant à tout le peuple de Xibalba, qu'ils avaient vaincu. Alors ils montèrent par ici au milieu de la lumière, et aussitôt (leurs pères) montèrent aux cieux : à l'un échut le soleil, et à l'autre la lune, qui éclairent la voûte du ciel et la surface de la terre, et au ciel ils demeurent (5).

Alors s'élevèrent également les quatre cents jeunes gens qui avaient été mis à mort par Zipacna : or ils avaient été les compagnons (de Hunhun-Ahpu et de Vukub-Hunahpu), et ils devinrent des étoiles au ciel (6).

collectif, dans le quiché, signifiant l'ensemble des Hunahpu.

(4) *Ta x-cubax u qux*, afin que soit consolée (reposée) leur âme (leur cœur).

(5) C'est une véritable apothéose, comme on le voit. Serait-ce la même dont il est parlé dans les traditions mexicaines, celle de Nanahuatl et de Metztli, et qui eut lieu à Teotihuacan. Ce qui vient à l'appui de cette hypothèse, ce sont les nombreux détails que donne dans sa partie héroïque le *Codex-Chimalpopoca*. Voir le commentaire, § VIII.

(6) *Omuch-qaholab*, les quatre cents jeunes gens, en mexicain *Centzon-Totochtin* ou Quatre-cents-Lapins, compagnons de Hunhun-Ahpu, avaient péri pour sa cause, la cause toltèque, dont l'ère commence avec le signe I. Lapin, *Ce-Tochtli*.

R'OXPAH CHI VUH.

HUPAH CHI TZIH.

Vae cut u tiqeric ta x-naohix vinak, ta x-tzukux puch ri ch'oc u tiohil vinak. X-e cha cut ri Alom, Qaholom, e Tzakol, Bitol, Tepeu, Gucumatz, qui bi :

Mi-x-yopihic u zakiric; mi-x-tzak utzinic, mi pu x-galeic tzukul, cool, zakil al, zakil qahol; mi-x-gale vinak, u vinakil u vach uleu, x-e cha.

X-molomanic, x-ulic; x-be qui naoh chi gekumal, chi agabal : ta x-qui tzukuh, x-qui pukuh puch x-e naohinic x-e bizon puch varal.

Quehecut x-el vi aponoc qui naoh zakil calal : x-qui riqo, x-qui canaizah puch ri x-oc u tiohil vinak. Xa zcaquin chic mavi ca vachin gih, iq, chumil pa qui vi e Tzakol, Bitol.

Pan Paxil, Pan Cayala u bi x-pe vi gana hal, zaki hal.

---

(1) Il s'agit de la quatrième création, celle de la caste noble et sacerdotale, dont il est parlé dans le Commentaire. Le commencement de ce chapitre devrait suivre la première partie de ce livre et être intercalé entre les chapitres trois et quatre ; mais il a été placé à dessein au commencement des emigrations quichées, afin de rattacher les nations de cette race aux époques héroïques de leur histoire.

(2) *Pan-Paxil, pan Cayal-a*, nom du lieu où fut découvert le maïs. Ordoñez traduit ces mots par Lieu où les eaux se divisent en tombant. Dans la langue quichée, ces mots signifient

TROISIÈME PARTIE.

CHAPITRE PREMIER.

Or voici quand on commença à penser à l'homme et à chercher ce qui devait entrer dans la chair de l'homme (1). Alors parlèrent Celui qui engendre et Celui qui donne l'être, le Créateur et le Formateur, nommés Tepeu, Gucumatz :

Déjà l'aurore est proche ; l'œuvre est achevée, voilà qu'est ennobli le soutien, le nourricier (de l'autel), le fils de la lumière, le fils de la civilisation ; voilà qu'est honoré l'homme, l'humanité à la face de la terre, dirent-ils.

On vint, on s'assembla en grand nombre ; ils unirent leurs sages conseils dans les ténèbres, dans la nuit : alors ils cherchèrent, et s'étant secoué la tête, ils se consultèrent ici, pensant (à ce qu'ils feraient).

De cette manière sortirent les sages décisions de ces hommes éclairés : ils rencontrèrent et on leur fit voir ce qui entrait dans la chair de l'homme. Or peu s'en fallait encore que le soleil, la lune et les étoiles se manifestassent au-dessus d'eux, du Créateur et du Formateur.

En *Paxil* et en *Cayala*, ainsi qu'on nomme (ce lieu), vinrent les épis de maïs jaune et les épis de maïs blanc (2).

Entre la division, entre la fétidité des eaux. Si cela peut indiquer une région, il n'y en a pas à laquelle ceci s'applique aussi bien que la région arrosée par les affluents de l'Uzumacinta et du Tabasco, entre la mer et les montagnes : ces deux fleuves se partagent en une multitude de branches et d'embouchures, et les eaux y sont en beaucoup d'endroits fétides et amères, sens du mot *cayal*, de *cay* ou *gay*, fiel, pourriture, amertume, etc. Dans le *Codex Chimalpopoca*, ce lieu est nommé *Tonacatepetl*, Montagne de notre subsistance.

Are ca qui bi chicop va qamol r'echa : Yac, Utïu, Qel, Hoh, e cahib chi chicop x-biyn u tzihel gana hal, zaki hal chique, chila que pe-vi pan Paxil, x-qut u beel Paxil.

Are cut x-qui riqo riy echa are cut x-oc u tiohil vinak tzak, vinak bit, ha cut u quiqel, u quiqel vinak x-uxic, are x-oc cumal Alom, Qaholom ri hal.

Quehecut x-e quicot vi rumal ri u riqitahic utzilah huyub, nohinak chi guz, tzatz chi gana hal, zaki hal, tzatz naipuch chi pek, chi caco; mavi ahilan tulul, cavex, ginom, tapal, ahache, cab; nohinak quilah echa chupan ri tinamit pan Paxil, pan Cayala, u bi.

Qo-vi echa u vachinel ronohel, chuti echa, nima echa; chuti ticon, nima ticon, x-qut u beel cuma chicop. Ta x-queex cut ri gana hal, zaki hal, beleheb cu uqaal x-u ban Xmucane, echa x-oquic, r'ucha, r'openal x-vinakir, u gabchial u ganaal vinak x-uxic. Ta x-qui ban ri Alom, Qaholom, Tepeuh, Gucumatz que uchaxic.

Qatecut x-qui coh pa tzih u tzukic, u bitic ka nabe chuch, cahau : xa gana hal, zaki hal u tiohil, xa echa

---

(1) Quatre barbares nommés *Yac*, sorte de petit renard, appelé Zorra par les Espagnols, *tlalcoyotl* par les Mexicains. *Utïu*, le Chacal, *Coyotl* au Mexique ; *Qel*, la Perruche, *Cochotl* ou *Quiltototl* et *Hch*, sorte de Corbeau, le *cacalott* ou *Zanatl*. Le MS. Cakchiquel ne nomme ici que deux barbares, *Utïuh*, le chacal, et *Koch*, en quiché *Hoh* le Corbeau.

(2) *Pek*, sorte de cacao sauvage de qualité inférieure, que, dans le dialecte nahuatl du Guatémala, on appelle *paizste*, peut-être de *patlactli*,

Or voici les noms des barbares (1) qui allèrent chercher l'alimentation : le Renard, le Chacal, la Perruche et le Corbeau, quatre barbares qui leur apprirent la nouvelle des épis de maïs jaune et des épis de maïs blanc qui venaient en Paxil et qui leur montrèrent le chemin de Paxil.

C'est là qu'ils obtinrent enfin les aliments qui entrèrent dans la chair de l'homme fait, de l'homme formé ; c'est cela (qui fut) son sang, qui devint le sang de l'homme, ce maïs qui entra en lui par les soins de Celui qui engendre et de Celui qui donne l'être.

Ainsi ils se réjouirent d'être enfin arrivés à ce pays excellent, si plein de choses savoureuses, où abondaient le maïs jaune et le maïs blanc, où abondait également le *pek*, le cacao, où l'on ne pouvait compter les sapotiers, les anones, les *jocotes*, les *nances*, les *ahaches* (2), le miel ; tout était rempli enfin des meilleurs aliments dans cette ville (3) de Paxil, de Cayala (car tel était) son nom.

Il y avait des aliments de toute sorte, aliments petits et grands ; plantes petites et grandes, dont le chemin leur avait été montré par les barbares. Alors on commença à moudre le maïs jaune, le maïs blanc, et Xmucané en composa neuf boissons, et cette nourriture entrant (dans le corps), fit naître la force et la vigueur, et donna de la chair et des muscles à l'homme. C'est là ce que firent Celui qui engendre et Celui qui donne l'être, Tepeuh, Gucumatz, ainsi qu'ils sont appelés.

Aussitôt ils commencèrent à parler de faire et de former notre première mère et notre premier père : seulement du

l'échange, parce qu'il sert aux échanges minimes. *Cacu* ou *Cacou* est le cacao ordinaire, mexicain *cacahuatl* ; les sapotiers, *tulul*, du nahuatl *tzapotl* ; les anones, *carex* ; les xocotes, *ginom*, xocotl ; les nances, *tapal*, mexicain *nantze*, les ahaches, *ahache*, sorte de sapote que les Espagnols du pays appellent *matasano*.

(3) Ici l'auteur ne dit plus la région de *Paxil* et *Cayala*, il l'appelle une ville *tinamit*, ciudad, du mot nahuatl *tenamitl*, fortification ou mur d'enceinte.

r'akan, u gab vinak; ri e ka nabe cahau, e cahib chi vinak tzak, xa echa oquinak qui tiohil.

CAPAH CHI TZIH.

Vae qui bi nabe vinak x-e tzakic, x-e bitic; are nabe vinak ri Balam-Quitze : u cab Balam-Agab; r'ox chicut Mahucutah, u cah cut Iqi-Balam, are cu qui bi ri ka nabe chuch, cahau.

Xa tzak, xa bit que u chaxic; ma habi qui chuch, mahabi qui cahau; xa utuquel achih chi ka byih. Mana ixok x-e alanic, ma-naipu x-e qaholanic rumal ri Ahtzak, Ahbit, ri Alom, Qaholom.

Xa puz, xa naual qui tzakic, qui bitic rumal ri Tzakol, Bitol, Alom, Qaholom, Tepeu, Gucumatz : ta x-e vinakvachin cut e vinak x-e uxic ; x-e chauic, x-e tzihon puch, x-e mucunic, x-e taon puch, x-e binic, x-e chapanic, e utzilah vinak e chaom, achihil vach qui vachibal.

Qo quxlal x-uxic : x-e mucum naipuch huzuc x-opon qui mucubal; x-quiz qu'ilo; x-quiz qu'etamah ronohel

maïs jaune et du maïs blanc (entrèrent dans) leur chair et furent la seule alimentation des jambes et des bras de l'homme ; et ceux-ci furent nos premiers pères, les quatre hommes qui furent formés et en qui cet aliment était entré (pour faire) leur chair.

CHAPITRE DEUXIÈME.

Les voici les noms des premiers hommes qui furent créés et formés : celui-ci est le premier homme, *Balam-Quitzé;* le second est *Balam-Agab;* le troisième est ensuite *Mahucutah* et le quatrième *Iqi-Balam*, et ceux-ci sont leurs noms de nos premières mères et pères (1).

On les appela simplement des êtres façonnés et formés ; ils n'eurent ni mère, ni père, et nous les nommons simplement des hommes. La femme ne leur donna pas le jour, et ils ne furent pas non plus engendrés par l'Edificateur et le Formateur, par Celui qui engendre et par Celui qui donne l'être.

Mais ce fut un prodige, un véritable enchantement que leur création et leur façon, (opérée) par le Créateur et le Formateur, par Celui qui engendre et par Celui qui donne l'être, Tepeu et Gucumatz : en apparaissant comme des hommes, hommes donc ils furent ; ils parlèrent et ils raisonnèrent, ils virent et ils entendirent, ils marchèrent, ils palpèrent ; hommes parfaits et beaux, et dont la figure était une figure d'homme.

La pensée fut et exista (en eux), ils virent : et aussitôt leur regard s'éleva : leur vue embrassa tout; ils connu-

---

(1) *Balam-Quitzé*, Tigre au doux sourire; *Balam-Agab*, Tigre de la nuit; *Mahucutah*, Nom signalé; *Iqi-Balam*, Tigre de la lune : telle est la signification littérale que Ximenez a donnée de ces quatre noms.

xecah, uve que mucunic libahchi chi qui zolvachih, chi zolmucuh puch u pam cah, u pam uleu.

Muhucatahil nachi qu'ilix-tah ronohel, ma que bin-ta na-on nabe; qate ta chi qu'il ri u xecah, xavi chire e qo-vi ta que mucunic.

Tzatz qu'etamabal x-uxic; x-iqou qui vachibal pa che, pa abah, pa cho, pa palo, pa huyub, pa tagah : quitzih vi e logolah vinak ri Balam-Quitze, Balam-Agab, Mahucutah, Iqi-Balam.

Ta x-e tzonox cut rumal ri Ahtzak, Ahbit : Huchalic y qohei qu'y nao? Ma qu'yx mucunic, ma qu'yx taonic, ma utz y chabal ruq y binibal? Qu'yx mucuna nacut, ch'yv'ila u xecah ma calah huyub, tagah; qu'yv'ilo ch'y tiha nacut, x-e u chaxic.

Qatepuch x-quiz qu'il ronohel u xe cah : qatecut qui qamouanic ri chire Tzakol, Bitol : Quitzih vi chi camul qamo, oxmul qamo! Mi-x-oh vinakiric, mi pu x-oh chiynic, x-oh vachinic, koh chauic, koh taonic, koh bizonic, koh zilabic : utz ca ka nao x-k'etamah nah, nakah;

Mi pu x-k'ilo nim, chutin upa cah upa uleu. Qamo cut ch'yve; mi-x-oh vinakiric, Ahtzak, Ahbit, mi-x-oh uxic, at

---

(1) *X-iqou qui vachibal pa che; pa abah, pa cho, pa palo, pa huyub, pa tagah*; passa leur génie dans les bois, dans les pierres, dans les lacs, dans les mers, dans les montagnes, dans les plaines. Le mot *vachibal*, que nous traduisons par génie, signifie symbole, regard, ce avec quoi on regarde, on voit, on produit, l'image, la représentation, etc.

(2) *Quitzih vi chi camul qamo, oxmul qamo :* véritablement en deux

rent le monde entier, et quand ils le contemplaient, leur vue se tournait en un instant de la voûte du ciel à regarder de nouveau la surface de la terre.

Les choses les plus cachées, ils les voyaient toutes à volonté, sans avoir besoin de se mouvoir auparavant ; et lorsqu'ensuite ils jetaient la vue sur ce monde, ils voyaient de même tout ce qu'il renferme.

Grande fut leur sagesse ; leur génie s'étendit sur les bois, sur les rochers, sur les lacs et les mers, sur les montagnes et sur les vallées (1) : hommes véritablement dignes d'admiration (étaient ainsi) Balam-Quitzé, Balam-Agab, Mahucutah et Iqi-Balam.

Alors ils furent interrogés par l'Edificateur et le Formateur : Qu'est-ce donc que vous pensez de votre être ? Ne voyez-vous point, n'entendez-vous point, votre langage n'est-il pas bon, ainsi que votre marche ? Regardez donc et voyez sous le ciel si les montagnes et les plaines se manifestent ; essayez de les voir maintenant, leur fut-il dit.

Après cela, ils virent l'ensemble de tout ce qu'il y a sous le ciel : puis ils rendirent grâce au Créateur et au Formateur, (disant) : Véritablement nous (vous) rendons toute sorte d'actions de grâces (2) ! Nous avons reçu l'existence, nous avons reçu une bouche, un visage, nous parlons, nous entendons, nous pensons, nous marchons : nous sentons et nous connaissons également bien ce qui est loin et ce qui est rapproché.

Nous voyons toutes les choses grandes et petites dans le ciel et sur la terre. Grâce donc à vous ; nous avons été

---

fois, trois fois grâces (vous soient rendues). *Qamo* pour *qamouah* qui veut dire remercier, signifie en réalité *offrir* ou *porter*, et pour rendre la pensée entière en langue quichée, il faudrait dire *Ca nu qamo lak chyve*, mot à mot, Se porte (ou offre) plat à vous : parce que pour remercier les dieux ou les princes, on leur offrait anciennement des plats remplis de vivres, etc. *Qamo* est comme en français *merci*.

k'atit, at ka mam, x-e cha, ta x-qui qamouah qui tzakic qui bitic.

X-qiz qu'etamah ronohel, x-qui mucuh cah-tzuk, cah xucut u pam cah, u pam uleu.

Ma cu utz x-qui tao ri Ahtzak, ri Ahbit : Mavi utz ri mi-x-qui byih ka tzak, ka bit. Mi-x-qu'etamah ronohel nim chutin, que cha.

Quehe chicut u qamic chic qui naoh Alom, Qaholom : Hucha chic chi ka ban chique? Xata nakah ch'opon vi qui mucubal, xata zcaquin u vach uleu chi qu'ilo.

Mavi utz ri ca qui biyh. Ma-pa xa tzak, xa bit qui bi? Xalabe e qabauil que uxi chic, uve mavi que pogotahic que quiritahic ta ch'auax-oc, ta zakir-oc, uve mavi chi quiaric. Ta ch'uxoc.

Xa ka yoho chi zcaquin chic qo chi ca r'ah : mavi utz ca ka nao. Xa-pa x-chi hunamatah qui banoh kuq ri naht c'opon vi k'etamabal qu'ilon ronohel?

X-e uchaxic rumal u Qux Cah, Hurakan, Chipi-Cakulha, Raxa-Cakulha, Tepeu, Gucumatz, Alom, Qaholom, Xpiyacoc, Xmucane, Tzakol, Bitol, que u chaxic ta x-qui ban cut u qoheic chic qui tzak qui bit.

---

(1) C'est presque une paraphrase de l'histoire de la tour de Babel.
(2) *Ma-pa xa tzak, xa bit qui bi?* *alabe e qabauil que uxi chic, uve mavi que pogotahic, que quiritahic*, est-ce que non uniquement

créés, ô Edificateur, ô Formateur! nous sommes, ô notre aïeule, ô notre aïeul, dirent-ils, en rendant grâce de leur existence et de leur formation.

Et ils achevèrent de mesurer et de voir tout ce qui existe aux quatre coins et aux quatre angles dans le ciel et sur la terre.

Mais l'Edificateur et le Formateur n'entendirent pas ces choses avec plaisir : Ce n'est pas bien ce que disent nos créatures. Elles savent toutes les choses grandes et petites, dirent-ils (1).

C'est pourquoi on prit de nouveau le conseil de Celui qui engendre, de Celui qui donne l'être. Comment ferons-nous avec eux maintenant? Seulement que leur vue se raccourcisse et (qu'ils se contentent) de regarder seulement un peu la surface de la terre, (dirent-ils).

Ce n'est pas bien ce qu'ils disent. Leur nature ne serait-elle donc pas celle seulement de simples créatures (2)? Mais ils seront autant de dieux, s'ils ne procréent suffisamment et ne se développent au temps de faire les semailles, quand se fera le jour, et s'ils ne se multiplient. Ainsi soit-il.

Seulement troublons un peu (notre œuvre), afin qu'il leur manque (quelque chose); ce n'est pas bon ce que nous voyons. Voudraient-ils par hasard s'égaler à nous qui les avons faits, à nous dont la sagesse s'étend au loin et connaît tout ?

Était-il dit par le Cœur du Ciel, Hurakan, le Sillonnement de l'Éclair, la Foudre qui frappe, Tepeu, Gucumatz, Celui qui engendre et Celui qui donne l'être, Xpiyacoc, Xmucané, l'Édificateur et le Formateur ; c'est ainsi qu'ils parlèrent, en travaillant de nouveau à la nature de leur créature et de leur formation.

---

formation, créature leur nom? autant des dieux ils seront aussi, si non ils se multiplient, se propagent.

Xa cu x-u abax u bak qui vach rumal ri u Qux cah, x-moyic queheri x-uxlabix u vach lemo ; x-moyomobic u bak qui vach ; xa nakah chic x-e mucun vi, xere chi calah ri e qo-vi.

Quehecut u zachic qu'etamabal ruq ronohel qui naobal e cahib chi vinak, u xe u tiqaribal. Quehecut qui tzakic, qui bitic nabe ka mam, ka cahau rumal u Qux cah, u Qux uleu.

Ta x-qohe chicut qui culel, qu'ixokil puch x-uxic : Xavi Qabauil x-naohin chic, queheri xa pa varam x-qui qam vi quitzih e hebel chi ixok ; qo ruq Balam-Quitze, Balam-Agab, Mahucutah, Iqi-Balam.

Qo chi qu'ixokil, ta qui x-e qaztahic; anim x-quicot chic qui qux rumal qui culel.

R'OXPAH CHI TZIH.

Are cu qui bi qu'ixokil va : Caha-Paluna u bi r'ixokil Balam-Quitze ; Chomiha u bi r'ixokil Balam-Agab ; Tzununiha u bi r'ixokil Mahucutah ; Cakixaha u bi r'ixokil Iqi-Balam. Are cut u bi qu'ixokil ri e xoccohauab x-e uxic.

E pogol vinak, chuti amag, nima amag : are cut u xe kech, ri oh Queche-vinak : tzatz cut x-uxic ri Ahqixb Ah-

---

(1) Si les versets qui précèdent ne sont pas un souvenir confus des traditions bibliques, on pourrait y voir une période historique durant laquelle les rois auraient laissé retomber leurs peuples dans l'ignorance et la barbarie pour mieux les asservir. De toute façon le chapitre est excessivement curieux pour l'histoire primitive.

Alors un nuage leur fut soufflé sur la prunelle des yeux par le Cœur du ciel, et elle se voila comme la face d'un miroir qui se couvre de vapeur : le globe de leurs yeux se trouva ainsi obscurci ; ils ne virent plus que ce qui était rapproché, et cela seulement demeura clair pour eux.

Ainsi fut détruite leur sagesse ainsi que toute la science des quatre hommes, son principe et son commencement. Ainsi furent formés et créés nos premiers aïeux et pères par le Cœur du ciel, le Cœur de la terre (1).

Alors existèrent aussi leurs épouses, et leurs femmes furent faites : Dieu se consulta également ; ainsi donc, durant leur sommeil, ils reçurent véritablement de fort belles femmes ; et elles se trouvèrent avec Balam-Quitzé, Balam-Agab, Mahucutah et Iqi-Balam.

Leurs femmes se trouvèrent là, lorsqu'ils se réveillèrent ; aussitôt leurs cœurs se remplirent d'allégresse à cause de leurs épouses.

CHAPITRE TROISIÈME.

Or, les noms de leurs femmes les voici : *Caha-Paluna*, nom de la femme de Balam-Quitzé ; *Chomiha*, nom de la femme de Balam-Agab ; *Tzununiha*, nom de la femme de Mahucutah, et *Cakixaha*, nom de la femme d'Iqi-Balam (2). Ceux-ci sont les noms de leurs épouses et elles furent princesses.

Ceux-ci engendrèrent les hommes, les tribus petites et grandes : et ceux-ci furent notre souche à nous autres, à

---

(1) *Cah-a, palum-a*, mot à mot tombante eau, restant debout eau, c'est-à-dire eau tombant perpendiculairement. *Chomih-a* ou *Chomih-a*, Belle-Maison ou Belle-Eau. *Tzmmuni-ha*, Eau ou Maison de Colibris. *Cakixa-ha*, Eau ou Maison d'Aras. Ces noms paraissent plutôt appartenir à des localités dont ces quatre hommes auraient été les chefs.

qahb; mana xa e cahib chic x-uxic, xere cahib ri qui chuch oh quiche vinak.

Halahoh chi qui bi chi qui huhunal ta x-pogotahic chila chi r'elebal gih, qui u bi x-uxic ri vinak Tepeu, Oloman, Cohah, Quenech, Ahau, ch'u chax chic u bi vinak chila r'elebal gih x-pogotahic.

R'etaam cut u tiqaric chic rech Tamub, rech Ilocab, xahun x-pe-vi chila r'elebal gih.

Balam-Quitze u mam u cahau beleheb nim ha chi Cavikib : Balam-Agab u mam u cahau beleheb nim ha chi Nimhaibab; Mahucutah u mam u cahau cahib nim ha chi Ahau-Quiche.
Ox-chob chinamit chi u qoheic : mavi zachel u bi u mam u cahau are pogol quirol chila r'Elebalgih.

Xavixere x-pe-vi Tamub, Ilocab, ruq oxlahuh u ga amag : Oxlahub Tecpan; ruq Rabinaleb, Cakchiqueleb, Ah-Tziquinaha, ruq puch Zacahib, ruq naipuch Lamakib, Cumatz, Tuhalha, Uchabaha, Ah-Chumilaha, ruq Ah-

---

(1) *Queche-vinak*; le nom quiché s'écrit dans cette langue tantôt avec un *e*, tantôt un *i*. *Vinak*, personne humaine, indique aussi la nation comme *gens* en latin. Le mot *amag*, tribu, qui précède, se prend quelquefois aussi pour la nation et pour la contrée occupée par une tribu. Etymologiquement il se compose de *am*, araignée, et d'*ag*, langue, rayon, chose qui sort d'une autre, parce que tous les fils qui composent une toile d'araignée retournent à elle comme à leur centre et origine. Ainsi d'*amag*, on a fait *amagel*, (oujours, *amagelah*, prendre demeure, perpétuer, etc. *Vinak* indique donc la nation d'une même race, *amag*, la tribu, *gab-amag*, bras ou fraction de tribu, métairies, bourgades, qui en dépendent, *tinamit*, cité ou chef-lieu, *chinamit*, les familles, clans ou souches des familles qui composent la tribu.

(2) Sacrificateurs. Le texte donne *ahqixb ahqahb*, titres qui sont donnés aux princes sacrificateurs des tribus de la race quichée. Le premier se compose de la particule possessive *ah*, celui de, et de *qix*, épine, de celles qui servaient aux Indiens à se tirer du sang des diverses parties du corps pour l'offrir aux dieux. De là est venu que de *qix* on a fait un verbe qui signifie rougir, être honteux. Le second

nous la nation *quichée* (1) : en grand nombre existèrent en même temps les sacrificateurs (2); ils ne furent pas seulement quatre, mais quatre seulement furent nos mères à nous, la nation quichée (3).

Distincts sont les noms de chacun de ceux qui se sont propagés là-bas dans l'Orient (4), et leurs noms sont devenus ceux des nations de *Tepeu*, d'*Oloman*, de *Cohah*, de *Quenech*, d'*Ahau*, ainsi que ces hommes étaient appelés là-bas, dans l'Orient, où ils se multiplièrent (5).

On connaît également l'origine de ceux de *Tamub* (6) et de ceux d'*Ilocab*, qui vinrent ensemble des contrées de l'Orient.

Balam Quitzé est l'aïeul et le père des neuf grandes maisons des *Cavek ;* Balam-Agab l'aïeul et le père des neuf grandes maisons des *Nimhaib ;* Mahucutah l'aïeul et le père des quatre grandes maisons d'*Ahau-Quiché*.

Ils existaient en trois divisions de familles sans qu'elles eussent oublié le nom de leur aïeul et de leur père, qui se propagea et se développa dans l'Orient.

Ainsi également vinrent Tamub et Ilocab, avec treize fractions de tribu : les Treize de *Tecpan* (7); puis ceux de *Rabinal*, les *Cakchiquels*, ceux de *Tziquinaha ;* puis ensuite ceux de *Zacaha ;* puis après ceux de *Lamak*, de

---

se forme de la même particule et de *qahb*, originairement *kah*, descendre, abattre, terrasser, réduire en poudre, de l'usage de terrasser l'ennemi pour le sacrifier ensuite. Ce qui fait qu'on traduit littéralement ces deux titres par *celui des Epines* et *celui des terrassés ; ib* contracté en *b* est un pluriel antique.

(3) *Qui chuch oh Quiche-Vinak*, leurs mères de nous nation quichée. Le titre de mère est pris souvent dans le sens de chef.

(4) *Chila chi r'elebal gih*, là où le lever du soleil. Ces mots signifient l'orient ; mais il nous semble que cet orient doit se prendre dans un sens fort large, l'orient des populations centro-américaines ayant dû changer plus ou moins, à mesure qu'elles avançaient dans leur émigration.

(5) Voir la note 14, dernier paragraphe du commentaire : On connaît une localité et une rivière d'Oloman, qui débouche dans l'Atlantique, dans la province de la Nueva-Segovia, État de Nicaragua.

(6) *Tamub* et *Ilocab* sont les noms des deux plus anciennes races connues au pays quiché, à qui la maison de Cavek paraît avoir arraché le sceptre vers la fin du XIIIe siècle.

(7) Ces treize tribus de Tecpan sont les tribus pokomames et pokomchies.

Quibaha, Ah-Batenaba, Acul-Vinak, Balamiha, Canchahe-leb, Balam-Colob.

Xere cut u nimakil amag ri u ga amag, koh cha chirech, xa u nimakil mi-x-ka cholo. Qui chic elenak chirih ri hutak chob chi tinamit; mavi mi-x-ka tzibah qui bi xavi cu chila x-pogotah-vi uloc r'elebal gih.

Quia vinak x-uxic; chi gekumal ta x-quiaric : maha ch'alax-oc gih, zak, ta x-e quiaric ; xahun x-e qohe-vi conohel e tzatz chi qui qoheic, qui binouic chila r'elebal gih.

Are ma-habi chi tzukun, qui coon ; xavi chi cah chi qui pacaba qui vach; mavi qu'etaam x-e be-vi naht x-qui bano;

Ta x-qohe quiy chiri geka vinak, zaki vinak : quiy vachibal vinak, quiy u chabal vinak, cay u xiquin.

Qo ley u xecah, qo cut huyubal vinak, mavi ilo u vach ; ma-habi r'ochoch, xa chuti huyub, nima huyub que bec queheri e chuh; x-e cha, ta x-qui yahobeh ri huyubal vinak.

---

(1) La capitale des Rabinaliens était *Zamaneb* dans les montagnes de Xolabah, à l'est du Quiché : celle des Cakchiquels *Iximché*, à une lieue du bourg actuel de *Tecpan-Guatemala* : celle de la tribu de Tziquinaha *Atitlan*, au sud du lac du même nom. *Zahcaha* ou *Zakaha*, ville encore connue aujourd'hui à 2 lieues de Quetzaltenango, mais dont le site antique existe à peu de distance de San-Cristobal Totonicapan: *Lamak, Cumatz, Acul* ou *Aculaha* et *Uchabaha*, dont les sites existent aux environs de Zacapulas. *Tuhal* ou *Tuhalha*, dont les ruines se retrouvent non loin du Zacapulas actuel. *Chumilaha, Quibaha, Batenab*, paraissent avoir existé dans les terres de la haute Vérapaz, entre Cahbom et le Peten. *Balamiha* est probablement le même que *Balamya*, entre Tecpan-Guatemala et Comalapan.

Cumatz, de *Tuhalha*, d'*Uchabaha*; ceux de *Chumilaha*; puis ceux de *Quibaha*; ceux de *Batenab*, d'*Acul-Vinak*, de *Balamiha*, de *Canchahel* et de *Balam-Colob* (1).

Et celles-ci sont seulement les tribus principales, les bras des tribus, comme nous leur disons, n'ayant référé que les principales. Il y en a encore beaucoup d'autres qui sont sorties de la banlieue de chaque quartier de ville; nous n'avons pas écrit leurs noms, mais seulement qu'elles se propagèrent dans les contrées où le soleil se lève.

Un grand nombre d'hommes furent faits, et ce fut durant l'obscurité qu'ils se multiplièrent : la civilisation n'existait pas encore, quand ils se multiplièrent; mais ils vivaient tous ensemble, et grande était leur existence et leur renommée là dans les contrées de l'Orient.

Alors ils ne servaient pas encore et ne soutenaient point (les autels des dieux) ; seulement ils tournaient leurs visages vers le ciel, et ils ne savaient ce qu'ils étaient venus faire si loin.

Là alors vivaient dans la joie les hommes noirs et les hommes blancs : doux (était) l'aspect de ces gens, doux le langage de ces peuples, et ils étaient fort intelligents (2).

Il y a des générations sous le ciel et il y a des pays et des gens dont on ne voit pas le visage; ils n'ont point de maisons, et ils parcourent comme des insensés les montagnes petites et grandes, dirent-ils, en insultant le pays de ces gens-là (3).

---

(2) *Quiy vachibal vinak, quiy u chabal vinak, cay u xiquin*; doux l'aspect des gens, doux leur langage des gens, deux leurs oreilles. Cette dernière locution désigne l'intelligence, de la même manière que nous disons qu'un homme a les oreilles ouvertes. Le mot *quiy*, doux, que l'original écrit toujours *qui*, a aussi le sens de beaucoup, de plusieurs, et Ximenez, pour *quiy u chabal*, diverses, plusieurs leurs langages; mais il est positif qu'il faut le traduire par doux comme le premier, le second verset à la suite disant qu'une était leur langue.

(3) Ce verset révèle une des causes de la séparation et de l'émigration des tribus. Les gens qui vivaient dans la joie et la paix insultent les barbares, les nomades, ceux qui n'avaient ni maisons, ni lieux fixes

— 210 —

X-e cha chila x-qu'il vi r'elebal gih. Xa-cu-hun qui chabal conohel : maha chi qui ziquih-oc che abah : are natal chiquech ri u tzih Tzakol, Bitol, u Qux cah, u Qux uleu.

X-e cha xere qui quxlaan ri r'euaxic u zakiric : xa tzononic chi qui bano e ahlog-tzih, e ahlog, e ahnim, e ahxoh ; chi qui pacaba qui vach chi cah, ta chi qui tzonoh qui meal, qui qahol.

Acarok! at Tzakol, at Bitol! Koh av'ila koh a ta! M'oh a tzako, m'oh a pizcalih, at Qabauil chi cah, chi uleuh, u Qux cah, u Qux uleu! ch'a ya-tah k'etal ka tzihol chi be gih, chi be zak; ta ch'auax-oc, ta zakiroc. Qui ta raxal be, raxal hoc koh a ya-vi; lianic, zaklianic amag-tah ; utzilah, zak-utzilah amag-tah ; utzilah qazlem, vinakirem ta puch koh a ya-vi, at Hurakan, Chipi-Cakulha, Raxa Cakulha, Chipi Nanauac, Raxa-Nanauac, Voc Hunahpu, Tepeu, Gucumatz, Alom, Qaholom, Xpiyacoc, Xmucane r'Atit gih, r'Atit zak, ta ch'auax-oc, ta zakir-oc!

X-e cha ta x-e qu'ilonic, x-e ziquinic xa zelavachin u zakiric xavi chila que mucun vi r'elebal gih qu'il avachin

---

(1) *Chi be gih, chi be zak*, A aller le soleil, à aller la lumière; c'est une locution élégante qui, dans le quiché, exprime la perpétuité.
(2) Le texte dit mot à mot : *Qui-ta raxal be*, etc. Nombreux que les verds (brillants) chemins, vertes routes nous tu donnes; paisible, lumineux-paisible la tribu soit; bonne, lumineuse-bonne la tribu soit; bonne vie, existence que donc nous tu donnes, ô Hurakan...
(3) *Chipi-Nanavac, Raxa-Nanavac, Voc-Hunahpu*; ce sont ici de nouveaux noms donnés aux divinités créatrices ou demi-dieux, et dont il

Ainsi parlaient ceux de là-bas qui voyaient lever le soleil. Or, tous n'avaient qu'une seule langue : ils n'invoquaient encore ni le bois ni la pierre ; et ils ne se souvenaient que de la parole du Créateur et du Formateur, du Cœur du ciel et du Cœur de la terre.

Et ils parlaient en méditant sur ce qui cachait le lever du jour : et remplis de la parole sacrée, remplis d'amour, d'obéissance et de crainte, ils faisaient leurs demandes ; puis, levant leurs yeux au ciel, ils demandaient des filles et des fils.

Salut! ô Créateur, ô Formateur! toi qui nous vois et nous entends! ne nous abandonne, ne nous délaisse point! ô Dieu, qui es au ciel et sur la terre, ô Cœur du ciel, ô Cœur de la terre! donne-nous notre descendance et notre postérité tant que marcheront le soleil et l'aurore (1) ; que les semailles se fassent ainsi que la lumière. Donne-nous de marcher toujours dans des chemins ouverts et des sentiers sans embûches ; que nous soyons toujours tranquilles et en paix avec les nôtres ; que nous coulions une vie heureuse ; donne-nous donc une vie, une existence à l'abri de tout reproche (2), ô Hurakan, ô Sillonnement de l'Eclair, ô Foudre qui frappe, ô Chipi-Nanauac, Raxa-Nanauac, Voc, Hunahpu (3), Tepeu, Gucumatz ; ô toi qui engendres et qui donnes l'être, Xpiyacoc, Xmucané, Grand'Mère du Soleil, Aïeule de la lumière, fais que les semailles aient lieu et que se fasse la lumière!

C'est ainsi qu'ils parlaient, tandis qu'ils étaient dans le repos, invoquant le retour de la lumière, et dans l'attente

---

n'a pas encore été question. *Nanauac* qui est répété ici deux fois est évidemment le même personnage que le *Nanahuatl* du *Codex Chimalpopoca*, surnommé le dieu syphilitique, qui, pour avoir osé entrer le premier dans le feu qui le consume, est transformé dans le soleil. Ce dieu rappelle aussi le *Nana* des Babyloniens qui résidait dans la lune. Dans un autre document, *Voc* est le nom d'un chef merveilleux sous les ordres duquel les antiques émigrations traversent la mer en venant de l'orient. (*Titulo territ. de los señores de Sacapulas.* MS.)

ri iqogih, pima chumil ch'alaxic gih, tzihol re u pa cah, u pa uleu, u binibal vinak tzak, vinak bit.

CAHPAH CHI TZIH.

X-e cha e Balam-Quitze, Balam-Agab, Mahucutah, Iqi-Balam : K'oyobeh na u zakiric. X-e cha e nimak etamanel, e naonel, e ahqixb, e ah.nim, que u chaxic.

Ma-habi cu habi-oc che, abah, chi chahin e ka nabe chuch, cahau : e xacu x-coz qui qux chiri chi r'oyobexic gih e qui chic ronohel amag ruq Yaqui-Vinak, ahqixb, ahqahb :

Xa ho, oh, ka tzukuh, oh pu k'ila ve qo chi chahin k'etala; chi ka riq ri koh tzihon-ta chuvach. Xaki quehe oh qolic ma-habi chahal ke; x-e cha cut e Balam-Quitze, Balam-Agab, Mahucutah, Iqi-Balam.

X-qui tao u tzihol hun tinamit x-e be vi.

---

(1) *U binibal vinak tzak vinak bit.* La promenade (les lieux où marchent) des gens formés, des gens créés. — La vie de paix et de tranquillité décrite dans ce chapitre, le sabéisme, qui paraît avoir été le culte de ces tribus avant qu'elles invoquassent le *bois et la pierre*, comme elles le disent, avant de passer la mer pour émigrer, semblerait bien annoncer un séjour antique en Asie.

(2) *Yaqui-vinak*, la nation des Yaqui. Ce nom de peuple, auquel l'auteur semble rattacher d'une manière spéciale les titres d'*ahqixb* et d'*ahqahb*, sacrificateurs, est celui sous lequel on connaissait anciennement les populations de la langue nahuatl, Toltèques et Mexicains : il a généralement dans les langues de l'Amérique centrale le même sens que *nahuatl* en mexicain et qui se traduisait en espagnol par *ladino*, poli, élégant, instruit dans une langue. Ainsi,

du lever du soleil, ils contemplaient l'étoile du matin, ce grand astre précurseur du soleil, qui illumine la voûte du ciel et la surface de la terre, partout où se meuvent les créatures humaines (1).

CHAPITRE QUATRIÈME.

Balam-Quitzé, Balam-Agab, Mahucutah, et Iqi-Balam dirent : Attendons encore le lever du soleil. Ainsi parlèrent ces grands sages, ces hommes instruits dans les sciences, ces hommes remplis de respect et d'obéissance, ainsi qu'on les appelait.

Et encore il n'y avait ni bois, ni pierre (sculptées) que gardassent nos premiers mères et pères : mais seulement leurs cœurs s'y lassaient d'attendre le soleil, toutes les tribus étant déjà fort nombreuses, ainsi que la nation des *Yaqui* (2), les sacrificateurs :

Partons donc, allons chercher, allons voir enfin s'il y a (quelque chose) pour garder nos symboles (3) ; tâchons de trouver ce que nous devons allumer devant. Car tant que nous sommes, nous n'avons personne qui veille sur nous. Ainsi parlèrent Balam-Quitzé, Balam-Agab, Mahucutah et Iqi-Balam.

Or, une seule ville entendit leur discours et ils partirent.

pour *yaqui-vinak*, on pourrait dire, nation ou gens policés, *yaqui-ixok*, femme élégante, instruite, de bon ton. Le mot *yaqui* désigne aussi les nations étrangères et, par extension, la plaie des sauterelles, *chapulin*, en mexicain. Mais ici il s'agit de la nation *yaqui*, les Nahuas ou premiers Toltèques, dont il est question dans Sahagun (*Hist. de las cosas de Nueva-España*, lib. X, cap. 29).

(3) *Ve qo chi chahin k'etala*, si est pour garder nos symboles (ou signes). On pourrait croire que ce sont des prêtres qu'il leur faut pour garder ces signes ; la suite fait voir que ce qu'ils demandent, c'est l'arche qui garde ou renferme ces *signes enveloppés dans un paquet*. C'est un mystère, rendu visible toutefois par l'enveloppe, et l'arche ou la boîte que portent les *ahqixb* et *ahqahb*.

Are cut u bi huyub va x-e be vi Balam-Quitze, Balam-Agab, Mahucutah, Iqi-Balam, ruq Tamub, Ilocab, Tulan-Zuiva, Vukub-Pek, Vukub-Civan, u bi tinamit x-e opon-vi e qamol-re qabauil.

X-e opon cut chila Tulan conohel : mavi ahilan chi vinak x-oponic tzatz cut ch'u binic cholon cut.

R'elic uloc qui qabauil, nabe ri Balam-Quitze, Balam-Agab, Mahucutah, Iqi-Balam que quicotic : Are ka tzukum va mi-x-ka riqo! x-e cha.

Are cut nabe x-el ri Tohil, u bi qabauil; x-e quel u cok ri caxic rumal Balam-Quitze. X-el chicu uloc, Avilix u bi qabauil x-r'u kah Balam-Agab; Hacavitz chic u bi qabauil x-u qamo Mahucutah; Nicahtagah u bi qabauil x-u qamo Iqi-Balam.

Xere cut r'ach Queche Vinak ri, x-u caam chicut re Tamub : xavixere Tohil chi Tamub qo u bi x-qamouic u mam u cahau Tamub ahauab k'etaan cut vacamic.

R'ox chicut Ilocab; xavi Tohil u bi qabauil x-u qamo qui mam, qui cahau, ahauab xavi k'etaam vacamic.

(1) Ils allaient recevoir des dieux où ? à *Tulan-Zuiva, Vukub-Pek, Vuhub-Civan*; Tulan-Zuiva, autrement appelé les Sept-Grottes, les Sept-Ravins, les mêmes lieux que la tradition mexicaine appelle *Tullan-Chicomoztoc.*
(2) *Tohil*, déterminatif de *Toh*, nom du dieu principal des nations de la langue quichée. Ximenez dit qu'il signifie *Pluie, Averse* ; mais il confond ici le nom du dieu avec le signe. *Toh*, dans son propre vocabulaire, est rendu par le mot *paga*, paie, *pagar*, payer. Mais le *MS. Cakchiquel*, parlant des noms divers donnés aux tribus, dit que les Quichés reçurent celui de *Tohohil*, qui signifie grondement, bruit, *clangor armorum* du verbe *tohoh*, sonner, résonner, parce que les Quichés, ayant entendu comme un bruit d'armes dans le ciel, annoncèrent que de là viendrait leur salut. Cependant *Toh* ou *Tohil* était représenté avec le signe de l'Eau au ix° jour du calendrier, correspondant au signe mexicain *Atl*, et suivant ce même livre, le dieu Tohil était, comme nous le verrons plus loin, le même que Quetzalcohuatl.
(3) L'arche où était porté le dieu, *cok*, est une sorte de cage ou de

Or, voici le nom des lieux où s'en allèrent Balam-Quitzé, Balam-Agab, Machucutah et Iqi-Balam, avec Tamub et Ilocab, *Tulan-Zuiva*, les Sept-Grottes-Sept-Ravins, tel est le nom de la ville où ils allèrent recevoir des dieux (1).

Et ils arrivèrent là tous à Tulan : on ne pouvait compter le nombre des gens qui arrivaient et qui tous entraient en marchant en bon ordre.

On leur remit leurs dieux, et les premiers furent ceux de Balam-Quitzé, de Balam-Agab, de Mahucutah et d'Iqi-Balam; ils étaient remplis d'allégresse : Voici que nous avons enfin trouvé (l'objet de nos recherches)! dirent-ils.

Voici donc le premier qui sortit, Tohil, (et c'est) le nom du dieu (2); ils suspendirent son arche (3), qui fut portée par Balam-Quitzé. Ensuite sortit Avilix, nom du dieu que descendit Balam-Agab; Hacavitz est après cela le nom du dieu que reçut Mahucutah, et Nicahtagah le nom du dieu que reçut Iqi-Balam (4).

Et de même que la nation Quichée, reçurent aussi (leurs dieux) ceux de Tamub : et Tohil est également le nom de Tamub, que prit l'aïeul et père des princes de Tamub, que nous connaissons encore aujourd'hui.

La troisième (tribu) enfin est Ilocab; Tohil aussi est le nom de son dieu, que reçurent ses aïeux et ses pères, et ses princes aussi nous les connaissons aujourd'hui (5).

hotte, plus ou moins analogue à celle dont les indigènes se servent encore aujourd'hui pour porter des choses fragiles, des poules, etc. On l'appelle dans le provincialisme espagnol du pays, *cacaste*, du mexicain *cacaxtli*. J'ai vu porter de cette manière des images de saints de bourgade en bourgade : la hotte alors se transforme, comme naguères pour les idoles, en une caisse légère, ayant plus ou moins la forme d'une arche ou chapelle, que l'Indien porte sur son dos à l'aide de courroies, de la même façon qu'il porte encore des malades ou des voyageurs sur une chaise, la porte ou fermoir de la caisse s'ouvrant en dehors, de sorte qu'on peut voir l'image au besoin, sans déranger le porteur qui marche, précédé ou suivi d'un compagnon, agitant une sonnette pour avertir que sa charge est sacrée.

(4) Ni *Avilix*, ni *Hacavitz* ne présentent un sens clair en quiché. *Nicah-Tagah* signifie le centre de la plaine ou de la vallée.

(5) C'est-à-dire quinze ou vingt ans après la conquête de Guatemala, époque où l'auteur paraît avoir rédigé ce livre.

Quehecut u binaam vi oxib chi Quiche : x-ma x-u tzocopih vi rib ; rumal xahunam u bi qabauil, Tohil Quiche, Tohil chi Tamub, chi Ilocab, xahun u bi qabauil, que cu mavi x-u hach vi rib r'oxichal Queche.

Oxib ri quitzih nimak qui qoheic Tohil, Avilix, Hacavitz.

Ta x-oc chicut ronohel amag, Rabinaleb, Cakchequeleb, Ah-Tziquinaha, ruq Yaqui-Vinak u bi vacamic.

Chiri cut x-halcatih u chabal ri amag ; halahoh qui chahal x-uxic : mavi calah chic x-qui tao chi quibil quib, ta x-e petic chi Tulan. Chiri cut x-qui paxih vi quib : qo x-be chila r'elebal gih, tzatz curi x-pe varal.

Xa cu humah tzuum qui qu : ma-habi ri utzilah tak qul tah qui cohom, xa u tzumal chicop qui cavubal. E meba, ma-habi quech, xa e naual vinak chi qui qoheic.

Ta x-e pe chila Tulan-Zuiva, Vukup-Pek, Vukub-Zivan, cha chupan oher tzih, tzatz chu binic x-opon chi Tulan.

VOOPAH CHI TZIH.

Ma-cu-habi gag ; xaki e qo ri Tohil, are curi u gabauil amag, nabe x-vinakir u gag : mavi calah u vinakiric, ca nicou chic qui gag, ta x-qu'il ri Balam-Quitze, Balam-Agab.

Tel est le nom des trois (familles) quichées : elles ne se séparèrent point ; car un était le nom de leur dieu, Tohil (celui) du Quiché, Tohil de Tamub et d'Ilocab, le dieu n'ayant qu'un seul nom, et elles ne se séparèrent point ces trois (familles) quichées.

De ces trois, véritablement très-grande (était) leur nature, de Tohil, d'Avilix et de Hacavitz.

Alors également arrivèrent toutes les tribus, les *Rabinaliens*, les *Cakchiquels* et ceux de *Tziquinaha*, avec la nation de *Yaqui*, ainsi qu'on les appelle aujourd'hui.

Or, c'est là que s'altéra la langue des tribus ; là se fit la diversité de leurs langues : elles ne s'entendirent plus bien clairement entre elles, lorsqu'elles vinrent à Tulan. Or c'est là qu'elles se divisèrent : il y en eut qui allèrent à l'Orient et beaucoup par ici.

Et la peau des bêtes était leur unique vêtement : ils n'avaient pas cette abondance de bonnes toiles dont ils pussent se vêtir, la peau des bêtes étant leur seul ornement. Ils étaient pauvres, n'avaient rien en leur possession, seulement ils étaient des hommes prodigieux par leur nature.

Lorsqu'ils arrivèrent là en Tulan-Zuiva, aux Sept-Grottes, Sept-Ravines, est-il dit dans les antiques histoires, longue avait été leur marche pour arriver en Tulan.

CHAPITRE CINQUIÈME.

Or, il n'y avait point de feu ; seulement étaient là ceux de Tohil, et celui-ci est le dieu de la nation, le premier il créa le feu : on ne sait pas au juste comment il se produisit, car leur feu brillait déjà, quand l'aperçurent Balam-Quitzé et Balam-Agab.

Acarok! ma-habi ka gag mi-x-uxic. X-koh cam rumal teu, x-e cha-cut. — Ta x-chau-cut ri Tohil : M'yx bizonic. Qo yvech chi zach ri gag qu'y biyh, x-chacut Tohil chique.

Ma quitzih, at Qabauil! at ka tzukuh, at pu ka coon, at, ka Qabauil, x-e cha chire ta x-qui qamouah ri.

X-u biyh Tohil : Utzbala! quitzih, in y Qabauil; ta ch'uxoc! in yv'Ahauàl, ta ch'uxoc! X-e uchax ri ahqixb, ahqahb : rumal Tohil. Are cut que gagal ri amag, que quicotic rumal qui gag.

Qatepuch ta x-tiqaric nima bab, are ca tilo u gag amag, tzatz cut chi zakboch x-kahic pa qui vi ronohel amag, ta x-chup cut qui gag rumal zakboch, ma-habi chic qui gag x-uxic.

Ta x-qui tzonoh chicut qui gag ri Balam-Quitze, Balam-Agab : At Tohil ! quitzih koh utzinic rumal teu, x-e cha cut chire Tohil! — Utz, m'yx bizonic, x-cha Tohil, qate ta x-r'elezah gag x-u bak uloc chupan u xahab.

Qatecut x-e quicot ri Balam-Quitze, Balam-Agab, Mahucutah, Iqi-Balam ; qatecut x-e migic. Are cut chupinak chic u gag amag, que utzin chic rumal teu : qate pu qui petic chic e tzonoy qui gag cuq ri Balam-Quitze, Balam-Agab, Mahucutah, Iqi-Balam.

(1) Dans les hautes montagnes des Mams (à plus de 10,000 au-dessus du niveau de la mer) où je voyageais à la fin de juin 1860, je fus surpris moi-même par une averse de grêle de ce genre, à la suite d'une matinée magnifique ; elle blanchit tous les sommets voisins.

(2) *Cate ta x-r'elezah gag x-u bak uloc chupan u xahab* ; après quoi il fit sortir le feu, en remuant au dedans de son soulier. Le verbe *bak*, remuer, a ici le sens de tourner comme une tarière, ce que Ximenez rend fort bien par ces mots, *dando vueltas en su zapato*. Mais il faut ajouter que *xahab*, soulier ou mieux sandale, vient de *xah*, danser, remuer comme un chien remue la queue, bien des danses dans ces contrées étant un

Hélas! nous n'avons plus de ce feu qui s'était fait. Nous allons mourir de froid, répétèrent-ils. — Alors Tohil répondit : Ne vous affligez point. C'est à vous (qu'il appartiendra de garder ou) de détruire ce feu dont vous parlez, leur répliqua-t-il.

Vraiment, en serait-il ainsi, ô Dieu ! ô toi qui est notre soutien et notre nourricier ; toi, notre Dieu! lui dirent-ils, en lui offrant des présents.

Tohil parla : C'est bien! véritablement, c'est moi qui suis votre Dieu ; ainsi soit-il ! c'est moi qui suis votre Seigneur ; ainsi soit-il ! fut-il dit par Tohil aux sacrificateurs. Et ainsi se réchauffèrent les tribus, et elles se réjouirent à cause de leur feu.

Mais ensuite commença une grande averse, qui éteignit le feu des tribus, et beaucoup de grêle tomba sur la tête de toutes les tribus, et leur feu s'éteignit alors à cause de la grêle, il n'y eut plus de ce feu qui s'était fait (1).

Alors Balam-Quitzé et Balam-Agab demandèrent encore une fois leur feu : O Tohil ! en vérité, nous mourons de froid, dirent-ils à Tohil. — C'est bon, ne vous affligez point, répliqua Tohil. Et aussitôt il fit jaillir le feu en battant sur son soulier (2).

Ensuite Balam-Quitzé, Balam-Agab, Mahucutah et Iqi-Balam se réjouirent, après quoi ils se réchauffèrent. Voilà donc que le feu des tribus s'était éteint aussi, et elles se mouraient de froid : alors elles vinrent demander du feu à Balam-Quitzé, à Balam-Agab, à Mahucutah et à Iqi-Balam.

---

remuement mesuré, presque insensible à première vue, mais où l'on voit avec étonnement tous les muscles du corps s'agiter à la fois au son de l'instrument. Ici, cependant *xahab* paraît renfermer un autre mystère ; *xah* étant composé de la particule féminine *x* et de *ah*, la canne verte et creuse, bambou ou tuyau, ce qui de *xah* ferait la matrice. *Ab* est la puissance matérielle, la force, le vent même, la respiration, et, dans ce cas faisant deux mots de *xahab*, il faudrait traduire : Après quoi il fit sortir le feu, remuant au dedans la puissance de la matrice. Car il s'agit évidemment ici d'un mythe fort ancien sur l'origine du feu, renouvelé, ainsi que beaucoup d'autres dans cette partie du *Livre Sacré*, à l'occasion des tribus quichées.

Ma cu ca qui chih chic rumal teu, zakboch, xa que lexlot chic, que zikzot chi puch, ma-habi e qaz chi vi, ca coycot chic c'akan qui gab, mavi que chapon chic ta x-e ulic.

Ma qu'y koh qix na yvuq chi ka tzonoh ta ve k'oc zcaquin y gag, x-e cha ta x-e ulic. Ma-cu-habi x-e culaxic, ta x-c'ogon cu qui qux ri amag.

Halan chic qui chabal ri Balam-Quitze, Balam-Agab, Mahucutah, Iqi-Balam : Acarok! A! x-ka canah-vi ka chabal! Hupacha x-ka bano, mi-x-oh zachic? apa x-oh qaxtokax-vi? xahun ka chabal ta x-oh pe chila Tulan; xa-pu-hun ka tzukibal, ka vinakiribal. Mavi utz x-ka bano, x-e cha-cut conohel amag xe che, xe caam.

Ta x-u qut cu rib hun vinak chi qui vach ri Balam-Quitze, Balam-Agab, Mahucutah, Iqi-Balam, x-cha curi u zamahel Xibalba.
Quitzih chi are y Qabauil, ri are y trukun; are pu u gexvach, natubal re Tzakol yve, Bitol pu yve. M'y ya cu qui gag ri amag, cuna chi qui yao chire Tohil m'yv'-ahauah chi qui ya ch'yve. Ch'y tzonoh na chirech Tohil chire na chi pe-vi chi qui yao qambal gag x-cha ri Xibalba.

---

(1) *Ma-cu-habi x-e culaxic*, point donc il y eut qui fussent rencontrés (venus au-devant). Ce texte et les suivants sembleraient indiquer que ces tribus, séparées depuis longtemps du groupe des sacrificateurs, les eussent alors retrouvés par hasard.
(2) *Natubal*, déterminatif de *natub*,

Et elles n'en pouvaient plus à cause du froid et de la gelée, tremblant (qu'ils étaient tous) et claquant des dents l'une contre l'autre, n'ayant plus de vie en eux, les pieds et les mains engourdis, au point qu'ils ne pouvaient plus rien tenir lorsqu'ils arrivèrent.

Ne nous faites point d'affront maintenant que (nous sommes) avec vous pour vous demander de nous donner un peu de votre feu, dirent-ils en arrivant. Mais on ne les reçut pas bien, et alors le cœur des tribus se remplit de tristesse (1).

Or, le langage de Balam-Quitzé, de Balam-Agab, de Mahucutah et d'Iqi-Balam était déjà différent : Hélas, donc ! nous avons délaissé notre langue ! Comment donc avons-nous fait, nous sommes ruinés ? D'où vient donc que nous avons été induits en erreur ? Nous n'avions qu'une seule langue, lorsque nous vînmes de Tulan ; un était seulement notre mode de soutenir (l'autel) et notre éducation. Ce n'est pas bien ce que nous avons fait, répétèrent toutes les tribus, dans les bois et sous les lianes.

En ce moment se montra un homme aux yeux de Balam-Quitzé, de Balam-Agab, de Mahucutah et d'Iqi-Balam, et l'envoyé de Xibalba leur parla de cette sorte :

En vérité, c'est là votre Dieu, c'est celui que vous soutenez, et c'est le représentant et l'ombre (2) de votre Créateur et de votre Formateur. Ne leur donnez donc point leur feu aux tribus, jusqu'à ce qu'elles aient donné à Tohil, que vous avez pris pour seigneur, ce qu'elles vous ont donné à vous. Demandez-lui donc, à Tohil, ce qu'elles viendront donner pour prendre du feu, dit (cet envoyé de) Xibalba.

---

qui signifie l'ombre de l'homme ; dans les documents anciens, comme celui-ci, *natub* aussi est l'âme. L'ombre des objets purement matériels, des arbres, etc., se dit *muh*, de là *muhibal*, ce avec quoi se fait l'ombre.

Qo uxic queheri uxic zotz. In zamahel cumal Tzakol yve, Bitol yve, x-cha cu ri Xibalba.

Xe quicot chicut; x-nimar chic chi qui qux ri Tohil, Avilix, Acavitz, ta x-cha u ri Xibalba. Libahchi cut x-u zach rib chi qui vach mavi x-mainic.

Ta x-e ul chicut ri amag, que utzin chic rumal teu: tzatz chi zakboch, chi gekal hab zakbocom puch, mavi ahilan teu.

Ca qui culu que luclutic, que chacchot chic rumal teu ronohel amag, ta x-e ul chiri e qo-vi Balam-Quitze, Balam Agab, Mahucutah, Iqi-Balam. Nim u gatat qui qux, chikimah qui chi, chikimah qui vach.

Qatepuch c'ulic chic e elegom chi-qui-vach Balam-Quitze, Balam-Agab, Mahucutah, Iqi-Balam :

Maqui ch'y togobah ka vach, chi ka tzonoh tucok zcaquin y gag? Mavi x-u culu, ma-pu x-u riqo ma-pu xa-hun k'ochoch, xa-pu-hun ka huyubal, ta x-yx tzakic, ta x-yx bitic? ch'y togobah-ta cu ka vach, x-e cha-cut !

— Nakila cu ch'y cu yao chike, chi ka togobah cu y vach, x-e u chax-cut? — Utz, chi ka ya puvak chyve, x-e cha-cu ri amag.

— Mavi ca k'ah ri puvak, x-e cha-cut Balam-Quitze, Balam-Agab. — Nakipaki ch'yv'ah? — Xataba chi ka tzonoh. — X-e cha chicut ri amag : Utzbala. — Ka tzo-

---

(1) *Qo uxic queheri uxic zotz*, était (ou est) l'être comme l'être chauve-souris. C'est encore un jeu de mots pour égarer le lecteur ; aussi Ximenez lit-il : *Qo u xic queheri u xic zotz* ; était ses ailes comme les ailes de chauve-souris. Nous laissons notre traduction, pour diminuer le merveil

Son être était comme l'être d'une chauve-souris (1). Je suis envoyé par votre Créateur, par votre Formateur, dit aussi ce (messager) de Xibalba.

Or, ils furent remplis d'allégresse; le cœur de Tohil, d'Avilix et de Hacavitz s'exalta également, tandis que parlait cet (envoyé) de Xibalba. Et aussitôt il s'évanouit à leurs regards, sans (pour cela) cesser d'exister.

Alors arrivèrent aussi les tribus qui se mouraient également de froid : (car il y avait) beaucoup de grêle, et, avec la pluie obscure qui se gelait, c'était un froid indicible (2).

Or, toutes les tribus se rencontrèrent tremblottantes et bégayant de froid, lorsqu'elles arrivèrent là où étaient Balam-Quitzé, Balam-Agab, Mahucutah et Iqi-Balam. Grand était le déchirement de leurs cœurs, leurs bouches et leurs regards étaient remplis de tristesse.

Ensuite elles retournèrent à la dérobée à la présence de Balam-Quitzé, de Balam-Agab, de Mahucutah et d'Iqi-Balam :

N'aurez-vous pas pitié de nous, nous, qui demandons seulement un peu de votre feu? Y a-t-il eu donc et s'est-il trouvé plus qu'une seule demeure pour nous (tous). plus qu'une patrie pour nous, lorsque vous fûtes créés et formés? Ayez donc pitié de nous, répétèrent-elles !

Que nous donnerez-vous donc pour que nous ayons pitié de vous? leur répondit-on. — Eh bien, nous vous donnerons de l'argent, répondirent les tribus.

— Nous ne voulons point d'argent, répliquèrent Balam-Quitzé et Balam-Agab. — Et que voulez-vous donc? — Tout à l'heure nous le demanderons (à Tohil). — Les tri-

---

leux, d'autant plus que le sens doit être : que ce fut une chauve-souris, c'est-à-dire un *Zotz* ou *Zotzil*, un des chefs de la nation zotzlem qui était envoyé comme messager de Xibalba.

(2) *Mavi ahilan, teu*, non comptable (était) le froid.

noh na chirech Tohil ; qatecut x-chi ka byih chyve ; x-e u chax chic.

Nakipa chi qui ya ri amag, at Tohil, c'ul qui tzonoh ri a gag, x-e cha curi Balam-Quitze, Balam-Agab, Mahucutah, Iqi-Balam?

— Utzbala! ma chi c'ah qui tunic xe qui toloc, xe pu qui mezquel? Ma ca r'ahon qui qux, qu'in qui galuch ri iu Tohil. Ta ma cu chi r'ah, ma cu ch'in ya qui gag, ca cha Tohil.

Qu'y cha chique ca tiqal na cut; mana camic-tah x-qui tunic x-e qui toloc, qui mezquel, ca cha chyvech, qu'yx cha, x-e u chax cut Balam-Quitze, Balam-Agab, Mahucutah, Iqi-Balam.

Ta x-qui bih cut u tzih Tohil. Utzbala, chi tunic, utz puch chi ka galuh, x-e cha cut ta x-qui chocobeh, x-qui culuba puch u tzih Tohil. Mavi x-qui quiyaluh chic. Utz, xa huzu, x-e cha, ta x-qui qam cut gag; qate x-e migic.

VAKPAH CHI TZIH.

Xacu hu chob ri xa x-r'elezah ubic gag pa zib, are ri Zotzila-ha, Chamalcan u bi qui qabauil Cakchequeleb, xa Zotz u vachibal.

(1) Ces paroles s'interprètent ainsi : Consentent-elles à s'unir sous leur ceinture et sous leur aisselle (au couteau des sacrifices), consentent-elles à m'embrasser (en me donnant leurs enfants pour les immoler sur mon autel)?

(2) C'est la maison de *Zotzil* ou des chauves-souris, sortie de *Tzinacantan* ou *Zotzlem*, au Chiapas, qui fonda le

bus dirent à leur tour : C'est bien. — Nous allons donc le lui demander à Tohil, et ensuite nous vous le communiquerons, leur fut-il répondu.

Qu'est-ce que les tribus donneront, ô Tohil, elles qui viennent demander ton feu, dirent alors Balam-Quitzé, Balam-Agab, Mahucutah et Iqi-Balam?

Eh bien, voudront-elles s'unir (à moi) sous leur ceinture et sous leur aisselle (1)? Leur cœur y consent-il, qu'elles m'embrassent, moi, Tohil? Mais si on ne le veut point, je ne leur donnerai point de feu, dit Tohil.

Dites-leur que (cela n'aura lieu que) peu-à-peu; que ce n'est pas actuellement (que se fera) leur union sous leur ceinture et leur aisselle, vous dit-il, direz-vous. Ainsi fut-il répondu à Balam-Quitzé, à Balam-Agab, à Mahucutah et à Iqi-Balam.

Alors ils référèrent la parole de Tohil. C'est fort bien, l'union (aura lieu), et c'est bien aussi que nous l'embrassions, répondirent-elles, en entendant et en recevant la parole de Tohil. Elles ne tardèrent pas longtemps non plus (à remplir leur promesse). C'est bien, vite (qu'on se dépêche), dirent-elles, en recevant le feu; après quoi elles se chauffèrent.

CHAPITRE SIXIÈME.

Il y eut toutefois une troupe qui déroba le feu dans la fumée, celle de la maison de Zotzil, et Chamalcan est le nom du dieu des Cakchiquels, dont le symbole est une chauve-souris (1).

royaume proprement dit de Guatémala ou des Cakchiquels. Une chauve-souris était leur symbole ou signe de leurs armoiries. *Chamalcan* était leur dieu, et la phrase qui parle du symbole est amphibologique et dit également que la chauve-souris était le symbole du dieu et des Cakchiquels.

Ta x-e iqo pa zib, chi liblotic x-e iqouic, ta x-ul u qama gag : mavi x-u tzonoh u gag ri Cakchequeleb, mavi x-u ya rib chi chakic.

Xere x-chakatah ri amag ronohel, ta x-u yao u xe u toloc, u xe u mezquel chi tuxic : are cut u tuxic ri x-u biyh Tohil, ta x-puz ronohel amag chuvach, ta x-qotix uloc u qux chu toloc, chu mezquel.

Maha chi tihou-oc u banic ta x-nicyachixic rumal Tohil, u camic puch gagal tepeual cumal ri Balam-Quitze, Balam-Agab, Mahucutah, Iqi-Balam.

Chila petenak vi Tulan Zuiva ma cu que va-tah ; hunelic menahic x-qui bano, xere qui zelavachin ri u zakiric, qu' ilavachin r' elic ula gih.

Que halou quib chi r' ilic ri nima chumil, Iqogih u bi, are nabe chuvach gih, ta ch' alaxoc ri gih ; raxa iqogih, amagel cu chila qo-vi qui vach chi r'elebal gih , ta x-e qohe chila Tulan Zuiva u bi x-pe-vi qui qabauil.

Mana xata ca varal-tah x-qui qam vi qui gagal c'ahauarem puch ; xavi chila x-chatah vi, x-yogotah vi nima amag, chuti amag, ta x-puzic chuvach Tohil, x-u yao u quiqel, u comahil, u toloc, u mezquel ronohel vinak.

(1) Ceci ferait croire que les Cakchiquels ne sacrifiaient point de victimes humaines, ce qui paraît se confirmer de quelques détails qu'on verra plus loin.
(2) C'est le sacrifice humain dans toute son horreur : cependant quand l'auteur écrit *toutes* les tribus, il s'agit simplement de victimes fournies par toutes les tribus.
(3) *U camic gagal tepeual*, leur mort d'épouvante et de majesté. *Gagal tepeual* sont deux mots presque

Lorsqu'ils passèrent dans la fumée, tout doucement ils passèrent, en venant prendre le feu : mais les Cakchiquels ne demandèrent pas le feu et ne se donnèrent pas pour vaincus (1).

Mais toutes les (autres) tribus furent prises dans cette embûche, lorsqu'elles accordèrent le dessous de leur ceinture et le dessous de leur aisselle pour être ouvert : et c'est l'ouverture (de la poitrine) qu'avait signifiée Tohil, lorsqu'on sacrifia toutes les tribus devant sa face (2), lorsqu'on leur arracha le cœur de la poitrine et de l'aisselle.

On n'avait pas encore tenté cette pratique, quand fut énigmatiquement proposée par Tohil leur mort dans l'épouvante et la majesté (3) par (les mains de) Balam-Quitzé, de Balam-Agab, de Mahucutah et d'Iqi-Balam.

De Tulan Zuiva était venu (l'usage) de ne point manger (beaucoup) : ils pratiquaient un jeûne perpétuel, veillaient uniquement, en attendant l'aurore, et épiaient le lever du soleil.

Ils s'alternaient pour voir la grande étoile, appelée l'Etoile du matin, qui la première est devant le soleil, à la naissance de l'astre du jour ; étoile brillante du matin qui était toujours là, du côté où étaient (tournés) leurs regards, (c'est-à-dire) au soleil levant, tandis qu'ils étaient en Tulan Zuiva, nom du lieu d'où vint leur dieu.

Ce ne fut donc pas ici qu'ils reçurent leur puissance et leur souveraineté ; mais bien là où l'on écrasa et où l'on mit sous le joug les tribus grandes et petites, lorsqu'on les sacrifia à la face de Tohil, en lui offrant le sang, la vie, la poitrine et l'aisselle de tous les hommes.

toujours unis pour exprimer la majesté, la puissance, jointe au mystère, à quelque chose de sacré. Etymologiquement, *gagal* c'est le déterminatif de *gag*, le feu, et *tepeual* est le déterminatif de *tepeu* (voir la note 4, partie 1re). Par extension *tepeu* se disait encore de celui qui avait la syphilis, etc. En résumé comme *gagal tepeual* exprime exactement la même idée que le verbe *teomicohua*, dans la langue nahuatl.

Huzu chi Tulan x-pe-vi qui gagal, nima etamabal qo cuq chi gekumal cut chi agabal puch x-qui bano.

X-e pe chicut x-e bokotah chi ula chila x-qui canah chic r'elebal gih: Mavi are k'ochoch va: xa ho chi k'il na koh tiqe-vi, x-cha curi Tohil.

Quitzih chi chauic chiqueeh Balam-Quitze, Balam-Agab, Mahucutah, Iqi-Balam. Qu'yx qamouan na-canoc, ch'y taha na-cut u hutic y xiquin, ch'y tziza y chuc, qu'yx qahb-oc; are y qamouabal chuvach Qabauil.

Utzbala, x-e cha-cut, ta x-qui hut qui xiquin. X-oc cut chupan qui bix qui petic Tulan : x-og qui qux, ta x-e petic, ta x-c'ogotah canoc Tulan.

Acarok ! mavi varal x-chi k'il-vi u zakiric ta x-alax-oc ri gih, zakirizay u vach uleu, x-e cha-cut, ta x-pe cut.

Xacu x-u canahibeh ri pa be xa x-qo-vi vinak chi canah chiri que var-vi, huhun chi amag que yacatah vi uloc amagel cut chi qu'il ri chumil r'etal gih.

Are r'etal u zakiric chi qui qux, ta x-e petic chila r'-elebal gih, qui hunam vach x-e iqou ula chila nim xol, ka bixic vacamic.

Aussitôt à Tulan leur vint leur majesté, cette grande sagesse qui était en eux dans l'obscurité et dans la nuit et avec laquelle ils agissaient.

Ils vinrent donc et s'arrachèrent de là et abandonnèrent (les lieux) où le soleil se lève : Ce n'est pas là notre demeure : allons donc voir maintenant où nous la planterons, dit alors Tohil.

Véritablement il leur parlait à Balam-Quitzé, à Balam-Agab, à Mahucutah et à Iqi-Balam. Faites avant toute chose vos actions de grâces, arrangez également les trous de vos oreilles, piquez vos coudes et offrez le sacrifice (de votre sang) ; ce sera l'acte de votre gratitude devant Dieu.

C'est bien, répondirent-ils, en se perçant les oreilles. Et ils mirent (ces choses) dans leur chant de leur venue de Tulan ; et leurs cœurs gémirent, lorsqu'ils se mirent en chemin, après qu'ils se furent arrachés de Tulan.

Hélas ! nous ne verrons plus ici l'aurore au moment où naît le soleil qui éclaire la face de la terre, dirent-ils en se mettant en route.

Mais on laissa (du monde) en chemin ; car il y eut des gens qui demeurèrent là endormis, chacune des tribus se levant toujours de manière à voir l'étoile messagère du soleil.

C'est ce signe de l'aurore qui était dans leur pensée, lorsqu'ils vinrent de là où le soleil se lève, et leur espérance était la même, en partant de ce lieu qui est à une grande distance, nous dit-on aujourd'hui.

VUKPAH CHI TZIH.

Ta x-e ul puch chiri chuvi hun huyub; chiri x-qui cuch vi quib conohel queche vinak ruq amag, chiri cu x-e popon vi conohel ta x-qui pixabah quib; u binaam huyub vacamic Chi-Pixab, u bi huyub.

X-e cuchu vi quib chiri cut x-qui cobizah vi quib : In va, in Queche vinak ! At curi, at Tamub, are a bi ch'uxic, x-u chax ri Tamub. X-cha chicut Ilocab : At Ilocab, are a bi ri ch'uxic ; mavi zachel oxib chi quiche, xa hunam ka tzih x-e cha cut ta x-çoh qui bi.

Ta x-binaah chi curi Cakchequeleb : Gagchequeleb u bi x-uxic ruq chic Rabinaleb, are chi cu u bi x-uxic, mavi zachinak vacamic. Are chi curi Ah-Tziquinaha u bi vacamic. Arecu qui bi ri x-qui biyh chi quibil quib.

Chiri na x-e popon vi xa chi c'oyobeh na u zakiric ch qu'ilavachih r'elic ulu chumil are nabe chuvach gih, ta ch'alax-oc : Chila x-oh pe-vi, xa x-oh paxin kib, x-e cha chi quibil quib.

Are chi gatat vi qui qux, ri nima qaxcol x-e iqou-vi uloc : ma-habi va, ma-habi echa, xa u xe qui chamiy chi qui

CHAPITRE SEPTIÈME.

En ce temps donc ils arrivèrent sur le haut d'une montagne ; là s'assemblèrent tous ceux de la nation quichée avec les tribus, et ce fut là qu'ils tinrent tous conseil, en s'avisant mutuellement ; et le nom de la montagne est aujourd'hui *Chi-Pixab* (du mandat ou de l'avertissement) le nom de la montagne.

Et là s'étant réunis, ils se glorifièrent, en se nommant : C'est moi, c'est moi qui suis le *Quiché*. — Pour toi, tu es *Tamub*, ce sera là ton nom, dit-on à (ceux de) Tamub. On parla de même à (ceux d')*Ilocab* : Toi tu es Ilocab, ce sera là ton nom ; ces trois (noms) quichés ne se perdront point et notre esprit est un, répétèrent-ils, en s'imposant leurs noms.

Et alors aussi on nomma les Cakchiquels ; *Gagchequels* (1) devint leur nom, et la même chose de ceux de *Rabinal* qui devint aussi leur nom, et il n'a pas été effacé aujourd'hui. Il y eut encore ceux de *Tziquinaha* dont le nom (est le même) actuellement. Voilà donc les noms dont ils s'intitulèrent entre eux.

C'est là qu'ils tinrent d'abord conseil, attendant actuellement l'aurore et épiant la sortie de l'étoile qui la première (se montre) devant le soleil, à son lever : De là nous sommes venus ; mais nous nous sommes séparés, se disaient-ils les uns aux autres.

Car leur cœur se brisait, et grande était la souffrance qu'ils passaient : ils n'avaient ni nourriture ni subsistance,

---

(1) *Gagchequeleb*, nom exact des Cakchiquels, de *gag*, feu, *che*, bois, *qu'*, lequel, *el*, sortir, et *eb*, finale plurielle : c'est-à-dire Feu de bois (ou tison) qui est sorti ; c'est une allusion au vol du feu par le Zotzil.

zico, quehe ri que vaic chi qui nao, x-ma que va-vi, ta x-e petic.

Ma cu calah qui iqouic uloc pa palo : queheri ma-habi palo x-e iqou-vi uloc ; xa chuvi tak abah x-e iqou-vi uloc, colehe ula ri abah pu zanaieb. Ta x-qui binatizah cut Cholochic-Abah, Bokotahinak-Zanaieb, u bi cumal ri, x-e iqou-vi uloc chupan palo, u hachon rib ha x-e iqou-vi uloc.

Are cut chi gatat vi qui qux, ta x-e pixaban quib, chi ma-habi qui va, hu uq chi qui cumeh ri xa huma ixim.

Chiri cut e caal-vi chuvi huyub Chi-Pixab u bi ; xavi ca cu caam ri Tohil, Avilix, Hacavitz. Nima meuahic ca qui ban ri Balam-Quitze ruq r'ixokil Caha-Paluna u bi r'ixohil : xavi quehe c'u bano Balam-Agab, ruq r'ixokil Chomila u bi ; ruq chic Mahucutah nima mevahic qo-vi ruq r'ixokil Tzununiha u bi ; ruq Iqi-Balam, Cakix-ha u bi r'ixokil.

Are cut e ahmeua ri chi gekumal chi agabal : nim qui biz ta x-e qoheic chuvi huyub Chi-Pixab u bi yacamic, x-cha chicut qui qabauil chiri.

(1) N'y aurait-il pas ici confusion | passage par mer? l'une qui regarde de deux traditions distinctes sur le | les premiers législateurs dans les

sinon la souche de leurs bâtons qu'ils sentaient, et ils s'imaginaient qu'ils mangeaient, quoiqu'ils ne mangeassent point, en venant.

Mais il n'est pas bien clair leur passage sur la mer : comme s'il n'y avait pas eu de mer, ils passèrent de ce côté ; car ils passèrent sur des pierres éparses et ces pierres étaient roulées sur les sables. C'est ce qui fit qu'ils appelèrent alors (cet endroit) *Pierres rangées et sables arrachés*, nom qui lui fut donné par eux, à leur passage en dedans de la mer, l'eau s'étant partagée, lorsqu'ils passèrent (1).

Or leurs cœurs étaient brisés par l'affliction, tandis qu'ils s'avisaient ainsi les uns les autres, parce qu'ils n'avaient rien à manger, (sinon) un peu d'eau qu'ils avalaient ainsi qu'une bouchée de maïs.

Et ils étaient là ramassés sur la montagne, nommée *Chi Pixab*, portant de même (avec eux) Tohil, Avilix et Hacavitz. Ils observaient un grand jeûne, Balam-Quitzé avec sa femme Caha-Paluna, (qui était) le nom de sa femme : de même aussi l'observait Balam-Agab avec sa femme appelée Chomiha, ainsi que Mahucutah, à qui ce grand jeûne était (imposé) comme à son épouse, appelée Tzununiha, à Iqi-Balam, et à sa femme nommée Cakix-ha.

Et c'étaient eux qui étaient les jeûneurs dans les ténèbres et la nuit : grande fut leur tristesse, pendant qu'ils habitèrent sur la montagne aujourd'hui appelée Chi-Pixab et où leur dieu continuait à leur parler.

temps tout à fait anciens, et l'autre qui a rapport aux tribus quichées ? Ces passages ne sont pas moins intéressants que mystérieux.

VAHXAKPAH CHI TZIH.

Ta x-cha cut ruq Tohil, Avilix, Hacavitz chiquech ri Balam-Quitze, Balam-Agab, Mahucutah, Iqi-Balam : Xa-ta koh bec, xa-ta pu koh yacatahic, ma ta varal koh qohe-vi : chi eual-tah koh y ya-vi ;

Mi-x-yopih u zakiric. Ma-pa togob y vach, uve koh canabixic rumal ahlabal chi tzak va oh qo-vi yvumal, yx ahqixb, ahqahb? Huhun ta cut koh y ya-vi, x-e cha-cut ta x-e chauic. — Utzbala, xa koh bokotahic, ka tzukuh tak ri quechelah, x-e cha-cut conohel.

Qatepuch x-qui qam chi r'ekaxic u qabauil huhun chiquech ta x-oc cut Avilix pa civan u binaam Euabal-Civan ch'uchax cumal pa nima civan chi quechelah, Paulix u bi vacamic chiri x-canah-vi ; x-cu canah-oc pa civan rumal Balam-Agab.

Cholom u canahic u nabe ri x-canah chicut Hacavitz chuvi hun nima cakha, Hacavitz u bi huyub vacamic : x-qui tinamit curi x-uxic chiri cut x-gohe-vi qabauil Hacavitz u bi.

Xavi x-canah ri Mahucutah ruq u qabauil, u cab cut

---

(1) Les lieux dont il est question ici sont généralement encore connus. *Pavilix*, mont Avilix, comme on l'appelle encore aujourd'hui, s'élève à droite de la route que les voyageurs prennent d'ordinaire pour aller de *Santa-Cruz del Quiché* à *San-Andres Zakabaha* par le chemin le plus court, dominant ce *pueblo* à 3 lieues environ à l'est. Le lecteur pourra observer qu'ici le texte écrit ce mot *Paulix*, pour *pa Avilix*, supprimant le premier *i*, ce qui arrive de temps en temps dans le cours du récit ; est-ce erreur du copiste ou est-ce fait à dessein?

(2) *Chuvi hun nima cak-ha, Haca-*

CHAPITRE HUITIÈME.

Or en ce temps-là il fut dit entre Tohil, Avilix et Hacavitz, (parlant) à Balam-Quitzé, à Balam-Agab, à Mahucutah et à Iqi-Balam : Or çà partons donc, voilà qu'il faut nous lever, ne demeurons pas ici : portez-nous en quelque lieu secret ;

Déjà s'approche l'aurore. Vos yeux ne (seraient-ils) pas remplis de tristesse, si nous étions pris par l'ennemi dans ces murs où nous sommes à cause de vous, ô sacrificateurs ? Emportez-nous donc chacun séparément, leur répétèrent-ils, en leur parlant. — Fort bien, et puisque nous sommes forcés de sortir (d'ici), nous chercherons (un asile dans) les bois, répondirent-ils tous.

Après cela ils prirent (leurs divinités) chacun d'eux se chargeant de son dieu, et alors on entra Avilix dans une fondrière, et son nom d'*Euabal-Civan* (Ravin de la Cachette) fut ainsi exprimé par eux (quand ils se trouvèrent) dans la grande ravine de la forêt, appelée aujourd'hui *Pavilix* (en Avilix), où ils le laissèrent ; et il fut laissé dans cette ravine par Balam-Agab (1).

Ce mode de laisser (ainsi leurs dieux se fit) avec ordre, et le premier qu'on laissa de cette manière fut Hacavitz (qu'ils établirent) sur une grande pyramide (2), et *Hacavitz* est le nom de ce lieu (3) aujourd'hui : là ils fondèrent aussi une ville, et elle se fit dans l'endroit où était le dieu appelé Hacavitz.

On laissa également Mahucutah avec son dieu et ce

---

vitz u bi huyub vacamic, mot à mot à la cime d'une grande maison de feu, Hacavitz son nom du lieu (de la montagne) aujourd'hui. Toutes les hauteurs artificielles de forme pyramidale s'appelaient *Cak-ha* (on écrit mieux *gag-ha*), c'est-à-dire Maison de feu, nom qui va parfaitement à l'étymologie du mot *pyramide* et que les indigènes traduisent en espagnol par *Volcancito*, petit volcan.

(3) Ailleurs, ce lieu est appelé *Hacavitz Chipel* ou *Chipal* ; il existe entre les montagnes qui s'élèvent au nord de Rabinal, à 3 lieues environ à l'est du fleuve Lacandon.

qabauil ri x-euax cumal ; mana pa quechelah x-qohe-vi Hacavitz, xa zaki huyub x-euax-vi Hacavitz.

Ta x-pe chicut Balam-Quitze, x-ul chiri pa nima quechelah, x-ul euaxo-vi Tohil rumal Balam-Quitze, Patohil ch'uchax vacamic u bi huyub : ta x-qui cobizah ri euabal civan, qunabal Tohil. Tzatz chi cumatz, tzatz puch chi balam, zochoh, qanti chiri pa quechelah x-e gohe-vi, x-euax-vi cumal ahqixb, ahqahb.

Xa-cu-hun x-e qohe-vi Balam-Quitze, Balam-Agab, Mahucutah, Iqi-Balam ; xahun x-c'oyobeh vi u zakiric chiri chuvi huyub Hacavitz u bi.

Xavi cu cok u xol ri x-gohe-vi qabauil Tamub ruq Ilocab; Amag-Tan u bi ri x-qohe-vi ri u qabauil Tamub, chiri x-zakir-vi. Amag Uquincat u bi ri x-zakiric-vi ri Ilocab ; chiri x-qohe-vi u qabauil Ilocab xa cok u xol huyub.

Xavi chiri ronohel Rabinaleb, Cakchequeleb, Ah-Tziquinaha, ronohel chuti amag, nima amag : xahun x-taqatob-vi, xa-pu-hun zakiric-vi, xahun x-c'oyobeh-vi r'elic uloc nima chumil, Iqogih u bi, nabe ch'el uloc chuvach gih ta zakir-oc, x-e cha.

Xa-cu-hun x-e qohe-vi Balam-Quitze, Balam-Agab, Mahucutah, Iqi-Balam : Ma-habi qui varam, qui yacalem, nim r'ogeh qui qux, qui pam chire u zakiric, u pagatahic puch. Xavi chila x-qixb-vi u vach ; x-e pe-vi nima biz, nima mogem, e chikarinak rumal u qaxcol.

fut le deuxième dieu qui fut caché par eux ; non, toutefois, que Hacavitz s'établît dans les bois, puisque ce fut une montagne découverte où fut caché Hacavitz.

Alors vint également Balam-Quitzé qui arriva là dans le grand bois, et Tohil y arriva pour être caché par Balam-Quitzé, et l'on appelle actuellement *Patohil* (en Tohil) le nom de cette montagne (1) ; alors ils célébrèrent ce cachement de la ravine, abri secret de Tohil. Beaucoup de serpents et de tigres, de vipères et de qantis étaient là dans ces bois où il fut caché par les sacrificateurs.

Et en commun demeuraient Balam-Quitzé, Balam-Agab, Mahucutah et Iqi-Balam ; ensemble ils attendaient là l'aurore sur la montagne appelée Hacavitz.

Or il n'y avait qu'une courte distance du lieu où était le dieu de Tamub de celui d'Ilocab : *Amag-Tan* (ville de Tan) est le nom du (lieu où) existait le dieu de Tamub ; là eut lieu son aurore. *Amag-Uquincat* le nom de celui où commença l'aurore d'Ilocab ; là était le dieu d'Ilocab, seulement à une courte distance de la montagne.

Là également (se trouvaient) tous les Rabinaliens, les Cakchiquels, ceux de Tziquinaha, toutes les nations petites et grandes : ensemble ils s'étaient arrêtés ; ensemble ils attendaient l'aurore et la sortie de la grande étoile, appelée l'Etoile du matin, qui la première s'élance devant le soleil, à son lever, disaient-ils.

Ensemble ils étaient là, Balam-Quitzé, Balam-Agab, Mahucutah, Iqi-Balam : ils n'avaient ni sommeil, ni repos, et grands étaient les gémissements de leurs cœurs et de leurs entrailles au sujet de l'aurore et de la clarté à venir. Là, également, leurs visages se couvrirent de confusion ; il leur vint une grande affliction et une grande angoisse, se sentant abattus à cause de leur douleur.

---

(1) Le *Pa-Tohil*, ou mont Tohil, domine la plaine du Quiché à deux lieues environ à l'est du village actuel de *Santa-Cruz*.

Xa e qo-vi uloc : Mavi guz mi-x-oh pe-vi, acarok ! Ohtah x-koh ilouic r'alaxic gih ! Hulacha x-ka bano hunam ka vach chi ka huyubal xa x-k'ogotah kib? que cha, ta qui que chauic chi quibil quib chuvi biz, chuvi mogem, chuvi puch ogeh ziq.

Xe chau-vi ; ma-ha cut chi cubar-oc qui qux chire u zakiric : Are cut e cubucuxinak-vi ri qabauil pa tak civan, pa tak quechelah, xa pa ek, xa pa atziak e qo-vi, mana pa tzalam-tah x-e ya-vi, que chau.

Nabec ri Tohil, Avilix, Hacavitz. Nim qui gih, nim puch gab, quxlab chuvi ronohel u qabauil amag ! Tzatz qui naual, tzatz puch qui binibal, qui chakabal chi teunic, chi xibinic qui qoheic chi qux amag !

Cubulic qui quxlal cumal ri Balam-Quitze, Balam-Agab, Mahucutah, Iqi-Balam ; mana chilic cayal ta qui qux chire ri qabauil cu caam qu'ekam puch x-e pe chila Tulan Zuyva, chila r'elebal gih.

Xavi cu chiri x-e qohe-vi pa quechelah, are Zakiribal Pa-Tohil, P'Avilix, Pa-Hacavitz c'u chaxic vacamic.

Are cut x-e ahauax vi, x-e zakir-vi ka mam, ka cahau ; va chi ka byih chic u zakiric, u vachinic puch gih, iq, chumil.

---

(1) *Xa pa atziak e qo-vi*, seulement dans les mousses filamenteuses ils sont. *Atziak*, qui signifie aussi de vieux vêtements, des haillons, est le nom quiché des tiges filamenteuses du *tillandsia*, que les Mexicains appellent *pachtli*.

(2) Les monts *Mamah, Avilix* et

Jusque-là ils étaient venus : Sans joie, nous sommes venus, hélas! puissions-nous voir enfin le lever du soleil! Comment donc avons-nous fait, (qu'étant tous) d'un même sentiment dans notre patrie, nous nous en soyons ainsi arrachés? disaient-ils tous en s'entretenant les uns avec les autres dans la tristesse et l'angoisse et dans le sanglottement de (leurs) voix.

Ils parlaient (ainsi), et il n'y avait point à soulager leurs cœurs jusqu'à (ce que vînt) l'aurore : Car voilà les dieux assis entre les ravins et les forêts, dans les hautes herbes et sous les mousses filamenteuses (1), où ils sont même sans qu'on leur ait pu donner des planches (pour s'asseoir), disaient-ils.

Le premier c'est lui, Tohil, Avilix et Hacavitz. Grande est leur gloire, grande aussi leur puissance et leur force au-dessus de tous les dieux des nations! Infinis sont leurs prodiges, indicibles leurs voyages et leurs marches dans le froid et dans l'épouvante que leur être (répand) dans le cœur du peuple! (ajoutaient-ils).

Leur pensée se repose à cause de Balàm-Quitzé, de Balam-Agab, de Mahucutah et d'Iqi-Balam; dont les cœurs ne sont ni fatigués, ni abattus au sujet du dieu qu'ils ont reçu et qu'ils portent (depuis) qu'ils sont partis de Tulan et Zuyva, là-bas dans l'Orient.

Maintenant donc il étaient là dans les forêts; c'est l'Aurore qui se lève En Tohil, En Avilix, En Hacavitz (2), comme on les nomme aujourd'hui.

Or voici que furent faits seigneurs et qu'eurent leur aurore nos anciens et nos pères; voici que nous raconterons aussi le lever de l'aurore et l'apparition du soleil, de la lune et des étoiles.

Tohil forment en effet un groupe de hautes cimes au nord-est de *Santa-Cruz del Quiché*, et auquel les indigènes donnent aussi le nom générique de *Zakiribal-Tohil*, le lieu de l'aurore de Tohil.

BELEHPAH CHI TZIH.

Vae cute u zakiric u vachinic puch gih, iq, chumil.

Nim cut x-e quicotic Balam-Quitze, Balam-Agab, Mahucutah, Iqi-Balam, ta x-r'il ri Iqogih. Nabe x-el uloc chi tiltotic u vach, ta x-el uloc nabe cut chuvach gih.

Qatecut ta x-qui quir qui pom chila petenak-vi r'elebal gih, qate u chac chi qui qux ; ta x-qui quiro c'oxichal qui qamouabal chi qui qux.

Mixtam-Pom u bi pom r'u caam Balam-Quitze ; Caviztan-Pom chic u bi pom r'u caam Balam-Agab, Qabauil-Pom ch'u chaxic chic r'u qam Mahucutah ; e oxib qo qui pom. Arecut x-qui qato, ta x-e zakbizanic apon-oc chila r'elebal gih.

Guz que ogic, ta x-e zakbizanic, x-qui qat qui pom, logolah pom. Qatecut x-c'ogeh ri mavi x-qu'ilo, ma pu x-qui vachih r'alaxic gih.

---

(1) Les détails qui se trouvent mêlés ici à la tradition du lever du soleil semblent appartenir à une époque reculée, où le soleil apparut aux législateurs après une longue obscurité, peut-être une nuit de plusieurs mois, et les veilles prolongées commandé par la religion et dont ce livre parle à chaque instant, pourraient bien avoir été instituées en commémoration de cette époque douloureuse. Mais nous n'insistons pas sur des mythes et des traditions que le lecteur appréciera comme il l'entendra.

(2) *Tous les trois*. On ne sait pas mention du quatrième Iqi-Balam. On sait cependant que vers l'époque où la maison de Cavek établit sa domination au Quiché, un des quatre chefs qui continuaient, pour la frac-

CHAPITRE NEUVIÈME.

Ceci donc est l'aurore et l'apparition du soleil, de la lune et des étoiles.

Grande donc fut l'allégresse de Balam-Quitzé, de Balam-Agab, de Mahucutah et d'Iqi-Balam, lorsqu'ils virent l'Etoile du matin. La première elle sortit avec sa face resplendissante, lorsqu'elle sortit la première en avant du soleil (1).

Après quoi ils ouvrirent le paquet (renfermant) leur encens, qui était venu de là où le soleil se lève, (et qu'ils avaient apporté) dans la pensée qu'il leur devait servir ensuite; tous les trois ensemble (2) déroulèrent les présents qu'ils pensaient offrir.

Mixtam-Pom (copal de Mixtam) est le nom de l'encens que portait Balam-Quitzé; *Caviztan-Pom* (3) est après cela le nom de l'encens que portait Balam-Agab, et celui que portait Mahucutah était appelé *Encens de Dieu*; et ces trois (seulement) avaient de l'encens. Voilà donc ce qu'ils brûlèrent, tandis qu'ils dansaient avec majesté vers le soleil levant.

Douces étaient leurs larmes en dansant, en brûlant leur encens, leur précieux encens. Après quoi ils gémirent de ce qu'ils ne voyaient et qu'ils ne contemplaient pas encore le lever du soleil.

---

tion quichée à laquelle elle appartenait, le rôle des *ahqixb* et *ahqahb*, mourut, et qu'on le remplaça par un prince du pays conquis, à qui le *Titre des Seigneurs de Totonicapan* donne le nom de *Qotuha*.

(3) Ces deux noms n'appartiennent point à la langue quichée; leur désinence a quelque chose de la langue nahuatl, et le premier *Mixtan*, mieux *Mixtlan*, signifierait Entre les nuages, ou Terre nébuleuse, qui rappelle également le nom de *Mixcohuatl*, le Serpent nébuleux, l'un des premiers héros toltèques. *Caviztan* vient peut-être du nahuatl *Cavia*, abandonner, laisser, et dirait Pays qu'on a abandonné, laissé derrière soi. *Pom* est le nom générique du *copal*, qui leur servait d'encens.

Qatepuch ta x-el ulo gih : x-quicotic chuti chicop, nima chicop; x-qiz yacatah uloc pa be ya, pa civan ; x-e qoheic tzam-tak huyub, xahun x-qui xe-vi qui vach chila x-el vi uloc gih.

Qate ta x-e ogic coh, balam. Nabe cut x-og ri tziquin Queletzu u bi : Quitzih chi x-quicot ronohel chicop, x-qui rip qui xic cot, zakquch, chuti tziquin, nima tziquin.

E cu xucuxuxinak ri ahqixb, ahqahb : nim que quicotic ruq r'ahqixb, r'ahqahb Tamub, Ilocab, ruq Rabinaleb, Cakchequeleb, Ah-Tziquinaha, ruq Tuhalha, Uchabaha, Quibaha, Ah-Batena, ruq Yaqui-Tepeu, harub pa chi amag qo vacanic ; mavi ahilan chi vinak, xahun x-zakir vi ronohel amag.

Qatepuch x-chakihic u vach uleu rumal ri gih : queheri hun chi vinak ri gih ta x-u qut rib, qatan u vach are x-chakih-vi u vach uleu.

Maha ch'ela ula gih, chagalic, yitzil puch u vach uleu, maha ch'ela ula gih ; xa cu x-caeh akanoc ri gih queheri hun chi vinak.

Ma cu x-chihtahic u qatanal xa cu u qutbal rib ta x-alaxic : xa chi cu u lemo ri x-canahic, mavi quitzik are chi gih ri ca vachinic, x-cha chupan qui tzih.

Qatepuch huzu x-abahir ri Tohil, Avilix, Hacavitz ruq u qabauilal Coh, Balam, Zochoh, Qanti, Zaki-Qoxol xa x-u chap chi u ga rib pa che, ta x-vachin

---

(1) Ces traditions appartiennent évidemment à une époque de longtemps antérieure à l'arrivée des Quichés et des autres tribus au Guatémala ; les détails qu'on trouve ici semblent devoir les rapporter à une haute antiquité.

(2) *Zaki-Qoxol* se traduit le Blanc

Ensuite, le soleil commença à s'avancer : les animaux, petits et grands, en furent dans l'allégresse; ils achevèrent de se lever sur le cours des eaux, dans les ravines; ils se placèrent à l'extrémité des montagnes, ensemble fixant leurs têtes du côté d'où venait le soleil.

Après quoi rugirent le lion et le tigre. Mais le premier oiseau qui chanta fut celui qu'on appelle *Queletzu* : en vérité, tous les animaux furent remplis d'allégresse, l'aigle et le milan battirent des ailes, (ainsi que tous les autres) oiseaux petits et grands.

Or les sacrificateurs étaient prosternés : grande était la joie qu'ils éprouvaient avec les sacrificateurs de Tamub et d'Ilocab, avec les Rabinaliens, les Cakchiquels, ceux de Tziquinaha, avec ceux de Tuhalha, d'Uchabaha, de Quibaha, ceux de Batena, avec ceux de Yaqui-Tepeu, autant de tribus, enfin, qu'il y en a aujourd'hui ; c'était innombrable ce qu'il y avait de monde, et l'aurore éclaira toutes ces nations à la fois.

Ensuite la face de la terre se sécha à cause du soleil : semblable à un homme se montra le soleil, et sa présence chauffait, en séchant la surface de la terre.

Avant que le soleil se manifestât, fangeuse et humide était la surface de la terre, et c'était avant que ne parût le soleil; et alors seulement le soleil se leva semblable à un homme.

Mais sa chaleur n'avait point de force, et il ne fit que se montrer lorsqu'il se leva : il ne resta que comme (une image dans) un miroir, et ce n'est pas véritablement le même soleil qui paraît aujourd'hui, dit-on, dans les histoires (1).

Aussitôt après cela, Tohil, Avilix et Hacavitz se pétrifièrent, ainsi que les dieux du Lion, du Tigre, de la Vipère, du Qanti, du Blanc Frotteur de Feu (2); leurs bras se

---

Frotteur de Feu, de l'usage de tirer le feu en frottant deux morceaux de bois, dont le verbe est *qox* ou *qoxo*. Dans l'acception ordinaire, *Zaki-Qoxol* est un fantôme qu'on voit de nuit, qui répand la terreur ; c'est un vieillard, suivant Ximenez, et, d'après le sens même du mot, ce serait plutôt un feu follet.

gih, iq; chumil : humah abah, x-uxic ronohel.

Ma-ta oh yacamarinak lo vacamic rumal ri tionel chicop, coh, balam, zochoh, qanti, Zaki-Qoxol, ma-ta-habi ka gih lo vacamic, ma-ta x-abahiric u nabe chicop rumal gih.

Ta x'el uloc, nima quicotem x-qohe-vi qui qux Balam-Quitze, Balam-Agab, Mahucutah, Iqi-Balam ; nim x-e quicotic, tax-zakarie. Mana e ta quia vinak chi qui qoheic xa e chutin ta x-e qohe chiri chuvi huyub Hacavitz.

Chiri x-e zakir vi, chiri puch x-e qaton-vi, x-e zakbizan apon-oc chila chi r'elebal gih, x-e pe-vi : are qui huyubal, qui tagahal, chila x-e pe vi Balam-Quitze, Balam-Agab, Mahucutah, Iqi-Balam qui bi.

Chiri cute x-e quiar-vi chuvi huyub; are cut qui tinamit x-uxic, chiri cu qo-vi, ta qui x-vachin gih, iq, chumil; x-zakiric, x-pacatahic u vach uleu, ronohel xecah.

Chiri cut x-tiqar-vi qui bix, Ka-mucu, u bi, x-qui bixah, xa r'ogeh qui qux, qui pam x-qui biyh chupam qui bix.

Acarok ! x-oh zachic chi Tulan x-oh paxin-vi kib x-e ca canah chic k'atz k'achag! avi! mi-x-k'il vi gih, avi-on

(1) Tout devient pierre ou se pétrifie, *abahir*, verbe qui se forme de *abah*, la pierre, le rocher, etc. Les dieux du lion, du tigre « *U qabauilal coh*, etc.; ce mot exprime l'ensemble de ce qui est dieu, la divinité. Que signifie cette pétrification générale, c'est ce qu'il nous paraît difficile de découvrir, à moins qu'il s'agisse d'une congélation, ce qui se rend également par le verbe *abahir*. Le verset suivant ajoute encore à la perplexité à cet égard, car il ne s'agit plus de la divinité des animaux, mais des animaux eux-mêmes. Dans quelle contrée faut-il donc placer

cramponnèrent aux branches des arbres, au moment où se montrèrent le soleil, la lune et les étoiles : de toutes parts tout devint pierre (1).

Peut-être ne serions-nous pas en vie en ce moment à cause de la voracité des animaux, des lions, des tigres, des vipères, des qantis et du Blanc Frotteur de Feu, peut-être aujourd'hui notre gloire n'existerait-elle point, si les premiers animaux n'avaient été pétrifiés par le soleil.

Lorsqu'il apparut, grande fut la joie que sentirent au fond du cœur Balam-Quitzé, Balam-Agab, Mahucutah et Iqi-Balam ; ils furent remplis d'une grande alllégresse, au moment où parut l'aurore. Or, en ce temps la population n'était pas dans une condition florissante et elle n'était qu'en petit nombre, lorsqu'elle habitait sur le mont Hacavitz (2).

C'est là que leur aurore parut, et c'est là qu'ils brûlèrent (l'encens) et qu'ils dansèrent, en se tournant vers l'orient d'où ils étaient venus : là étaient leurs montagnes et leurs vallées, d'où étaient venus ceux qu'on appelait Balam-Quitzé, Balam-Agab, Mahucutah et Iqi-Balam.

Mais c'est ici qu'ils multiplièrent sur la montagne ; c'est celle qui devint leur ville, et ici ils étaient, lorsque se montrèrent le soleil, la lune et les étoiles ; il fit jour et la face de la terre s'éclaira (ainsi que) le monde entier.

C'est là aussi que commença leur chant, intitulé *Kamucu* (nous voyons) qu'ils chantèrent, et que gémirent leurs cœurs et leurs entrailles, ce qu'ils dirent dans leur chant.

Hélas ! nous fûmes ruinés en Tulan, nous nous séparâmes et nos frères (3) sont encore restés en arrière ! Bien

l'origine de ces étranges traditions?
(2) Le récit reprend ici les choses en Hacavitz, c'est-à-dire dans la contrée de la Vérapaz, où s'établit la maison de Cavek avant son avénement au trône.
(3) *X-e ca canah chic k'ats, k'achag,* Ils actuellement restèrent aussi (en arrière) nos frères, nos proches. *Ats* est le frère aîné, *achag* le proche parent, et, en cakchiquel, le frere cadet. Dans les deux langues, les deux mots vont ensemble pour exprimer les parents, les proches, les frères de la même patrie.

e qo-vi ta mi-x-zakiric? x-e cha chire r'ahqixb, r'ahqahb
Yaqui-Vinak.

Xavixere Tohil u bi u qabauil Yaqui-Vinak, Yolcuat-
Quitzalcuat u bi, x-ka hach chila chu Tulan, chi Zuyva.
Are k'achelic uloc are puch u tzakat ka vach, ta x-oh pe-
tic, x-e cha chi quibil quib.

Ta x-qui natah chi apan-oc c'atz, qui chag, ri Yaqui-
Vinak ri x-zakiric chila Mexico u binaam vacamic : qo chi
naipuch chahcar vinak x-qui canah chila r'elebal gih, Tepeu Oliman qui bi x-e ca canah canoc, x-e cha.

Nim u qatat qui qux chiri chuvi Hacavitz ; xavi quehe
ca qui ban ri rech Tamub, Ilocab; xavixere e qo-vi chiri
pa quechelah, amag Dan u bi, x-zakir-vi r'ahqixb, r'ahqahb
Tamub ruq u qabauil, xavixere Tohil : xahun u bi u qabauil r'oxchobichal Queche vinak.

Xavi-cu-xere chic u bi u qabauil Rabinaleb, x-zcaquin
u halqat u bi Huntoh ch'uchaxic u bi u qabauil Rabinaleb:
xa cu cha-ri xa chi r'ah hunamatah chi Queche chi u chabal.

(1) Ici ils parlent encore avec les sacrificateurs de la nation Yaqui, tandis qu'au deuxième verset suivant, ils
s'en disent séparés depuis longtemps
et loin d'eux.
(2) Ce verset est fort précieux pour
l'histoire religieuse. Ainsi *Tohil*. chez
les Quichés, *Hun-Toh*, chez les Rabinaliens, c'est-à-dire le signe de la
pluie, suivant leur calendrier, est le
même que *Quitzalcuat*, ou *Quetzalcohuatl*, ici appelé encore *Yolcuat*,
mieux sans doute *yol-cohuatl*, serpent à sonnettes, du mot *yol* ou *yolli*,
cœur ou sonnette, et de *cohuatl*, serpent, en langue nahuatl.
(3) *Are puch u tzakat ka vach*, mot
à mot, ceci (est) donc la parenté de
notre face (fruit ou race).
(4) Voici donc trois émigrations diverses, clairement exprimées et qui
eurent lieu à la même époque : elles
sortent de Tulan et Zuiva, qui paraissent bien être en Xibalba, c'est-à-dire
dans les régions situées entre les ramifications de l'Uzumacinta et du Ta-

vrai, nous avons vu le soleil, mais eux, où sont-ils maintenant que l'aurore vient de paraître ? disaient-ils aux sacrificateurs de la nation Yaqui (1).

Oui, véritablement Tohil est le nom du dieu de la nation Yaqui, lequel s'appelait *Yolcuat-Quitzalcuat* (2), quand nous nous séparâmes là-bas en Tulan en Zuyva. Voilà d'où nous sommes sortis ensemble, voilà donc le berceau commun de notre race (3), d'où nous sommes venus, se disaient-ils les uns aux autres.

Alors ils se souvenaient de leurs frères (qui étaient restés) là au loin derrière eux, de la nation des Yaqui que leur aurore éclaira dans ces contrées, aujourd'hui surnommées *Mexico* : il y a également une partie de la nation qu'ils laissèrent dans l'orient ; *Tepeu, Oliman*, sont les noms (des lieux) où ils sont restés (4), dirent-ils.

Grande était l'angoisse de leurs cœurs là sur le (mont) Hacavitz : le même (sentiment) aussi éprouvaient ceux de Tamub et d'Ilocab ; ceux-ci précisément habitaient ici dans les forêts, la région dite de *Dan*, où l'aurore éclaira les sacrificateurs de Tamub ainsi que leur dieu, qui était aussi Tohil : (car il n'y avait) qu'un seul nom pour le dieu des trois fractions de la nation quichée (5).

C'est aussi là le nom du dieu des Rabinaliens, (quoi qu'il y ait) quelque différence du nom de Huntoh (6), ainsi qu'on appelle (plus communément) le dieu des Rabinaliens : aussi faut-il affirmer que leur langue s'accorde avec la langue quichée.

basco, à leur issue des montagnes. L'une de ces émigrations se dirige vers le Mexique à l'ouest, probablement par le sud-ouest, les deux autres vont vers l'orient et se séparent auprès des lieux nommés *Tepeu Oliman*, que le *MS. Cakchiquel* indique devoir se trouver vers la zone qui sépare le Peten de l'Yucatan ; ceux de Tamub et d'Ilocab, se séparant de ceux-ci, auraient pris le chemin du sud, par le Soconusco, qui conduisait naturellement aux lieux où nous les retrouvons respectivement.

(5) Le dieu de Tamub et d'Ilocab portait le même nom de Tohil, depuis leur sujétion aux Quichés ; mais les anciens documents prouvent qu'il en avait un autre auparavant, quoique ce fût probablement la même divinité.

(6) *Hun-Toh*, un Toh ou une Pluie, d'après le mode de compter du calendrier.

Are cut halqatahinak vi chabal ruq Cakchequeleb, rumal halan u bi u qabauil, ta x-pe chila Tulan Zuyva. Tzotziha Chimalcan u bi u qabauil : xa c'u cha halan u chabal vacamic, ruq naipuch chirih u qabauil x-qamon-vi u bi u chinamit Ahpozotzil, Ahpoxa, que uchaxic.

Xavi u qabauil x-halqatih-vi u chabal, ta x-ya uloc u qabauil chila Tulan, chirih abah x-halqatih-vi u chabal ta x-pe Tulan chi gekumal : xa-cu-hun x-auax-vi x-zakir-vi ronohel amag, qolehe u bi qabauil ch'u hutak chobil.

Are cut x-chi ka byih chic qui alubic, qui bayatahic puch chiri chuvi huyub, xahun x-e qohe-vi qui cahichal Balam-Quitze, Balam-Agab, Mahucutah, Iqi-Balam qui bi. C'og qui qux chire ri Tohil, Avilix, Hacavitz are qo chic pa ek, p'atziak cumal.

(1) Le *Cakchiquel* ainsi que le *Tzutohil* sont des dialectes du *Quiché* propre, comme l'Ionique et le Laconien de l'Attique ou Grec proprement dit. Quant à *Chimalcan*, écrit ailleurs *Chamalcan*, dieu des Cakchiquels, il serait difficile de dire exactement ce que c'était; car il est resté fort peu de documents sur les formes particulieres des rits religieux du Guatémala. *Cha* ou *chay* est la flèche, le couteau ou la lance d'obsidienne. *Malcan*, dans son acception ordinaire, signifie veuf ; mais il se compose du verbe *mal*, oindre ou frotter, et de *can* ou *gan*, sorte de poudre jaunâtre dont les veufs ou veuves se frottaient, en signe de tristesse : *Cha-malcan* serait donc Flèche ou Dard frotté d'ocre jaune : ce qui confirmerait cette explication, c'est que *Chay-Abah*, littéralement pierre d'obsidienne, mais en réalité le capitaine des gardes, créé pour la défense de Tulan, suivant le *MS. Cakchiquel*, était un des dieux du Cakchiquel : on lui offrait d'ordinaire des petits papillons et des perruches. *Tzotziha*, c'est-à-dire de-

Mais il y avait assez de différence de cette langue à celle des Cakchiquels ; car le nom de leur dieu était différent, lorsqu'ils partirent de Tulan et Zuyva. *Tzotziha-Chimalcan* était le nom de leur dieu : et il parle encore une langue différente aujourd'hui (1), et c'est aussi de son dieu que la tribu prit son nom d'*Ahpozotzil* et *Ahpoxa* (2), ainsi qu'ils sont appelés.

De même on changea la langue du dieu, lorsqu'on leur réunit le dieu là-bas en Tulan et sa langue fut changée auprès du rocher, quand ils vinrent de Tulan dans l'obscurité : ils furent plantés tous ensemble et l'aurore brilla pour toutes les nations (réunies), les noms des dieux suivant l'ordre de chacune des tribus.

Voilà donc que nous raconterons maintenant leur séjour et leur demeure sur la montagne, où tous les quatre ils vécurent ensemble, Balam-Quitzé, Balam-Agab, Mahucutah et Iqi-Balam, ainsi qu'on les nommait. Leurs cœurs gémissaient au sujet de Tohil, d'Avilix et de Hacavitz, qui étaient encore (cachés) parmi les hautes herbes et les mousses filamenteuses à cause d'eux.

---

meure de chauve-souris, est accolé ici à Chamalcan : il paraîtrait que c'était une divinité particulière, représentée sous la figure d'une chauve-souris. Chaque septième et treizième jour, on lui offrait de la résine de pin, blanche, fraîchement cueillie, avec les branches vertes et l'écorce nouvelle du même arbre, ainsi qu'un jeune chat, image de la nuit, qu'on brûlait devant l'idole. (*MS. Cakchiquel.*)

(2) *Ahpozotzil* et *Ahpoxahil* sont les titres dont se décoraient les deux chefs principaux de la nation cakchiquèle, le roi et l'héritier présomptif. Le premier se compose de *ahpop*, maître ou seigneur d'une natte ou d'un tapis, réservé aux princes, et de *zotzil*, pluriel de *zotz*, chauve-souris, nom patronymique de la famille royale : de là le nom de *Tzinacan* ou *Cinacan*, chauve-souris en mexicain, que les histoires de la conquête donnent aux rois de Guatémala. *Ahpoxa* ou *Ahpoxahil* se compose d'*ahpop* et de *xahil*, pluriel de *xah*, danseur ; c'était donc le Prince des Danseurs.

LAHPAH CHI TZIH.

Va cute qui gatonic u xe chi puch cohbal rech Tohil, ta x-e be cut chuvach Tohil, Avilix; x-e be qu'ila x-be pu qui gihila, x-e qamouan chic chuvach chire u zakiric.

E cu vonovoh chic chi abahil chiri pa quechelah; xa qui naual vach chic x-chauic, ta x-e opon ri ahqixb, ahqahb chuvach ri Tohil.

Ma cu nim ri c'u caam qui qatoh puch; xa gol xa r'achak noh ruq yia x-qui qato chuvach qui qabauil. Ta x-chao cut ri Tohil, xa u naual chic ta x-ya uloc qui naoh ri e ahqixb e ahqahb.

X-e cha ta x-e chauic : Xavi varal ka huyubal, ka tagahal ch'uxic. Oh yvech chic; mi-x-uxic nim ka gih, nim pu k'alaxic rumal ronohel vinak. Yvech ri ronohel amag, xavi cu oh yv'achbil; ch'y na y tinamit, xavi chi ka ya y naoh.

M'oh y qut chuvach ri amag, ta koh gaganih rumal ri qui tzih vi chi e qui chi, qui qoheic; quehecu mavi koh y ralahobizah-vi : xerecut ch'y ya chikech ri r'al quim, r'al torob, xere curi xnam queh, xnam tziquin.

---

(1) *Xa qui naual vach chi x-chauic*, littéralement, seulement leur miraculeuse face aussi parla.

(2) Résidu de noh, *r'achak noh*, c'est le nom d'une résine dont il m'a été impossible de découvrir le nom en espagnol. *Achak* signifie résidu, excrément, etc. *Noh* est le signe dix-sept du calendrier, que Ximenez traduit par le mot *temple*, qui dit température, tempérament, trempe, accord, harmonie. Il correspond au signe mexicain *ollin*, mouvement, remplacé dans quelques calendriers par le mot *Tec-*

CHAPITRE DIXIÈME.

Voici donc leur résolution et l'origine de la collocation de Tohil, lorsqu'ils se présentèrent devant Tohil et Avilix et qu'ils allèrent le voir et le saluer, en lui rendant grâces à sa face, à cause du lever du jour.

Et ils resplendissaient aussi dans les rochers au milieu des bois ; seulement (par un effet de) leur puissance mystérieuse leur voix se fit entendre (1), lorsque les sacrificateurs arrivèrent devant Tohil.

Ce n'était d'aucune valeur ce qu'on apportait et qu'ils brûlaient ensuite ; c'était seulement de la résine et du résidu de *noh* (2) avec de l'anis sauvage (3) qu'ils brûlaient devant leur dieu. Alors donc Tohil parla et mystérieusement aussi il donna leur règle de conduite aux sacrificateurs.

Alors prenant la parole, ils dirent : Véritablement ici seront nos montagnes et nos vallées. Nous serons les vôtres encore ; notre gloire et notre éclat ont été exaltés devant tous les hommes. A vous sont toutes les nations, comme nous sommes vos compagnons ; veillez donc sur votre peuple et nous (lui) donnerons vos enseignements.

Ne nous donnez pas en spectacle aux yeux des tribus, quand nous serons irrités des paroles de leurs bouches et de leur conduite ; ainsi ne nous laissez choir en aucune embûche : mais donnez-nous les (bêtes) enfants de l'herbe et des buissons, (donnez-nous) les femelles des cerfs et les femelles des oiseaux.

pilanahuatl, que l'auteur d'où nous le tirons traduit également par *temple*. Le fait est que *r'achak noh* était une résine délicate, peut-être la même que celle appelée par Hernandez *tecopalquahuitl*, qu'il compare pour son excellence à l'encens le plus fin.

(3) L'anis sauvage, dans la langue quichée *yia*, que Ximenez traduit par *pericon*; c'est une herbe à fleurs jaunes d'or, très-odorantes, et fort commune.

Ch'ul-ta y ya zcaquin u quiqel chikech, togob ka vach, ch'y canah cut r'izmal ri queh : ch'y chahih are e u mucuvach chi mich canoc. Are uqueh ch'uxic, are naipuch ka gexvach ch'y qut chuvach amag.

Apa qo-vi Tohil ? ta qu'yx u chaxic, are cut ch'y qut ri k'uquch chi qui vach ; m'y qut naipu yvib : qo chicut ch'y ban chic. Nim y qoheic ch'uxic : ch'y chak ri ronohel amag ; ch'y cu kah u quiqel, u comahil chi ka vach ; ch'ul-vi koh qui galuh e kech chic, x-cha curi Tohil, Avilix, Hacavitz.

Qaholal vach chi qui vachibeh, ta que ilic ta ch'opon puch qatoh chi qui vach. Ta x-tiqar cut u tzukuxic ri r'al tak tziquin r'al queh, qamob tzukuxic cumal ri ahqixb, ahqahb. Arecut ta chi qui riq ri tziquin, al queh, qatecut chi be qui culu ri u quiqel queh, tziquin, pu chi ri abah ri Tohil, Avilix.

X-u ca ri cut uqaah quiq cumal qabauil, huzu chi chau ri abah ta que oponic ri ahqixb, ahqahb, ta chi be qui ya qui qatoh. Xavi quehe chic chi qui bano chuvach ri c'uqueh, chi qui qat gol, chi qui qat puch yia, holom-ocox.

X-qohe qui c'uqueh chi qui huhunal chiri cut vi cumal chuvi huyub : mavi qui lagaben ri c'ochoch chi gihil, xa pa tak huyub que biyn-vi.

---

(1) Ceci paraît être le testament des premiers qui portèrent les noms de Balam-Quitzé, de Balam-Agab, de Mahucutah et d'Iqi-Balam, et les *symboles* dont il s'agit n'auraient été autre chose que les statues de ces personnages, qui furent après leur mort révérées comme les divinités dont ils avaient été les prêtres. Il en est question dans le *Titre royal de la maison d'Itzcuin-Nihaib*. Les jeunes gens qui paraissent à leur place dans le verset suivant, annoncent bien un changement de chefs; les fils remplacent

Daignez nous donner un peu de leur sang, pauvres que nous sommes, et laissez-nous la laine de ces cerfs : ayez soin de ceux qui (sont placés comme des) sentinelles, pour (voir) les piéges (qu'on nous tend). Ce seront des symboles et conséquemment nos lieutenants que vous manifesterez aux tribus (1). (Et les dieux répondirent) :

Où donc est Tohil? vous dira-t-on alors, et voilà que vous manifesterez nos symboles à leurs regards ; mais ne vous montrez pas vous-mêmes : car vous aurez autre chose à faire. Grand sera votre être : vous vaincrez toutes les nations ; vous apporterez leur sang et leur vie devant notre face, et ceux-là viendront nous embrasser qui sont encore à nous, dirent alors Tohil, Avilix et Hacavitz.

Sous la forme de jeunes garçons ils se transfiguraient, quand ils se laissèrent voir à l'arrivée des présents (qu'on offrait) devant eux. Car alors commença la chasse aux petits de tous les oiseaux, aux bêtes fauves, et cette chasse était reçue par les sacrificateurs. Quand ensuite ils avaient trouvé des oiseaux et des faons, alors ils allaient répandre le sang des cerfs et des oiseaux au bord de la pierre de Tohil et d'Avilix.

Leur sang ayant donc été bu par les dieux, aussitôt parlait la pierre, en même temps que les sacrificateurs s'approchaient, en venant donner leurs offrandes. C'est ainsi également qu'ils faisaient devant les symboles (de leurs pères), brûlant de la résine, et il brûlaient aussi de l'anis sauvage (et de l'herbe qu'on appelait) Tête de serpent (2).

Les symboles de leurs (pères) demeuraient chacun à part sur la montagne, où ils avaient été colloqués par leurs (fils) : or ceux-ci ne demeuraient point dans leurs maisons, durant le jour, sinon qu'ils allaient par toutes les montagnes.

leurs pères qui sont morts, et tour à tour on les voit s'identifier avec leur *naual* ou génie, ou bien paraître comme les quatre (trois?) sacrificateurs.

(2) Tête de serpent, *holom-ocox*, probablement la même plante que Hernandez appelle *coatzontecomatl*, qui signifie tête de serpent coupée et séparée du tronc. Le nom quiché se compose de *holom*, tête, et d'*ocox*, champignon.

Are cut chi qu'echaah ri xa r'al vorom, xa r'al zital, xa pu r'al acah chi qui tzukuh : mana utzilah va, utzilah a. Ta puch mavi calah u beel c'ochoch, mavi calah qo-vi canoc qu'ixokila.

(1) Chrysalides de taons, le texte dit *r'al vorom*, c'est-à-dire les petits des *pexca* (arbres); car ce sont des abeilles qui creusent leurs ruches dans des troncs d'arbres, dans de vieux murs et quelquefois dans les racines,

Voici donc ce dont ils se nourrissaient : des chrysalides de taons (1), des chrysalides de frelons et d'abeilles qu'ils cherchaient (dans les bois) : ils n'avaient rien de bon à manger, rien de bon à boire. Et alors on ne connaissait pas le chemin de leurs demeures et l'on ne (savait pas) clairement où étaient restées leurs femmes.

où les Indiens les prennent entières et les font cuire ensuite sous la cendre ; quand les ruches en ont assez, ils en enlèvent les vermisseaux tout cuits avec un petit bâton et les mangent : c'est, disent-ils, un mets délicieux.

CAHPAH CHI VUH.

HUPAH CHI TZIH.

Arecut tzatz chic ri amag huhun chi zepezoh-vi, qui cuchun chi quib ri hutak chob chi amag que bolo chic pa tak be, calah chi qui be.

Are curi Balam-Quitze, Balam-Agab, Mahucutah, Iqi-Balam x-ma calah e qo-vi. Arecut ta chi qu'il ri amag ch'iqouic pa be, qatecut ta que og uloc tzam tak huyub, xa r'ogibal utïu, xa pu r'ogibal yac chi c'ogibeh, xa pu r'ogibal coh, balam chi qui bano.

Ta chi qu'il ri amag, qui ch'u binic : Xa utïu ri c'ogic, xa pu yac, ri xa coh, xa balam, que cha-cut ri amag, queheri ma vinak ch'u qux ri ronohel amag; xa cu michbal kech amag ta chi qui bano.

Qo ca r'ah qui qux ri. Mana quitzih ta chi xibin ta rib chi qui bano : qo ca c'ah chire r'ogibal coh, r'ogibal balam

---

(1) On voit bien que la nation quichée propre était encore peu sta-ble et d'une importance fort secondaire, tandis que les autres étaient de-

QUATRIÈME PARTIE.

CHAPITRE PREMIER.

Voilà donc que déjà beaucoup de villes s'étaient fondées, chacune à part (l'une de l'autre), et chacune des tribus se réunissait aux villes qui s'arrondissaient sur tous les chemins et leurs chemins étaient ouverts.

Quant à Balam-Quitzé, à Balam-Agab, à Mahucutah et à Iqi-Balam, on ne voyait pas clairement où ils étaient (1). Lorsqu'ils apercevaient (les gens) des tribus qui passaient par les chemins, aussitôt ils criaient au bord des montagnes, et c'était le cri plaintif du chacal et le cri du chat sauvage qu'ils hurlaient, comme aussi le rugissement du lion et du tigre qu'ils faisaient (entendre).

Et lorsque les tribus virent ces choses, chemin faisant : C'est justement (comme) le chacal qu'ils hurlent et (comme) le chat sauvage, c'est comme le lion et le tigre, disaient les tribus, comme s'ils n'eussent pas été des hommes dans la pensée de toutes les tribus ; or c'est pour attirer dans le piége (les gens de) nos tribus qu'ils agissent (de cette sorte).

Il y a quelque chose que leur cœur désire. En vérité ils ne s'effraient point de ce qu'ils font : ils ont quelque chose

---

puis longtemps établies et florissantes. Les tribus dont il est ici question comme ennemies des sacrificateurs quichés étaient les *Pokomams*, appelés aussi les treize fractions de *Tecpan*, occupant une partie de la Vérapaz.

chi c'ogebeh ta chi qu'il curi vinak xa hun, xa caib ch'u hinic, chi c'ah qui maih chikech.

Hutagih ta que ul chicut chiri chi c'ochoch ruq qu'ixokil : xavi r'al vonon, r'al zital, xa pu r'al acah cu ca caam chi qui yao chirech qu'ixokil.

Hutagih ta x-e be chicut chuvach Tohil, Avilix, Hacavitz, x-e cha cut chi qui qux : Are ri Tohil, Avilix, Hacavitz, xa u quiqel queh, tziquin ca ka ya chire : xa ka tziza ka xiquin, ka chuc. Ka tzonoh ka couil, ka achihilal chire Tohil, Avilix, Hacavitz. Nakitah chi cu chah qui camic ri amag, xa ta huhunal que ka camizah ? x-e cha chi quibil quib, ta x-e be cut chuvach Tohil, Avilix, Hacavitz.

Ta x-qui tziz qui xiquin, qui chuc chuvach qabauil, x-qui vacuh ri qui quiqel, x-qui hiq u gok pu chi abah. Ma cu quitzih ta chi abah ch'uxic, queheri e huhun chi qaholab ta que ulic.

X-e quicot chic chirech ri qui quiqel ahqixb, ahqahb, ta x-pe chicut r'etal qui banoh ri : Ch'y chakonizah qui he, are y colbal yvib. Chila x-pe vi chi Tulan ta x-oh y qam uloc, x-e u chax-cut, ta x-ya uloc ri tzum Pazilizib u bi, ruq quiq ch'oc chikih : qui hab rib ri quiq x'uxic u yaon Tohil ruq Avilix, Hacavitz.

---

(1) Cette éponge est végétale; elle est encore en usage dans l'Amérique centrale et le Mexique, c'est une éponge fort commode pour les bains.
(2) Serait-ce une apparition des sacrificateurs nouveaux succédant encore une fois aux anciens?
(3) Suivez leurs voies, *Ch'y chakonizah qui he*, littéralement : faites suivre (ou vaincre, ou jouer, ou dé-

en vue avec ce rugissement de lion et ce rugissement de tigre avec lequel ils crient, lorsqu'ils voient une ou deux personnes sur leur route, et ils souhaitent en finir avec nous.

Chaque jour donc (les sacrificateurs) venaient à leurs maisons avec leurs femmes : mais ils n'apportaient que des chrysalides de taons, des chrysalides de frelons, que des chrysalides d'abeilles qu'ils donnaient à leurs femmes.

Chaque jour aussi ils allaient devant Tohil, Avilix et Hacavitz et ils disaient dans leur cœur : Voici Tohil, Avilix et Hacavitz, et nous ne leur donnons que le sang des bêtes fauves et des oiseaux : nous ne perçons que nos oreilles et nos coudes. Demandons la force et la valeur à Tohil, à Avilix, à Hacavitz. Qui donc blâmera les morts (que nous faisons parmi les gens) des tribus, quand nous les tuons un à un ? se dirent-ils l'un à l'autre en allant devant Tohil, Avilix et Hacavitz.

Alors ils se percèrent les oreilles et les coudes devant la divinité, recueillirent leur sang avec des éponges (1) et remplirent la coupe au bord de la pierre. Mais véritablement ce ne fut pas de la pierre alors; tels que des jeunes gens chacun d'eux alors arriva.

Les sacrificateurs se réjouirent de nouveau de ce sang qu'ils (avaient tiré de leurs veines), lorsqu'arrivèrent ainsi ces signes de leurs œuvres (2) : Suivez leurs voies (3), c'est le moyen de vous sauver. De là-bas de Tulan est venu, quand vous nous emportâtes, leur fut-il répondu, une peau appelée *Pazilizib* (4) et qu'on nous donna avec le sang qu'on nous introduisit : qu'ils se frottent donc du sang qui est devenu le don de Tohil, d'Avilix et de Hacavitz.

truire) leurs queues (leurs traces).
(4) Ce mot ne correspond clairement avec aucune des étymologies de la langue quichée : cependant il rappelle avec le contexte l'usage cruel de la fête mexicaine de *Xipe-Totec*, où l'un des nobles se revêt de la peau d'une femme fraîchement écorchée.

CAPAH CHI TZIH.

Vae u tiqaric chic r'elegaxic vinak amag cumal Balam-Quitze, Balam-Agab, Mahucutah, Iqi-Balam.

Qatepuch u camizaxic amag ri; are x-qui qam ri xa hun chu binic xa caib chu binic, mavi calah ta chi qui qamo : qatecut ta chi be qui puzu chuvach Tohil, Avilix.

Qatecut ta chi qui ya quiq pa be, qolic u holom chi qui coloba pa be. Que cha cut ri amag : Balam mi-x-tiouic. Xa que cha rumal queheri r'akan balam, c'akan ta chi qui bano mavi chi qui qut quib.

Tzatz chi amag x-qu'elezah, ca u naht cut x-u na-vi rib amag : Uve areri Tohil, Avilix c'oc chike? xa que cu tzukuh ri ahqixb ahqahb? Ta-la qo-vi c'ochoch, chi ka takeh ri c'akan, x-e cha-cut couohel amag?

Ta x-qui qam qui naoh chi quibil quib. Qatecut x-qui tiqiba u takexic c'akan ri ahqixb, ahqahb; ma cu calah. Xa r'akan queh, xa r'akan balam chi qu'ilo, mavi calah c'akan. X-ma qo-vi calah vi are nabe c'akan, ri xa qui-pich queheri c'akan xa zachbal re cumal, mavi calah qui be.

(1) Dans le *Titre des Seigneurs de Totonicapan*, il est dit que les populations exposées à ce rapt homicide étaient celles de *Vukamag* ou des Sept nations, venues avec Tamub et Ilocab, et des Pokomams dont les villes entouraient les montagnes où habitaient les sectateurs de Tohil.

CHAPITRE DEUXIÈME.

Voici où commença le rapt des gens des tribus par Balam-Quitzé, Balam-Agab, Mahucutah et Iqi-Balam (1).

Aussitôt après (eut lieu) la tuerie des tribus, et ceux-là ils les prenaient, cheminant seuls par un ou cheminant par deux, sans qu'on sût quand ils les enlevaient : après quoi ils allaient les sacrifier à la face de Tohil et d'Avilix (2). Ensuite, comme ils répandaient le sang sur le chemin, il y avait leurs têtes qu'ils jetaient séparément sur le chemin. Et les villes disaient : Le tigre les a dévorés. Seulement elles disaient cela, à cause (qu'elles voyaient) comme des traces de pattes de tigre, (et c'étaient) leurs traces qu'ils faisaient sans qu'ils se montrassent.

Ils volèrent (ainsi les hommes de) beaucoup de villes, et bien tard seulement les tribus s'en aperçurent : Est-ce donc ce Tohil, cet Avilix qui entrent parmi nous ? ce sont certainement eux qu'alimentent les sacrificateurs. Où donc seraient leurs demeures, que nous suivions leurs pistes, répétèrent toutes les villes (3)?

Alors elles prirent conseil les unes avec les autres. Ensuite elles commencèrent à suivre les pistes des sacrificateurs ; mais elles n'étaient pas claires. Ce n'était que des traces de bêtes fauves, que des traces de tigre qu'elles voyaient, sans discerner clairement leurs pas. Mais leurs pas n'étaient pas bien visibles, car ils étaient retournés comme des pas faits pour tromper les gens par ce moyen, leur chemin n'étant pas clair.

---

(2) Ceci rappelle les Mexicains sortis de la captivité de Culhuacan et s'emparant des habitants de cette ville passant isolément à côté d'eux, afin de les sacrifier à Huitzilopochtli.

(3) Le mot *amag* qui est la tribu a fréquemment aussi le sens de ville ouverte et de bourgade.

Xa chi vinakir zutz, xa chi vinakir gekal hab, xa pu chi vinakir xocol; xa chi vinakir muzmul hab, chi qu'ilo chi qui vach amag.

Xa ca chi coz qui qux chi qui tzukuxic ta chi c'okotah pa be, rumal nim u qoheic ri Tohil, Avilix, Hacavitz : naht cut x-qui ban chiri chuvi huyub, chu xiquin ri amag x-qui camizah.

Are ta x-vinakir ri elegic e chalamicat ta chi qui qam ri amag pa tak be chi qui puz chuvach ri Tohil, Avilix, Hacavitz, x-colo cut qui qahol chiri chuvi huyub.

Are Tohil, Avilix, Hacavitz oxib chi qaholab qui vachibal que biynic, xa u naual ri abah : x-qohe hun haa are que atin-vi chiri chu chi ha, xa qui qutbal quib; x-u binaah cut Chi R'Atinibal Tohil, u bi ha x-uxic.

Qu'amul cut chi qu'ilo amag; libahchi chi qui zachixtah quib ta que ilic rumal amag. Ta x-ux-tah utzihel ri e qo-vi ri Balam-Quitze, Balam-Agab, Mahucutah, Iqi-Balam : are cu va u qamic u naoh amag chire u camizaxic-tah.

Nabe cut x-r'ah qui naohih amag u chakic Tohil, Avilix, Hacavitz. X-e cha ronohel ahqixb, ahqahb chuvach amag : X-que hek quib, x-que tak pu quib conohel; ma-habi hu-chob, ca-chob-ta chic x-canah chique.

---

(1) C'est la description des monts de Tohil et des montagnes qui s'étendent de là jusqu'à Hacavitz, non loin desquelles roulent encaissées les eaux du Lacandon. J'ai suivi moi-même la plus âpre partie de ces régions en juillet 1860.

(2) Sorcier, *chalamicat*, écrit ailleurs *chalamacat*, est un mot qui paraît d'origine nahuatl; les auteurs

Car il se formait des brouillards (sur ces lieux élevés); il s'y engendrait une pluie obscure et il se formait de la boue; il s'y formait aussi une petite pluie froide, (et c'était là tout ce que) les populations voyaient devant elles (1).

Mais leurs cœurs se fatiguaient dans leurs recherches; en poursuivant (ces ennemis inconnus) dans les chemins, parce que grande était la nature de Tohil, d'Avilix et de Hacavitz : et ils s'éloignèrent par là au sommet de la montagne, au bord des tribus qu'ils décimaient.

De là commença ce rapt (qu'imaginèrent) les sorciers (2), lorsqu'ils enlevèrent les (gens des) villes par tous les chemins, pour les immoler à la face de Tohil, d'Avilix et de Hacavitz, et que (ceux-ci) sauvèrent leurs fils là-haut sur la montagne.

Or, Tohil, Avilix, Hacavitz avaient l'apparence de trois jeunes gens, (dans) leur démarche (et c'était par) un prodige spécial de la pierre : il y avait une rivière où ils se baignaient au bord de l'eau, seulement pour se manifester; (ce lieu) se nomma donc *Au Bain de Tohil*, et ce fut le nom de la rivière (3).

Et bien des fois les villes les voyaient; mais aussitôt ils s'évanouissaient à volonté, quand ils étaient aperçus par les villes. Alors la nouvelle se répandait soudainement que Balam-Quitzé, Balam-Agab, Mahucutah et Iqi-Balam étaient présents : et voilà qu'il se tint un conseil des tribus sur la manière de les faire mourir.

Et d'abord les tribus voulurent délibérer sur le (moyen de) faire tomber dans le piége Tohil, Avilix et Hacavitz. Tous les sacrificateurs dirent à la face des tribus : Tous se convoqueront et se lèveront; qu'il n'y ait ni un ni deux bataillons qui reste en arrière des autres.

le traduisent en espagnol par *brujo*, *encantador*. Etymologiquement, il pourrait venir de *chalania*, retourner, mêler, et *miqui*, mourir.

(3) Au bain de Tohil, *Chi r'Atinibal Tohil*, aujourd'hui *Ch'Atinibal Tohil*, fontaine et ruisseau, à cinq ou six lieues au sud-ouest de Cubulco, sur la route de cette bourgade à Xoyabah, au sommet des monts qui séparent ces deux localités.

Conohel x-e cuchu quib, x-e tako pu quib, ta x-qam qui naoh, x-e cha cut ta x-qui tzonobeh quib : Nakipa chi cu chah qui chakic ri Cavek Queche vinak, rumal mi-x-qiz k'al qahol ? Mavi calah u zachic vinak cumal.

Uve koh qizic chi elegaxic, ta ch'uxoc; uve are nim u gagal ri Tohil, Avilix, Hacavitz, are ta cut ka qabauil ri Tohil ch'uxic, ch'y canabih-tah ! Mavi ch'utzinic koh qui chako. Ma pa oh quïa vinak chi ka qoheic ? Are curi Cavek mavi harub chi qui qoheic, x-e cha-cut ta x-e ponic conohel.

X-e cha-chic chahcar chiquech ri amag ta x-e chauic : Apachina r'ilo que atin chu chi ya hutagih ? Uve are Tohil, Avilix, Hacavitz, are-ta que ka chak na nabe chiri, ta cut chi tiqar-vi qui chakatahic ri e ahqixb, ahqahb, x-e cha chicut chahcar chic ta x-e chauic.

Nakila cut chi ka chakbeh quech, x-e cha chicut ? — Are ta ka chakbal quech ch'uxic. Rumal ri e qaholab que vachinic, ta ca ilitah chi a, que be-ta cut e caib gapohib; are ta ri quitzih chi e chaom e-ta zaklogoh chi gapohib, chi be-ta cut qui raibal chire, x-e cha-cut.

Utzbala, xa-ba, que ka tzukuh e-ta caib chi utzilah tak gapohib, x-e cha-cut, ta x-qui tzukuh cut qui meal. Are ri quitzih e zakilah tak gapohib, ta x-qui pixabah cut ri gapohib :

---

(1) Le nom de *Cavek*, qui paraît ici pour la première fois, est celui de la maison royale qui régna sur l'empire des Quichés depuis sa fondation jusqu'à la conquête du pays par Alvarado.

Tous se réunirent et se levèrent, et, prenant conseil, ils dirent en se demandant les uns aux autres : Comment (faire pour) déjouer les piéges (que nous tendent) les Quichés de Cavek (1), parce que c'est la ruine de nos vassaux? On ne voit pas clairement (comment s'opère) cette destruction d'hommes par eux.

Si nous (devons) être détruits par la continuation de ce rapt, soit; mais si elle est si grande la puissance de Tohil, d'Avilix et de Hacavitz, eh bien donc ce Tohil sera notre dieu, et plût au ciel que vous pussiez le captiver (2) ! Ils n'ont pas fini de nous vaincre. Ne sommes-nous pas un peuple nombreux dans notre existence? Or ces Cavek ne sont qu'une poignée dans leur ensemble (3), ajoutèrent-ils tous lorsqu'ils s'assemblèrent.

Une partie des villes répondit aux autres, disant : Qui donc les avus se baigner chaque jour au bord de la rivière? Si ce sont Tohil, Avilix et Hacavitz, voilà que nous les prendrons d'abord au piége en cet endroit, et alors commencera la défaite de ces sacrificateurs, répondit également l'autre partie, en prenant la parole.

Mais avec quoi donc les prendrons-nous au piége? répétèrent-ils. — Ceci sera le piége où nous devons les prendre. Comme ce sont des jeunes qui apparaissent, lorsqu'on les peut voir dans l'eau, que deux vierges y aillent aussi; que ce soit véritablement d'entre les plus belles et les plus aimables jeunes filles, et que le désir de les (posséder) leur vienne, répliquèrent-ils.

C'est fort bien, allons donc, cherchons-en deux d'entre les plus gracieuses vierges, ajoutèrent-ils, en cherchant leurs filles. Ce furent véritablement les plus blanches d'entre toutes les vierges, les vierges qu'ils dépêchèrent alors.

(2) *Canabih* signifie captiver dans les deux sens, gagner et faire prisonnier.

(3) *Mavi harub chi qui qoheic*, ne sont pas (un) combien dans leur être.

Qu'yx bec, yx ka mial, oh-y chaha ri qul chi ya; uve cut ta que yv'il ri e oxib qaholab, ch'y zonoba ca yvib chi-qui-vach, uve cut chi rain qui qux chyve, qu'yx choco.

Koh opon-ta chyvih, ta que cha chyvech? — Uve, qu'yx cha-cut. — Ta qu'yx tzonox cut : Apa qu'yx pe-vi, apa ahchok mial? — Ta que cha : Oh qui mial ahauab. Qu'yx cha cu chique : Chi pe cu r'etal yvumal. Ta nakila chi qui ya chyve, tazec chi qui raih y vach, quitzih ch'y ya yvib chiquech. Uve cut ta mavi ch'y ya yvib, qu'yx ka camizah cut. Qate utz ka qux : ta qo r'etal, ch'y qam uloc; are cut r'etal chi ka qux ta que apon chyvih.

X-e cha curi ahauab, ta x-e pixabax ri gapohib e caib ; are qui va Xtah, u bi hun gapoh ; Xpuch chicut u bi hunchic. E pu caib, Xtah, Xpuch, qui bi, x-e tak ubic chi ya, chi r'atinibal Tohil, Avilix, Hacavitz. Are qui naoh ronohel amag ry.

Qatepuch x-e bec, x-e cauuxic quitzih vi chi hebelic chi vachinic; ta x-e bec chila, ch'atin-vi Tohil, qui cariloon curi qui chahon : ta x-e bec, que quicot chi curi ahauab cumal ri e caib qui mial x-qui tak ubic.

Ta x-e opon cut chi ya, qate x-qui tiqiba chahonic ; x-qui zonoba quib qui cabichal, e chacachaxinak chuvach tak abah, ta x-e culun curi Tohil, Avilix, Hacavitz. X-e

---

(1) *Xtah* se compose de la particule *x* ou *ix*, et de *tah*, chose douce, agréable ; *xtah*, pris autrement, est un adverbe qui signifie vite, promptement. *Xpuch* est composé de la même particule et de *puch*, qui, en quiché, est une conjonction ; il se pourrait que ce nom vint d'un mot de la langue nahuatl *ichpoch*, jeune fille, qui ne diffère guère de *xpuch* ou *ixpuch*. Le *Titre des Seigneurs de Totonicapan* admet une troisième jeune fille, qu'il

Partez, ô nos filles, allez-vous-en laver du linge à la rivière ; et si vous les voyez, ces trois jeunes gens, mettez-vous nues devant eux, et si leur cœur vous convoitise, appelez-les.

Et qu'ils vous disent : Irions-nous avec vous ? — Oui, répondrez-vous. — Et qu'on vous demande : D'où venez-vous, de qui êtes-vous filles ? — Alors qu'on leur dise : Nous sommes les filles des seigneurs ; et dites-leur : Vienne donc un gage de vous autres. Quand ils vous auront donné quelque chose, s'ils désirent vos visages, en vérité, donnez-vous à eux. Et si vous ne vous donnez point, nous vous tuerons. Après cela notre cœur sera content : quand le gage y sera, apportez-le par ici ; et ce sera le gage pour notre cœur qu'ils sont venus à vous.

Ainsi parlèrent les seigneurs, au moment où furent envoyées les deux jeunes filles ; ceux-ci sont leurs noms, Xtah, le nom d'une jeune fille, et Xpuch, le nom de l'autre (1). Or ce sont ces deux appelées Xtah et Xpuch qu'ils envoyèrent dehors à la rivière, au bain de Tohil, d'Avilix et de Hacavitz. C'était là la décision de toutes les villes.

Après cela elles s'en allèrent et s'arrangèrent véritablement (de manière à paraître) fort belles et brillantes ; et en cheminant du côté où se baignait Tohil, elles frétillaient sans pudeur (2) et plaisantaient de même : tandis qu'elles s'en allaient, les seigneurs se réjouissaient de leur côté à cause de leurs deux filles qu'ils envoyaient dehors.

Et alors elles arrivèrent à la rivière, après quoi elles commencèrent à laver ; elles se mirent nues toutes deux, en sautillant devant les rochers, lorsqu'apparurent Tohil,

appelle *Qibatzunah*; et, au lieu de Tohil, Avilix et Hacavitz, ce sont Balam-Quitzé, Balam-Agab et Mahucutah, qu'elles cherchent à séduire.

(2) Elles frétillaient sans pudeur, *cariloon*. Ce mot est curieux en ce qu'il rappelle l'origine de quelques mots de notre langue ; il se compose de *car*, poisson, et d'*ilo*, regarder ; tout ce qui exprime le dévergondage poissard, est généralement composé du même mot *car*, poisson.

opon chila chu chi ya, xacu zcaquin x-rokoibeh qui vach
ri e caib gapohib que chahonic; are curi gapohib xa huzu
x-e qixbic ta x-e opon ri Tohil.

Ma-cu-habi x-be qui raibal ri Tohil chirech ri e caib
gapohib, ta x-e tzonox cut : Apa qu'yx pe vi, x-e uchaxic
chirech ri e caib gapohib, x-e u chaxic : Nakipa qu'yv'ah
qu'yx ul varal chu chi vi ka a ?

X-e uchax-cut : Oh ba takon uloc cumal ahauab, ta x-
oh petic. Ch'y be yv'ila qui vach ri Tohil, qu'yx chau
cuq, x-e cha ahauab chike : quehecut chi pe-vi r'etal
quitzih uve ch'yv'il qui vach, x-oh oh u chaxic. X-e cha
curi e caib gapohib, ta x-qui zuquba qui takiquil.

Areta cu x-e ah ri amag, x-e hox-ta ri gapohib rumal
qui naual Tohil. X-e cha curi Tohil, Avilix, Hacavitz, ta
x-e chau chic chiquech ri Xtah, Xpuch, qui bi re e caib
gapohib :

Utz, chi bec r'etal ka tzih yvuq. Ch'yv'oyobeh na ch'y
ya aponoc chiquech ahauab, x-e uchax-cut. Qatepuch
qui naohinic chic ri ahqixb, ahqahb, x-e u chax ri Balam-
Quitze, Balam-Agab, Mahucutah, Iqi-Balam.

Qu'yx tziban-oc oxib qul, ch'y tzibah r'etal y qoheic,
ch'opon cuq amag chi be cuq re e caib gapohib que chahonic; ch'y ya ubic chique, x-e chax-cut Balam-Quitze,
Balam-Agab, Mahucutah.

Avilix et Hacavitz. Ils arrivèrent là au bord de la rivière, et ils furent quelque peu surpris à la vue de ces deux jeunes filles qui lavaient ; et voilà que ces jeunes filles aussitôt rougirent à l'arrivée de Tohil et des siens.

Mais il n'y eut pas (moyen) que le désir vînt à Tohil et aux siens de posséder ces deux jeunes filles, et alors elles furent questionnées : D'où venez-vous, leur fut-il dit aux deux jeunes filles, et on leur dit (encore) : Que voulez-vous donc, en venant ici au bord de notre eau.

Elles répondirent : C'est que nous sommes envoyées par les seigneurs, puisque nous venons ici. Allez voir leurs faces à ces Tohil, et parlez avec eux, nous ont dit les seigneurs : ainsi que nous ayons un gage (qui prouve) véritablement que vous aurez vu leurs faces, nous a-t-on dit. Ainsi parlèrent les deux jeunes filles, pour faire connaître leur message.

Or, c'était là ce que les villes voulaient, que les jeunes filles fussent déflorées par les génies de Tohil (1). Mais Tohil, Avilix et Hacavitz dirent alors, en leur parlant de nouveau à Xtah et à Xpuch, (car) c'étaient les noms de ces deux jeunes filles :

C'est bien, on vous donnera ce gage de notre entretien avec vous. Attendez un moment et vous irez le porter à ces seigneurs, leur fut-il répondu. Après quoi (eut lieu) leur consultation avec les sacrificateurs et il leur fut dit à Balam-Quitzé, à Balam-Agab, à Mahucutah et à Iqi-Balam :

Peignez trois manteaux, tracez-y le signe de votre être, afin qu'ils arrivent aux villes avec ces deux jeunes filles qui sont à laver ; allez, donnez-les-leur, fut-il dit à Balam-Quitzé, à Balam-Agab et à Mahucutah.

---

(1) *X-e hox-ta ri gapohib rumal qui naual Tohil*, littéralement, qu'elles forniquassent ces vierges par leurs génies de Tohil. Ainsi le *naual* c'est le représentant, le génie, le double du dieu.

Qatecut, x-e tzibanıc c'oxichal : nabe x-tziban ri Balam-Quitze balam, u vachibal x-uxic x-u tzibah chu vach qul. Arecuri chi Balam-Agab cot chi u vachibal x-u tzibah chuvach qul, ta x-tziban chi curi Mahucutah humah vonon, humah zital u vachibal u tzib x-u tzibah chu vach qul.

X-utzin cut qui tzib c'oxichal ox-buzah x-qui tzibah. Qatecut ta x-e be quia qul ri Xtah, Xpuch, qui bi, x-e cha curi Balam-Quitze, Balam-Agab, Mahucutah : Vae r'etal y tzih. Qu'yx oponic chi-qui-vach ahauab : Quitzih x-chau ri Tohil chikech, qu'yx cha, vae cu r'etal x-ka qam uloc, qu'yx cha chique ; chi qui cuuh cu ri qal ch'y ya chique.

X-e uchax cut ri gapohib ta x-qui pixabah ubic. Ta x-e be cut xcucaah u bi ri tziban qul, ta x-e opon cut ; huzu cu x-e quicot ri ahauab, ta x-il qui vach xequel u ga qui tzonoxic ri gapohib.

Ma-x-yv'il u vach ri Tohil, x-e u chaxic? — X-k'il bala, x-e cha curi Xtah, Xpuch. — Utzbala ! Nakipa r'etal x-y qam uloc, ma quitzih ? x-e chau ri ahauab, queheri bari r'etal qui makunic x-qui na ri ahauab.

Ta x-quiritah curi tziban qal cumal gapohib, humah balam, humah cot, humah naipuch vonon, zital, u tzibal u pam qal chi yulinic u vach : ta x-qui raih cut u vach cat x-qui coh chi quech.

Après cela, ils peignirent tous les trois : d'abord Balam-Quitzé peignit un tigre dont la figure se fit et il la peignit sur la surface de l'étoffe. Quant à Balam-Agab, ce fut un aigle dont il peignit la figure sur la surface de l'étoffe, tandis que Mahucutah peignait pour sa part des frelons et des abeilles de tous côtés, dont il dessina la figure et la peinture sur la surface de l'étoffe.

Ainsi s'acheva leur peinture des trois paquets d'étoffe qu'ils peignirent. Or, tandis qu'ils remettaient les divers manteaux aux nommées Xtah et Xpuch, Balam-Quitzé, Balam-Agab et Mahucutah leur dirent : Voici le gage de votre entretien (avec nous). Allez donc devant les seigneurs : En vérité, Tohil nous a parlé, direz-vous, et voici le gage que nous en apportons „ leur direz-vous ; qu'ils revêtent donc les manteaux que vous leur donnerez.

C'est donc là ce qui fut déclaré aux jeunes filles, tandis qu'ils les renvoyaient. Or, les étoffes peintes qu'on nommait *xcucaah*, étant ainsi acheminées arrivèrent donc (avec celles qui les portaient) ; et aussitôt les seigneurs furent remplis d'allégresse, en voyant l'image des jeunes filles, les mains chargées de (l'objet de) leur demande (1).

Avez-vous vu la face du Tohil, leur demanda-t-on ?— Nous l'avons vue certainement, répondirent Xtah et Xpuch.— Fort bien donc ! quel gage en apportez-vous, si c'est vrai ? dirent les seigneurs, ces seigneurs pensant bien que c'était comme un gage de leur péché (avec Tohil).

Alors donc les étoffes peintes furent déployées par les jeunes filles (offrant) partout des tigres, partout des aigles et partout également des frelons et des abeilles, dont l'image (apparaissait sur) la surface de l'étoffe, brillante à la vue : or (tous) ils désiraient s'en revêtir et ils commencèrent à se les mettre.

---

(1) *Ta x-il qui vach, xequel u ga qui tzonoxic ri gapohib*, lorsqu'on vit leurs faces, suspendant leurs mains leur demande les vierges.

Ma-cu-habi x-u ban ri balam u tzibal nabe oc chirih ahau : ta x-u coh chicut ahau ri u cab tziban qul, cot u tzibal : xa utz x-u na ahau chupan xavi ca zolouic chi qui vach. Ca zonon u quxic chi qui vach conohel, ta x-oc chicut r'ox tziban qul chirih ahau.

Areri vonon, zital u pam x-u coh cu chirih. Qatepuch ta x-tiyc u tiohil rumal vonon, zital. Mavi x-chihtahic, ma pu x-cuyutah qui tiobal chicop, ta x-u rakoh cu u chi ahau rumal chicop xa tzibam qui vachibal chupam qal, u tzib Mahucutah cu r'ox tzib.

Ta x-e chakatah vi. Qatepuch qui yahic gapohib ri rumal ahauab ri Xtah, Xpuch, qui bi. Nakipa chi qulal ri yv'u caam uloc, apa x-be y qama-vi, yx qaxtok? x-e u chax ri gapohib, ta x-e yahic, qui chakatahic chi curi ronohel amag rumal Tohil.

Areta x-c'ah x-be-ta quyibal vi Tohil chiquih Xtah, Xpuch, e ta hoxol-chec x-e uxic, chu qux amag takchibal ta que x-uxic. Macu x-banatahic qui chakatahic rumal e naual vinak, ri Balam-Quitze, Balam-Agab, Mahucutah.

Le tigre ne fit absolument aucun (mal, quand) sa peinture fut placée la première sur les épaules du seigneur : alors s'étant mis également le second manteau peint, dont l'aigle était la peinture : Cela est fort bien, pensait le seigneur en dedans (de lui-même), et ainsi il allait et venait aux yeux (des gens). Ayant mis à nu ses parties secrètes aux regards de tous, le seigneur se couvrit aussi du troisième manteau peint.

Et voilà qu'il se mit sur les épaules les frelons et les abeilles (peintes sur la surface) du tissu. Mais aussitôt après, son corps fut piqué par les frelons et les abeilles : il ne pouvait souffrir, ni supporter la piqûre de ces (petites) bêtes, et il vociférait à cause des insectes dont la figure seule était peinte sur l'étoffe, peinture de Mahucutah et qui était la troisième peinture.

(Princes et villes) étaient joués dès lors. Après cela, les jeunes filles, dont le nom était Xtah et Xpuch, furent interpellées durement par les seigneurs. Qu'est-ce donc que ces étoffes que vous apportez ici, où avez-vous donc été les prendre, méchantes? leur dit-on aux jeunes filles, quand on les insulta, à (la vue de) la défaite de toutes les villes par Tohil.

Or, ce qu'elles voulaient, c'est que Tohil allât derrière elles courtiser Xtah et Xpuch, que celles-ci se fissent courtisanes, et, dans la pensée des villes, qu'elles le fissent pour le tenter. Mais leur défaite (de Tohil et des siens) ne put avoir lieu à cause de ces hommes prodigieux, de Balam-Quitzé, de Balam-Agab et de Mahucutah (1).

(1) Les noms des princes, ou plutôt des villes, qui furent joués en cette occasion, sont *Rotzhaib, Qui-baha, Uxab, Bakaha* et *Quebatzunha*, suivant le *Titre des Seigneurs de Totonicapan*.

R'OXPAH CHI TZIH.

Ta x-e naohin chicut ronohel amag : Nakipa que ka chah? quitzih nim qui qoheic ta ch'uxoc, x-e cha-cut, ta x-qui cuch chic qui naoh. Xata que k'oquibeh, que ka camizah; chi ka vik kib chi chab, chi pocob. Mapa oh quï? Ma-habi hun, caib chic chi ca canah chike.

X-e cha-cut ta x-qam qui naoh. Xa x-u vik rib ronohel amag, tzatz chi camizanel, ta x-e molotahic ronohel amag e camizanel.

Arecut e qo ri Balam-Quitze, Balam-Agab, Mahucutah, Iqi-Balam are e qo chuvi huyub Hacavitz u bi huyub : e qo-vi x-colo cut qui qahol chiri chuvi huyub.

Mavi e ta quïa vinak : ma na quehe ta qui quïal ri u quïal amag; xa zcaquin u vi huyub qui catem, xacucha ta x-naohix qui camizaxic rumal amag ta x-qui cuch quib conohel, x-e poponic, x-e tako quib conohel.

Vae cute qui molouic quib conohel amag, e cavutal chic chi chab, chi pocob conohel : mavi ahilan chi puvak qui.

---

(1) Soldat, *camizanel*, littéralement tueur. La racine en est *cam*, mort ou mourir, qui fait *camic* dans le discours; *camizah*, faire mourir ou tuer; *camizanel*, tueur ou qui doit tuer; *camizai*, tuant ou pour tuer; *camizax*, être tué; *camizaxel*, celui qui doit être tué; *camizaval*, l'instrument

CHAPITRE TROISIÈME.

Alors toutes les tribus de nouveau se consultèrent : Comment donc les réduirons-nous? (dirent-elles). En vérité, bien grande est leur condition, telle qu'elle est maintenant, répétèrent-elles, lorsqu'elles réunirent de nouveau leurs conseils. Eh bien, nous les assaillirons, nous les tuerons; nous nous armerons d'arcs et de boucliers. Ne sommes-nous pas nombreux? Qu'il n'y en ait ni un ni deux d'entre nous qui reste (en arrière).

Dirent-elles encore une fois, en prenant conseil. Conséquemment toutes les tribus s'armèrent, (formant ainsi) un grand nombre de soldats (1), lorsque se furent amassées toutes les villes pour tuer.

Or, c'étaient bien eux, Balam-Quitzé, Balam-Agab, Mahucutah et Iqi-Balam, qui étaient au sommet du mont, Hacavitz (étant) le nom de la montagne : et ils étaient là pour sauver leurs enfants sur la montagne.

Cependant leurs hommes n'étaient pas nombreux : ce n'était pas une multitude comme la multitude des tribus; car il était étroit le sommet de la montagne qui leur servait (de forteresse), et pourtant on méditait alors leur destruction parmi les tribus qui s'assemblèrent toutes en ce moment, qui se convoquèrent et se levèrent toutes (ensemble).

Voilà donc que toutes les tribus s'amassèrent, toutes ornées (de leurs armures de guerre) avec leurs arcs et

avec lequel on tue, ou bien le lieu où l'on tue; *camizabeh*, tuer avec. Ex.: *Are ri abah x-in camizabeh vae tzi*, Voici la pierre avec laquelle j'ai tué (ou Voici la pierre j'ai tué avec) ce chien. *X-camizabex vae tzi*, avec laquelle fut tué ce chien, litt. fut tué avec.

cavubal hebehoh qui vachibal conohel ahauab, achihab, quitzih banoh qui tzih conohel.

Quitzih conohel, quitzih e galabil ch'uxic, are curi Tohil, are qabauil are pu chi ka gihila, xere ta chi ka canabih, x-e cha chi quibil quib.

Xavi cu ca r'etamah ri Tohil, ca qu'etamah naipu ri Balam-Quitze, Balam-Agab, Mahucutah, ca qui tao ta ca naohixic; rumal ma-habi qui varam qui yacalem, ta x-e cautah cut ronohel cha, ahlabal.

Qatecut x-e yacatahic ronohel ahlabal, ch'agab-tah x-c'oquibeh chi qui qux ta x-e bec. Macu x-e oponic; xa pa be x-e varah ri conohel ri ahlabal, qatepuch qui chakatahic chic cumal ri Balam-Quitze, Balam-Agab, Mahucutah.

Xacu-hun x-e varah vi pa be; ma-habi chic x-qui na chi quib, x-e qiz varic conohel; qatecu u tiqaric u michic qui mukuvach rumal, ruq qu'izmachi : ta x-quir curi puvak chi qui cul ruq qui yachvach, ruq puch qui chachal : are curi u cul qui chamiy xere x-qui qam ri puvak; qahizabal qui vach, xa pu michbal quech x-banic r'etal u nimal queche vinak.

Qatepuch x-e qaztahic, huzu x-qui chapala qui yachvach, ruq u cul qui chamiy; ma-habi chi puvak chi cul ruq qui yachvach.

(1) *Cha*, obsidienne, flèche ou lance, et, par extension, capitaine des lanciers.

(2) Les fumigations enivrantes que ces populations produisaient avec une extrême habileté auraient seules

leurs boucliers : on ne pouvait énumérer le métal précieux de leurs armures, et admirable était l'apparence de tous les seigneurs et capitaines, tous en état véritablement de tenir leur parole.

En vérité, tous, en vérité, seront détruits, et ce Tohil, ce dieu, c'est lui que nous adorerons, si seulement nous le faisons prisonnier, se dirent-ils les uns aux autres.

Mais bien savait Tohil (ce qui se passait) et le savaient également Balam-Quitzé, Balam-Agab, et Mahucutah ; ils entendaient en même temps ce qui était agité au conseil (de leurs ennemis) ; parce qu'ils n'avaient plus ni sommeil ni repos depuis qu'avaient commencé à s'armer tous les chefs et guerriers (1).

Après cela, tous les guerriers se levèrent et se mirent en chemin, dans la pensée d'entrer de force durant la nuit. Mais ils n'arrivèrent point ; car tous ces guerriers passèrent la nuit en route, après quoi eut lieu de nouveau leur défaite par Balam-Quitzé, Balam-Agab et Mahucutah.

Tous ensemble donc ils firent halte (pour passer la nuit) dans la route ; et sans qu'ils s'en aperçussent, tous finirent par s'endormir ; après quoi on commença à leur raser les sourcils avec leurs barbes (2) : on leur enleva le riche métal de leur col, avec leurs couronnes et leurs autres ornements : mais ce ne fut que la poignée de leurs masses qu'ils prirent (en fait) de métal précieux ; on le fit pour humilier leurs faces et pour les prendre au piége, en signe de la grandeur de la nation quichée.

Ensuite s'étant éveillés, ils cherchèrent aussitôt à prendre leurs couronnes, avec la poignée de leurs masses ; mais il n'y avait plus d'argent ou d'or à la poignée, ni à leurs couronnes.

---

pu les aider à cette opération extraordinaire, si elle était exacte. Le *Titre de Totonicapan* dit qu'au lieu de leur raser leurs moustaches, ils leur coupèrent le petit doigt d'un des pieds et d'une main.

Nakipa mi-x-oh qamouic? Aon-chinak mi-x-oh mich-ouic? apu mi-x-pe-vi, mi-x-elegan ka puvak, x-e cha-cut conohel ahlabal? Are-laibarilo e qaxtok que elegan vinak? Macu ch'utzinic chi-ka xibih-ta kib chique? Qui vi chi k'oquibeh qui tinamit, xavixere chi k'il u vach ri ka puvak; chi ka ban quech, x-e cha-cut conohel amag; xavixere banoh tzih conohel.

Xavi cu cubul qui qux ri ahqixb ahqahb e qo chuvi huyub: xavixere nima naoh ca qui bano ri Balam-Quitze, Balam-Agab, Mahucutah, Iqi-Balam, x-qui ban qaxtun chu chi qui tinamit, xa tzalam xa chut x-chi quehbeh rih qui tinamit.

Qate x-qui ban ri poy queheri vinak, x-uxic cumal: qate x-qui chol chiri chuvi qoxtun; xavixere qo qui po-cob, qo pu qui chab, x-e cauxic; x-oc ri yachvach puvak pa qui vi; x-oc pu cu xa poy, xa pu ahamche x-cohou ri puvak rech amag ri x-be qui qama pa be, are x-u cavubeh poy cumal.

X-e cotzomibic chi rih tinamit, qatepuch ta x-qui tzonoh chi qui naoh chirech Tohil: Ve koh camic, ve puch koh chakatahic?—X-e chax-oc qui qux chuvach ri Tohil: M'yx bizonic. In qolic. Arecut ch'y coh va chiquech. M'y xibih yvib, x-e u chax ri Balam-Quitze, Balam-Agab, Mahucutah, Iqi-Balam.

Qui donc nous a dépouillés? Qui donc nous a ainsi rasés? D'où donc est-on venu voler notre or et notre argent? répétèrent tous les guerriers. Seraient-ce peut-être ces démons qui dérobent les hommes? N'aura-t-on pas bientôt fini de nous épouvanter avec eux? Assaillons les sommets de leur ville, et ainsi nous reverrons l'image de notre métal précieux ; c'est là ce que nous avons à leur faire, répétèrent toutes les tribus ; et ils étaient certainement capables tous de tenir leur parole.

Or le calme était aussi (revenu) aux cœurs des sacrificateurs qui habitaient sur la montagne : ainsi donc, Balam-Quitzé, Balam-Agab, Mahucutah et Iqi-Balam ayant tenu un grand conseil, firent des fortifications au bord de leur ville, environnant les contours de leur ville de palissades et de troncs d'arbres.

Ensuite de quoi, ils firent des mannequins, semblables à des hommes, et cela se fit par eux : puis ils les rangèrent là sur les fortifications ; on leur mit également des arcs et des boucliers, dont on les revêtit ; on leur plaça des couronnes d'or et d'argent sur la tête ; on leur mit donc cela à ces mannequins, à ces hommes de bois, et on les orna des métaux précieux des villes, qu'on avait été ravir sur la route, et dont les mannequins furent ornés par eux.

Ils retranchèrent les approches de la ville, après quoi ils demandèrent conseil à Tohil : Si nous serons mis à mort et si nous serons vaincus? — Leurs cœurs reçurent la réponse à la face de Tohil : Ne vous affligez point. Je suis là. Et voici ce que vous leur mettrez à ceux-là. Ne vous épouvantez point, leur fut-il dit à Balam-Quitzé, à Balam-Agab, à Mahucutah et à Iqi-Balam.

CAHPAH CHI TZIH.

Ta x-ya uloc ri vonon, zital, arecut x-be qui qama cu caam ; ta x-e petic, qate x-qui yao chupam cahib nimak cokob cahib, x-qohe-vi chirih tinamit ; x-qui tzapih-vi ri vonon, zital chupam cokob, are culelabal rech amag cumal.

X-e nicvachix cut, x-e mukcheex puch, x-nicox qui tinamit rumal u zamahel amag : Mavi e harub x-e cha-cut. Xere cut x-ul qu'ila ri poy, ahamche, que zilaheic, qucalaon qui chab, qui pocob : quitzih vinak que vachinic ; quitzih chi e camizanel que vachinic, ta x-qu'il amag, que quicot cut ronohel amag, mavi hanic x-qu'ilo.

Tzatz ri amag ch'u qoheic : mavi ahilan chi vinak e ahlabal e pu camizanel e camizai rech ri Balam-Quitze, Balam-Agab, Mahucutah are qo chuvi huyub Hacavitz u bi e qo-vi. Arecut qo qui bexic va x-chi ka byih chic.

Arecut e qo chiri Balam-Quitze, Balam-Agab, Mahucutah, Iqi-Balam, xahun e qo-vi chuvi huyub ruq qu'ixokil, c'alcual, ta x-e pe cut ronohel ahlabal e camizanel ; mavi xa ca chuy, ox-chuy chi amag.

(1) C'est-à-dire qu'ils étaient en bien plus grand nombre. Le mot *chuy* employé ici est un signe conventionnel, représentant une bourse qui pouvait contenir *huit mille* grains de cacao, en nahuatl *xiquipilli*. Un

CHAPITRE QUATRIÈME.

Alors on apporta des frelons et des guêpes qu'on alla chercher, ainsi que des lianes ; et après qu'ils furent venus (apportant ces insectes), ils les mirent au dedans de quatre grandes calebasses, qu'ils placèrent autour de la ville ; ils renfermèrent les frelons et les guêpes au dedans des calebasses, et c'était là ce qui allait servir à battre les nations pour eux.

Or leur ville fut espionnée, guettée et examinée par les envoyés des nations : Ils ne sont pas nombreux, répétaient-ils. Mais ils n'arrivèrent à voir que les mannequins et les hommes de bois qui se remuaient, portant leurs arcs et leurs boucliers. Véritablement ils paraissaient des hommes : véritablement ils ressemblaient à des guerriers, quand les tribus les regardaient ; et toutes les tribus se réjouissaient, (à cause) du petit nombre qu'elles voyaient.

Grandes étaient les tribus dans leur existence : on ne pouvait compter les hommes, guerriers et soldats, préparés à tuer ceux de Balam-Quitzé, de Balam-Agab, de Mahucutah, qui étaient là sur le mont Haçavitz, nom du lieu où ils étaient. Or voici leur arrivée que nous allons raconter.

Or ils étaient là Balam-Quitzé, Balam-Agab, Mahucutah et Iqi-Balam, ensemble ils étaient sur la montagne avec leurs femmes et leurs enfants, lorsqu'arrivèrent tous les guerriers et les soldats, et ils n'étaient pas seulement seize ou vingt-quatre mille entre les tribus (1).

chuy de guerriers était huit mille hommes ; *ca-chuy*, deux fois huit mille ; *ox-chuy*, trois fois huit mille, etc.

X-cotcomih chirih tinamit que ominic e vikitalic chi chab, chi pocob, chi qui gozih qui chi, que lulutic, que chaninic chi ominic qui yuyub, qui xulcab ta x-e oc chu xe tinamit.

Ma-cu-habi ca qui xibih quib ri ahqixb, ahqahb; xa que cay uloc chu chi qoxtum e cholon uloc ruq qu'ixokil, c'alcual; xa cul qui qux banoh, cu zuy tzih ri amag, ta x-e akan cut chu vach huyub.

Xa cu zcaquin chic mavi que tzakonic chu chi tinamit, qate puch ta x-hak u vi ri cokob cahib, qo-vi chi tinamit, ta x-e el curi vonon, zital; queheri zib ta x-el chupam ri huhun chi cokob.

C'utzin curi ahlabal rumal chicop, taqatoh chu bak chuvi vach, taqatoh puch chi qui tzam, chi qui chi, chi c'akan, chi qui gab : A qo-vi x-chi be qui chapa, aon qo-vi x-chi be qui maha ronohel qo-vi vonon, zital?

Taqatoh ch'u tioma u bak u vach ; x-chi quilih chuhu-chu hetak chicop chirih ri huhun chi vinak : x-e gabaric rumal vonon, zital, mavi x-chapatah chic qui chab, qui pocob, que von coyeheic chuvach tak uleu.

Que lahahic, x-e kabic chu vach huyub ; arecut mavi ca qui na chic, ta x-e cak chi chab, x-e choy chi icah ; xa bolah che x-qui coh chic Balam-Quitze, Balam-Agab; x-oc qu'ixokil e camizanel. Xavi cu x-e tzalih ri chahcar chic, xa x-el chic chi c'akan ronohel amag.

Ils environnèrent les remparts de la ville, en poussant de grands cris, armés d'arcs et de boucliers, se frappant la bouche, vociférant, jetant, poussant des clameurs et des sifflements, lorsqu'ils arrivèrent au pied de la ville.

Mais il n'y avait pas là de quoi épouvanter les sacrificateurs ; seulement ils regardaient du bord de la muraille où ils étaient rangés avec leurs femmes et leurs enfants ; seulement leur pensée allait au-devant des actes et des paroles aveugles des tribus, tandis qu'elles gravissaient le devant de la montagne.

Et il s'en fallait bien peu qu'elles ne se lançassent à l'entrée de la ville, quand un moment après on enleva le couvercle des quatre calebasses, placées au bord de la ville, et que frelons et guêpes en jaillirent ; comme de la fumée elles jaillirent du creux de chacune des calebasses.

Ainsi finirent les guerriers par les insectes, qui s'attachaient aux yeux et aux sourcils, qui s'attachaient à leurs narines, à leur bouche, à leurs jambes, à leurs bras : Où est-ce donc (disaient-ils) qu'ils ont été prendre, où est-ce donc qu'ils sont allé ramasser tout ce qu'il y a (ici) de frelons et de guêpes ?

Attachés ainsi, ils leur mordaient le globe de l'œil ; amoncelés sans nombre ces insectes bouillonnaient contre chacun de ces hommes : enivrés qu'ils étaient par les frelons et les guêpes, ils ne pouvaient plus tenir leurs arcs, ni leurs boucliers, et sans force déjà les laissaient tomber de toutes parts sur le sol.

Ils s'étendaient en tombant devant la montagne ; et ils ne sentaient même pas qu'on les tirait à (coups de) flèches, et qu'on les maltraitait à (coups de) haches ; et (ce furent) simplement des branches de bois sec que prirent Balam-Quitzé et Balam-Agab ; leurs femmes (même) se mirent à tuer. Et seulement la moitié s'en retourna, toutes les tribus s'enfuyant à toutes jambes.

Are x-qui riq qui nabe, x-e utzinic, x-e camizaxic, mana xa zcaquin chi vinak x-camic : mavi are x-cam-vi ri x-qui tzaih chi qui qux, xa cu chicop x-oc chique. Mana cula achihilal tah x-qui bano, mavi chab, mavi poçob tah, x-e cam-vi. Ta x-e yogotahic ronohel amag.

Xa-cu x-e elah chic ri amag chi qui vach ri Balam-Quitze, Balam-Agab, Mahucutah : Togob ka vach, ma-ta koh camic, x-e cha ! — Utzbala ! xa x-yx vi camel ; ch'u-xic yx ahpatan chi-be-gih, chi-be-zak, x-e u chaxic.

Quehecut u chakatahic ronohel amag ri cumal ka nabe chuch, cahau, chiri x-ban-vi chuvi huyub Hacavitz, u bi-naam vacamic. Are nabe x-e tiqe-vi, chiri x-e pog vi, x-e quiritah-vi, x-e mialanic, x-e qaholanic chuvi Hacavitz.

Que quicot chic ta x-qui chako ronohel amag chiri cha-katahinak vi chuvi huyub. Quehecut x-qui ban ri x-qui chak na amag, ronohel amag.

Qatecut x-cube qui qux. X-e tzihon chire qui qahol, x-nakah-oc que cam-oc, ta qui x-e rah camizaxic. Are chic vi x-chi ka byih chic qui camic Balam-Quitze, Balam-Agab, Mahucutah, Iqi-Balam, qui bi.

Mais ceux qu'ils attrapèrent les premiers, furent achevés et mis à mort, et il n'y en eut pas peu qui périrent : il n'en mourut pas tant de cette façon, cependant, qu'ils avaient la pensée de poursuivre, puisque les insectes se mirent contre eux (de la partie). Ils n'employèrent pas non plus toute la force qu'ils auraient pu, et sans qu'(il fallût) ni flèches ni boucliers, il en mourut (un grand nombre). Alors passèrent sous le joug toutes les tribus.

Les tribus s'humilièrent donc à la face de Balam-Quitzé, de Balam-Agab et de Mahucutah. Malheureux que nous sommes, ne nous faites pas mourir ! dirent-elles. — C'est fort bien ! encore que vous soyez dignes de mort ; mais vous serez rendus tributaires tant que le soleil marchera et que la lumière suivra son cours ; leur fut-il répondu.

Telle fut donc la défaite de toutes ces nations par nos premières mères et pères, (défaite) qui s'accomplit là sur le mont Hacavitz, (et c'est) son nom aujourd'hui. C'est là d'abord qu'ils se fondèrent, là ils crûrent, ils se multiplièrent, ils engendrèrent des filles, ils mirent au monde des fils, au sommet du Hacavitz.

Ils étaient dans l'allégresse, ayant vaincu toutes les nations qui avaient été écrasées sur la montagne. C'est ainsi qu'ils firent et qu'ils humilièrent actuellement les tribus, toutes les tribus.

Après cela donc leurs cœurs se reposèrent. Ils dirent à leurs fils que (le temps) était proche qu'ils devaient mourir, lorsque (les tribus) avaient voulu les tuer. Et voici que nous raconterons aussi comment moururent Balam-Quitzé, Balam-Agab, Mahucutah et Iqi-Balam, (car tels étaient) leurs noms.

ROPAH CHI TZIH.

X-qui na cut qui camic qui zachic ta x-e pixabic chirech qui qahol. Mana eta yab ; ma-pu que hilouic, que poloutah, ta x-canah qui tzih chire qui qahol.

Are qui bi qui qahol va : e caib x-u qaholah Balam-Quitze, Qocaib, u bi nabeal, Qocavib chic u bi u cabal u qahol Balam-Quitze, u mam u cahau Cavikib.

E chi vi cu caib chic x-u qaholah Balam-Agab ; are qui bi va : Qoacul, u bi u nabe u qahol, Qoacutec ch'u chax chic u cab u qahol Balam-Agab, rech Nihaibab.

Xa-cu hun x-u qaholah Mahucutah, Qoahau u bi. E oxib x-e qaholanic ; ma-habi u qahol ri Iqi-Balam. Quitzih ahqixb, ahqahb arecut qui bi qui qahol ri.

Are x-qui pixabah canoc. Xahun e qo-vi qui cahichal ; x-e bixanic chi gatat qui qux, ch'og pu qui qux chupan qui bix *Qamacu*, u bi qui bix x-qui bixah ta x-e pixab cut chire qui qahol.

Yx, ka qahol, koh bec, koh tzalih puch : zakil tzih,

(1) Complétant cette donnée, le *Titre de Totonicapan* dit que *Balam-Quitzé*, c'est-à-dire le chef sacrificateur, qui, le premier de cette race, entra dans ce pays, engendra *Qotzaha* et *Qoraxon-Amag* ; *Qotzaha* engendra *Tziquin* ; celui-ci engendra *Ahcan*, et enfin *Ahcan* engendra *Qocaib* et *Qocavib*, dont il est question ici.

(2) *Qocavib*, aïeul et père de Cavek : pour un motif qui n'est pas clair, l'aîné Qocaib n'est pas compté parmi les rois qui ne commencent à se décorer des attributs de la puissance qu'à dater de Balam-Conaché, fils de Qocavib, né du commerce incestueux de Qocavib et de la femme de Qocaib.

(3) La seconde famille royale du

CHAPITRE CINQUIÈME.

Et comme ils prévoyaient leur mort et leur fin (prochaine), ils le firent savoir à leurs fils. Ils n'avaient, toutefois, aucun signe de maladie ; ils n'éprouvaient ni souffrance ni agonie, lorsqu'ils laissèrent leur (dernière) parole à leurs fils.

Ce sont les noms de leurs fils que voici : ces deux (sont ceux) qu'engendra Balam-Quitzé, Qocaib, qui (est) le nom du premier (1), et Qocavib, le nom du second fils de Balam-Quitzé, l'aïeul et le père des Cavek (2).

Et ceux-ci sont aussi les deux fils qu'engendra Balam-Agab ; voici leurs noms : Qoacul (fut) le nom de son premier fils, Qoacutec fut appelé le second fils de Balam-Agab (pères) de ceux de Nihaïb (3).

Mais Mahucutah n'engendra qu'un fils, Qoahau fut son nom (4). Et ces trois eurent des fils ; mais il n'y eut point d'enfants d'Iqi-Balam. C'étaient véritablement les sacrificateurs et voilà les noms de leurs enfants.

C'est alors qu'ils leur donnèrent leurs (dernières) recommandations. Ensemble ils étaient tous quatre ; ils chantèrent dans l'angoisse de leurs cœurs, et leurs cœurs gémirent, tout en répétant le *Qamacu* (5), le nom de leur chant qu'ils chantèrent, tandis qu'ils prenaient congé de leurs fils.

O mes enfants, nous partons (dirent-ils), et nous nous en

Quiché, celle de *Nihaïb*, dont le chef, d'origine toltèque, mentionné sous le nom nahuatl d'*Itzcuin* (chien), contribua puissamment avec ceux de Cavek à la conquête de ces contrées, et changea alors son nom en celui de *Hun-izi*, un chien, dans la langue quichée ; il n'y aurait rien d'impossible à ce qu'il fût le même personnage nommé ici Qoacul (*Titulo de los Señores de Quezaltenango*, MS.).

(4) Il existe encore des ruines considérables, connues sous le nom d'*Ahau-Quiché*, sur une montagne située presque à égale distance des monts *Tohil, Mamah* et *Avilix*, et à 6 lieues environ au sud-est de *Zakabaha*.

(5) Ce mot est écrit plus haut *Kamucu*, nous voyons ; il a un sens, tandis qu'ici il n'en a point.

zakil pixab ka pixab chyve. Mi cu x-yx ul ca ka naht chi huyubal, yx k'ixokil! x-e cha chire qu'ixokil, chi qui huhunal x-e pixabic.

Koh be chi k'amag, cholan chic c'Ahaual Queh, leman chi cah. Xa tzalihem x-chi ka bano; mi-x-banatahic ka patan, mi-x-tzakat ka gih. Koh y na cut; m'oh y zacho, m'oh y mezcut'ah puch. Ch'yv'il na yv'ochoch y huyubal puch; qu'yx tiqe-vi; ta ch'ux-oc! Qu'yx be cut ch'y be, yv'ila chic x-oh pe-vi.

X-cha cu qui tzih, ta x-e pixabic. Ta x-canah cut r'etal u qoheic ri Balam-Quitze : Are y ta nabal vech, va x-ch'in canah yvuq. Are y gagal vae; mi-x-nu pixabah, x-nu bizoh, x-cha-cut.

Ta x-u canah ri r'etal u qoheic Pizom Gagal, ch'u chaxic, mavi calah u vach; xavi qui pizlic; xma quironvi, mavi calah tzizbal re, rumal mahi x-ilouic ta x-pizic. Quehecut qui pixabic ri, ta x-e zach cut chiri chuvi huyub Hacavitz.

Mana x-e muktah rumal qu'ixokil, c'alcual, mavi calah qui zachic ta x-e zachic : xere calah ri qui pixabic, log curi Pizom chiquech x-uxic. Are nababal rech qui cahau, xa huzu x-e qaton chuvach qui nababal rech qui cahau.

retournons : glorieuses sont les paroles, glorieuses les recommandations que nous vous laissons. Vous êtes venues aussi de notre lointaine patrie, ô nos femmes ! dirent-ils à leurs épouses, et de chacune d'elles en particulier ils prirent congé.

Nous retournons à notre peuple ; déjà le Roi des Cerfs est en ordre (1), il s'étend au ciel. Voilà que nous allons faire notre retour ; notre besogne est faite et nos jours sont complétés. Souvenez-vous donc de nous; ne nous effacez pas (de votre mémoire) et ne nous oubliez point. Vous verrez encore vos maisons et vos montagnes ; multipliez-vous ; ainsi-soit-il ! Allez encore dans votre chemin et revoyez (les lieux) d'où nous sommes venus.

Et ainsi dit leur parole, tandis qu'ils prenaient congé (de leurs fils). Alors aussi Balam-Quitzé laissa le signe de son être : Ceci est maintenant (ce qui doit vous faire) souvenir de moi, et voilà que je vais le laisser avec vous. C'est là (ce qui fera) votre puissance ; j'ai pris congé (de vous) et j'ai été rempli de tristesse, ajouta-t-il.

Alors il laissa le signe de son être, la Majesté Enveloppée, ainsi qu'on l'appelait, dont la figure n'était pas visible ; car ils ne la déplièrent point et l'on n'en connaissait pas la couture, parce qu'on ne la vit pas lorsqu'on la roula. C'est ainsi qu'ils prirent congé (de leurs fils) et alors ils disparurent de dessus le mont Hacavitz.

Ils ne furent pas ensevelis par leurs épouses et leurs fils, leur disparition n'ayant pas été visible, lorsqu'ils disparurent : il n'y eut de visible que leurs adieux, et ainsi leur Enveloppe devint chère à leurs (fils). C'était là le souvenir de leur pères, et sur-le-champ ils brûlèrent (de l'encens) devant ce souvenir que leur (avaient laissé) leurs pères.

(1) Ce *Roi des cerfs* ferait-il allusion à ce paradis des nations chasseresses du nord de l'Amérique ? Il n'en est pas question ailleurs.

Are ta x-vinakir-vi vinak cumal ahauab, ta x-e qam chi rih Balam-Quitze, tiqarinak vi u mam u cahau Cavikib ; x-mac-vi cut x-qui zach-vi ri u qahol ri Qocaib, Qocavib, qui bi.

Quehecut qui camic ri qui cahichal, e nabe ka mam, ka cahau, ta x-e zachic, ta x-canah chic qui qahol chiri chuvi huyub Hacavitz, x-e yaluh chi vi qui qahol chiri.

Kahinak chic, yogotahinak chi puch qui gih, conohel amag ma-habi chic qui gagal ; xaki e qo chic xavi cu caam quib conohel hutagih.

Chi qui nabah qui cahau, nim u gih ri pizom chique : mavi chi qui quiro, xavi pizlic chiri cuq. Pizom Gagal ch'u chaxic cumal, ta x-cobic, x-binaah puch qui Quun x-ya canoc rumal qui cahau, xa r'etal qui qoheic ta x-qui bano.

Quehecu qui zachic qui maixic Balam-Quitze, Balam-Agab, Mahucutah, Iqi-Balam, e nabe vinak x-e pe chila chaka palo chi r'elebal gih ; oher-oc que ul varal, ta x-e camic e rih chic e ahqixb, ahqahb qui binaam.

Et voilà que les hommes multiplièrent à cause des princes, lorsque ceux-ci reçurent (la puissance des reins de Balam-Quitzé, qui avait commencé (comme) l'aïeul et le père de ceux de Cavek; mais ses fils, nommés Qocaib et Qocavib, ne disparurent en aucune manière.

Ainsi donc moururent les quatre (sacrificateurs qui furent) nos premiers aïeux et nos pères, lorsqu'ils disparurent, et qu'ils laissèrent aussi leurs fils sur le mont Hacavitz, là où leurs fils demeurèrent.

Ayant été abaissées et humiliées dans leur grandeur, toutes les tribus n'avaient plus de puissance; mais elles étaient toutes (réduites) à servir chaque jour.

(Les princes) se souvenaient de leurs pères, et grande était la gloire de cette enveloppe pour eux : ils ne la déplièrent point, mais (elle resta) là roulée avec eux. La Majesté Enveloppée, elle fut appelée par eux, quand on désigna et qu'on nomma ce Mystère qui leur était venu par leurs pères, et que, seulement en signe de leur nature, ils avaient fait alors.

Telle fut la fin et la disparition de Balam-Quitzé, de Balam-Agab, de Mahucutah et d'Iqi-Balam, de ces premiers hommes qui vinrent de l'autre côté de la mer où le soleil se lève; il y avait longtemps qu'ils étaient venus ici, quand ils moururent, et déjà bien vieux (ils étaient ces hommes vénérés) intitulés les sacrificateurs.

VAKPAH CHI TZIH.

Qatepuch ta x-qui quxlaah qui byic chila r'elebal gih : are qui quxlaan ri u pixab qui cahau mavi x-qui zacho. X-oher-oc que cam-oc qui cahau, x-ya qu'ixokil amag x-qui hiah ta x-e chogo ixok e oxib.

X-e cha-cut ta x-e bec : Koh be chila r'elebal gih, chila x-e pe-vi ka cahau, x-e cha ta x-qui qam qui be ; e oxib chi qaholaxel. Qocaib, u bi hun u qahol Balam-Quitze, rech ronohel Coaviquib ; Qoacutec, u bi u qahol Balam-Agab, xa rech Nihaibab ; Qoahau u bi hunchic u qahol Mahucutah, rech Ahau-Quiche.

Are cu qui bi ri x-e be chila chaka palo ; e oxib ta x-e bec ; xavi qo qui naoh qo pu qu'etamabal : mana xaet vinak qui qoheic. X-qui pixabah canoc ronohel c'atz qui chag, que quicotic x-e bec : Mavi koh camic ; koh ulic, x-e cha, ta x-e bec e oxib.

Xavixere x-e iqouic chuvi palo, ta x-e opon cut chila r'elebal gih, ta x-be qui qama ri ahauarem. Are cu u

---

(1) Fils héritiers, *qaholaxel* : ce mot vient de *qahol*, fils, qui fait le verbe *qaholah*, procréer des fils, *qaholax*, être procréé. *Qaholaxel*, littéralement celui qui a été procréé ; mais, dans les langues quichée et cakchiquèle, ce participe, passif dans sa forme, est pris fort souvent dans un sens d'activité, de génération continue, et c'est pour cela que les missionnaires l'adoptèrent pour désigner la filiation éternelle de Jésus-Christ, et dirent *Dios qaholaxel* ; de Dieu le Père, *Dios cahauixel*, et du Saint-Esprit, *Dios Uxlabixel*, exprimant par là une paternité, une filiation et

CHAPITRE SIXIÈME.

Après cela donc ils pensèrent à s'en aller en Orient : ceci ils le pensaient (conformément à) la recommandation de leurs pères, et ils ne l'oublièrent point. Il y avait longtemps que leurs pères étaient morts, quand on leur donna des épouses de la tribu et qu'ils eurent des beaux-pères, en prenant des femmes tous les trois.

Et ils dirent quand ils s'en furent : Allons à l'orient d'où vinrent nos pères, dirent-ils en prenant leur chemin ; ces trois étaient les fils héritiers (1), Qocaib, nom du premier, fils de Balam-Quitzé, le (chef) de tous les Cavek (2); Qoacutec, nom du fils de Balam-Agab, qui est celui de Nihaïb ; Qoahau (3), nom de l'autre, fils de Mahucutah, qui est celui d'Ahau-Quiché.

Voilà donc les noms de ceux qui s'en allèrent par là de l'autre côté de la mer : les trois alors se mirent en chemin ; certainement c'était leur dessein et c'était leur sagesse (qui les faisait agir ; car) ce n'est pas en vain (qu'il y a) des hommes de leur nature. Ils prirent congé de tous leurs frères et de leurs parents ; remplis d'allégresse, ils partirent : Nous ne mourrons point ; nous reviendrons, dirent-ils, en se mettant en route (tous) les trois.

Sans aucun doute, ils passèrent sur la mer, lorsqu'ils arrivèrent dans l'Orient (4), pour recevoir la royauté. Or voici

une *espiritation* éternellement active.
(2) On trouve écrit ici *Coaviquib;* ailleurs, *Cavikib, Cavek* et *Quebek*.
(3) *Qocaib* signifie ils sont deux. *Qocavek*, composé de *cau*, chose ornée ou décorée, *ek*, plante fort belle qui sert dans les décorations champêtres. Dans *Qo-Acul* et dans *Qo-Acu-tec*, on trouve les noms de deux familles ou tribus, fixées dans le pays quiché, en des lieux qui s'appellent encore ainsi. *Qo-Ahau* veut dire Où est le Roi.
(4) L'orient dont il s'agit ici parait être le Honduras et la mer le golfe de ce nom, qu'ils passèrent peut-être un peu au-dessus de Livingston.

bi ahau va, Rahaual Ahrelebal-gih x-e opon-vi.

Ta x-e opon cut chuvach ahau Nacxit, u bi nima ahau, xa hu gatol-tzih, tzatz r'ahauarem, are cut x-ya-u uloc r'etal ahauarem, ronohel u vachinel : ta x-petic r'etal ahpopol, ahpop-camhail, ta x-pe cut r'etal u gagal r'ahauarem puch Ahpop, Ahpop-Camha x-qiz u ya uloc Nacxit u vachinel r'ahauarem,

Are tak u bi va : muh, galibah, zubak, chamcham, tatil-ganabah, tzikvil, cohtzikvil, Balam-holom, pich, queh, macutax, tot, tatam, cuz, buz, caxcon, chiyom, aztapulul, ronohel cu que caam ri x-e petic ta x-qui qam ula ri chaka palo, u tzibal Tulan, u tzibal, x-e cha chire qui oquinak chupan qui tzih.

Qatepuch ta x-e ulic chiri chuvi qui tinamit, Hacavitz u bi, chiri cut x-e cuch-vi ronohel Tamub, Ilocab, x-e cuchu quib ronohel amag x-e quicotic ta x-e ulic Qocaib, Qoacutec, Qoahau, xavi chiri chic x-qui qam-vi c'ahauarem amag.

(1) Tout est calculé ici dans les expressions pour donner une haute idée de ce roi. *Rahaual*, monarque, *Ah-r'elebal gih*, de ceux où se lève le soleil.
(2) *Nacxit*, pierre précieuse, dans son acception ordinaire, en langue pokomame. C'est le même que *Topiltzin Acxitl Quetzalcohuatl*. Son royaume s'étendait au loin, connu sous le titre d'*Empire d'Orient*, et, dans la langue nahuatl, sous celui de *Huey-Tlato*, du Grand-Seigneur. Voir le Commentaire, § dernier.
(3) Voir à la fin l'explication de tous ces titres.
(4) *Muh*, l'ombre, c'est-à-dire les baldaquins ou pavillons travaillés d'or et de plumes précieuses. Selon le *Titre des Seigneurs de Totonicapan*, ils étaient au nombre de quatre, érigés l'un au-dessus de l'autre et ornés d'un arc pour *Ahau-Ahpop* ou roi suprême; de trois pavillons pour l'*ahpop-Camha*, roi en second, et de deux pour le *Nim-Chocoh-Cavek*.
(5) *Galibah* ou *galibal*, le trône ou siége à dossier ; *zubak*, les flûtes, la musique. *Cham-cham*, un instrument de musique, dit Ximenez, qui ressemble à certains tambours.
(6) *Tatil-ganabah*, que les Cakchiquels écrivent *titil-ganabah*, c'étaient des terres ou poussières métalliques,

le nom du seigneur, du Monarque des Orientaux, où ils arrivèrent (1).

Et lorsqu'ils arrivèrent devant le seigneur Nacxit (2), le nom du grand seigneur, du juge unique, dont la puissance était sans bornes, voilà qu'il leur concéda le signe de la royauté, et tout ce qui la représente : de là vint le signe de la dignité d'ahpop, de celle d'ahpop-camha, et de là vint le signe de la majesté et la puissance de l'Ahpop et de l'Ahpop-Camha, et Nacxit, pour achever, leur concéda les insignes de la royauté (3).

En voici tous les noms qui suivent : l'ombre (4), le trône, les flûtes, et autres instruments (5), les poudres de diverses couleurs (6), les parfums (7), le tigre chef, l'oiseau, le cerf..... les coquilles..... les nœuds de pin, les trompettes (8)...... l'enseigne aux plumes de héron (9), toutes les choses enfin qu'ils apportèrent en venant et qu'ils allèrent recevoir de l'autre côté de la mer; l'art de peindre de Tulan, son écriture, dirent-ils, pour les choses qui avaient été conservées dans leurs histoires.

Après qu'ils furent arrivés au sommet de leur ville, nommée Hacavitz, et qu'ils eurent réuni tous ceux de Tamub et d'Ilocab, toutes les tribus s'assemblèrent, se réjouissant de (voir) arriver Qocaib, Qoacutec et Qoahau, qui là de nouveau prirent le gouvernement des tribus (10).

ocres de diverses couleurs, dont on frottait les princes, en signe de consécration, en les mettant en possession de leurs droits.

(7) *Tzikvil* et *cohtzikvil* paraissent avoir été des parfums ou baumes; on n'en trouve d'explication nulle part. *Tzicah* signifie exhaler, et *tzicoh*, répandre, arroser.

(8) La plupart de ces mots, entièrement hors d'usage, sont d'une traduction fort difficile, et nous ne sommes même pas absolument certain de ceux qui suivent. *Balam-holom*, Tigre-tête; *pich*, oiseau; *queh*, cerf; *macutax*, que nous n'avons pu traduire; *tot*, nom de certains petits co-

quillages fort fins; *tatam*, intraduisible; *cuz*, qui paraît être un ornement en forme de pommes de pin; *buz*, une sorte de trompette; *caxcon* et *chiyom*, intraduisibles.

(9) *Axtapulul*, enseigne aux plumes de héron, est un mot de la langue nahuatl; il se compose de *aztatl*, héron, avec l'augmentatif *pul* ou *pol*, et paraît devoir être le même instrument que l'*aztapamitl*, étendard aux plumes de héron, dont il est parlé dans l'histoire des Chichimèques (*Codex Chimalpopoca*, ad An. I. Tecpatl, 804).

(10) On sait par un autre document que Qocavib ne suivit pas les autres

X-e quicotic e Rabinaleb, e Cakchequeleb, Ah-Tziquinaha, xa r'etal x-qutun chi qui vach ri, u nimal ahauarem, nim chic qui qoheic ch'uxic amag, manabe x-qiz-ta qui qut c'ahauarem. Are e qo chiri Hacavitz, xa qo cuq ronohel ri x-pe r'elebal gih naht chicut x-qui ban, chiri chuvi huyub e qui chic chi conohel.

Chiri cut x-e cam-vi qu'ixokil Balam-Quitze, Balam-Agab, Mahucutah. Ta x-e petic x-c'okotah chi canoc ri qui huyubal: hunchi huyub x-qui tzukuh are que tiqe-vi, mavi ahilan huyub x-e tiqe-vi, ta x-e cobic, ta x-e binaah puch chire ri x-e molomanic, x-e chihomanic e nabe ka chuch, e nabe ka cahau,

X-e cha oher tak vinak ta x-qui tzihoh, ta x-qui toloba pu canah-oc nabe qui tinamit Hacavitz u bi, ta x-e ul chi cu chiri x-qui tiqilibeh chic hun tinamit Chi-Quix u bi.

Naht chi x-qui ban chiri chuvi hu-chob tinamit; que mialanic que qaholanic puch. Chiri que e qo tak vi, are tak cahi huyub va xahun x-ch'oc vi u bi ri qui tinamit.

X-qui culuba qui mial, qui qahol; xaki chi qui zipah, xa togobanic xa pu naihanic, chi qui bano rahil

---

princes à leur premier voyage dans l'Orient; voilà pourquoi son nom est omis ici à leur retour. Nous avons dit ailleurs qu'il avait pris le chemin de l'Anahuac, d'où il était revenu avant les autres, sans avoir rempli sa mission.

(1) *Rabinaleb*, les Rabinaliens, dont la première capitale fut *Rabinala*; ses ruines existent encore dans la hacienda de ce nom, à 9 lieues environ à l'ouest du *pueblo* moderne de Rabinal. *Cakchiqueleb*, les Cakchiquels, dont la dernière capitale fut *Iximché*, autrement *Tecpan-Guatemala*, à une lieue de la grande bourgade de ce nom, et où Alvarado établit la première cité espagnole de Guatemala. *Ah-Tziquinaha*, ceux où les habitants de *Tziquinaha* (Nid d'oiseau), dont la capitale fut *Atitlan*, sur le lac du même nom.

Les Rabinaliens, les Cakchiquels et ceux de Tziquinaha (1) furent remplis de joie; ainsi le signe (de la royauté) se manifesta devant leurs regards, la grandeur de leur puissance, et grande aussi devint l'existence des tribus, sans que néanmoins ils eussent achevé d'exhiber leur puissance. C'étaient eux qui étaient là en Hacavitz, et il y avait avec eux tout ce qui était venu de l'Orient lointain où ils avaient fait (leur voyage), et ils étaient là sur la montagne déjà fort nombreux tous ensemble.

Là aussi moururent les épouses de Balam-Quitzé, de Balam-Agab et de Mahucutah. Alors ils vinrent, et ayant quitté leurs montagnes, ils cherchèrent d'autres collines où ils se fondèrent; elles sont innombrables les localités (2) qu'ils fondèrent, leur donnant des noms et changeant les noms (qu'elles avaient auparavant), nos premières mères et nos premiers pères, afin de s'augmenter et d'étendre leur puissance;

Disaient anciennement les gens, lorsqu'ils racontaient à quelle époque ils avaient abandonné et délaissé d'abord leur ville, nommée Hacavitz, et qu'ils vinrent fonder une autre ville qui fut nommée *Chi-Quix* (Dans les Epines).

Au loin ils s'y étendirent dans l'orbe de cette ville; ils y engendrèrent des filles et des fils. Ils étaient là fort nombreux, et entre tous (ils couvraient déjà) quatre collines qui portaient (à la fois) le nom de leur ville (de Chi-Quix).

Ils marièrent leurs filles et leurs fils; seulement comme leurs présents (de noces), comme une grâce et comme une

---

(2) L'abandon d'un lieu pour un autre n'était pas un abandon total; les chefs cherchaient une nouvelle capitale à mesure qu'ils étendaient leurs conquêtes, laissant peuplée la ville qu'ils quittaient. Ces diverses localités ou stations sont énumérées ailleurs dans l'ordre suivant: après le mont Tohil, *Qibakiha, Chi-Vaih, Pacaha-Xecoyen, Barabic-Chum, Pambilil-Pantzocan, Ti-Cahchalib, Ti-Batzi, Hobalam-Gana-Uleu, Yamrimba, Chiqui-Tuha,* autrement dit *Tzutuha,* où les trois chefs de la nation s'associèrent le seigneur *Cotuha,* qui prit le rang et le titre d'Iqui-Balam. Enfin *Chuvi-Cabal, Yamucu-Turaxoh, Chiltzareb, Galemial-Cucurabah, Pache-Chicohom, Chi-Qabauilanic, Chihumet* et *Culba-Cavinal* (*Titulo de los Señores de Totonicapan*).

qui mial chi qui qamo xa utz qui qoheic x-qui bano.

Ta x-e iqo chiri chuvi hu-tak chob chi tinamit, va tak u bi e : Chi-Quix, Chichac, Humetaha, Culba-Cavinal, u bi huyub x-e yaluh-vi. Arecut ca qui nicvachih ri huyub qui tinamit puch, ulah huyub ca qui tzukuh; e ca qui chic chi conohel.

Xa cu caminak-oc ri qamol ahauarem r'elebal gih ; e mamaxel chic x-e ul chiri chuvi huhun tinamit : mana x-u qam qui vach ri x-e iqo-vi hetak vi uloc ; qaxcol rail x-qui bano, ca u naht x-qui riq-vi qui tinamit e mamaxel, e pu cahauixel. Va cu u bi tinamit e x-e ul-vi.

VUKPAH CHI TZIH.

Chi Izmachi cut u bi huyub qui tinamit x-e qohe-vi chi na puch, x-e amagelab vi ; chiri cut x-qui tih-vi ga-gal, x-qah qui chun qui zahcab chu cah-le-oc ahauab.

(1) Les jeunes gens, ou plutôt leurs pères, achetaient par des présents les épouses qu'ils demandaient.
(2) *Chi-quix*, Dans les épines ou dans les broussailles, premier nom de cette ville, qui s'agrandit peu à peu de trois autres quartiers, *Chi-chac* et *Humetaha*, dont l'étymologie fait allusion à l'existence d'une sorte de lèpre ; *chi-chac*, à la plaie ; *humeta-ha*, maison d'écorce ; *humet* est l'écorce ; mais *chac-humet-rih*, plaie d'écorce extérieure, c'est-à-dire lépreux. *Culba*, borne-frontière ; *cavinal*, de *cau*, orner, armer. C'est ce dernier mot qui fait reconnaître le site de cette grande ville, dont les magnifiques ruines sont encore aujourd'hui désignées sous le nom de *Cavinal*.
(3) *Chi Izmachi*, A la barbe, ou Aux moustaches, de *izm*, cheveux, et de *chi*, bouche. Ce nom vient de *Izma-leh*, nom d'une antique famille princière, et dont le pluriel se dit *Izmal-*

offrande, ils faisaient le prix de leurs filles, qu'ils recevaient, et bonne était ainsi la condition qu'ils leur faisaient (1).

Alors ils passèrent en chacun des divers quartiers de la ville, et ceux-ci sont leurs divers noms : *Chi-Quix, Chichac, Humetaha, Culba-Cavinal* (2), et ce sont les noms des localités où ils demeurèrent. Et voilà qu'ils étaient à épier autour des montagnes de leurs villes et qu'ils cherchaient les monts inhabités; car ils étaient fort nombreux tous ensemble.

Déjà étaient morts ceux qui avaient été recevoir la royauté en orient; déjà vieillissant aussi, ils étaient venus (s'établir) en chacune des villes : mais ils ne s'accoutumèrent point dans ces divers endroits où ils passèrent; ils éprouvèrent bien des peines et des travaux, et c'est loin (de leurs premières demeures) que déjà aïeux et pères, ils trouvèrent (la localité qui convenait à) leur ville. Or voici le nom de la ville où ils vinrent.

CHAPITRE SEPTIÈME.

En Izmachi est donc le nom du lieu de leur ville, où ils demeurèrent enfin et où ils s'établirent définitivement (3) : là donc ils mirent en œuvre leur puissance, ayant commencé à bâtir leurs maisons de pierre et de chaux (4) sous la quatrième génération de rois (5).

chi, corrompu depuis en *Izmachi*. Les Izmaleh, mieux Izmalchi, existent encore aujourd'hui à Rabinal. Ils ont des physionomies tout à fait orientales, et nul doute que si lord Kingsborough les eût connus, il eût traduit leur nom en *Ismael* et fait d'eux des descendants d'Abraham.

(4) *X-gah qui chun, qui zahcab*, littéralement : on pulvérisa leur chaux, leur *tizate*, phraséologie qui signifie bâtir de pierre et de chaux.

Chun est la chaux ou le plâtre; *Zahcab*, que l'on appelle *tizate*, du mexicain *tizatl*, que Molina traduit *cierto barniz o tierra blanca*, est une terre tant soit peu métallique bonne à faire du ciment, et qui avait un usage mystérieux dans le sacre des princes.

(5) En comptant simplement Balam-Quitzé, comme on le fait ici, Qocavib et Balam-Conaché, nous arrivons, pour la quatrième génération

X-e cha curi Conache x-u Beleheb-Queh ruq puch Galel-Ahau. Ta x-ahauar cut ahau Cotuha ruq Iztayul, qui bi Ahpop, Ahpop-Camha x-e ahauar chiri chi Izmachi, utzilah tinamit x-uxic x-qui bano.

Xa cu oxib ri nim-ha x-ux chiri chi Izmachi : ma-habi-oc rii huvinak-cahib chi nim-ha, ca oxib-oc qui nim-ha, xahun u nim-ha Cavikib, xa-cu-hun nim-ha chuvach Nihaibab, xa naipu hun rech Ahau-Quiche.

Xaki caib chi cumatzil ri cachob chi chinamit. Are e qo chi Izmachi xahun qui qux : ma-habi qui tzelal ma-pu-habi qui cayeual; xa lianic ahauarem, ma-habi qui chaoh, qui yuhuh puch, xa zak, xa amag qo chi qui qux.

Ma-habi moxvachinic, ma-pu-habi cakvachinic x-qui bano, ca chutin-oc qui gagal : ma-ha qui ca nuq—maih-oc, ma-ha-pu ca nimar-oc. Ta x-qui tih cut, x-qu'iqouizah pocob chiri chi Izmachi, x-r'etal cut c'ahauarem ri : ta x-qui bano x-r'etal qui gagal, r'etal naipu qui nimal.

Ta x-il cut rumal Ilocab, ta x-vinakir labal rumal Ilo-

royale, à Cotuha, régnant avec Iztayul. Cotuha était un prince du pays, étranger à la maison de Cavek, dont Qocavib était devenu le chef, peut-être, en écartant son frère aîné, et qui voulait donner un appui à son fils Balam-Conaché. Cotuha fut le promoteur des conquêtes des Quichés, et, à la mort de Balam-Conaché, il fut reconnu comme Ahau-Ahpop, tandis qu'Iztayul, fils aîné de Conaché, entrait au rang d'Ahpop-Camha ; ce mode de succession entre les deux familles paraît avoir continué jusqu'à la conquête espagnole.

(1) Parler, avoir la parole, c'est-à-dire régner ; de là, dans la langue nahuatl, tlatohuani, l'orateur pour le roi.

(2) P'Izmachi, dont on voit encore les ruines, au sud de celles d'Utlatlan ou Gumarcaah, sur un plateau, dont les précipices communiquent avec ceux de cette capitale.

(3) Les trois familles régnantes, de Cavek, de Nihaib et d'Ahau-Quiché, avaient leurs résidences dans la capitale, ce qui n'empêchait pas ces deux

Ceux-ci donc parlèrent, Conache ainsi que Beleheb-Queh (1), et avec lui le Galel-Ahau. Et ensuite régna le roi Cotuha avec Iztayul, leurs noms de l'Ahpop et de l'Ahpop-Camha, qui régnèrent là en Izmachi, qu'ils avaient faite et qui devint (en leur temps) une ville magnifique (2).

Et seulement trois palais se firent là en Izmachi : il n'y avait pas encore ces vingt-quatre palais (dont nous parlerons plus loin), mais seulement leurs trois palais, un palais seulement de ceux de Cavek, et un seul palais à la face de ceux de Nihaïb, comme également un seul, possession de ceux d'Ahau-Quiché (3).

Seulement (c'étaient) deux serpents ces deux branches de la famille (4). Or ils étaient (tous) dans Izmachi d'un cœur (et d'une âme) : il n'y avait point en eux d'inimitiés; il n'y avait point non plus de difficultés; la royauté était en repos, sans disputes ni émeutes; la paix et la félicité étaient dans leurs cœurs.

Il n'y avait point d'envie, il n'y avait point de jalousie dans ce qu'ils faisaient, et leur puissance était encore restreinte : ils n'avaient encore concerté rien de grand ni ne s'étaient élevés. Mais alors ils tentèrent de faire passer le bouclier là en Izmachi, comme le signe de leur empire; ils en firent alors le signe de leur majesté, et le signe également de leur grandeur.

Et lorsqu'Ilocab s'en aperçut (5), la guerre s'alluma par

dernières d'avoir des capitales particulières ailleurs. Ces capitales changèrent; comme celles de Cavek, et ne devinrent fixes qu'après les grandes conquêtes entreprises par Iztayul et Gucumatz.

(4) Cette traduction est littérale, mais nous ne croyons pas avoir éclairci le mystère que ces mots enveloppent. A quoi font-ils allusion, c'est ce que nous ne saurions dire. Le mot *cumats* signifie serpent et aussi toute sorte de maladie intérieure; *cumat-sil* est un pluriel fort rare et qui a quelquefois le sens de charme, sortilége, etc. Cependant, il est possible qu'il s'agisse ici des deux familles régnantes, celle de Cotuha et celle d'Iztayul, ou bien celle de Qocaib et celle de Qocavib, dont les rivalités troublaient le pays, quoi qu'en disc ici le texte.

(5) Déjà affaiblis par les usurpations et les conquêtes de ceux de Cavek, les chefs de la race d'Ilocab font un dernier effort, et succombent à la tâche.

cab, x-r'ah ul camizax-oc rii ahau Cotuha, xa-cu-hun
ahau x-rah cuquib. Areri ahau Iztayul x-r'ah qui tihoh,
x-r'ah tihox cumal Ilocab, chi camizanic.

Ma cu x-el apon-ocqui moxvachibal chirih ahau Cotuha,
xa chiquih x-kah-vi ma-nabe x-cam-ta ri ahau rumal Ilocab. Quehecut u xenahic yuhuh, chaquimal labal puch.

X-c'oquibeh nabe tinamit, x-e bec e camizanel : are-ta
cu x-c'ah ri zach-ta u vach Quiche, xata qui-tuquel x-
ahauaric chi qui qux. Xa-cu-are x-e ul cam-oc ; x-e te-
lechexic, x-e canahix puch, mavi harub chic x-colo-tah
chique.

Ta x-tiqer cut puzunic : x-e puz ri Ilocab chuvach qabauil, are chic tohbal qui mak x-uxic rumal ahau Cotuha.
Qui chicut x-oc chi munil x-e alabilaxic x-e vinakix puch,
xa x-be qui ya quib chi chakix rumal qui nuqbal labal
chirih ahau, chirih civan-tinamit.

X-maixic, x-qutux-ta u vach rahaual Quiche x-r'ah qui
qux ; ma cu x-banatahic. Quehecut u vinakiric u puzic
vinak chuva qabauil, ta x-ban ri pocob labal, u xe ta x-
tiqaric u pocobaxic tinamit chi Izmachi.

Chila x-tiqar-vi u xenahic gagal, rumal ri xax nim vi

---

(1) Cette phrase a une forme toute particulière à cette langue : *x-r'ah qui tihoh,* on voulait ils enseigner (châtier); *x-r'ah tihox cumal Ilocab chi camizaxic,* on voulait être enseigné (lui) par les Ilocab, avec l'être tué.

(2) *U vach Quiche,* La face du Quiché. C'est la première fois que l'auteur sépare le nom Quiché de ceux d'Ilocab, auxquels il avait rattaché jusqu'ici la maison de Cavek et la nation quichée.

(3) Des sacrifices publics et solen-

les soins d'Ilocab, qui voulut faire tuer ce roi Cotuha, (ceux d'Ilocab) ne voulant qu'un roi et (qu'il fût) avec eux. Quant au roi Iztayul, ils voulaient le châtier, ils voulaient qu'il fût puni pour la cause d'Ilocab, en lui donnant la mort (1).

Mais leur jalousie ne réussit pas contre le roi Cotuha, qui descendit sur eux avant que de périr par la main d'Ilocab. Telle fut donc l'origine de la révolte et du tumulte de la guerre.

Ils entrèrent d'assaut tout d'abord dans la ville et passèrent leur chemin en massacrant: car ce qu'ils voulaient, c'était la ruine du nom Quiché (2), dans la pensée de régner seuls. Mais ils ne vinrent que pour mourir; ils furent captivés et faits prisonniers, sans qu'un grand nombre d'entre eux parvînt à s'échapper.

Et alors on commença à les sacrifier: ceux d'Ilocab furent immolés devant le dieu, et c'est là le châtiment de leur péché, qui eut lieu par ordre du roi Cotuha. Un grand nombre également entrèrent en servitude et ils furent réduits en esclavage, après être allés se faire écraser à cause qu'ils avaient allumé la guerre contre le roi et contre les circonvallations de la cité.

Que le nom du roi du Quiché fût ruiné et livré à l'opprobre, c'était ce que leurs cœurs voulaient; mais rien ne put s'exécuter. Ainsi donc naquirent les sacrifices humains devant le dieu (3), lorsqu'on fit des boucliers (4) de guerre, cause des fortifications de la cité qu'on commença en Izmachi.

Là se fonda le berceau de sa puissance, parce qu'en vé-

---

nels, car on a vu que le sang humain coulait depuis longtemps sur les autels de Tohil.

(4) Ta x-ban ri pocob labal, alors commença le bouclier de guerre. Pocob signifie le pilier d'une maison et le bouclier; de là pocobaxic, l'être fait bouclier, la fortification. Labal, guerre, de lab, augure, parce qu'on ne commençait aucun combat, sans auparavant consulter l'augure. De là ahlabal, celui de la guerre, le guerrier, l'ennemi; labalih, combattre.

r'ahauarem Quiche ahau. Humah e naual ahauab, x-ma qo-vi qui yogotah-vi, x-ma qo-vi alachinak ch'oc chique ; xavi banol rech nimal ahauarem chiri xenahinak-vi chi Izmachi.

Chiri x-nimar-vi u qixic qabauil, chi xibin chic ; x-u xibih pu rib ronohel amag, chuti amag, nima amag, x-qui vachih r'oquic teleche vinak x-qui puzu, x-qui camizah rumal qui gagal, qui tepeual ri ahau Cotuha, aha-Ztayul, ruq Nihaibab, Ahau-Quiche.

Xa ox-chob chi chinamit x-qohe chiri chi Izmachi, u bi tinamit, ca chiri chi naipuch x-qui tiqiba vi vaim u qaha chirech qui mial, ta x-qui ziih uloc.

Are qui cuchbal quib ri-oxib chi nim-ha, u bi cumal, chiri cut chi c'uqah-vi c'uquiya, chiri puch chi qui veeh vi qui va, rahil c'anab, rahil pu mial, xa quicotem chi qui qux, ta x-qui bano x-e vaic x-e ocha chupam qui nim-ha.

Xa ka qamouabal xa pu ka pagubal chirech k'etal ka tzihel, r'etal ka tzih chuvi ixokal, achihal, x-e cha. Chila x-cob-vi uloc, chila puch x-qui byih-vi, qui

---

(1) Princes puissants en œuvres, *naual ahauab* ; le mot *naual* implique la science, la magie ou les enchantements.

(2) *Aha-Ztayul*, dit le texte, pour *Ahau-Iztayul* supprimant deux voyelles *u, i*. Le nom d'*Iztayul* n'est pas quiché, quoique en cette langue on lui donne le sens d'oppresseur, de tyran : il est dérivé du nahuatl, d'*iztac*, blanc, et de *yul, yolli*, cœur.

(3) Dans les cours et vestibules des temples et des palais on tenait toujours de grands brasiers allumés où l'on brûlait du bois résineux que les fils des nobles étaient chargés d'apporter.

rité grand était l'empire du roi Quiché. Partout (il se montrait entouré) de princes puissants en œuvres (1), sans qu'il y eût personne qui pût les humilier, sans qu'il y eût aucun qui pût les entamer, et par cela même faisant la grandeur propre de la royauté qui s'était implantée dans Izmachi.

Là s'accrut l'usage de se piquer avec (des épines devant) le dieu, ainsi que l'épouvante; et toutes les nations s'épouvantèrent, les petites nations et les grandes nations, en contemplant l'entrée des captifs qu'ils sacrifiaient et qu'ils tuaient à cause de la majesté et de la grandeur du roi Cotuha, du roi Iztayul (2), avec ceux de Nihaïb et d'Ahau-Quiché.

Seulement ces trois branches de la famille (royale) demeuraient là dans Izmachi, (qui était) le nom de la cité, et c'est là également qu'ils commencèrent les festins et orgies pour leurs filles, quand ils venaient porter du bois (pour l'usage des temples (3).

C'était là le motif pour les trois (branches de la famille) de s'assembler dans les palais ainsi nommés à cause d'eux, et là ils buvaient leurs boissons (4) et là aussi ils mangeaient leurs mets, prix de leurs sœurs, et prix de leurs filles (5), et l'allégresse dans le cœur, ils ne faisaient alors que manger et boire dans leurs coupes peintes (6) au dedans de leurs palais.

Ce sont là nos remercîments et nos actions de grâces (envers les dieux) pour notre postérité, signe de notre parole (7) sur les filles et les garçons, disaient-ils. C'est là

(4) Ces boissons généralement fermentées étaient fort variées.
(5) C'est-à-dire dès qu'on leur donnait pour les obtenir.
(6) *Ocham-vach* était une sorte de calebasse peinte et ciselée avec une grande finesse, industrie des Rabinaliens, et dans lesquelles on servait à boire : de là le verbe *ochah*, ciseler ces coupes et boire dedans.
(7) *Chirech k'etal ka tzihel, r'etal ka tzih*, pour notre signe, notre discours, le signe de notre parole, et souvent aussi de notre postérité.

chinamit quib, vuk-amag quib, qui ticpan quib :

Ka culel kib, oh Cavikib, oh Nihaib, oh pu Ahau-Quiche, x-e cha e oxib chinamit, oxib puch nim-ha. Naht cut x-qui ban chiri chi Izmachi, ta x-qui riq chic ta x-qu'il puch hunchic tinamit, x-c'ogotah chi vi ri chi Izmachi.

VAHXAKPAH CHI TZIH.

Qatepuch ta x-e yacatah chi uloc, x-e ul chiri pa tinamit Gumarcaah, u bi, cumal Quiche ch'u chaxic, ta x-e ul chic ahauab, Cotuha ruq Gucumatz, ruq puch ronohel ahauab : x-r'oquex-oc x-r'olea puch vinak u xe zak, u xe amag, u xe qazlem vinakirem.

Chiri cut qui x-qui ban-vi c'ochoch, chiri naipuch x-qui ban-vi r'ochoch qabauil, chu nicahal u vi tinamit x-qui ya-vi, ta x-e ulic ta x-qui tiqilibeh puch.

---

(1) Célébrer les fêtes où ils imposaient des noms à leurs enfants nouveau-nés, filles et garçons.

(2) *Qui ticpan quib*, ils divisèrent par quartiers eux-mêmes. *Ticpan*, qui veut dire se partager en quartier est un mot d'origine méxicaine, *tecpan*, le palais, la municipalité, le *colpul* ou maison grande, qui est ici ce que le *caportone* est en Italie, ou une des mairies de Paris.

(3) Les troubles qui forcèrent Gu- cumatz à quitter le séjour d'Izmachi, sont rapportés dans le chapitre suivant. Une noblesse turbulente et jalouse, titulée les *Ahpop-Camha*, issue de la maison de Cavek, avait tenté déjà de semer la discorde entre Cotuha 1er et Iztayul : elle avait voulu assassiner le premier dans un bain de vapeur, et quoique les coupables eussent été punis de mort, on ne peut s'empêcher de reconnaître les mêmes menées dans les désordres des

qu'ils vinrent imposer les noms (1), et c'est là qu'ils se titulèrent, qu'ils se partagèrent en familles, s'organisèrent en sept tribus et se classèrent par calpules (2).

Unissons-nous, nous les Cavek, nous les Nihaïb, et nous les Ahau-Quiché, dirent les trois familles et les trois grandes maisons. Et longtemps ils firent (leur demeure) dans Izmachi, jusqu'à ce qu'ils eurent trouvé et qu'ils eurent vu une autre ville et qu'ils eurent abandonné à son tour celle d'Izmachi (3).

CHAPITRE HUITIÈME.

Après cela, quand ils se levèrent pour s'en aller (d'Izmachi), ils vinrent à la capitale, dont le nom est *Gumarcaah* (4), qui fut ainsi nommée par les Quichés, lorsque vinrent les rois, Cotuha et Gucumatz, ainsi que tous les princes : on était entré alors à la cinquième génération d'hommes (à compter) du commencement de la civilisation et de l'origine de l'existence (des Quichés) en corps de nation.

Et là en grand nombre ils bâtirent leurs maisons, et là également ils bâtirent la maison du dieu au centre du point culminant de la cité où ils la placèrent lorsqu'ils vinrent s'y établir (5).

---

règnes suivants (*Titulo de los Señores de Totonicapan*).

(4) *Pa-tinamit Gumarcaah*. Le mot *tinamit* indique une ville fermée, un chef-lieu; précédé de la préposition *pa*, il indique une capitale de royaume ou d'empire; on ne le voit usité ainsi d'ordinaire que pour *Iximché*, l'ancien *Tecpan-Guatémala*, capitale des Cakchiquels, et pour *Utlatlan* ou *Gumarcaah*; ce nom vient, suivant Ximenez, de *gumar*, pourrir, vieillir, et *caah*, cabane, hutte. Dans la plupart des documents, les deux noms, celui de l'ancienne et celui de la nouvelle capitale, vont presque toujours ensemble, à cause de leur proximité. *Chi Gumarcaah, chi Izmachi*, en Gumarcaah en Izmachi.

(5) Au même lieu où l'on voit encore les ruines de cet immense édifice, dont il est amplement parlé au chapitre XI.

Qatepuch u nimaric chic c'ahauarem : qui chic e pu tzatz chic ta x-qui naohih chic qui nim-ha, x-e moloxic, x-e hachahox puch. Rumal x-vinakir qui chaoh ; x-e cakvachin chi quib chuvi rahil c'anab, rahil qui mial, xa mavi chi tzakon c'uqiya chi qui vach.

Are chicut u xe chic qui hachouic quib, ta x-qui tzolbeh quib tzolcakbeh bak u holom caminak x-qui cakbeh quib. Ta x-qui pax ri beletak chi chinamit : x-banom-oc u chaohil anam, mial, ta x-ban u naohixic ahauarem huvinak-cahib chi nim-ha ; x-uxic.

X-oher-oc que ulic conohel chiri chuvi qui tinamit, ta x-e tzakat huvinak e cahib nim-ha chiri pa tinamit Gumarcaah, x-utzirizaxic rumal Sor *Obispo* ; ri tinamit ca x-tole canoc.

X-e gagar chiri x-nuq-maihinak-oc qui tem qui chakat, x-hachatzox qui vach hutak vi chi gag huhun chi ahauab ; beleheb tak chi chinamit x-u qolela rib beleheb chi ahauab Cavikib, beleheb chi ahauab Nihaibab, cahi chi ahauab Ahau-Quiche, caib chi ahau Zakikib.

(1) Gucumatz paraît avoir opéré cette subdivision et créé les nouvelles charges, autant pour contenter l'envie des nobles inférieurs que pour diminuer la puissance de la haute aristocratie; le *Titre des Seigneurs de Totonicapan* en rapporte beaucoup de détails.
(2) Ils auraient délaissé ou plutôt négligé les anciennes coutumes dans le feu de leurs querelles ; ici le texte fait allusion à l'usage d'offrir du chocolat et d'autres boissons à ceux qui venaient solliciter la main d'une jeune fille à ses parents et celui d'en envoyer plusieurs cruches remplies au beau-père ou au mari futur.
(3) Fruits de la guerre civile ; on déterrait les morts pour insulter à leurs restes et on se les renvoyait dans les combats où les partis probablement se retranchèrent plus d'une fois sur les grands *tumuli* qui servaient de tombeaux. Ces désordres auraient déterminé Gucumatz à aban-

Après quoi leur empire prit un nouvel accroissement :
(et comme ils étaient) en nombre fort considérable, leurs
grandes maisons tinrent encore une fois conseil, et s'étant
assemblées, elles se subdivisèrent (1). Car il avait surgi
des querelles ; elles se jalousaient les unes les autres pour la
rançon de leurs sœurs et de leurs filles, déjà elles n'offraient
plus leurs boissons (accoutumées) en leur présence (2).

Voilà donc quelle fut l'origine de leur séparation, lorsqu'ils se tournèrent les uns contre les autres et qu'ils se
lancèrent mutuellement les os et les têtes des morts et
qu'ils se les renvoyèrent les uns aux autres (3). Alors ils
se partagèrent en neuf familles : s'étant donc terminée la
querelle des sœurs et des filles, on mit à exécution ce qu'on
avait résolu (de subdiviser) la royauté en vingt-quatre
grandes maisons ; c'est ce qui eut lieu.

Il y a longtemps déjà depuis l'arrivée de tous (ces princes) dans cette ville, (ce qui eut lieu) lorsque se complétèrent les vingt-quatre grandes maisons dans la capitale
(dite) Gumarcaah, qui fut bénie par le *Seigneur Évêque* ;
cette ville s'est depuis lors (entièrement) dépeuplée (4).

Là ils s'agrandirent ayant réuni avec éclat leurs trônes et leurs siéges princiers ; les titres de tous leurs honneurs ayant été distribués à chacun des princes, il se forma
neuf familles avec les neuf princes de Cavek, neuf avec
les princes de Nihaïb, quatre avec les princes d'Ahau-Quiché et deux avec les seigneurs de Zakik (5).

---

donner le séjour d'Izmachi, quoique cette ville continuât depuis à être habitée, mais comme un quartier ou faubourg éloigné de la capitale.

(4) *Gumarcaah* ou Utlatlan fut incendié en grande partie par Alvarado en mars 1524 ; mais après la soumission de l'empire quiché à la couronne d'Espagne, les princes y firent de nouveau leur séjour. Don Francisco Marroquin, premier évêque de Guatémala, s'y rendit en faisant la visite de son nouveau diocèse, probablement entre les années 1530 et 1540 ; Don Juan de Rojas, fils de Tecum II, et don Juan Cortés, fils de Tepepul IV, y commandaient encore avec un reste de puissance, sous le titre d'*Ahpop* et d'*Ahpop-Camha* ; ils vivaient encore lorsque ce livre fut transcrit des caractères propres au quiché, en caractères latins.

(5) Ceux de *Zakik* appartenaient à la famille de Cotuha I".

Quïa-tak x-uxic, qui chi naipuch chirih huhun ahauab ; xa u nabe ri qo chi vi r'al u qahol, tzatz u chinamital huhun chi ahauab : chi ka byih qui bi ri ahauab chu huhunal huhun u nim-ha.

Vae cute qui bi ahauab chuvach Cavikib, are nabe ahau va : Ahpop, Ahpop-Camha, Ah-Tohil, Ah-Gucumatz, Nim-Chocoh-Cavek, Popol-Vinak-Chituy, Lolmet-Quehnay, Popol-Vinak-Pa-Hom-Tzalatz, Uchuch-Camha.

Are cut ahauab ri chuvach Cavikib, beleheb chi ahauab, qolehe u nim-ha chu huhunal qate chic chi vachin u vach.

Are chi cu ahauab va chuvach Nihaibab, are nabe ahau va, Ahau-Galel ; Ahau-Ahtzic-Vinak, Gale-Camha, Nima-Camha, Uchuch-Camha, Nim-Chocoh-Nihaibab, Avilix, Yacol-Atam-Utzam-pop-Zak-latol, Nima Lolmet-Yeoltux, beleheb cut chi ahauab chuvach Nihaibab.

Are chicut Ahau-Quiche va, vae qui bi ahauab : Ahtzic-Vinak ; Ahau-Lolmet, Ahau-Nim-Chocoh-Ahau-Quiche, Ahau-Hacavitz, cahib ahauab chuvach Ahau-Quicheeb, qolehe u nim-ha.

Caib chinamit chi naipuch Zakikib ahauab, Tzutuha, Galel-Zakik, xahun chi nim-ha e caib chi ahauab.

---

(1) Nous traduisons ces titres aussi bien que possible, sans répondre toutefois du sens, tous étant absolument oubliés aujourd'hui.

Ils devinrent fort nombreux, et nombreux également (étaient les hommes qui venaient) à la suite de chacun des princes; ils étaient les premiers à la tête de leurs vassaux, et beaucoup, beaucoup de familles (appartenaient) à chacun des princes ; nous allons dire les titres de ces princes chacun en particulier et de chacune des grandes maisons.

Or voici les titres des princes à la face de ceux de Cavek, celui-ci est le premier prince : l'*Ahpop*, l'*Ahpop-Camha*, le (prince des prêtres) de *Tohil*, le (prince des prêtres) de *Gucumatz*, le Grand-Elu de *Cavek*, le conseiller de *Chituy*, le Ministre des tributs, le Conseiller au jeu de Paume de *Tzalatz*, le Majordome en chef (1).

Tels sont les princes à la face de ceux de Cavek, neuf princes, dont les grandes maisons sont classées chacune en son rang et dont le titre sera expliqué de nouveau ensuite (2).

Or voici les (noms des) princes à la face de ceux de Nihaïb, et celui-ci est le premier prince, l'*Ahau-Galel;* l'*Ahau-Ahtzic-Vinak*, le *Gale-Camha*, le *Nima-Camha*, l'*Uchuch-Camha*, le Grand-Elu de *Nihaïb*, le (prince des prêtres) d'*Avilix*, le *Yacol-Atam-Utzam-pop-Zaklatol*, le Ministre de *Yeoltux*, et ce sont les neuf princes à la face de Nihaïb.

Voici également ceux d'Ahau-Quiché et voici les titres de leurs princes : l'*Ahtzic-Vinak*, l'*Ahau-Lolmet*, le prince Grand-Elu d'*Ahau-Quiché*, le prince (des prêtres) de *Hacavitz*, quatre princes à la face de ceux d'Ahau-Quiché, dans l'ordre de leurs grandes maisons.

Deux familles également (se formèrent) des seigneurs de Zakik, de *Tzutuha* et de *Galel-Zakik*, (quoiqu'il n'y eût) qu'une seule grande maison pour les deux princes.

(2) Voir le dernier chapitre.

BELEHPAH CHI TZIH.

Quehecut x-tzakat-vi huvinak cahib chi ahauab, huvinak cahib naipuch chi nim-ha x-uxic; ta x-nimaric gagal tepeual pa Quiche; ta x-gagaric, ta x-tepeuaric u nimal r'alal Quiche, ta x-chunaxic ta x-zahcabix puch zivan-tinamit.

X-ul chuti amag, nima amag qo cut u bi ahau x-nimarizan Quiche : ta x-vinakiric gagal tepeual ; ta x-vinakiric r'ochoch Qabauil, c'ochoch naipu ahauab. Ma naipu are x-e banouic ; mavi x-e chakun-tah, ma-pu x-qui ban-ta c'ochoch, manai-pu xa-ta x-qui ban r'ochoch qui Qabauil, xa rumal x-e quiric c'al qui qahol ;

Mana xa qui bochi xa-ta pu qu'eleg qui cupun-ta puch, quitzih vi chiquech ahauab chi qui huhunal ; tzatz naipuch c'atz qui chag x-uxic, x-molomoxic u qoheic, x-molomox naipuch u tabal tzih hun chi ahauab.

Quitzih-vi chi e loq quitzih puch chi nim qui galem ahauab ; nimatalic xouatal puch u gih r'alaxic ahauab rumal r'al u qahol, ta x-quiaric ahzivan, ahtinamit rug naipuch.

(1) *Civan-tinamit,* ravins et cité; c'est la ville fortifiée par ses murs, ses forteresses et les ravins qui l'entourent et lui servent de fossés naturels, les plus formidables qu'on puisse imaginer : c'est la condition de la plupart des anciennes cités de l'Amérique centrale. Utlatlan ou Gumarcaah se composait de trois plateaux distincts, entourés de ravins, reliés entre eux par des chemins à dos d'âne, revêtus de pierres de taille : notre compatriote M. César Daly en a relevé tous les plans en 1857 ; il n'y avait qu'une seule entrée pour cette grande ville, celle par où on y

CHAPITRE NEUVIÈME.

Ainsi donc se complétèrent les vingt-quatre princes, comme il exista également vingt-quatre grandes maisons ; alors s'accrut la puissance avec la majesté au Quiché ; alors se fortifia et s'étendit la grandeur avec le joug du Quiché, lorsque la cité avec ses ravins fut bâtie de pierre et de chaux et se couvrit de ciment (1).

Les nations petites et grandes venaient où était le nom du roi, contribuant à illustrer le Quiché : alors surgit la puissance avec la majesté ; alors surgit la maison du Dieu, ainsi que les maisons des princes. Mais ce ne furent pas eux qui les firent ; ils n'y travaillèrent point, n'ayant pas pu construire leurs maisons, ni même pu édifier la maison de leur Dieu, car ce fut par leurs vassaux qui s'étaient multipliés ;

Ce ne fut certainement pas la ruse, ni la violence qui les attirèrent ; en vérité ils appartenaient à ces princes chacun en particulier ; en grand nombre étaient aussi leurs frères et leurs parents, leur condition s'étant accrue, comme s'était accrue aussi la renommée des oracles (sortant) de la bouche des princes.

Car véritablement ils étaient estimés, et grande était véritablement la gloire des princes ; et la vénération (qu'on avait pour eux) croissait ainsi que leur renommée, à cause de leurs vassaux, et les habitants des ravins (d'alentour et de l'intérieur) de la ville augmentaient aussi en même temps qu'eux (2).

pénètre encore aujourd'hui. Sur un autre plateau, au nord d'Utlatlan, sont les ruines d'*Ilocab*, avec une entrée particulière, et au sud celle d'*Izmachi*, où l'on n'entre également que par un chemin qui lui est propre.

(2) *Ah-civan, ah-tinamit*, habitants des ravins ; habitants de la cité ; tous ces ravins étaient habités par le bas peuple, et c'est de là que sortirent ces légions d'ennemis qui assaillirent si souvent et à l'improviste les soldats d'Alvarado, campés dans la plaine du Quiché en 1524.

Mana xata qui quehe x-ul qui ya quib ronohel amag, ca labal cut, x-kah-vi u zivan u tinamit; ca rumal qui naual abauab, x-e gagaric rii ahau Gucumatz, ahau Cotuha.

Quitzih chi naual ahau ri Gucumatz x-uxic : huvuk ch'akan chi cah, huvuk cut chi be u bana kah-oc chi Xibalba : huvuk chicut chi qohe chi cumatzil, quitzih chi cumatz ch'uxic : huvuk chi naipuch ch'u bano chi cotal, huvuk chic chi balamil, quitzih vi chi cot, chi balam u vachibal ch'uxic; huvuk chic chi remeic chi quiqel utuquel remanic quiq ch'uxic.

Quitzih chi naual ahau u qoheic xibixib chuvach rumal ronohel ahauab. X-paxin rib u taic, x-u ta ronohel ahauab amag u qoheic naual ahau. Arecut u tiqaric u nimaric puch Quiche, ta x-u ban ahau Gucumatz r'etal nimal.

X-ma zachel u vach u mam u qahol chu qux : ma-habia ta-la x-ban vi ri x-qohe-ta hun ahau naual, ta u qoheic xa yogbal rech rorohel amag, ta x-u bano xa u qutbal rib rumal xere huqueic u holom amag. X-uxic u cah-le ahau ri naual ahau

---

(1) Gucumatz et Cotuba II, Ahpop-Camha de Gucumatz, la persuasion, la crainte et la violence achevèrent de leur soumettre la plus grande partie du pays des Mames avec une grande étendue de la côte de Suchitepeque (*Titulo de los Señores de Quezaltenango*).

(2) Au ciel, *chi cah*, ce qui signifie aussi En haut.

(3) *Chi Xibalba*; Ximenez traduit *se iba al infierno*, il allait à l'enfer. Ceci serait inexplicable s'il fallait que Xibalba fût l'enfer. Que ce fût Palenqué ou quelque autre ville voisine, c'était une ville ou un pays,

Ce n'est pas certainement que toutes les nations vinssent se rendre ainsi, comme en temps de guerre on entre par force dans leurs ravins et leurs villes, mais bien à cause des prodiges opérés par les rois et qui glorifièrent le roi Gucumatz et le roi Cotuha (1).

Véritablement ce Gucumatz devint un roi merveilleux : chaque sept (jours) il montait au ciel (2) et en sept (jours) il faisait le chemin pour descendre à Xibalba (3) : tous les sept (jours) il revêtait la nature du serpent et véritablement il devenait serpent : tous les sept (jours) également, il se faisait de la nature de l'aigle, tous les sept (jours) aussi, de la nature du tigre, et véritablement il devenait l'image parfaite d'un aigle et d'un tigre ; tous les sept (jours) aussi, (il prenait) la nature du sang coagulé (4) et il n'était que du sang coagulé.

En vérité l'existence de ce prince merveilleux remplissait d'effroi pour cela même tous les princes devant sa face. Le bruit s'en répandit (de tous les côtés) ; tous les rois des nations entendirent (ce qu'on disait) de l'existence de ce prince prodigieux. Et ce fut là l'origine de la grandeur du Quiché, quand le roi Gucumatz opéra ces signes de sa puissance.

Le souvenir de ses petits-fils et de ses fils ne se perdit point dans la mémoire (des peuples) : non pas qu'il eût fait ces choses pour qu'il y eût un roi, opérateur de merveilles, mais afin que sa condition fût un moyen de dominer toutes les nations et pour en faire un moyen de se ma-

---

probablement déjà bien abandonné, mais où il était peut-être bien resté quelque chose de sa puissance antique. Que Gucumatz s'y fût fait initier et qu'il y allât en sept jours, c'est d'autant plus possible que l'on sait la rapidité avec laquelle les porteurs de litières qui se relayaient de deux en deux lieues, marchaient dans ces contrées, poste humaine supérieure à toutes celles qui depuis ont été établies par les Espagnols.

(4) Toutes les histoires sont remplies des métamorphoses surprenantes de Gucumatz ; nous n'entreprendrons pas de les expliquer.

Gucumatz u bi, xavixare Ahpop, Ahpop - Camha.

X-canah chicut qu'etal qui tzihel x-e gagaric x-e tepeuar puch ta x-e qaholan chicut ca qui qahol cut tzatz chic x-u bano. X-qaholax ri Tepepul Ztayul xaki ahauarem x-u bano r'ole ; ahau x-uxic xavi x-e qaholanic hutak le chi ahauab.

LAHPAH CHI TZIH.

Va chicute qui biy chic u vak-le ahau, e caib chi nimak ahauab, E-Gag-Quicab, u bi hun ahau, Cavizimah u bi hunchic. Arecut tzatz chic x-u ban ri Quicab, Cavizimah, are chi x-nimarizan Quiche rumal quitzih naual u qoheic.

Are kahouic are puch x-paxinic u zivan u tinamit chuti amag, nima amag, nakah tak, uxol qo-vi tinamit oher are u huyubal Cakchequeleb, ri Chuvila vacamic, u huyubal chi naipu Rabinaleb, ri Pamaca, u huyub cu Caokeb, ri

---

(1) En suivant la liste des rois du Quiché, donnée par l'*Isagoge historico*, dont quelques fragments sont conservés dans les Mémoires de l'histoire de Guatemala de Mgr Garcia Pelaez, on trouve quele roi Hunahpu, le troisième de la liste de Juarros et le huitième suivant l'*Isagoge*, concorde avec Gucumatz, qui pouvait également s'appeler ainsi; or, Hunahpu est donné pour l'inventeur du cacao; il peut avoir été considéré comme tel par ses sujets, parce qu'il fut le premier à porter ses armes à la côte où l'on cultivait ce fruit précieux et à en introduire l'usage au Quiché.

(2) *E-Gag-Quicab*, nom qui signifie Les Feux Des Mains, ou du Miel. *Cavizimah*, calebassier orné ou armé de guerre. Ximenez, dans sa traduction distingue parfaitement ces deux

nifester à elles comme le seul chef des peuples. Ce roi prodigieux, Gucumatz par son nom, fut la quatrième génération royale, et certainement (il se distingua comme) Ahpop et Ahpop-Camha (1).

Il resta d'eux également de la postérité et des descendants qui régnèrent aussi avec majesté et qui engendrèrent alors des fils qui firent aussi beaucoup de choses. Ainsi furent engendrés Tepepul et Iztayul, dont le règne fit la cinquième génération; rois ils furent (l'un et l'autre) et chacune des générations de ces princes procréa des fils.

CHAPITRE DIXIÈME.

Voici maintenant les noms de la sixième génération royale, des deux grands rois, E-Gag-Quicab, nom du premier roi, et Cavizimah, nom du second (2). Et voici les grandes choses que firent Quicab et Cavizimah, et voici comment s'illustra le Quiché à cause de leur condition réellement merveilleuse.

Voici donc la conquête et la destruction des ravins et des villes des nations petites et grandes, toutes très-rapprochées entre lesquelles (était) la ville (distinguée) naguères comme la patrie des Cakchiquels (3), celle qui est aujour-

princes, et par inadvertance sans doute, ne fait qu'un seul des deux dans son histoire abrégée des rois du Qu'iché (*Hist. de la prov. de San Vicente de Chiapas y Guatemala*, etc., lib. 1, cap. 27).

(3) Tous les documents s'accordent à exalter les grandes conquêtes de Quicab et des autres princes de la maison de Cavek. Voir à ce sujet la dernière partie du commentaire. La capitale des Cakchiquels, désignée ici par les mots *tinamit oher*, cité d'autrefois ou cité antique, était *Iximché*; mais il ne me paraît pas que Quicab ait eu lieu de s'en emparer alors. *Iximché*, autrement dit *Tecpan Quauhtemalan*, en langue nahuatl, adouci sous le nom de *Guatémala* qui a été donné à la cité espagnole et à tout le royaume, aujourd'hui république de Guatémala.

Zakabaha, u tinamit chicut Zakuleuab, Chuvi-Migina, Xelahu, Chuva-Tzak ruq Tzolohche.

Are x-r'ixouah Quicab : x-u ban labal quitzih vi x-kahic, x-paxic u zivan u tinamit Rabinaleb, Cakchequeleb, Zakuleuab : x-uleic x-pagaic ronohel amag, ca x-toge chinaht u camiza Quicab. Huchob, ca-chob ta chic mavi c'u qam u patan chirech ronohel, x-kah u tinamit x-u qam u patan chu vach Quicab, Cavizimah ;

X-e oc chi munil ; x-e lotzic, x-e cakquic chi che : mahabi qui gih, ma-habi c'alaxic x-uxic. Xa-cha mi-x-qohe paxibal tinamit huzu chi hixtahic u chi uleu ; queheri chi gozin caculha ch'u paxih abah chi xibinic libahchi ch'elah amag.

Chuvach Colche r'etal tinamit rumal vacamic hun huyub abah, x-zcaquin chic mavi x-gatatahic queheri x-choi chi ikah rumal ; chila qo-vi pa tagah Petatayub u bi, calah

---

(1) *Chuvila*, autrement dit *Chichicastenango*.

(2) *Rabinal*, dit aussi *Ropenal* dans quelques vieux documents, peut-être vient de *rop*, voler comme un oiseau; de là *Ropenal*, le vol, l'acte de voler. La cité principale de la tribu, à cette époque, était *Zamaneb*, dans les montagnes de *Xoyabah*.

(3) *Pamaca*, plus connue sous le nom de *Tzacualpa*, à l'entrée des montagnes de *Xoyabah*.

(4) *Caokeb*, ou *Cauke*, dont le nom est resté à deux petits villages, *Santa-Maria* et *Santiago Cauké*, dans les montagnes Cakchiquèles, à l'ouest de Guatemala, alors de la domination pokomame.

(5) *Zakabaha*, mieux *Zakcabaha*, blanche maison des sacrifices, aujourd'hui *San-Andres*, à 8 l. environ NN.-E. de *Santa-Cruz del Quiché* ; c'était probablement une ville de la domination des *Agaab*. Etait-ce la même que *Cahba-ha*, dont il est parlé plus loin, lieu célèbre pour les sacrifices qu'on y offrait anciennement, c'est ce qu'il est difficile de déminer; l'un, cependant, ne devait pas être bien loin de l'autre, *Cahbaha* étant une ville des *Agaab*, aux limites de *Zacapulas* et de *S. Pedro Jocopilas*, ou *Tamub*.

(6) *Zakuleu*, Terre Blanche, dont les ruines existent, à 1 l. à l'ouest de Huehuetenango ; c'était une ville et

d'hui Chuvila (1), comme aussi dans les montagnes des Rabinaliens (2), celle de *Pamaca* (3), dans les montagnes de *Caokeb* (4), celle de *Zakabaha* (5), comme aussi la ville de ceux de *Zakuleu* (6), de *Chuvi-Migina* (7), de *Xelahu* (8), de *Chuva-Tzak* (9) ainsi que celle de *Tzolohché* (10).

Ces (villes) abhorraient Quicab : il leur fit la guerre et véritablement il conquit et ruina les ravins et les villes des Rabinaliens, des Cakchiquels, et de ceux de Zakuleu : il amena et vainquit tous les peuples, et au loin Quicab étendit ses armes. Une ou deux nations n'ayant pas apporté le tribut de toutes leurs possessions, il entra de force dans leurs villes, pour qu'elles apportassent leurs tributs à la face de Quicab et de Cavizimah ;

Elles entrèrent en servitude ; elles furent tourmentées et (leurs citoyens) attachés à des arbres et percés de flèches ; il n'y eut plus pour elles ni gloire ni honneur. Telle fut la ruine de ces villes, sitôt détruites à la face de la terre ; comme la foudre qui frappe et brise la pierre, ainsi par la terreur aussitôt il écrasait les nations (11).

Devant *Colché,* comme signal d'une ville (ruinée) par lui, existe aujourd'hui une montagne de rocher, et peu s'en faut qu'elle ne soit taillée comme s'il l'eût tranchée de sa

---

forteresse des Mames, et son nom en cette langue était *Chinabahul.*

(7) *Chuvi-Migina* ou *Megena,* Au-dessus de l'Eau bouillante, ville et forteresse qui ne devint quichée ; elle était située sur une haute montagne où l'on voit encore ses ruines, que les Indiens désignent sous le nom de *Coxtum,* le château, au midi de Totonicapan où elles dominent les sources d'eaux thermales qui lui ont donné son nom.

(8) *Xelahu,* dit aussi *Xelahun-Quieh,* sous les dix et sous les Dix-Cerfs, grande et ancienne ville mame avant d'être quichée et qui s'appelait alors *Qulaha,* située au pied du volcan d'*Excanul,* ou de Santa-Maria, au-

jourd'hui transportée avec ses habitants à Quetzaltenango. Son chef, qui s'appelait Chunzak-Yoc, fut vaincu et probablement mis à mort par Quicab (*Titulo de los Señores de Quezaltenango*).

(9) *Chuva-Tzak,* devant la forteresse, nom quiché de la localité désignée aujourd'hui sous le nom de *Momostenango.*

(10) *Tzolohché,* le sureau, ayant aussi un nom mexicain *Xomacac,* qu'on retrouve dans le grand pueblo de *Chiquimula.*

(11) C'est alors que la plupart des princes mames du pays d'*Otzoya,* comprenant une grande partie des départements actuels de Totonicapan

— 320 —

vaéamic ca r'il ronohel vinak que iqo-vi r'etal r'achihilal Quicab.

Ma-habi x-cam-vi, ma-pu-habi x-chakatah-vi : quitzih vi chi achih, x-u qam cut u patan ronohel amag. Ta x-e naohin cut ahauab conohel ta x-bec gatey rih zivan, rih tinamit x-kahinak-oc u tinamit ronohel amag.

Qatécut ta r'elic varanel ilol ahlabal, ta x-quiba cut u vachinel chinamit lagabey huyub : Ve chi pe chic ta ch'ul u lagabeh u tinamit amag, x-e cha ta x-qui cuch qui naoh conohel ahauab.

Ta x-el qui vaban : Queheri ka quehoh, quehe-pu ca ka chinamit, quehe naipuch ka tzalam, ka qoxtun ch'oxic are chic k'oyoual, k'achihilal ta ch'ux-oc, x-e cha conohel ahauab, ta x-e elic u vaban huhun chi chinamit, culelaay rech ahlabal.

Ta x-e pixabax cut ta x-e be puch vaban lagabey u huyubal amag, chi bec rumal ca huyubal chic : M'y xibih yvib uve qo chic ahlabal ch'ul chic yvuq ta camizai yve ; anim ch'ul y byih, ch'i be, nu ca camizah, x-cha cut Qui-

et de Quezaltenango, furent mis à mort et remplacés par des seigneurs de la famille de Cavek.

(4) *Colche* ne se retrouve pas parmi les noms qu'on a conservés des villes de la grande côte du Xuchitepec, dont il est question ici : le nom de *Petatayub* est d'origine nahuatl, *Petlatl-ayutl*, qui désigne une espèce de tortue : entre les populations de cette contrée, les unes étaient d'origine mame, les autres d'origine nahuatl, et elles avaient été déjà sou-

mises au tribut sous le règne de Gucumatz. Le gros de la nation même, renfermée dans les montagnes inaccessibles qui s'étendent au nord-ouest du volcan de Tajumulco jusqu'à celui de Tacana, s'efforça de résister à ce torrent impétueux. Mais tout le pays de *Xetulul* (Zapotitlan), de *Cuyotenango* (Tzam-Yac), de *Mazatenango* (Cakolqueh), la côte entière, avec ses riches produits, devint la proie des Quichés jusqu'à *Mazatlan*, au territoire de Soconusco. Entre les tributs

hache; elle est là sur la côte nommée de *Petatayub* (1), où elle est encore visible aujourd'hui, que tout le monde la voit en passant, comme le signe de la vaillance de Quicab.

On ne put ni le tuer ni le vaincre : véritablement c'était un héros et toutes les nations lui apportaient leur tribut. Alors tous les princes ayant pris conseil, s'en allèrent fortifier les contours des ravins et des villes, ayant emporté dès lors les villes de toutes les nations (2).

Après quoi on fit sortir les sentinelles, chargées d'observer l'ennemi (loin de la capitale), et l'on créa les nouvelles tribus qui devaient (comme des colonies) occuper à demeure les pays conquis (3). Pour le cas où le peuple retournerait occuper la ville, dirent tous les princes en se réunissant en conseil.

Alors ils sortirent aux lieux qui leur avaient été signalés: Ce seront là comme nos retranchements et comme nos tribus, ce seront comme nos murailles et nos châteaux; que ce soit là notre force et notre bravoure, dirent tous les seigneurs, lorsqu'ils s'acheminèrent au poste signalé à chacun pour sa tribu et y combattre ses ennemis (4).

Et lorsqu'ils furent avertis ainsi (de ce qu'ils avaient à faire), ils se mirent en chemin, pour prendre possession des pays des nations (vaincues) qui leur étaient signalés et s'en allèrent pour cela à ces pays : Ne vous effrayez point

---

que les chefs de cette contrée s'engagèrent à payer au roi, on cite le poisson de *Zamala*, de l'*Uquz*, du *Nil* et du *Xab* qui sont quatre rivières débouchant sur l'océan Pacifique (*Titulo de los Señores de Quezaltenango*).

(2) C'est ce qui explique comment la langue quichée se substitua dans tous ces lieux à la langue mame, avec laquelle elle a, d'ailleurs, une parenté fort rapprochée.

(3) Cette création se fit parmi les membres inférieurs des trois familles régnantes, de Cavek, de Nihaïb et d'Ahau-Quiché, à qui Quicab distribua les villes conquises, comme Guillaume le Conquérant le fit des seigneuries saxonnes aux Normands en Angleterre.

(4) Le *Titre des Seigneurs de Totonicapan* énumère les diverses charges et titres qui furent créés à cette occasion et désigne les princes qui en furent revêtus et qui allèrent prendre possession de leurs seigneuries.

cab chiquech, ta x-e pixabaxic conohel vach ruq Galel, Ahtzic-Vinak.

Ta x-beiheic ri uchi-cha, uchi-qam, ch'u chaxic : ta x-paxin rib u mam u cahau ri ronohel queche vinak; qo pa huhun chi huyub, xa chahal huyub, xa pu chahal cha, caam, chahal labal puch ta x-bec. Mana hunta zakir vi manai-puch hunta u qabauil, xa gatey rih tinamit.

Ta x-elic ronohel Ah-Uvila, Ah-Chutimal, Zakiya, Xah-baquieh, Chi-Temah, Vahxalahuh, ruq chic Ah-Cabrakan, Chabicak-Chi-Hunahpu, ruq Ah-Maka, Ah-Xoyabah, Ah-Zakcabaha, Ah-Ziyaha, Ah-Migina, Ah-Xelahuh, ta gahal huyub ri; x-elic varay labal, chahal uleu ta x-bec rumal Quicab, Cavizimah, Ahpop, Ahpop-Camha, Galel, Ahtzic-Vinak, e cahib chi ahauab.

X-e takonic, x-e varan puch ahlabal Quicab, Cavizi-mah u bi ahau chuvach Cavikib e caib, Quema u bi ahau chuvach Nihaib, Achak-Iboy cut u bi ahau chuvach Ahau-Quiche. Are cut qui bi ahau ri, x-e takonic, x-e zamahe-

---

(1) Le *Galel*, chef de la maison de Nihaib, et l'*Ahtzic-Vinak*, chef de la maison d'Ahau-Quiché : le *Titre des Seigneurs de Totonicapan*, le *Titre des Seigneurs de Quezaltenango* et le *Titre royal d'Itzcuin-Nihaib* donnent beaucoup de détails sur les victoires auxquelles ce dernier contribua.

(2) *Uvila*, pour *Chuvi-La*, auprès de Santo-Tomas *Chichicastenango*.
(3) *Cabrakan*, généralement désigné sous le nom de *Cabrikan*, dans les montagnes qui s'élèvent au N.-O. de Quezaltenango.
(4) *Chabicak-chi-Hunahpu*, c'est-à-dire *Flèche de Feu de Hunahpu*, ou

s'il y a encore des ennemis et qu'ils viennent à vous pour vous tuer : en toute hâte venez me le dire, j'irai et les ferai mourir, leur dit aussi Quicab, quand tous les chefs furent congédiés avec le Galel et l'Ahtzic-Viñak (1).

Alors partirent avec armes et bagages les chefs-de-lances et les chefs-de-frondes, ainsi qu'on les appelait : alors se répandirent de toutes parts les aïeux et les pères de toute la nation quichée ; il y en eut en chacune des contrées (conquises), seulement pour garder les monts, pour garder les lances et les frondes et pour veiller à la guerre, au moment où ils s'en furent. Ils n'eurent point un berceau différent et point non plus de dieu distinct (de celui de la mère-patrie, n'ayant pensé alors) qu'à fortifier leurs villes.

Alors sortirent (de la capitale) tous les (princes désignés comme) seigneurs d'*Uvila* (2), de *Chutimal*, de *Zakiya*, de *Xahbaquieh*, de *Temah*, de *Vahxalahuh*, avec les seigneurs de *Cabrakan* (3), de *Chabicak en Hunahpu* (4), avec les seigneurs de *Pamaka*, de *Xoyabah* (5), de *Zakcabaha*, de *Ziyaha* (6), de *Migina*, de *Xelahuh* et des pays de la côte ; ils sortirent pour veiller à la guerre et garder la terre où ils allèrent par ordre de Quicab et de Cavizimah, l'Ahpop et l'Ahpop-Camha, du Galel et de l'Ahtzic-Vinak, qui étaient les quatre souverains.

Ils furent dépêchés pour veiller sur les ennemis de Quicab et de Cavizimah, noms des deux rois (qui étaient) à la tête (de la maison) de Cavek, de Quema, nom du roi (qui était) à la tête (de la maison) de Nihaïb, et d'Achak-Iboy,

---

d'*Un-Tireur de sarcabane*. Dans un autre MS. ce lieu est nommé *Chao-Cak-chi-Hunahpu*, Feu qui parle dans le Hunahpu, ce dernier étant le nom du fameux volcan de *Fuego*, auprès de Guatémala.

(5) *Xoyabah*, mieux *Xol-abe'h*, Au milieu des pierres ; c'était une forteresse qui défendait l'entrée des montagnes des Rabinaliens, à l'est du Quiché.

(6) *Ziyaha*, Maison de l'Eau de Chien, qu'on retrouve dans les deux ou trois pueblos portant le nom de *C°*, et dont *Santa-Catarina Iztlahuacan* est encore aujourd'hui le plus considérable.

lan puch, ta x-e bec c'al qui qahol pa huyub, pa huhun chi huyub.

X-e na cu nabe; x-ul na canab x-ul na pu teleche chu vach Quicab, Cavizimah, Galel, Ahtzic-Vinak. X-qui ban chi vi labal ri uchi-cha, uchi-caam x-e canab chic, x-e telecheen chic : e achih x-e ux chic ri e vaban; x-e yaic, x-e quiar cut qui chi cut, qui quxlal, cumal ahauab, ta ch'ul qui ya qui canab, qui teleche ronohel.

Qatecut ta x-cuch naoh cumal, ahauab, Ahpop, Ahpop-Camha, Galel, Ahtzic-Vinak, ta x-el cu naoh xa cacha-pa qui nabe chi qohe-ta qu'ekalem vachinel chinamit ch'oc-vi. — In Ahpop, In Ahpop-Camha! ahpop chir'-ekaleh vech-oc, chi cu ave, at Ahau-Galel. — Galel ri galem x-ch'uxic, x-e cha-cut ronohel ahauab ta x-qam qui naoh.

Xavi cu quehe x-u bano Tamub, Ilocab : hunam vach ox-chob chi Quiche, ta x-ban chaponic x-qui cobizah u nabe c'al qui qahol. Quehecut u qamic naoh : macu chiri

---

(1) Dans les listes royales qui terminent ce livre, on trouve le nom de *Quema* comme l'avant-dernier roi de la maison de Nihaib, avant l'invasion espagnole. Celui d'*Achak-Iboy* ne paraît pas dans la liste des rois d'Ahau-Quiché; il est probable qu'il avait encore un autre nom, celui-ci signifie *Excrément d'Armadille*.

(2) La révolution racontée ici si brièvement eut pour causes principales les guerres mêmes où les rois du Quiché se laissèrent entraîner. Pour assurer leurs conquêtes, ils furent obligés d'y envoyer la plupart des chefs de familles de leur maison, qui formaient leur principale noblesse, et en éloignant d'eux l'aristocratie, ils se trouvèrent dans la nécessité d'élever la position des classes subalternes. Les chefs de la bourgeoisie ou du peuple levèrent la tête, et leur émancipation eut lieu comme autrefois en Europe celle des communes. Le *MS.*

nom du roi (qui était) à la tête (de la maison) d'Ahau Quiché (1). Et c'étaient là les noms des rois par qui ils furent envoyés et dépêchés, lorsque leurs vassaux allèrent (s'établir) en ces contrées et sur chacune de ces montagnes.

Ils se mirent en chemin tout d'abord ; des captifs et des prisonniers de guerre entrèrent (par leurs soins) à la face de Quicab et de Cavizimah, du Galel et de l'Ahtzic-Vinak. Partout les chefs-de-lances et les chefs-de-frondes faisaient la guerre, emmenant toujours de nouveaux captifs : ils devinrent à leur tour des héros, eux qui n'étaient que gardiens des postes (aux frontières); ils s'assirent (avec orgueil) et leur langage s'enhardit comme leurs pensées, à cause des rois, lorsqu'ils entraînaient (devant eux) leurs prisonniers et tous leurs captifs (2).

Après quoi le conseil s'assembla par ordre des rois, de l'Ahpop, de l'Ahpop-Camha, du Galel et de l'Ahtzic-Vinak (3), et il en sortit la décision que, quoi qu'il dût arriver, ils demeureraient les premiers, leurs dignités étant là pour représenter leur famille. — Je suis l'Ahpop, je suis l'Ahpop-Camha (s'écrièrent-ils)! ahpop pour porter ma charge comme la tienne, ô Ahau-Galel. — Quant aux galels, leur noblesse sera (4), répondirent tous les seigneurs en prenant leur décision.

De même aussi firent ceux de Tamub et d'Ilocab : égale (fut dès lors) la condition des trois races du Quiché, lorsque les chefs du peuple firent main basse (sur la royauté)

Cakchiquel donne sur cette révolution des détails très-curieux.

(3) Dans ce conseil, à ce qu'il paraît, les chefs du peuple se firent représenter; ils demandèrent des libertés pour tous, l'abolition des corvées, etc. Sur les représentations de la noblesse, les six principaux meneurs furent pendus : mais leur mort fut le signal de la révolte. Le peuple se leva en masse, un grand nombre de nobles furent massacrés, et le roi Quicab, prisonnier dans la ville de Panpetak, fut forcé de souscrire à toutes les demandes des rebelles. C'est alors probablement qu'eut lieu le conseil dont il est question ici.

(4) La traduction de ce verset est d'une grande difficulté : Ximenez le passe absolument ; il est visible que l'auteur cherchait à embrouiller une matière que son orgueil de race lui permettait à peine de détailler.

x-chap-vi Quiche. Qo u bi huyub x-chup-vi u nabe al-qahol, ta x-e tak cut ronohel qo pa hunhun chi huyub, xahun x-e cuch-vi.

Xebalax, Xecamac u bi huyub x-e chap-vi, ta x-oc qui galem, chiri Chulimal x-ban-vi.

Va cute qui cobic, qui chapic, qu'etaxic puch huvinak galel, huvinak ahpop, x-chapic rumal Ahpop, Ahpop-Camha, rumal puch Galel, Ahtzic-Vinak : x-oc qu'ekalem ronohel galel-ahpop, hulahuh nim-chocoh, galel-ahau, galel-zakik, u galel-achih, rahpop-achih, rahtzalam-achih, utzam-achih, qui bi achihab x'oquic, ta x-e cobic, x-e bi-naah puch chuvi qui tem, chuvi qui chakat, e u nabe r'al u qahol Queche-Vinak ilol rech taol rech uchi-cha uchi-caam, quehoh, tzapib, tzalam, qoxtum chirih Quiche.

Xavi cu quehe x-u bano Tamub, Ilocab, x-u chapo, x-u cohizah puch u nabe r'al u qahol qo pa huhun-chi huyub. Arecut u xenabic galel-ahpop, r'ekalem pa huhun chi huyub vacamic : quehe r'elic ri ta x-e elic chirih Ahpop, Ahpop-Camha, chirih puch Galel, Ahtzic-Vinak x-el-vi.

---

(1) Il est clair que les chefs des familles le Tamub et d'Ilocab, humiliées depuis plus de deux siècles et réduites à une sorte d'ilotisme, profitèrent de cette occasion pour relever la tête et reprendre rang dans la noblesse.

(2) Véritable assemblée constituante et qui prouve combien peu ces peuples étaient stationnaires.

(3) Le nom de cette localité, célèbre naguère dans les annales du Quiché, est perdu aujourd'hui : quelques In-

et se firent ennoblir (1). Telle fut l'issue de cette assemblée : mais ce ne fut pas là au Quiché même que fut saisi (le pouvoir). Le nom du lieu existe où les chefs des vassaux s'emparèrent (de la puissance), quand ils eurent été tous envoyés chacun en une localité et qu'ils s'assemblèrent ensuite tous ensemble (2).

Xebalax et *Xecamac* sont les noms du lieu où ils se mirent en possession du pouvoir, au temps où ils entrèrent dans les dignités, et cela eut lieu à *Chulimal* (3).

Voilà quelle fut la nomination, l'installation et la reconnaissance des vingt *galel* et des vingt *ahpop*, qui furent installés par l'Ahpop et l'Ahpop-Camha, par le Galel et l'Ahtzic-Vinak : tous les *galel-ahpop* entrèrent en dignité (comme aussi) onze *nim-chocoh, galel-ahpop, galel-zakik, galel-achih, rahpop-achih, rahtzalam-achih, utzam-achih*, titres des guerriers que ceux-ci obtinrent, quand ils furent nommés et titrés sur leurs trônes et sur leurs siéges, eux, les chefs des vassaux de la nation quichée, ses vigies et ses oyants, ses chefs-de-lances et ses chefs-de-frondes, les remparts, les portes, les murs et les tours qui défendent le Quiché.

De cette manière aussi le firent ceux de Tamub et d'Ilocab, les chefs du peuple qu'il y a en chacune de leurs localités, ayant saisi le pouvoir et s'étant fait titrer. Telle fut l'origine des galel-ahpop et des dignités qui existent aujourd'hui en chacun de ces lieux : telle en fut la source, lorsqu'elles surgirent de par l'Ahpop et de par l'Ahpop-Camha, comme aussi du Galel et de l'Ahtzic-Vinak, de qui elles prirent naissance (4).

diens m'indiquèrent des ruines au nom de *Chulimal* entre *Lemoa*, *Chichicastenango* et le pied des montagnes de *Totonicapan*.

(4) Ce furent bien les quatre chefs suprêmes qui conférèrent ces dignités; concession arrachée par la violence, mais qui eut pour conséquence d'accroître la puissance royale aux dépens de l'aristocratie féodale, ainsi que le dit fort bien le *MS. Cakchiquel*.

HULAHPAH CHI TZIH.

Arecut x-chi ka byih chic u bi r'ochoch qabauil; xavixere x-u binaah r'ochoch ri u bi Qabauil, Nimak-Tzak-Tohil, u bi tzak r'ochoch Tohil, rech Cavikib. Avilix cut u bi tzak r'ochoch Avilix, rech Nihaibab, Hacavitz chicut u bi tzak r'ochoch u qabauil Ahau-Quiche.

Tzutuh-A qu'il na Cahba-ha u bi chic nimak Tzak, x-qohe-vi abah x-gihiloxic rumal ahauab Quiche, gihilox puch rumal ronohel amag. Ch'oc na u qatoh amag nabe chuvach ri Tohil, qatecut ta ch'u gihila chic Ahpop, Ahpop-Camha.

Qate ch'ul qui ya qui gug, qui patan chuvach Ahau; are Ahau chic are chi puch qui tzukun qui coon, Ahpop, Ahpop-Camha. X-kazan qui tinamit e nima ahauab e naual tak vinak, naual ahau ri Gucumatz, Cotuha, naual ahau curi Quicab, Cavizimah.

Qu'etaam uve labal chi banic, calah chi-qui-vach rono-

---

(1) Ainsi les trois maisons régnantes avaient dans la même enceinte chacune son temple : d'après les débris qu'on trouve à l'entour du *Grand-Édifice de Tohil*, bien connu des voyageurs que sa masse colossale frappe au premier aspect, à l'approche des ruines d'*Utlatlan*, près de *Santa-Cruz del Quiché*, on voit que chacune des trois familles avait aussi un palais en cet endroit.

(2) *Tzutuh-a*, littéralement Eau fleurie, qui est aussi le nom d'un grand édifice, c'est-à-dire d'un temple qu'on voit à *Cahbaha*. Cette localité, dont il n'est parlé dans aucun autre document historique, se trouve mentionnée seulement dans un Titre commun des terres de Zacapulas, aux archives du palais à Guatémala, et devait se trouver dans le territoire des Agaab, non loin des bords du fleuve Lacandon. Il ne serait pas impossible que ce fût l'ancienne ville indigène à laquelle fut substituée *Zakcabaha*, aujourd'hui San-Andres. *Cahba-ha*, qui vient du verbe *kah*, descendre, abattre, d'où *qahb*, sacrifier,

CHAPITRE ONZIÈME.

Voici donc que nous dirons maintenant le nom de la maison du dieu; en réalité, sa maison s'appelait du nom du dieu, le Grand-Edifice de Tohil, nom de l'édifice de la maison de Tohil, propriété des Cavek. Et Avilix était le nom de l'édifice de la maison d'Avilix, propriété des Nihaïb, et enfin Haçavitz était le nom de l'édifice de la maison du dieu d'Ahau-Quiché (1).

Tzutuha (ou la Fontaine Fleurie), qu'on voit à *Cahbaka*, est le nom d'un autre très-grand Edifice (2), où il y avait une pierre (3) qui était adorée par les rois du Quiché et qui était aussi adorée par toute la nation. Le peuple introduisait son offrande d'abord devant Tohil, et puis il allait adorer à son tour l'Ahpop et l'Ahpop-Camha.

Ensuite ils apportaient leurs plumes précieuses et leurs tributs devant le Roi; et ce Roi aussi ils le soutenaient et l'alimentaient, l'Ahpop et l'Ahpop-Camha. C'étaient eux qui avaient fondé la cité, eux les grands rois et tous les hommes opérateurs de merveilles, le merveilleux roi Gucumatz, avec Cotuha, et aussi le merveilleux roi Quicab avec Cavizimah.

Ils savaient si la guerre se ferait, et tout était clair à

---

immoler, signifie *Maison de l'Abattoir* ou *du Sacrifice*.

(3) Juarros, d'après Fuentes, parle également d'une pierre que les Quichés consultaient dans les occasions importantes: d'après ce dernier, c'était une sorte d'obsidienne ou plutôt de pierre métallique au fond noir et brillant comme une glace, où les dieux exprimaient leurs oracles par des images parfaitement visibles. Dans le *Titre des Seigneurs de Totonicapan*, il est dit que les Quichés, lors de leur alliance avec Qotuha, trouvèrent à Tzutuha, lieu de sa résidence, la pierre en question, semblable à celle qu'ils tenaient de Nacxit. C'est cette circonstance de l'adoration de la pierre, de la Fontaine Fleurie, *Tzutuha*, et du nom de *Cahbaha*, qui me frappa la première fois que je fus en état de lire l'original en langue quichée, à cause de leur coïncidence, tout accidentelle probablement, avec la pierre noire adorée à la Mecque, du puits de Zemzem et de la Caaba.

hel : chi qu'ilo uve camic uve vaih, uve chaob chi banic. Xax qu'etaam-vi qo qutibal.re, qo vuh, Popol Vuh u bi cumal.

Mana xa quehe e ahauab nim qui qoheic : nim naipuch qui meuahic, are logbal tzak, logbal pu ahauarem cumal : nahtic chic x-e meuahic, x-e qahbic chuvach qui qabauil. Va cute qui meuahibal :

Beleh vinak que meuahic, hu-beleh cut que qahbic, que qatonic : oxlahu vinak chic qui meuahibal, oxlahu chicut que gahbic, que qatonic chuvach Tohil; chuvach pu qui qabauil xa tulul, xa ahache, xa ginom chi qui loo.

Are ma-habi va chi qui veeh, uve vuklahuh vinak que qahbic, uve lahuh cut que meuahic. Mavi que vaic quitzih vi, chi nima auazinic chi qui bano, are r'etal qui qoheic e ahauab;

Ruq cut ma-habi ixok chi var cut; xa qui-tuquel chi qui chahih quib, que meuahic, xa pa r'ochoch qabauil, que qohe-vi hutagih, xa gihilonic, xa qatonic, xa pu qahbic chi qui bano.

Xavi chiri e qo-vi xgek, zakiric, xa ch'og qui qux, xa pu ch'og qui pam, ta que tzononic chirech u zak, u gazlem c'al qui qahol, chire naipuch c'ahauarem chi qui pagaba qui vach chi cah. Va cute qui tzonobal chuvach qui Qabauil, ta que tzononic, arecut r'ogeh qui qux va.

---

(1) *Popol Vuh*, le livre national, contenant les mystères dont il est question dans les deux premières parties de cet ouvrage et sans doute aussi la science de l'astronomie, de l'astrologie judiciaire, l'art de la magie et les règles du rituel, etc.
(2) Voir la note 6 du ch. I, part. III.

leurs yeux : ils voyaient s'il y aurait mort ou famine, si une contention devait avoir lieu. Ils savaient même où était ce qui leur manifestait toute chose, où était le livre, par eux appelé le *Livre National* (1).

Mais ce n'est pas seulement de cette manière que les rois (montraient) la grandeur de leur condition : grands aussi étaient leurs jeûnes avec quoi ils payaient (la possession de) leurs palais et de leur royaume : ils jeûnaient fort longtemps, en offrant devant leur dieu. Or voici quel était leur jeûne.

Neuf hommes jeûnaient, et neuf autres offraient et brûlaient l'encens : treize hommes encore (étaient occupés) du jeûne, et treize autres offraient et brûlaient l'encens devant Tohil, et devant leur dieu ils ne mangeaient que des sapotes, des ahaches et des jocotes (2).

Car ils n'avaient point de pain (3) à manger, soit qu'ils fussent dix-sept hommes à offrir, soit que dix (fussent occupés) à jeûner. Ils ne mangeaient véritablement pas, dans la grande œuvre sainte qu'ils faisaient et qui était la marque du caractère des rois ;

Ils n'avaient pas non plus de femmes avec qui dormir ; mais ils (demeuraient) seuls pour se garder dans la continence (4), en jeûnant dans la maison du dieu où ils étaient chaque jour, s'occupant uniquement à adorer, à offrir et à brûler de l'encens.

Ainsi ils étaient là du soir au matin, à gémir uniquement du fond de leurs cœurs, à gémir du fond de leurs entrailles, implorant la lumière et la vie pour leurs sujets, comme aussi la puissance pour eux-(mêmes), en élevant leurs regards vers le ciel. Or voici la demande (qu'ils adressaient) à la face de leur Dieu, en le priant, et voici quel était le gémissement de leurs cœurs :

---

(3) *Va*, mot générique de tout aliment substantiel, mais en particulier de la crêpe de farine de maïs, que l'on appelle *tortilla*.

(4) *Chi qui chahih quib*, ils gardaient soi, c'est-à-dire, restaient continents.

Acarroc, Atoob u gih, at Hurakan, at u Qux cah, uleu !. At yaol rech ganal-raxal, at pu yaol mial, qahol! ch'a tziloh, ch'a maquih uloc a raxal, a ganal : ch'a ya-tah u qazeic vinakiric v'al nu qahol; chi pog-tah, chi vinakir-tah, tzukul ave, cool ave ; ziquiy ave pa be, pa hoc, pa beya, pa zivan, xe che, xe caam.

Ch'a yaa qui mial, qui qahol. Ma-ta-habi il-tzap, yan-qexo : ma-ta ch'oc qaxtokonel chiquih, chi qui vach. M'e pahic, m'e zokotahic; m'e hoxouic, m'e gatouic. M'e kahic r'equem be, r'ahzic be. Ma-ta-habi pak, toxcom chiquih, chi-qui-vach : que a-yatah pa raxa be, pa raxa hoc; ma-ta-habi qu'il, qui tzap a cuil, av'itzmal.

Utz-tah qui qoheic tzukul ave, cool ave ch'a chi; ch'a vach, at u Qux cah, at u Qux uleu, at pizom Gagal, at puch Tohil, Avilix, Hacavitz, pam cah, u pam uleu, cah tzak, cah xucut. Xa-ta zak, xa-ta amag, u pam ch'a chi ch'a vach, at Qabauil !

Quehecut ri ahauab, ta que meuahic chupan ri beleh vinak, oxlahu vinak, vuklahu vinak puch ; qui meuaih gih, ch'og qui qux chuvi c'al qui qahol, chuvi puch ronohel ixok, alcual, ta x-qui ban qui patan huhun chi ahauab.

---

(1) *Acarrok*, exclamation suppliante, exprimant quelquefois la douleur, quelquefois une espérance humble vers le ciel. *Atoob*, d'*ato*, beau, bon, pluriel *atoob*, exprimant la beauté et la bonté par excellence.
(2) Le tentateur; *qaxtokonel*, le trompeur, de *qaxtok*, mensonge, *qaxtokoh*, mentir.

« Salut, Beauté du jour (1), ô Hurakan, Cœur du ciel et de la terre! Toi qui donnes la gloire et la félicité; toi qui donnes les filles et les fils! tourne-toi (vers nous) et répands la prospérité (avec) tes bienfaits : donne la vie et l'être à mes sujets; qu'ils croissent et vivent, eux, les soutiens et les nourriciers de tes (autels); qui t'invoquent dans le chemin, sur les routes, au bord des rivières, dans les ravins, sous les bois, sous les lianes.

» Donne-leur des filles et des fils. Qu'il ne leur arrive ni disgrâce, ni infortune : que le tentateur ne s'introduise point derrière eux, ni en leur présence (2). Qu'ils ne glissent point, qu'ils ne se blessent point; qu'ils ne soient ni fornicateurs, ni sentenciés par le juge. Qu'ils ne tombent point dans le bas du chemin, ni sur le haut de la route. Qu'il n'y ait point de pierre d'achoppement ou de péril derrière eux ou en leur présence : prépare-leur un chemin uni et des sentiers ouverts; qu'il n'y ait ni malheur ni infortune qui leur (vienne) de tes rayons (3).

» Que leur existence soit heureuse, eux les soutiens et les nourriciers de ta (maison) devant ta bouche et devant ta face, ô Cœur du ciel, ô Cœur de la terre, toi, Majesté Enveloppée, ô Tohil, Avilix, Hacavitz, qui remplis le ciel et la terre aux quatre extrémités, aux quatre points cardinaux. Aussi longtemps que la lumière existe (4) qu'ils soient devant ta bouche, devant ta face, ô Dieu ! »

Ainsi (parlaient) les rois, tandis qu'au dedans jeûnaient les neuf hommes, les treize hommes et les dix-sept hommes; ils jeûnaient de jour, leurs cœurs gémissant sur leurs sujets et sur toutes les femmes et les enfants, lorsque ceux-ci portaient leur tribut à chacun des rois.

---

(3) De tes rayons; le texte dit : *Ma-ta-habi qu' il, qui tzap a cuil, av' itzmal*, que point ait leur mal, leur infortune ton poil, ta chevelure.

(4) *Xa-ta xak, xa-ta amag*, littéralement, tant que lumière, tant que peuple (ou demeure); c'est une expression pour dire toujours.

Are logbal zak qazlem, logbal puch ahauarem, are r'ahauarem Ahpop, Ahpop-Camha, Galel, Ahtzic-Vinak. E ca-cab ta que oquic que halou quib, chir'ekalixic amag ruq ronohel Queche-Vinak.

Xahun x-el vi u xe tzih, u xe puch tzukuh, cooh : xavi u xe tzih, xavi quehe c'u bano Tamub, Ilocab, ruq Rabinaleb, Cakchiqueleb, Ah-Tziquinaha, Tuhalaha, Uchabaha, xahun cheel vi ta xiquin chiri Queche ta ch'u ban rech ronohel.

Mana xaki quehe x-e ahauaric. Mana xa x-qui cak cochih tzukul que, cool que, xata qui vain uqaha x-qui bano. Ma pu xa log-tah : x-qui tzubu, x-qu'elegah c'ahauarem, qui gagal, qui tepeual.

Manai-pu xata quehe x-kah u zivan u tinamit : chuti amag, nima amag nim rahil x-qui yao : x-ul xit, x-ul puvak, x-ul puch guhcab, r'akan tuyic, r'akan chi quval chi yamanic ; x-ul puch raxon qubul-chactic, u patan ronohel amag ; x-ul chi qui vach nanal ahauab Gucumatz, Cotuha, chuvach puch Quicab, Cavizimah, ri Ahpop, Ahpop-Camha, Galel, Ahtzic-Vinak.

Mavi xa chutin x-qui bano, manai-pu xata zcaquin chi amag, x-qui kazah : quia chob chi amag x-ul u patan Qui-

---

(1) Ces prières, sentiments des rois priant pour les peuples dont ils sont chargés, montrent une nation profondément religieuse. Il y a certainement beaucoup d'analogie entre les coutumes de la royauté quichée et la royauté en Israël ; leurs vœux sont les mêmes.

(2) En effet le culte était le même partout, et à quelques détails près, on

C'était là le prix de la civilisation (dont ils jouissaient), et le prix de la puissance, c'est-à-dire de la puissance de l'Ahpop, de l'Ahpop-Camha, du Galel et de l'Ahtzic-Vinak. De deux en deux ils entraient et se rechangeaient, chargés du poids de la nation et de tout le peuple Quiché (1).

Il n'y avait qu'une seule origine à leur tradition et une origine à l'usage de soutenir et d'alimenter (les autels) : c'était la même origine à leurs traditions ; car de même aussi faisaient ceux de Tamub et d'Ilocab, avec les Rabinaliens, les Cakchiquels, ceux de Tziquinaha, de Tuhalha, d'Uchabaha, et il n'y avait qu'une bouche et qu'une oreille au Quiché en faisant tout ce qui les concernait (2).

Mais ce n'était pas seulement ainsi qu'ils régnaient. Ils ne gaspillaient point les dons de ceux qui les soutenaient et les alimentaient, sinon qu'ils en faisaient leurs mets et leurs breuvages. Ils ne les achetaient donc point : ils avaient obtenu par leur habileté et enlevé de force leur empire, leur majesté et leur puissance.

Ce ne fut pas seulement de cette manière que les villes avec leurs ravins furent humiliées : les nations petites et grandes apportèrent des rançons considérables ; on vit arriver les pierres précieuses, les riches métaux et le miel le plus doux, les sceptres d'émeraudes et les perles (3) ; à leur tour arrivèrent les ouvrages en plumes (4), tributs de tous les peuples ; ils arrivèrent en présence des rois merveilleux Gucumatz et Cotuha, en présence de Quicab et de Cavizimah, de l'Ahpop, de l'Ahpop-Camha, du Galel et de l'Ahtzic-Vinak.

Ce ne fut certes pas peu ce qu'ils firent et ils ne furent pas peu nombreux les peuples qu'ils soumirent : innom-

---

trouve dans toutes ces contrées la religion toltèque pratiquée universellement.

(3) *R'akan tuvic, r'akan chi quval, chi yamanic;* jambes (ou tibia) de poignée, jambes avec émeraudes, avec perles.

(4) *Raxon qubul-chactic,* verts (ou bleus) ouvrages de plumes.

che, qaxcol cut x-qam-vi x-yaquex-vi cumal. Mavi atan x-vinakiric qui gagal, ca Gucumatz u xe nimal chi ahauarem; quehecut u tiqaric u nimaric, ri u nimaric puch Quiche.

Are chicut x-chi ka cholo u leel ahauab ruq qui bi, conohel ahauab x-chi ka byih chic.

CABLAHPAH CHI TZIH.

Vae cute u leel, u tazel ahauarem chi ronohel qui zakiribem Balam-Quitze, Balam-Agab, Mahucutah, Iqi-Balam, nabe ka mam, nabe ka cahau, ta x-vachin gih, x-vachin iq, chumil.

Vae cute u leel, u tazel ahauarem x-chi ka tiqiba u!oc qui chu xe culucub chi r'oquic ahauab ta ch'oquic, ta chi camihelc hutak le chi ahauab ri mama ruq rahaual chi tinamit ronohel chi huhun chi ahauab. Vae cute x-chi vachin u vach chu huhunal ahauab; vae cute x-chi vachin u vach huhun chu huhunal ahauab Quiche.

brables sont les nations et les villes qui vinrent payer leur tribut au Quiché et dont celles-ci conçurent un grand chagrin, de ce que (leurs richesses) étaient enlevées par ces (princes). Leur puissance, toutefois, ne surgit pas promptement : Gucumatz fut l'origine de la grandeur de la royauté ; ainsi donc il fut le principe de son agrandissement et celui de l'agrandissement du Quiché.

Voici donc que nous allons mettre par ordre les générations des rois avec leurs noms et tous les rois que nous allons nommer de nouveau.

CHAPITRE DOUZIÈME.

Voici donc les générations et l'ordre de tous les règnes qui ont pris naissance avec Balam-Quitzé, Balam-Agab, Mahucutah et Iqi-Balam, nos premiers aïeux et nos premiers pères, au temps où se manifesta le soleil, où se manifestèrent la lune et les étoiles.

Voici donc les générations et l'ordre des règnes que nous allons commencer, du principe de leurs successions, à mesure de l'accession des rois et de leur descente au tombeau (1), chaque génération de rois et anciens, ainsi que le souverain de la capitale, (enfin) chacun de tous les rois. Voici que se manifesteront les titres en particulier des rois ; voici que se montreront les titres, chacun en particulier des rois du Quiché.

(1) *Ta ch'oquic, ta chi camiheic*, quant à l'entrée, quant à l'acte de mourir.

NIM-HA CHI CAVIKIB.

Balam-Quitze, u xenabal Cavikib.
Qocavib, u ca-le chic Balam-Quitze.

Balam-Conache x-tiqiban ahpopol r'ox-le curi.

Cotuha, Ztayub, u cah-le.

Gucumatz, Cotuha, u xe naual ahau r'ole x-qohe-vi.

Tepepul, Ztayul chic u vak-taz.
Quicab, Cavizimah, u vuk-hal ahauarem, naual chi vi.

Tepepul, Xtayub, u vahxak-le.
Tecum, Tepepul, u beleh-le.
Vahxaki-Caam, Quicab cut u lahu-le ahauab.

Vukub-Noh, Cavatepech chic u balahu taz abauab.

Oxib-Quieh, Beleheb-Tzi, u cablahu-le ahauab. Are cut que abauaric ta x-ul Donadiu, x-e hitzaxic rumal Caxtilan vinak.

Tecum, Tepepul, x-e patanihic chuvach Caxtilan vi-

---

(1) *Conache*, comme un grand nombre de noms quichés, est composé du verbe radical *qo*, être, il y a, et de *nach*, ressemblance.
(2) *Cotuha*, composé du même verbe *qo* et de *tuha*, le bain à vapeur, *temazcalli*, dans la langue nahuatl. Voir pour *Iztayub*, la note 5, p. 299; *b* mis pour *i* est une règle d'euphonie de la langue quichée.
(3) *Tepepul*, mieux *Tepepol*, augmentatif de *tepe*, montagne, dans la langue nahuatl, à laquelle ce nom appartient.
(4) *Xtayul*, pour *Iztayul*.
(5) *Tecum*, littéralement Amoncelé.
(6) *Vahxaki-Caam*, c'est-à-dire Huit Lianes; c'est la traduction du nom mexicain *Chicuey-Malinalli*, ce dernier étant le nom ou signe du douzième jour du mois, ordinairement remplacé par le mot *zi*, bois ou balai, ou *balam*, tigre.
(7) *Vukub-Noh*, c'est-à-dire Sept-

MAISON ROYALE DE CAVEK.

Balam-Quitzé, souche de ceux de Cavek.

Qocavib, seconde génération (en commençant) de Balam-Quitzé.

Balam-Conaché, avec lequel commence (la royauté proprement dite ayant) le titre d'Ahpop, conséquemment troisième génération (1).

Cotuha et *Iztayub* (2), de la quatrième génération.

Gucumatz et *Cotuha*, principe des rois merveilleux, qui furent la cinquième génération.

Tepepul et *Iztayul*, du sixième ordre (3).

Quicab et *Cavizimah*, la septième succession à la royauté, également merveilleux.

Tepepul et *Xtayub* (4), de la huitième génération.

Tecum et *Tepepul*, de la neuvième génération (5).

Vahxaki-Caam et *Quicab*, de la dixième génération de rois (6).

Vukub-Noh et *Cavatepech*, du onzième ordre de rois (7).

Oxib-Quieh et *Beleheb-Tzi*, de la douzième génération de rois. Ceux-ci régnaient lorsqu'arriva *Donadiu*, et ils furent pendus par les *Castillans* (8).

Tecum et *Tepepul*, lesquels furent rendus tributaires

Température, traduction du mexicain *Chicome-Ollin*, ce dernier étant le dix-septième des vingt signes du calendrier. Le second *Cauatepech*, que Ximenez traduit *Adornado de Argollas*, orné de grands anneaux, nous paraîtrait plutôt devoir se prendre de la langue nahuatl.

(8) *Oxib-Quieh*, Trois Cerfs; *Beleheb-Tzi*, Neuf Chiens, nommés d'après les signes du calendrier. *Donadiu* pour *Tonatiuh*, l'Éclatant, nom du soleil, que les Mexicains avaient donné à Alvarado ; la manière dont les Quichés écrivent ce nom indique qu'ils ne savaient pas prononcer ce t à la manière mexicaine et que le son en était quelque peu différent du leur. Oxib-Quieh et Beleheb-Tzi, Ahpop et Ahpop-Camha, derniers rois véritables du Quiché, attirés dans un piège par Alvarado, furent par lui condamnés à être brûlés vifs; suivant les uns la sentence fut exécutée ainsi, suivant les autres ils furent étranglés ou pendus d'abord et ensuite brûlés.

nak; are x-e qaholan canoe; r'oxlahu-le ahauab.

Don Juan de Rojas, Don Juan Cortes cahlahu-le ahauab, e qaholaxel rumal Tecum, Tepepul.

Are cut u leel u tazel ahauarem ri ahau Ahpop, Ahpop-Camha chuvach Cavikib Quiche.

Are chi x-chi ka byih chic re chinamit : va chi cute nim ha rech huhun chi ahauab chirih Ahpop, Ahpop-Camha; are u binaam-vi beheheb u nim-ha va-tak u bi e rahaual huhun chi nim-ha.

Ahau-Ahpop, hun u nim-ha, Cuha u bi nim-ha.

Ahau-Ahpop-Camha, Tziquina u bi u nim-ha.

Nim-Chocoh-Cavek, hun nim-ha.

Ahau-Ah-Tohil, hun u nim-ha.

Ahau-Ah-Gucumatz, hun u nim-ha.

Popol-Vinak-Chituí, hun u nim-ha.

Lolmet-Quehnay, hun u nim-ha.

Popol-Vinak-Pa-Hom-Tzalatz-Xcuxeba, hun u nim-ha.

---

(1) Ce *Tecum*, compté ici comme étant de la treizième génération, serait le même qui commanda les armées quichées à l'arrivée d'Alvarado dans la plaine de Quezaltenango et qui fut tué par le conquérant devant Zahcaha. Tepepul serait le même que *Ce-Quéxol*, le Sequechul des historiens espagnols, qui ayant voulu secouer le joug de l'étranger, fut saisi et embarqué sur un navire espagnol qui périt ensuite sur la côte d'Acapulco.

(2) Ces deux princes, à qui on laissa une ombre de la puissance royale, existaient encore en 1558 et nous possédons leurs signatures sur un document fort important de l'histoire quichée : sous la coercition espagnole, ils abandonnèrent la cité d'Utlatlan

devant les Castillans ; ils eurent des fils (et ils furent) la treizième génération de rois (1).

Don Juan de Rojas et *Don Juan Cortes*, quatorzième génération des rois, furent les fils de Tecum et de Tepepul (2).

Or c'est là l'ordre des générations de la royauté des rois Ahpop et Ahpop-Camha à la face de ceux de Cavek-Quiché.

Et voici que nous allons de nouveau répéter les noms des familles : voici donc les grandes maisons, appartenant à chacun des princes à la suite de l'Ahpop et de l'Ahpop-Camha ; ce sont les noms des neuf grandes maisons, avec les divers titres des princes de chaque grande maison.

L'*Ahau-Ahpop* (Roi des Rois), chef d'une grande maison, et *Cuha* est le nom de son palais (3).

L'*Ahau-Ahpop-Camha* (Prince ministre de la maison), et *Tziquina-ha* est le nom de son palais (4).

Le *Nim-Chocoh-Cavek* (Grand-Élu de Cavek), chef d'une grande maison (5).

L'*Ahau-Ah-Tohil* (Prince des prêtres de Tohil), chef d'une grande maison.

L'*Ahau-Ah-Gucumatz* (Prince des prêtres de Gucumatz), chef d'une grande maison.

Le *Popol-Vinak-Chitui* (Conseiller etc.), chef d'une grande maison.

Le *Lolmet-Quehnay* (Ministre des tributs, etc.), chef d'une grande maison.

Le *Popol-Vinak-Pa-Hom-Tzalatz-Xcuxeba* (Conseiller au jeu de Paume, etc.), chef d'une grande maison.

---

ou Gumarcaah, déjà presque entièrement dépeuplée, et seraient morts au pueblo de Santa-Cruz del Quiché, fondé sur le site du camp d'Alvarado.

(3) *Cuha,* c'est-à-dire maison gardée.

(4) *Tziquina,* ce qui veut dire maison des oiseaux.

(5) Nous traduirons ces titres dans leur ordre lorsque nous le pourrons, mais sans en garantir toutefois absolument l'exactitude. Là où la traduction nous paraît impossible, nous laissons le titre en langue quichée seulement. Bien souvent, d'ailleurs, ces titres sont des noms, ou anciens souvenirs, qui n'ont pas le moindre rapport avec le sens de la charge qu'ils désignent.

Tepeu-Yaqui, hun u nim-ha.

Are curi beleheb chinamit chi Cavikib ; tzatz r'al u qahol ahilatal chirih beleheb chi nim-ha.

NIM-HA CHI NIHAIBAB.

Va cute rech Nihaibab beleheb chi vi chi nim-ha ; are nabe x-chi ka byih u leabal rib ahauarem ; xahun u xe x-ch-tiqar chuvach u xe gih u xe zak chi vinak.

Balam-Agab, nabe mamaxel cahauixel.
Qoacul, Qoacutec, u cale.
Qochahuh, Qotzibaha, r'oxle.

Beleheb-Gih, u cah-le chic.
Cotuha, r'ole ahau.
Batza, chicut u vukle chic.
Ztayul, chicut u vuk-le abau.
Cotuha, chi vi u yahxak-taz ahauarem.
Beleheb-Gih, u beleh-taz.
Quema, ch'u chax chic, u lah-le.
Ahau Cotuha, u hulahu-le.
Don Christoval ch'u chaxic x-ahauaric chuvach Caxtilan vinak.
Don Pedro de Robles, Ahau-Galel vacamic.

Are curi chi ronohel ahauab elenak chirih ri Ahau-Galel : are chic x-chi ka byih rahaual huhun chi nim-ha.

---

(1) *Qoacul*, nom composé du verbe radical *qo*, être, il y a, et de *Acul*, qui est le nom d'une des tribus primitives sorties de Tulan, et dont le prince ou ses descendants auraient occupé le territoire, au temps des conquêtes des Quichés. On trouve, à quelques lieues à l'ouest de Nebah, des ruines qui portent le nom de *Xol-Acul*, Entre-Acul. — *Qoacutec*, composé du même verbe et de *acuteo*, nom aussi d'une ancienne tribu

Le *Tepeu-Yaqui*, chef d'une grande maison.

Ce sont donc là les neuf familles de ceux de Cavek; innombrables et infinis sont les vassaux qui suivaient ces neuf grandes maisons.

MAISON ROYALE DE NIHAÏB.

Voici donc aussi les neuf grandes maisons de ceux de Nihaïb; mais nous dirons d'abord l'ordre de leurs générations en (ce qui touche) la royauté. Une fut la souche avec laquelle ils commencèrent avant que le soleil et l'aurore eussent brillé pour le peuple.

Balam-Agab, le premier aïeul et père.

Qoacul, et *Qoacutec*, de la seconde génération (1).

Qochahuh et *Qotzibaha*, de la troisième génération (2).

Beleheb-Gih, qui est la quatrième génération (3).

Cotuha, le cinquième des rois.

Batza, aussi qui est la sixième génération (4).

Ztayul, aussi qui est la septième génération.

Cotuha, qui fait le huitième rang de la royauté.

Beleheb-Gih, le neuvième rang.

Quema, que l'on a déjà nommé, de la dixième génération (5).

Le *Roi Cotuha*, de la onzième génération.

Don Christoval, ainsi appelé, qui régna en présence des Castillans.

Don Pedro de Robles, aujourd'hui Ahau-Galel.

Ce sont donc là tous les rois qui vinrent à la suite du (premier) Ahau-Galel; et maintenant nous nommerons les princes de chaque grande maison.

---

dont on retrouve le souvenir dans *Chuvi-Acutec*. Au-dessus d'Acutec, sur le territoire de Chalchitan, près de Malacatan et de Huehuetenango.

(2) *Qotzibaha*, ce qui veut dire Où il y a une maison peinte, du verbe radical *qo*, de *tzibah*, peindre ou écrire, et de *ha*, maison.

(3) *Beleheb-Gih*, Neuf-Soleils.

(4) *Batza*, Eau ou Rivière du Singe.

(5) *Quema*, c'est-à-dire Eau de tissage, de *quem*, tisser, et de *a*, l'eau.

Ahau-Galel, u nabe ahau chuvach Nihaibab, hun u nim-ha.

Ahau-Ahtzic-Vinak, hun u nim-ha.

Ahau-Galel-Camha, hun u nim-ha.

Nima-Camha, hun u nim-ha.

Uchuch-Camha, hun u nim-ha.

Nim-Chocoh-Nihaib, hun u nim-ha.

Ahau-Avilix, hun u nim-ha.

Yacol-Atam, hun u nim-ha.

Nima-Lolmet-Yeoltux, hun u nim-ha.

Arecut nim-ha ri chuvach Nibaibab, are u binaam vi beleheb chinamit chi Nihaibab, ch'u chaxic : quia tak cut u chinamital huhun chique ahauab are u nabe ri mi-x-ka byih qu i bi.

NIM-HA CHE AHAU-QUICHEEB.

Are chicut rech Ahau-Quiche va u mam u cahau,

Mahucutah, nabe vinak.

Qoahau u bi u ca-le ahau.

Caklacan.

Qocozom.

Comahcun.

Vukub-Ah.

Qocamel.

Coyabacoh.

Vinak-Bam.

---

(1) *Qoahau*, composé de *qo*, où est, *ahau*, le roi ou qui est roi. — *Caklacan*, mot à mot Rouge-bannière. — *Comahcun*, composé de *comah*, sang, et de *cun*, le sexe de la femme. — *Vukub-Ah*, Sept-Cannes. — *Qocamel*, de *qo*, où est, *camel*, l'humble ou le mortel.

NOTES DE LA PAGE SUIVANTE 347.

(1) D'après cette explication, le *Nim-Chocoh*, ou Grand-Élu, paraît avoir joui, dans chacun des trois royaumes confédérés, d'une fort grande autorité, puisqu'en conseil, tous

L'*Ahau-Galel*, le premier prince à la face de ceux de Nihaïb, chef d'une grande maison.

L'*Ahau-Ahtzic-Vinak*, chef d'une grande maison.

L'*Ahau-Galel-Camha*, chef d'une grande maison.

Le *Nima-Camha*, chef d'une grande maison.

L'*Uchuch-Camha*, chef d'une grande maison.

Le *Nim-Chocoh-Nihaïb*, chef d'une grande maison.

L'*Ahau-Avilix*, chef d'une grande maison.

Le *Yacol-Atam*, chef d'une grande maison.

Le *Nima-Lolmet-Yeoltux*, chef d'une grande maison.

Ce sont donc là les grandes maisons à la face de ceux de Nihaïb ; ainsi furent les titres par lesquels furent désignées les neuf familles de ceux de Nihaïb : innombrables aussi furent les familles à la suite de chacun de ces princes, dont nous avons d'abord dit les titres.

MAISON ROYALE D'AHAU-QUICHÉ.

Voici également ceux d'Ahau-Quiché, dont celui-ci est l'aïeul et le père,

Mahucutah, le premier homme.

Qoahau, nom de la seconde génération royale.

Caklacan.

Qocozom.

Comahcun.

Vukub-Ah.

Qocamel (1).

Coyabacoh.

Vinak-Bam.

les trois réunis décidaient des plus grandes affaires des trois États. C'était le *Nim-Chocoh* qui avait le commandement suprême des troupes.

(2) *Santa-Cruz*, pauvre village de deux mille âmes qui succédait à une ville de plus de trois cent mille habitants, dont les débris sont à peine à une lieue de là. On comprend tout ce qu'il y a de regrets dans ces simples paroles : *X-utzinic*, c'en est fait.

Arecut ahauab ri chuvach Ahau-Quiche, are u leel u tazel puch : arecut u bi ahauab va chupan nim-ha, xa cahib u nim-ha.

Ahtzic-Vinak-Ahau u bi nabe ahau, hun u nim-ha.

Lolmet-Ahau, u cab ahau hun u nim-ha.

Nim-Chocoh-Ahau, r'ox Ahau, hun u nim-ha.

Hacavitz cut u cah ahau, hun u nim-ha, chi cahib cu nim-ha chuvach Ahau-Quiche.

Are curi e oxib chi Nim-Chocoh queheri e cahauixel rumal ronohel ahauab Quiche : xahun chi qui cuch vi quib e oxib chic Chocohib, e alanel e u chuch tzih e u cahau tzih, nim zcaquin u qoheic e oxib chi Chocohib.

Nim-Chocoh cut chuvach Nihaib, u cab curi Nim-Chocoh-Ahau chuvach Ahau-Quiche, r'ox Nim Chocoh, chi oxib cut ri chocohib huhun chi vach chinamit. Xare cut u qoheic Quiche ri : rumal ma-habi chi ilbal re qo nabe oher cumal ahauab zachinak chic. Xere curi mi-x-utzinic chi conohel Quiche *Santa-Cruz*, u bi.

U QIZIBAL.

Tels sont les rois (qui régnèrent) à la face d'Ahau-Quiché, tel est l'ordre de leurs générations : voici maintenant les titres des princes au dedans des grandes maisons; seulement il n'y avait que quatre grandes maisons.

L'*Ahtzic-Vinak-Ahau*, titre du premier prince, chef d'une grande maison.

Le *Lolmet-Ahau*, le deuxième prince, chef d'une grande maison.

Le *Nim-Chocoh-Ahau*, le troisième prince, chef d'une grande maison.

Hacavitz donc est le quatrième prince, chef d'une grande maison, et ce sont ainsi quatre grandes maisons à la face d'Ahau-Quiché.

C'étaient donc trois Nim-Chocoh (Grands-Elus) qu'il y avait (pour les trois royaumes), agissant comme les pères de tous les princes du Quiché : ensemble ils se réunissaient les trois Elus, c'était eux qui commandaient, comme les mères et les pères de la parole, et des plus élevées était la condition des trois Elus.

C'était donc le Grand-Elu à la face de Nihaïb et un deuxième Grand-Elu d'Ahau à la face d'Ahau-Quiché, (faisant, avec celui de Cavek), le troisième Grand-Elu, dont trois élus, chacun à la face de sa famille (1). Et voilà tout (ce qui reste) de l'existence du Quiché; car il n'y a plus moyen de voir ce (livre), où autrefois les rois (lisaient tout), puisqu'il a disparu. Ainsi donc c'en est fait de tous ceux du Quiché (2), qui s'appelle *Santa-Cruz*.

FIN.

TABLE ANALYTIQUE

DES MATIÈRES CONTENUES DANS LE COMMENTAIRE

ET DES PRINCIPALES NOTIONS DU LIVRE SACRÉ.

Le chiffre romain indique le Commentaire.

ACALLAN, région basse et marécageuse située entre le lac de Peten et la lagune de Terminos, pag. CXXX et XXXVI.

ACXITL (TOPILTZIN-QUETZALCOHUATL, dit NACXIT, dans l'Amérique centrale), dernier roi de Tollan, dans l'Anahuac, pag. CCLXVI et note 3. — Concède la dignité royale aux princes quichés, pag. CCLXVIII, CCLXIX et 295.

AGAAB, nation puissante des bords du Lacandon, dans la Verapaz, pag. CCLXIII. —Conquis par les Quichés au XIIIe siècle, pag. CCLXXI.

AH-ACTULUL, nom commun de cinq tribus des environs du lac d'Atitlan, alliées aux Quichés, pag. CCLXXIV.

AHALGANA, nom symbolique d'un des princes de Xibalba, pag. 73.

AHALMEZ, nom symb. d'un des princes de Xibalba, pag. 75.

AHALPUH, nom. symb. d'un des princes de Xibalba, pag. 73.

AHALTOCOB, nom symb. d'un des princes de Xibalba, pag. 73.

AHAU, nom d'une tribu antique dans l'orient des Quichés, pag. CCLIX et 207.

AHAU-AHPOP, titre suprême des rois du Quiché, pag. CCLXXII.

AHAU-QUICHÉ, nom d'une des trois maisons royales au Quiché et de sa capitale, pag. CCLXIII et 207. — Son établissement définitif, pag. CCLXXIII. — Liste de ses rois et de ses dignités, pag. 345.

AHCANABIL, nom d'un des chefs primitifs de la tribu de Tamub, pag. CCLX.

AHGIH (CELUI DU SOLEIL), devin, astrologue ou prêtre, pag. CXVIII et note 3.

AHQIXB et AHQAHB, titre des chefs sacrificateurs quichés, pag. CCLX, note 1, CCLXI, CCLXVI.

AH-TUCUR, Celui des Hiboux, ou gens de Tucurub, ville de la Verapaz, pag. CXXX, 188 et note 4.

AH-TZA (ou ITZA), sobriquet donné aux Xibalbaides, pag. CXXX, CXXXI, 188 et note 4.

AH-TZIQUINAHA, tribu de la race quichée qui régna à Atitlan, avec les Tzutohiles, pag. CCLXV. — Ses commencements, pag. CCLXX, 207 et 217.

AINO, peuple soumis au Japon. Avec quelle nation américaine il a de l'analogie, pag. XL.

AKBAL (la MARMITE, en langue quichée), mythe antique, le vingtième signe dans les calendriers de l'Amérique centrale, pag. CXXII.

ALLIGHEWI, peuple sans nom ni histoire aux États-Unis, pag. CLXXIII. — Ses monuments, ibid. — Analogie avec ceux du Pérou et de Palenqué, ib. — D'où ils venaient, pag. CLXXIX. — Traditions de leur destruction, ib.

ALOM, QAHOLOM (Celui qui engendre, Celui qui donne l'être), mythe des anciens Nahuas et Quichés, pag. CXVII et 2. — Se retrouve au Pérou, pag. CCXXXVIII.

AMARU (TUPAC), serpent sacré, mythe religieux au Pérou analogue à Quetzalcohuatl, pag. CCXXXVIII.

AMAUTA, sage et savant au Pérou, chargé des archives et écoles, pag. CCXX. — Un — est brûlé vif pour avoir inventé des caractères graphiques nouveaux, pag. CCXXVIII.

AMÉRICAINS (INDIGÈNES). Caractères distinctifs des —, pag. XVIII. — Leur infériorité relative, pag. XXI. — Leur supériorité sur les hordes nomades de l'Asie, ibid. — Moins sauvages qu'on ne le pense, ibid. — Causes de leur abaissement, pag. XXII. — De leur civilisation première, pag. XXIII. — Mystère de leur décadence, pag. XXVIII. — Leurs symboles primitifs, pag. XXIX. — On en voit en Europe avant Colomb et depuis, pag. XLVIII et XLIX. — Causes de leur décadence, pag. CXCVIII. — Attachés à leurs usages, pag. CCL.

AMÉRIQUE. Configuration physique de l'—, page XXXIII. — Distances entre l'—, l'Europe et l'Afrique, pag. XXXVI et XLIII. — Rapports et distances de l'— avec l'Asie, pag. XXXVII. — Avec la Chine, pag. XL. — Usage des vaches et du lait en — avant Colomb, pag. XL, note 1, et CLXVI. — Première date de partage des terres en —, pag. CXI.

ANAHUAC. Vallée d'— au Mexique, pag. CXLII et note 1.

ANDES, chaîne de montagnes au Pérou, du nord au sud, pag. CCXVII.

ANTHROPOPHAGIE RELIGIEUSE. Origine de l'—, pag. XXIV. — Se retrouve aux bords du Mississippi, page CLXVIII et CLXIX. — Si elle exista chez les Allighewis, pag. CLXXXII. — Son origine possible, ibid. — Chez les nations caraïbes du Darien et de la côte de Carthagène, pag. CCVI et CCX. — Caractère distinctif de la race nahuatl, pag. CCXXIX.

ANTILLES. Séjour d'un peuple primitif aux —, pag. XXIV. — Migration primitive aux —, pag. LXIX.

ANTIS, peuple des Cordillères du nord-est au Pérou, pag. CCXXI, note 1.

ANTISUYU, nom de la région étendue au nord-est du Cuzco, ibid.

APACHES, indigènes du nord du Mexique, sauvages destructeurs, pag. CXCV et CXCVI. — Leurs mœurs, ibid.

ARA, sorte de grand perroquet, symbole du feu et du soleil, personnifié dans Vukub-Cakix, pag. CXXVIII, CLVII, CC, CCXXVI et note 1.

ARI, fils de Mar-de-Holum, se laisse baptiser dans l'Irland-ik-Mikla, pag. CLXV.

ARICA, ville du Pérou, au bord de l'océan Pacifique, pag. CCXX.

ARISTOTE. Idées d'— sur la transatlantique, pag. XCVII et suiv.

ART GRAPHIQUE, chez les nations caraïbes du Darien et de Carthagène, pag. CCV, CCVI et CCVII. — Au Pérou, pag. CCXIX et note 2, CCXX, note 1, CCXXIII. — Se perd au Pérou, pag. CCXXVI et CCXXVIII.

ASTRONOMIE toltèque, pag. CXIV. — péruvienne antique, pag. CCXXV.

ATIT, l'Aïeule, en langue quichée, mythe antique, pag. CLXIX, note 2. Voir OXOMOCO.

ATLA, ATLAN ou ACLA, ville antique de l'isthme de Darien sur l'Atlantique, pag. CXXX, note 2, CCIII, note 1, et CCV.

ATLANTIDE, son analogie avec l'antique empire de Xibalba, pag. CLXIX, note 2. — Son étymologie, pag. CXXX, ibid.

ATLANTIQUE (OCÉAN). Ses courants, pag. XLVIII. — Sa navigation ancienne et idées à ce sujet, pag. LV, LIX, XCVIII et C.

ATOYAC, fleuve du Mexique, pag. CX.

ATUMU-RUNA, nom d'une population qui émigra anciennement au Pérou, pag. CCXXI et CCXXII.

AVILIX, nom du dieu de la maison royale de Nihaïb, pag. 215. — Ses premiers autels, pag. 235.

AYAR, nom commun des quatre frères ou chefs créés à l'origine des temps au Pérou, pag. CCXXI et note 1. — Créés par Viracocha; mythes analogues à ceux du Quiché dans le Livre Sacré, pag. CCXLII et CCXLIII.

AZTÈQUE (LE PLATEAU), région du Mexique où Xelhua fonde la ville de Cholulan, pag. CX.

BABYLONE. Oannès, homme-poisson, mythe à —; son analogie en Xibalba, pag. CXXXIX. — Mœurs dissolues de — à Teo-Colhuacan, pag. CLXI. — Chez les Natchez, pag. CLXVIII.

BAKHALAL (ou BACALAR), ville du Yucatan, fondée par les Tutul-Xiu, pag. CLVI.

BALAM-AGAB, nom et titre d'un chef sacrificateur quiché, tige de la maison royale de Nihaïb, pag. CCLXVI. — Son origine, pag. 199. — Sa fin, pag. 287.

BALAM-CONACHÉ, fils du roi Qocavib, fait Ahpop-Camha, pag. CCLXIX. — Roi des Quichés, pag. CCLXXII et 301.

BALAM-QUITZÉ, nom et titre d'un chef sacrificateur quiché, tige de la maison royale de Cavek, pag. CCLXVI. — Son origine, pag. 199. — Sa fin, pag. 287.

BARBE, cause de la rareté de la — chez les Américains, pag. XX, note 1.

BÊTES FAUVES, image des tribus sauvages. Leur création, pag. 13. — Combat-

tent la civilisation représentée par le défrichement de la terre, pag. CXXXVIII et 123. — Convoquées par Xbalanqué, pag. 165.
BLANCS (Hommes). En Amérique, avant Colomb, pag. LXX, CLXV et CC. — Fondateurs des édifices de Tiahuanaco, pag. CCXXIII. — Si les mêmes que les *Centzon-Vitznahuas*, pag. CCXXVI. — Ils sont massacrés, pag. CCXXVIII et CCXXXIII. — S'il y eut diverses migrations d'hommes —, pag. CCXLII.
BOCHICA, nom d'un mythe ou demi-dieu du Cundinamarca, pag. CCXLVI et CCXLVII.
BOTTURINI, savant Milanais cité pag. CXII, CXIV et CXLV.
BRANDAN (ou Saint Brandamis). Ses voyages, pag. LIX.
BRAVO (Rio del Norte), nom d'un fleuve du Nouveau-Mexique et aux frontières du Texas. Les Toltèques établis sur ses bords, pag. CLXIV. — Etat social des populations de ses rives, pag. CLXXXV.
BRÉSILIENS, nom d'une des divisions principales des races de l'Amérique du Sud, pag. CXCIX. — Leur alliance avec les Caraïbes, pag. CCXI. — Anthropophages, *ibid.*—Leur origine septentrionale, *ibid.*—Leur affinité et différences avec les Caraïbes, pag. CCXIII.—Leurs alliances, *ibid.*
CABRAKAN, nom d'un fils de Vukub-Cakix, symbole des géants américains et synonyme de tremblement de terre chez les Quichés, pag. CXXVI et 35. — Vaincu et mis à mort par Hun-Ahpu et Xbalanqué, pag. CXXVII, 61 et suiv. — Son analogue au Pérou, pag. CCXLIII. — Le mythe connu encore au Guatémala, pag. CCLIII et CCLIV.
CAHBAHA, nom d'un temple antique au Quiché, pag. CCLXII, 319 et *note* 5.— Sa description, pag. 329, *notes* 2 et 3.
CAKCHIQUEL, nom d'un dialecte et d'une tribu d'origine quichée, puis du royaume ancien de Guatémala propre, pag. CCLXV. — Ses commencements, pag. CCLXX, 207 et 217. — Titres de ses princes, pag. 249 et *note* 2.
CAKOH-EKOME, titre des chefs de la tribu de Tamub, pag. CCLXI.
CALENDRIER toltèque ou nahuatl. Son commencement, pag. CXII. — Système de —, pag. CXIV.—Par qui commencé, pag. CXXIV. — Quand mis en vigueur, pag. CXLV.
CALIFORNIE (Haute et Basse), région située au nord-ouest du Mexique, pag. XL et CLX. — Les Mexicains passent de la basse—à Teo-Colhuacan, pag. CLXI.
CALUMET, pipe, symbole de paix dans l'Amérique du Nord, ses traditions, pag. CLXXVIII. — Idées à ce sujet, pag. CLXXXII.
CANARIES (Iles), point d'arrêt entre l'Afrique, l'Europe et l'Amérique, pag. XXXVI. — Exemples prouvant la possibilité des anciennes communications, pag. XLVI. — Traditions à ce sujet, pag. LXVIII, LXIX et suiv.— Identifiées avec une ancienne tradition américaine, pag. LXXXVIII, *note* 5.
CANIL, nom patronymique des princes de Sacapulas au Quiché, pag. CCLXIII.
CAR, CARA, CARI, CALI, etc., noms qui annoncent une origine caraïbe en Amérique, pag. CCVI, CCIX et *note* 2.
CARA, chef d'une nation étrangère, massacre les hommes blancs du lac de Titicaca et de Chucuvitu, au Pérou, pag. CCXXVIII, CCXLIII.
CARAIBES, nom d'une race célèbre dans l'Amérique du Sud. Idée de son existence et de son origine, pag. CLXXXIII.— Différent des autres races indigènes, *ibid.* — Leur caractère et leur état social analogues à ceux des Néo-Mexicains, pag. CLXXXIV. — Leur décadence, pag. CXCVIII. — Les — au Darien ; leur race la même que la race nahuatl du Nicaragua, pag. CCIV. — Anthropophages en plusieurs endroits, pag. CCV et CCVI. — Caractère et état social des — et diversité de civilisation, *ibid.* — Sortis des régions du Mexique, *ibid.* — Mode de leurs migrations de l'Amérique du nord et du centre au sud, pag. CCVII. — Redoutaient la petitesse des yeux, pag. CCIX. — Envahissent les Antilles, *ibid.* — Etymologie de leur nom, *ibid.*, *note* 2. — Leur berceau, pag. CCX. — Nations identifiées avec eux, *ibid.* — Leurs migrations du nord au sud, *ibid.* — Leurs guerres, leurs institutions sociales, etc., pag. CCXI. — Anthropophagie religieuse, *ibid.* — Leur décadence, pag. CCXII. — Différences entre les — et les Guarani-Brésiliens, pag. CCXIII. — Leur renommée parmi les autres nations, *ibid.* — Leur influence, pag. CCXIV.— Leurs invasions au Pérou, pag. CCXXVIII.
CARAMARI, nom d'une nation d'origine caraïbe de la côte de Carthagène, près du Darien, pag. CCVI. — Ses notions de l'art graphique, *ibid.* et CCVIII.
CARAN, chef des *Caras* ou *Scyri*, débarque à la côte de Quito et donne son nom au port de Carangui, pag. CCXXXII. — Conquiert le royaume de Quito, *ibid.*, *notes* 4 et 5.
CARCHAH (Nimxob), ville antique de la Verapaz, désignée comme une des entrées de l'Enfer ou de Xibalba, pag. CXXX.

— Théâtre des premières tentatives de révoltes contre cet empire, pag. cxxxiv.
—Localité du Jeu de paume mystérieux, *ibid.* et *note* 3.— Siége de la conspiration permanente, pag. ccliv; 71 et 131.
CARTHAGE, ville d'Afrique. Son commerce et sa navigation, pag. xcii. — Ses navigateurs découvrent une île dans l'Atlantique, comparée à l'Amérique, pag. xcviii. — Étranger du continent saturnien ou transatlantique qui se montre à —, pag. ci, civ et cvii. — Le magistrat de — défend à ses sujets de s'y rendre, pag. cviii.
CASTES. Origine de leur diversité, pag. cxxiii. — La — guerrière et sacerdotale créée pour la défense de Tulan, pag. cxxix, 195 et 199; cxlviii, clix, cl. — Ses dons, pag. 199 et suiv. — Mythe de sa création au Pérou, pag. ccxli et ccxlii. — Au Cundinamarca, pag. ccxlvii.
CAVEK, nom patronymique de la famille impériale du Quiché, pag. cclxv. — Ses premiers chefs, *ibid.* — Leurs titres, pag. cclxvi.— Son berceau, *ibid.*, *note* 1. — Commencement de sa grandeur, pag. cclxxiii. — Ses rois et les dignités de leur cour, pag. 339.
CAVINAL, cité antique du Quiché, pag. cclxiii, *note* 3. — Capitale des Quichés, cclxxii et 299.
CAVIZIMAH, nom d'un ahpop-camha ou roi en second qui régna avec Quicab Ier au Quiché, pag. cclxxvii.
CAYALA. Voir Paxil.
CENTEOTL ou CENTEOCIHUATL, déesse ou dieu du maïs, pag. cxviii et *note* 1. Voir Oxomoco.
CENTRE DE LA TERRE, titre de la divinité, pag. cxxi.
CE-TOCHTLI (Un Lapin), signe initial du calendrier toltèque ou nahuatl, pag. cxxiv.
CHAMALCAN, nom du dieu de la nation cakchiquèle, pag. 225, et *note* 2, pag. 249.
CHAMIABAK, nom symbolique d'un des princes de Xibalba, pag. 73.
CHAMIAHOLOM, nom symbolique d'un des princes de Xibalba, pag. 73.
CHAMPOTON, ville antique du Yucatan et port sur le golfe du Mexique, pag. lxxx. Voir Potonchan.
CHAN, Serpent, nom des habitants de Nachan (Palenqué), pag. cix et *note* 2, cxxv et cc. Voir Colhua.
CHANCA, nation du Pérou, pag. ccxxx, *note* 3. — Forme toltèque de son gouvernement, *ibid.*
CHAPA-NANDUIMÉ (Ara couleur de feu), nom de la citadelle des Chiapanèques, pag. clvii, cc, *note* 1.

CHAY-ABAH (Pierre d'obsidienne), symbole cakchiquel de la caste noble et guerrière, pag. cxliv, cl. — Divinité des Cakchiquels, pag. 249 et *note* 1.
CHIAPANÈQUES, nation de l'État de Chiapas, pag. clvii. — Son origine, *ibid.* — S'ils sont des Centzon-Vitznahuas, pag. clviii. — Leur habileté dans les arts, *ibid.* — Leurs luttes avec les Zotziles, *ibid.* — Leur établissement, pag. cxcix. — Affinités de leur langue, *ibid.*
CHIAPAS, nom d'un État du Mexique, pag. clvii, *note* 5.
CHIBCHA, nation du plateau de Bogota ou Cundinamarca, nommée aussi Muysca, pag. ccxlvii. — Son culte et son gouvernement, *ibid.*
CHIBCHACUM, divinité de la nation chibcha, pag. ccxlviii.
CHICHEN-ITZA, ville antique du Yucatan, pag. cvii, *note* 3. — Sa fondation, pag. cxvii, *note* 1. — L'anneau du Jeu de paume de —, pag. cxx, cxxxi. — Conquise par les Tutul-Xiu, pag. clvi.
CHICHILTICALE, autrement *Las Casas Grandes de Moctezuma*, ville et ruines antiques aux bords du Rio-Gila au nord du Mexique, pag. cxci. — Si la même ville que Chicomoztoc, *ibid.* — Son étendue, *ibid.* — Par qui ruinée, pag. cxcii, cxcv.
CHICHIMÈQUE, nom donné au Mexique à la plus ancienne population et aux barbares de cette contrée, pag. xxvi. — Nations primitives —, pag. xxix. — Date de leur première émigration, pag. lxiii. — Étymologie de leur nom, *ibid.*, *note* 2. — Civilisés par les Colhuas, pag. lxxix. — Leur gouvernement, pag. cxiii. — Les mêmes appelés Quinamés. Voir ce nom.
CHICOMÉ-COHUATL (Sept-Serpents), mythe mexicain, pag. cxix, *note* 1. Voir Centeotl.
CHICOMOZTOC (Aztlan) ou les Sept-Cavernes, si le même lieu que Chichilticalé, pag. cxci.
CHICUNA-MICTLA, ou les Neuf-Séjours des Morts, symboles de l'Enfer mexicain, pag. cxxxii.
CHICUNAOAPAN, ou les Neuf-Fleuves, épreuves ou passages symboliques de l'Enfer mexicain, pag. cxxxii.
CHIENS (Attelages de) au Nouveau-Mexique, pag. cxciv.
CHIHUAHUA, nom d'un État du Mexique vers le nord, pag. clxi. — Ruines antiques qu'on y trouve, *ibid.*, *note* 1.
CHILI, région et État au sud du Pérou, dans l'Amérique méridionale, pag. ccxx.
CHILMOL, nom d'un ragoût de piment fort ancien, pag. 129 et *note* 2.
CHIMALMAN, nom symbolique de la mère

de Quetzalcohuatl, mythe nahuatl, pag. xxx.

CHIMALMAT, nom symbolique de la femme de Vukub-Cakix, mère de Zipacna et de Cabrakan, pag. 35.

CHIMU, nom d'une nation antique du Pérou, désignée aussi sous celui de Géants, pag. CCXXII. — Arrive à la côte de Manta, *ibid*. — Ses monuments, pag. CCXXIII. —Entre dans les montagnes et redescend à la plage de Truxillo, *ibid*. —Race la plus anciennement civilisée du Pérou, pag. CCXXIV.— Se sert d'instruments en fer, *ibid*., note 2. — Ses vices, pag. CCXXV, CCXXXII, CCXXXIII. — Supérieure aux Qquichuas, pag. CCXLII.

CHIMU-CANCHU, nom vulgairement donné aux ruines des antiques édifices du Grand-Chimu, auprès de Truxillo, pag. CCXXIII, *note* 3.

CHINCHA, nom d'une nation au nord du Cuzco au Pérou, d'où Chinchasuyu à la région septentrionale, pag. CCXXI.— Si la même que les Chimus, pag. CCXXII, *note* 2.

CHINE (EMPIRE DE LA). Ses anciens rapports possibles avec l'Amérique, pag. XXXIX, XL.

CHIQUIMULA DE LA SIERRA, ville et région au nord-est de Guatémala, pag. LXXXIV. — Son origine, *ibid*. et CCLVI.

CHIQUIMULA, autrement Tzolohché, ville ancienne du Quiché, soumise à la maison de Nihaïb, pag. 319.

CHIRIQUI, région sur l'isthme de Panama, colonisée par les Nahuas, pag. CCI. — Par les Chorotecas, pag. CCIII. — Ruines antiques qu'on y découvre, *ibid*.

CHOLULAN, ville antique du Mexique. Par qui habitée primitivement, pag. xxx. —Sa fondation, pag. LXXVIII.—Xelhua, son fondateur, pag. CX et CXXV.

CHOROTECA, nation de l'Etat de Nicaragua, pag. CLVII. — Emigre à Nicoya, pag. CC. — Fonde Nagrando ou Léon, pag. CCII. — Emigre de Nicoya vers Panama, pag. CCII et CCIII. — Si elle bâtit les édifices antiques de Chiriqui et de Veragua, pag. CCIV.

CHRONOLOGIE MEXICAINE, fort ancienne, pag. LXIV. — Son commencement historique, pag. CXI. — MAYA, ses premières dates, pag. CLV. —PÉRUVIENNE, pag. CCXX.

CIBOLA, autrement dit Pays des Sept-Villes, région au nord du Mexique, pag. CLXXXVII. Voir NOUVEAU-MEXIQUE.

CIHUA-COHUATL, ou la Femme-Serpent, mythe nahuatl, pag. CXX.

CINACANTAN, ville antique de l'Etat de Chiapas. Voir TZINACANTLAN.

CIPACTLI ou CIPACTONAL, mythe tolteque, l'un des quatre grands dieux, pag. CXIII, CXVII, CXX et CXXI. — Inventeur du calendrier, pag. CXXIV. — Origine possible de ce mythe, pag. CXXXIX.

CIUDAD-REAL, ville capitale de l'Etat de Chiapas, aussi appelée San-Cristobal, pag. CXXXI et CLVII.

COCHOCHLAM, nom d'un des chefs primitifs de la tribu de Tamub, pag. CCLX.

COCOHUA, ou les Serpents-Jumeaux, mythe nahuatl, pag. CXX, *note* 2, et CXXVI.

CODEX CHIMALPOPOCA, manuscrit historique en langue nahuatl, pag. LXVI. — Son texte chronologique, pag. CXI et CXVI.

CŒUR DU CIEL ET DE LA TERRE, titre de la divinité suprême, pag. CXI et 3.

COHAH, nom d'une tribu antique dans l'orient des Quichés, pag. CCLIX.

COHUATLICUE, ou le Jupon de Serpent, nom symbolique de la mère du dieu Huitzilopochtli, pag. CXXXVI, *note* 1.

COLHUA, nom d'une nation antique alliée aux Chichimèques, pag. XXVI. — Monarchie —, *ibid*. — Son antiquité, pag. XXIX. — Etymologie du nom, *ibid*. *note* 3.—Symbolisme du nom, pag. XXX. —Race civilisatrice, pag. LXXIX et CIX.

COLHUACAN, ville antique des Colhuas, pag. LXVIII. — Son origine, *ibid*., note 2, CIX, note 2. — Si la même que Tlaxi-Colhuhcan, pag. CLIX, note 4. — La seconde —, Voir TEO-COLHUACAN. — La troisième —, ville antique de l'Anahuac, à 2 l. de Mexico, pag. CLXII.

COLIMA, nation de la race nahuatl qui entre dans l'Amérique du Sud par l'isthme de Panama, pag. CCXXXI.

COLLA, nom d'un des quatre premiers hommes symboliques créés à l'origine des temps par Viracocha, mythe d'une des quatre races primitives du Pérou, pag. CCXXXVIII.

COLLAO, nom de la région des Collas ou peuples méridionaux du Pérou, d'où celui de Collasuyu donné aux contrées qui s'étendent au sud du Cuzco, pag. CCXXI.

COLOMB (CHRISTOPHE). Ses idées sur le lieu du Paradis terrestre, pag. LIV.

COLORADO (Rio), fleuve au nord du Mexique, pag. CXCIV.

COMAGRE, nom d'un des chefs ou princes des régions du Darien, pag. CCIV.—Son palais, *ibid*.—Il indique la mer du Sud à Balboa, pag. CCVII.

COMITAN, ville de l'Etat de Chiapas, pag. CL, etc.

COMITL, le Vase ou la Marmite, mythe nahuatl, pag. CXXII, *note* 1. Voir CON.

CON, aussi CON-TICCI-VIRACOCHA, mythe d'origine nahuatl au Pérou, pag. CCXXIX.—Son temple à Liribamba, pag. CCXXXI. — Idée de ce mythe, pag. CCXXXVIII. — Son étymologie, pag. CCXXXIX et *notes* 2 et 3. — Ce qu'était cette divinité, pag. CCXL. — Description de l'idole à Liribamba, *ibid.* — Père de Pachacamac, *ibid.* — Disparait, pag. CCXLI. — Son culte à Quito, CCXLV. — Au Cundinamarca, *ibid.* Voir SUHA-CON.

CONQUÊTE de l'Amérique. Ses effets désastreux, pag. XXI, XXII.

COPAN, ville antique de l'Amérique centrale, pag. LXXXIV. — Son origine, *ibid.* — Étymologie, *ibid.*, note 1. — Si c'est là que se retira Xbalanqué, pag. CXLI, CCLVI.

COPICHOCH, nom d'un des chefs primitifs de la tribu de Tamub, pag. CCLX.

COTUHA, chef ou prince de Tzutuha, dans la Verapaz, adopté par les Quichés, pag. CCXXI — Son mariage, ses alliances et ses conquêtes, pag. CCLXXIV. — Jalousie contre lui et sa mort, pag. CCLXXV et 301.

COTUHA II, roi des Quichés, assassiné, pag. CCLXXVI.

COULEURS distinctes des races, pag. XIX, LXIII, *notes* 2 et 3, — LXX et note 3, — CLXV, — CC, — CCXXIII, — CCXXVI, — CCXXVII, note 1, — CCXXVIII, — CCXXXIII, — CCXLIII et 209.

COURANTS. Dans l'Océan entre l'Asie et l'Amérique, pag. XLII. — Entre l'Afrique, l'Europe et l'Amérique, pag. XLV. — Exemples à ce sujet, pag. XLVI et XLVII.

CRANE (DÉFORMATIONS DU) chez les nations américaines, pag. CLXXI. — Symbole de son origine, *ibid.*, note 1, — Sa raison d'être, pag. CCII et note 3, pag. 125.

CRÉATEUR et FORMATEUR, titres des grands dieux dans le *Livre Sacré*, pag. CXIII. — Leur analogue au Pérou, pag. CCXXXVIII, CCXLI, 7 et suiv. — S'assemblent pour former la caste noble, pag. 195. — Jaloux de sa perfection, pag. 203.

CRÉATION de l'homme, pag. C, CXXIII, 7 et 17. — Autre, pag. 23. — Autre, pag. 25. — De la caste noble, pag. CXLVIII et CXLIX, et CL. — Au Pérou, pag. CCXLI et CCXLII. — Des choses, pag. 11. — De la terre, pag. 14. — Des animaux, pag. 15.

CRONIEN (LE CONTINENT) de Plutarque, pag. LI, C et suiv.

CUCHUMAQUIQ, nom symbolique d'un des princes de Xibalba, pag. 73. — Père de Xquiq, pag. 91.

CULTE DU SOLEIL, son origine, pag. XXV. — Apporté du nord et de l'est, *ibid.* et LXXI. — Chez les Natchez et les Floridiens, pag. CLXVII, CLXVIII. — Chez les Allighewis, pag. CLXXVI.

CUNDINAMARCA, nom donné au plateau de Bogota dans la Nouvelle-Grenade, pag. CCV. — Religion ancienne de ses habitants, pag. CCXLVI et CCXLVII.

CUNTISUYU, nom antique de la région qui s'étend à l'ouest du Cuzco, pag. CCXXI et note 1.

CUSHIPATA, titre des prêtres de Pachacamac, les plus sages du Pérou, pag. CCXLI.

CUZCO ou COZCO, cité et capitale antique du Pérou, pag. CCXXI. — Sa fondation par Pirhua, *ibid.* — Son abandon, pag. CCXXVII et CCXXVIII. — Prise et rétablie par Inca-Zapana, pag. CCXXX. — Son étymologie suivant la langue nahuatl, pag. CCXXXIX et *note* 3.

DAN. Qui était-il? pag. CXLVII. Voir TAMUB.

DAN (AMAG), ville antique et capitale de la tribu de Tamub au Quiché, pag. 237, CXLVII, note 1. — Sa situation, pag. CCLXII.

DARIEN, nom d'une région voisine de l'isthme de Panama dans la Nouvelle-Grenade, colonisée par les Nahuas, pag. CCI. — Architecture des nations du —, pag. CCIV.

DÉCADENCE de la race américaine, pag. XXVIII, CCVIII. — Ses causes, pag. CCXII.

DÉLUGE. Récit du — suivant le *Livre Sacré*, pag. LXV et 25, 27 et 29. — Son époque, pag. CXI. — Selon les Tupis, pag. CCXVI. — Selon les Yuracarés et les Mbocobis, pag. CCXVI.

DICUIL, moine irlandais du moyen âge, ses études, son ouvrage de *Mensura orbis terræ*, pag. LII et LIX.

DIEUX des Nahuas et Toltèques, échappés au naufrage, pag. LXXXII. — Leurs travaux, pag. LXXXIII. — Découvrent le maïs, *ibid.* — Sont quatre principaux, pag. CXIII. — Se concertent pour le calendrier, *ibid.* — Dits Teoti, etc., pag. CXVI, CXVII, CXXI, CXXVII. — Se concertent pour former l'homme, pag. 7, 17, 23, 25. — Pour former la caste noble, pag. CXLVIII, CXLIX, CL, 195. — Jaloux de sa perfection, pag. 203.

DIGNITÉS de la cour quichée, pag. 311, 340, 344 et 346.

DIRIA, nation de l'État de Nicaragua, pag. CLVII, CCII.

DOBAYBA, nom de la mère des Dieux, mythe du Darien, pag. CCVI. — Analogue à Oxomoco, *ibid.*

ÉCLAIR (L'), un des trois signes de la trinité antique des Nahuas, pag. CXXI et 9.

EHECATL, mythe nahuatl, le même que Ig, le vent, le souffle, etc., pag. LXXIII.
— Le même que Hurakan, la tempête, etc., pag. CXXI et CXXII. — Donne la mort aux dieux, pag. CXLIII.
ENCENS, quel était celui des tribus quichées, pag. 241.
EPOQUES, dites de la nature au Mexique, qu'étaient-elles, pag. LXV et suiv. — Celle du vent, pag. LXXX. — La même que le grand ouragan, ibid. — Première —, dite toltèque, pag. CXI. — De l'émigration toltèque, pag. CXXXIII.
EPREUVES de Xibalba, symboles des mystères antiques, pag. CXXII, note 2. — Où entrent Hunhun-Ahpu et Vukub Hunahpu, pag. 85 et 86. — Où entrent Hun-Ahpu et Xbalanqué, pag. 149, 155, 159 et suiv.
ETUDES américaines, comment encouragées, pag. II.
EZCUINTLA, ville de l'Etat de Guatémala, fondée par les Nahuas, pag. CCI.
FER (LE), s'il fut en usage en Amérique avant Colomb, pag. CCXXIV et note 2.
FEU (LE), son origine par Tobil, pag. 215 et note 2. — Enveloppé, signe de la majesté, mythe toltèque, pag. 227. Voir TLAQUIMILOLLI.
FLEURS (LES) de Xibalba coupées et enlevées par les fourmis, pag. 153.
FLORIDE, région de l'Amérique du Nord, bordant le golfe du Mexique. Les Nahuas s'y montrent pour la première fois, pag. LVI-LXXVIII. — Les Toltèques dans la —, pag. CLXV. — Habitants de la —, ibid. — Ses divers états, pag. CLXVI. — Leurs coutumes, ibid. — Leur organisation sociale, pag. CLXVII.
FO, ou le Renard, divinité des Chibchas, pag. CCXLVIII.
FOURMIS (LES) coupent et enlèvent les fleurs de Xibalba, pag. 153. — Attaquent les Xibalbaïdes après la victoire de Hun-Ahpu, pag. 187.
FOUSANG, région à l'est de la Chine qu'on croit découvrir en Amérique, pag. XXXIX. — Son analogie avec le pays des Natchez et des Floridiens, pag. XL, note 1.
GALEL-AHAU, titre du roi de la maison de Nihaïb, dans l'empire quiché, pag. CCLXXIII et 344.
GALERES ou navires en Amérique, pag. LVII-LXIX-LXXIX et 78.
GALE-ZIHA, nom d'une famille puissante au Quiché, pag. CCLXII.
GANCUEN, ou Rio-Pasion, nom d'un fleuve au Peten qui s'unit au Lacandon, pour former l'Uzumacinta, pag. CXXX.
GARCIA PELAEZ (MGR DON FRANCISCO DE PAULA), archevêque de Guatémala, auteur de mémoires sur l'histoire de cette ville, pag. XIII.
GÉANTS au Mexique, pag. LXVI, CXXVII. — au Pérou, pag. CCXIX, note 1. — Autres, dits Chimus, pag. CCXXXII. Voir les mots QUINAMÉ et CHIMU.
GÉOGRAPHIE (idées sur la) physique, pag. XXXII et suiv. XLV et suiv. — sur la — mythique, pag. XCIII, C et suiv.
GHOVEL ou HOVEL, dit aussi Zacatlan, ville ancienne, aujourd'hui remplacée par celle de Ciudad-Real de Chiapas, pag. CXXXI, CLVII.
GILA (Rio), fleuve entre le Mexique et la haute Californie, pag. CLX. — Traces des Toltèques sur ses bords, ibid. — Ses ruines antiques, pag. CLX, CLXI, CLXIV.
GOUVERNEMENT (forme du) chez les Toltèques, pag. CXVII et note 2. — chez les Natchez et les Floridiens, pag. CLXVII et CLXVIII. — Chez les Incas, pag. CCXX. — Au Bogota, CCXLVII. Au Zenu, pag. CCXLIX.
GRAND'MÈRE, titre symbolique des grands dieux nahuas, pag. CXVIII. — Traditions qui le rappellent chez les Caraïbes, pag. CCXVI, 3.
GRAND-PÈRE, titre symbolique des grands dieux nahuas, ibid.
GROENLAND, région septentrionale de l'Amérique, découverte par les Scandinaves, pag. LIV. — Carte antique du —, pag. XCVI. — Si ils sortirent les Néo-Mexicains, pag. CXC.
GUATÉMALA, région de l'Amérique centrale où arrivent les Nahuas, pag. LXXIX. — Noms anciens de ce pays, pag. CXXX.
GUCUMATZ, ou le Serpent orné de plumes, mythe antique, en quiché, le même que Quetzalcohuatl en langue nahuatl, pag. CXII. — Titre commun des grands dieux nahuas, pag. CXVIII. — Idée du symbole de —, ibid, note 2. — CXX. — Comparé au mythe scandinave, pag. CXXI, note 1. — Trouvé son analogue au Pérou dans Viracocha, pag. CCXXXVIII. — 2, note 4, 7. Voir le mot QUETZALCOHUATL.
GUCUMATZ, nom d'un roi du Quiché, pag. CCLXXVI. — Grandeur de son règne, ibid. — 307, 318. — Transporte sa capitale à Gumarcaah, pag. CCLXXVI.
GUERRE des dieux et des géants, son origine, pag. CXXV. — 31 et suiv.
GUMARCAAH, autrement dit Utlatlao, ancienne capitale du Quiché propre, berceau probable des Hun-Ahpu, pag. CCLV. — Gucumatz en fait sa capitale, pag. 307. — Abandonnée, pag. 309.
HACAVITZ, nom du dieu de la tribu

d'Ahau-Quiché, donné à la première ville des Quichés, pag. CCLXVII, 215, 235.

HERCULE, visite le continent cronien, pag. CI. — Melkartos phénicien, pag. CIII, note 5.

HOLON-CHAN-TEPEUH, chef des Tutul-Xiu, pag. CLVI.

HONDURAS, région de l'Amérique centrale au nord-est de l'Etat de Guatémala, page CLI.

HUEHUETENANGO, ville antique de l'Etat de Guatémala, dite aussi Chinabahul et Zakuleü, pag. CCLXIV.

HUEY-XALAC, ville antique des Toltèques, page CXXXIV, note 1.

HUITZILOPOCHTLI (Celui qui est sorti de la gauche, le bâtard), divinité mexicaine, mythe des Nahuas métis, pag. CXXII. Sa naissance, pag. CXXXVII, note 1, CXL.

HUN-AHPU (Un tireur de sarbacane), nom d'un mythe et d'un héros nahua, vingtième signe du calendrier quiché, pag. CXIX, CXX, note 2. — Suscité contre Vukub-Cakix, pag. CXXVI, 35. — Vainqueur des géants, pag. CXXVII. — Combat contre Xibalba, pag. CXXVIII. — Utlatlan, son berceau, pag. CXXXIV, CCLIV. — Sa révolte et est appelé en Xibalba, pag. 133. — Symbole de la guerre des Nahuas métis contre Xibalba, pag. CXXXV, CXXXVIII. — Sa naissance, pag. CXXXVII, 107. — Ses luttes, pag. CXXXVIII, 141. — Sa défaite, pag. CXXXIX. — Ressuscite homme-poisson, pag. 177. — Comme un saltimbanque, ibid. — Vainqueur de Xibalba, pag. CXL, 187. — Apothéose des —, CXLIV, CXLV. Mythe analogue au Pérou, pag. CCXLIII. — Change ses deux frères aînés en singes, pag. 115. — Ses travaux d'agriculture, pag. 149. — Joue à la pelote en Xibalba, pag. 151. — Sa mort, pag. 165. — Livré aux flammes, pag. 175. — Adoré par Xmucané, pag. 191.

HUNAHPU-QOY, nom d'une pièce scénique indigène au Guatémala, relative aux héros de la mythologie antique, pag. CCLIV. — Son origine, pag. 113.

HUN-AHPU-UTIU, héros antique des Nahuas, meurtrier d'Utiu, pag. LXXXVI. — L'un des quatre grands dieux, pag. CXVIII, 2.

HUN-AHPU-VUCH, héros antique et mythe des Nahuas, pag. CXVIII, 2.

HUN-BATZ, symbole de la race nahuatl pure, onzième signe de plusieurs calendriers de l'Amérique centrale, pag. CXXXV, CXXXVIII, CLIV. — Son occupation, pag. 107. — Identique avec Ozomatli du calendrier mexicain, ibid. — Changé en singe par Hun-Ahpu, pag. CXXXIII, 113. — Etymologie de ce nom, pag. 69. — Invoqué avec Hun-Chouen par les peintres, sculpteurs et musiciens, pag. 117.

HUN-CAME (un Mort), symbole des rois de Xibalba, pag. CXXIX. — Trompé et mis à mort par Hun-Ahpu et Xbalanqué, pag. CXL, 73, note 1, et 185.

HUN-CHOUEN, symbole de la race pure des Nahuas, pag. CXXXV, CCLIV. — Son occupation, pag. 107. — Signe du calendrier maya, ibid., note 5. — Identique avec Piltzinteuctli, ibid. — Changé en singe par ses frères, pag. CXXXVII, 113. — Etymologie de ce nom, pag. 69. — Invoqué par les peintres, sculpteurs et musiciens, pag. 117.

HUNHUN-AHPU, fils de Xmucané, symbole de la première révolte des Nahuas contre l'empire de Xibalba, pag. CXXXV. — Ses occupations, pag. 71. — Mis à mort, pag. CXXXVI, 89. — Sa tête changée en calebasse, pag. 89. — Parle à Xquiq et la rend mère, pag. CXXXVII, 92. — S'il est identique avec Nanahuatl, pag. CXLII. — Son apothéose, pag. CXLV, 193. Son histoire, pag. 69.

HUN-PIC-TOK, ou Un de 8,000 lances, divinité des Mayas, pag. CXXII.

HURAKAN, symbole de l'ouragan, du vent, de la tempête, titre de la divinité suprême, pag. 9, CXX. — Analogue au Pérou, pag. CCXXXV.

IG, le Vent, le Souffle, au Quiché, le même que Ehecatl au Mexique, pag. LXXIII. — Son temple souterrain, pag. CVII, note 2, CVIII, note 1, CXXI, CXXII.

ILANCUEITL (Vieux Jupon), femme symbolique d'Iztac-Mixcohuatl et mère des races américaines, pag. XXIX, LXXVI.

ILLAPA, Trinité du tonnerre chez les Oquichuas, pag. CCXXXV, note 2, CCXXXVIII.

ILLA-TICCI-VIRACOCHA, mythe antique au Pérou, pag. CCXXXVII. — Son sens étymologique, ibid., note 2, CCXXXVIII, note 2, CCXXXIX. Voir le mot VIRACOCHA.

ILOCAB, nom d'une tribu antique, compagne de celle de Tamub au Quiché, pag. CLIX. — Émigré de Tulan, ibid., CCLIII, CCLX. — Etymologie du nom, ibid., note 3. — Noms de ses chefs, pag. CCLXI. — Sa capitale antique, pag. CCLXIII, 237. — Etendue de sa domination au Guatémala, pag. CCLXIII, CCLXIV. — Vaincue par les Quichés, pag. CCLXXIV, 303.

IMOX, premier signe des calendriers de l'Amérique centrale, symbole de la race nahuatl, pag. LXXII. — Identique avec Cipactli, pag. 71.

INCA, titre royal et patronymique dans la dernière dynastie péruvienne du Cuzco, pag. CCXXIII.

INDIGÈNES. Voir le mot AMÉRICAINS.

INFÉRIORITÉ des Américains et ses causes, pag. XXI.

IQI-BALAM, nom symbolique d'un des quatre chefs sacrificateurs des Quichés, pag. CCLXVI. — Son origine, pag. 199. — Sa fin, pag. 289.

IRLANDAIS en Islande, pag. LIX, LXI. — Anthropophages, pag. LXXIV.

IRLAND-IK-MIKLA, ou la Grande-Irlande, région de l'Amérique du Nord, dite aussi Hvitramanaland ou terre des hommes blancs, pag. CLXV. — Ari, fils de Mar de Holum, s'y laisse baptiser, *ibid.*

IROQUOIS et Hurons, s'ils eurent les coutumes déréglées des nations de la race nahuatl, pag. CLXIX, CLXX, CLXXI. — Aident les Leni-Lenape à détruire les Allighewis, pag. CLXXX et suiv. — Comment ils devinrent anthropophages, pag. CLXXXII.

ITZA ou ITZAOB, nom d'un peuple qui fut chassé de Chichen-Itza et de Potonchan par les Tutul-Xiu, pag. CXXX, CXXXI. Voir le mot AH-TZÁ.

ITZPAPALOTL, mythe nahuatl, le même que XQUIQ. Voir ce nom. — Si c'est le même que le mythe de Comitl, pag. CCXXXIX, note 2. — 91, note 1.

IXCUINAMÉ, nom d'une secte impure et cruelle à Panuco et à Tollan, pag. CLXIX. — Analogie avec les Nahuas et les Xibalbaïdes, *ibid.*, note 2.

IXTLILXOCHITL, auteur mexicain, arrière-petit-fils du dernier roi de Tetzcuco, cité pag. CXII, CXXVII, CXXXI, CXXXIII. — Ses dates incorrectes, pag. CXLV.

IZMACHI, ville antique et capitale de la nation quichée au Guatémala, pag. CCLXIII, 299.

IZTAC-MIXCOHUATL, mythe primitif du père de la race américaine, pag. XXIX. — Symbole du tourbillon, pag. LXXVI.

IZTAYUL, fils de Balam-Conaché, roi des Quichés, nommé Ahpop-Camha, pag. CCLXXIII. — On excite sa jalousie contre Cotuha, pag. CCLXXV. — Roi des Quichés, pag. CCLXXVI, 301.

IZTAYUL II, roi des Quichés, pag. 317.

IZTLAHUACAN (Santa-Catarina), bourgade indigène de la république de Guatémala, ville autrefois importante sous le nom quiché de Ziha, pag. CCLXIII et note 2. — (San-Miguel), autre ville de la langue mame, importante naguère, pag. CCLXIV, CCLXV.

JAPON, ses rapports possibles anciennement avec l'Amérique, pag. XXXVIII.

JEU DE PAUME, symbole de la révolte et de la guerre des Nahuas contre l'empire de Xibalba, pag. CXXXIV, notes 4 et 5. — Ses instruments, pag. 83. — Découverts par le Rat à Hun-Ahpu et à Xbalanqué, pag. 127. — Partie de — en Xibalba, pag. 151, note 1.

JEUNE, ses austérités chez les anciens Quichés, pag. 227, 331.

JUARROS, auteur guatémalien, son histoire citée, pag. XIII.

LACANDON, autrement dit Chixoy ou Rio de Sacapulas, grande rivière de l'Etat de Guatémala, formant, avec le Rio Gancuen ou Pasion, le fleuve Uzumacinta, pag. CXXX. — Son cours et sa source, pag. CCLXIII, note 1.

LAIT (Usage du) en Amérique avant Colomb, pag. XL, note 1, CLXVI.

LAMBAYEQUE ou LLAMPALLEC, ville antique de la côte du Pérou sur l'océan Pacifique; son origine, pag. CCXXXIII. — Son dieu et ses rois, pag. CCXXXIV et note 1. — Analogie avec les Wabi et les Chiliens, *ibid.*

LAS CASAS, écrivain espagnol du seizième siècle, cité au sujet des signes graphiques des Américains, pag. VIII.

LENI-LENAPE, nation sauvage de l'Amérique du Nord, détruit les Allighewis, pag. CLXXX.

LETTRES (Usage des) en Amérique avant Colomb, pag. VIII. — Au Darien, pag. CCV, CCVI, CCVII. — Au Pérou, pag. CCXIX et note 2, CCXX, note 1. — Se perd au Pérou, pag. CCXXVI, CCXXVIII, note 1.

LIRIBAMBA, ville antique, capitale des Paruhuas au sud de Quito, pag. CCXXXI. — Son temple de Con et son idole, pag. CCXL.

LIVRE SACRÉ (le), premier ouvrage américain qui soit imprimé, pag. I. — Son objet, pag. VII. — Son auteur, pag. VIII. — Par qui trouvé et conservé, pag. XII. — Analyse du —, pag. X. — Son origine, pag. LXXVII, 5. — Cité pag. CXV, CXX, CXXI, CXXXV, CXLIV, CXLVIII, CXLIX, CLX, CCXXXVI.

LOTZQUIQ, remèdes mystérieux pour les yeux, pag. 137, note 1.

LOUISIANE, région de l'Amérique du Nord, baignée par le Mississipi, pag. CLXIII. — Ses monuments antiques, pag. CLXXII. — Leur analogie avec ceux du Pérou, *ibid.*

MADOC-AP-OWEN, prince gallois, voyage en Amérique au moyen âge, pag. LXI.

MAHQUINALON, nom symbolique d'un des chefs primitifs de la tribu de Tamub, pag. CCLX.

MAHUCUTAH, nom d'un des quatre chefs sacrificateurs de la nation quichée, tige de la maison royale d'Ahau-Qui-

ché, pag. CCLXVII. — Son origine, pag. 199.—Sa fin, pag. 287.
MAIS, plante nutritive particulière à l'Amérique; son invention suivant la tradition quichée, pag. 195.
MALAIS (les); leurs entreprises maritimes, pag. XLI.
MAM, ou l'Aïeul, mythe antique dans l'Amérique centrale, pag. CXIX. Voir le GRAND-PÈRE.
MAM ou MAM-YOC, nation ancienne dans l'État de Guatémala, pag. CCLIV, CCLXI, note 4, CCLXII. — Étendue de sa domination, pag. CCLXIV. — Ses villes principales, ibid.
MAMAH, nom d'une haute montagne au nord-est du Quiché, dans l'État de Guatémala, pag. CCLXII.
MANCO-CAPAC, mythe antique et héros divinisé au Pérou, pag. CCXVIII, CCXXI, CCXXIX, CCXXX, CCXXXVIII.
MANCO-CAPAC III et IV, rois du Cuzco, pag. CCXXVI.
MANDINGA, nation habitant la région de l'isthme de Panama, pag. CCIII.
MANTA, ville antique et port de mer sur l'océan Pacifique vers l'Équateur, pag. CCXXII.
MAYAPAN, ville antique, capitale des Mayas dans l'Yucatan, pag. LXXXIV. — Son origine, ibid. — Conquis par les Tutul-Xiu, pag. CLVI.
MEAVAN, nom d'une montagne célèbre dans la mythologie quichée, pag. CXXVII — 59.
MER (LA) indiquée comme ayant été passée par les indigènes de l'Amérique, pag. 5, 233, 291, 293.
MEROPIDE (LA) de Théopompe dans ses analogies avec l'Amérique, pag. XCIX, CVI.
METELLUS CELER, reçoit plusieurs Indiens du roi des Boii, pag. XLIX.
METZLAPOHUALLI, calendrier sacré des Toltèques, pag. CXIV.
MEXICAINS, nation du Mexique. Leur gouvernement, pag. CXIII. — Passent de la péninsule de Californie à Teo-Colhuacan, pag. CLXI. — Tributaires à Aztlan-Chicomoztoc, CXCII. — Émigrent, ibid.
MEXICO, ville capitale du Mexique et aussi nom de la région où, suivant le Livre Sacré, émigrent les Yaqui, pag. CLX, 247.
MEXIQUE, région considérable dans l'Amérique septentrionale, sa population primitive, pag. XXIV. — Symboles de ses premiers habitants, pag. XXIX. — Autres, pag. CX.
MICHOACAN, région qui forme un des États du Mexique, pag. CLX.
MICTIM, région atlantique citée par Pline, indication présumée de l'Amérique, pag. CV.
MICTECACIHUATL, ou Femme qui étend les morts, mythe antique des Toltèques, pag. CXXXII.
MICTLAN (ou Mitla), ville antique de l'État d'Oaxaca au Mexique; ses monuments photographiés, pag. II, note 2.
— Nom symbolique indiquant le septentrion, pag CV. — Sa signification, pag. CXXVIII, note 2, 70, note 1. — Symbole de l'enfer, ibid. — Ses épreuves ou séjours divers, pag. CXXXII. — Autre ville de —, fondée par les Nahuas, au Guatémala, pag. CCI.
MICTL-TEUCTLI, ou le Seigneur du séjour des morts, mythe antique des Toltèques, le même que Hun-Camé, pag. CXXXII. — Xolotl lui demande un os de mort, pag. CXLIII.
MIGRATIONS des nations américaines. Une de leurs sources, pag. CLXXXI. — Comment elles s'opèrent, du nord au sud par l'isthme de Panama, pag. CCVII. — Des Brésiliens et des Caraïbes, pag. CCXIII. — De quelle manière, pag. CCXV. — Au Pérou, pag. CCXX, CCXXI. — Des Chimus, pag. CCXXII, CCXXIII. — Autres, pag. CCXXV, CCXXVI, CCXXVIII. — Remarques à ce sujet, pag. CCXXVIII, CCXXX, CCLI.
MISSISSIPPI, grand fleuve de l'Amérique septentrionale. Toltèques sur ses bords, pag. CLXIV. — Quelles furent ses nations, pag. CLXVI. — Leur état social, pag. CLXVII. — Leur religion, pag. CLXVIII. — Ses monuments pyramidaux, pag. CLXXII.
MIXCOHUATL, ou le Serpent nébuleux, mythe mexicain et nahua, sa signification, pag. LXXXVI et note 7.
MIXTECATL, symbole de la race des Mixtecas dans la province d'Oaxaca, pag. XXX.
MOMOSTENANGO, ville antique dite aussi Patzaka, capitale de la maison royale de Nihaib au Quiché, pag. CCLXXIII.
MONTEZUMA, monarque mexicain, fait prisonnier par Cortés; son discours aux grands de son royaume, pag. CIX.
— Roi d'Aztlan-Chicomoztoc, pag. CXCI, CXCII.
MUSÉE américain au palais du Louvre, pag. II, note 1.
MYTHES du monde ancien sur les terres transatlantiques, pag. XCIII. — géographiques, pag. XCIII et XCIX. — américains, pag. CXVII, CXXXIX.
NACXIT, dernier roi de Tollan, fonde l'empire de Huey-Tlato, etc. Voir ACXITL.
NAGARANDO ou NAGRANDO, ville antique fondée par les Chorotecas sur le

lac de Managua dans l'Etat de Nicaragua, pag. CCII.
NAHUA ou NAHUATL (RACE), ses symboles, pag. XXIX. — Ses notions des géants, pag. LXVIII. — Son arrivée au Mexique, pag LXXIII, LXXVIII. — Jalousie qu'elle inspire, pag. LXXX. — Ses chefs victimes de l'inondation et de l'ouragan, pag. LXXXI. — Ses premières luttes, pag. LXXXIV, LXXXV, LXXXVI.
- Date antique qui les concerne, pag. CXI. — Époque de leur déluge, *ibid.* — Délibèrent sur le calendrier, pag. CXIII. — Leur histoire, pag. CXV. — Symboles des héros — primitifs, pag. CXVII. — Commencement de leurs luttes, pag. CXXIV, CXXV. — Vainqueurs des Quinamés, pag. CXXVII. — Provinces habitées par eux, pag. CXXXIII. — Se soulèvent contre les Quinamés, *ibid.* — Image de leur révolte dans Hun-Ahpu et Xbalanqué, *ibid.* — Vainqueurs de Xibalba, pag. CXL, CXLI. — Leurs grandes migrations, pag. CLV. — Leur fuite vers l'océan Pacifique, pag. CLVIII. — Chassent les Chorotecas, pag. CC. — Emigrent au Nicaragua, *ibid.* — Au Panama et au Darien, pag. CCI, CCII. — Pourquoi ils dépriment la tête des enfants, *ibid.*, note 3. — Emigrent au Pérou, sous le nom de Cara, pag. CCXXVIII. — Leurs caractères distinctifs, pag. CCXXIX. — Autres émigrations au Pérou, pag. CCXXXI. — Autres du Mexique, *ibid.* — Leur religion supplantée par celle des Qquichuas, au Pérou, pag. CCXXXVI, CCXLIII.
NAHUAL ou NAUAL, qualification indiquant la sagesse et la puissance dans le *Livre Sacré*, pag. 11.
NAMBI-HINA-YACA, la Cité grande du Singe, nom indigène de l'antique Chiapa-de-Indios, dans l'Etat de Chiapas, pag. CLVII, note 6.
NANAHUAC, titre ou nom divin dans le *Livre Sacré*, pag. 211, note 3.
NANAHUATL, le Vérolé, symbole mystérieux de la race nahuatl, pag. CXLII et notes 2 et 3. — Se jette dans les flammes et est transformé en soleil, pag. CXLIII. — Pyramide érigée à son honneur à Teotihuacan, pag. CXLV.
NANNE-YAH, ou les Collines de Dieu, nom donné par les Choctaws aux monuments pyramidaux ; comparés à la pyramide de Cholulan, pag. CLXXVII.
NATCHEZ, nation habitant les bords du Mississippi dans l'Amérique du Nord ; son gouvernement, pag. CLXVII. — Son culte et sa dissolution, pag. CLXVIII. — Son origine, pag. CLXX. — Déprime la tête des enfants, pag. CLXXI.
NICARAGUA, région de l'Amérique centrale, pag. CLVII. — Colonisée par les Nahuas, pag. CCI, CCII.
NICOYA, nom d'un golfe et d'une région de l'Amérique centrale, pag. CLVII. — Colonisée par les Chorotecas, pag. CCIII.
NIHAIB, nom patronymique de la seconde maison royale de l'empire quiché, pag. CCLXXI, etc. — Ses conquêtes et sa grandeur, pag. CCLXXIII. — Ses rois et dignités, pag. 343.
NIL, nom antique d'un fleuve de l'Amérique centrale sur l'océan Pacifique, conquis par le roi Quicab Ier, pag. CCLXXVII.
NIMPOKOM, ville antique, dont les ruines existent à 2 l. de Rabinal dans la Verapaz, capitale des Pokomams, pag. CCLXIV.
NIMXOB-CARCHAH. Voir CARCHAH.
NOIRS (HOMMES), en Amérique avant Colomb, pag. LXX. — Armée de — au Pérou, pag. CCXXVII et *note* 1.
NORMANDS (EXPÉDITIONS DES) en Islande et ailleurs, pag. LII.
NOUTKA, région au nord de la Californie. Si les Toltèques y émigrèrent, pag. CLX.
NOUVEAU-MEXIQUE, région au nord du Mexique. Traces d'un sabéisme antique au —, pag. XXV. — Son ancienne population, *ibid.*, CLXI, note 1, CLXIII. — Ses populations diverses, pag. CLXXXIV. — Architecture de leurs maisons, *ibid.* — Leurs coutumes, pag. CLXXXVI. — Leur origine possible, pag. CLXXXIX, CXC.
NUNEZ DE LA VEGA, évêque de Chiapas, écrivain espagnol, cité pag. CXII.
OCOCINGO, ville de l'Etat de Chiapas, à 15 l. au S.-O. des ruines de Palenqué, pag. CL.
ODON ou OTON, mythe antique des Nahuas au Michoacan, chef-dieu des Otomis, si le même que l'Odin des Scandinaves, pag. LXXVI. — Ses descendants peuplent l'Anahuac, pag. CX.
OGYGIE (L'ILE D'), n'était pas l'Ultima-Thulé et à quelle distance de Britannia, pag. C.-CI.
OLMECA, nation de race nahuatl, débarque avec les Xicalancas et peuple le plateau de Cholulan, pag. XXX, note 2. — Venaient de la Floride, pag. LXXIX. — Les — Vixtoti, populations qui s'étendent par le Zapotecapan jusqu'à l'océan Pacifique, pag. CX. — Poursuivent les Chorotecas, pag. CC.
OLMECATL, mythe de la race des Olmecas, pag. XXX.
OLOMAN, nom d'une tribu antique, établie dans l'Orient suivant les Quichés, pag. 207.
OMECIHUATL, la Dame double ou Deux fois dame, mythe nahuatl, personnification d'un des quatre dieux, pag. CXIX.

OMETEUCTLI, le Seigneur double ou Deux fois Seigneur, mythe nahuatl, personnification d'un des quatre grands dieux, pag. CXIX.

OMEYOCAN, Lieu double ou de Deux, localité symbolique, sorte de paradis terrestre chez les Nahuas, ibid.

OMUCH-QAHOLAB ou les Quatre Cents Jeunes Gens, mythe nahuatl, pag. CXXVI. —Vaincus par Zipacua, ibid., 53.—Symbole des Pléiades, ibid., note 1.— Leur apothéose, pag. CXLV, 193.— Le mythe conservé au Guatémala, pag. CCLIV.

OPU ou l'Invisible, mythe divin dans la théogonie toltèque, pag. CXXI.

ORDONEZ, écrivain chiapanèque d'une histoire sur Palenqué, pag. XIV.— Cité pag. LXIX, LXXXIV, LXXXVII, CVII, CXXXI.

ORÉNOQUE, grand fleuve de l'Amérique méridionale. Restes d'antique civilisation observés sur ses bords, pag. CCXII.

ORIGINE. Idées des Américains sur leur —, pag. LXX, 5 et suiv.— Des choses, pag. 11.

OTOMI, nation ancienne et nombreuse de l'Anahuac et du Michoacan, pag. CX.

OTOMITL, symbole de la race otomie, pag. XXX. Voir ODON.

OURAGAN (l') des livres mexicain , vent violent, considéré comme une époque mythique et événement historique, pag. LXXX. — Sa description, ibid., note 3.

OXOMOCO, mythe de la théogonie toltèque, l'un des quatre grands dieux, pag. CXIII et note 1, CXVII, CXX, CXXI.— Créateur du calendrier, pag. CXXIV.

OZOMATLI, onzième signe du calendrier mexicain, divinité identique avec Hun-Batz, pag. CXXXV.

PACAM, nom d'un devin en Xibalba, pag. 171.— Consulté au sujet de Hun-Ahpu et de Xbalanqué, pag. 173, 175.

PACARIC-TAMBO ou Maison de Production, mythe antique au Pérou, identique avec le Tonacatepetl des Mexicains et le Paxil des Quichés, pag. CCXLI, note 5, CCXLII.

PACHACAMAC ou le Créateur de toute chose, mythe divin au Pérou, pag. CCXXIII.—Crée les Chimus au milieu de l'Océan, pag. CCXXIV.—Son temple à Lurin, ibid., CCXLI — Analogue au mythe quiché, pag. CCXXXVIII, etc. — Suprématie de son culte, pag. CCXL.

PACHACUTEC, mythe divin au Pérou, pag. CCXXXVIII.

PA-HOM, nom du lieu du jeu de paume en Quiché, p. CXXXIV, 71, 79 et note 1.

PALENQUÉ (SANTO-DOMINGO DE), bourgade de l'Etat de Chiapas aux frontières de Yucatan, célèbre par les grandes ruines qu'on voit dans son voisinage et connues sous le même nom, photographiées, pag. 1, note 2.— Si elles sont identiques avec Colhuacan et Nachan, pag. LXVII, note 2, CIX.—Avec Xibalba, pag. CXXX, CXXXI, CLI.

PAMPÉENS, classification de races indigènes des plaines intérieures de l'Amérique du Sud, pag. CXCIX.

PANAMA, ville et territoire sur l'isthme de ce nom au bord de l'océan Pacifique, entre les deux parties de l'hémisphère américain, et où l'on trouve des traces de la race nahuatl, pag. CCI.

PANUCO, ville antique sur la rivière du même nom, à 8 lieues au-dessus du port de Tampico, dans le golfe du Mexique, où débarquèrent les premiers Nahuas ou Toltèques, pag. LXXII, LXXVIII. — Culte du phallus chez ses habitants et leurs mœurs licencieuses, pag. CLXIX. — Leurs prestidigitations, pag. 177, note 4.

PAPAR ou PAPŒ, moines irlandais en Islande avant les Normands, pag. LIII. — Si identiques avec les Papahuas au Mexique, ibid., note 2.

PAPUHA, nom de la région où débarquèrent les Xicalancas, si elle est identique avec la contrée arrosée par l'Uzumacinta, pag. LXXIX, 140, note 3.

PARADIS TERRESTRE, idées du moyen âge et de Colomb à ce sujet, pag. LV, LVI.—Traditions aborigènes de l'Amérique sur le —, pag. LVII. — Le — de l'île d'Ima, pag. LIX, LX.

PATAN, nom symbolique d'un des princes de Xibalba, pag. 75.

PAUME. Voir les mots JEU DE PAUME.

PAXIL (PAN) et PA CAYALA, nom d'une contrée fertile, sorte de paradis terrestre où les grands dieux découvrent le maïs, LXXXIII.—Les Nahuas s'en rendent maîtres, LXXXIV. — Idées à ce sujet, pag. CXIV, CXXV, CCLIII.

PÉROU, grande région de l'Amérique du Sud. Antiquité de ses annales, pag. CCXVIII, CCXIX.—Epoque de confusion dans son histoire, pag. CCXXVII.

PÉRUVIENS (ANDO), classification des races indigènes du Pérou, pag. CCXCIX.

PETEN-ITZA, nom d'un lac et d'une région dans l'Amérique centrale, entre le Yucatan au nord et l'Etat de Guatemala au sud, rapprochée de Xibalba, pag. CXXX. — Identique avec le pays des Ah-Tza, ibid., 188, note 4.

PHALLUS (CULTE DU) dans diverses parties de l'Amérique, pag. CLXVIII. — A Panuco, ibid.—A Teo-Colhuacan, pag. CLXIX. — S'il exista chez les Allighewis, pag. CLXXXII.—Chez les Caraïbes du Darien, pag. CCVI.

PHÉNIX (MYTHE DU) en Xibalba, pag. 175.

PILTZINTEUCTLI, divinité mexicaine, identique avec Hun-Chouen, pag. cxxxv.
PINAHUA, nom d'un des quatre mythes des races primitives, créés par Viracocha au Pérou, pag. ccxxxviii.
PIRHUA, dit aussi Ayar-Uchu-Topa, premier souverain du Cuzco au Pérou, pag. ccxxi.—Le dieu, pag. ccxxxvi, note 2.
PLINE, texte de ses ouvrages sur les Indiens amenés à Rome, pag. xlix. — Sur Mictim, pag. cv.
PLUTARQUE, ses idées sur les Iles sacrées de Saturne, pag. lx, xcix. — Sur le continent cronien, pag. c et suiv.
POISSON (Homme), mythe en Xibalba, pag. cxxxix, 177.
POKOMAM, nom d'une ancienne nation dans l'État de Guatémala, pag. clvii, cclxi et note 4, cclxii. — Vaincu par les Quichés, pag. cclxvii.
POPOL-VUH, le livre primitif des Quichés, pag. vii.
POPULATION; primitive, problème insoluble en Amérique, pag. xvii. — Ses analogies avec d'autres peuples, pag. xviii. — Ses caractères spéciaux, pag. xix, xx. — Son antiquité, pag. xxv. — Sa distribution dans les deux Amériques, pag. xxvii. — Ses symboles, pag. xxix. — Son berceau, pag. lxx. — Première date a son sujet, pag. cxi.
POTONCHAN, ville antique du Yucatan sur le golfe du Mexique, pag. lxxx. — Etymologie, ibid., note 2. — Conquise par les Tutul-Xiu, pag. clvi.
PRESTIDIGITATIONS des Cuextecas, pag. 177. — De Hun-Ahpu et de Xbalanqué, pag. 181 et suiv.
PRIÈRES antiques des Américains, page 211, 251, 383.
PUEBLA (la) de los Angeles, ou la ville des Anges, cité moderne du Mexique, pag. lxxix.
PURUHUA, nation qui émigre à la côte de l'Équateur, dans le royaume de Quito, pag. cxxxi. — Son dieu, ibid.
PYRAMIDES dans l'Amérique du Nord, pag. clxxii. — Leur étendue, pag. clxxiv. — Leur style, pag. clxxv. — Consacrées au soleil, pag. clxxvii. — Leur antiquité, ibid., clxxviii.
QABAUIL, nom de la divinité dans la langue quichée, pag. 9.
QOCAIB, fils d'Ahcan, issu de Balam-Quitzé, l'un des pères de la maison royale de Cavek au Quiché, pag. 287. — Son voyage à la cour d'Acxitl, pag. cclxviii, 293. — Sa générosité avec son frère, ibid.
QOCAVIB, fils d'Ahcan, issu de Balam-Quitzé, l'un des pères de la maison royale de Cavek au Quiché, pag. 287, 293. — Son voyage dans l'Anahuac,

pag. cclxviii. — Connaît illicitement sa belle-sœur et en a un fils, pag. cclxix. — Roi des Quichés, pag. cclxx. — Ses conquêtes, pag. cclxxi.
QQUICHUA, nom d'une nation et d'une langue principale au Pérou, pag. ccxxiii, note 3, ccxxviii. — Commencements de la dynastie —, pag. ccxxx. — La langue — se retrouve à Quito, pag. ccxxxii.
QUAUHTLI-OCELOTL, ou Aigle et Tigre, symboles mexicains du peuple et de l'armée, pag. cxliii, 171, note 1.
QUELÈNE, nom d'une nation de l'État de Chiapas, identique avec les Zotziles, pag. clvii.
QUENECH, nom d'une tribu antique, existant dans l'orient des Quichés, pag. cclix.
QUETZALCOHUATL, autrement dit Cuculcan et Gucumatz, pag. lxx. — Son arrivée, ibid. — Identique avec Votan, pag. lxxi. — Ses symboles divers, ibid. — Chef des Toltèques, pag. lxxv. — Son portrait, ibid. — Symbole des Colhuas, pag. lxxvii. — Découvre le maïs, pag. lxxxiii. — S'il lutta avec les Nahuas, pag. lxxxv. — Son départ, pag. lxxxvi. — Le premier, il partage la terre américaine, pag. cxi. — Idée du mythe de —, pag. cxviii. — Sous les attributs d'Akbal, pag. cxxii. — Personnifié dans Ehecatl, donne la mort aux dieux, pag. cxliii, ccxxix et note 3. — Analogie avec Viracocha, pag. ccxxxvi, ccxxxviii.
QUETZALTENANGO, ancienne et grande ville des Mams, dans l'État de Guatémala; ses divers noms, pag. cclxiv, 319, note 8.
QUICAB Ier, roi des Quichés, ses grandes conquêtes, pag. cclxxvii, 317 et suiv. — Son humiliation, pag. cclxxviii, 325. — Grandeur de son règne, pag. 329.
QUICHÉ, nom d'une nation et d'une région dans l'État de Guatémala, pag. cl. — Ses premiers États, pag. cclvii, cxliii. — Ses commencements, pag. cclxvii. — Abolition de la féodalité au —, pag. cclxxviii. — Origine de son histoire, pag. 3, 207, note 1. — Sa puissance, pag. 313, 335.
QUICHÉ (Santa-Cruz del), bourgade qui a remplacé l'antique Utlatlan ou Gumarcaah, à 1 lieue des ruines de cette capitale, dans l'État de Guatémala, p. 347.
QUINAMÉ. Qui étaient les —, pag. lxvi, note 2. — Dits géants et Tzocuilhioxime, pag. lxviii. — Identiques avec les Chichimèques, ibid. — Civilisés par les Colhuas, pag. lxxix, cix. — Guerre des Nahuas contre eux, pag. cxxiv, cxxvii, cxxxii. Détruits, pag. clv.

QUIPO, nœuds de cordons de diverses couleurs, servant à conserver des calculs, etc., pag. ccxix.
QUITO, ville et royaume de l'Amérique du Sud, sous la ligne équinoxiale, au nord du Pérou propre, pag. ccxxxi, cxxxii. — Conquis par les Caras, ibid.
QUIVIRA, région située au nord du Nouveau-Mexique, pag. cxciii.
RABINAL, nom d'une antique tribu de la race quichée, aujourd'hui d'une bourgade de la Verapaz, située à 22 lieues nord de la ville de Guatémala, pag. cclxv. — Ses commencements, pag. cclxx. — Ses conquêtes, pag. ccxxxi.
RELIGION mexicaine compliquée, pag. cxx; — des Natchez et des Floridiens licencieuse, pag. clxviii; — des populations du Nouveau-Mexique simple, pag. clxxxvii; — des Qquichuas, pag. ccxxxvi; — des Chibchas ou Muyscas, pag. ccxlvi.
RÉVOLUTION anti-féodale au Quiché, pag. cclxxviii, 325, 327.
RIGSMAAL, ses analogies avec le Livre Sacré des Quichés, pag. cxxi, cxxiv, cxlix, note 2, cli.
SABÉISME (traces de) en Amérique, pag. lxx; — au Nouveau-Mexique, pag. clxxxviii. — Pratiqué par la tribu de Tamub, pag. cclx, 207.
SACAPULAS autrement Tuhal, ville antique au Quiché; ses chefs primitifs, pag. cclx, note 1. — Ses princes, pag. cclxiii.
SACRIFICES HUMAINS en Amérique, leur origine, pag. cxliv, 225, 227. — Chez les Natchez, pag. clxviii; — à Panuco et à Tollan, pag. clxix. — Mêlés à l'anthropophagie, pag. clxxxii, ccx, ccxi. — Au temple de Con à Liribamba, pag. ccxxxii. — Rites issus des —, au Pérou, pag. ccxlv, ccliv. — 253, 259, 261, 263 303, 305.
SAHAGUN, écrivain espagnol du xvie siècle, cité pag. cxii, cxlv, clii, 177, note 4.
SANG-DE-DRAGON, arbre de l'Amérique dont la résine remplace le cœur de Xquiq, pag. 97. — Mystère de cet arbre, pag. 99.
SATURNE (terre de) ou Cronienne, pag. c, ci, ciii. — Sommeil dedans l'Ile Sacrée, pag. civ.
SAUVAGES de l'Amérique, causes de leur infériorité, pag. xx. — Etaient moins barbares au temps de la découverte qu'aujourd'hui, pag. xxi. — Leur organisation, ibid. — Leurs coutumes barbares, pag. xxii. — Traces d'une civilisation antérieure parmi eux, pag. xxvii, cxxvii, cxcviii.

SCANDINAVES, leurs navigations en Islande, pag. liii; — au Groënland, ibid, dans l'Amérique du Nord, liv. — Authenticité de leurs voyages, pag. lxxxix. — Analogie de leurs mythes avec ceux du Livre Sacré, pag. cxxiii, cxxiv.
SEPT-VILLES (Iles des) où se réfugient les Espagnols et les Portugais lors de l'invasion des Arabes, pag. lx. — Pays des —, ou Cibola, pag. clxxxviii.
SEPT-GROTTES et Sept-Ravins, contrée primitive des Toltèques, pag. cxcii.
SERPENT, origine de son culte, pag. xxv, lxxi. — Ses rapports, pag. 3 et suiv., cix, note 2. — Sang du — entre dans la chair de l'homme noble, pag. cl. — Son culte à Panuco, pag. clxix.
SINGES, hommes changés en —, pag. lxxxi, 31.
SKUGGAM, pays de l'ombre dans les Sagas, son analogue dans le Livre Sacré, pag. lxxvii.
SOGAMOSO ou SUGANMOXI, demi-dieu du Cundinamarca, pag. ccxlvi, ccxlvii. — Analogie avec les mythes nahuas, ibid.
SOLEIL, origine du culte du — en Amérique, pag. xxv. — Son berceau, pag. lxxi. — Nanahuatl métamorphosé en —, pag. cxliii. — Pyramide du — à Teotihuacan, pag. cxlv. — Son origine, pag. cxlvi. — Culte du — chez les Natchez et les Floridiens, pag. clxvii, clxviii. — Titre des rois-pontifes, pag. clxviii. — Son culte chez les Qquichuas, pag. ccxxxv. — Supplante celui des Nahuas, pag. ccxliv. — Lever du soleil sur les tribus quichées, pag. 243, 245.
SUHA-CON, demi-dieu du Cundinamarca, pag. ccxlvi.
TAHUES, nation de la Sonora, si les mêmes que les Tarahumaras, pag. cxcii.
TAMBOTOCO, ville antique du Pérou, auprès du Cuzco, refuge des rois de cette ville, pag. ccxxxviii. — La même que Pacaric-Tambo, pag. ccxxviii, note 1.
TAMOANCHAN, nom donné au paradis terrestre des Américains, pag. lvii, lxxviii. — Les Nahuas y abordent, ibid. — Si là eut lieu le sacrifice de Nanahuatl, pag. cxlii.
TAMUB, autrement Tanub, Dan et Tan, famille et tribu antique, pag. cxlvii, note 1, 207. — Au Guatémala, pag. cxlviii. — Se sépare des Toltèques, pag. clix, clx, ccliii. — La plus ancienne tribu connue au Guatémala, pag. cclix. — Leur domination, pag. cclxiii, cclxiv. — Sa décadence, pag. cclxxiii, 318, note 5.

— 363 —

TAPIR, animal sacré en Amérique, pag. cvii, note 3. — Sa trompe figurée sur les monuments, pag. cxviii. — Son sang entre dans la chair de l'homme noble, pag. cl.

TECPAN (les treize clans de), nom potronymique des tribus pokomames, au Guatémala, pag. cclxi. Voir le mot Pokomam.

TECPANTLAN, ancienne ville capitale de la nation des Zoqui, dans l'Etat de Chiapas, réduite aujourd'hui au village de Tecpatan, pag. cx et note 6, cxxvi.

TECPATL ou TECPATLTEUCTLI, le Silex, mythe mexicain, dix-huitième signe du calendrier nahuatl, pag. cxxii.

TECUCIZTECATL, dit aussi Metzili, compagnon de Nanahuatl, mythe nahuatl, transformé dans la lune, pag. cxlii. — Sa pyramide à Téotihuacan, pag. cxliii et note 2, cxlv.

TEHUANTEPEC, ville de l'Etat d'Oaxaca, au Mexique, près de l'océan Pacifique, pag. clx.

TENUCH, mythe de la race mexicaine et toltèque, symbole de l'un des grands dieux, pag. xxix.

TEO-COLHUACAN, ville antique des Toltèques dans l'Etat de Sonora au Mexique, pag. clxi. — Ses mœurs licencieuses, ibid. clxii. — Nouvelle séparation des Toltèques dans cette ville, pag. clxiv. — Style de ses constructions, et leur analogie avec celles du Nouveau-Mexique, pag. clxxxvi.

TEOPIXCA, cité des Prêtres de Votan, antique Vahim-Votan, dans l'Etat de Chiapas, pag. cxxxi.

TEOTI, titre des dieux ou héros, pag. cxvi et note 1.

TEOTIHUACAN, ville antique d'Anahuac, où commença le calendrier toltèque, pag. cxxv. — Si la même que Toltecat, pag. cxxxiii et note 3. — Si Xbalanqué s'y retira, pag. cxli. — Commencement des sacrifices humains à —, pag. cxlii. — Sacrifice de Nanahuatl a —, ibid. — Pyramides du soleil et de la lune, pag. cxlv.

TEO-YAO-TLATOHUA, ou Celui qui proclame la guerre sacrée, mythe toltèque, pag. cxxii.

TEPEPUL I, roi des Quichés, pag. 317.

TEPEU (celui d'en haut ou le Dominateur), mythe nahuatl et titre des grands dieux, pag. cxviii, cxx, cxxi, 3 et suiv. — Se retrouve au Pérou, pag. ccxxxviii. — Nom d'une tribu antique dans l'orient des Quichés, pag. cclix, 207.

TESORO de las lenguas quiche, cakchiquel y tzutohil, ouvrage manuscrit de Ximenez, pag. xli.

TETEOINAN, ou la Mère des dieux, mythe nahuatl, pag. cxix.

TETZCATLIPOCA, ou le Miroir fumant, mythe nahuatl, pag. cxxi, cxxii, ccxxix, note 3.

TEXAS, région de l'Amérique du Nord, au nord-est du Mexique, pag. clxiv. — Traces des Toltèques au —, pag. clxv.

TEYAS (les) ou Vaillants, nation nomade du Nouveau-Mexique qui ruine plusieurs villes, pag. cxciii. — Ses coutumes, ibid.

THULÉ (Ultima), opinions à ce sujet, pag. xci, xcii et note 1, c, cv. — Route de la Bretagne à —, ibid.

THYLÉ ou TILE, région au delà de l'Atlantique où les Hérules se retirent, pag. lix. — S'il y en eut une de ce nom en Amérique, pag. xci. — Voir Tulan.

TIAHUANACO, ville antique de la Bolivie, au bord du lac de Titicaca; ses monuments, pag. ccxxiii. — Bâtis par des hommes blancs et barbus, pag. ccxxvi, note 1. — Qui furent massacrés, pag. ccxxviii. — Ses édifices restés inachevés, ibid. — S'ils sont analogues à ceux de l'Amérique centrale, ibid. note 3. — Berceau des mythes nahuas au Pérou, pag. ccxliii.

TITICACA, ou la Montagne de plomb, île qui donne son nom au lac de Chucuvitu entre le Pérou et la Bolivie, pag. ccxxvi.

TITRES territoriaux des nations guatémaliennes, pag. vii, note 2, cclviii.

TLACHCO, ou le Lieu du Jeu de Paume en langue nahuatl, pag. cxxxiv.

TLACHICATZIN, nom donné par quelques auteurs à la ville capitale des Toltèques, dite aussi Toltecatl, pag. cxxxiii et note 2. — Si c'est le nom de Tulan, ibid.

TLACHIHUALTEPEC, ou Mont de la Sentinelle, nom de la ville de Cholulan, pag. cxxv. Voir ce dernier mot.

TLALLOCAN, ou Terre de l'abondance, sorte de paradis terrestre, pag. cliii.

TLALOC ou TLALLOC, le fécondateur de la terre, mythe nahuatl, pag. cxxi.

TLALTETECUI, mythe nahuatl, l'un des quatre grands dieux de la théogonie toltèque, pag. cxiii, cxvii, cxx.

TLAPALLAN ou HUEHUE-TLAPALLAN, terre sacrée, berceau primitif de la race américaine, pag. lxiii et note 3. — Où était —, pag. lxv. — Si en Xibalba, pag. cxii. — En Huehue — se réunissent les astrologues ibid. cxviii, cxxi, — dit de Cortès où ? pag. cxxxiii, note 3. — clxi, clxii.

TLAPALLANTZINCO, ville sur l'océan Pacifique, fondée par l'émigration toltèque, pag. CLIX. — Conquise par les rois quichés, *ibid.* note 3.

TLAQUIMILOLLI, ou le Paquet enveloppé, la Majesté, le Feu caché, symbole de la divinité chez les Nahuas et les Toltèques, pag. CXVIII et note 2, CCLXVI, 289, etc.

TLAXI-COLIUHCAN, ville antique, probablement la même que Colhuacan et la capitale de Xibalba, pag. CLIX.

TOCAY, nom d'un des quatre mythes des races antiques du Pérou, créés par Viracocha, pag. CCXXXVIII.

TOCI ou Notre Aïeule, aïeule des dieux, mythe nahuatl, pag. CXIX, la même qu'Atit, *ibid.*

TOHIL, TOH et HUNTOH, mythe divin des Quichés, allusif à la pluie, au tonnerre, etc. pag. CXXII, 215. — Les tribus offrent leur sang à —, pag. CCLXVI, CCLXVII et note 2. — Il crée le feu, pag. 219 et note 2. — Premiers autels de —, pag. 237. — Il parle aux sacrificateurs, pag. 251. — Son temple à Gumarcaah, pag. 307, 329.

TOLTECAT, nom d'une ville antique, si Tulan, pag. CXXXIII, note 3. — Berceau des nations guatémaltèques, pag. CCLIV. — Titre de Xmucané et de Xpiyacoc, pag. 21, note.

TOLTÈQUES, nation dite aussi race nahuatl primitivement, leur arrivée et leur portrait, pag. LXXII. — S'ils étaient Irlandais, pag. LXXIII. — Anthropophages, *ibid.* — Leur multiplication en Tulan, pag. CX. — Leur gouvernement, pag. CXIII. — Leurs quatre calendriers, pag. CXV. — Massacrent les Quinamés, pag. CXXXIII. — Cause de leur sortie de Tulan, pag. CLII, CLIV. — Leurs grandes migrations, *ibid.* — Fondent Tlapallantzinco, pag. CLIX. — Séparation de leurs tribus, *ibid.* — Leur marche au nord-ouest, pag. CLX. — Fondent la ville de Teo-Colhuacan, pag. CLVI. — Tollantzinco, pag. CLXII. — Edifient Tollan dans l'Anahuac, *ibid.* — Leur nouvel empire, *ibid.* — Leur destruction au onzième siècle, *ibid.* — Cause de leur prodigieuse multiplication, pag. CLXIII. — Leur esprit de prosélytisme, pag. CLXIV. — Leur migration en Californie et au Nouveau-Mexique, *ibid.* — Sur les bords du Mississippi et aux Florides, pag. CLXV. — Fuient de Nicaragua à Nicoye, pag. CCII, CCIII.

• TONACACIHUATL, ou la Femme de notre subsistance. Voir le mot TONACATEUCTLI.

TONACATEPETL, ou la Montagne de notre subsistance, pag. LXXIV, LXXIX. — Identique avec Paxil, *ibid.* — CXIX.

— Le même mythe au Pérou, pag. CCXLII.

TONACATEUCTLI, ou le Seigneur de notre subsistance, mythe nahuatl, pag. CXIX. — Ordonne à Nanahuatl de se jeter dans les flammes, pag. CXLII.

TONALPOHUALLI, calendrier civil des Toltèques, pag. CXIV.

TONATIUH, ou le Resplendissant, mythe du soleil, pag. CXXII.

TORAS, dieu des Tarasques, au Michoucan, LXXVI, CX.

TOTEOUH, ou Notre Dieu, symbole divin des Toltèques, pag. CXXII.

TRIBUS quichées, leur organisation, pag. CCLVIII, 206, note 1. — Les premières, pag. 207.

TRINITE divine ou de héros, origine des rois du Zenu, pag. CXIX. — de princes dans le gouvernement, *ibid.*, — CXX, CXXI. — Chez les Allighewis, pag. CLXVII. — Chancas, p. CCXXX, note 3. — Au Pérou, pag. CCXXXV. — Du tonnerre chez les Oquichuas, *ibid.*, 7.

TRUXILLO, ville moderne du Pérou, fondée près des ruines du Grand-Chimu, non loin de l'océan Pacifique, pag. CCXXIII.

TUCUR ou Hiboux, nom symbolique des sicaires de l'empire de Xibalba qui vont citer les fils de Xmucané, pag. CXXXVI, 79. — Ahpop-Achih ou capitaines, pag. 77, 79.

TULA ou TULAN, ville ou région antique, patrie des Toltèques, pag. LXXXV. — Divers pays de ce nom, pag. XCI, CXXIX. — Celui de Xibalba où ?, pag. CXXXI. — Si le même que Toltecat et Tlachicatzin, pag. CXXXIII. — Confusion de ces localités diverses, pag. CXLVIII. — Chay-Abah créé pour protéger, pag. CL. — Situation probable, *ibid.* — Si Tulan-Zuiva, *ibid.*, note 1. — Description de —, pag. CLII. — Emigrations de —, *ibid.*, CLIV, 215. — Berceau des nations guatémaltèques, pag. CCLIV. — Ses derniers temps, pag. CCLVII. — Ses rois, *ibid.*

TULE, nom d'une nation indigène de l'isthme de Darien, pag. CCII.

TUMACO (LE CACIQUE DE) décrit à Balboa la figure des côtes du Pérou, pag. CCVIII.

TUPIS, nation de l'Amérique du Sud, ses traditions relatives à son union avec les Caraïbes, pag. CCXIII.

TUTUL-XIU, tribu nahualt au Yucatan, pag. CXXXI. — Epoque de son émigration, pag. CLV. — Ses conquêtes au Yucatan, pag. CLVI.

TZENDAL, nation et langue de l'Etat de Chiapas, pag. CLVII, note 4.

TZINACANTLAN ou Zotzlem, lieu des Chauves-Souris, ancienne ville de l'Etat de Chiapas, berceau des Zotziles, pag. CXXXI, CLVII, note 4.

TZITÉ, arbre, sorte de liége, dont fut fait l'homme, suivant le *Livre Sacré*, pag. CXXIII. — Ses graines servent aux sortiléges, pag. 21, 25.

TZOCUILHIOXIME, sobriquet donné aux géants ou Quinamés au Mexique, pag. LXVIII.

TZUNUNIHA, nom d'une famille puissante au Guatémala, pag. CCLXIII.

UMINA, pierre précieuse, nom d'une divinité aux côtes de l'Equateur, pag. CCXXII.

UQUINCAT, ville antique, capitale des princes d'Ilocab, pag. CCLXIII, 237.

UTIU, nom d'un chef de Paxil, tué par les Nahuas, pag. LXXXIV, CXX.

UTLATLAN, dit aussi GUMARCAAH, capitale des Quichés, d'où partirent anciennement les Hun-Ahpu, pag. CXXXIV, note 2. — De là sort Xbalanqué, pag. CXLI, CCLV.

UXAB, nation de la Verapaz, toujours citée avec les Pokomams, pag. CCLXIII.

UXMAL, ville antique du Yucatan, pag. II, note 2. — Trompes de tapir et d'éléphant sculptées dans ses édifices, pag. CVII, note 3. — Royaume d' —, fondé par les Tutul-Xiu, pag. CLVI.

UZUMACINTA, grand fleuve de l'Amérique centrale, ses premiers colons, pag. LXXIX, CXXV. — Origine de son nom, pag. CXXXVII, note 3.

VALUM-VOTAN, région antique de Votan, pag. LXXXVIII et note 2, CXXXI, note 3.

VERAGUA, région de la Nouvelle-Grenade, confinant à l'Amérique centrale, pag. CCI. — Traces de l'antique civilisation qu'on y trouve, pag. CCIII. — Dorachos, ses habitants, pag. CCIV.

VERAPAZ, province considérable dépendante de la république de Guatémala vers le nord, pag. CXXX, etc.

VIRACOCHA, antique mythe divin au Pérou, pag. CCXXIX. — Son portrait et son apparition, pag. CCXXXVI. — Son analogie avec Quetzalcohuatl, pag. CCXXXVIII. — Son nom donné aux Espagnols, ibid. — Explication du mythe, pag. CCXXXVIII, CCXXXIX. — Créateur des hommes et des astres, pag. CCXLI. — Son culte rétabli au Pérou, pag. CCXLIV.

VIRACOCHA-INCA, l'un des rois de la dynastie qquichua, pag. CCXXXVI, CCXLIV.

VITZNAHUA (CENTZON) ou les 400 Méridionaux, pag. CXXXVII, note 1. — Symbole des Xibalbaïdes qui émigrèrent au sud après leur défaite, pag. CXL. — Si les Chipanèques en furent, pag. CLVIII, CC. — S'ils bâtirent les édifices antiques de Veragua, pag. CCIV. — S'ils émigrèrent au Pérou, pag. CCXXXVI. — au lac de Titicaca, pag. CCXLIII.

VOC, sorte d'épervier, messager symbolique de Hurakan, pag. 71.

VOLCANS (ERUPTION DES) au Mexique et leur date antique, pag. LXVI.

VOYAGES de l'auteur en Amérique, pag. III, note 2. — des Normands ou Scandinaves, pag. LIII, LIV. — de saint Brandan, pag. LX. — des sept évêques, ibid. — de Madoc, pag. LXI. — des Celtes et des Basques, ibid. — des Phéniciens et des Carthaginois, pag. LIII, XCII, XCVII, CVIII. — des Chinois et des Japonais, pag. XL. — des Wabi, ibid. — des Malais, pag. XLI.

VOTAN, mythe antique parmi les Tzendales, troisième signe de leur calendrier, pag. LXXIII. — Si le même que Quetzalcohuatl, pag. LXXVI. — Identique avec Odin, ibid. — Ses voyages, pag. LXXXVII. — Transporte des tapirs à Huehuetan, pag. CVII. — Le premier partage la terre, pag. CXII.

VUKUB-CAKIX ou Sept-Aras, nom d'un mythe antique, symbole des géants américains et d'une race primitive, adoratrice du soleil sous la figure de l'Ara, pag. LXXX, note 1, 31. — Première victime des Nahuas, pag. CXXIV, CXXVII, 45. — Si identique avec les bas-reliefs de Tiahuanaca, pag. CXXXVIII. — Si ses adorateurs bâtirent les édifices de Veragua, pag. CCIV. — Mythe conservé dans le nom d'une bourgade au Guatémala, pag. CCLIII.

VUKUB-CAMÉ, ou Sept-Morts, l'un des symboles des rois de Xibalba, pag. CXXIX. — Trompé et mis à mort par Hun-Ahpu et Xbalanqué, pag. CXL, 73 et note 1, 185.

VUKUB HUNAHPU, fils de Xmucané, symbole des premières luttes des Nahuas contre Xibalba, pag. 69, 73, CXXXV. — Mis à mort, pag. CXXXVI. — Son épitaphe retrouvée, pag. 193, CXLIV. — Son apothéose, CXLV, 193.

WABI ou Huabes, nation maritime du voisinage de Tehuantepec, son origine, pag. XL. — Affinités de la langue, pag. CXCIX, CCXXXII.

WODAN, divinité germanique, si identique avec Votan et Odon, pag. LXXVI, CXXII.

XBALANQUÉ, mythe quiché, symbole de la révolte des Nahuas métis contre Xibalba, pag. CXXXV, CXXXVIII, CCLIV. Sa naissance, pag. 107. — Cité à Xibalba, pag. 133. — Ses luttes, pag. CXXXIX, 141. — Sa défaite, sa résurrection comme homme-poisson et saltimbanque, pag. 177. — Vainqueur de Xibalba, pag. CXL, 187. — Sort d'Utlalan, pag. CXLI. — S'il se retira à Copan, pag. CCLVI. — Le premier sacrifice des victimes humaines, *ibid.* — Mythe qui se retrouve au Pérou, pag. CCXLIII. — S'il fonda Copan, pag. CCLVI. — Change ses frères en singes, pag. 115. — Ses travaux, pag. 119. — Joue au ballon en Xibalba, pag. 151. — Convoque les brutes, pag. 165. — Livré aux flammes en Xibalba, pag. 175. — Ressuscité et apparaît de nouveau, pag. 179. — Ses prestidigitations, pag. 181. — Adoré par Xmucané, pag. 191.

XCACOU, XGANIL, XTOH, génies des moissons et de l'abondance, pag. 105.

XELAHUH. Voir QUETZALTENANGO.

XELHUA, mythe toltèque, l'un des grands dieux échappés à l'inondation, symbole de la race tecpanèque, pag. XXIX.

XIBALBA, nom de l'empire primitif dans le *Livre Sacré*, pag. LXXIX et note 5. — Commencement de la révolte contre —, pag. CXVI, CXXV, CXXVI. — Son origine, pag. CXXVII. — Ses rois, pag. CXXIX. — Son analogie avec l'Atlantide, *ibid.* note 2. — Chemin de —, pag. CXXX. — Si identique avec Palenqué, pag. CXXX, CXXXI. — Caractère de ses princes, *ibid.*, 189. — Épreuves en —, pag. CXXXII, note 2. — Site de —, pag. CXXXVI. — Vaincu par Hun-Ahpu et Xbalanqué, pag. CXI, CXLI. — Vaste étendue de l'empire de —, pag. DLII. — Si de là vient la civilisation au Pérou, pag. CCXXVII. — Concordance des principaux événements de — avec ceux du Pérou, pag. CCXXXVII. — Chemin de Nimxob-Carchah à —, pag. CCLIV, 81. — Derniers temps de l'empire de —, pag. CCLVII. — Chemins des quatre couleurs en —, pag. 83. — Partie de paume en —, pag. 151.

XIC, nom symbolique d'un des princes de Xibalba, pag. 75.

XICALANCA, nom d'une nation primitive au Mexique qui débarqua à la lagune des Terminos, pag. XXX. — Peuple toute la côte du golfe, pag. LXXVIII, LXXIX, CX.

XICALANCATL, mythe nahuatl, symbole de la race Xicalanca, p. XXX.

XICALANCO, ville et station primitive de la race nahuatl, située entre l'Atlantique et la lagune de Terminos, pag. LXXII, LXXVIII, LXXIX.

XIMENEZ (FRANCISCO), écrivain espagnol au Guatémala, pag. XI.

XIPE-TOTEC, ou Notre seigneur de l'écorchement, dieu et sacrifice cruel ; son introduction, pag. CLXIX. — 151, note 2.

VIQUIRIPAT, nom symbolique de l'un des princes de Xibalba, page 73.

XIUHTEUCTLI, ou Seigneur de l'herbe, du feu ou de l'année, mythe nahuatl, pag. CXXI. — Commande à Nanahuatl de se jeter dans les flammes, pag. CXLII.

XMUCANÉ, mythe nahuatl identique avec Oxomoco, pag. CXVIII. — Crée l'homme, pag. CXXIII, 23. — Ses fils, pag. CXXXV, 69. — Traditions de —, chez les Caraïbes, pag. CCVI, CCXVI. — Repousse Xquiq, pag. 103, 105. — Voit danser le Hunahpu-Qoy, pag. 115, 117.

XOCHITL ou Fleur, mythe nahuatl, vingtième signe du calendrier mexicain, pag. CXIX.

XOLOTL, mythe nahuatl, pag. CXLIII.

XPIYACOC, mythe nahuatl, l'un des quatre grands dieux, pag. CXVIII. — Identique avec Cipactonal, *ibid.* — Crée l'homme, pag. CXXIII, 23. — Traditions caraïbes à son sujet, pag. CCVI, CCXVI.

XPURPUVEK, cri de nuit en Xibalba, pag. 157 et note 1.

XQUIQ, ou la Femme-Sang, pag. CXXXVI et note 4. — Va visiter le calebassier de Xibalba, pag. 91, 93. — Enceinte de Hunhun-Ahpu, pag. CXXXVII, 93. — Condamnée par son père se soustrait à la mort, pag. 95, 99. — Donne le jour à Hun-Ahpu et à Xbalanqué, pag. CXXXVII, 107. — Symbole de l'union illégitime des Nahuas, pag. CXXXVIII.

XUCHICAOACA, mythe nahuatl, symbole de l'un des quatre grands dieux, pag. CXIII, CXVII, CXX.

XULU, nom d'un devin en Xibalba, pag. 171. — Consulté au sujet de Hun-Ahpu et de Xbalanqué, pag. 173, 175.

YAQUI, nom identique avec celui de Nahuatl ou Toltèque en langue quichée ; les —, se séparent au sortir de Tulan, pag. CLX. — Leur origine, pag. 215 et note 2.

YUCATAN, région péninsulaire de l'Amérique centrale, séjour des nations primitives, pag. XXV. — Première émigration au —, pag. LXIX. — Ses habitants se peignaient le visage, pag. CXXXII. — Conquêtes des Tutul-Xiu dans le —, pag. CLVI.

YUNCA, nom générique des habitants des plaines, désignant ici spécialement ceux des terres baignées par l'océan Pacifique, pag. CCXXXIII, CCXXXIII. — Leur état social supérieur à celui des Incas, pag. CCXLIII.

YURACARES, nation de l'intérieur de l'Amérique du Sud, ses traditions, pag. CCXVI.

ZAKI-NIM-AK, ou le Grand-Sanglier-Blanc, mythe nahuatl, pag. CXXXVII.

ZAKI-NIMA-TZYIZ, ou le Grand-Blanc-Pi-

queur-d'Épines, mythe nahuatl, pag. cxxxvii, 2.
ZAPANA (INCA), nom d'un conquérant, donné comme le fondateur de la dynastie des Incas au Pérou, pag. ccxxx.
ZENU, région située aux bords du fleuve Magdalena, non loin du golfe d'Urraba, son gouvernement de trois, pag. ccxlix. — Ses tombeaux, *ibid*.
ZIBAK, moelle d'un jonc, dont se fit la femme, suivant le *Livre Sacré*, pag. cxxiii, 21, 27.
ZIPACNA, nom du fils aîné de Vukub-Cakix, mythe antique, symbole des géants américains, pag. cxxvi, 35. —

Vaincu par Hun-Ahpu, pag. cxxvii, 33. — Son analogue au Pérou, pag. ccxliii. — Le mythe existant encore au Guatémala, pag. ccliii, ccliv.
ZOQUI, nation de l'État de Chiapas, pag. clvii. — Affinités de sa langue, pag. cxcix.
ZOTZIL, nation de l'Etat de Chiapas, pag. clvii. — Son origine, pag. clviii.
ZOTZLEM. Voir le mot TZINACANTLAN.
ZUNI, nom d'une tribu au Nouveau-Mexique, pag. clxi, *note* 1, clxxxv.
ZUQUI, nom d'un souterrain construit par Votan, pag. cvii.

FIN DE LA TABLE.

EXPLICATION DES PLANCHES.

N° 1. Le vase antique représenté dans la planche qui fait face au frontispice a été trouvé dans l'État d'Oaxaca au Mexique ; il paraît appartenir à la civilisation zapotèque. D'après les explications du père Fabregat, le sujet ferait allusion à Tetzcatlipoca, et les lunettes placées devant les yeux de cette divinité seraient un symbole de la providence. Le dessin en a été fait en ma présence par M. Edouard Pingret à Mexico.

N° 2. La gravure de la page LXIX représente une sorte de galère antique sculptée sur un rocher de l'île de Pedra, dans le Rio-Negro, un des affluents de l'Amazone : elle appartient au voyage de M. R. H. Schomburgh dans la Guyane, exécuté en 1838 et dont le journal a été inséré dans le Bulletin de la Société de géographie de Londres, vol. x, de l'année 1841. J'ai cru qu'il serait intéressant de reproduire cette gravure à propos de la navigation des anciens Américains.

N° 3 et 4. Les deux petites gravures de la page LXXV reproduisent deux sujets des peintures qui existent dans un des édifices de Chichen-Itza, dans l'Yucatan : c'est également à propos de la navigation américaine que l'idée m'est venue de les placer ici, quoiqu'elles n'aient pas un rapport tout à fait direct avec les pages où elles sont intercalées. Quant à la gravure du titre, elle offre les symboles de deux Quetzalcohuatl, d'après une pierre sculptée servant d'anneau enchâssé dans la muraille d'un Jeu de paume à Chichenitza. Voir la page cxx et *note* 2.

PLACEMENT DES CARTES.

La carte de l'Amérique centrale doit être placée de manière à faire face à la page cxxxi. Celle de la Nouvelle-Grenade et du Pérou de manière à faire face à la page ccxxi.

ERRATA.

Page	ligne		LISEZ	
6	6,	tzinonic,		tzinin-oc.
d°	24,	remplissez-vous,		fécondez-vous.
28	17,	hi,		chi.
32	5,	raxçavacoh,		ruxcavacoh.
42	4,	tokobah,		togobah.
d°		note 2, tokobah que,		togobah qui.
106	2,	x-chika,		x-chi ka.
116	12,	chu ziquih,		ch'u ziquih.
d°	16,	Humbatz,		Hunbatz.
119	18,	après (leur servant, fermez la parenthèse.		
125	15,	Hunaphu.		Hunahpu.
126	19,	Hunalpu,		Hunahpu.
140		à la dernière ligne de la note 3, après avec sa jonction,		après sa jonction avec.
145		1re ligne de la note, xio,		xic.
148		dernière, x-e chi quibil,		x-e cha chi quibil.
171		à la ligne 3 de la note, tlotti,		tlotli.
184	1,	ca valik-oc,		c'a valik-oc.
196		note 1, ligne 7, cacaloit,		cacalott.
d°		note 2, ligne 4, paiaste,		paiaste.
199		note 1, ligne 5, Iqi-Balam,		Iqi-Balam.
202		note 2, ligne 9, se porte,		je porte.
215	2,	Machucutah,		Mahucutah.
216	16,	Vucup-Pek,		Vukub-Pek.
d°	17,	Gabauil,		Qabauil.
218	2,	note 1, ligne 2, 10,000,		10,000 pieds.
242	18,	x-caek,		x-caoh.
d°	21,	quitzik,		quitzik.
244	7,	tax-zakaric,		la x-zakaric.
265	23,	des jeunes qui,		des jeunes gens qui.
278	19,	qoxtun,		qoxtun.
291	2,	après le mot puissance fermez la parenthèse.		
340	8,	bekebeb,		belekeb.
d°	11,	Tziquira,		Tziquinaha.

www.ingramcontent.com/pod-product-compliance
Lightning Source LLC
Chambersburg PA
CBHW050127240426
43673CB00043B/1587